DROIT DES OBLIGATIONS

Dans la même collection

Objectif Droit – Cours

Contentieux administratif, D. Costa.

Droit administratif général, J.-L. Autin, C. Ribot.

Droit commercial, B. Petit.

Droit constitutionnel, R. Debbasch.

Droit de la propriété industrielle, H. Gaumont-Prat.

Droit de l'urbanisme, J.-F. Davignon.

Droit des assurances, J. Bonnard.

Droit des biens, J.-B. Seube.

Droit des obligations – Contrat et quasi-contrat, Ph. Delebecque, F.-J. Pansier.

Droit des obligations – Régime général, Ph. Delebecque, F.-J. Pansier.

Droit des obligations – Responsabilité civile, délit et quasi-délit, Ph. Delebecque, F.-J. Pansier.

Droit des régimes matrimoniaux, A. Lamboley, M.-H. Laurens-Lamboley.

Droit des relations extérieures de l'Union européenne, A. Fenet.

Droit des relations internationales, P. Blachèr.

Droit des relations sociales au travail, M. Meunier-Boffa.

Droit des sociétés, B. Petit.

Droit des sûretés, P. Ancel.

Droit du service public, D. Linotte et R. Romi.

Droit du travail, F.-J. Pansier.

Droit général de l'environnement, É. Naim-Gesbert.

Droit général de l'Union européenne, J. Roux.

Droit international privé, F. Monéger.

Droit pénal général, C. Paulin.

Droit public économique, S. Bernard.

Droits de l'homme et libertés de la personne, R. Charvin, J.-J. Sueur.

Finances locales, J.-F. Picard.

Histoire du droit des obligations, C. Bouglé, E. Chevreau, Y. Mausen.

Institutions administratives, P. Jan.

Introduction générale au droit, D. Mainguy.

Introduction à la sociologie et à la philosophie, D. Touret.

Procédure civile, H. Croze, C. Morel, O. Fradin.

Procédure pénale, É. Vergès.

Se préparer à : – EFB/CRFPA – ENM – ENG, O. Dubos, F. Gonthier, M. Lamarche, V. Malabat, F. Melleray, J.-C. Saint-Pau.

Sociologie politique, C. Rouvier.

Successions et libéralités, J. Maury.

Objectif Droit – TD

TD de droit administratif, C. Leclercq, A. Chaminade, J.-P. Lukaszewicz.

TD de droit bancaire, H. Causse, N. Mathey, J.-F. Riffard, J. Stoufflet.

TD de droit constitutionnel, C. Leclercq, P.-H. Chalvidan.

TD de droit de la protection sociale, P. Coursier.

TD de droit des entreprises en difficulté, P. Pétel, A. Pélissié, C. Lisanti-Kalczynski.

TD de droit des obligations, C. Mouly, P. Puig, J.-B. Seube.

TD de droit des régimes matrimoniaux, A. Lamboley, M.-H. Laurens-Lamboley.

TD de droit des relations collectives de travail, E. Jeansen, Y. Pagnerre.

TD de droit des relations individuelles de travail, P.-H. Antonmattei, A. Chevillard, A. Donnette, C. Neau-Leduc.

TD de droit des sociétés, M. Germain, J.-P. Legros.

TD de droit des sûretés, D. Legeais.

TD de droit international privé, H. Fulchiron, C. Nourissat.

TD de droit pénal et de procédure pénale, P. Bonfils, É. Vergès.

TD d'introduction au droit et droit civil, P. Ancel, O. Gout, I. Maria.

Objectif Droit – Méthodologie

Méthodologie de la recherche en droit, R. Romi.

Méthodologie du droit, F.-J. Pansier.

DROIT DES OBLIGATIONS

CONTRAT ET QUASI-CONTRAT

6e ÉDITION

Philippe Delebecque
Professeur à l'université de Paris I
(Panthéon-Sorbonne)

Frédéric-Jérôme Pansier
Chargé d'enseignement à l'université de Paris I
(Panthéon-Sorbonne)

LexisNexis

LexisNexis SA
141, rue de Javel – 75015 Paris

Siège social : 141, rue de Javel – 75015 Paris

ISBN 978-2-7110-1836-9

Liste des abréviations

AJDA	*Actualité juridique de droit administratif*
AJDI	*Actualité juridique de droit immobilier*
al.	Alinéa
Ann. loyers	*Annales des loyers*
art.	Article
Bull. civ.	*Bulletin des arrêts des chambres civiles de la Cour de cassation*
Bull. inf. C. cass.	*Bulletin d'information de la Cour de cassation*
Bull. Joly Sociétés	*Bulletin Joly (mensuel d'information des sociétés)*
c/	Contre
CA	Cour d'appel
Cah. soc. barreau Paris	*Cahiers sociaux du barreau de Paris*
Cass. ass. plén.	Arrêts de l'assemblée plénière de la Cour de cassation
Cass. ch. mixte	Arrêts de la chambre mixte de la Cour de cassation
Cass. civ.	Arrêts des chambres civiles de la Cour de cassation
Cass. com.	Arrêts de la chambre commerciale de la Cour de cassation
Cass. crim.	Arrêts de la chambre criminelle de la Cour de cassation
Cass. req.	Arrêts de la chambre des requêtes de la Cour de cassation
Cass. soc.	Arrêts de la chambre sociale de la Cour de cassation
C. assur.	Code des assurances
CCH	Code de la construction et de l'habitation
C. civ.	Code civil
C. com.	Code de commerce
C. consom.	Code de la consommation
CE	Arrêts du Conseil d'État
CGI	Code général des impôts
chron.	Chronique
CJCE	Cour de justice des Communautés européennes
CJUE	Cour de justice de l'Union européenne
C. monét. fin.	Code monétaire et financier
Comp.	Comparer
concl.	Conclusion
Cons. const.	Conseil constitutionnel
Contrats, conc. consom.	*Contrats, concurrence, consommation*
CPC	Code de procédure civile
CPC ex.	Code des procédures civiles d'exécution
C. pén.	Code pénal
CPI	Code de la propriété intellectuelle
C. santé publ.	Code de la santé publique
C. transports	Code des transports
C. trav.	Code du travail
D.	Décret
D.	*Dalloz (Recueil)*
D. affaires	*Dalloz affaires*
DC	*Dalloz critique*
Defrénois	*Répertoire du notariat Defrénois*
DMF	*Droit maritime français*

DP	*Dalloz périodique*
Dr. et patrimoine	*Droit et patrimoine*
Dr. sociétés	*Droit des sociétés*
GAJ civ.	*Grands arrêts de la jurisprudence civile*
Gaz. CAMP.	*Gazette de la Chambre arbitrale maritime de Paris*
Gaz. Pal.	*Gazette du palais*
Infra.	Ci-dessous
inf. rap.	Informations rapides
JCP E	*JurisClasseur périodique (la Semaine juridique)*, édition Entreprise et affaires
JCP G	*JurisClasseur périodique (la Semaine juridique)*, édition Générale
JO	*Journal officiel* (de la République française)
jurispr.	Jurisprudence
L.	Loi
LEDC	*L'Essentiel Droit des contrats*
LPA	*Les Petites affiches*
obs.	Observations
Ord.	Ordonnance
Rapp.	Rapport
RDC	*Revue des contrats*
RD imm.	*Revue de droit immobilier*
Resp. civ. et assur.	*Responsabilité civile et assurances*
Rev. Lamy dr. civ.	*Revue Lamy Droit civil*
Rev. sociétés	*Revue des sociétés*
RGAT	*Revue générale des assurances terrestres*
RJS	*Revue de jurisprudence sociale*
RTD civ.	*Revue trimestrielle de droit civil*
RTD com.	*Revue trimestrielle de droit commercial et de droit économique*
S.	*Sirey (Recueil)*
somm.	Sommaire
Supra.	Ci-dessus
T. com.	Tribunal de commerce
TGI	Tribunal de grande instance
TI	Tribunal d'instance
V.	Voir

Bibliographie

(Ouvrages cités par les seuls noms des auteurs)

A. BÉNABENT, *Droit civil, Les obligations*, Montchrestien, coll. « Domat droit privé », 13e éd., 2012.
M. CABRILLAC, *Droit des obligations*, Dalloz, coll. « Cours », 10e éd., 2012.
J. CARBONNIER, *Droit civil*, t. IV, *Les obligations*, PUF, coll. « Thémis », 22e éd., 2000 (épuisé).
M. FABRE-MAGNAN, *Les obligations*, PUF, coll. « Thémis », t. 1, 3e éd., 2012 ; t. 2, 3e éd., 2013.
J. FLOUR et J.-L. AUBERT, *Les obligations*, t. 1, *L'acte juridique*, Armand Colin, 15e éd., 2012.
J. GHESTIN, *Traité de droit civil, La formation du contrat*, LGDJ, 4e éd., 2006.
J. GHESTIN (avec le concours de C. JAMIN et M. BILLIAU), *Traité de droit civil, Les effets du contrat*, LGDJ, 3e éd., 2001.
C. LARROUMET, *Droit civil*, t. III, *Les obligations, le contrat*, Economica, 6e éd., 2006.
P. MALAURIE, L. AYNÈS et P. STOFFEL-MUNCK, *Cours de droit civil*, t. VI, *Les obligations*, Defrénois, 5e éd., 2011.
P. MALINVAUD, *Les obligations*, Litec, 12e éd., 2012.
G. MARTY et P. RAYNAUD, *Droit civil, Les obligations*, t. I, *Les sources*, Sirey, 2e éd., 1988.
H., L. et J. MAZEAUD, *Leçons de droit civil*, t. II, vol. 1, *Obligations, théorie générale*, Montchrestien, 9e éd. par F. CHABAS, 1997.
S. PORCHY-SIMON, *Droit civil – Les obligations*, Dalloz, coll. « Hypercours », 7e éd., 2012.
A. SÉRIAUX, *Manuel de droit des obligations*, PUF, coll. « Droit fondamental », 2e éd., 2006.
B. STARCK, H. ROLAND et L. BOYER, *Droit civil, Les obligations*, t. 2, *Le contrat*, Litec, 6e éd., 1998 (épuisé).
F. TERRÉ et Y. LEQUETTE, *Les grands arrêts de la jurisprudence civile*, Dalloz, t. II, 12e éd., 2008.
F. TERRÉ, P. SIMLER et Y. LEQUETTE, *Droit des obligations*, Dalloz, coll. « Précis », 13e éd., 2012.

Pour le droit étranger

– Droit allemand

M. PÉDAMON, *Le contrat en droit allemand*, LGDJ, 2e éd., 2004.
C. WITZ, *Le droit allemand*, Dalloz, coll. « Connaissance du droit », 1re éd., 2001.

– Droit anglo-américain

A.-J. BULLIER, *La Common law*, Dalloz, coll. « Connaissance du droit », 2e éd., 2007.
A. LEVASSEUR, *Le contrat américain*, Dalloz, coll. « Connaissance du droit », 1re éd., 1998.

Sommaire

Introduction

SECTION 1

LE DROIT DES OBLIGATIONS

1. – **Définitions.** Commençons par définir – méthode oblige – tous les termes du sujet :

– le droit est l'ensemble des règles que les membres d'une société se donnent afin de permettre la meilleure des vies matérielles et, parfois, personnelles ;

– l'obligation est le lien de droit par lequel une personne – le débiteur – est tenue envers une autre – le créancier – à quelque chose ou de faire quelque chose. Telle était déjà la définition de Gaius dans ses *Institutes* : *obligatio est juris vinculum quo necessitate adstringimur alicujus solvendae rei secundum nostrae civitatis jura* : (« l'obligation est le lien de droit qui nous astreint à une prestation envers autrui en vertu du droit de notre cité »).

Le terme « obligation », qui vient du latin *obligare* (*ligare* : lier) – le débiteur est lié au créancier –, contient deux idées :

– dans l'obligation s'exprime la dette du débiteur ;

– figure aussi la créance dont jouit le créancier, à laquelle s'adjoint un pouvoir de contrainte.

Ainsi, le droit des obligations est-il l'ensemble des règles régissant les liens de droit par lesquels les membres de la société sont tenus les uns envers les autres. L'obligation est juridiquement sanctionnée. Le créancier doit pouvoir obtenir, au besoin devant les tribunaux, l'exécution de l'obligation de son débiteur.

2. – **Notion.** L'obligation n'est cependant pas toujours comprise comme un lien. Le terme a plusieurs acceptions.

En droit commercial, on appelle « obligations » les titres qui constatent des emprunts faits par des personnes morales de droit public ou de droit privé ; le porteur d'une obligation est juridiquement un prêteur : l'obligation constate son titre.

Dans le langage courant, l'obligation est caractérisée chaque fois qu'une personne est tenue de respecter une prescription quelconque ; « on a l'obligation de rouler à droite, de voter, faire la charité... ». Dans ce sens général, il n'y a pas d'obligation au sens juridique du terme, faute de lien de droit entre deux personnes.

3. – **L'obligation juridique.** La notion juridique d'obligation est plus riche. Elle est au cœur de deux questions élémentaires, mais essentielles :

– à partir de quand devient-on créancier ou débiteur ? Quelle est la source de l'obligation ? Le fait générateur source de l'obligation peut être le contrat ou le quasi-contrat. C'est l'objet du présent volume. Elle peut être le délit ou le quasi-délit. C'est la matière du tome 2 ;

– comment peut-on assurer l'exécution de cette obligation, et quelle est la structure de l'obligation ? Quel est le régime des obligations ? Le tome 3 de cette collection est consacré à ce thème.

Le droit des obligations s'efforce de répondre à ces deux questions principales. Tel est le programme de droit civil de deuxième et troisième années de droit, notamment à l'université de Paris I.

SECTION 2

LA CLASSIFICATION DES OBLIGATIONS

Les obligations sont très variées. Presque autant que le sont les faits et les circonstances de la vie quotidienne.

On peut classer les obligations en fonction de leur source, de leur objet ou de leur force.

SOUS-SECTION 1

SOURCE DE L'OBLIGATION

4. – **Définition.** On appelle source d'une obligation le facteur qui lui donne naissance. Le contrat est ainsi une source d'obligation.

La doctrine contemporaine a distingué deux grandes sources d'obligations :

– **l'acte juridique :** ou la manifestation de volonté destinée à produire des effets de droit. C'est principalement le contrat ; ce peut être aussi un acte unilatéral (par exemple, un testament, un congé).

– **le fait juridique :** ou tout événement qui peut entraîner des effets de droit (par ex. un accident de la route, un décès, etc.).

SOUS-SECTION 2

OBJET DE L'OBLIGATION

5. – **Variété des obligations.** L'objet de l'obligation désigne ce à quoi le débiteur est tenu à l'égard du créancier. Le Code civil détermine trois séries d'obligations :

– l'obligation de donner (C. civ., art. 1136 à 1141) ;

– l'obligation de faire (C. civ., art. 1142 à 1144) ;

– l'obligation de ne pas faire (C. civ., art. 1142, 1143 et 1145).

On peut se demander s'il n'en est pas d'autres (obligation de ne pas donner ; obligation de payer une somme d'argent…).

§ 1. – L'obligation de donner

6. – **Définition.** L'obligation de donner désigne l'obligation de transférer la propriété d'un bien (en droit romain, la *traditio* ; donner est pris ici au sens latin *dare*, qui signifie transférer la propriété). Cette obligation de donner caractérise le contrat de vente et le contrat de donation (le donateur donne ; le donataire reçoit). Elle n'a cependant une

réalité que lorsque le transfert de propriété ne se réalise pas par le seul effet du consentement.

§ 2. – L'obligation de faire

7. – **Définition.** L'obligation de faire conduit son débiteur à accomplir une prestation positive en faveur du créancier. Le garagiste est débiteur d'une obligation de faire, tout comme le maçon. Lorsque l'obligation de faire présente un caractère personnel, voire intime, la prestation n'est pas susceptible d'exécution forcée. La seule sanction est alors dans l'allocation de dommages et intérêts. Un temps, la jurisprudence avait admis la possibilité de contraindre le débiteur d'une promesse de vente à accomplir son obligation de faire. L'évolution récente de la jurisprudence dans cette matière a peut-être inversé cette tendance (V. *infra*, n°s 93 et s.).

§ 3. – L'obligation de ne pas faire

8. – **Définition.** Le débiteur d'une telle obligation est tenu de s'abstenir de certains faits et gestes. L'obligation de ne pas faire est, le plus souvent, une obligation accessoire, à l'exemple de l'obligation de ne pas concurrencer telle personne. L'obligation est alors contenue dans une clause de non-concurrence. Fréquente dans les contrats de travail, cette clause reçoit application lorsque le contrat est échu ou est résilié ; elle doit être limitée dans le temps et dans l'espace. Tel est également le cas des clauses de confidentialité, par lesquelles une partie s'engage à conserver secrète une information, et donc à ne pas la divulguer.

§ 4. – Autres

9. – **Obligations en nature et obligations monétaires.** La doctrine distingue aussi les obligations en nature des obligations monétaires : alors que les premières sont indifférentes aux variations monétaires puisque leur objet ne porte pas sur une somme d'argent – sauf lorsque le débiteur est définitivement défaillant, ce qui transforme l'obligation en nature en obligation monétaire, *i.e.* lorsqu'une saisie est pratiquée à son encontre –, les secondes ont pour objet une somme d'argent et sont donc sensibles aux effets de l'inflation. Ces effets profitent normalement au débiteur, sauf stipulations contraires (clause d'indexation…), aujourd'hui très fréquentes.

L'obligation monétaire peut être alourdie en raison de l'ancienneté de la dette : la stipulation d'intérêts moratoires dans le contrat, ou le jeu de l'intérêt légal, augmente la somme en principal due par le débiteur. Ces intérêts ont pour finalité d'inciter le débiteur à s'acquitter de sa dette et de compenser le préjudice lié à l'attente vaine d'une somme d'argent.

SOUS-SECTION 3

FORCE DE L'OBLIGATION

10. – **Obligation morale, obligation de moyens, obligation de résultat, obligation de garantie.** Les obligations varient dans leur intensité.

La première obligation est l'**obligation morale** ; elle n'a pas de portée juridique, sauf dans quelques cas particuliers : si l'obligation est exécutée, elle est considérée comme parfaitement valable, l'obligation morale se novant, au sens général du terme, en une obligation civile juridiquement efficace.

Plus haut dans l'échelle s'intercalent les obligations assorties de sanctions :

– l'**obligation de moyens :** le débiteur s'engage à faire son possible pour que l'obligation soit exécutée ; sa responsabilité est subordonnée à l'existence d'une faute prouvée par le créancier ;

– l'**obligation de résultat :** le débiteur s'oblige à faire le nécessaire pour que l'obligation soit exécutée ; sa responsabilité est engagée si l'obligation reste inexécutée (résultat non obtenu), sauf cas de force majeure.

L'**obligation de garantie** est au sommet de la hiérarchie : le débiteur ne peut s'en exonérer, même en cas de force majeure ; il est donc tenu systématiquement et doit en tout état de cause assumer les conséquences de l'inexécution de l'obligation.

Cette présentation est un peu simpliste ; nous aurons l'occasion de montrer qu'il est utile de distinguer l'obligation de moyens atténuée de l'obligation de moyens renforcée ou encore de l'obligation de résultat atténuée.

SECTION 3

CARACTÈRES GÉNÉRAUX DU DROIT DES OBLIGATIONS

11. – Permanence du droit des obligations. Le droit des obligations a longtemps été considéré comme immuable. Une construction juridique d'une logique implacable, « l'expression idéale de la logique juridique » disait-on. Cette théorie des obligations aurait été conçue par les Romains, puis affinée par les auteurs de l'Ancien Droit notamment par Domat et Pothier, avant d'être parfaite et exposée dans toutes ses dimensions, théoriques et pratiques, par Portalis au moment de la rédaction du Code civil.

L'observation est partiellement exacte : rien n'est immuable en droit, qui est la transcription de la vie économique et sociale. Or, celle-ci change ; le droit, par contagion, parfois par suivisme, change également : le droit n'est-il pas un miroir promené le long d'une société ?

Toutefois, le droit des obligations est assez stable, bien plus en tout cas que le droit de la famille et celui des personnes. Il est encore largement cohérent. Il n'est pas au cœur des grandes questions de morale ou de mœurs. Cela explique que le droit des obligations soit le droit le plus propice à l'unification internationale.

12. – Droit européen des obligations. La matière même des obligations favorise l'harmonisation des différentes législations. À ce jour, le droit des obligations dans l'Union européenne (UE) n'est pas unifié ; les législations se différencient sur de nombreux points. Chaque fois qu'un problème de droit contractuel se pose dans la Communauté, il faut le résoudre en se référant à la théorie des conflits de lois (il n'y a pas de Code civil européen dans l'UE). Il faut se demander, par exemple, devant un contrat conclu entre un Français à Paris et un Allemand à Francfort, quelle est la loi applicable. En droit des contrats, la règle de conflit est la loi d'autonomie, *i.e.* la loi choisie par les parties.

La théorie des conflits de lois étant une théorie nationale (chaque pays a son propre droit international privé), il subsiste de nombreuses difficultés d'application. Cependant, une convention internationale a été adoptée en 1980 (Convention de Rome du 19 juin 1980 sur la loi applicable aux obligations contractuelles, qui a été transformée en un règlement européen du 17 mai 2008, dit règlement Rome 1) ; elle a pour objet d'unifier les règles de conflits de lois en matière contractuelle dans l'Union européenne. Elle est, bien évidemment, capitale, car elle permettra d'éviter que, selon la juridiction saisie, une loi soit appliquée dans un pays et une autre loi dans le pays voisin. Souvent, du bon aiguillage sur la loi applicable, dépend l'issue du litige.

En outre, une commission pour le droit européen des contrats, dite Commission Lando, essaie de promouvoir des règles uniformes. Un certain nombre de solutions ont, à ce jour, été dégagées (V. *Les principes du droit européen du contrat, l'exécution, l'inexécution et ses suites*, Doc. fr., 1997). Il ne s'agit que d'éléments de réflexion, des documents très utiles dans une perspective de droit comparé.

L'Union européenne marche à petits pas vers l'harmonisation du droit des obligations : n'est-il pas le substrat nécessaire de la libre circulation des produits et capitaux ?

Le droit des obligations n'est cependant pas universel : il est nécessairement lié à la situation politique, économique et sociale du lieu et du moment.

13. – Procédure européenne et droit des obligations. Le règlement n° 44/2001 du Conseil du 22 décembre 2000 concernant la compétence judiciaire, la reconnaissance et l'exécution des décisions en matière civile et commerciale, qui remplace les conventions de Bruxelles de 1968 et de Lugano de 1988 en les « communautarisant » couvre tous les domaines du droit civil et commercial mis à part quelques exceptions (état et capacité des personnes, régimes matrimoniaux, successions, faillites, sécurité sociale et arbitrage). Il trouve donc application en droit des obligations.

La « matière contractuelle » est comprise par le droit européen dans un sens strict (V. Cass. 1re civ., 6 juill. 1999 : *Bull. civ.* 1999, I, n° 226. – *Adde* : la jurisprudence citée sous l'article 5 du règlement n° 44/2001 sur la compétence des tribunaux ; ce règlement a été révisé en 2012 et une nouvelle version entrera en vigueur en 2015).

SOUS-SECTION 1

ACTUALITÉ DU DROIT DES OBLIGATIONS

14. – Codification et droit des obligations. Le droit des obligations se prête aussi à la codification. Celle-ci peut se concevoir de différentes manières : ce peut être une compilation de textes. Elle peut aussi, de manière plus ambitieuse, dégager des principes généraux qui serviront de guide pour le juge. En France, la codification répond à la seconde conception et le Code civil contient des principes fondamentaux, voire constitutionnels. Le doyen Carbonnier n'avait-il pas dit que le Code civil contenait la Constitution civile de la France. Ainsi en est-il du principe de la force obligatoire des conventions (« Les conventions tiennent lieu de loi à ceux qui les ont faites. Elles ne peuvent être révoquées que de leur consentement mutuel, ou pour les causes que la loi autorise », C. civ., art. 1134, al. 1er et 2).

Le Code de commerce contient aussi quelques dispositions sur les obligations commerciales, par exemple sur leur preuve (C. com., art. L. 110-3). Il est nécessaire de le consulter pour connaître le droit des obligations, même si ce code, dans sa version récente et malgré sa « recodification » par l'ordonnance n° 2000-912 du 18 septembre 2000, n'est pas d'excellente facture.

Dans de nombreuses législations étrangères, on assiste au même phénomène de codification. Le code allemand régit les obligations de manière très abstraite (BGB, 1900). Les Suisses ont également codifié les obligations (code fédéral des obligations depuis 1881). Les Hollandais ont réformé récemment leur droit privé (Code civil de 1996). La plupart des pays africains francophones ont un code des obligations, au demeurant, proche du droit français des obligations. C'est le cas à Madagascar (cf. L. n° 66-003, 2 juill. 1966 relative à La Théorie Générale des Obligations, dite LTGO), au Sénégal…

SOUS-SECTION 2

ÉVOLUTION DU DROIT DES OBLIGATIONS

Les changements contemporains se caractérisent par trois traits essentiels.

§ 1. – La « patrimonialisation » de l'obligation

15. – Lien personnel ou patrimonial. L'obligation se réduit à l'exécution d'une prestation qui représente une valeur susceptible d'être appréciée en argent.

À l'origine, le lien entre le créancier et son débiteur était purement personnel, c'est-à-dire que lorsque ce dernier était récalcitrant, le créancier pouvait le contraindre à l'état d'esclave et le vendre au-delà du Tibre. Le créancier possédait ainsi une mainmise sur la personne physique du débiteur ; ce lien personnel était, au surplus, intransmissible, ce qui permettait au débiteur d'être délié si le créancier venait à changer ou à disparaître.

À l'heure actuelle, le lien entre ces deux personnes demeure, mais il porte sur le patrimoine du débiteur et part du patrimoine du créancier : les personnalités du créancier et du débiteur deviennent ainsi secondaires et l'obligation prend elle-même une valeur en étant, notamment, susceptible de transactions. Cette idée de valeur de l'obligation trouve sa confirmation dans le fait qu'elle est souvent l'objet de conventions.

§ 2. – La « juridicisation » de l'obligation

16. – Explication historique de la « juridicisation ». La protection juridique accordée au rapport d'obligation s'étend. Pendant longtemps, les rapports entre créancier et débiteur n'étaient sanctionnés que dans quatre cas correspondant à quatre types de contrats en droit romain :

– le contrat *verbis* supposant le prononcé de certaines formules ;
– le contrat *litteris* appelant l'accomplissement de certaines formalités ;
– le contrat *re* se consommant par la remise de la chose objet du contrat ;
– le contrat *solo consensu* se formant par l'échange des consentements.

En dehors de ces quatre situations, l'obligation n'était pas juridiquement protégée et sanctionnée. Aujourd'hui, cette protection est accordée à tous les rapports contractuels.

L'obligation attire ainsi davantage la règle juridique, qui elle-même tend à se diversifier et à se sédimenter en couches successives. Le droit est de plus en plus présent dans le domaine des obligations ; ainsi les zones de non-droit reculent, à l'inverse de ce que l'on observe dans le droit de la famille.

§ 3. – L'internationalisation de l'obligation

17. – **Internationalisation.** Les relations juridiques sont de plus en plus internationales. Peu à peu, les règles juridiques applicables se rapprochent et parfois s'unifient. Le phénomène s'observe particulièrement en droit des obligations. Ainsi les contrats font de plus en plus référence à des concepts ou à des mécanismes étrangers. Dans de nombreux secteurs, les pratiques se rejoignent. Au total, des règles communes se dégagent. Certaines ont fait l'objet d'une codification restée pour l'instant supplétive (V. *Principes du droit européen des contrats. Principes d'Unidroit sur les contrats du commerce international*).

Préambule des Principes d'Unidroit relatifs aux contrats du commerce international (version 2004)

« Les principes qui suivent énoncent des règles générales propres à régir les contrats du commerce international.

Ils s'appliquent lorsque les parties acceptent que leur contrat soit régi par les "Principes généraux du droit", la "*lex mercatoria*" ou autre formule similaire.

Ils peuvent s'appliquer lorsque les parties n'ont pas choisi une loi particulière devant régir leur contrat.

Ils peuvent être utilisés afin d'interpréter ou de compléter d'autres instruments du droit international uniforme.

Ils peuvent être utilisés afin d'interpréter ou de compléter le droit national.

Ils peuvent servir de modèle aux législateurs nationaux et internationaux ».

SECTION 4

LES SOURCES DES OBLIGATIONS

18. – **Classifications classiques.** La **classification** des obligations vient du droit romain. Selon les *Institutes* de Gaius, deux catégories d'actes sont créateurs d'obligations (*Omnis obligatio vel ex contractu nascitur, vel ex delicto*) :

– les contrats ;

– les délits (faits juridiques entraînant des obligations).

À côté de ces deux classes, Justinien, dans son *Digeste*, prenant appui sur un extrait des *Res cottidianae* du même juriste, avait ressenti le besoin d'en rajouter d'autres, telles le « quasi-contrat » (*Quasi ex contractu*) ou le « quasi-délit » (*Quasi ex maleficio*). Cette distinction quadripartite est passée dans notre Code civil. Elle ne répartit cependant plus la matière.

19. – Classifications « modernes ». Aujourd'hui, d'autres sources se développent, car les obligations sont également légales ou encore statutaires. On distingue donc :

– **l'obligation contractuelle** qui naît de la volonté des parties, tel le contrat qui est un acte volontaire et licite ;

– **l'obligation délictuelle** qui naît d'un fait illicite et volontaire ;

– **l'obligation quasi délictuelle** qui naît d'un fait illicite, mais involontaire ;

– **l'obligation quasi contractuelle** qui naît d'un fait volontaire et licite, mais qui ne peut être un contrat ;

– **les obligations légales** issues de textes particuliers et

– **les obligations statutaires** qui découlent de telle ou telle réglementation (sociale, fiscale, professionnelle)**, et les obligations déontologiques**, qui sont le fondement de poursuites disciplinaires.

Gaius avait pressenti l'importance de cette cinquième voie, constituée de la loi et du statut, en prévoyant des obligations nées de diverses sources de droit (*Ex variis causarum figuris*).

20. – Annonce du plan. On peut ici regrouper le délit et le quasi-délit (faits illicites) et écarter les obligations légales et statutaires qui font appel à des dispositions trop spécifiques.

On retiendra donc les trois séries de sources suivantes :

– le contrat ;

– le quasi-contrat ;

– le délit et le quasi-délit.

Elles forment les trois parties du cours.

Seront abordés dans ce volume le contrat et le quasi-contrat. Un autre volume paru dans cette collection traite du délit et du quasi-délit.

PREMIÈRE PARTIE

LE CONTRAT

21. – Définition du contrat. Selon l'article 1101 du Code civil, « Le contrat est une convention par laquelle une ou plusieurs personnes s'obligent, envers une ou plusieurs autres, à donner, à faire ou à ne pas faire quelque chose ».

Le contrat est donc un accord entre deux ou plusieurs personnes, auquel la loi donne force juridique en sanctionnant les engagements qu'il inclut. Le contrat est, sans doute, le phénomène juridique le plus notable de la période contemporaine. Autrefois réservé à certaines personnes (commerçants...), il s'est progressivement étendu à de nouvelles catégories économiques et sociales (salariés, entreprises, ménages...). L'extension quantitative du phénomène contractuel est remarquable. Du point de vue qualitatif, l'évolution est encore plus marquante ; les contrats se sont considérablement diversifiés. Alors qu'au XIXe siècle on dénombrait un type de vente (ou un type de prêt, ou encore de dépôt...), on connaît aujourd'hui plusieurs sortes de vente (il faut distinguer selon que la vente est civile ou commerciale, interne ou internationale) ; on recense pareillement au moins une dizaine de contrats de transport... De surcroît, de nouveaux contrats sont apparus (contrat de crédit-bail, franchisage...). L'Administration elle-même recourt de plus en plus à la technique du contrat (contrats de programme, de plan, d'aménagement...), notamment en ce qui concerne ses rapports avec les entreprises ou même les particuliers : les « mesures » sont toujours mieux acceptées lorsqu'elles sont négociées que lorsqu'elles sont imposées. Le succès de la « politique contractuelle » n'est plus à démontrer.

Ainsi, compte tenu de l'accélération de la vie économique et sociale, et de la complexité croissante de la vie des affaires, les types de contrats prolifèrent. Cette évolution remet en cause les points forts du contrat. D'où de nouvelles difficultés pour en déterminer le fondement.

SECTION 1

DIVERSITÉ DU CONTRAT

22. – Diversité du contrat. Le contrat se caractérise par son extrême diversité :

– **quant à sa forme :** il peut être conclu pour et dans un laps de temps très limité (achat d'une salade sur un marché) ou au contraire après de longs pourparlers (construction d'un navire de commerce). Certains contrats se concrétisent à travers de simples paroles échangées par deux personnes, sans autre formalité. D'autres sont formalisés dans des actes particuliers, à l'exemple de l'acquisition d'un immeuble ou de la constitution d'une hypothèque qui nécessite un acte notarié ;

– **quant au fond :** la diversité est tout aussi éclatante : plusieurs critères de classement viennent à l'esprit. Cette présentation ne prétend pas à l'exhaustivité ; il est possible, par exemple, de classer les contrats selon leur fonction, selon qu'ils visent à un échange, à une organisation ou à une garantie.

SOUS-SECTION 1

D'APRÈS LE TYPE

23. – **Opposition entre contrats classiques et contrats modernes.** Les **contrats classiques** sont les contrats identifiés par le Code civil de 1804 ; ils répondent à des opérations quotidiennes : contrat de vente par lequel une personne s'engage à livrer une chose, l'autre à en payer le prix ; contrat de mandat par lequel le mandant enjoint au mandataire d'accomplir un acte juridique en son nom et pour son compte ; contrat de dépôt par lequel le déposant remet une chose à un dépositaire, à charge de la garder…

Les **contrats modernes** sont ceux que la pratique, spécialement commerciale, a créés. Ils échappent pour la plupart aux cadres du Code civil : contrat de crédit-bail, contrat d'ingénierie, contrat de réalisation d'ensembles industriels…

24. – **Opposition entre contrats nommés et contrats innommés.** Le contrat **nommé** est le contrat qui porte un nom et dont la théorie se trouve dans le Code civil (vente, louage, mandat, prêt…).

Le contrat **innommé** n'a pas de nom parce que le législateur ne l'a pas prévu ; il reste donc innommé même s'il porte un nom en pratique. Tel est le cas du contrat de coffre-fort, de l'escompte, de la logistique…

Cette distinction entre contrats nommés et innommés est évoquée par **l'article 1107 du Code civil** :

> « Les contrats, soit qu'ils aient une dénomination propre, soit qu'ils n'en aient pas, sont soumis à des règles générales qui sont l'objet du présent titre. Les règles particulières à certains contrats sont établies sous les titres relatifs à chacun d'eux ; et les règles particulières aux transactions commerciales sont établies par les lois relatives au commerce. »

Le texte, cependant, n'approfondit pas la distinction dont l'intérêt a varié au cours du temps.

En **droit romain**, la distinction entre contrat nommé et contrat innommé était essentielle. Les contrats nommés étaient ceux dont la théorie était constituée, c'est-à-dire ceux auxquels correspondait une action expressément prévue par la loi ou le prêteur. Le contrat portait le nom de l'action : ainsi le contrat de vente a pour modalité pratique *l'actio venditio*.

Les contrats innommés formaient une catégorie particulière. Ils ne comportaient pas de sanction prévue par la loi, n'étaient pas obligatoires et étaient illimités. Cependant, on finit par admettre le caractère contraignant d'un tel contrat en cas d'exécution volontaire par l'une des parties (contrat de type *do ut des*).

Depuis l'adoption du Code civil, on ne s'interroge plus sur le fait de savoir si le contrat comporte ou non une action. Au contraire, c'est le droit qui fait naître l'action. Ce qui compte, c'est ce que les parties veulent. Nommés ou innommés, tous les contrats sont efficaces dans la mesure où ils répondent aux exigences de la théorie générale des obligations : ils sont juridiquement obligatoires, qu'ils soient assortis ou non d'une action particulière.

Aujourd'hui, les contrats se spécialisent à nouveau. Le législateur s'est engagé dans la définition de statuts contractuels types (bail d'habitation, vente d'immeuble à construire...), si bien qu'il redevient nécessaire de connaître avec précision la réglementation qui les concerne.

25. – **Opposition entre contrats principaux et contrats accessoires.** Le **contrat principal** est celui qui existe indépendamment d'un autre. À lui seul, il permet d'atteindre le résultat escompté par les parties.

Le **contrat accessoire** suppose l'existence d'un autre contrat auquel il se rattache. Ainsi le contrat de vente est un contrat principal : il se suffit à lui-même. Le contrat de transport est également autonome, bien qu'il accompagne, le plus souvent, un contrat de vente. Le contrat de cautionnement est, en revanche, un contrat accessoire (contrat conclu par une caution envers un créancier) : il garantit l'exécution du contrat principal. Il dépend donc de ce dernier : si le contrat principal venait à disparaître, le contrat accessoire deviendrait caduc (V. C. civ., art. 2288).

Cette distinction entre contrats principaux et accessoires s'est **récemment renouvelée** à travers la théorie des groupes de contrats et la notion de « bloc contractuel » ou encore d'indivisibilité. En effet, dans toute une série de situations, les contrats sont en étroite interdépendance et concourent à la réalisation d'une même opération (combien de contrats pour un seul Airbus ?).

Ainsi, la Cour de cassation a approuvé une cour d'appel d'avoir jugé que deux conventions conclues par Gaz de France avec deux établissements distincts « constituaient un ensemble contractuel indivisible » en raison de leur concours commun à la réalisation de la même opération économique (Cass. 1re civ., 4 avr. 2006). Cette conception d'ensemble contractuel indivisible a été reprise à propos de deux contrats de vente immobilière (Cass. 3e civ., 3 nov. 2011, n° 10-19.452).

La notion d'ensemble contractuel indivisible

Un arrêt du 4 avril 2006 renouvelle la théorie des groupes de contrats et reconnaît l'existence d'« ensembles contractuels indivisibles ».

Cass. 1re civ., 4 avr. 2006, n° 02-18.277 : *Bull. civ.* 2006, I, n° 190, p. 166

Attendu que depuis 1984 et par l'effet de deux relations contractuelles toujours reconduites, la société Cofreth, ci-après la société, en charge de l'exploitation de la chaufferie de l'hôpital militaire Legouest à Metz, s'approvisionnait pour ce faire auprès de Gaz de France ; que depuis 1989, la société était liée avec le gestionnaire de l'hôpital par une convention quinquennale assortie d'une faculté de dénonciation, et, depuis 1991, avec l'établissement public en vertu d'un contrat triennal conclu jusqu'au 30 novembre 1994 ; que, dans le courant de l'année 1993, le gestionnaire ayant fait savoir à la société que l'hôpital aurait désormais recours au chauffage urbain et que leur convention d'exploitation serait rompue dès le mois d'octobre, l'intéressée, aux droits de qui se trouve aujourd'hui la société Elyo, a demandé à Gaz de France la résiliation à la même date du contrat d'approvisionnement ; que l'établissement public lui a alors réclamé, pour la période s'étendant jusqu'au terme initialement convenu entre eux, paiement des sommes correspondant à l'abonnement et à une clause de consommation mensuelle minimale ;

Sur le deuxième moyen, pris en ses deux premières branches, et sur le troisième moyen :

Attendu qu'il n'y a pas lieu de se prononcer sur ces griefs, dont aucun ne serait de nature à permettre l'admission du pourvoi ;

Et sur le premier moyen, et le deuxième, pris en ses troisième et quatrième branches :

Attendu que l'arrêt attaqué (Metz, 30 janvier 2002), qui a rejeté la demande, a relevé, d'une part, que les conditions tant générales que particulières de la convention liant la société et Gaz de France stipulaient l'affectation du combustible commandé à son utilisation par l'hôpital, d'autre part, que la réalisation de l'exploitation de la chaufferie constituait la seule cause du contrat de fourniture du produit dont Gaz de France a le monopole, et que les deux contrats conclus par la société, l'un avec le gestionnaire, l'autre avec l'établissement public, de durées différentes pour des raisons propres à la qualité et à la puissance économique et juridique du partenaire, concouraient sans alternative à la même opération économique; qu'ayant souverainement retenu que les deux conventions constituaient un ensemble contractuel indivisible, la cour d'appel en a déduit à bon droit que la résiliation du contrat d'exploitation avait entraîné la caducité du contrat d'approvisionnement, libérant la société des stipulations qu'il contenait ; qu'ainsi, la décision est légalement justifiée ;

Par ces motifs : Rejette le pourvoi (...)

Voir également :

Cass. 1re civ., 13 mai 2008, n° 06-19.339 : *Bull. civ.* 2008, I, n° 72

Sur le moyen unique, pris en ses cinq branches :

Vu l'article 1218 du Code civil ;

Attendu que par contrat des 24 mars et 14 avril 2000, la société Grenke location a donné en location à M. X... un matériel téléphonique fourni par la société Protecnicom France ; que le 24 mars 2000, M. X... a également conclu avec cette dernière un « contrat d'abonnement de téléphonie » ayant pour objet l'installation de ce matériel ainsi que son entretien ; que M. X... ayant cessé de régler les loyers, la société Grenke location s'est prévalue de la clause résolutoire contenue dans le contrat et lui a réclamé le paiement des sommes dues ; que M. X... a appelé en intervention forcée la société Protecnicom France, représentée par son liquidateur judiciaire ; que par une décision irrévocable de ce chef, le tribunal a prononcé la résiliation du contrat d'abonnement de téléphonie en raison du mauvais fonctionnement de l'installation ; qu'ensuite, l'arrêt attaqué a débouté M. X..., qui invoquait l'interdépendance entre les deux contrats, de sa demande de résiliation du contrat de location et accueilli celle de la société Grenke location ;

Attendu que pour juger que les contrats litigieux n'étaient pas indivisibles, la cour d'appel a relevé qu'il n'est démontré, ni même prétendu, que la société Grenke location aurait été l'instigatrice du montage juridique et qu'il n'est pas davantage démontré qu'elle aurait eu connaissance du contrat d'abonnement de téléphonie auquel le contrat de location ne fait aucune référence ;

Attendu qu'en se déterminant par de tels motifs sans rechercher, ainsi que l'y invitaient les conclusions de M. X..., si n'était pas de nature à caractériser l'indivisibilité entre les deux contrats la clause du contrat d'abonnement de téléphonie prévoyant que lorsque le matériel est mis à la disposition de l'utilisateur dans le cadre d'un contrat de location convenu avec un organisme de financement, la redevance due comprendra le montant des loyers mensuels revenant au bailleur et sera intégralement perçue par la société Protecnicom France qui reversera au bailleur le montant des loyers et malgré ses constatations d'où il se déduisait que la location souscrite auprès de la société Grenke location n'avait aucun sens sans les prestations d'installation du matériel contractuellement dues à l'utilisateur par la société Protecnicom France, la cour d'appel n'a pas donné de base légale à sa décision ;

Par ces motifs, et sans qu'il y ait lieu de statuer sur les autres branches du moyen : Casse et annule.

SOUS-SECTION 2

D'APRÈS L'OBJET

26. – Opposition entre contrats synallagmatiques aux contrats unilatéraux. Le contrat est **synallagmatique** lorsque les deux parties s'obligent réciproquement l'une envers l'autre : c'est le cas de la vente, de l'échange, du louage.

Il est défini à l'article 1102 du Code civil :

> « Le contrat est synallagmatique ou bilatéral lorsque les contractants s'obligent réciproquement les uns envers les autres. »

Le contrat est **unilatéral** lorsque deux ou plusieurs personnes sont engagées dans un contrat mais qu'une seule est débitrice envers l'autre (ou les autres) : *i.e.* le contrat de prêt, contrat réel se formant par la remise de la somme prêtée, ne crée d'obligations qu'à la charge de l'emprunteur (restituer la chose).

La distinction ainsi posée n'est pas toujours aisée à mettre en œuvre : selon la Cour de cassation, la convention par laquelle une partie demande à une banque de lui ouvrir un compte de dépôt à terme, rémunéré, destiné à garantir la bonne fin des opérations d'un tiers avec cette banque, constitue une convention synallagmatique et non un cautionnement ; à juste titre, la cour d'appel se réfère à l'article 1102 du Code civil et relève que cette convention était explicite quant au contenu des obligations réciproques des parties (Cass. 1re civ., 2 févr. 1994 : *Bull. civ.* 1994, I, n° 46).

Entre ces deux catégories se glisse une catégorie intermédiaire. Lors de leur conclusion, certains contrats n'obligent qu'une partie. Ce sont donc à l'origine des contrats unilatéraux. Cependant, au cours de leur exécution, des obligations peuvent naître à la charge de la partie non débitrice. Les accords deviennent alors en cours d'exécution des contrats synallagmatiques et plus exactement des **contrats synallagmatiques imparfaits**. Ceux-ci obéissent néanmoins aux règles de fond des contrats synallagmatiques.

27. – Intérêt de la distinction. Les règles juridiques ne sont pas les mêmes selon que le contrat envisagé est synallagmatique ou unilatéral, notamment :

– **sur le terrain de la preuve :** lorsque le contrat est synallagmatique, la formalité du double exemplaire doit être respectée (C. civ., art. 1325) ; lorsque le contrat est unilatéral, la personne qui s'oblige doit apposer la mention manuscrite prévue à l'article 1326 du Code civil (« L'acte juridique par lequel une seule partie s'engage envers une autre à lui payer une somme d'argent ou à lui livrer un bien fongible doit être constaté dans un titre qui comporte la signature de celui qui souscrit cet engagement ainsi que la mention, écrite de sa main, de la somme ou de la quantité en toutes lettres et en chiffres. En cas de différence, l'acte sous seing privé vaut pour la somme écrite en toutes lettres ») ;

– **au fond :** dans le contrat synallagmatique, les obligations sont interdépendantes, d'où un certain nombre de conséquences juridiques et de théories propres à ce type de contrats, comme la théorie de la résolution (action offerte au cocontractant pour obtenir la disparition du contrat quand l'autre ne respecte pas ses obligations) ou celle de l'exception d'inexécution (action par laquelle une des parties refuse d'exécuter ses obligations parce que l'autre n'exécute pas elle-même ses engagements).

28. – Opposition entre contrats à titre onéreux et contrats à titre gratuit. Dans **le contrat à titre gratuit** ou contrat de bienfaisance, l'une des parties procure à l'autre un avantage sans rien recevoir en retour. Une prestation s'exécute sans réciprocité : contrat de dépôt gratuit (C. civ., art. 1917), contrat de donation (C. civ., art. 894).

Dans **le contrat à titre onéreux**, chacune des parties procure à l'autre un avantage moyennant une prestation immédiate ou future : le contrat de location en est un bon exemple.

Il faut éviter de **confondre le contrat à titre onéreux et le contrat synallagmatique**, car si tout contrat synallagmatique, ou presque (V. la donation avec charges) est à titre onéreux, un contrat à titre onéreux n'est pas forcément synallagmatique. En effet, ce qui établit le caractère onéreux d'un contrat, ce n'est pas la réciprocité des obligations, mais la réciprocité des avantages, qui se retrouve sans doute dans les contrats synallagmatiques, mais également dans certains contrats unilatéraux (cas du contrat de prêt d'argent à intérêt).

L'intérêt de la distinction concerne d'abord le régime de la responsabilité contractuelle : la faute du débiteur est appréciée avec plus de bienveillance dans le contrat à titre gratuit que dans le contrat à titre onéreux (C. civ., art. 1992, al. 2). En outre, seuls les contrats à titre onéreux peuvent avoir un caractère commercial.

29. – Opposition entre contrats commutatifs et contrats aléatoires. Dans **le contrat commutatif**, l'étendue des prestations convenues est susceptible d'être appréciée immédiatement : c'est le cas dans le contrat de vente. Comme le dit le Code civil, à l'article 1104, alinéa 1er : « Il est commutatif lorsque chacune des parties s'engage à donner ou à faire une chose qui est regardée comme l'équivalent de ce qu'on lui donne, ou de ce qu'on fait pour elle.

Lorsque l'équivalent consiste dans la chance de gain ou de perte pour chacune des parties, d'après un événement incertain, le contrat est aléatoire ».

Dans **le contrat aléatoire (du latin *alea***, coup de dés), la prestation promise par l'une des parties dépend, dans son existence ou dans son étendue, d'un événement incertain. On ne peut donc pas apprécier l'avantage du contrat immédiatement : ainsi en est-il dans le contrat d'assurance du hasard.

L'**intérêt**, accru, de la distinction repose sur le fait que le contrat aléatoire échappe en partie à la législation contemporaine sur la protection du consommateur, et qu'il ne peut être annulé pour cause de lésion (« l'aléa chasse la lésion »).

Le contrat aléatoire a trouvé un autre domaine que l'article 1964 du Code civil. L'aléa est un événement dépendant d'un hasard favorable ou non, un événement dont la survenance et les résultats sont incertains. Le concept d'aléa reste flou faute de disposition légale. Or, le choix de telle ou telle conception de l'aléa conditionne la qualification, l'existence et l'exécution des contrats aléatoires, parmi lesquels figure, en vertu de l'article 1964 du Code civil, le contrat d'assurance.

Dans le contrat d'assurance, l'assureur prend à sa charge, moyennant le versement par l'assuré de primes, un risque dont la réalisation est envisagée par les parties et dont l'assuré n'entend pas supporter seul et personnellement l'incidence définitive. L'aléa tient à l'existence d'un risque donnant prise à l'incertitude : celle-ci porte le plus souvent sur la réalisation même de l'événement envisagé (incendie, vol, décès dans l'assurance sur la vie en cas de décès).

Le contrat d'assurance-vie, de son côté, divise encore doctrine et jurisprudence : un contrat d'assurance-vie peut être requalifié en donation si les circonstances dans lesquelles son bénéficiaire a été désigné révèlent la volonté du souscripteur de se dépouiller de manière irrévocable du capital acquis à son décès au seul profit d'une personne en faisant échec aux règles successorales. En l'absence d'aléa au sens des articles 1964 du Code civil, L. 310-1 et R. 320-1-20 du Code des assurances, un contrat d'assurance-vie correspond de fait à une donation de la prime versée.

Les contrats d'assurance sur la vie utilisés pour constituer une épargne connaissent depuis plusieurs décennies un succès exponentiel. C'est le cas notamment de l'assurance mixte dont le principal intérêt est de permettre au souscripteur, en contrepartie de primes à versement unique ou périodique, de bénéficier lui-même s'il est encore en vie à échéance, ou de faire bénéficier un tiers désigné s'il décède avant le terme conventionnellement prévu, d'une épargne capitalisée. La qualification de l'assurance mixte en particulier et des contrats de placement en général soulève depuis longtemps un abondant contentieux devant les juridictions du fond et de vifs débats doctrinaux. La question posée est celle de savoir si les contrats litigieux comportent effectivement l'aléa nécessaire à la qualification de contrat d'assurance sur la vie ou si, faute d'aléa, il convient de les requalifier en contrats de capitalisation.

L'assurance-vie, mieux l'assurance décès, est elle-même un contrat aléatoire : le décès est en effet un événement incertain. Les primes sont versées à fonds perdus ; l'indemnité est due si l'événement se réalise.

Ne revêtent pas, en revanche, un caractère aléatoire les contrats de capitalisation par lesquels l'assureur capitalise les versements du souscripteur pour les reverser à l'échéance convenue soit au souscripteur lui-même, soit à un bénéficiaire désigné par le souscripteur s'il vient à décéder avant celle-ci. En ce cas, en effet, la durée de la vie humaine ne commande pas la valeur de la prestation, laquelle sera dans tous les cas du montant des prix capitalisée. La Cour de cassation a néanmoins retenu la solution contraire au motif que « le contrat d'assurance dont les effets dépendent de la durée de la vie humaine comporte un aléa au sens de l'article 1964 du Code civil » (Cass. ch. mixte, 23 nov. 2004 : *D.* 2005, 1905, note B. Beignier). La solution est critiquable et s'explique uniquement par des considérations économiques. La jurisprudence considère que le capital versé reste hors succession et n'est pas soumis à rapport, sauf si les primes versées sont exagérées (V. C. civ., art. 894).

Cass. ch. mixte, 23 nov. 2004 : *Bull. civ.* 2004, ch. mixte, n° 4

Sur le moyen unique :

Vu les articles 1964 du Code civil, L. 310-1,1 et R. 321-1, 20 du Code des assurances ;

Attendu que le contrat d'assurance dont les effets dépendent de la durée de la vie humaine comporte un aléa au sens des textes susvisés et constitue un contrat d'assurance sur la vie ;

Attendu, selon l'arrêt attaqué, que la société Crédit foncier de France et la société Auxiliaire du Crédit foncier de France ont financé l'acquisition d'un bien immobilier par la société l'Orchidée dont M. X... était le gérant ; que le remboursement des fonds prêtés était notamment garanti par un contrat dénommé Foncier Variance 2 souscrit par M. X... auprès de la société Foncier assurance, la société Auxiliaire du Crédit foncier de France étant désignée comme bénéficiaire de ce contrat en cas de vie de M. X... et en l'absence de remboursement du prêt à concurrence de sa créance sur la société l'Orchidée ; que cette dernière a été mise en liquidation judiciaire ; que M. X... ayant été mis en redressement judiciaire, le commissaire à l'exécution du plan de redressement de M. X... ainsi que ce dernier ont assigné la société Crédit foncier de France, la société Auxiliaire du Crédit foncier de France et la société Foncier assurance en demandant que les établissements prêteurs ne puissent être admis à se prévaloir de la garantie constituée par le contrat Foncier Variance 2 en ce qu'elle constituait un privilège au sens de l'article L. 621-44 du Code de commerce et en soutenant que le bénéficiaire n'avait déclaré sa créance qu'à titre chirographaire à la procédure collective de M. X... ;

Attendu que pour dire que le contrat Foncier Variance 2 était un contrat de capitalisation et non un contrat d'assurance sur la vie, l'arrêt retient que la survie de M. X... était dénuée d'influence sur l'existence et le montant des versements effectués en exécution du contrat, seule l'identité de ses bénéficiaires pouvant être affectée par l'éventualité d'un décès du souscripteur, que l'exécution de la prestation de l'assureur et le montant des sommes devant être versées par lui étaient indépendantes de la durée de la vie de l'assuré ;

Qu'en statuant ainsi, la cour d'appel a violé les textes susvisés ;

Par ces motifs : Casse et annule.

30. – Opposition entre contrats internes et contrats internationaux. Ces derniers soulèvent des questions délicates de droit applicable. Le contrat est international lorsque par sa structure il est concerné par, au moins, deux ordres juridiques (élément d'extranéité). Il faut alors déterminer le droit applicable qui est en principe celui que les parties ont choisi (cf. Règl. Rome 1 sur la loi applicable aux obligations contractuelles).

SOUS-SECTION 3

D'APRÈS LA QUALITÉ DES CONTRACTANTS

31. – Opposition entre contrats civils et contrats commerciaux. Le **contrat civil** obéit aux règles du Code civil. Le **contrat commercial** obéit à la théorie générale des contrats et aux règles du Code de commerce.

Cette distinction est annoncée par **l'article 1107, alinéa second, du Code civil** : « (...) les transactions commerciales sont établies par les lois relatives au commerce ». En 1804, cette distinction présentait peu d'importance. Au cours du XIXe siècle, les lois commerciales se sont particulièrement développées. Aujourd'hui, le corps de règles de commerce, applicable aux contrats commerciaux, est considérable. Les contrats de transport en donnent de bons exemples (C. com., art. L. 132-8 et s.). Plus généralement, les contrats commerciaux ont une place de premier ordre dans la vie économique ; de même en est-il pour les contrats de société, les contrats de gage et la plupart des contrats internationaux.

32. – Opposition entre contrats de droit privé et contrats administratifs. Le **contrat administratif** obéit en grande partie à la théorie générale des contrats, élaborée par le Code civil et la jurisprudence. Toutefois, ces contrats obéissent à des dispositions particulières favorables à l'administration, qui jouit de fortes prérogatives (résiliation unilatérale, privilège de paiement...) dont ne dispose pas un particulier dans un contrat de droit privé.

Le contrat est administratif quand :

– il est conclu au moins par une personne publique ;

– et contient en même temps une clause exorbitante du droit commun (*i.e.* une clause que ne reconnaît pas le droit privé), plus précisément une clause qui confère aux parties des droits ou qui met à leur charge des obligations étrangères par leur nature à ceux qui sont susceptibles d'être librement consentis par quiconque dans le cadre des lois civiles et sociales ;

– ou sert de vecteur à une mission de service public.

La notion de contrat administratif

Le Centre national d'études spatiales (CNES), propriétaire d'un hôtel et du terrain attenant, avait lancé une consultation ayant pour objet l'extension de cet hôtel, et avait signé avec un groupe d'entreprises agissant pour le compte d'une société devant être créée, deux promesses de vente de l'hôtel existant et du terrain. Le CNES a abandonné son projet.

Selon la cour, il ne peut être reproché à l'arrêt attaqué statuant sur l'action en réparation formée par ladite société, d'avoir déclaré incompétentes les juridictions de l'ordre judiciaire, dès lors que, « ... si la soumission d'un contrat aux dispositions du Code des marchés publics ne lui confère pas, par elle-même, le caractère administratif, et si la clause d'un contrat donnant à une personne publique le droit de le résilier de plein droit, même sans mise en demeure préalable, en cas de manquement de son contractant à l'une de ses obligations, n'est pas exorbitante du droit commun, la cour d'appel, qui a constaté que les accords conclus entre le CNES et la société imposaient à celle-ci une association avec une société qui lui était totalement étrangère, dans un souci de politique locale et, de même, après la vente de ses biens, lui réservaient le contrôle du projet architectural et sa cohérence ainsi que la capacité, la catégorie et le prix des chambres de l'ensemble hôtelier dont la réalisation était à entreprendre avant même la réitération des actes définitifs de vente, avec allotement pour la clientèle privilégiée du CNES, en a exactement déduit le caractère exorbitant du droit commun de l'ensemble de ces clauses conférant au CNES un pouvoir de contrôle sur son cocontractant, caractérisant l'existence d'un contrat administratif ». (Cass. 1re civ., 16 mars 1999 : *D.* 1999, inf. rap. p. 100 ; *Defrénois* 1999, p. 748, art. 37008, n° 41 et la note. – Comp. pour un contrat de crédit-bail portant sur du matériel de bureau pour les besoins du fonctionnement du service public : Cass. 1re civ., 8 déc. 1998 : *Bull. civ.* 1998, I, n° 35).

Un autre arrêt du 20 février 2007 doit être rapproché :

Cass. 1re civ., 20 févr. 2007, n° 06-15.074

Sur le moyen unique :

Attendu que le Crédit municipal de Nantes (Crédit municipal) a conclu des contrats avec la société EFT services France (EFT) pour la mise en place et l'exploitation de distributeurs de billets ; que la société Expérian, intermédiaire des banques était chargée du contrôle des fichiers et des envois pour compensation ; que le Crédit municipal a mis fin aux contrats, émis un titre exécutoire à l'encontre de la société EFT et fait pratiquer une saisie attribution sur son compte bancaire ; que la société EFT a assigné le Crédit municipal et la société Expérian en annulation du titre exécutoire et sollicité la condamnation du Crédit municipal au paiement d'indemnités pour rupture abusive des contrats ; que le crédit municipal a soulevé l'incompétence des juridictions de l'ordre judiciaire ;

Attendu que le Crédit municipal de Nantes fait grief à l'arrêt attaqué (Rennes, 9 mars 2006) d'avoir rejeté l'exception d'incompétence soulevée, alors, selon le moyen, que la cour d'appel s'est déclarée compétente prétexte pris de ce que les contrats les liant ne contenaient pas de clauses exorbitantes et de ce que l'exploitation de distributeurs automatiques de billets ne participait en rien à la mission d'aide sociale du Crédit municipal, quand l'activité bancaire de cet établissement public administratif constituait une modalité d'exercice de sa mission de service public, a violé la loi des 16 et 24 août 1790, le décret du 16 fructidor An III, ensemble les articles L. 514-1 et L. 514-4 du Code monétaire et financier ;

Mais attendu qu'ayant relevé que les caisses de Crédit municipal sont des établissements publics à caractère administratif, ayant pour mission de combattre l'usure et d'assurer un service public à vocation principalement sociale et locale et que les contrats conclus entre le Crédit municipal de Nantes et la société EFT, portant sur l'installation et l'exploitation de distributeurs de billets installés pour certains hors site, ouverts à n'importe quel utilisateur, ne pouvaient contribuer à combattre l'usure ou à favoriser une aide sociale et n'avaient donc pas pour objet de faire participer son bénéficiaire à l'exécution du service public, la cour d'appel a légalement justifié sa décision ;

Par ces motifs : Rejette le pourvoi.

33. – Opposition entre contrats conclus entre professionnels et contrats de consommation. Cette distinction est apparue récemment avec la législation contemporaine sur la protection du consommateur. Le mouvement *consumériste* est à l'origine d'une législation qui s'efforce de protéger les parties considérées comme faibles au contrat (consommateurs) contre les abus (réels ou supposés) des professionnels. Depuis les premières lois « Scrivener » du 10 janvier 1978, le mouvement s'est amplifié : lois « Neiertz » des 23 juin et 31 décembre 1989 ; loi du 1er février 1995 sur les clauses abusives... Il a donné lieu aussi à une codification de caractère administratif (Code de la consommation).

À l'inverse, certains textes ne concernent que les professionnels. Ainsi l'article 2061 du Code civil dispose : « Sous réserve des dispositions législatives particulières, la clause compromissoire est valable dans les contrats conclus à raison d'une activité professionnelle ». D'où la situation suivante :

– les contrats conclus par des professionnels entre eux – qui ne connaissent pas de réglementation particulière et peuvent être organisés en toute liberté ;

– les contrats conclus entre professionnels et consommateurs : la liberté laissée aux cocontractants est alors fortement réduite.

Précisons que la notion de consommateur est entendue, à juste titre, strictement. Si le contrat a un rapport direct avec une activité professionnelle, il n'est pas soumis au droit de la consommation.

Quant aux contrats conclus entre les consommateurs eux-mêmes, ils ne relèvent pas davantage du droit de la consommation : ils n'impliquent aucun rapport de force. Ils sont donc soumis au seul droit commun.

On s'était demandé si la notion de consommateur ne postule pas que la personne concernée soit une personne physique et non morale. Certains articles du Code de la consommation exigent aujourd'hui que le consommateur soit une personne physique ; comme par exemple l'article L. 121-33, alinéa 1er :

> « Il est interdit de se rendre au domicile d'une personne physique, à sa résidence ou à son lieu de travail pour proposer la vente, la location ou la location-vente de documents ou matériels quelconques tendant à répondre aux mêmes besoins que des prestations de services pour lesquelles le démarchage est prohibé en raison de son objet par un texte particulier. »

Il n'y a donc pas de solution de principe...

La notion de consommateur

Cass. 1re civ., 2 avr. 2009, n° 08-11.231

LA COUR :

Sur le moyen unique, pris en sa première branche :

Vu l'article L. 136-1 du Code de la consommation dans sa rédaction issue de la loi du 28 janvier 2005 applicable en la cause ;

Attendu que la société SLG Canal CE a conclu avec le comité d'entreprise de la société Dimension Data un contrat de fourniture de service portant sur un ensemble de prestations accessibles par internet, pour une durée de deux ans avec possibilité de reconduction tacite ; qu'à la suite d'une contestation sur la reconduction du contrat, le comité d'entreprise s'est prévalu des dispositions de l'article L. 136-1 du Code de la consommation selon lequel le consommateur peut mettre fin à tout moment au contrat à compter de la date de reconduction en cas de non-respect de l'information incombant au professionnel ;

Attendu que pour débouter la société SLG Canal CE de sa demande en paiement, le juge de proximité retient que le comité d'entreprise de la société Dimension Data qui n'est pas un professionnel bénéficiait de fait de la qualité de consommateur de sorte que les dispositions de l'article L. 136-1 du Code de la consommation lui étaient applicables ;

Qu'en statuant ainsi, alors que le texte susvisé, qui s'applique exclusivement au consommateur, ne concerne que les personnes physiques, le juge a violé le texte susvisé par fausse application ;

Par ces motifs, et sans qu'il y ait lieu de statuer sur les autres branches du moyen :

Casse...

L'article L. 136-1 du Code de la consommation a été modifié par la loi dite Chatel II du 3 janvier 2008 qui a étendu son application au « non-professionnel ». Cette catégorie visant les personnes morales n'exerçant pas d'activité professionnelle (Cass. 1re civ., 15 mars 2005 : *Bull. civ.* 2005, I, n° 135), la solution pourrait être différente, sous l'empire de la loi

nouvelle, étant précisé cependant que l'absence de but lucratif n'exclut pas l'exercice d'une activité professionnelle (Cass. 1re civ., 23 mars 1999 : *D.* 2000, somm. p. 40).

34. – Opposition entre contrats conclus *intuitu personae* et contrats non conclus *intuitu personae*. Le contrat conclu *intuitu personae* est passé en considération de la personne du cocontractant. L'intérêt de la distinction réside dans le fait que l'accord de volonté sera fonction de l'agrément que l'on veut donner au candidat contractuel (contrat de crédit…). Il est cependant difficile de savoir si un contrat a été conclu *intuitu personae* : la jurisprudence n'en a jamais donné une définition précise. Il reste que l'*intuitus personae* peut être unilatéral ou bilatéral, constant ou partiel… et vise les différents aspects – juridique, économique – d'une personnalité, physique comme morale du reste.

De nos jours, les clauses tentant d'introduire l'*intuitus personae* dans un contrat, qui naturellement ne serait pas soumis à ces solutions sont fréquentes. Tel est le cas de la « Clause de non-transmissibilité du contrat », stipulant que « Compte tenu de son caractère *intuitu personae*, le présent contrat ne pourra être transmis ni entre vifs ni à cause de mort » ; ce contrat conclu *intuitu personae* ne peut être transmis sans l'accord du cocontractant (Cass. com., 7 juin 2006, n° 05-113.84).

SOUS-SECTION 4

D'APRÈS LA DURÉE

35. – Opposition entre contrats d'occasion et contrats de situation. Ce sont des expressions plus sociologiques que juridiques mais riches de sens (cf. M. Cabrillac). Le **contrat d'occasion** est un contrat précis qui est conclu à l'occasion de telle ou telle circonstance. Le **contrat de situation** est celui qui, par exemple, est nécessaire pour l'exploitation d'une entreprise (bail commercial, concession commerciale).

Le **contrat d'échange** a connu des développements récents. Le troc a historiquement précédé la vente avant de s'incliner devant elle en raison du développement des instruments monétaires. Bien que pouvant constituer une forme dite primitive de transaction économique, le troc, avec le développement de l'économie numérique et l'accélération des échanges à laquelle il donne lieu, semble retrouver un nouvel essor et un regain d'intérêt de la part des praticiens des affaires.

L'échange est fréquent dans le commerce international : il peut prendre la forme de montages contractuels complexes, sous forme des contrats de *buy back* (obligation réciproque d'achats pour une valeur identique) ou de *switch* (contrat dans lequel la contrepartie à la livraison du bien est l'ouverture d'un crédit dans les comptes du bénéficiaire de la livraison, ce crédit étant utilisé à l'achat d'autres biens).

L'échange peut être :

– outil du remembrement rural par échanges de parcelles ;

– technique de droit des sociétés afin de permettre leur restructuration (offre publique d'échange, réduction du capital social par échange de titres), leur financement (obligations convertibles et/ou échangeables en actions nouvelles ou existantes, dites OCEANE) ;

– technique de financement au travers d'instruments financiers complexes (par ex., contrat d'échange de *swap*).

Le contrat-organisation. Le contrat-organisation connaît comme exemple typique le contrat de société. Ce contrat illustre les combinaisons possibles de l'unilatéral et du contractuel. Par exemple, dans le cas d'une société unipersonnelle, pour laquelle il ne saurait donc y avoir d'accord de volontés, il n'y a guère de place que pour la qualification d'acte unilatéral ; et pourtant, dans ce cadre même, il s'établit un rapport de type contractuel entre la société et son associé unique, la première pouvant notamment, le cas échéant par l'action oblique qu'exerceraient ses créanciers, exiger du second qu'il exécute son apport, quand ce dernier peut faire valoir contre la société son droit à obtenir la distribution des bénéfices réalisés.

V. P. Didier, *Brèves notes sur le contrat-organisation*, in *Mél. F. Terré*, Dalloz, PUF, Juris-Classeurs, 1999, p. 635.

36. – Opposition entre contrats à exécution instantanée et contrats à exécution successive. Le **contrat à exécution instantanée** donne naissance à une obligation qui s'exécute en seul trait de temps (achat d'une salade sur un marché) ou encore en une seule fois (transport de Paris à Marseille).

Le **contrat à exécution successive** donne naissance à une obligation qui s'étale dans le temps ou, plus précisément, qui ne prend effet que par l'écoulement du temps (contrat d'abonnement à un journal ; contrat conclu par une collectivité territoriale avec une compagnie des eaux). Un tel contrat ne doit pas être confondu avec un contrat *à terme* ni même avec un contrat *en cours* (Cass. 1re civ., 3 nov. 1983 : *Bull. civ.* 1983, I, n° 252. – Cass. 3e civ., 20 nov. 1991 : *Bull. civ.* 1991, III, n° 285).

L'intérêt de la distinction a trait à la notion de cause du contrat : celle-ci s'apprécie différemment selon que le contrat est à exécution instantanée ou successive. Le problème de la détermination du prix se pose également en termes différents : il est difficile de prévoir un prix définitif quand le contrat est à exécution successive. En outre, il est ennuyeux d'annuler ou de résoudre un contrat à exécution successive, car la nullité ou la résolution rétroagit.

37. – Distinctions parmi les contrats à exécution successive : contrat à exécution continue et contrat à exécution échelonnée. Au sein des contrats à exécution successive, on distinguera le contrat à exécution continue et le contrat à exécution échelonnée. Dans le premier cas, le rapport d'obligation est « permanent » (bail, société...). Dans le deuxième cas, le contrat s'exécute sous la forme de prestations répétées qui sont ou non indivisibles. En cas d'indivisibilité, on admettra la résolution judiciaire totale pour inexécution d'une seule prestation. Dans le cas inverse, la résolution jouera seulement pour l'avenir.

38. – Distinctions parmi les contrats à exécution successive : contrat à durée déterminée et contrat à durée indéterminée. S'il s'agit d'un **contrat à durée déterminée**, l'obligation devra s'exécuter jusqu'au terme, certain ou incertain, prévu. L'une ou l'autre partie n'a pas le droit de rompre le contrat en cours d'exécution. Force obligatoire oblige ! Au terme prévu, le contrat expire normalement, sauf si les parties continuent d'exécuter le contrat ; dans ce cas, le contrat s'est renouvelé par tacite reconduction. Juridiquement, un nouveau contrat s'est ainsi formé.

S'il s'agit d'un **contrat à durée indéterminée**, l'une ou l'autre partie a le droit de rompre le contrat de manière unilatérale, car il n'y a pas de durée fixée pour exécuter le contrat. Cependant, la jurisprudence a apporté un tempérament important à cette faculté de résiliation : l'abus du contractant qui prend l'initiative de sortir du contrat et qui s'expose alors à des dommages-intérêts. Comment échapper à une telle responsabilité ? En respectant un délai de préavis afin de prévenir le cocontractant de manière que celui-ci soit à même de prendre ses dispositions pour trouver une solution de repli.

SOUS-SECTION 5

D'APRÈS LE MODE DE FORMATION

39. – **Opposition entre contrats négociés et contrats d'adhésion.** C'est une distinction doctrinale qui repose sur une constatation de fait. Il existe des contrats dans lesquels on ne peut en fait discuter. Il s'agit des **contrats d'adhésion**, tel le contrat d'assurance ou le contrat de transport urbain. Dans d'autres **contrats dits négociés**, au contraire, les parties ont la possibilité de négocier : *i.e.* marchander un prix sur un marché.

Que le contrat soit négocié ou d'adhésion, les règles sont les mêmes ; la jurisprudence a rappelé à juste titre que le contrat d'adhésion restait soumis au droit commun des obligations. Les contrats d'adhésion, cependant, relèvent souvent, mais pas exclusivement, du droit de la consommation.

Principes de droit européen des contrats, art. 2 : 104
« 1. Les clauses d'un contrat qui n'ont pas été l'objet d'une négociation individuelle ne peuvent être invoquées à l'encontre d'une partie qui ne les connaissait pas que si la partie qui les invoque a pris des mesures raisonnables pour attirer sur elles l'attention de l'autre avant la conclusion du contrat ou lors de cette conclusion ; 2. La simple référence faite à une clause par un document contractuel n'attire pas sur elle de façon satisfaisante l'attention du cocontractant, alors même que ce dernier signe le document. »

40. – **Opposition entre contrats consensuels, contrats solennels et contrats réels.** La plupart des contrats sont des **contrats consensuels** : ils se concluent par le consentement des parties. Deux personnes tombent d'accord sur un projet déterminé : le contrat est conclu sans autre formalité.

D'autres **contrats sont solennels**. Ils supposent le respect de certaines formes qui assurent la validité même du contrat (cas du contrat de donation qui doit être notarié : C. civ., art. 931).

Enfin certains **contrats sont dits réels**. Ils supposent, pour leur validité, un échange de consentement, mais aussi la remise d'une chose à l'un des cocontractants. Ce sont essentiellement, en droit français, le contrat de prêt (prêt à usage ou commodat, et, en principe, prêt de consommation), le contrat de dépôt, le don manuel.

Le gage n'est plus aujourd'hui un contrat réel (C. civ., art. 2336).

La doctrine s'interroge sur la nécessité des contrats réels ; certains critiquent cette notion, pour diverses raisons :

- comment concevoir l'existence de contrats réels dans un système consensuel ?
- quelle valeur peut-on reconnaître aux promesses de contrat réel ?

Malgré ces critiques doctrinales, on peut reconnaître cette catégorie, pour des raisons d'ordre historique – ces contrats sont identifiés depuis l'époque des romains – et pour des raisons pratiques tirées de la nécessité de protéger ceux qui se dépouillent de leur bien. Du reste, le Code civil et la jurisprudence admettent sans équivoque leur existence.

1. Le prêt est-il encore un contrat réel ?

Les contrats réels sont, depuis le droit romain, ceux qui se forment *re*, c'est-à-dire par la remise de la chose. Il est traditionnellement enseigné que, malgré la faveur attachée au consensualisme par le Code civil, subsistent cinq contrats réels en droit positif français : le *mutuum* ou prêt à usage et le commodat ou prêt à consommation font partie de cette « bande des cinq », ce que l'on synthétise en écrivant que le prêt en général est un contrat réel.

Une décision de la première chambre civile de la Cour de cassation, fort remarquée est venue remettre en question cette qualification (Cass. 1re civ., 27 mai 1998 : *Bull. civ.* 1998, I, n° 186 ; *Gaz. Pal.* 1998, 2, pan. p. 291 ; *D.* 1999, somm. p. 28, note M.-N. Jobard-Bachellier ; *D.* 1999, p. 194, note M. Bruschi ; *RGAT* 1998, p. 757, note L. Mayaux ; *Defrénois* 1998, p. 1054, et la note). La règle a été posée à propos **des seuls prêts immobiliers** relevant du Code de la consommation et reprise depuis (Cass. 1re civ., 27 nov. 2001 : *Bull. civ.* 2001, I, n° 297 ; *Defrénois* 2002, art. 37486, n° 10, p. 259, obs. R. Libchaber ; *JCP* G 2002, II, 10050, note S. Piedelièvre. – Cass. 1re civ., 5 juill. 2006 : *Bull. civ.* 2006, I, n° 358 ; *D.* 2007, p. 50, note J. Ghestin ; *RTD civ.* 2007, p. 105, obs. J. Mestre et B. Fages ; *RTD com.* 2006, p. 887, obs. D. Legeais).

C'est par un arrêt rendu le 28 mars 2000 que la première chambre civile a énoncé que les **prêts consentis par les professionnels** du crédit étaient consensuels et non pas réels (Cass. 1re civ., 28 mars 2000 : *Bull. civ.* 2000, I, n° 105 ; *Defrénois* 2000, art. 37188, n° 41, p. 720, obs. J.-L. Aubert ; *JCP* G 2000, II, 10296, concl. J. Sainte-Rose ; *D.* 2000, p. 482, note S. Piedelièvre ; *ibid.*, somm. p. 358, obs. Ph. Delebecque ; *D.* 2001, somm. p. 1615, obs. M.-N. Jobard-Bachellier ; *D.* 2002, somm. p. 640, obs. D.-R. Martin ; *Contrats, conc. consom.* 2000, comm. 106, obs. L. Leveneur ; *Grands arrêts de la jurisprudence civile*, par F. Terré et Y. Lequette, n° 284).

Exemple :

Cass. 1re civ., 5 juill. 2006, n° 04-12.588

Sur le moyen unique, pris en ses deux branches :

Attendu qu'une offre de crédit de 400 000 francs, émanée de la société Sygma banque et destinée à l'achat de matériels de bureau, a été acceptée par la société GIM et par M. Antoine X..., respectivement désignés comme « emprunteur » et « emprunteur conjoint » ; que suite à une procédure collective ouverte à l'encontre de la société GIM, M. Antoine X... étant préalablement décédé, Madame Pierrette X... et M. Frédéric X..., veuve et fils du défunt, ont été condamnés envers la banque au paiement des échéances demeurées impayées et aux intérêts de celles-ci ;

Attendu qu'il est fait grief à la cour d'appel (Aix-en-Provence, 20 nov. 2003) d'avoir, en statuant ainsi, d'une part, violé les articles 1131, 1892 et 1895 du Code civil, l'engagement d'Antoine X... en tant qu'emprunteur conjoint étant rendu sans cause par les constatations selon lesquelles il n'était pas le destinataire des fonds, directement versés à la société venderesse des matériels, eux-mêmes ultérieurement livrés à la société GIM dont il n'était pas le dirigeant ; d'autre part, de s'être abstenue d'indiquer de quelle preuve elle déduisait qu'Antoine X... était le principal animateur de cette entreprise familiale, privant ainsi sa décision de base légale au regard des articles 1131, 1134 et 1892 du Code civil ;

Mais attendu que le prêt consenti par un professionnel du crédit n'est pas un contrat réel ; que l'obligation de l'emprunteur trouve alors sa justification présumée dans la signature de celui qui se présente comme tel ; que s'il s'offre à établir que son engagement est en réalité sans justification, la constatation de l'existence effective de celle-ci restitue à la dette sa validité ; que la cour d'appel a relevé que, quoique son fils Frédéric fût le gérant en titre de la SARL GIM, c'était Antoine X... qui avait signé l'acceptation du prêt pour le compte de celle-ci ; qu'elle a pu en déduire qu'il était l'animateur principal de cette entreprise familiale, qu'il avait tiré profit de l'opération et qu'ainsi son obligation n'était pas sans contrepartie ; que le moyen n'est pas fondé ;

Par ces motifs : Rejette le pourvoi (...)

À l'inverse, **les prêts non consentis par les établissements de crédit demeurent des contrats réels** (Cass. 1re civ., 7 mars 2006 : *Bull. civ.* 2006, I, n° 138 ; *RDC* 3/2006, p. 778, note P. Puig ; *Contrats, conc. consom.* 2006, comm. 128, obs. L. Leveneur. – Cass. 1re civ., 19 juin 2008 : *Bull. civ.* 2008, I, n° 175 ; *Defrénois* 2008, art. 38838, n° 5, p. 1967 (1re esp.), obs. E. Savaux ; *D.* 2008, act. jurispr. p. 1827, obs. X. Delpech ; *ibid.*, chron. C. cass. p. 2363, n° 5, obs. C. Creton ; *ibid.*, chron. préc., p. 2555, par F. Chenedé).

Deux arrêts du 14 janvier 2010 reprennent cette distinction :

Cass. 1re civ., 14 janv. 2010, n° 08-18.581 (1er arrêt)

Sur le moyen unique pris en sa seconde branche :

Vu l'article 1315 du Code civil, ensemble l'article 1132 du même code ;

Attendu que M. Alain X... et son épouse, Mme Annie Y..., ont assigné en paiement de certaines sommes M. Daniel X..., Mme Maria Z... épouse X..., M. A... et Mme Annie X... épouse A... ; que la cour d'appel a confirmé le jugement en ce qu'il avait rejeté les demandes dirigées contre Mme Maria X... et Mme A... qui n'avaient pas souscrit de reconnaissance de dette et l'a infirmé pour le surplus en rejetant les prétentions formées contre M. Daniel X... et M. A... ;

Que pour se prononcer comme il le fait, l'arrêt attaqué retient que le prêt qui n'est pas consenti par un établissement de crédit étant un contrat réel supposant la remise d'une chose, il incombe à la personne se prétendant créancière d'une somme d'argent qu'elle aurait prêtée de rapporter la preuve du versement de celle-ci, nonobstant l'existence d'une reconnaissance de dette, puis constate que la remise des sommes prétendument prêtées par M. Alain X... et son épouse n'est pas démontrée ;

Qu'en statuant ainsi alors que la convention n'est pas moins valable quoique la cause n'en soit pas exprimée, de sorte qu'il incombait à M. A... et M. Daniel X..., qui avaient signé les reconnaissances de dettes litigieuses et prétendaient, pour contester l'existence de la cause de celles-ci, que les sommes qu'elles mentionnaient ne leur avaient pas été remises, d'apporter la preuve de leurs allégations, la cour d'appel a violé les textes susvisés ;

Par ces motifs, et sans qu'il y ait lieu de statuer sur la première branche du moyen :

Casse et annule, sauf en ce qu'il a débouté M. Alain X... et Mme Annie Y... épouse X... de leur demande en paiement dirigée à l'encontre de Mme Annie X... épouse A... et de Mme Maria Z... épouse X..., l'arrêt rendu le 31 mai 2007, entre les parties, par la cour d'appel d'Amiens ; remet, en conséquence, sur les autres points, la cause et les parties dans l'état où elles se trouvaient avant ledit arrêt et, pour être fait droit, les renvoie devant la cour d'appel d'Amiens, autrement composée (...)

Cass. 1re civ., 14 janv. 2010, n° 08-13.160 (2e arrêt)

Attendu que suivant une offre préalable acceptée le 4 mai 1993, la société Cetelem a consenti à M. X... un prêt d'un montant de 50 000 francs ;

Sur le moyen unique, pris en sa première branche :

Attendu qu'il est fait grief à la cour d'appel (Aix-en-Provence, 14 nov. 2007) d'avoir débouté la société Cetelem de sa demande en paiement et d'avoir renversé la charge de la preuve, alors, selon le moyen, que le contrat de prêt consenti par un professionnel du crédit n'est pas un contrat réel de sorte que la preuve du contrat de prêt requiert seulement que soit établi l'accord de volonté, lequel résulte de l'offre de crédit régulièrement signée de l'emprunteur et qu'en considérant que la signature d'une offre préalable de prêt personnel ne suffisait pas à emporter la preuve du prêt et qu'il incombait à la société Cetelem de prouver la remise des fonds à l'emprunteur, la cour d'appel a violé les articles 1315, 1341 et 1892 du Code civil ;

Mais attendu que si le prêt consenti par un professionnel du crédit est un contrat consensuel, il appartient au prêteur qui sollicite l'exécution de l'obligation de restitution de l'emprunteur d'apporter la preuve de l'exécution préalable de son obligation de remise des fonds ; que la cour d'appel, qui a relevé que la signature d'une offre préalable de prêt n'emportait pas la preuve que l'emprunteur, qui contestait avoir reçu la somme prêtée, l'avait perçue et que faute d'apporter une telle preuve, la société de crédit n'apportait pas celle de sa créance, a légalement justifié sa décision ;

Sur le moyen unique, pris en sa seconde branche :

Attendu qu'il est fait grief à la cour d'appel d'avoir, en énonçant que la société Cetelem qui ne disposait d'aucune autre pièce comptable, ne pouvait faire la preuve de sa créance au moyen de ces documents aux motifs qu'ils émanaient de ses propres services comptables, fait peser sur la société de crédit une preuve impossible à rapporter et d'avoir violé les articles 1315 et 1349 du Code civil ensemble l'article 1er du Protocole additionnel de la Convention européenne des droits de l'homme ;

Mais attendu que c'est dans l'exercice de son pouvoir souverain d'appréciation de la valeur probante des documents litigieux que la cour d'appel a estimé que la preuve de la créance du prêteur n'était pas apportée ; que le moyen n'est pas fondé ;

Par ces motifs : Rejette le pourvoi.

Par un arrêt du 7 avril 2009, la chambre commerciale se rallie à la chambre civile :

– elle analyse le prêt d'argent en un contrat consensuel lorsqu'il est consenti par un professionnel du crédit ;

– elle définit la cause de l'obligation de l'emprunteur à l'occasion du prêt consensuel.

Les circonstances de fait étaient similaires dans les deux arrêts. En 2008, il s'agissait d'emprunteurs qui poursuivaient l'annulation d'un prêt pour absence de cause ou fausse cause en soutenant que l'affectation des fonds n'avait pas été respectée. La première chambre civile avait, à l'époque, rejeté le pourvoi des emprunteurs dirigé contre l'arrêt ayant refusé l'annulation. La raison, confuse au demeurant, semblait tenir à ce que l'utilisation litigieuse des fonds avait été décidée par les emprunteurs postérieurement à leur remise. *A contrario*, on pouvait donc penser que le non-respect de l'affectation des fonds, si celle-ci avait été convenue par les parties lors de la conclusion du prêt, aurait pu entraîner l'annulation du prêt sur le terrain de la cause. Le 7 avril 2009, la chambre commerciale casse cette fois la décision qui avait refusé l'annulation.

2. Le gage a-t-il été un contrat réel ?

Selon certains auteurs, le gage était un contrat réel car le législateur, en exigeant la dépossession, entendait ainsi protéger le débiteur en attirant son attention sur l'importance de la sûreté qu'il consentait. Historiquement, cet argument peut être discuté. À l'époque de la rédaction du Code civil, les meubles n'étaient pas encore considérés comme des biens de grande valeur. Par conséquent, le législateur n'a vraisemblablement pas estimé que le constituant d'un gage consente une sûreté particulièrement importante. La jurisprudence a longtemps considéré que le gage était un contrat réel (Cass. com., 18 mai 1898 : *DP* 1900, 1, 481, note Sarrut ; S. 1898, 1, 433, note Lyon-Caen. – Cass. com., 12 nov. 1958 : *Bull. civ.* 1958, III, n° 387).

L'article 2333 du Code civil dispose aujourd'hui que le gage **« est une convention par laquelle le constituant accorde à un créancier le droit de se faire payer par préférence à ses autres créanciers sur un bien mobilier ou un ensemble de biens mobiliers corporels, présents ou futurs »**. Autrement dit, le gage est une convention par laquelle le constituant accorde un droit qui a vocation à s'exercer contre des tiers à la convention de gage, les autres créanciers du débiteur.

Cette définition signe la fin du gage comme contrat réel. Il devient un contrat solennel. L'article 2333 du Code civil ajoute que « les créances garanties peuvent être présentes ou futures ; dans ce dernier cas, elles doivent être déterminables ». Il n'est plus question de « remise de la chose » comme dans le cadre de l'ancien article 2071 du Code civil. La jurisprudence qui faisait du gage un contrat réel est donc définitivement renversée.

L'article 2336 du Code civil ajoute que le gage est « parfait par l'établissement d'un écrit ». L'écrit est devenu une condition de validité du gage. La remise de la chose avait pour objet d'attirer l'attention du constituant sur le danger que présente le gage, en le privant d'ores et déjà de la possession du bien ; désormais, c'est à travers l'écrit que devra se faire cette prise de conscience. La dépossession peut donc être remplacée par des mesures de publicité.

L'opposabilité du gage de meubles corporels sans dépossession est assurée par une mesure de publicité spécifique. À cet égard, l'article 2337 du Code civil dispose : « **Lorsque le gage a été régulièrement publié, les ayants cause à titre particulier du constituant ne peuvent se prévaloir de l'article 2276** ».

SECTION 2

LA NOTION DE CONTRAT

41. – Distinction entre contrat et convention. Le contrat ne s'assimile pas à la convention, qui est une notion plus large, et recouvre les opérations portant sur un droit réel (servitude, usufruit...), sur un droit de créance ou encore sur une institution (convention de divorce).

Le contrat comprend deux éléments fondamentaux : il renferme un accord de volontés ; il est ensuite juridiquement sanctionné.

SOUS-SECTION 1

L'ACCORD DE VOLONTÉS

42. – Concours de volontés. Les tribunaux l'affirment sans aucune réserve ; tout contrat exige le concours de deux ou plusieurs déclarations de volontés, s'exprimant :

– d'un côté, par une offre de contracter ;
– de l'autre, par l'acceptation de cette offre.

Peu importe la forme que reçoit l'accord de volontés. Ce peut être un écrit, une conversation téléphonique (sous réserve d'une difficulté de preuve), un échange de télécopies, une poignée de mains. Il suffit donc d'une offre et d'une acceptation épousant cette offre pour que le contrat soit conclu. À défaut d'accord, il n'y a pas de contrat, il n'y a pas de matière contractuelle ; mais il peut y avoir un acte unilatéral.

43. – Contrat avec soi-même. Un tel contrat est également difficilement concevable. Parfois, une même personne peut agir en deux qualités différentes ; c'est le cas du mandataire d'un bien immobilier qui décide d'acheter ledit bien pour son propre compte. Tel est le cas d'un agent immobilier qui achète pour lui-même un bien confié par un de ses clients. Si le montage est juridiquement possible, l'opération présente des risques importants. Il est à craindre, pour reprendre le cas de l'agent immobilier, que celui-ci n'essaie pas de retenir un prix du marché mais, au contraire, essaie d'avantager ses propres intérêts. Certaines règles sont donc prévues pour limiter les hypothèses de conflit d'intérêt.

En matière de personnes protégées, l'article 508 du Code civil (Mod. L. n° 2007-308, 5 mars 2007) prévoit :

> « À titre exceptionnel et dans l'intérêt de la personne protégée, le tuteur qui n'est pas mandataire judiciaire à la protection des majeurs peut, sur autorisation du conseil de famille ou, à défaut, du juge, acheter les biens de celle-ci ou les prendre à bail ou à ferme.
>
> Pour la conclusion de l'acte, le tuteur est réputé être en opposition d'intérêts avec la personne protégée. »

De manière, plus générale, l'article 509 du Code civil :

> « Le tuteur ne peut, même avec une autorisation : (...)
>
> 2° Acquérir d'un tiers un droit ou une créance que ce dernier détient contre la personne protégée ;
>
> 3° Exercer le commerce ou une profession libérale au nom de la personne protégée ;
>
> 4° Acheter les biens de la personne protégée ainsi que les prendre à bail ou à ferme, sous réserve des dispositions de l'article 508 ;
>
> 5° Transférer dans un patrimoine fiduciaire les biens ou droits d'un majeur protégé. »

En matière de vente, l'article 1596 du Code civil prévoit que ne peuvent se rendre adjudicataires, sous peine de nullité, ni par eux-mêmes, ni par personnes interposées, les tuteurs, des biens de ceux dont ils ont la tutelle, les mandataires, des biens qu'ils sont chargés de vendre, les administrateurs, de ceux des communes ou des établissements publics confiés à leurs soins, les officiers publics, des biens nationaux dont les ventes se font par leur ministère et les fiduciaires, des biens ou droits composant le patrimoine fiduciaire.

L'existence de contraintes et d'exceptions montre qu'*a priori* une personne seule peut conclure un contrat avec elle-même. Cette réalité revêt parfois les habits de la fiction de deux personnes morales différentes.

44. – Matière contractuelle. La **matière contractuelle** commande notamment le jeu des options de compétence en droit communautaire comme en droit interne. Pour la Cour de justice de l'Union européenne, la notion, visée par l'article 5-1 du règlement n° 44/2001 sur la compétence des tribunaux, doit être entendue strictement et ne peut viser qu'une situation dans laquelle une partie a librement assumé une obligation envers une autre. Ce qui écarte, entre autres contentieux, celui des groupes de contrats, celui des pourparlers et bien d'autres encore.

Dans l'ordre interne, il appartient au tribunal saisi de se prononcer lui-même sur la manière dont il comprend la matière contractuelle (CPC, art. 46). V. Cass. 2e civ., 1er juill. 1999, n° 97-20.597 : la demande en justice d'annulation d'un contrat de distribution et franchise est un litige en matière contractuelle, si bien que le demandeur peut saisir à son choix, outre la juridiction du lieu ou demeure le défendeur, celle du lieu de livraison effective de la chose.

45. – Acte unilatéral. Quant à **l'acte unilatéral**, il comprend, comme le contrat, une manifestation de volonté destinée à produire des effets de droit, mais, à la différence de ce dernier, cette manifestation de volonté est solitaire : elle n'émane que d'une seule personne (testament, démission, congé donné par le locataire ou le propriétaire).

46. – Déclaration unilatérale de volonté. La question qui se pose, dans le prolongement, est de savoir si l'on peut s'obliger par une déclaration unilatérale de volonté. Il faut prendre soin de bien déterminer les termes du problème.

En effet, l'engagement se distingue du contrat unilatéral. Ce dernier constate l'accord de volontés, mais une seule partie se trouve débitrice. Le contrat existe bien, les volontés ont été échangées. L'engagement unilatéral n'est pas un simple acte comme le droit des personnes (reconnaissance d'un enfant...) ou le droit successoral (testament) peuvent le connaître. Il faut aussi mettre à part les facultés ou options, qui sont des décisions unilatérales tendant à maintenir une situation de droit ou à créer une nouvelle situation juridique.

En droit du travail, la démission du salarié ou le licenciement de l'employeur sont des déclarations unilatérales de volonté. En matière de baux, le congé donné par le locataire ou le propriétaire appartient également à cette catégorie.

V. Cass. soc., 25 nov. 2003 : *Bull. civ.* 2003, V, n° 294 : engagement unilatéral pris par un employeur de maintenir un emploi.

47. – Engagement unilatéral de volonté. La question est la suivante : un individu peut-il, par sa seule volonté, se constituer débiteur à l'égard d'une personne avec laquelle il n'a aucun rapport juridique (cas d'une promesse de récompense) ? Si le destinataire de la manifestation de volonté a connu cette manifestation et a agi en conséquence, on peut penser qu'il a accepté cette déclaration unilatérale de volonté, et qu'ainsi un contrat s'est formé.

Peut-on reconnaître force obligatoire à cette manifestation unilatérale de volonté avant qu'elle n'ait été portée à la connaissance de son bénéficiaire éventuel ? La promesse est-elle révocable ? Le problème se pose aussi à propos de l'offre de contracter : est-elle révocable avant qu'il n'y ait eu une acceptation ?

La jurisprudence considère qu'on ne peut pas révoquer de façon discrétionnaire l'offre de contracter, ce qui est en quelque sorte reconnaître une certaine force juridique à la notion d'offre. Pour autant, la jurisprudence considère-t-elle l'offre de contracter comme un engagement unilatéral ? Il semble que non, car si elle sanctionne la révocation discrétionnaire d'une offre, elle se fonde non pas sur la notion d'engagement unilatéral, mais sur le droit de la responsabilité délictuelle.

Pour que les tribunaux décident de reconnaître à l'engagement unilatéral une certaine force juridique, encore faut-il qu'ils puissent en identifier la cause. S'il est pur et simple, s'il ne comporte aucune contrepartie, s'il ne revêt aucune forme particulière, l'engagement unilatéral n'aura aucune efficacité juridique.

La question de la source de l'engagement souscrit par les entreprises de vente par correspondance qui promettent aux consommateurs, victimes de la malhonnêteté de celles-ci et de leur propre crédulité, des gains faramineux, constitue, pour la Cour de cassation, un véritable casse-tête. La voie du fait juridique écartée, c'est vers la volonté qu'il convient enfin de se tourner pour trouver un vêtement juridique approprié à la sanction recherchée. Deux pistes sont alors concevables : la volonté unilatérale et la volonté contractuelle.

La première chambre civile a choisi l'engagement unilatéral (Cass. 1re civ., 28 mars 1995 : *D.* 1995, somm. comm. 227, et la note). Le 11 février 1998, la deuxième chambre civile de la Cour de cassation, statuant sur le pourvoi formé contre une décision de la cour d'appel de Toulouse qui avait condamné une entreprise à payer la somme promise au prix d'un amalgame douteux entre engagement unilatéral et offre de contrat, avait apparemment opté pour la qualification d'engagement contractuel. Elle avait, en effet, décidé que, puisqu'ils avaient retenu « des termes affirmatifs et non ambigus utilisés pour la société FDS que celle-ci voulait faire entendre à sa cliente qu'elle avait gagné la somme promise, et que cette société n'avait pu se méprendre sur la portée d'un engagement qui était aussi clairement affiché », les juges du fond avaient donc pu en déduire que « du fait de la rencontre de volontés, la société était tenue par son engagement, accepté par Mme F., à payer à cette dernière la somme promise » (Cass. 2e civ., 11 févr.

1998 : *Defrénois* 1998, art. 36860, p. 1044, n° 108, obs. D. Mazeaud : *JCP* G 1998, I, 155, obs. M. Fabre-Magnan).

La première chambre civile de la Cour de cassation, dans un arrêt du 19 octobre 1999 (*Defrénois* 15 déc. 1999, n° 23, p. 1320, obs. D. Mazeaud), rejette le pourvoi formé par des consommateurs, victimes d'un mirage savamment échafaudé par une entreprise de vente par correspondance, au moyen duquel « l'existence d'un engagement unilatéral oblige celui dont il émane à exécuter l'obligation qui en est l'objet ». Mais si la cour rejette le pourvoi, ce n'est nullement parce qu'elle considère que l'engagement unilatéral de volonté ne peut constituer la source de l'engagement souscrit par l'entreprise mais uniquement parce que, ayant souverainement estimé que « les documents publicitaires envoyés aux époux S. étaient équivoques, la cour d'appel n'a donc pas retenu la volonté certaine de la société de leur attribuer » le prix litigieux.

À l'inverse, on peut être tenté de reconnaître un effet plus important à l'acte collectif.

48. – Acte juridique collectif. Il se distingue également du contrat, car il n'implique aucun accord de volonté. Il procède d'un « faisceau de déclarations unilatérales de volonté ». Entrent dans cette catégorie les décisions majoritaires. Ainsi dans une copropriété, les copropriétaires sont tenus par le ou les votes de l'assemblée dont les majorités varient du reste en fonction des décisions à prendre.

On peut se demander si l'acte par lequel une personne morale (société, association...) est constituée est ou non un acte collectif. Sa nature contractuelle est discutable, car les fondateurs sont appelés, qu'ils le veuillent ou non, à défendre un intérêt collectif. Il n'y a donc pas, comme en matière contractuelle, un accord entre des intérêts antagonistes.

Le régime des contrats collectifs, ou plus exactement des conventions collectives est, par ailleurs, particulier.

Le contrat n'établit pas alors un simple échange : il fonde une organisation.

SOUS-SECTION 2

LE CONTRAT EST JURIDIQUEMENT SANCTIONNÉ

49. – Notion. Un engagement est juridique lorsque le créancier peut obtenir d'un juge que son débiteur soit condamné à exécuter son obligation, au besoin avec le concours de la force publique. Ce critère permet ainsi de distinguer le contrat des simples relations sociales, et des engagements « décontractualisés ».

L'engagement moral est parfois sanctionné. Par un arrêt qui a fait grand bruit, la chambre commerciale a décidé que : « En s'engageant, fût-ce moralement, "à ne pas copier" les produits commercialisés par la société Créations Nelson, la société Camaïeu International avait exprimé la volonté non équivoque et délibérée de s'obliger envers la société concurrente ; que la cour d'appel, qui n'encourt aucun des griefs du moyen, en a donc exactement déduit que cette clause avait une valeur contraignante pour l'intéressée et qu'elle lui était juridiquement opposable » (Cass. com., 23 janv. 2007, pourvoi n° 05-13.189 : *Bull. civ.* 2007, IV, n° 12, p. 13).

Certains auteurs expliquent l'attitude de la jurisprudence par une certaine répugnance de l'ordre juridique et des juridictions étatiques à laisser échapper des situations à leur compétence et se développer, en marge de leur sphère d'autorité, d'autres ordres normatifs et d'autres instances de contrôle (É. Savaux : *Defrénois* 2007, 1027).

Ce peut être aussi une manifestation de la puissance de la volonté dans la création des obligations.

Cass. com., 23 janv. 2007, n° 05-13.189

Attendu, selon l'arrêt attaqué (Paris, 12 janv. 2005), qu'à la suite d'un premier litige de contrefaçon qui avait opposé la société de prêt à porter Créations Nelson à ses concurrentes, les sociétés Camaieu SA et Camaieu International, les trois sociétés ont, le 19 novembre 2001, conclu un accord transactionnel aux termes duquel la société Camaieu International prenait notamment « l'engagement en tant que de besoin, de ne pas copier les produits commercialisés par Créations Nelson, sous la marque Comptoir des cotonniers ou tout autre marque qu'elle commercialise », en précisant « que l'engagement visé au paragraphe précédent constitue un engagement exclusivement moral dont tout éventuel manquement ne saurait être considéré comme une inexécution des termes du présent protocole » ; qu'un autre litige de même nature étant néanmoins né quelques semaines plus tard entre les mêmes, la société Créations Nelson a demandé judiciairement de constater que les sociétés Camaieu SA et Camaieu International avaient contrefait ses modèles de pulls ou tee-shirts, dénommés « Badi », « Danloux » et « Drap » et sollicité la réparation de son dommage en fondant subsidiairement son action indemnitaire, pour le cas où la contrefaçon alléguée ne serait pas retenue, sur la violation de l'engagement souscrit par la société Camaieu International ; qu'après avoir rejeté l'exception d'irrecevabilité soulevée par la société Camaieu SA, la cour d'appel a dit que le produit « Mésange » des sociétés Camaieu SA et Camaieu International constituait une contrefaçon du modèle « Drap », qu'en revanche le produit « Danloux » n'était pas susceptible de protection en l'absence de nouveauté et d'originalité, mais que la société Créations Nelson était néanmoins recevable, sur le fondement de l'engagement souscrit le 19 novembre 2001, à reprocher aux sociétés Camaieu SA et Camaieu International d'avoir commercialisé le modèle « Glace », reproduisant le modèle « Danloux », en cherchant de surcroît à créer, par association aux contrefaçons du modèle « Drap », l'effet d'une gamme sous forme de déclinaison de modèles ;

Sur le premier moyen :

Attendu que les sociétés Camaieu SA et Camaieu International font grief à l'arrêt d'avoir rejeté l'exception d'irrecevabilité soulevée par la société Camaieu SA, alors, selon le moyen :

1°/ que l'engagement, au demeurant purement moral, de ne pas copier les produits commercialisés par la société Créations Nelson n'a été souscrit au terme du protocole litigieux que par la société Camaieu International et non par la société Camaieu SA ; d'où il suit que la cour d'appel, qui justifie l'intérêt que la société Créations Nelson aurait à agir contre la société Camaieu SA par la seule considération que l'action de la société Créations Nelson était fondée, à titre subsidiaire, sur la violation du protocole d'accord du 19 novembre 2001, dénature en violation de l'article 1134 du Code civil les termes clairs et précis de cet accord ;

2°/ qu'en statuant ainsi, la cour d'appel qui ne justifie pas, par des motifs pertinents et opérants, la recevabilité de l'action exercée par la société Créations Nelson contre la société Camaieu SA, dont l'arrêt constate par ailleurs qu'elle n'exerçait aucune activité commerciale ni ne jouait aucun rôle dans la fabrication et la commercialisation des modèles, viole les articles 31, 122 et 123 du Nouveau Code procédure civile ;

Mais attendu qu'ayant relevé que la société Créations Nelson fondait subsidiairement son action indemnitaire sur une violation du protocole d'accord du 19 novembre 2001 dont la société Camaieu SA avait été signataire, la cour d'appel, qui n'a ni dénaturé les termes clairs et précis de cet accord ni violé les textes évoqués par la seconde branche, a, abstraction faite du bien ou du mal-fondé de la prétention, souverainement apprécié que cette société justifiait bien d'un intérêt direct et personnel à agir contre la société Camaieu SA ; que le moyen n'est pas fondé ;

Sur le second moyen :

Attendu que les sociétés Camaieu SA et Camaieu International font encore grief à l'arrêt de les avoir condamnées *in solidum* à réparer le préjudice subi par la société Créations Nelson, alors, selon le moyen :

1°/ qu'un engagement purement moral ne peut juridiquement être sanctionné ; qu'en l'espèce, si la société Camaieu International avait déclaré dans le protocole litigieux s'engager « à ne pas copier » les produits commercialisés par la société Créations Nelson, il était précisé immédiatement après que « l'engagement visé au paragraphe précédent constitue un engagement exclusivement moral dont tout éventuel manquement ne saurait être considéré comme une inexécution des termes du présent protocole » ; qu'en retenant que si le modèle « Danloux » n'était pas protégeable au titre du droit d'auteur, sa reproduction au travers du modèle « Glace » de la société Camaieu International constituait une violation de l'engagement qu'elle avait souscrit au terme du protocole litigieux de ne pas copier les produits de la société Créations Nelson, sans avoir égard à la réserve claire et précise du protocole en cause d'où il résultait que l'engagement litigieux était purement moral, de sorte qu'il ne pouvait constituer la source d'une action en responsabilité civile, la cour d'appel l'a dénaturé en violation de l'article 1134 du Code civil ;

2°/ qu'en faisant produire un effet juridique à une obligation à caractère exclusivement moral, la cour d'appel a violé l'article 1134 du Code civil et les règles régissant les obligations naturelles ;

3°/ que la cour d'appel qui retient que les sociétés Camaieu SA et Camaieu International auraient commis des actes de concurrence parasitaire en contrefaisant deux modèles de la collection de la société Créations Nelson « Drap » et « Danloux », et ce en cherchant à créer un « effet de gamme », sous la forme d'une déclinaison de modèles, justifiant leur condamnation au titre d'un préjudice distinct, viole de nouveau l'article 1134 du Code civil en justifiant la faute consistant en la reproduction de l'un des modèles en cause (« Danloux ») par l'engagement qu'aurait contractuellement souscrit la société Camaieu International au terme du protocole litigieux, lequel engagement était purement moral ;

Mais attendu qu'en s'engageant, fût-ce moralement, « à ne pas copier » les produits commercialisés par la société Créations Nelson, la société Camaieu International avait exprimé la volonté non équivoque et délibérée de s'obliger envers la société concurrente ; que la cour d'appel, qui n'encourt aucun des griefs du moyen, en a donc exactement déduit que cette clause avait une valeur contraignante pour l'intéressée et qu'elle lui était juridiquement opposable ; que le moyen n'est pas fondé ;

Par ces motifs : Rejette le pourvoi.

50. – Distinction entre les engagements contractuels et les relations sociales. Les relations sociales ne sont pas des conventions dûment obligatoires. Du moins sont-elles sanctionnées par un autre ordre social. Il peut y avoir des accords de volontés émanant de personnes qui ne désirent cependant pas se lier au sens juridique du terme. Il ne s'agit donc pas de contrats. Si une faute est alors commise, elle ne peut être réparée que sur le terrain de la responsabilité extracontractuelle.

Le problème s'est notamment posé pour les accidents se produisant sur le quai d'une gare : peut-on rechercher la responsabilité de la SNCF et si oui de quelle nature est cette responsabilité ? Pendant longtemps, la jurisprudence considérait que ces accidents mettaient en jeu la responsabilité contractuelle de l'exploitant : avec l'entrée dans une gare, au passage du contrôle des billets, se formait un contrat entre le client et la SNCF ; celle-ci était alors débitrice d'une obligation de sécurité envers ses clients. La Cour de cassation est revenue sur cette solution en 1989. Dorénavant, les règles mettant en œuvre la responsabilité délictuelle ou quasi délictuelle de la SNCF s'appliquent aux accidents de quai, car le contrat de transport, sinon l'obligation de sécurité du transporteur, ne se concrétise qu'au moment où les clients montent dans la voiture (V. le point sur cette question dans le volume 2).

L'interprétation juridique du « coup de main » entre amis ou voisins est également une source de difficultés : s'agit-il d'un véritable contrat, identifié en jurisprudence sous le nom de « convention d'assistance », ou d'un quasi-contrat comme la gestion d'affaires ? Cette hésitation est permise, du fait que le « coup de main » est avant tout la trace de relations sociales de qualité. Le droit a du mal à saisir la vie quotidienne lorsqu'elle est informelle et il est fort difficile de qualifier juridiquement des opérations pourtant courantes et se développant, dans leur immense majorité, sans le recours aux tribunaux (sur la gestion d'affaires et la convention d'assistance, V. *infra*, n° 567).

Les solutions sont cependant très diverses et il n'est pas possible de donner des critères nets et précis. D'une manière générale, on peut dire que les relations de complaisance se situent en dehors du champ contractuel. Plus systématiquement, on pourrait dire que les services gratuits ne sont pas juridiquement sanctionnés sur la base du contrat. Il faut néanmoins admettre que les solutions jurisprudentielles sont, en l'occurrence, plus empreintes d'opportunité que de rationalité. Ce n'est pas forcément un mal.

51. – **Contrats et engagements « décontractualisés ».** On peut s'interroger sur la valeur juridique qu'il faudrait reconnaître aux engagements décontractualisés, appelés encore *gentlemen's agreement* dans la vie des affaires. Les opérateurs économiques passent parfois des conventions qui, pour eux, ne sont valables que parce qu'elles engagent leur honneur : l'exécution de l'engagement est donc subordonnée à la loyauté respective des parties et celles-ci refusent par avance l'intervention d'un tribunal en cas de difficulté. Ce type d'engagement est-il obligatoire ?

Ces engagements sont de plus en plus rattrapés par le Droit.

Une première question se pose : que veulent effectivement les parties ? Leur volonté est-elle réellement de placer l'engagement en dehors du droit ? Ce peut être le cas, lorsque la règle de droit est trop contraignante ou inadaptée ; les parties décident donc de se mettre en dehors du droit, de se placer dans une sphère d'autorégulation pour échapper à l'emprise d'une réglementation tatillonne.

La question a ainsi posée de la volonté des parties : les lettres de confort sont des engagements de portée variable souscrits assez souvent par des sociétés mères pour le compte de leurs filiales afin de leur faciliter l'obtention de crédits. C'est précisément ce qu'illustre la décision rendue le 9 juillet 2002 reproduite ci-dessous par la chambre commerciale de la Cour de cassation, qui témoigne à la fois de la difficulté de déterminer la portée réelle de l'engagement ainsi souscrit et de l'instabilité de la jurisprudence en ce domaine.

Cass. com., 9 juill. 2002 : *Bull. civ.* 2002, IV, n° 117

Attendu, selon l'arrêt déféré, que par acte notarié du 30 juin 1983, la Société de développement régional de Lorraine (société Lordex) a consenti à la société SMS-Bove (SMS) un prêt remboursable en douze annuités garanti par une hypothèque ; que la SMS a demandé à la société Lordex de consentir à la mainlevée de l'hypothèque en contrepartie de la délivrance, par sa société-mère, la société Knauf-La Rhénane (société La Rhénane), d'une lettre de confort ; que le 7 janvier 1987, la société La Rhénane a écrit à la société Lordex la lettre suivante : « Dans le cadre de la restructuration de notre filiale, la SA SMS-Bove à Saint-Louis… nous vous confirmons, étant donné les liens qui nous unissent à cette société, que nous veillerons, à compter de ce jour, au bon déroulement de cette opération et que nous ferons, envers vous, le nécessaire pour la mener à bonne fin » ; que la société Lordex a donné mainlevée des hypothèques ; que la SMS a honoré les échéances du prêt jusqu'en février 1993, puis a été mise en redressement judiciaire le 16 avril 1996 ; que la société Lordex a demandé que la société La Rhénane soit condamnée à lui payer le solde du prêt ainsi que divers accessoires du principal ;

Sur le moyen unique, pris en sa première branche :

Attendu que la société Lordex reproche à l'arrêt d'avoir rejeté sa demande alors, selon le moyen, que constitue un cautionnement, l'engagement pris par une société mère à l'égard d'un créancier hypothécaire d'une de ses filiales, de faire, envers ce créancier, le nécessaire pour mener à bonne fin l'opération conclue entre cette filiale et ledit créancier ; qu'en affirmant que par cet engagement, la société mère avait simplement offert son concours pour aider sa filiale mais qu'elle ne s'était pas engagée à se substituer à elle en cas de carence de cette dernière, la cour d'appel a violé les articles 1134 et 2011 et suivants du Code civil ;

Mais attendu que recherchant la commune intention des parties, la cour d'appel, qui a retenu que les termes employés dans la lettre du 7 janvier 1987 démontraient que la société La Rhénane avait offert son concours pour aider sa filiale mais qu'elle ne s'était pas engagée à se substituer à elle en cas de carence de celle-ci, en a déduit, à bon droit, que la société La Rhénane n'avait pas souscrit un engagement de cautionnement ; que le moyen n'est pas fondé ;

Mais sur la deuxième branche du moyen ;

Vu l'article 1134 du Code civil ;

Attendu que pour statuer comme il a fait, l'arrêt retient que la promesse faite par la société La Rhénane a été de fournir des moyens, en vue d'un résultat qui, lui, n'a pas été explicitement garanti et qu'il n'est nulle part fait mention de ce que la société La Rhénane s'engage à tout mettre en œuvre pour éviter le défaillance de sa filiale ou pour que les engagements de cette dernière soient tenus ;

Attendu qu'en statuant ainsi, alors que la société La Rhénane avait pris l'engagement de faire le nécessaire envers la société Lordex pour mener l'opération à bonne fin, ce dont il résultait qu'elle s'était engagée à un tel résultat, la cour d'appel a violé le textes susvisé ;

Par ces motifs : et sans qu'il y ait lieu de statuer sur le dernier grief :

Casse et annule, dans toutes ses dispositions, l'arrêt rendu le 9 juillet 1996, entre les parties, par la cour d'appel de Colmar ;

Cependant, leur volonté est-elle suffisamment forte pour laisser l'accord en dehors du droit ? Si l'on considère que l'élément essentiel du contrat est la volonté, il est alors permis de penser que l'engagement ainsi décontractualisé a une valeur en lui-même. Si, en revanche, l'on retient une conception plus objective du contrat, si l'on considère que la volonté ne suffit pas pour que le contrat existe, la solution est bien évidemment différente.

Toujours est-il que le droit positif admet que certains engagements d'honneur peuvent être juridiquement sanctionnés, notamment lorsqu'un différend surgit entre les parties. Le juge va décider si l'intention des parties correspond bien à l'engagement qu'elles ont pris. Parfois, il retient la qualification juridique donnée par celles-ci ; parfois, il écarte la qualification proposée pour en donner une autre. Le juge n'est pas lié par la qualification que les parties ont voulu donner à leur engagement. Il en résulte deux enseignements :

– l'attitude très pragmatique de la jurisprudence. En principe, lorsque l'engagement est conclu sur l'honneur, il reste en dehors du droit ; les juges du fond adoptent cependant des solutions formalistes : notamment si l'engagement met en œuvre des textes impératifs, il sera réintégré dans la sphère contractuelle et produira des effets de droit ;

– ces solutions ont des incidences sur la notion même de contrat. La volonté des parties n'est pas tout dans le contrat, elle n'en est pas le seul le critère. (V. B. Oppetit, *L'engagement d'honneur : D.* 1979, chron. p. 107).

SECTION 3

LE FONDEMENT DU CONTRAT

52. – Question théorique. Comment se fait-il qu'un accord purement privé, dans lequel n'intervient aucune autorité publique, puisse être juridiquement obligatoire ? En d'autres termes, quel est le fondement du contrat ?

SOUS-SECTION 1

LA THÉORIE CLASSIQUE

53. – Théorie française : marche contractuelle. Les parties, par leur volonté, décident du contrat. Ainsi la volonté est-elle la source et la mesure de l'obligation contractuelle. Ce principe dit de l'autonomie de la volonté – *autos* soi-même et *nomos* la norme (les parties se donnent à elles-mêmes la loi) – appelle différentes observations.

Quel est le sens de ce principe ?

En droit romain, on considérait que la volonté des parties était trop abstraite pour pouvoir, à elle seule, entraîner des effets de droit. Il lui fallait des appuis objectifs, des manifestations extérieures, des cadres. C'est pour cette raison qu'on reconnaissait seulement trois catégories de contrats, dans lesquels le consentement ne suffisait pas à rendre contraignant le contrat :

– le contrat *verbis* se formait par le prononcé d'une formule particulière ;

– le contrat *litteris* s'établissait par l'inscription d'une formule sur un registre particulier détenu par un juge ;

– le contrat *re* se matérialisait par la remise effective d'une chose.

En dehors de ces trois types de contrats, il était impossible d'admettre l'existence d'un contrat. Un engagement « nu » n'avait aucune force obligatoire. Cependant, cette conception romaine est vite apparue comme trop figée et de nature à freiner les développements économiques fondés sur les échanges, et plus précisément sur les relations contractuelles. Il a donc fallu créer de nouvelles catégories de contrats. À la fin de l'empire romain, on avait identifié quatre contrats essentiels : la vente, le louage, le mandat et la société.

Le droit germanique, au début du Moyen Âge, était très formaliste, autant que le droit romain originaire : le contrat n'était valable que si des formes particulières avaient été respectées, ce qui néanmoins facilitait l'office du juge. On ne reconnaissait pas le contrat en lui-même.

Au XVIe et XVIIe siècles, le « progrès » reprit avec les échanges commerciaux. L'Église exerçait davantage d'influence : le respect de la parole donnée était devenu en soi une valeur. Même si la parole n'était pas entourée des formes requises, elle avait, en elle-même, une certaine force contraignante.

Les juristes du XVIIIe siècle ont trouvé dans les textes du droit romain des arguments nouveaux pour justifier l'existence du contrat en dehors du formalisme et de références à des valeurs morales. Avec Domat et Pothier, on finit par admettre que le contrat pouvait exister, en tant que tel, dès lors qu'il résultait d'une volonté exprimée par les parties, d'une volonté intègre et vierge de tout vice du consentement. Ces conceptions sont passées dans le Code civil, tout en coexistant avec celles de l'Église.

La théorie de l'autonomie de la volonté apparut plus tard. Avec elle, la loi ne crée pas le contrat ; elle apporte son concours à la volonté exprimée par les parties. Cette théorie s'appuie sur des idées philosophiques (cf. Kant) : on est engagé parce qu'on l'a voulu. La volonté crée sa propre loi, ce qui suppose que l'homme soit libre et puisse s'engager lui-même. La conséquence en est que ce qui est contractuel est considéré comme « juste » ; l'individu qui crée sa propre loi ne peut agir à l'encontre de ses intérêts.

« Le droit des contrats est devenu causaliste lorsqu'il a cessé d'être formaliste » (R. David).

La théorie philosophique de l'autonomie de la volonté sera progressivement consacrée. Elle comporte un certain nombre de corollaires juridiques, mais connaît de nombreuses limites.

§ 1. – Les principes

A. – Le consensualisme

54. – Consensualisme. La conclusion des contrats est dominée par les principes de liberté. Puisque la volonté des parties est toute puissante, il n'est pas nécessaire de respecter certaines formalités pour que le contrat soit valable (le consensualisme s'oppose au formalisme).

B. – La liberté contractuelle

55. – Liberté contractuelle. Elle revêt deux aspects :

– la liberté de contracter ou de ne pas contracter : on ne peut forcer quelqu'un à s'engager dans un contrat ;

– la liberté contractuelle signifie aussi qu'on est libre de déterminer le contenu du contrat ; ce sont les parties qui modèlent leur contrat : elles sont libres de choisir tel ou tel « vêtement juridique », de passer un contrat de vente, de mandat... Elles ont le droit d'aménager le droit de la vente, du mandat..., sous réserve de respecter les éléments essentiels du contrat, et de respecter aussi l'obligation fondamentale du contrat (on ne peut éliminer toute obligation dans un contrat). Cependant, la liberté des parties reste le premier de ces éléments essentiels.

C. – La force obligatoire du contrat

56. – Notion de force obligatoire. Les parties sont tenues par leur parole ; le contrat a, en lui-même, une force obligatoire, qui s'apprécie entre les parties.

Entre les parties, le contrat est une véritable loi, ainsi qu'en dispose l'article 1134 du Code civil (« les conventions légalement formées tiennent lieu de loi à ceux qui les ont faites »), ce qui signifie que lorsqu'un contrat est conclu, l'une ou l'autre des parties ne peut en modifier unilatéralement les termes. Le juge doit également l'observer et le faire observer.

D. – L'effet relatif du contrat

57. – Contrat comme loi privée. À l'égard des tiers, on parle de l'« effet relatif » du contrat. L'article 1165 du Code civil dispose que les conventions n'ont d'effet qu'entre les parties contractantes ; elles ne nuisent point au tiers, et elles ne lui profitent que dans le cas prévu par l'article 1121 », ce qui signifie que le contrat est une « loi privée » qui ne lie que les parties contractantes et ne doit pas obliger les tiers.

§ 2. – Les limites

58. – Déclin de la théorie de l'autonomie de la volonté. Cependant, ces corollaires sont, en partie, remis en cause depuis quelques années. La théorie de l'autonomie de la volonté est en déclin ; elle a trouvé son apogée à la fin du XIXe siècle et au début du XXe siècle, mais aujourd'hui il est facile de recenser les démentis. Ainsi constate-t-on de nombreuses atteintes au principe du consensualisme. On assiste ainsi à une renaissance du formalisme. Force est de constater que de nombreux contrats ne sont, en droit positif, obligatoires que s'ils répondent à certaines formes (mentions obligatoires...).

Les atteintes à la liberté contractuelle ne sont pas moins sensibles, notamment pour deux raisons :

– la loi supprime dans certains cas **le droit de contracter ou de ne pas contracter** ; ainsi peut-elle imposer la conclusion d'un contrat déterminé (assurance automobile), réduire la liberté de choix du cocontractant ou bien punir le refus de contracter (cf. refus de vente à un consommateur) ;

– la loi supprime **la liberté de déterminer le contenu du contrat** par souci de protection du cocontractant en situation de faiblesse économique, en imposant l'insertion de clauses dans le contrat, ce qui est le cas notamment pour tous les contrats conclus entre professionnel et consommateur (contrat de crédit à la consommation) ; son objectif est aussi de contrôler les équilibres économiques, ce qui fonde notamment la réglementation sur les ententes.

Enfin, **les atteintes à la force obligatoire des contrats** sont réelles. De même, alors que pendant longtemps, le juge était une sorte de « serviteur », il devait respecter scrupuleusement les volontés exprimées dans un contrat. Il n'est pas rare aujourd'hui que le juge contrôle l'exécution d'un contrat et impose aux contractants telle ou telle obligation. Il remodèle ainsi le contrat initial. Le contrat n'est donc plus, en droit positif, l'œuvre unique des parties contractantes.

De temps à autre, on assiste à un nouvel essor de cette autonomie, à travers quelques types de contrats caractéristiques : contrat première embauche (CPE) vite passé à la trappe de l'histoire, pactes extra statutaires, les contrats types… Il faut tenir compte des libertés laissées par les lois supplétives.

SOUS-SECTION 2

LES THÉORIES MODERNES

59. – Recherche du fondement du contrat. Si la volonté s'efface devant la loi, c'est qu'elle n'expliquerait plus, à elle seule, tous les ressorts du contrat. C'est dire que le fondement du contrat serait, ne serait-ce que partiellement, ailleurs et qu'il faut rechercher d'autres explications. D'où de nombreuses propositions doctrinales.

On peut essayer de trouver le fondement du contrat par référence à **la valeur morale de tenir sa promesse** : la conception est purement morale. La morale, notamment chrétienne, exige de chacun qu'il tienne sa parole sous peine de commettre un péché. Dans cette analyse, le respect de la parole donnée justifierait donc le contrat.

On peut aussi rechercher le fondement du contrat dans des concepts plus sociologiques ; ceci de deux manières :

– par référence à l'idée de **nécessité sociale** : en effet, les sociétés collectivistes mises à part, le seul mode d'organisation ou de « régulation » des rapports sociaux reste l'accord entre les individus ;

– par référence à l'idée de **confiance**, c'est-à-dire la confiance du créancier dans la promesse du débiteur : en effet, un certain nombre de ressorts sociaux et de comportements individuels sont liés à la notion de confiance (cf. le mythe de Pénélope, merveilleux hymne à la confiance, dans le retour d'Ulysse) ; les mécanismes monétaires reposent également sur la confiance qu'ils inspirent aux opérateurs économiques.

60. – Confiance comme fondement du contrat. Ce qui compte dans un contrat, c'est la sanction – les cas dans lesquels le créancier peut agir contre son débiteur – sans laquelle il n'aurait aucun intérêt. En raisonnant du côté du créancier, on peut estimer que ce dernier agira contre le débiteur lorsqu'il a confiance dans le maintien de ce que le débiteur a pu promettre. Deux questions cependant : quand le créancier peut-il avoir confiance dans la promesse du débiteur ? Pourquoi le créancier peut-il avoir confiance en la promesse du débiteur ?

Le créancier peut avoir confiance lorsque la promesse du débiteur présente certaines garanties de sécurité. Ces éléments objectifs sont ceux qui se concrétisent dans la forme de l'engagement ou dans sa cause.

Du reste, pour certains auteurs, le contrat présenterait deux aspects. Le premier est procédural : dans la « procédure » de formation du contrat, la volonté joue un rôle déterminant, mais elle doit s'exprimer suivant certains schémas. Le second réside dans les effets du contrat : le contrat secrète des normes. Cette conception objective et engagée rejoint la théorie de Kelsen qui veut que l'ordonnancement juridique prenne une forme pyramidale, où chaque norme juridique trouve sa source dans une disposition qui lui est supérieure. Cela conduit à se demander si le contrat existe en lui-même, ou si, au contraire, il ne faudrait pas admettre uniquement des types particuliers de contrats. Doit-on parler du contrat ou des contrats ?

61. – Droit des obligations et droit des contrats spéciaux. Le droit positif développe le droit des contrats spéciaux au détriment de la théorie générale des obligations. De plus, les différenciations se multiplient à l'intérieur même des contrats : il n'y a plus un type de vente, ni un type de mandat, il y a des ventes ou des mandats. On observe ainsi un phénomène d'arborescence du droit contractuel, si bien que le droit commun, le droit du contrat, n'a plus à l'heure actuelle qu'une vocation subsidiaire et résiduelle.

Cette évolution accrédite l'idée que le contrat n'existe pas en tant que tel, puisque le droit positif accueille toute une série de types de contrats. Ce n'est cependant encore qu'une intuition. Il est probable qu'elle sera démentie.

62. – Actualité de l'autonomie de la volonté. Si l'on abandonne toute spéculation intellectuelle pour revenir au droit positif, au droit tel qu'il est, on retiendra que les principes classiques qui rattachent le contrat à la seule volonté des parties ont conservé une réelle force et l'on peut même se demander si le principe de l'autonomie de la volonté ne retrouve pas une certaine actualité.

Au demeurant, il n'est pas interdit d'interpréter de deux manières les atteintes (nombreuses) à l'autonomie de la volonté :

– au premier degré, on peut considérer que le législateur qui modèle le contenu du contrat porte atteinte à la liberté contractuelle, au consensualisme, à la force obligatoire ;

– au second degré, on peut estimer que si le législateur intervient de cette façon, c'est pour restaurer un certain équilibre entre tous les cocontractants.

Selon cette seconde analyse, les textes interventionnistes partiraient de l'idée que les cocontractants ne sont pas sur un pied d'égalité (V. droit du travail, droit des assurances, droit de la consommation). Pour que le consentement soit échangé, il faudrait restaurer l'équilibre entre les parties et faire en sorte que la partie faible puisse donner son accord dans les meilleures conditions. Ainsi toutes les interventions contemporaines du législateur seraient des mesures de compensation, de rétablissement d'un équilibre jusqu'alors rompu. La théorie de l'autonomie de la volonté retrouverait ainsi toute son actualité.

Quant aux nouveaux principes, on se bornera à dire qu'ils n'ont pas encore totalement immergé le droit positif.

Dans ces conditions, la force obligatoire est avant tout justifiée par la loi elle-même ou par la confiance du partenaire et non par la seule volonté des parties. Le contrat n'est obligation que s'il est « légalement formé ».

Lecture

Alain Supiot, *Homo juridicus*, Points, coll. « Points essais », 2009, p. 155

« Du reste, cette parole ne vaut pour autant qu'elle est conforme à la loi de ce Garant : hier la loi divine qui exige que la convention ait une cause juste (c'est de cette exigence que découle notamment la théorie du juste prix. Voir H.-J. Berman, *Law and revolution*, p. 246 ; A. Söllner, *Die cause im Kondiktionen- und Vertragsrecht des Mittelalters bei den Glossatoren*, Kommentatoren und Kanoniken, Zeitschrift des savigny-stiftung für Rechtgeschichte [romanistiche Abteilung], 77 [1960] p. 182-269 ; K.-S. Cagn, *The Roman and Frankish roots of the just price of medieval canon, Law Studies in Medieval and Renaissance Story*, 6 [1969], p. 1). La dimension binaire et horizontale de l'échange ou de l'alliance ne serait pas devenue ce plan homogène et abstrait où prospère l'économie de marché sans la dimension ternaire et verticale du Tiers sous l'égide duquel se forment les contrats.

Il suffit pour le comprendre de mettre les pieds sur la place du marché de n'importe quelle ville médiévale, par exemple celle de Bruxelles, qui offre une mise en scène particulièrement réussie des lois de l'échange. On sait que cet ensemble architectural admirable se définit d'abord par ses limites, faites de bâtiments dédiés les uns au travail organisé (les sièges des corporations) et les autres à l'Autorité publique garante de la loyauté des échanges (le siège de l'Hôtel de ville). Cette architecture donne immédiatement à voir qu'il n'y a pas d'échange réglé sans un Tiers garant des échanges et sans organisation collective des travailleurs qui produisent des biens échangés. Sortir de l'espace ainsi institué, c'est aussi sortir de l'espace marchand et de ses lois ; si l'on se rend sur la colline qui domine cette place, au Palais de justice ou au Palais-Royal, on y est gouverné par d'autres lois que celles de l'échange. Faute de quoi, la décision de justice ou la décision politique pourraient s'acheter et se vendre, c'est-à-dire que l'on se trouverait dans une cité corrompue (...). »

V. également P. Delebecque, *Aperçu général des tendances actuelles de la théorie des contrats*, in *Journées Josserand*, Lyon, 2013.

63. – Annonce du plan. En tout cas, la tension qui subsiste entre la conception classique et les conceptions modernes du contrat souligne les intérêts qui s'attachent à l'étude du phénomène contractuel. On en rendra compte en examinant d'une manière chronologique :

- la conclusion du contrat ;
- le contenu du contrat ;
- l'exécution du contrat.

TITRE 1

LA CONCLUSION DU CONTRAT

On développera les conditions de la formation du contrat, avant de déterminer les sanctions qui découlent de leur inobservation.

CHAPITRE 1

CONDITIONS DE FORMATION DU CONTRAT

64. – Le contrat légalement formé. Journellement, des contrats se nouent et se dénouent sans conséquence particulière : le quotidien est, comme toujours, « comme d'habitude », très banal.

Sans parler des hypothèses contentieuses, les problèmes apparaissent lorsque les contrats ont un réel poids économique. L'article 1134 du Code civil indique que le contrat n'est obligatoire que s'il est **légalement** formé. Ce texte rappelle que les contractants doivent, s'ils veulent se lier, respecter les conditions légales de formation du contrat.

L'article 1108 du Code civil détermine ces conditions :

> « Quatre conditions sont essentielles pour la validité d'une convention :
>
> – le consentement de la partie qui s'oblige ;
> – sa capacité de contracter ;
> – un objet certain qui forme la matière de l'engagement ;
> – une cause licite dans l'obligation. »

Les conditions légales concernent donc le consentement et la capacité des parties au contrat, l'objet du contrat qui doit être certain et licite, et sa cause – sa justification – qui doit aussi être licite.

Très souvent, en outre, le contrat doit respecter certaines conditions de forme. Elles ne sont pas prévues par l'article 1108 du Code civil, mais elles sont aujourd'hui de plus en plus déterminantes.

On envisagera successivement ces différentes conditions.

SECTION 1

LE CONSENTEMENT

65. – Définition et étendue du consentement. Le consentement est l'accord de deux volontés, en vue de faire naître une obligation ou un rapport juridique. C'est l'élément premier et fondateur du contrat.

D'une part, **contracter c'est d'abord consentir, et consentir en même temps sur un même projet**. Le principe est celui de la liberté de contracter ou de ne pas contracter. Celle-ci implique la liberté de choix du cocontractant. Cette liberté, cependant, connaît nombre d'atténuations : dans certains cas, on est tenu de contracter (par exemple, de s'assurer) ou de ne contracter qu'avec certaines personnes (notamment lorsqu'un droit de préemption est institué). Quoiqu'il en soit, même si la liberté de contracter, dans ses différents aspects, connaît des limites, elle demeure le principe.

D'autre part, **contracter c'est vouloir**. Il faut s'assurer que le consentement a été donné librement et en toute connaissance de cause. Il faut donc mesurer l'étendue du consentement.

Ces deux thèmes appellent les observations qui suivent.

SOUS-SECTION 1

L'EXISTENCE DU CONSENTEMENT

66. – Mécanique de formation du contrat. Démontons la mécanique de formation du contrat. Le consentement des parties se forme par la rencontre d'une offre et d'une acceptation : une offre est émise ; si elle est acceptée, le contrat est formé, sous réserve du respect des règles relatives à la capacité des parties, à l'objet et à la cause. Cette horlogerie permet de rendre compte de la conclusion de la plupart des contrats. Cependant, cette explication est sommaire : elle ne traduit pas la discussion préalable à la conclusion du contrat. D'où nos deux paragraphes.

§ 1. – Le mécanisme de l'offre et de l'acceptation

Le contrat suppose la manifestation de deux volontés : une offre et une acceptation.

A. – L'offre

67. – Pollicitation. On parle encore de pollicitation (du latin *pollicere*, qui signifie proposer). C'est une manifestation de volonté par laquelle une personne exprime son intention d'être liée si le destinataire de cette manifestation l'accepte. Deux questions concrètes doivent être faites :

- quels sont les caractères de l'offre ?
- quels sont les effets juridiques de l'offre ?

1° Caractères de l'offre

Des éléments sont essentiels ; d'autres sont accessoires, voire indifférents.

a) Les éléments essentiels

68. – Offres et propositions. De nombreuses propositions précèdent la conclusion d'un contrat. Toutes ne sont pas juridiquement des offres.

Il faut distinguer l'offre de **l'invitation à entrer en pourparlers** ou encore de **la lettre d'intention** ; celle-ci n'est qu'une proposition faite en vue d'instituer une négociation, ce qui peut être vague. Elle n'entraîne aucune conséquence juridique, contrairement à l'offre.

L'offre se distingue aussi de **l'avant-contrat** et, plus spécialement, de **la promesse unilatérale de contrat**. Dans le premier cas, l'offrant n'est pas encore définitivement lié, alors que dans la promesse, son auteur s'engage envers un bénéficiaire et conclut un contrat.

Les situations sont tout de même assez proches, car si le promettant est obligé, il est tenu de respecter sa promesse à peine d'engager sa responsabilité, à l'instar de l'offrant qui, s'il peut théoriquement rétracter son offre, est aussi à même d'engager sa responsabilité s'il le faisait de manière brutale. Il reste néanmoins une différence essentielle : l'offre devient caduque à l'expiration d'un certain délai, alors que la promesse unilatérale de contrat n'est jamais frappée de caducité, sauf si elle est assortie d'un délai particulier dont les parties sont convenues.

69. – Caractéristiques de l'offre. Cette discussion conduit à se demander quels sont les éléments qui font qu'une déclaration de volonté est juridiquement une offre. Les éléments déterminants sont les suivants :

- l'offre doit être précise ;
- l'offre doit être ferme.

L'offre doit être précise : elle doit contenir les éléments essentiels du futur contrat, les éléments à défaut desquels il est impossible de concevoir le contrat envisagé. Par exemple, dans un contrat de vente, la jurisprudence considère comme éléments essentiels la chose, objet de la vente, et le prix, la somme à régler. Dans le contrat de bail, le bien loué, le loyer dû et la durée de la location sont les éléments qui apparaissent comme fondamentaux.

L'offre doit être ferme : elle doit exprimer une volonté non équivoque ; elle doit être donnée en connaissance de cause. Ainsi une proposition ne peut être qualifiée d'offre si elle comporte des restrictions ou des **réserves**. Celles-ci peuvent être expresses ou tacites et entraînent toujours un décalage dans la formation du contrat. Dans le premier cas, elles résultent de formules qui accompagnent l'offre. Dans le deuxième cas, elles découlent de la nature même du contrat : c'est le cas dans un contrat conclu *intuitu personae* (conclu en considération de la personne) : l'accord ne sera définitivement conclu qu'après agrément de la personne de l'acceptant. À partir de quand peut-on considérer qu'une réserve est implicite ? Le droit positif, en dehors des contrats conclus *intuitu personae*, n'est pas toujours très précis. Grâce aux réserves, le proposant s'assure le contrôle de la conclusion du contrat en se donnant, par exemple, un délai de réflexion, ce qui lui permet de vérifier la solvabilité du cocontractant qui se présente. La technique des réserves présente ainsi un grand intérêt, car elle permet à son bénéficiaire d'être dans la position d'un acceptant et d'avoir ainsi la maîtrise de la conclusion du contrat.

Une question délicate avait été soulevée dans l'hypothèse d'une proposition de contracter. Celle-ci pouvait-elle valablement constituer une offre ? Selon la Cour de cassation, il ne peut y avoir d'offre que si la proposition de contracter (ici, une invitation à pourparlers) exprime la volonté de son auteur de s'engager en cas d'acceptation de son destinataire (Cass. com., 3 juin 2003, n° 00-17.008 : *RDC* 2004, p. 633, note D. Mazeaud).

Le propriétaire d'un immeuble qui donne « mandat » à un notaire de « mettre en vente » son bien et de « trouver un acquéreur » pour un prix déterminé, sans pour autant lui donner le pouvoir de le représenter, n'exprime pas une offre de vente et le tiers qui agrée purement et simplement les conditions proposées ne peut prétendre que la vente se trouve conclue (Cass. 3e civ., 17 juin 2009, n° 08-13.833).

De même, l'agent immobilier ne peut engager le mandant que s'il dispose d'un mandat écrit, ce qui rend la croyance des tiers en l'existence d'un pouvoir oral illégitime (Cass. 1re civ., 31 janv. 2008, pourvoi n° 05-15.774 : *Bull. civ.* 2008, I, n° 30. – Cass. 1re civ., 5 juin 2008, pourvoi n° 04-16.368 : *Bull. civ.* 2008, I, n° 163).

Le caractère obligatoire de l'offre

Un arrêt de la troisième chambre civile de la Cour de cassation, du 1er juillet 1998, permet d'illustrer le caractère obligatoire de l'offre. Lorsqu'une offre publique ne comporte aucune restriction, le juge ne peut l'induire d'autres circonstances de fait, comme la connaissance de celle-ci par les parties.

Cass. 3e civ., 1er juill. 1998 : *D.* 1999, p. 170, note L. Boy ; *Defrénois* 1998, p. 1406 et la note

LA COUR :

Sur le moyen unique :

Vu l'article 1583 du Code civil ;

Attendu que la vente est parfaite entre les parties et la propriété est acquise de droit à l'acheteur à l'égard du vendeur dès qu'on est convenu de la chose et du prix ;

Attendu que, selon l'arrêt attaqué (CA Besançon, 12 avr. 1996) que les époux Huchon, propriétaires de différentes parcelles sur le territoire de la commune de Chaux-La-Lotière (la commune), ont accepté, par lettre du 3 avril 1992, l'offre de la commune parue le 1er avril 1992, dans un journal portant sur un terrain à bâtir ; que la commune a, néanmoins, vendu la parcelle à Madame Dufourt ; que les époux Huchon ont assigné la commune et Mme Dufourt, pour voir juger que l'offre de vente de la parcelle et l'acceptation de celle-ci par eux valait vente à leur profit ;

Attendu que, pour rejeter cette demande, l'arrêt retient que si, en principe, l'acceptation de l'offre publique notifiée à la commune par les époux suffisait à la formation du contrat de vente, en l'espèce, la commune avait loti et mis en vente dans le but de fixer sur son territoire de nouveaux habitants, et que cette considération sur les qualités requises pour contracter étant connue des époux Huchon, leur était opposable ; qu'en statuant ainsi, alors qu'elle avait constaté que l'offre publique de vente ne comportait aucune restriction, la cour d'appel a violé le texte susvisé ;

Par ces motifs, casse et (...) renvoie devant la cour d'appel de Dijon...

b) Les éléments indifférents

70. – Formes de l'offre. Si l'auteur de l'offre doit se faire connaître et extérioriser l'offre, toutes les formes d'expression de l'offre sont admises.

L'offre peut être expresse ou tacite. L'offre expresse désigne tout comportement visant à porter à la connaissance d'autrui la manifestation de volonté en vue de contracter. Pour informer autrui de l'existence de l'offre, tous les modes sont concevables : la parole, l'écrit, la simple attitude. L'offre peut aussi être tacite : elle désigne ainsi toute action présupposant une volonté de contracter. Cependant, l'offre tacite est extrêmement rare, car l'offre implique, par sa nature même, une initiative. Le seul exemple d'offre tacite admis en jurisprudence réside dans la tacite reconduction (V. *infra*, n° 354).

71. – Le destinataire. Quoiqu'il en soit, on ne s'interroge pas sur le **destinataire de l'offre** : celle-ci peut être faite à personne déterminée comme au public (cas d'une petite annonce). Les droits anglais et américain n'admettent pas que l'offre puisse être faite au public. La conception française est donc plus compréhensive, mais en même temps, plus dangereuse pour l'auteur de l'offre.

2° Effets de l'offre

Si l'offre est précise et ferme, elle est juridiquement caractérisée. Qu'en est-il de son régime ?

a) La révocation de l'offre

72. – Modalités de la révocation. Pour admettre qu'une offre puisse être révoquée, deux séries de considérations, contradictoires, doivent être avancées.

D'une part, la liberté des individus doit être respectée, ce qui signifie, dans le cas d'une offre, que l'offrant doit avoir la possibilité de révoquer sa proposition. D'autre part, les transactions juridiques doivent être sûres, ce qui revient à dire qu'une offre doit être maintenue pendant un certain temps, ne serait-ce que le temps d'être prise en considération. Le droit positif retient que :

– **si l'offre est assortie d'un délai,** elle doit être maintenue pendant la durée de ce délai ; l'auteur de l'offre qui se rétracte avant l'expiration du terme prévu engage sa responsabilité. Cette révocation peut être considérée comme une faute délictuelle ou quasi délictuelle, selon l'article 1382 du Code civil (« Tout fait quelconque de l'homme, qui cause à autrui un dommage, oblige celui par la faute duquel il est arrivé, à le réparer »). La responsabilité est la seule sanction susceptible d'être mise en œuvre ; une exécution en nature – obliger l'auteur de l'offre à contracter – serait satisfaisante, mais porterait atteinte à la liberté de l'auteur de l'offre, si fautif fût-il. L'acceptant ne peut ainsi prétendre qu'à l'allocation de dommages et intérêts ; un arrêt du 7 mai 2008 conduit à s'interroger sur cette sanction car, selon cette décision, la révocation de l'offre faite avec délai n'est pas simplement fautive, mais ineffective (Cass. 3e civ., 7 mai 2008, n° 07-11.690. – C. Juillet, *La révocation de l'offre de contrat faite avec délai* : *LPA* 25 févr. 2009, n° 40, p. 6) ;

– **si l'offre ne comporte aucun délai,** elle doit être maintenue pendant un délai « raisonnable » (Cass. 1re civ., 8 oct. 1958 : *Bull. civ.* 1958, I, n° 413) ; ce délai dépend uniquement de l'appréciation des tribunaux (Cass. 3e civ., 25 mai 2005 : *RDC* 2005, 1071, obs. F. Collart-Dutilleul). Si l'offre venait à être révoquée avant la fin de ce délai « raisonnable », son auteur engagerait sa responsabilité dans les conditions de l'article 1382 du Code civil. La solution vaut, semble-t-il, en toute hypothèse, que l'offre ait été faite à une personne déterminée ou au public.

Un arrêt du 20 mai 2009 concerne l'autre hypothèse, celle de l'acceptation de l'offre sans délai et non révoquée. La Cour de cassation reproche à une cour d'appel d'avoir retenu la validité d'une offre, acceptée cinq ans après son émission, sans avoir recherché si l'acceptation était intervenue avant l'expiration du « délai raisonnable nécessairement contenu dans toute offre de vente non assortie d'un délai précis ». Un délai implicite de caducité assortit donc nécessairement les offres de vente faites sans délai explicite.

73. – **Délai raisonnable.** Comment expliquer l'exigence d'un délai « raisonnable » ? :

– une première thèse consiste à dire que l'offre est un engagement unilatéral de volonté, donc obligatoire en tant que tel. C'est la solution adoptée en droit allemand ; le droit français n'y paraît pas favorable ;

– une deuxième théorie consiste à se porter sur le terrain de la responsabilité civile. Le fait de révoquer une offre de manière hâtive constitue une faute justiciable de l'article 1382 du Code civil. Cette thèse, plus rationnelle que la première, est celle que la jurisprudence retient ;

– dans une dernière analyse, on fait appel à la notion d'apparence : l'auteur de l'offre doit maintenir pendant un certain temps son offre parce que le destinataire de celle-ci peut légitimement compter sur le maintien de la proposition qui lui a été faite. L'auteur de l'offre a donc créé une apparence pour l'éventuel destinataire, cette apparence est pour lui source de droit.

1. Offre comportant un délai

Cass. 3e civ., 7 mai 2008, n° 07-11.690

Sur le premier moyen :

Vu l'article 1134 du Code civil ;

Attendu, selon l'arrêt attaqué (CA Pau, 17 oct. 2005), que par acte du 24 juin 2000, Mme X a signé, par l'intermédiaire d'un agent immobilier, une proposition d'achat d'un immeuble appartenant aux consorts Y, avec remise d'un dépôt de garantie ; qu'elle a retiré son offre d'achat le 26 juin, tandis que l'agent immobilier lui adressait le 27 juin un courrier l'informant de l'acceptation de cette offre par les consorts Y ; que Mme X a assigné ces derniers en restitution de la somme versée et en paiement de dommages-intérêts ;

Attendu que pour accueillir cette demande, l'arrêt retient la validité de la rétractation de son offre d'achat par Mme X, celle-ci étant intervenue par lettre recommandée expédiée le 26 juin 2000, antérieurement à l'émission, par les consorts Y, de leur acceptation par lettre recommandée expédiée le 27 juin 2000 ;

Qu'en statuant ainsi, alors que si une offre d'achat ou de vente peut en principe être rétractée tant qu'elle n'a pas été acceptée, il en est autrement au cas où celui de qui elle émane s'est engagé à ne pas la retirer avant une certaine époque, et alors qu'elle avait constaté que les consorts Y disposaient d'un délai jusqu'au 27 juin 2000 pour donner leur accord, et qu'il en résultait que Mme X s'était engagée à maintenir son offre jusqu'à cette date, la Cour d'appel a violé le texte susvisé ;

Par ces motifs, et sans qu'il y ait lieu de statuer sur le second moyen :

Casse et annule ; (...)

2. Offre sans délai

Cass. 3e civ., 20 mai 2009, n° 08-13.220

Sur le moyen unique :

Vu l'article 1101 du Code civil ;

Attendu, selon l'arrêt attaqué (Chambéry, 15 janv. 2008) que le département de la Haute-Savoie a adressé le 17 mars 1995 à M. X... une offre de rétrocession d'une partie d'un terrain que celui-ci lui avait vendu en 1981 en se réservant un droit de préférence ; que le 8 décembre 2001 M. X... a enjoint au département de signer l'acte authentique de vente ; que Mme X..., venant aux droits de son père décédé, l'ayant assigné le 28 janvier 2004 en réalisation forcée de la vente, le département s'est prévalu de la caducité de son offre ;

Attendu que pour accueillir la demande, l'arrêt retient que l'offre contenue dans la lettre du 17 mars 1995 a été renouvelée dans le courrier du 7 octobre 1996 sans être assortie d'aucun délai et qu'en conséquence M. X... a pu l'accepter par courrier du 8 décembre 2001 ;

Qu'en statuant ainsi, sans rechercher si l'acceptation était intervenue dans le délai raisonnable nécessairement contenu dans toute offre de vente non assortie d'un délai précis, la cour d'appel n'a pas donné de base légale à sa décision ;

Par ces motifs :

Casse et annule (...)

b) Caducité de l'offre

74. – Hypothèses de caducité. L'offre peut être frappée de caducité pour les deux raisons suivantes :

– par écoulement du temps, à l'expiration du délai fixé dans l'offre ou d'un délai « raisonnable » ;

– par le décès de l'auteur de l'offre.

Il a été admis récemment que l'offre pouvait devenir caduque par le décès du destinataire de l'offre (Cass. 1re civ., 5 nov. 2008, n° 07-16.505 – cf. ci-dessous).

Cass. 1re civ., 5 nov. 2008, n° 07-16.505

Sur le moyen unique, pris en ses trois branches :

(...)

Attendu que la commune de Lège-Cap-Ferret (la commune) a donné à bail à Jacques C. un terrain sur lequel celui-ci a édifié une construction ; que, par lettre du 30 juin 1988, la commune lui a proposé l'acquisition de ce terrain ; qu'il est décédé le 22 novembre 1988 sans avoir répondu à cette proposition et en laissant pour lui succéder Jean-Jacques et René C. et Françoise C., ses trois enfants ; que, par acte notarié du 29 décembre 1988, René C. s'est porté acquéreur de l'immeuble moyennant le prix de 100 464 F qu'il a revendu le 12 juillet 2002 au prix de 213 428,62 F ; que le partage successoral, intervenu le 27 décembre 1991 ne faisait pas mention de cet immeuble ; que Jean-Jacques C. a assigné son frère, René, aux fins de dire qu'il avait commis un recel successoral ;

Attendu que Jean-Jacques C. fait grief à l'arrêt attaqué (Bordeaux, 11 déc. 2006) d'avoir rejeté comme étant non fondée sa demande tendant à voir reconnaître à la charge de René C. un recel successoral ;

Attendu (...) qu'après avoir relevé que la lettre du 30 juin 1988 constituait seulement une offre de vente s'analysant en une obligation non point de donner mais de faire et à laquelle Jacques C. n'avait pas donné suite avant son décès, c'est à bon droit que la cour d'appel, qui n'avait pas à procéder à une recherche que ses constatations rendaient inopérantes, a, par motifs propres et adoptés, retenu qu'aucune créance mobilière ni aucun droit susceptible, comme dans l'hypothèse d'une promesse unilatérale de vente, d'être transférés à ses ayants droit, n'étaient entrés dans son patrimoine, de sorte que l'élément matériel du délit de recel n'était pas établi (...).

Par ces motifs, Rejette le pourvoi (...)

B. – L'acceptation

75. – Liberté de l'acceptation. L'acceptation est en principe libre. Personne n'est tenu d'accepter une offre. Dans certains cas, cependant, elle est imposée : dans un contrat entre professionnel et consommateur, le professionnel ne peut, sous peine de contravention, refuser de vendre les biens convoités ou d'accomplir les services promis. Quant au refus d'acheter, il peut être sanctionné s'il est discriminatoire (cf. le cas du *boycott* injustifié). Plusieurs questions se posent quant à l'acceptation.

1° Forme de l'acceptation

76. – Liberté. Aucune forme particulière n'est requise. Il suffit que la réponse faite traduise une volonté certaine de contracter.

L'acceptation peut être expresse et résulter d'un simple « oui », d'un hochement de tête, d'un geste. Elle peut aussi être tacite et se déduire de l'exécution du contrat proposé.

V. en matière de mandat, C. civ., art. 1985, al. 2 : « L'acceptation du mandat peut n'être que tacite et résulter de l'exécution qui lui a été donnée par le mandataire. »

V. encore en matière d'édition, la clause stipulant que seule la publication du manuscrit vaut acceptation (CA Aix-en-Provence, 23 nov. 1970 : *JCP* G 1974, II, 17727, note J. Derrida).

77. – Silence. L'acceptation peut-elle cependant résulter du silence du destinataire ? On connaît l'adage « qui ne dit mot consent ». En droit, le silence ne vaut pas acceptation. Il ne permet pas de déceler une volonté de contracter, sauf s'il s'accompagne d'autres circonstances révélant la volonté contractuelle du destinataire. Telle est la solution reprise par un arrêt de la première chambre civile du 24 mai 2005 : « Si le silence ne vaut pas à lui seul acceptation, il n'en est pas de même lorsque les circonstances permettent de donner à ce silence la signification d'une acceptation » (pourvoi n° 02-15.188 : *D.* 2005, p. 1025, note A. Bensamoun).

La jurisprudence a précisément dégagé des exceptions au principe :

– lorsqu'un texte particulier prévoit que le silence a une portée effective (en droit des assurances notamment) ;

– lorsque les usages vont dans ce sens, et font produire des effets juridiques au silence (cas notamment des usages bancaires) ;

– lorsque les parties ont des relations d'affaires suivies ;

– lorsque l'offre est faite dans l'intérêt exclusif du destinataire.

Dans tous ces cas, le silence du destinataire vaut acceptation, sans doute parce qu'il est alors tenu de répondre.

78. – Délai. Lorsque l'offre faite par le vendeur mentionne « réponse immédiate souhaitée », l'offre a été faite sans stipulation de terme et elle doit être acceptée dans un délai raisonnable.

La Cour de cassation a approuvé une cour d'appel qui avait souverainement retenu que, compte tenu de la nature du bien et de la qualité de l'acquéreur qui devait consulter son conseil d'administration pour obtenir le consentement à l'acquisition, le délai de cinq semaines dans lequel était intervenue l'acceptation de l'acquéreur n'était pas déraisonnable, qu'il y avait eu vente (Cass. 3e civ., 25 mai 2005 : *Bull. civ.* 2005, III, n° 117).

2° Objet de l'acceptation

79. – Concertation avec l'acquéreur. L'acceptation doit tendre à la conclusion du contrat. Elle doit épouser l'offre et être identique à celle-ci. L'acceptation doit être précise dans sa totalité, car elle est indivisible, ce qui signifie que le destinataire de l'offre ne peut faire de choix entre tel ou tel élément exprimé dans la proposition qui lui est faite.

Le plus souvent, aucune difficulté ne se présente : un simple « oui » suffit à former le contrat. Cependant, les situations ne sont pas toujours aussi simples.

D'une part, on doit constater une **concordance de l'offre et de l'acceptation**. En effet, l'acceptation doit être conforme à l'offre. Si l'acceptant fait une réponse différente eu égard aux termes de l'offre, il fait en réalité une contre-proposition qui va rendre caduque l'offre initiale car cette contre-proposition constitue une nouvelle offre. Des contre-propositions successives sont l'expression juridique du marchandage.

D'autre part, en ce qui concerne l'étendue de la concordance de l'offre et de l'acceptation, il s'agit de savoir s'il est nécessaire que l'acceptant donne son accord sur tous les éléments de l'offre initiale ou s'il suffit qu'elle ne porte que sur certains éléments.

Les solutions jurisprudentielles en la matière ne sont pas très nettes, mais invitent à distinguer deux hypothèses.

Si l'offre est **complète**, elle contient alors tous les éléments du contrat envisagé (éléments essentiels et accessoires). Dans ce cas, l'acceptation peut parfaitement s'exprimer par un simple « oui », et il n'est pas nécessaire que l'acceptant précise de manière expresse qu'il entend s'engager sur tous les éléments proposés. Cependant, si le destinataire de l'offre accepte uniquement les éléments essentiels du contrat proposé (il s'accorde sur le prix et la marchandise, mais non sur les modalités de livraison), la jurisprudence décide que le contrat ne s'est pas formé. Toute la difficulté en pratique est de déterminer ce qu'est un élément essentiel ou, à l'inverse, un élément accessoire.

Si l'offre est **réduite** aux seuls éléments essentiels (une offre de vente faisant état du prix et de la chose), il suffit alors que l'acceptation porte uniquement sur ces éléments pour que le contrat soit valablement formé. Si les parties sont en désaccord sur des éléments accessoires, le contrat reste valable ; il s'agira pour elles de s'accorder ultérieurement sur ces détails. Si cette « finalisation » de l'opération échoue, il appartiendra alors au juge de fixer ces éléments accessoires par référence aux usages ou à la nature du contrat envisagé.

3° La connaissance de l'acceptation

80. – Contrat entre absents. Il est nécessaire que l'acceptation soit extériorisée ; il faut que l'auteur de l'offre prenne connaissance de cette acceptation. Les problèmes n'existent véritablement que lorsque les parties ne sont pas physiquement présentes lors de la conclusion du contrat. Dans quelle localité le contrat a-t-il été conclu ? Quelle est la loi applicable lorsque les parties ne résident pas dans le même pays : la loi du lieu où réside l'acceptant ou celle du lieu de résidence de l'auteur de l'offre ?

81. – Révocation de l'offre. Autre question : si le destinataire de l'offre entend révoquer son acceptation, le peut-il ? Le contrat est-il considéré comme formé dès l'émission de l'acceptation ? Deux théories s'opposent :

– la **théorie de l'émission**, *i.e.* le contrat est conclu dès que l'acceptant émet sa réponse ;

– la **théorie de la réception**, *i.e.* le contrat est conclu dès que l'offrant a connaissance de l'acceptation.

Dans le premier cas, l'acceptant ne peut évidemment revenir sur son accord. Dans le second, il peut révoquer son acceptation tant que l'offrant n'a pas reçu celle-ci.

Les solutions jurisprudentielles restent pragmatiques : aucun arrêt de principe ne règle la question. Les tribunaux appliquaient tantôt la théorie de l'émission, tantôt la théorie de la réception, selon le type de problème considéré (compétence du tribunal, loi applicable). La Cour de cassation est revenue sur cette distinction et semble préconiser la théorie de l'émission (Cass. com., 7 janv. 1981 : *Bull. civ.* 1981, IV, n° 14 ; *RTD civ.* 1981, p. 849, obs. F. Chabas : faute de stipulation contraire, l'offre d'achat est destinée à devenir parfaite, non pas par la réception par la société offrante de l'acceptation de la société acceptante, mais par l'émission par celle-ci de cette acceptation).

Certains textes, à l'exemple de la **Convention de Vienne sur la vente internationale de marchandises**, sont plus favorables à la théorie de la réception.

Ces deux théories principales peuvent être affinées :

– dans le système de l'émission, l'acceptation peut être admise dès la déclaration de volonté (rédaction de la lettre d'acceptation) ou lors de l'expédition (postage de la lettre remise à La Poste) ;

– dans le système de la réception, la formation du contrat peut être retardée à la réception proprement dite (réception de la lettre) ou à l'information (ouverture de la lettre renfermant l'acceptation).

Il reste qu'en droit français, seule la division bipartite entre émission et réception *stricto sensu* a trouvé un écho en doctrine et jurisprudence.

1. Le silence vaut-il consentement ?

L'arrêt de principe de la chambre civile de la Cour de cassation répond par la négative :

Cass. civ., 25 mai 1870, *Guilloux c/ Sté des raffineries nantaises et faillite Robin et Cie*

LA COUR : Vu les articles 1101 et 1108 du Code civil ;

– Attendu que l'arrêt attaqué, en condamnant le demandeur comme obligé à la souscription de vingt actions prises en son nom dans la Société des raffineries nantaises, s'est uniquement fondé sur ce fait que ledit demandeur avait laissé sans réponse la lettre par laquelle Robin et comp., chargés du placement des actions, lui avaient donné avis qu'il avait été porté sur la liste des souscripteurs, et qu'ils avaient versé pour lui la somme exigée pour le premier versement sur le montant des actions ; – Attendu, en droit, que le silence de celui qu'on prétend obligé ne peut suffire, en l'absence de toute autre circonstance, pour faire preuve contre lui de l'obligation alléguée ; – Attendu qu'en jugeant le contraire, l'arrêt attaqué a violé les dispositions ci-dessus visées du Code Napoléon ;

Par ces motifs, casse…

La jurisprudence récente confirme cette solution ; ainsi, selon la première chambre civile de la Cour de cassation, méconnaît les articles 1101 et 1108 du Code civil, la cour d'appel qui condamne le client d'un réparateur de bateaux de plaisance au paiement de travaux non inclus dans le devis, au motif qu'il ne contestait pas avoir reçu la lettre afférente aux travaux et s'était abstenu d'y répondre, alors que le silence ne vaut pas, à lui seul, acceptation (Cass. 1re civ., 16 avr. 1996, *Ducournau c/ SA Méditerranée Plaisance : Defrénois* 1996, art. 36381, p. 1013).

Voir également :

Cass. 1re civ., 18 avr. 2000 : *Bull. civ.* 2000, I, n° 111

Sur le moyen unique, pris en ses première et deuxième branches :

Vu l'article 1315 du Code civil ;

– Attendu que, pour condamner la société Le Moulin Larive (la société) à réparer le préjudice allégué par Mme Lucas, résultant de ce que cette société lui aurait interdit l'accès de la maison de retraite « Le Moulin Larive » où elle dispensait des soins à des personnes âgées au titre de son activité d'infirmière libérale, l'arrêt attaqué retient que, le 4 juin 1992, Mme Lucas a écrit à la société, lui reprochant de lui avoir signifié le jour même sa décision de ne plus l'accepter dans l'établissement et contestant les griefs formés à son encontre, et que cette correspondance n'a suscité aucun démenti de la part de la société, ce qui suffit à établir que la cessation des relations entre les parties est intervenue à l'initiative de la société ;

– Attendu, cependant, que le silence opposé à l'affirmation d'un fait ne vaut pas à lui seul reconnaissance de ce fait ; qu'en statuant comme elle a fait, la cour d'appel a violé le texte susvisé.

Parfois le silence peut valoir acceptation, comme dans un arrêt du 4 juin 2009 :

Cass. 1re civ., 4 juin 2009, n° 08-14.481

Attendu que le 18 juillet 1990, le ministère de la Défense a conclu avec la société Méridionale d'équipements sanitaires et sociaux (SOMES) une convention, pour une durée de 10 ans, par laquelle la SOMES, qui gérait une maison d'accueil pour handicapés physiques adultes, lui a concédé la jouissance de 8 places, avec réduction du prix de journée, pour des adultes handicapés ressortissant du ministère de la Défense, contre le versement d'une somme de deux millions de francs ; que la société SOMES a fait l'objet d'une procédure de redressement judiciaire ; qu'un plan de cession au profit de la société Le Colombier, a été homologué par jugement du 15 mars 1996 du tribunal de commerce de Salon-de-Provence ; qu'en exécution de ce plan, la société Médica France (la société Médica), venant aux droits de la société Le Colombier, a acheté le fonds de commerce de la société SOMES, par acte authentique du 9 juin 1997, dont il ressort notamment qu'elle n'a pas décidé de continuer le marché litigieux mais émis toutes les réserves utiles à son sujet ; que l'administration a maintenu dans l'établissement les 8 personnes placées avec un prix de journée réduit et que la société Médica a continué de leur délivrer des prestations d'hébergement ; que la société Médica a assigné l'État devant les juridictions judiciaires pour obtenir sa condamnation à verser le complément de rémunération pour la poursuite des prestations d'hébergement ; que par jugement du 18 novembre 1999 le tribunal de grande instance d'Aix-en-Provence a accueilli cette demande ; que, par arrêt du 10 juin 2004, la cour d'appel d'Aix-en-Provence s'est déclarée incompétente et a renvoyé les parties à mieux se pourvoir ; que cet arrêt a été cassé (Cass. 1re civ., 28 nov. 2006, n° 04-18.256) ;

Sur le moyen unique, pris en ses deux premières branches :

Attendu que la société Médica fait grief à l'arrêt attaqué (Aix-en-Provence, 14 févr. 2008), rendu sur renvoi après cassation, de l'avoir déboutée de sa demande alors, selon le moyen :

1°/ que le seul fait, pour un nouveau prestataire de services, substitué à un précédent, dans le cadre d'un nouveau contrat d'hébergement d'adultes handicapés, de ne pas protester pendant quelques mois contre le payement d'un prix de journée réduit pour certains des pensionnaires – qu'il a évidemment dû garder – n'est pas de nature à caractériser un accord sur le maintien de ce prix, ni à lui interdire de solliciter que, dans le cadre du nouveau contrat, lui soit versé un prix de journée normal ; que la cour d'appel a violé les articles 1101, 1108 et 1134 du Code civil ;

2°/ qu'il résulte des propres constatations des juges du fond que la réduction de tarif consentie par le prédécesseur à l'État avait été compensée par le versement d'une subvention en capital, et que la société Medica France, au contraire, n'avait nullement sollicité ni obtenu un tel avantage ; que cette circonstance loin de caractériser un accord tacite sur la reconduction des conditions tarifaires anciennes et indivisibles, excluait tout accord clair et non équivoque sur une telle reconduction ; que la cour d'appel a encore violé les textes précités ;

Mais attendu que si le silence ne vaut pas à lui seul acceptation, il n'en est pas de même lorsque les circonstances permettent de donner à ce silence la signification d'une acceptation ; que l'arrêt relève que lors de la reprise effective, le 1er mai 1996, la société Médica a conservé les pensionnaires sans demander de subvention particulière à l'État, que, dans ses dernières conclusions, elle avait écrit que la convention avait été tacitement reconduite par les parties, que la situation relative aux pensionnaires présents n'avait pas fait l'objet d'une nouvelle négociation et n'avait été contestée que près d'un an plus tard et que le commissaire à l'exécution du plan précisait que la société Médica était clairement avisée de la situation ; que la cour d'appel a pu déduire de ces circonstances que le nouveau contrat qui s'était formé entre la société Médica et l'État reprenait tacitement les conditions antérieures du prix de journée faute de contestation à ce sujet par le cessionnaire lors de la reprise effective et que la société Médica qui avait tacitement admis les conditions de prise en charge des pensionnaires présents relevant du ministère de la Défense, avec prix de journée réduit, ne pouvait revenir sur cet engagement ; que le moyen n'est pas fondé ;

Et sur le moyen unique, pris en ses troisième et quatrième branches :

Attendu que ces griefs ne sont pas de nature à permettre l'admission du pourvoi ;

Par ces motifs : Rejette le pourvoi.

2. Conditions générales de vente et d'achat

Les grandes entreprises souhaitent définir des règles claires lors de leurs échanges commerciaux. D'où l'idée de prévoir un certain nombre de clauses, souvent indiquées au dos du bon de commande ou de la facture, qui définissent les conditions mises à la réalisation de l'échange. Cet ensemble est dénommé pour le vendeur les « conditions générales de vente » et pour l'acheteur les « conditions générales d'achat ».

Ces conditions générales seront applicables pour toute opération de vente réalisée par le vendeur ou l'acquéreur, sauf « condition particulière » inscrite sur le recto du bon de commande ou de la facture. C'est en quelque sorte un ensemble supplétif commun.

Que se passe-t-il lorsque les conditions générales de vente prévues par le vendeur et les conditions d'achat stipulées par l'acquéreur sont contradictoires ?

L'hypothèse est fréquente en pratique, à propos des clauses de réserve de propriété : le vendeur, dans les conditions générales de vente, souhaite se réserver la propriété des biens vendus jusqu'au complet paiement, tandis que l'acquéreur, dans ses conditions générales d'achat, déclare acheter purement et simplement, sans clause de réserve de propriété.

Rappelons le texte applicable, soit l'article L. 621-122 du Code de commerce (ancien art. 121, al. 2, de la loi n° 85-98 du 25 janvier 1985, modifiée par la loi n° 94-475 du 10 juin 1994) :

« Peuvent également être revendiqués, s'ils se retrouvent en nature au moment de l'ouverture de la procédure, les biens vendus avec une clause de réserve de propriété subordonnant le transfert de propriété au paiement intégral du prix. Cette clause, qui peut figurer dans un écrit régissant un ensemble d'opérations commerciales convenues entre les parties, doit avoir été convenue entre les parties dans un écrit établi, au plus tard, au moment de la livraison ». Précisons que la phrase a été modifiée par la loi n° 96-588 du 1er juillet 1996 : « Nonobstant toute clause contraire, la clause de réserve de propriété est opposable à l'acheteur et aux autres créanciers, à moins que les parties n'aient convenu par écrit de l'écarter ou de la modifier », ce qui fait que, en la matière, le problème ne se pose plus.

C'est cette contradiction entre les deux conditions générales qu'a dû trancher un arrêt de la Cour de cassation, du 25 octobre 1994 :

La cour d'appel ayant relevé que les conditions générales de vente et les conditions générales d'achat des sociétés en cause étaient contradictoires et que le vendeur avait signé un document matérialisant son adhésion aux conditions financières de l'acheteur, ultérieurement mis en redressement judiciaire, « c'est à bon droit qu'elle a décidé que la signature par ce dernier des bons de livraison ou l'apposition sur ces bons de son cachet ne pouvait valoir acceptation tacite et univoque de la clause de réserve de propriété invoquée par le vendeur, le refus antérieurement exprimé ne pouvant être rétracté que par une acceptation expresse » (*Bull. civ.* 1994, IV, n° 316 ; *D.* 1996, somm. p. 212, note F. Pérochon).

De même, la même chambre commerciale de la Cour de cassation, dans l'attendu de principe d'un autre arrêt du 11 juillet 1995, énonce que « l'acceptation par le fournisseur du refus par l'acheteur de toute réserve de propriété n'est pas nécessaire pour donner effet à ce refus ». Elle considère donc que « n'a donc pas donné de base légale à sa décision, au regard de l'article 121 de la loi du 25 janvier 1985, la cour d'appel qui, pour accueillir la revendication formée par le fournisseur sur le fondement d'une clause de réserve de propriété, a écarté l'application de la clause par laquelle l'acheteur avait refusé, pour la période concernée, toute réserve de propriété de la part de ses fournisseurs au motif que cette clause n'avait fait l'objet d'aucune acceptation du vendeur ».

(*Bull. civ.* 1995, IV, n° 212 ; *D.* 1996, somm. p. 212, note F. Pérochon ; *Gaz. Pal.* 1995, 2, pan. p. 233 ; *JCP* G 1996, II, 22583, note D. Mainguy).

En matière de conditions générales également, qu'il s'agisse de conditions générales de vente ou d'achat, le silence ne vaut pas non plus consentement. Il est demandé à l'acquéreur ou au vendeur de consentir (ou de déclarer consentir) auxdites conditions.

3. Convention de Vienne

La Convention de Vienne du 11 avril 1980, relative à la vente internationale de marchandises, régit la formation du contrat, et la valeur du silence en ses articles 14 à 18 :

Art. 14 : « 1. Une proposition de conclure un contrat adressée à une ou plusieurs personnes déterminées constitue une offre si elle est suffisamment précise et si elle indique la volonté de son auteur d'être lié en cas d'acceptation. Une proposition est suffisamment précise lorsqu'elle désigne les marchandises et, expressément ou implicitement, fixe la quantité et le prix ou donne des indications permettant de les déterminer.

2. Une proposition adressée à des personnes indéterminées est considérée seulement comme une invitation à l'offre, à moins que la personne qui a fait la proposition n'ait clairement indiqué le contraire. »

Art. 15 : « 1. Une offre prend effet lorsqu'elle parvient au destinataire ;

2. Une offre, même si elle est irrévocable, peut être rétractée si la rétractation parvient au destinataire avant ou en même temps que l'offre. »

Art. 16 : « 1. Jusqu'à ce qu'un contrat ait été conclu, une offre peut être révoquée si la révocation parvient au destinataire avant que celui-ci ait expédié une acceptation.

2. Cependant, une offre ne peut être révoquée :

a) Si elle indique, en fixant un délai déterminé pour l'acceptation, ou autrement, qu'elle est irrévocable ; ou

b) S'il était raisonnable pour le destinataire de considérer l'offre comme irrévocable et s'il a agi en conséquence. »

Art. 17 : « Une offre, même irrévocable, prend fin lorsque son rejet parvient à l'auteur de l'offre. »

Art. 18 : « 1. Une déclaration ou autre comportement du destinataire indiquant qu'il acquiesce à une offre constitue une acceptation. Le silence ou l'inaction à eux seuls ne peuvent valoir acceptation.

2. L'acceptation d'une offre prend effet au moment où l'indication d'acquiescement parvient à l'auteur de l'offre. L'acceptation ne prend pas effet si cette indication ne parvient pas à l'auteur de l'offre dans le délai qu'il a stipulé ou, à défaut d'une telle stipulation, dans un délai raisonnable, compte tenu des circonstances de la transaction et de la rapidité des moyens de communication utilisés par l'auteur de l'offre. Une offre verbale doit être acceptée immédiatement, à moins que les circonstances n'impliquent le contraire.

3. Cependant, si, en vertu de l'offre, des habitudes qui se sont établies entre les parties ou des usages, le destinataire de l'offre peut indiquer qu'il acquiesce en accomplissant un acte se rapportant, par exemple, à l'expédition des marchandises ou au paiement du prix, sans communication à l'auteur de l'offre, l'acceptation prend effet au moment où cet acte est accompli, pour autant qu'il le soit dans les délais prévus par le paragraphe précédent. »

§ 2. – Le processus de négociation du contrat

Les contrats, notamment d'affaires, ne se concluent généralement qu'à l'issue de longues négociations. On peut envisager ces discussions précontractuelles de manière chronologique (comme l'ont fait les meilleurs auteurs, cf. notamment, J.-M. Mousseron).

A. – L'initiative des pourparlers

82. – Liberté de l'initiative. Une personne peut, à un moment donné, prendre l'initiative d'entrer en pourparlers. Il peut s'agir de démarches officieuses ou au contraire d'un appel d'offre. Cette dernière démarche est très courante en matière de marchés publics. Le droit a-t-il vocation à régir ces situations ?

En principe, la réponse est négative ; la liberté des parties est totale, si bien qu'une prise de contact ne peut jamais être considérée comme une faute délictuelle ou quasi délictuelle, ni même contractuelle.

Toutefois, dans certains cas, le droit pénal a son mot à dire. Ainsi en est-il dans des cas de publicité. La publicité est une prise de contact ; si elle est inexacte ou trompeuse, son auteur pourra être sanctionné pénalement (et ce depuis la loi « Royer » de 1973 ; C. consom., art. L. 121-1).

Le droit de la responsabilité civile peut également jouer, sur le fondement des articles 1382 et suivants du Code civil. Il sanctionnera les abus, à l'exemple de ceux que la pratique des prix d'appel crée. Cette pratique induit une concurrence déloyale défavorisant les consommateurs et les fournisseurs. Les pouvoirs publics ont essayé de réagir contre ces abus à travers des circulaires administratives, qui ne sont malheureusement pas toujours respectées.

B. – La conduite des pourparlers

On suppose ici qu'une négociation a été engagée. Celle-ci peut se dérouler librement tout en respectant les exigences de la bonne foi contractuelle (Cass. 1re civ., 31 oct. 2012, n° 11-15.529) ; elle peut aussi être encadrée dans des contrats d'une force plus ou moins contraignante.

1° Hypothèse dans laquelle les pourparlers ne sont ponctués d'aucun accord préparatoire : les formes non contractuelles de pourparlers

83. – **Responsabilité et pourparlers.** Il s'agit en fait de la phase de discussion qui ne donne lieu à aucun accord. Les difficultés juridiques apparaissent lorsqu'une faute est commise durant les pourparlers et que l'un des protagonistes a subi un préjudice. Ainsi la rupture brutale des pourparlers est-elle une attitude fautive ? À supposer que le droit de la responsabilité puisse jouer, quelle est la nature de cette responsabilité ?

Pour certains auteurs, elle serait de nature contractuelle, car ceux-ci considèrent qu'il faut anticiper sur le futur contrat. Cependant, cette thèse – séduisante et sans doute juste – n'a jamais été retenue par la jurisprudence. La responsabilité n'est ici que délictuelle et fondée sur l'article 1382 du Code civil.

Des fautes précontractuelles, de nature délictuelle selon le droit positif, sont parfaitement identifiables.

a) En cas d'échec des négociations

84. – **Échec fautif des pourparlers.** Il s'agit de la faute qui a empêché la conclusion du contrat, de la faute qui est antérieure à l'offre de contracter. Comment la caractériser ? Deux remarques s'imposent. D'une part, l'échec de pourparlers « fait partie du jeu » : il n'y a en principe pas de droit à la conclusion d'un contrat. D'autre part, il faut tenir compte de la qualité des parties, car les professionnels sont à même de mesurer les risques encourus, ce qui est moins vrai pour le consommateur. La jurisprudence, quant à elle, estime qu'une rupture de pourparlers n'est pas en soi fautive ; elle ne le devient que si elle s'accompagne de circonstances particulières, ce qui suppose qu'un abus de droit, une intention de nuire ou une mauvaise foi évidente, soit démontré. L'abus est compris assez strictement par les tribunaux.

La rupture fautive des pourparlers

La jurisprudence a retenu depuis longtemps que la rupture des pourparlers pouvait constituer une faute sanctionnée par la responsabilité délictuelle du fautif. Toute la difficulté est de caractériser la faute susceptible d'être sanctionnée.

Il a fallu attendre les années 2000 pour que la jurisprudence se stabilise.

La même difficulté se retrouve quant à la détermination du préjudice réparable.

La troisième chambre civile a refusé d'indemniser la perte de chance de tirer profit du contrat en cas de rupture fautive des pourparlers (Cass. 3e civ., 28 juin 2006, n° 04-20.040). Cette dernière jurisprudence reprend la solution de l'important arrêt *Manoukian* (Cass. com., 26 nov. 2003, n° 00-10.243 et n° 00-10.949 : *Rev. Lamy dr. civ.* janv. 2004, p. 7, obs. S. Doireau ; *Dr. et patrimoine* mars 2004, p. 102, obs. D. Poracchia ; *D.* 2004, p. 869, note Dupré-Dallemagne ; *Bull. Joly Sociétés* 2004, p. 849, obs. Daigre ; *JCP* E 2004, 601, spéc. n° 3, obs. Caussain, Deboissy et Wicker ; *Dr. sociétés* 2004, comm. 37, obs. Trébulle ; *RDC* 2004, p. 257, note Mazeaud ; *Rev. sociétés* 2004, p. 325, note Mathey ; *JCP* E 2004, p. 738, note Stoffel-Munck ; *RTD civ.* 2004, p. 80, obs. Mestre et Fages ; *JCP* G 2004, I, 163, nos 18 et s., obs. Viney). Cf. Deshayes : *RTD com.* 2004, 187 (dommage précontractuel). Un arrêt *Sagem* du 18 septembre 2012 a confirmé le principe selon lequel la rupture abusive des pourparlers ne saurait conduire à l'indemnisation du préjudice consistant dans la perte de chance de réaliser les gains que permettait la conclusion du contrat (Cass. com., 18 sept. 2012, n° 11-19.629).

Cass. com., 18 sept. 2012, n° 11-19.629, *Sagem*

Attendu, selon l'arrêt attaqué, que la société Sagem défense sécurité (la société Sagem) a signé avec la société Paul Boyé technologies (la société Boyé) un contrat de sous-traitance portant sur un marché de définition d'une tenue de combat conclu avec la délégation générale de l'armement (la DGA) ; qu'au cours des années 2003 et 2004 la société Sagem et la société Boyé sont entrées en relations en vue de la sous-traitance du marché de réalisation de ces tenues ; que le 24 novembre 2004 la société Sagem, qui avait obtenu ce marché de la DGA, a informé la société Boyé de ce qu'elle n'était pas retenue pour sa sous-traitance ; que la société Boyé l'a assignée en réparation des préjudices en résultant ;

(...) Mais sur le second moyen :

Vu l'article 1382 du Code civil ;

Attendu que pour condamner la société Sagem à payer à la société Boyé la somme de 10 000 000 euros à titre de dommages-intérêts, l'arrêt retient que les fautes de la société Sagem ont fait perdre à la société Boyé une chance sérieuse d'être désignée en qualité de sous-traitant et que cette société ne peut solliciter que des dommages-intérêts du fait de la rupture injustifiée des pourparlers qui lui a fait perdre toute chance d'exécuter le contrat de réalisation en qualité de sous-traitant de la société Sagem ;

Attendu qu'en statuant ainsi, alors qu'ayant retenu que la faute de la société Sagem consistait dans la rupture abusive de pourparlers au préjudice de la société Boyé, elle ne pouvait pas indemniser celle-ci de la perte d'une chance de réaliser les gains que permettait d'espérer la conclusion du contrat, la cour d'appel, qui n'a pas tiré les conséquences légales de ses constatations, a violé le texte susvisé ;

Par ces motifs : Casse et annule (...)

V. également Cass. 3e civ., 7 janv. 2009, n° 07-20.783 et l'avant-projet de Code des obligations.

b) En cas de succès des négociations

85. – Faute et malformation du contrat. Dans ce cas de figure, la faute précontractuelle ne met pas obstacle à la conclusion du contrat, mais entraîne une malformation dudit contrat. Une des parties s'aperçoit qu'elle a été trompée et que le contrat qu'elle a accepté n'est pas conforme à ses prévisions. Cette faute peut-elle être sanctionnée ?

Dans ce genre de situation, on peut découvrir un vice du consentement entraîné par des manœuvres dolosives. Si le dol est caractérisé, le contrat pourra être annulé ; des dommages et intérêts pourront aussi être alloués.

Cependant, il se peut que la faute ne soit pas suffisante pour caractériser un vice du consentement et justifier l'annulation du contrat. La seule sanction réside alors dans l'allocation de dommages-intérêts (Cass. com., 14 mars 1972 : *D.* 1972, somm. p. 547. – Cass. com., 11 juill. 1977 : *D.* 1978, 155. – V., en droit de la consommation, l'arrêt du 13 décembre 2012, *infra*).

Cass. 1re civ., 13 déc. 2012, n° 11-27.766

Attendu, selon le jugement attaqué, que, selon contrat du 8 juillet 2008, Mme X... s'est inscrite auprès de la société VBOS École Pigier (la société) à une formation de BTS Coiffure et esthétique pour l'année 2008-2009, s'acquittant immédiatement d'une partie du prix forfaitaire de la scolarité ; que Mme X... ayant, à la fin du mois de septembre 2008, décidé d'arrêter de suivre les cours qui ne répondaient pas à ses attentes, la société a sollicité le paiement du solde du prix ; que Mme X... a vainement opposé un défaut d'information imputable à la société et le caractère abusif de la clause lui imposant le règlement de l'intégralité du forfait ;

Sur le moyen unique, pris en sa première branche :

Vu les articles L. 111-1 du Code de la consommation dans sa rédaction applicable et 1315 du Code civil ;

Attendu qu'il résulte du premier de ces textes que tout professionnel vendeur de biens ou prestataire de services doit, avant la conclusion du contrat, mettre le consommateur en mesure de connaître les caractéristiques essentielles du bien ou du service ; qu'en vertu du second, celui qui se prétend libéré d'une obligation doit justifier le fait qui a produit l'extinction de celle-ci ;

Attendu que, pour condamner Mme X... à payer à la société le solde du forfait, le jugement retient qu'aucun élément sérieux ne vient accréditer l'hypothèse d'une absence d'information par la société, alléguée par Mme X... assistée lors de la signature du contrat par deux personnes, dont le directeur de l'Hôtel de France à Perpignan selon les déclarations, non contestées, de M. Z..., gérant de la société, et le témoignage de Mme A..., directrice pédagogique ;

Qu'en statuant ainsi, alors qu'il incombait à la société de justifier qu'elle avait fait connaître à Mme X..., avant la conclusion du contrat, les caractéristiques essentielles de l'enseignement dispensé, la juridiction de proximité a violé les textes susvisés ;

Et sur le moyen unique, pris en sa seconde branche :

Vu l'article L. 132-1 du Code de la consommation ;

Attendu que, pour statuer comme il le fait, le jugement énonce que Mme X..., qui a certifié avoir pris connaissance dans son intégralité du bulletin d'inscription qu'elle a signé, est liée par les conditions, qu'elle a acceptées expressément, stipulées au verso de ce document, en particulier les dispositions n°s 4, 5 et 6 en vertu desquelles elle ne peut, en cas de résiliation avant le 31 décembre, prétendre, sauf cas de force majeure, à être dispensée de payer les deux-tiers du prix de la première année, qu'il ressort de ces dispositions que l'école ne disposait pas de prérogatives créant un déséquilibre dans l'économie du contrat au détriment de l'élève et qui seraient ainsi constitutives de clauses abusives et que l'école entend légitimement se prémunir contre les ruptures intempestives de contrat, qui pourraient compromettre, outre son devenir au plan financier, son organisation quant aux effectifs d'élèves en préjudiciant à ceux qui n'auraient pu obtenir une inscription du fait du quota atteint ;

Qu'en statuant ainsi, alors qu'est abusive en ce qu'elle crée, au détriment de l'élève, un déséquilibre significatif entre les droits et obligations des parties, la stipulation contractuelle qui fait du prix total de la scolarité un forfait intégralement acquis à l'école dès la signature du contrat et qui, sans réserver le cas d'une résiliation pour un motif légitime et impérieux, ne permet une dispense partielle du règlement de la formation qu'en cas de force majeure, la juridiction de proximité a violé le texte susvisé ;

Par ces motifs : Casse et annule (...)

2° Hypothèse dans laquelle les pourparlers sont contractualisés : les formes contractuelles de pourparlers

86. – Avant-contrat. Les formes contractuelles des pourparlers sont très variées. Le concept « d'avant-contrat » est souvent utilisé. Ce contrat est un **véritable contrat :** il crée des obligations à la charge des parties qui doivent les exécuter. Toutefois, l'avant-contrat n'a pas la même importance que le contrat définitif, car il ne fait que préparer ce dernier. On évoquera ici trois formes d'avant-contrats.

a) Les contrats de négociation

87. – Notion. Appelés aussi « accords de principe », ils obligent les contractants à négocier en vue de conclure un contrat définitif. L'obligation essentielle qu'ils renferment est l'obligation ferme de négocier et de le faire de bonne foi. Cette obligation n'est cependant pas de conclure le contrat définitif. La sanction devrait trouver son expression dans la réparation de la perte de chance de contracter.

V. Cass. soc., 24 mars 1958 : *JCP* 1958, II, 10868, note J. Carbonnier : « est un accord de principe le contrat par lequel un employeur s'engage à examiner la réintégration d'un de ses salariés en fonction de la conjoncture, sans prendre d'engagement ferme d'embauche ».

Un arrêt de la Cour de cassation, rendu le 10 janvier 2012, a rappelé qu'« un accord de principe donné par un banque "sous les réserves d'usage" implique nécessairement que les conditions définitives de l'octroi de son concours restent à définir et oblige seulement celle-ci à poursuivre, de bonne foi, les négociations en cours » (Cass. com., 10 janv. 2012, n° 10-26.149).

b) Les contrats « intérimaires » et les contrats-cadres

88. – Existence du contrat. Ce sont aussi des contrats qui préparent des contrats futurs. Par exemple, une note de couverture en matière d'assurance ou une vente à l'essai : un particulier désire acheter une voiture ; il l'essaie comme il est d'usage de la faire en une telle occasion. Le contrat est-il conclu dès l'origine ou à partir du moment où l'essai est jugé satisfaisant ?

L'article 1588 du Code civil dispose : « La vente à l'essai est toujours présumée faite sous une condition suspensive ».

En réalité, ce type de contrat est conclu sous la condition suspensive du résultat de l'essai : si l'essai s'avère satisfaisant, la condition est réalisée et le contrat est réputé conclu dès l'origine. S'il s'avère non concluant, la condition ne s'est pas réalisée et le contrat n'a pas été accepté. Il n'a même jamais existé.

89. – Appréciation de l'essai. Le résultat de l'essai est-il apprécié de manière discrétionnaire ? Généralement, il est apprécié de manière objective. La même solution prévaut en droit du travail : la période d'essai est stipulée lors de l'embauche, dans une clause du contrat de travail, et s'adresse à un salarié déjà recruté. Toutefois, son embauche ne prendra un caractère définitif qu'à l'expiration de la période d'essai, pendant laquelle la relation du travail peut être unilatéralement et discrétionnairement résiliée, par l'un ou l'autre des contractants, sans préavis ni formalité aucune, sans justification ni motivation et sans paiement d'aucune indemnité. Cette situation déjà éprouvante (pour le salarié surtout) est ressentie comme très rigoureuse et la jurisprudence en limite de plus en plus les effets malfaisants.

90. – Contrat-cadre et contrats d'application. Le contrat-cadre est également un contrat intérimaire. Il s'agit d'un contrat dont l'objet est de définir les grandes lignes d'une opération contractuelle et de régler, comme le nom l'indique, le cadre des relations à venir des parties. En règle générale, le contrat-cadre est conclu entre des parties qui désirent organiser des relations commerciales suivies. Ces relations se présentent sous la forme de contrats d'application. Le contrat-cadre comporte ainsi une obligation fondamentale qui est de conclure les contrats d'application conformément aux termes du contrat-cadre. Cette technique est très développée dans les contrats de distribution commerciale.

c) Les promesses de contrat

Ce sont des avant-contrats obligatoires. On distingue deux types de promesses.

1) Les promesses unilatérales de contrat

91. – Pacte de préférence. Une première variété d'avant-contrat trouve son expression dans les pactes de préférence, sorte de promesse unilatérale conditionnelle. Une telle convention est un avant-contrat par lequel une partie – le promettant – s'engage envers un autre – le bénéficiaire – à conclure avec elle un contrat ultérieur, de préférence à un tiers. Ce pacte accompagne souvent d'autres contrats : dans les statuts de société, il est souvent prévu que si tel associé décide de céder ses parts, il doit en offrir aux autres ou à tel autre l'acquisition. Il s'agit en somme d'une promesse unilatérale conditionnée : si je vends ma parcelle (condition au sens non technique du terme), je m'engage à vous donner la préférence (vous êtes bénéficiaire d'une option).

Le pacte de préférence se distingue du simple droit de refus :

– dans le premier, le promettant doit proposer la vente alors qu'il a déjà un acquéreur potentiel ;

– dans le second, il doit proposer la vente alors même qu'il n'a pas encore d'acquéreur.

La question principale concerne la sanction de la condition : que se passe-t-il si le promettant contracte avec un tiers en méconnaissance de son engagement ? Le bénéficiaire devra se contenter de dommages et intérêts et le contrat conclu en fraude de ses droits ne sera annulé que si le tiers est de mauvaise foi et connaît non seulement l'existence de la clause de préférence, mais encore l'intention du bénéficiaire de s'en prévaloir. Le bénéficiaire ne dispose d'aucun droit contre le tiers ; sa créance est de nature personnelle. Récemment, un arrêt de chambre mixte est venu renforcer l'efficacité du pacte en énonçant que si le bénéficiaire d'un pacte de préférence est en droit d'exiger l'annulation du contrat passé avec un tiers en méconnaissance de ses droits et **d'obtenir sa substitution à l'acquéreur**, c'est à la condition que ce tiers ait eu connaissance, lorsqu'il a contracté, de l'existence du pacte de préférence et de l'intention du bénéficiaire de s'en prévaloir (Cass. ch. mixte, 26 mai 2006, n° 03-19.376 et n° 03-19.495). La cour a donc admis que si ces conditions sont remplies, le bénéficiaire lésé pourrait être substitué dans les droits de l'acquéreur, permettant ainsi la réalisation forcée de la vente. La connaissance du pacte de préférence et de l'intention de son bénéficiaire de s'en prévaloir s'apprécie à la date de la promesse de vente, qui vaut vente et non à celle de sa réitération par acte authentique (Cass. 3e civ., 25 mars 2009, n° 07-22.027 : *Defrénois* 30 juin 2009, note E. Savaux ; *RDC* 1er juill. 2009, n° 3, note Y.-M. Laithier).

Une autre question a été tranchée par la Cour de cassation : lorsque le pacte de préférence ne prévoit pas le prix de vente, le droit du bénéficiaire peut sembler illusoire, mais peu importe car le prix n'est pas un élément essentiel de cette occurrence (Cass. 3e civ., 15 janv. 2003 : *RDC* 2003, p. 45, obs. D. Mazeaud).

Rien ne s'oppose cependant à ce que le prix soit prédéterminé.

L'acte de vente d'un terrain accordait à la commune venderesse, pendant vingt ans, un droit de préférence lui permettant de le racheter en priorité au prix d'origine, actualisé ou, augmenté du coût de la construction qui y serait réalisée. Trois ans plus tard, les acquéreurs avaient néanmoins promis à un tiers la vente du terrain nu au prix du marché, trois fois plus élevé que le prix d'achat. La commune a alors manifesté l'intention d'exercer son droit de préférence au prix initialement prévu. Pour y échapper, les propriétaires firent valoir qu'en leur imposant pour une durée de vingt ans le prix de vente de leur bien, la clause portait atteinte à leur droit – fondamental – de propriété, en violation de l'article 544 du Code civil. Le 23 septembre 2009, la Cour de cassation rejette le pourvoi tout en posant, pour la première fois, deux conditions à la validité d'un tel pacte (V. Lecture *infra*, n° 91). Première condition, le pacte doit avoir été « librement convenu ». Seconde condition, il faut qu'un motif légitime justifie un prix plafonné sur une aussi longue période. En l'espèce, la stipulation est justifiée au regard de la nature et de l'objet de l'opération : éviter la spéculation sur le bien pour faciliter l'accès des administrés de la commune à la propriété.

1. L'effet du pacte de préférence

Cass. ch. mixte, 26 mai 2006, n°s 03-19.376 et 03-19.495

Sur le moyen unique :

Attendu, selon l'arrêt attaqué (Papeete, 13 févr. 2003), qu'un acte de donation-partage dressé le 18 décembre 1957 et contenant un pacte de préférence a attribué à Mme Adèle A... un bien immobilier situé à Haapiti ; qu'une parcelle dépendant de ce bien a été transmise, par donation-partage du 7 août 1985, rappelant le pacte de préférence, à M. Ruini A..., qui l'a ensuite vendue le 3 décembre 1985 à la SCI Émeraude, par acte de M. B..., notaire ; qu'invoquant une violation du pacte de préférence stipulé dans l'acte du 18 décembre 1957, dont elle tenait ses droits en tant qu'attributaire, Mme X... a demandé, en 1992, sa substitution dans les droits de l'acquéreur et, subsidiairement, le paiement de dommages-intérêts ;

Attendu que les consorts X... font grief à l'arrêt d'avoir rejeté la demande tendant à obtenir une substitution dans les droits de la société Émeraude alors, selon le moyen :

1/ que l'obligation de faire ne se résout en dommages-intérêts que lorsque l'exécution en nature est impossible, pour des raisons tenant à l'impossibilité de contraindre le débiteur de l'obligation à l'exécuter matériellement ; qu'en dehors d'une telle impossibilité, la réparation doit s'entendre au premier chef comme une réparation en nature et que, le juge ayant le pouvoir de prendre une décision valant vente entre les parties au litige, la cour d'appel a fait de l'article 1142 du Code civil, qu'elle a ainsi violé, une fausse application ;

2/ qu'un pacte de préférence, dont les termes obligent le vendeur d'un immeuble à en proposer d'abord la vente au bénéficiaire du pacte, s'analyse en l'octroi d'un droit de préemption, et donc en obligation de donner, dont la violation doit entraîner l'inefficacité de la vente conclue malgré ces termes avec le tiers, et en la substitution du bénéficiaire du pacte à l'acquéreur, dans les termes de la vente ; que cette substitution constitue la seule exécution entière et adéquate du contrat, laquelle ne se heurte à aucune impossibilité ; qu'en la refusant, la cour d'appel a violé les articles 1134, 1138 et 1147 du Code civil ;

3/ qu'en matière immobilière, les droits accordés sur un immeuble sont applicables aux tiers dès leur publication à la conservation des hypothèques ; qu'en subordonnant le prononcé de la vente à l'existence d'une faute commise par l'acquéreur, condition inutile dès lors que la cour d'appel a constaté que le pacte de préférence avait fait l'objet d'une publication régulière avant la vente contestée, la cour d'appel a violé les articles 28, 30 et 37 du décret du 4 janvier 1955 ;

Mais attendu que, si le bénéficiaire d'un pacte de préférence est en droit d'exiger l'annulation du contrat passé avec un tiers en méconnaissance de ses droits et d'obtenir sa substitution à l'acquéreur, c'est à la condition que ce tiers ait eu connaissance, lorsqu'il a contracté, de l'existence du pacte de préférence et de l'intention du bénéficiaire de s'en prévaloir ; qu'ayant retenu qu'il n'était pas démontré que la société Émeraude savait que Mme X... avait l'intention de se prévaloir de son droit de préférence, la cour d'appel a exactement déduit de ce seul motif, que la réalisation de la vente ne pouvait être ordonnée au profit de la bénéficiaire du pacte ;

D'où il suit que le moyen n'est pas fondé ;

Par ces motifs : Rejette le pourvoi (...)

2. Prix et pacte de préférence

Cass. 3e civ., 23 sept. 2009, n° 08-18.187

Attendu, selon l'arrêt attaqué (Pau, 24 avr. 2008), que par acte notarié du 23 mai 2003, la commune de Saint-Pée-sur-Nivelle a vendu à M. X... et à Mme Y... un lot d'une superficie de 999 mètres carrés dans un lotissement communal, au prix de 42 685 euros ; que dans un paragraphe intitulé « conditions particulières imposées par la commune – Pacte de préférence », l'acte de vente comportait une clause, valable pendant vingt ans, prévoyant qu'avant toute revente à un tiers, le rachat du terrain devrait être proposé à la commune ; que la clause précisait que le prix de revente du terrain nu ne pourrait excéder le prix d'acquisition initial, réactualisé en fonction de la variation de l'indice INSEE du coût de la construction, et que le prix du terrain avec une construction serait égal au prix de vente du terrain nu majoré du prix de revient de la construction, évalué par un expert ; que M. X... et Mme Y... ayant, le 21 octobre 2006, signé un compromis de vente de leur terrain au prix de 120 000 euros, la commune les a avisés qu'elle entendait exercer son droit de priorité au prix d'acquisition réactualisé en fonction de l'érosion monétaire ; que M. X... et Mme Y... ont alors assigné la commune pour faire annuler la clause instituant, à son profit, un droit de priorité ; Attendu M. X... et Mme Y... font grief à l'arrêt de les débouter de leur demande, alors, selon le moyen, que le pacte de préférence qui impose au promettant, au cas où il déciderait d'aliéner le bien, de donner préférence au bénéficiaire du pacte, à un prix prédéterminé dans le contrat, constitue une atteinte au droit de propriété lorsque la durée de cet engagement est de vingt ans de sorte que la clause instituant un tel pacte doit être annulée ; qu'en décidant le contraire, tout en constatant que le contrat conclu entre M. X... et Mme Y... et la commune stipulait que les premiers s'engageaient, au cas où ils décideraient de vendre, à donner préférence à la commune, à un prix prédéterminé au contrat, pendant une durée de vingt ans, la cour d'appel a violé l'article 544 du Code civil ;

Mais attendu qu'ayant relevé, par motifs propres et adoptés, que la stipulation avait été librement convenue, qu'elle avait pour but, en fixant d'ores et déjà un prix, institué pour une durée de vingt ans, d'empêcher la spéculation sur le bien dans un contexte marqué par la rareté de l'offre et le « décrochage » des possibilités financières de la plupart des ménages par rapport à l'envolée des prix de l'immobilier, et que M. X... et Mme Y... avaient bénéficié en contrepartie de son acceptation de la possibilité d'accéder à un marché protégé de la spéculation immobilière, la cour d'appel, qui a retenu à bon droit que les modalités stipulées, notamment quant à la durée de validité de la clause, n'étaient pas, au regard de la nature et de l'objet de l'opération réalisée, constitutives d'une atteinte au droit de propriété, en a exactement déduit que la demande en nullité devait être rejetée ;

D'où il suit que le moyen n'est pas fondé.

Comp. Cass. com., 6 nov. 2012, n° 11-24.730.

92. – Promesse unilatérale de vente. Notion. Dans le cas de la promesse unilatérale de vente, une partie (le promettant) s'engage vis-à-vis d'une autre (le bénéficiaire) à conclure un contrat – en l'espèce, une vente –, si le bénéficiaire le veut bien. Il y a bien, dès l'accord initial des parties, un contrat (la promesse), mais il est unilatéral en ce sens que seul le promettant est tenu tant que le bénéficiaire ne lève pas l'option qui lui est accordée.

Ce dernier a bien accepté la promesse : il est titulaire d'un lien contractuel, compte tenu de l'accord intervenu envers le promettant, mais il n'assume aucune obligation.

Quelles sont les conditions de la promesse unilatérale ? Ce sont les conditions de tous les contrats (offre, acceptation, consentement, détermination de tous les éléments essentiels du contrat) et, pour le cas particulier de la promesse unilatérale de vente d'un immeuble, des formalités doivent être respectées.

Pour les promesses en matière immobilière, une condition de forme est prévue à l'article 1589-2 du Code civil :

> « Est nulle et de nul effet toute promesse unilatérale de vente afférente à un immeuble, à un droit immobilier, à un fonds de commerce, à un droit à un bail portant sur tout ou partie d'un immeuble ou aux titres des sociétés visées aux articles 728 et 1655 *ter* du Code général des impôts, si elle n'est pas constatée par un acte authentique ou par un acte sous seing privé enregistré dans le délai de dix jours à compter de la date de son acceptation par le bénéficiaire. Il en est de même de toute cession portant sur lesdites promesses qui n'a pas fait l'objet d'un acte authentique ou d'un acte sous seing privé enregistré dans les dix jours de sa date. »

La Cour de cassation a censuré l'arrêt qui, pour déclarer nulle une promesse de vente, incluse dans une transaction, faute d'avoir été enregistrée dans les dix jours de son acceptation par son bénéficiaire, retient que le protocole d'accord ne comporte pas, en contrepartie de l'engagement du promettant de vendre, un engagement corrélatif d'acheter à la charge du bénéficiaire, que la circonstance que la promesse est incluse dans une transaction ne peut avoir pour effet de remettre en cause son caractère unilatéral et n'implique nullement pour le bénéficiaire l'obligation d'acheter ; s'agissant d'une promesse unilatérale, le promettant est bien fondé à opposer au bénéficiaire les dispositions de l'article 1840-A précité (devenu l'article 1589-2 du Code civil).

Pour l'assemblée plénière, la transaction est une convention ayant entre les parties autorité de la chose jugée, stipulant des engagements réciproques interdépendants, dont la promesse de vente n'est qu'un élément, de sorte que l'article 1840-A (devenu l'article 1589-2 du Code civil) est sans application (Cass. ass. plén., 24 févr. 2006 : *Bull. civ.* 2006, ass. plén., n° 1).

En outre, le versement d'une somme d'argent est interdit lors d'une promesse unilatérale de vente d'immeuble (C. civ., art. 1589-1).

93. – Promesse unilatérale de vente. Effets. Avant la levée de l'option, le bénéficiaire dispose d'un délai pour réfléchir. Il ne possède pas de **droit réel** sur la chose promise, mais est investi d'un **droit personnel de créance** : le droit d'acquérir en levant l'option. De son côté, le promettant ne doit pas compromettre l'exercice de l'option en se rétractant ou encore en vendant le bien à un tiers ; s'il le fait, il s'expose à des sanctions et engage sa responsabilité contractuelle. Cependant, la vente ainsi conclue au mépris des droits du bénéficiaire, peut-elle être annulée ? En principe, ce n'est pas possible (car la promesse n'est pas opposable au tiers), sauf si le bénéficiaire prouve que le tiers avait eu connaissance de la promesse lorsqu'il a acquis le bien et qu'il est ainsi de mauvaise foi.

À la levée de l'option, si celle-ci est effective, la vente est conclue. Le promettant **est toujours** tenu de ses obligations de vendeur ; le bénéficiaire **devient** acquéreur et débiteur du prix stipulé dans la promesse. Il assume donc une obligation. Un contrat synallagmatique lie désormais les parties. La levée d'option est totalement discrétionnaire : son bénéficiaire a le droit d'acheter ou de ne pas acheter ; elle doit, en tout cas, respecter les formes prévues par les parties.

Rien ne s'oppose à ce que la promesse soit soumise à des conditions (promesse conditionnelle).

2) Les promesses synallagmatiques de contrat

94. – Effet des promesses synallagmatiques. Elles sont juridiquement obligatoires et relèvent de la théorie générale des contrats. Les deux parties sont liées par le contrat et sont toutes deux débitrices d'obligations. La promesse synallagmatique de contrat vaut, en principe, contrat (C. civ., art. 1589). Ce principe est généralement assoupli par les conditions stipulées par les parties (obtention d'un prêt...).

La défaillance de la condition suspensive n'entraîne pas automatiquement la caducité de ce type de contrat (Cass. 3e civ., 17 déc. 2008, pourvoi n° 07-18.062).

La promesse synallagmatique de vente ne devient pas nécessairement caduque passé le délai fixé pour la signature de l'acte authentique : « en déduisant la caducité de la promesse synallagmatique de ce que le délai pour signer l'acte authentique avait été dépassé sans qu'aucune des parties n'agisse en constatation judiciaire de la vente, alors que le terme fixé pour la signature de l'acte authentique n'était pas assorti de la sanction de la caducité de la promesse de vente, la cour d'appel a violé les articles 1583 du Code civil, ensemble les articles L. 412-8 et L. 412-9 du Code rural [et de la pêche maritime] » (Cass. 3e civ., 18 févr. 2009, pourvoi n° 06-10.677).

95. – Promesse et compromis. En pratique, les promesses synallagmatiques de vente sont très fréquentes : on parle de compromis. Celui-ci permet de fixer les éléments essentiels du contrat, en attendant de régler les formalités accessoires, qui sont nombreuses en matière de vente immobilière. Dès que celles-ci sont remplies, les parties vont devant leur notaire pour signer un acte authentique. Puisque le compromis est juridiquement obligatoire, la partie défaillante peut être obligée de signer l'acte authentique, au besoin par une décision de justice. Rien ne s'oppose, néanmoins, à ce que les parties érigent cette réitération par acte authentique en élément constitutif de leur accord (Cass. com., 25 sept. 2012, n° 11-24.524). Le compromis n'est plus alors qu'un simple projet de contrat (Cass. 3e civ., 19 juin 2012, nos 10-22.906 et 10-24.222).

Les promesses unilatérales de vente

La promesse de vente est une convention, classiquement classée parmi les avant-contrats.

1. Quant à sa formation, elle est soumise aux mêmes règles de formation que le contrat :

« ... que la formation d'un contrat de promesse unilatérale de vente suppose une offre ferme et précise ; qu'à défaut de toute indication de prix dans l'écrit rédigé par le propriétaire d'un immeuble, la proposition de ce dernier ne peut s'analyser qu'en une invitation à pourparlers ; que, dès lors, l'acceptation du destinataire de la lettre dans laquelle cette proposition était formulée ne peut engendrer la formation d'un contrat de promesse unilatérale de vente et, *a fortiori*, ne peut aboutir à la conclusion d'une vente parfaite ; ».

Extrait d'un arrêt de la cour d'appel de Paris du 29 janvier 1996 (*Defrénois* 1996, p. 1360, note D. Mazeaud).

2. Quant à son exécution, parce qu'elle est un contrat, la promesse unilatérale de vente engage définitivement son auteur. Normalement, le critère de distinction entre l'offre et la promesse est que la première est révocable, selon certaines conditions, tandis que la promesse est irrévocable.

D'où la surprise à la lecture de la seconde moitié de l'attendu principal de l'arrêt du 15 décembre 1993 : « la levée d'option, postérieure à la rétractation de la promettante (...) ». Par cette formule, la troisième chambre civile valide la rétractation faite par Mme Godard, le 26 mai 1987, soit quatre jours après la promesse. Selon une analyse classique, il aurait fallu considérer cette rétractation comme privée d'effet à l'égard des acquéreurs potentiels, les consorts Cruz.

Aussi, cet arrêt a été encore sur ce point vivement critiqué parce qu'il bouleverse la conception classique de la promesse de contrat, et ôte tout intérêt à cet avant-contrat. La promesse unilatérale devient une simple offre, dont le promettant peut se délier en revenant sur sa parole.

Cass. 3e civ., 15 déc. 1993 : *Bull. civ.* 1993, III, n° 174 ; *Gaz. Pal.* 1994, 1, pan. jurispr. p. 128 ; *D.* 1994, somm. p. 230, note O. Tournafond ; *D.* 1994, p. 507, note F. Benac-Schmidt ; *D.* 1995, somm. p. 87, note L. Aynès ; *JCP* G 1995, II, 22366, note D. Mazeaud ; *Defrénois* 1994, p. 795 et la note

Sur le moyen unique :

Attendu selon l'arrêt attaqué (CA Paris, 8 nov. 1990) que Mme Godard. qui avait consenti, le 22 mai 1987, aux consorts Cruz une promesse de vente d'un immeuble, valable jusqu'au 1er septembre 1987, a notifié aux bénéficiaires, le 26 mai 1987, sa décision de ne plus vendre ; que les consorts Cruz, ayant levé l'option le 10 juin 1987, ont assigné la promettante en réalisation forcée de la vente ;

Attendu que les consorts Cruz font grief à l'arrêt de les débouter de cette demande, alors, selon le moyen que, dans une promesse de vente, l'obligation du promettant constitue une obligation de donner ; qu'en rejetant la demande des bénéficiaires en réalisation forcée de la vente au motif qu'il s'agit d'une obligation de faire, la cour d'appel a ainsi violé les articles 1134 et 1589 du Code civil ;

Mais attendu que la cour d'appel, ayant exactement retenu que tant que les bénéficiaires n'avaient pas déclaré acquérir, l'obligation de la promettante ne constituait qu'une obligation de faire et que la levée d'option, postérieure à la rétractation de la promettante, excluait toute rencontre des volontés réciproques de vendre et d'acquérir, le moyen n'est pas fondé.

Par ces motifs : rejette le pourvoi.

Pourtant, malgré les critiques justifiées de la doctrine, la Cour de cassation a maintenu sa position.

Cette solution n'est pas tout à fait compatible avec la récente jurisprudence sur le pacte de préférence.

La première chambre civile, dans une autre décision à valeur provisoire du 1er juillet 1997, considère qu'a violé les articles 1401 et 1402 du Code civil une cour d'appel qui, pour décider que la communauté n'avait aucun droit sur un bateau objet d'un contrat de crédit-bail, a retenu que les échéances du contrat avaient été réglées par le mari qui a levé l'option postérieurement à l'assignation en divorce et que la communauté, qui bénéficiait pendant le cours du contrat de crédit-bail d'un droit de jouissance sur le bateau moyennant le règlement des loyers assuré par le mari, était étrangère à la levée de l'option qui a attribué la propriété de ce bien au mari. Cependant, le contrat de crédit-bail, souscrit pendant la durée de la communauté et dont les loyers réglés au cours de celle-ci étaient présumés avoir été payés avec des deniers communs, comportait de la part du bailleur une promesse unilatérale de vente donnant à la locataire la possibilité d'acquérir le bien loué à l'issue de la période de location moyennant un prix tenant compte, pour partie, des versements effectués à titre de loyers. La cour d'appel devait en déduire que la communauté disposait, au jour de sa dissolution, intervenue antérieurement à la levée de l'option d'achat, d'une créance sur le bailleur lui donnant vocation à la propriété du bateau objet du contrat et cette créance, constituant un élément d'actif de la communauté, devait être évaluée (*Bull. civ.* 1997, I, n° 220 ; *Gaz. Pal.* 1997, 2, pan. jurispr. p. 316 ; *Gaz. Pal.* 1998, 1, somm. p. 389, note S. Piedelièvre ; *D.* 1997, inf. rap. p. 201 ; *Defrénois* 1997, p. 1445, note G. Champenois).

Toutefois, par un arrêt du 27 mars 2008, la troisième chambre civile de la Cour de cassation ouvre des perspectives nouvelles aux bénéficiaires d'une promesse unilatérale de vente en quête de sécurité. La sanction décevante prévue par l'article 1142 peut être écartée par une clause du contrat imposant son **exécution forcée** en nature, laquelle est distincte d'une **réparation en nature** dont l'opportunité serait appréciée par le juge. Il est donc possible de restaurer conventionnellement l'efficacité de la promesse unilatérale de vente et de lui donner ainsi plus de force qu'une banale offre assortie d'un délai.

Cass. 3e civ., 27 mars 2008, n° 07-11.721 : *Rev. Lamy dr. civ.* 2009, n° 58, suppl. n° 03/2009, note Ph. Jacques ; *Bull. Joly Sociétés* 1er nov. 2008, n° 11, p. 852, note R. Libchaber ; *JCP* G 2008, II, 10147, note G. Pillet ; *RDC* 2009/1, p. 143, Ph. Brun

Attendu, selon l'arrêt attaqué (Paris, 26 oct. 2006) que par acte notarié du 30 juillet 1999, la société Foncière Costa a consenti à la société Ogic une promesse unilatérale de vente portant sur un immeuble sis... à Paris et sur la commercialité attachée à l'immeuble sis au numéro 35 de la même avenue ; que la promesse expirait le 15 octobre 1999 avec stipulation d'une prorogation automatique jusqu'au 28 février 2000 et de deux conditions suspensives relatives à l'absence d'hypothèque et à la justification par la venderesse d'un titre de propriété incommutable sur le bien vendu ; que la société Ogic a renoncé à la première condition alors que la seconde s'est réalisée ensuite d'un arrêt du 3 janvier 2003 consacrant définitivement le droit de propriété de la société Foncière Costa ; que le 22 septembre 1999 les parties sont convenues de proroger la durée de la promesse jusqu'au 30 juin 2000 sauf à remplacer la délivrance d'une garantie de paiement à première demande par celle d'une caution fournie par la société Axa banque ; que par acte du 29 mars 2000 la société Foncière Costa a consenti une promesse synallagmatique de bail à la société

Brioni portant sur l'immeuble sis ... ; qu'un bail commercial étant intervenu le 1er octobre 2000, la société Foncière Costa a refusé de signer l'acte authentique de vente avec la société Ogic ;

Sur le premier moyen :

Attendu que la société Ogic fait grief à l'arrêt de dire qu'elle n'avait pas levé l'option d'achat contenue dans la promesse unilatérale de vente du 30 juillet 1999, alors, selon le moyen :

1° / que la levée de l'option d'achat par le bénéficiaire d'une promesse unilatérale de vente n'est soumise à aucune condition de forme ; que le contrat de vente est formé dès lors que le bénéficiaire de la promesse a manifesté sa volonté de réaliser la vente, dans les conditions stipulées dans la promesse, que celle-ci soit ou non assortie de conditions suspensives ; qu'en l'espèce, la cour d'appel a relevé que par conclusions en date du 17 septembre 1999, la société Ogic avait déclaré sa volonté de réaliser la vente de l'immeuble sis... ; qu'en jugeant toutefois que par ces écritures, la société Ogic n'avait pas levé l'option, mais avait seulement « confirmé qu'elle avait l'intention de réaliser la vente ultérieurement, lorsque les conditions suspensives seraient accomplies », la cour d'appel n'a pas tiré les conséquences légales de ses propres constatations, violant ainsi l'article 1134 du Code civil ;

2° / que le fait que la société Ogic ait cru bon, postérieurement à la levée de l'option de proroger la promesse ou d'indiquer aux services fiscaux qu'elle « envisageait d'acquérir l'immeuble » constituait autant d'actes ou diligences nécessairement dépourvus de toutes conséquences juridiques, en l'état d'une vente qui, par hypothèse, était déjà conclue, en sorte que la cour d'appel, qui se fonde sur ces faits ou événements pour nier l'existence d'une vente ferme, lesquels faits ou événements n'auraient pu utilement être pris en considération que si la volonté de la société Ogic antérieurement exprimée de lever l'option avait été équivoque, se détermine par des motifs inopérants et, derechef, viole les articles 1134 et 1589 du Code civil ;

Mais attendu qu'ayant souverainement retenu qu'aux termes de ses conclusions d'intervention signifiées les 17 septembre 1999 et 23 février 2000, dans le litige opposant la société Foncière Costa à son vendeur la société Paris participations, la société Ogic s'était bornée à solliciter qu'il lui soit donné acte de ce qu'elle réitérait, si besoin était, sa volonté de réaliser la promesse de vente du 30 juillet 1999 et de payer le prix dès réalisation des conditions suspensives, qu'à la date de ces conclusions la société Foncière Costa ne détenait pas de titre de propriété sur les biens objet de la promesse de vente du 30 juillet 1999, qu'elle n'avait été utilement titrée qu'au jour de la publication du jugement du 15 décembre 1998, les 7 avril et 9 juin 2000, et le titre n'étant devenu irrévocable que par arrêt de la Cour de cassation du 31 mars 2005, que postérieurement à ces écritures, la société Ogic avait arrêté avec la venderesse des dispositions incompatibles avec une vente parfaite, consécutive à une levée d'option, la cour d'appel en a déduit que la société Ogic n'avait pas levé l'option mais avait seulement confirmé qu'elle avait l'intention de réaliser la vente ultérieurement ;

D'où il suit que le moyen n'est pas fondé ;

Sur le deuxième moyen :

Attendu que la société Ogic fait grief à l'arrêt de juger que le défaut d'exécution par la société Foncière Costa de son engagement de vendre ne pouvait se résoudre qu'en dommages-intérêts, alors, selon le moyen, que s'il est de principe que le manquement du promettant à son obligation de vendre l'immeuble objet d'une promesse unilatérale de vente constitue la violation d'une obligation de faire qui ne peut se résoudre, en application de l'article 1142 du Code civil, que par l'allocation de dommages-intérêts, les parties ont la faculté de stipuler que par exception, la vente de l'immeuble pourra être exécutée de manière forcée sur décision de justice ; qu'en l'espèce, il résultait des termes clairs et précis de la promesse de vente du 30 juillet 1999 qu'en cas de carence du promettant, la vente de l'immeuble sis... pourrait intervenir sur décision de justice ; qu'ainsi les parties avaient expressément convenu que le juge pourrait sanctionner par la réalisation judiciaire de la vente la carence du promettant à conclure la vente ; qu'en rejetant la demande de la société Ogic tendant à ce qu'il soit constaté que la vente de l'immeuble sis... soit réputée parfaite, au motif que les parties n'avaient pas stipulé que l'inexécution par la société Foncière Costa de sa « promesse ferme » de vendre se résoudrait par une voie autre que celle prévue par l'article 1142 du Code civil, la cour d'appel a dénaturé les termes clairs et précis de la promesse de vente du 30 juillet 1999, en violation de l'article 1134 du Code civil ;

Mais attendu qu'ayant retenu que si les parties à une promesse unilatérale de vente étaient libres de convenir que le défaut d'exécution par le promettant de son engagement de vendre pouvait se résoudre en nature par la constatation judiciaire de la vente, force était de relever que les actes conclus entre la société Foncière Costa et la société Ogic n'avaient pas stipulé que l'inexécution par la société Foncière Costa de sa « promesse ferme » et de son « engagement ferme et définitif » de vendre se résoudrait par une autre voie que celle prévue à l'article 1142 du Code civil, la cour d'appel, sans dénaturation, en a exactement déduit que la société Ogic n'était pas fondée à prétendre à une exécution en nature et que la société Foncière Costa devait réparer le dommage que l'inexécution de son obligation de vendre avait pu causer à la société Ogic ;

D'où il suit que le moyen n'est pas fondé ;

Mais sur le troisième moyen :

Vu l'article 1134 du Code civil, ensemble l'article 1589 du même code ;

Attendu que pour constater, par motifs adoptés, la caducité de la promesse de vente consentie le 30 juillet 1999 par la société Foncière Costa à la société Ogic, l'arrêt retient, d'une part, que la rétractation de l'engagement de vendre souscrit par la société Foncière Costa est intervenue avant la levée de l'option par la société Ogic et, d'autre part, que le jugement du 26 juin 2002 est confirmé en ce qu'il a constaté la caducité de la promesse ;

Qu'en statuant ainsi, par des motifs contradictoires et sans tirer les conséquences légales de ses propres constatations, la cour d'appel a violé les textes susvisés ;

(...)

La mise à l'écart de l'article 1142 suppose une déclaration expresse des parties et l'affirmation du caractère ferme et définitif de la promesse ne suffit pas à constituer une telle déclaration. Seules semblent utiles les clauses prévoyant la constatation judiciaire de la vente – ce qui permet d'ailleurs sa publication – et non celles qui se borneraient à interdire ou à déclarer inefficace une éventuelle rétractation.

S'agissant du tiers, il n'est pas dit que la constatation judiciaire de la vente suppose une fraude dont il serait complice. Est-ce à dire qu'à la différence du pacte de préférence (Cass. ch. mixte, 26 mai 2006 : *Bull. civ.* 2006, ch. mixte, n° 4 ; *RDC* 2006, p. 1080, obs. D. Mazeaud et p. 1131, obs. F. Collart Dutilleul), les clauses de la promesse unilatérale l'emporteront toujours sur les droits consentis au tiers, même de bonne foi ? S'agissant des relations entre les parties, on peut se demander si l'exécution en nature demeure possible lorsque le promettant ne dispose pas de son bien au profit d'un autre mais se borne à notifier au bénéficiaire sa volonté de « rétracter » son consentement. La protection de la propriété du promettant qui inspire la jurisprudence de la troisième chambre civile pourrait s'y opposer.

La distinction entre promesse unilatérale et promesse synallagmatique fait parfois difficulté.

Cass. com., 22 nov. 2005 : *Bull. civ.* 2005, IV, n° 234 ; *D.* 2006, act. jurispr. p. 149, obs. A. Lienhard ; *Defrénois* 2006, p. 605, obs. Libchaber.

Sur le moyen unique, pris en sa première branche :

Vu les articles 1134 et 1589 du Code civil ;

Attendu, selon l'arrêt attaqué, que les consorts X... ont cédé, le 22 juillet 1986, aux consorts Y... 1 350 des 1 500 actions qu'ils détenaient dans le capital de la société X... ; que, sous l'intitulé « engagement au 31 décembre 1987 », l'article 4 du contrat de cession stipulait deux promesses de vente et d'achat rédigées dans les termes suivants : « Le groupe Y... s'engage d'une façon solidaire et indivisible à acquérir au plus tard le 31 décembre 1987 les 10 % restant soit 150 actions au prix définitif de 140 000 francs de manière à porter sa participation à 100 %, les consorts X... s'engagent d'une façon solidaire et indivisible à vendre au plus tard le 31 décembre 1987, les 10 % restant soit 150 actions au prix définitif de 140 000 francs » ; que les consorts X... ont fait assigner le 30 octobre 1997 les consorts Y... et la société X... devant le tribunal de commerce en exécution forcée de cet engagement ;

Attendu que pour rejeter cette demande, la cour d'appel a retenu que les engagements constituaient un échange de promesses unilatérales de vente et d'achat devenues caduques à l'expiration du délai imparti à chacune des parties pour lever l'option ;

Attendu qu'en statuant ainsi, alors que l'échange d'une promesse unilatérale d'achat et d'une promesse unilatérale de vente réalise une promesse synallagmatique de vente valant vente définitive dès lors que les deux promesses réciproques ont le même objet et qu'elles sont stipulées dans les mêmes termes, la cour d'appel a violé les textes susvisés ;

Par ces motifs : Casse et annule (...)

Déjà en ce sens : Cass. 3e civ., 26 juin 2002 : *Defrénois* 2002, 1261, obs. Savaux ; *JCP* E 2003, 543, n° 3, obs. Mainguy ; *RTD civ.* 2003, p. 77, obs. Mestre et Fages.

Promesse et compromis

Des arrêts viennent illustrer le passage difficile entre le compromis (ou promesse synallagmatique de vente) et la vente définitive.

Notamment un arrêt de la troisième chambre civile du 23 février 2006 :

Cass. 3e civ., 23 févr. 2006, n° 04-17.595

Sur le moyen unique :

Attendu, selon l'arrêt attaqué (Aix-en-Provence, 23 oct. 2003), que, selon une promesse de vente sous seing privé du 27 décembre 1986, les époux X... ont vendu une villa aux époux Y... ; que ces derniers n'ont pas payé les sommes prévues au contrat et n'ont pas répondu aux mises en demeure des vendeurs qui ont cédé le bien à un tiers ; que M. X..., successeur de son épouse défunte, a assigné M.

Y... et les héritiers de Mme Y... en paiement de l'indemnité de 140 000 francs prévue par la promesse en cas de renonciation à la vente ;

Attendu que les consorts Y... font grief à l'arrêt d'accueillir la demande avec intérêts au taux légal à compter de l'assignation introductive d'instance, alors, selon le moyen :

1) que constitue une clause de dédit la clause qui offre à l'acquéreur la faculté de ne pas exécuter son engagement d'acquérir, pour une cause quelconque, en abandonnant une certaine somme au vendeur ; que tel n'est pas le cas de la clause, stipulée dans une vente ferme, attribuant au vendeur une certaine somme en réparation du préjudice subi du fait de l'inexécution par l'acquéreur de son engagement d'acquérir ; qu'en l'espèce, le compromis de vente signé le 27 décembre 1986 entre les époux X..., vendeurs, et les époux Y..., acquéreurs, qui prévoit le paiement d'un acompte de 140 000 francs dans les 19 jours de la signature et le paiement du solde « au plus tard le 25 mars 1987 », stipule qu'« en cas de renonciation d'achat de la part de l'acquéreur, celui-ci prend acte du fait que les fonds versés par lui resteront la propriété du vendeur » ; que s'agissant d'une vente ferme, cette clause ne peut valoir indemnisation forfaitaire du préjudice lié à la non exécution de la convention par l'acquéreur, et non pas constituer la contrepartie d'une possibilité de dédit ; qu'en affirmant cependant que « la somme de 140 000 francs, soit 21 342,86 euros constitue une indemnité mise à leur charge en application de l'article 1590 du Code civil pour leur permettre de se libérer de leur engagement », la cour d'appel a violé par fausse application l'article 1590 du Code civil et, par refus d'application, l'article 1134 du Code civil ;

2) que constitue une clause pénale, par nature réductible lorsqu'elle apparaît manifestement excessive, l'indemnisation contractuelle du préjudice résultant de la non-exécution de la convention par l'un des cocontractants ; qu'en l'espèce, le compromis de vente signé le 27 décembre 1986 entre les époux X..., vendeurs, et les époux Y..., acquéreurs, qui prévoit le paiement d'un acompte de 140 000 francs dans les 19 jours de la signature et le paiement du solde « au plus tard le 25 mars 1987 », stipule qu'« en cas de renonciation d'achat de la part de l'acquéreur, celui-ci prend acte du fait que les fonds versés par lui resteront la propriété du vendeur » ; que cette clause d'indemnisation forfaitaire du préjudice lié à la non exécution de la convention par l'acquéreur doit dès lors nécessairement recevoir la qualification de clause pénale ; qu'en affirmant cependant que « la somme de 140 000 francs, soit 21 342,86 euros ne constitue pas une clause pénale susceptible de minoration mais une indemnité mise à leur charge en application de l'article 1590 du Code civil pour leur permettre de se libérer de leur engagement » la cour d'appel a violé, par fausse application, l'article 1590 du Code civil et, par refus d'application, les articles 1134 et 1152 du même code ;

3) que la condamnation à une indemnité emporte intérêts au taux légal à compter de la décision ; qu'en l'espèce les juges d'appel ayant réformé le jugement entrepris qui avait réduit de moitié la clause pénale ; qu'ils se devaient par conséquent de distinguer les 70 000 francs alloués par les premiers juges, qui ne pouvaient en principe porter intérêts « qu'à compter du jugement de première instance » des 70 000 francs supplémentaires alloués en appel, qui ne pouvaient en principe porter intérêts qu'« à compter de la décision d'appel » ; qu'en se bornant à affirmer que l'indemnité allouée sera « productive d'intérêts au taux légal à compter de l'assignation introductive de la présente instance », sans dire en quoi les circonstances du litige justifiaient de faire courir les intérêts de droit à une date antérieure tant à l'arrêt rendu qu'au jugement partiellement réformé, la cour d'appel a privé sa décision de toute base légale au regard de l'article 1153-1 du Code civil ;

Mais attendu qu'ayant relevé que l'acte de vente sous seing privé précisait que les acquéreurs s'engageaient à verser un acompte sur le prix de vente de 140 000 francs dans un délai maximum de 19 jours et le solde au plus tard le 29 mars 1987 devant un notaire et qu'en cas de renonciation de leur part, les fonds versés resteraient la propriété du vendeur, celui-ci étant tenu en cas de renonciation lui incombant de payer le double de cette somme, la cour d'appel, qui a retenu, par une interprétation souveraine des termes du contrat que leur ambiguïté rendait nécessaire, que cette somme constituait une indemnité mise à la charge des acquéreurs en application de l'article 1590 du Code civil pour leur permettre de se libérer de leur engagement, et qui n'a pas fait application de l'article 1153-1 du Code civil, en a exactement déduit qu'il ne s'agissait pas d'une clause pénale susceptible de minoration, que l'indemnité n'était pas réductible et que les intérêts moratoires couraient à compter de l'assignation introductive d'instance ;

D'où il suit que le moyen n'est pas fondé ;

Par ces motifs : Rejette le pourvoi (...)

C. – L'issue des pourparlers

L'alternative est simple : soit les pourparlers échouent, soit ils se soldent par un succès.

1° L'échec des pourparlers

Quelle est la raison de cet échec ? Comment le traiter ?

a) La raison de l'échec

96. – Motifs de l'échec. La discussion peut s'enliser et avorter : l'un des partenaires retire sa proposition ou refuse d'accepter le contrat proposé, ce qui est parfaitement licite, sauf cas particuliers dans lesquels la jurisprudence sanctionne ce refus comme étant constitutif d'une faute. La partie lésée ne peut prétendre qu'à l'allocation de dommages et intérêts et non à une exécution en nature.

b) Le traitement de l'échec

97. – Conséquences de l'échec. Par hypothèse, la négociation est largement avancée : elle est cependant interrompue. Les parties sont-elles déliées de toute obligation ?

On considère que les parties sont astreintes à un **devoir de discrétion**, car elles ont pu, tout au long des pourparlers, avoir eu connaissance d'un certain nombre d'informations. Elles devront donc se taire et peut-être même garder pour elles les informations recueillies sans pouvoir en tirer un quelconque bénéfice.

2° Le succès des pourparlers

98. – Effet du succès. Si les pourparlers aboutissent, le contrat est conclu par l'échange des propositions des parties. Le contrat est en principe parfait ; il restera parfois à régler certaines formalités, qui n'ont cependant aucune incidence sur la validité même du contrat.

Si le consentement doit exister, il doit aussi être intègre. En cas de vice caractérisé, le contrat pourra être annulé.

SOUS-SECTION 2

LES QUALITÉS DU CONSENTEMENT

99. – Nécessité d'un consentement intègre. Pour qu'un contrat soit valablement formé, il est nécessaire que la volonté des parties existe, mais cela n'est pas suffisant.

Le consentement doit présenter certaines qualités. Le Code civil n'énumère pas ces qualités, si ce n'est indirectement. Le texte de référence est l'article 1109 du Code civil, aux termes duquel « il n'y a point de consentement valable, si le consentement n'a été donné que par erreur, ou s'il a été extorqué par violence ou surpris par dol ».

On en déduit donc que l'erreur, la violence et le dol sont des vices du consentement. La loi a entendu protéger les personnes dont le consentement a été vicié, en leur permettant de demander en justice l'annulation du contrat conclu sous l'empire d'un vice, sous certaines conditions toutefois. En effet, il est toujours difficile de prouver une erreur ou un dol et *a fortiori* une violence ; cette exigence de preuve n'a pas facilité le développement de la théorie des vices du consentement. La jurisprudence a dû élargir son champ d'application – spécialement pour protéger les contractants considérés comme faibles, *i.e.* les consommateurs – en recourant à d'autres techniques de protection juridique, et notamment à celle qui consiste à imposer un devoir de renseignement et de conseil aux contractants considérés comme forts. Ces avancées jurisprudentielles ont été reprises, et, parfois, précisées par le législateur. Les textes sur la protection du consentement du consommateur ne peuvent plus être négligés.

100. – Modalités de la protection des parties. On distinguera ainsi deux modes de protection des contractants :

– le premier fait appel à la théorie des vices du consentement ;

– le second repose sur la jurisprudence et les textes organisant les relations entre les professionnels et les consommateurs.

C'est dire que deux qualités sont requises : une qualité générale *i.e.* l'intégrité du consentement, et une qualité plus récente *i.e.* la lucidité du consentement, car il s'agit de mettre en mesure le consommateur ou la partie faible de donner son accord en toute connaissance de cause.

§ 1. – L'intégrité du consentement : la théorie des vices du consentement

La théorie – classique – des vices du consentement vaut toujours dans notre droit positif, mais elle ne suffit plus à protéger efficacement les contractants.

Deux remarques préalables s'imposent avant tout développement.

101. – L'évolution de la théorie des vices du consentement. Le problème des vices du consentement est né avec la théorie du consensualisme qui préside à la conclusion du contrat.

En droit romain, le formalisme triomphait. La volonté des cocontractants importait peu, qu'elle soit viciée ou intègre ne changeait rien. Le seul respect des formes rendait le contrat valable.

Puis, peu à peu, la théorie des vices du consentement s'est développée sous l'action de la jurisprudence, mais uniquement pour des raisons d'ordre moral. Le dol était sanctionné en tant que délit (faute pénale) ; la violence connaissait le même sort. Il s'agissait seulement de punir l'auteur de ces actes. L'erreur était accueillie très timidement par la jurisprudence ; elle était considérée, non comme un délit, mais comme un défaut du consentement. L'« erreur-obstacle » retenue à la fin de la période romaine portait sur la nature du contrat (*in negotio*), sur son objet (*in corpore*), sur l'identité de la personne (*in persona*) et enfin sur la substance même de la chose (*in substantia*).

Cette construction romaine sera reprise en substance par les juristes de l'Ancien Droit. Les canonistes l'adopteront, en insistant sur ses aspects moraux.

En 1804, les rédacteurs du Code civil ne firent pas autre chose. *A priori*, puisque le principe du consensualisme triomphait, le code aurait pu faire une large place à la théorie des vices du consentement, ce qui eût été logique, mais il n'en fut rien. On se contenta de reprendre et de transposer les trois vices classiques existants : l'erreur, la violence et le dol.

Cette politique était en réalité délibérée. En fait, il s'agissait de ne pas paralyser les transactions juridiques et d'en accroître la sécurité. Accueillir trop favorablement les vices du consentement eût été remettre en cause de nombreux contrats.

102. – La notion de vice du consentement. Il faut distinguer les vices du consentement des causes de résolution du contrat. En effet, les vices du consentement viennent troubler la conclusion du contrat et son élaboration, alors que les causes de **résolution** se manifestent avec l'inexécution du contrat (V. *infra*, la résolution se justifie lorsqu'une des parties n'exécute pas son obligation, alors que l'annulation s'impose lorsque l'une des conditions de validité du contrat n'a pas été respectée).

Il faut ensuite distinguer les vices du consentement des situations dans lesquelles **le consentement fait défaut.**

Code civil

Art. 141-1 : « Pour faire un acte valable, il faut être sain d'esprit. C'est à ceux qui agissent en nullité pour cette cause de prouver l'existence d'un trouble mental au moment de l'acte. »

Art. 414-2 : « De son vivant, l'action en nullité n'appartient qu'à l'intéressé.

Après sa mort, les actes faits par lui, autres que la donation entre vifs et le testament, ne peuvent être attaqués par ses héritiers, pour insanité d'esprit, que dans les cas suivants :

1° Si l'acte porte en lui-même la preuve d'un trouble mental ;

2° S'il a été fait alors que l'intéressé était placé sous sauvegarde de justice ;

3° Si une action a été introduite avant son décès aux fins d'ouverture d'une curatelle ou d'une tutelle ou si effet a été donné au mandat de protection future.

L'action en nullité s'éteint par le délai de cinq ans prévu à l'article 1304. »

La notion d'absence de consentement est évoquée par l'article 414-2 du Code civil :

« Pour faire un acte valable, il faut être sain d'esprit. Mais c'est à ceux qui agissent en nullité pour cette cause de prouver l'existence d'un trouble mental au moment de l'acte. Du vivant de l'individu, l'action en nullité ne peut être exercée que par lui, ou par son tuteur ou curateur, s'il lui en a été ensuite nommé un. Elle s'éteint par le délai prévu à l'article 1304. »

Si la volonté est exprimée à un moment où son auteur n'est pas sain d'esprit, la volonté fait défaut et le contrat peut être annulé par la personne qui se prévaut de ce trouble mental, voire par tout intéressé (la charge de la preuve pèse sur le demandeur). Mais l'ancien article 489-1 du Code civil vient préciser les cas limités d'application de l'article précédent : il faut que l'acte porte en lui-même la preuve d'un trouble mental, ou bien ait été fait dans un temps où l'individu était placé sous la sauvegarde de justice, ou encore qu'une action ait été introduite avant le décès aux fins de faire ouvrir la tutelle ou la curatelle.

Ces conditions sont interprétées strictement par la jurisprudence : un arrêt du 20 octobre 2004 a jugé que la nullité pour défaut de consentement dû à un trouble mental ne pouvait être invoquée par les ayants cause que dans les cas énumérés à l'ancien article 489-1 du Code civil (Cass. 3e civ., 20 oct. 2004 : *JurisData* n° 2004-025283). L'appréciation des juges du fond quant à l'existence d'un trouble mental est souveraine.

Les trois vices du consentement – erreur, violence et dol – s'apprécient au moment de la conclusion du contrat, ce qui ne veut pas dire que les parties en ont conscience et connaissance à ce moment-là.

A. – L'erreur

103. – Présentation de l'erreur. L'erreur consiste à croire vrai ce qui est faux et *vice versa*. Elle suppose que le contrat a été conclu sous l'effet d'une opinion contraire à la réalité.

Dans le contentieux judiciaire, l'erreur est le vice du consentement le plus souvent invoqué. Cela ne signifie pas qu'elle constitue la cause d'annulation la plus efficace. Des conditions strictes doivent être respectées pour obtenir l'annulation du contrat fondée sur une erreur. La jurisprudence et la littérature juridiques sont si denses qu'il est parfois difficile de s'y retrouver. Le point de départ est dans l'article 1110 du Code civil, aux termes duquel :

> « L'erreur n'est une cause de nullité de la convention que lorsqu'elle tombe sur la substance même de la chose qui en est l'objet. Elle n'est point une cause de nullité, lorsqu'elle ne tombe que sur la personne avec laquelle on a intention de contracter, à moins que la considération de cette personne ne soit la cause principale de la convention. »

La procédure civile connaît « l'erreur matérielle » qui permet à l'une des parties de saisir le juge afin d'obtenir la rectification du jugement (V. CPC, art. 126. – Cass. civ., 20 juin 1987, n° 182). Le lien doit également être fait avec l'article 2052 du Code civil.

Code de procédure civile

Art. 462 : « Les erreurs et omissions matérielles qui affectent un jugement, même passé en force de chose jugée, peuvent toujours être réparées par la juridiction qui l'a rendu ou par celle à laquelle il est déféré, selon ce que le dossier révèle ou, à défaut, ce que la raison commande.

Le juge est saisi par simple requête de l'une des parties, ou par requête commune ; il peut aussi se saisir d'office.

Le juge statue après avoir entendu les parties ou celles-ci appelées. Toutefois, lorsqu'il est saisi par requête, il statue sans audience, à moins qu'il n'estime nécessaire d'entendre les parties.

La décision rectificative est mentionnée sur la minute et sur les expéditions du jugement. Elle est notifiée comme le jugement.

Si la décision rectifiée est passée en force de chose jugée, la décision rectificative ne peut être attaquée que par la voie du recours en cassation. »

Code civil
Art. 2052 : « Les transactions ont, entre les parties, l'autorité de la chose jugée en dernier ressort. Elles ne peuvent être attaquées pour cause d'erreur de droit, ni pour cause de lésion. »

La jurisprudence interprète largement l'article 1110 du Code civil, tout en le cantonnant dans un certain nombre de limites.

1° La notion d'erreur au sens de l'article 1110 du Code civil

Selon l'article 1110, alinéa 1er, du Code civil, la conception de l'erreur sur l'objet du contrat est stricte, voire restrictive. L'alinéa second envisage, quant à lui, l'erreur sur la personne, ce qui conduit à distinguer l'erreur sur la substance de l'erreur sur la personne.

a) L'erreur sur la personne

104. – Modalités de l'erreur sur la personne. Le Code civil admet que l'erreur puisse porter sur les qualités d'une personne ; des règles bien précises doivent cependant être observées.

Ce type d'erreur ne peut être retenu que si la considération du cocontractant a été déterminante. En général, dans un contrat, la personne du cocontractant est un élément secondaire. Il est rare que l'on prenne en considération les qualités mêmes de la personne du cocontractant. Le contrat n'est pas un mariage, institution où la personne est déterminante (C. civ., art. 180).

Toutefois, lorsque le contrat est conclu *intuitu personae*, l'erreur sur la personne peut être prise en compte. Le problème se pose, par exemple, en matière de cautionnement : la jurisprudence retient l'erreur commise par la caution sur la solvabilité de la personne cautionnée uniquement lorsque cette solvabilité a été érigée en condition du contrat, ce qui est exceptionnel.

En droit du travail, l'expérience professionnelle du candidat à l'emploi est essentielle et l'erreur peut être fondée sur une fausse présentation des stages ou des emplois antérieurs.

L'erreur sur la personne peut-elle être admise lorsque le contrat est conclu par une personne morale ? Il n'y a aucune raison pour ne pas le décider.

b) L'erreur sur la substance

Le terme de « substance » peut être conçu de deux manières.

1) Conception sommaire de la substance

105. – Substance comme matière. La substance, ce serait le matériau dont l'objet du contrat est fait. C'est la matière de la chose objet du contrat. Si l'objet acheté est en cuivre argenté alors qu'on le croyait en argent, l'erreur porte bien sur la substance.

2) Conception élaborée de la substance

106. – Substance comme qualité essentielle. Ce serait toute qualité qui a pu apparaître comme essentielle et qui a pu déterminer le consentement. Elle est exprimée par les éléments fondamentaux du contrat qui se rapportent à l'objet du contrat. Deux conceptions peuvent alors en être avancées :

– une **conception objective** (cf. *conception in abstracto*), qui se référerait à l'opinion commune, à une définition abstraite des qualités essentielles du contrat ;

– une **conception subjective,** celle des parties au contrat, sur les qualités jugées essentielles pour elles du contrat, qualités qui ne sont pas forcément les mêmes pour tout le monde.

Cass. 3ᵉ civ., 24 mai 2000 : *Bull. civ.* 2000, III, n° 114 ;
***D.* 2001, somm. p. 1135, obs. D. Mazeaud**

A violé l'article 1109 du Code civil la cour d'appel qui, pour déclarer valable la vente au locataire de l'appartement loué, en suite de l'offre de préemption à lui faite par le notaire au nom du bailleur, a retenu que la totalité des locaux à usage d'habitation étant vendue, l'article 10 de la loi du 31 décembre 1975 écartait l'application du droit de préemption du locataire, mais que cependant il importait peu que l'offre de préemption ait été faite par suite d'une erreur qui est sans incidence sur sa validité dès lors que l'offre a été acceptée aux conditions de la vente projetée.

V. également : Cass. 3ᵉ civ., 20 oct. 2010 : *Bull. civ.* 2010, III, n° 192.

Peu importe en tout cas que l'erreur ait sa source dans une fausse représentation de la réalité ou une méconnaissance de la règle de droit, dans la mesure où cette ignorance a été déterminante. L'erreur de droit est donc admise, comme, par exemple l'erreur sur l'étendue des droits dans un héritage (croire que la part de l'héritier porte sur la nue-propriété alors qu'il s'agit de la pleine propriété) ou l'erreur sur un droit de préemption.

2° L'extension de la notion

107. – Extension dans trois directions. On doit essentiellement à la jurisprudence d'avoir su comprendre que la notion d'erreur telle qu'elle avait été conçue par le Code civil méritait d'être étendue. Les tribunaux considèrent l'erreur comme constitutive d'un vice du consentement dès lors qu'elle porte sur les qualités essentielles du contrat appréciées plutôt subjectivement. De plus, les tribunaux ont ajouté aux erreurs visées par l'article 1110 du Code civil d'autres erreurs, telles l'erreur sur la nature du contrat, sur l'objet du contrat ou sur la propre prestation du demandeur.

a) L'erreur sur la nature du contrat (*error in negocio*)

Cause de nullité, cette erreur est prise en compte lorsqu'une partie croit avoir conclu un contrat déterminé, alors qu'il s'agit en réalité d'un tout autre contrat (une donation pour une vente). Certains auteurs considèrent que l'engagement donné est inexistant ; l'erreur peut être qualifiée d'erreur-obstacle.

b) L'erreur sur l'objet du contrat (*error in corpore*)

Elle porte sur la désignation même de l'objet du contrat ; par exemple, l'une des parties parle en francs alors que l'autre parle en euros... L'erreur est une cause de nullité du contrat.

c) L'erreur sur sa propre prestation

Le plus souvent, l'erreur porte sur la contre-prestation, c'est-à-dire sur l'objet de l'obligation du cocontractant. Dans une vente, l'acquéreur sera victime de l'erreur. Cependant, la situation inverse est concevable : il peut arriver que ce soit le vendeur qui soit lésé. L'erreur porte ainsi sur sa propre prestation : la demande en annulation est-elle recevable ? Une jurisprudence l'a admis, mais il est difficile de prendre en compte sans réserve cette solution. En effet, les arguments contraires ne manquent pas :

– chacun doit connaître sa propre chose : l'erreur sur sa propre prestation serait donc une erreur inexcusable ;

– comment établir que l'erreur porte sur une qualité essentielle, alors qu'elle porte sur sa propre prestation ?

– admettre ce type d'erreur serait cause d'insécurité des transactions juridiques.

3° Les limites à la théorie de l'erreur

108. – Erreurs non admises. En tout cas, l'extension que la jurisprudence donne à la notion d'erreur est importante, tant est si bien que les erreurs qui ne sont pas admises sont au nombre de trois :

– l'erreur sur la qualité secondaire du contrat (erreur sur les éléments non substantiels). Cette qualité secondaire pourrait, par exemple, s'entendre de la réalité économique d'une opération trouvant son origine dans le contrat : ainsi, l'appréciation erronée de cette rentabilité ne constitue pas une erreur sur la substance de nature à vicier le consentement (Cass. 3e civ., 31 mars 2005 : *Bull. civ.* 2005, III, n° 81, p. 75) ;

– l'erreur sur la valeur du contrat (sauf si c'est aussi une erreur sur la substance) ; elle a été admise en matière de cession de parts sociales (V. *infra*) ;

– l'erreur sur le motif (personnel du contractant). La Cour de cassation a précisé que l'erreur sur un motif du contrat extérieur à l'objet de celui-ci n'est pas une cause de nullité de la convention, quand bien même ce motif aurait été déterminant (Cass. 1re civ., 13 févr. 2001 : *Bull. civ.* 2001, I, n° 32).

Seule une clause expresse permet de considérer le motif comme faisant partie du champ contractuel :

Cass. com., 11 avr. 2012, n° 11-15.429

L'erreur sur un motif du contrat extérieur à l'objet de celui-ci n'est pas une cause de nullité de la convention, quand bien même ce motif aurait été déterminant, à moins qu'une stipulation expresse ne l'ait fait entrer dans le champ contractuel en l'érigeant en condition du contrat. Justifie ainsi légalement sa décision de rejeter la demande d'annulation de contrats de crédit-bail destinés à financer l'acquisition d'équipements médicaux, une cour d'appel qui retient que le preneur, en faisant valoir que ces équipements ne répondaient pas à ses besoins dans son activité paramédicale d'infirmière en milieu rural, n'invoque aucune erreur sur les qualités substantielles de ces matériels, mais se borne à constater leur inadéquation à cette activité, faisant ainsi ressortir que l'erreur invoquée portait sur les motifs de leur acquisition.

Comp. l'erreur sur la rentabilité :

Cass. com., 12 juin 2012, n° 11-19.047

En se déterminant ainsi, après avoir constaté que les résultats de l'activité du franchisé s'étaient révélés très inférieurs aux prévisions et avaient entraîné rapidement sa mise en liquidation judiciaire, sans rechercher si ces circonstances ne révélaient pas, même en l'absence de manquement du franchiseur à son obligation précontractuelle d'information, que le consentement du franchisé avait été déterminé par une erreur substantielle sur la rentabilité de l'activité entreprise, la cour d'appel n'a pas donné de base légale à sa décision (Cass. com., 4 oct. 2011, n° 10-

20.956) ; – ayant retenu que les chiffres prévisionnels contenus dans ce document, fournis par le franchiseur, sont exagérément optimistes au regard de l'écart très important qu'ils présentent avec les chiffres d'affaires réalisés par la société Chrysalide, à laquelle il n'est reproché aucune faute de gestion, et relevé que ces données portent sur la substance même du contrat de franchise, pour lequel l'espérance de gain est déterminante, la cour d'appel, qui n'était pas tenue d'effectuer une recherche que ces appréciations souveraines rendaient inopérantes, et qui a fait ressortir le caractère déterminant des chiffres communiqués, a caractérisé le vice du consentement qu'elle a retenu pour prononcer l'annulation du contrat.

Pour maintenir une certaine stabilité des transactions, les tribunaux ont également posé trois séries de règles importantes.

a) L'erreur doit porter sur un élément compris dans le champ contractuel

109. – Champ contractuel. Elle doit porter sur un élément pris en considération par les deux parties. Le champ contractuel est déterminé par les parties. Ce thème est la clef de la notion d'erreur.

En effet, il se peut que l'une des parties ait en vue une qualité particulière qu'elle juge essentielle et que l'autre partie l'ignore. Si tel est le cas, le **champ contractuel** n'intègre pas l'élément considéré comme essentiel par l'une des parties et ignoré par l'autre, car les protagonistes n'ont pas tous deux pris en considération cet élément. Le contrat ne pourra donc pas être annulé.

En revanche, si cet élément est partagé par les deux cocontractants, l'annulation sera possible. On parle ainsi d'erreur « commune ». En réalité, il n'est pas nécessaire que l'erreur ait été commune, *i.e.* commise par les deux parties, mais il est indispensable qu'elles aient eu en vue comme essentiel l'élément sur lequel l'une d'elles s'est trompée.

Toute la difficulté réside dans la détermination du champ contractuel. Ce dernier dépend de l'environnement dans lequel le contrat a été conclu : dans une vente, selon que le vendeur est antiquaire ou simplement brocanteur, l'appréciation sera différente. Si j'achète un meuble Louis XIII chez un antiquaire, la qualité de meuble d'époque est pour moi et mon cocontractant essentielle ; si cette qualité fait défaut, l'erreur commise justifie l'annulation du contrat. Si j'achète un meuble Louis XIII chez un brocanteur, mon erreur sur le meuble est indifférente, car le brocanteur est uniquement censé vendre des meubles anciens.

Lorsque les qualités apparaissent normalement essentielles compte tenu du contexte dans lequel se situent les relations des parties, la nullité peut être demandée et obtenue lorsqu'une erreur sur ces qualités est établie. En revanche, si ces qualités n'apparaissent pas clairement à la lumière des données économiques et sociales dans lesquelles les relations contractuelles se situent, l'annulation n'est pas concevable. Elle ne pourra l'être que si la victime de l'erreur a fait part à l'autre des qualités qu'elle exigeait.

b) L'erreur doit être excusable

110. – Erreur excusable et inexcusable. Lorsque l'erreur est inexcusable, elle ne peut plus être considérée comme une cause de nullité du contrat. Elle est inexcusable quand elle est grossière. Elle est grossière lorsqu'elle est susceptible d'être évitée au moment de la conclusion du contrat. Dans ces conditions, les qualités du cocontractant doivent être prises en compte : son activité professionnelle, son intelligence, ses compétences... De ce fait, les tribunaux se montrent plus sévères avec les professionnels qu'avec les consommateurs, lesquels peuvent somme toute se tromper plus facilement.

c) L'acceptation des risques

111. – Aléa et acceptation des risques. Il se peut que le contrat conclu comprenne des aléas ou qu'une partie accepte de conclure un contrat à ses risques et périls. Peut-on prononcer la nullité du contrat dans cette situation ? Logiquement non, dans la mesure où le risque de nullité a été apprécié et mesuré par les parties.

L'erreur

L'arrêt classique de la première chambre civile de la Cour de cassation du 24 mars 1987 est celui relatif au tableau *Le Verrou* de Fragonard :

En 1933, M. Vincent a vendu en 1933 aux enchères publiques un tableau intitulé *Le verrou*, comme étant « attribué à Fragonard ». Le vendeur est décédé. L'authenticité du tableau a été reconnue, comme étant de la main de Fragonard. Les héritiers de M. Vincent ont demandé en justice l'annulation de la vente.

Le tribunal et la cour d'appel de Paris, pour cette dernière par arrêt du 12 juin 1985, ont rejeté cette demande pour des motifs différents.

Cass. 1re civ., 24 mars 1987, n° 85-15736 : *Bull. civ.* 1987, I, n° 105 ; *D.* 1987, p. 487, note J.-L. Aubert ; *RTD civ.* 1987, p. 743, obs. J. Mestre

LA COUR :

Sur le moyen unique, pris en ses deux branches :

Attendu que, selon les juges du fond, Jean, André Vincent, depuis lors décédé, a vendu en 1933 aux enchères publiques, comme étant « attribué à Fragonard », un tableau intitulé Le Verrou ; que, l'authenticité du tableau ayant été ultérieurement reconnue, l'arrêt confirmatif attaqué a refusé d'annuler cette vente, pour erreur, à la demande des héritiers de Jean, André Vincent ;

Attendu que ceux-ci reprochent à la cour d'appel (Paris, 12 juin 1985) de s'être déterminée au motif essentiel que l'expression « attribué à... » laisse planer un doute sur l'authenticité de l'œuvre mais n'en exclut pas la possibilité ; qu'ils soutiennent, d'une part, qu'en s'attachant seulement à déterminer le sens objectif de la mention « attribué à... » et en s'abstenant de rechercher quelle était la conviction du vendeur, alors que leurs conclusions faisaient valoir qu'il était persuadé, à la suite des avis formels des experts, que l'authenticité de l'œuvre était exclue, la cour d'appel a violé à la fois les articles 1110 du Code civil et 455 du Nouveau Code de procédure civile ; qu'il est, d'autre part, prétendu qu'en toute hypothèse, le vendeur commet une erreur quand il vend sous empire de la conviction que l'authenticité est discutable, alors qu'elle est en réalité certaine et que tout aléa à ce sujet est inexistant ;

Mais attendu, en premier lieu, qu'il résulte des énonciations souveraines du jugement confirmé « qu'en vendant ou en achetant en 1933, une œuvre attribuée à Fragonard, les contractants ont accepté un aléa sur l'authenticité de l'œuvre, que les héritiers de Jean, André Vincent ne rapportent pas la preuve, qui leur incombe, que leur auteur a consenti à la vente de son tableau sous l'empire d'une conviction erronée quant à l'auteur de celui-ci » ; que le moyen en sa première branche, ne peut dès lors être accueilli ;

Et attendu, en second lieu, que, ainsi accepté de part et d'autre, l'aléa sur l'authenticité de l'œuvre avait été dans le champ contractuel ; qu'en conséquence, aucune des deux parties ne pouvait alléguer l'erreur en cas de dissipation ultérieure de l'incertitude commune, et notamment pas le vendeur ni ses ayants cause en cas d'authenticité devenue certaine ; que le moyen doit donc être entièrement écarté ;

Par ces motifs : rejette...

Cet arrêt connaît un antécédent aussi célèbre, l'affaire dite du *Poussin*, qui a permis de dégager deux solutions.

D'une part, pour la première partie de l'affaire : « ... peu importe le fait qu'on ne puisse ni établir qu'un tableau soit de Poussin, ni exclure qu'il fût de lui, si la vente a été consentie dans la conviction erronée que le tableau ne pouvait pas être une œuvre de Nicolas Poussin » ; en l'absence de toute recherche sur ce point, le rejet de la demande en annulation pour erreur formée par les vendeurs manque de base légale (Cass. 1re civ., 22 févr. 1978 : *D.* 1978, p. 601, note Malinvaud ; *RTD civ.* 1979, p. 126, obs. Loussouarn. – Cassation Paris, 2 févr. 1976 : *D.* 1976, p. 325, concl. Cabannes ; *JCP* G 1976, II, 18358, note

Lindon, réformant TGI Paris, 13 déc. 1972 : *D.* 1973, p. 410, note Ghestin et Malinvaud ; *JCP* G 1973, II, 17377, note Lindon).

Et, d'autre part, dans la suite de l'affaire *Poussin* : « le droit de se servir d'éléments d'appréciation postérieurs à la vente pour prouver l'existence d'une erreur au moment de la vente ne peut être dénié au vendeur » (Cass. 1re civ., 13 déc. 1983 : *D.* 1984, p. 340, note Aubert ; *JCP* G 1984, II, 20186, concl. Gulphe ; *Gaz. Pal.* 1984, 1, p. 156, note J.B. ; *RTD civ.* 1984, p. 109, obs. Chabas. – Cassation Amiens, 1er févr. 1982 : *JCP* G 1982, II, 19916, note Trigeaud ; *Gaz. Pal.* 1982, 1, p. 134, concl. Houpert ; *RTD civ.* 1982, p. 416, obs. Chabas et sur renvoi : CA Versailles, 7 janv. 1987 : *D.* 1987, p. 485, note Aubert ; *RTD civ.* 1987, p. 741, obs. Mestre ; *JCP* G 1988, II, 21121, note Ghestin).

L'erreur connaît de nombreuses applications en matière d'œuvres d'art

– « N'a pas donné de base légale à sa décision au regard de l'article 1110 du Code civil une cour d'appel qui, pour rejeter la demande en nullité de la vente d'un tableau pour erreur sur la qualité substantielle de la chose vendue et l'action en responsabilité exercée à l'encontre du commissaire-priseur et de l'expert, s'est bornée à retenir que les conclusions dubitatives de l'expert judiciairement désigné ne permettaient pas d'affirmer que ce tableau n'était pas authentique et qu'en conséquence, l'acquéreur ne rapportait pas la preuve d'une erreur portant sur son authenticité, sans rechercher si la certitude de l'authenticité de l'œuvre ne constituait pas une qualité substantielle et si l'acheteur n'avait pas contracté dans la conviction erronée de cette authenticité ». Ce qui est la reprise de la solution du tableau de Poussin.

(Cass. 1re civ., 13 janv. 1998 : *Bull. civ.* 1998, I, n° 17 ; *Gaz. Pal.* 1998, 1, pan. cass. p. 80 ; *Gaz. Pal.* 1998, 2, p. 706, note C. Meimon ; *D.* 1998, inf. rap. p. 50 ; *D.* 1999, somm. p. 13, note P. Brun ; *D. affaires* 1998, p. 286, obs. J.F. ; *Contrats, conc. consom.* 1998, n° 59, note Leveneur).

– « Il ne peut être reproché à une cour d'appel d'avoir prononcé la nullité pour erreur de la vente d'un tableau de Nicolas de Staël cédé à une galerie et d'avoir condamné le vendeur à restituer à la galerie la somme de 450 000 francs augmentée des intérêts au taux légal, dès lors que c'est dans l'exercice de son pouvoir souverain que la cour d'appel, après avoir constaté que le certificat joint au tableau établi par un expert le 30 novembre 1989 mentionnait l'œuvre comme étant une "peinture", à savoir une "huile sur papier", a jugé que, un dessin à l'encre sur papier ne pouvant en aucun cas être considéré comme une "peinture" et encore moins une "huile", même si le support en est le papier, cette erreur portait sur un élément essentiel de la chose, et que la galerie avait été victime d'une erreur déterminante de son consentement. Ensuite, la cour d'appel, qui a retenu que, pour la galerie, l'erreur s'était trouvée accréditée par le fait que l'œuvre avait été "marouflée" sur une toile, et qui a relevé l'existence d'un certificat délivré par l'expert, conservateur du musée de Staël, a ainsi caractérisé les circonstances de fait dont elle a déduit que l'erreur de la galerie n'était pas inexcusable. Enfin, la cour d'appel, pour écarter l'existence d'une confirmation ou ratification, a retenu, justifiant légalement sa décision, que le vendeur ne saurait tirer argument du fait que la galerie a tenté de revendre l'œuvre à un prix supérieur, alors que dès le mois de mars 1990, elle avait saisi l'expert pour lui faire reconnaître son erreur et émis toutes réserves sur les conséquences de cette constatation ».

(Cass. 1re civ., 10 mars 1998 : *Bull. civ.* 1998, I, n° 97 ; *Gaz. Pal.* 1998, 2, pan. jurispr. p. 224).

L'erreur obstacle

Cass. 3e civ., 21 mai 2008, n° 07-10.772

– Attendu, selon l'arrêt attaqué (Aix-en-Provence, 26 oct. 2006) que Mme X..., par l'intermédiaire de son notaire M. Y..., a vendu divers biens immobiliers à la société civile immobilière MJR (la SCI) ; que soutenant qu'elle n'avait pas voulu céder le lot n° 11, elle a assigné la SCI en nullité de la vente pour erreur sur l'identification du bien vendu ;

Sur le premier moyen :

Attendu que la SCI fait grief à l'arrêt d'accueillir la demande de Mme X... alors, selon le moyen :

1°/ que l'erreur, telle que définie à l'article 1110 du Code civil, est une fausse représentation de la réalité ; que la cour d'appel, en retenant que l'erreur de Mme X... sur sa propre prestation découlait des inexactitudes importantes relatives à la description des lots dans la promesse de vente et l'acte de vente lui-même bien que la simple lecture des deux actes aurait permis à la venderesse de constater que la description des lots ne correspondait pas à sa volonté, d'où il résulte qu'elle n'a pu concevoir une fausse représentation de la réalité aussi patente, a méconnu l'article 1110 du Code civil ;

2°/ qu'à supposer que Mme X... ait commis une erreur qui aurait vicié son consentement, l'article 1110 du Code civil sanctionne de nullité l'erreur sur la substance caractérisée ; qu'en se limitant à relever qu'il existait des inexactitudes qu'à la condition qu'elles soient importantes dans la promesse de vente puis dans l'acte de vente lui-même, et une méprise de Mme X... quant à l'étendue des droits qu'elle a cédés, sans vérifier les caractères de cette erreur, notamment si elle était excusable, la cour d'appel n'a pas légalement justifié sa décision et prive son arrêt de base légale au regard du texte susvisé ;

Mais attendu qu'ayant constaté que la promesse de vente sous seing privé établie par le notaire M. Y..., dont les indications avaient été reproduites dans l'acte de vente du 12 août 1998, comportait une erreur importante de contenance du lot n° 11, vendu pour 60 m^2 alors que sa superficie réelle était de 213 m^2 et ne précisait pas que ce lot faisait l'objet d'un bail commercial, et relevé que par lettre du 27 février 2002 M. Y... avait indiqué au notaire de la société MJR qu'il pensait très sincèrement que sa cliente n'envisageait pas de vendre le lot n° 11, la cour d'appel qui a retenu que cette inexactitude et cette omission avaient des conséquences importantes sur la définition des biens vendus et la consistance de la vente et que Mme X... n'avait pas compris que l'un des lots énumérés dans l'acte de vente correspondait aux locaux commerciaux loués à la société Degivry occupant le lot n° 11, a pu en déduire, sans être tenue de procéder à une recherche sur le caractère inexcusable de l'erreur que ses constatations rendaient inopérante, que l'erreur de Mme X... sur l'objet même de la vente, laquelle faisait obstacle à la rencontre des consentements, devait entraîner l'annulation de la vente ;

D'où il suit que le moyen n'est pas fondé ;

Et attendu qu'il y ait lieu de statuer sur le second moyen qui ne serait pas de nature à permettre l'admission du pourvoi ;

Par ces motifs : Rejette le pourvoi (...)

L'erreur sur la valeur

Le contractant qui cède des parts sociales à un prix très inférieur à leur valeur réelle peut obtenir l'annulation de la vente sur le fondement de l'erreur ; son erreur est dans une erreur sur la substance.

Cass. 3e civ., 12 févr. 2008, n° 06-19.204

Sur le moyen unique :

Attendu, selon l'arrêt attaqué (Aix-en-Provence, 23 juin 2006), que M. X... a, le 24 avril 2002, cédé aux époux Y... l'intégralité des parts sociales qu'il détenait dans la société à responsabilité limitée Elorem (la société) pour un prix unitaire de 15 euros ; que M. X... les a assignés en annulation du contrat de cession sur le fondement des articles 1109 et 1110 du Code civil ; que la cour d'appel, sur le fondement de l'erreur sur les qualités substantielles des actions, a accueilli sa demande ;

Attendu que les époux Y... font grief à l'arrêt d'avoir ainsi statué, alors, selon le moyen, qu'il résulte des dispositions combinées des articles 1109 et 1110 du Code civil que ne peut constituer une cause de nullité d'une cession de parts, l'erreur invoquée par le cédant, et portant, non sur les qualités substantielles de l'objet du contrat, appréciée souverainement par les juges du fond, mais sur la valeur desdites parts ; qu'en affirmant néanmoins, en l'absence de dol ou de lésion, qu'en cédant la moitié des parts de la de la société Elorem aux époux Y..., pour leur valeur nominale, sans commune mesure avec leur valeur objective, M. X... aurait commis une erreur, non sur la valeur, mais sur la substance même de la chose objet de ladite cession, les juges d'appel ont violé les articles 1109 et 1110 du Code civil ;

Mais attendu qu'en relevant que M. X..., dépressif et peu versé dans la pratique des affaires, et incapable dans ces conditions de mesurer la portée des actes qu'il signait, avait cédé les parts qu'il détenait dans la société pour leur valeur nominale, sans commune mesure avec leur valeur objective, se trouvant ainsi écarté d'une société florissante sans contrepartie réelle, la cour d'appel a pu décider qu'il avait commis une erreur sur la substance même de la chose qui était l'objet du contrat ; que le moyen n'est pas fondé ;

Par ces motifs : Rejette le pourvoi.

B. – La violence

112. – Violence et crainte. Le consentement n'est pas valable s'il a été extorqué par violence (C. civ., art. 1111). La violence détermine une crainte chez sa victime. Et cette crainte – la peur – vicie le consentement. Contrairement à la victime de l'erreur, la victime de la violence ne s'est pas trompée. Cependant, son consentement n'a pas été libre, car elle a contracté sous l'empire de la peur. Elle s'est résolue à contracter pour échapper à un mal plus grave – une menace – au cas où elle aurait refusé de s'engager. Le vice du consentement réside dans les conséquences de la violence, non pas dans la violence elle-même.

En droit romain, le fait d'inspirer à une personne un sentiment de crainte (*metus*) était considéré comme un délit. Prenant appui sur la législation pénale (loi « Cornelia »), le prêteur avait donné une action pénale et une exception de même nature afin de protéger le contractant ayant agi sous l'empire de la crainte. Cette conception romaine se retrouve en filigrane dans les dispositions du Code civil, mais pas uniquement.

113. – Violence et droit pénal. Des textes du Code pénal répriment les violences ; c'est le cas du **chantage** qui est une infraction pénale.

Code pénal

Art. 321-10 : « Le chantage est le fait d'obtenir, en menaçant de révéler ou d'imputer des faits de nature à porter atteinte à l'honneur ou à la considération, soit une signature, un engagement ou une renonciation, soit la révélation d'un secret, soit la remise de fonds, de valeurs ou d'un bien quelconque.

Le chantage est puni de cinq ans d'emprisonnement et de 75 000 euros d'amende. »

Le Code de la consommation (C. consom., art. L. 122-9 et s.) a institué une nouvelle infraction : « **l'abus de faiblesse** ». Tout professionnel qui, pour obtenir un paiement, abuse de la faiblesse ou de l'ignorance d'un consommateur tenant à son âge, à sa santé ou à sa condition, sera puni d'un emprisonnement et d'une amende pénale. Le Code pénal incrimine, lui aussi, ce type de comportement :

Art. 223-15-2, al. 1 *(Mod., L. n° 2009-526, 12 mai 2009)* : « Est puni de trois ans d'emprisonnement et de 375 000 euros d'amende l'abus frauduleux de l'état d'ignorance ou de la situation de faiblesse soit d'un mineur, soit d'une personne dont la particulière vulnérabilité, due à son âge, à une maladie, à une infirmité, à une déficience physique ou psychique ou à un état de grossesse, est apparente ou connue de son auteur, soit d'une personne en état de sujétion psychologique ou physique résultant de l'exercice de pressions graves ou réitérées ou de techniques propres à altérer son jugement, pour conduire ce mineur ou cette personne à un acte ou à une abstention qui lui sont gravement préjudiciables.

> Lorsque l'infraction est commise par le dirigeant de fait ou de droit d'un groupement qui poursuit des activités ayant pour but ou pour effet de créer, de maintenir ou d'exploiter la sujétion psychologique ou physique des personnes qui participent à ces activités, les peines sont portées à cinq ans d'emprisonnement et à 750 000 euros d'amende. »

V. Cass. crim., 5 sept. 2012, n° 11-84.483.

Le Code civil lui-même envisage la violence comme un vice du consentement. Il la considère avec gravité et sérieux ; aussi consacre-t-il cinq dispositions à la violence, en cherchant avant tout à assurer la protection de la personne qui n'a pas consenti librement.

114. – Violence morale et violence physique. La violence est essentiellement morale ; la violence physique peut vicier le consentement d'une personne, mais elle peut être envisagée de deux manières différentes :

– elle peut être analysée sous un aspect purement physique ; la personne à qui l'on prend de force la main pour l'obliger à signer un acte ne donne pas son consentement : l'auteur de la violence « tient la main » du contractant. Alors, il n'y a pas vice du consentement, mais plutôt « défaut de consentement » ;

– elle peut être conçue comme une violence morale ; lorsqu'une personne contraint une autre à contracter sous peine de recevoir des coups, la menace est physique, mais la violence, tant qu'elle n'est pas exécutée, reste morale.

L'appartenance à une secte a été parfois considérée comme l'indice d'une violence morale entraînant la nullité d'actes juridiques. Tel est le cas de la propriétaire d'un immeuble qui a subi de la part des membres d'une secte, pendant près de quinze années, des violences physiques et morales de nature à faire impression sur une personne raisonnable et à inspirer la crainte d'exposer sa personne ou sa fortune à un mal considérable et présent, alors que, séparée de son époux et ayant à charge ses enfants, elle était vulnérable et que ces violences l'ont conduite à conclure l'acte de vente de sa maison en faveur d'une société liée à la secte afin que les membres de la communauté soient hébergés dans l'immeuble en cause. Pour les juges, il y a lieu d'annuler la vente, dès lors qu'il résulte encore des éléments de la cause que la vente de ce bien, suivie de la restitution du prix de vente au mandataire apparent de la société acquéreur de l'immeuble, constitue une donation déguisée consentie sous la violence (CA Paris, 2e ch. B, 24 mai 1996 : *D.* 1996, inf. rap. p. 168).

115. – Équité dans les transactions. Comme le Code civil ne peut résoudre toutes les difficultés, la jurisprudence est intervenue pour combler les lacunes des textes. Les tribunaux essaient en l'occurrence de faire respecter une certaine équité dans les transactions, bien plus que de protéger la liberté des contractants. Cette idée se perçoit aussi bien à travers la détermination des éléments constitutifs de la violence qu'à travers la question de son origine.

1° Les éléments constitutifs

Ils se dégagent des textes du Code civil : la violence est caractérisée lorsqu'il y a une menace, lorsque celle-ci est déterminante et lorsqu'elle est illégitime.

a) La menace

116. – Caractères du mal. La violence exige par nature la menace d'un mal considérable, suffisamment élevé pour faire impression sur le contractant. L'article 1112 du Code civil ajoute que le mal doit être « présent » :

> « Il y a violence, lorsqu'elle est de nature à faire impression sur une personne raisonnable, et qu'elle peut lui inspirer la crainte d'exposer sa personne ou sa fortune à un mal considérable et présent. On a égard, en cette matière, à l'âge, au sexe et à la condition des personnes. »

Cependant, en réalité, le mal dont il est question n'est pas un mal présent, mais un mal futur.

117. – Variété des victimes. La violence peut aussi toucher les personnes proches de la victime. L'article 1113 du Code civil envisage cette hypothèse :

> « La violence est une cause de nullité du contrat, non seulement lorsqu'elle a été exercée sur la partie contractante, mais encore lorsqu'elle l'a été sur son époux ou sur son épouse, sur ses descendants ou ses ascendants ».

Ce texte « psychologique » pose la présomption que la crainte d'un mal menaçant les proches de la victime de la violence peut déterminer son consentement du cocontractant. Cette légitime protection de la famille est appréciable.

Cependant, la présomption édictée par l'article 1113 du Code civil est simple : il est toujours possible de prouver qu'en fait la menace pesant sur les proches du cocontractant n'a eu aucune incidence. En outre, elle est limitée à l'époux(se), aux descendants et ascendants : elle ne jouera pas lorsque la menace est dirigée contre un autre proche, tel un frère ou un ami. Il faut dès lors démontrer le lien d'affection particulier qui existe entre cette personne proche et l'intéressé.

b) Menace déterminante

118. – Mal « considérable ». La violence est d'abord un mal impressionnant et déterminant. L'article 1112 du Code civil parle d'un mal « considérable », c'est-à-dire que la crainte consécutive à la violence doit avoir été suffisamment sérieuse pour déterminer le consentement : en l'absence de cette violence, la victime n'aurait pas contracté.

Cependant, comment apprécier l'intensité d'une telle menace ? L'article 1112 du Code civil est contradictoire à cet égard :

– le premier alinéa se prononce en faveur d'une appréciation *in abstracto* ; le texte fait référence à un homme moyennement impressionnable, *i.e.* la « personne raisonnable » notion (fort usitée en *Common Law*) équivalente au « bon père de famille » ;

– le deuxième alinéa se prononce plutôt en faveur d'une appréciation *in concreto* en ce qui concerne la personne du cocontractant ; le texte invite à tenir compte de l'âge de la victime de la violence, de sa condition sociale.

La jurisprudence incline, d'une manière générale, en faveur de la seconde conception, afin de mieux protéger la liberté du consentement. Les juges rechercheront dans chaque espèce si la volonté de la victime a été affectée par la menace. L'appréciation relève d'une casuistique, car tout dépend des individus et des circonstances. Ainsi, les personnes âgées sont plus facilement victimes que les personnes jeunes.

c) *Menace illégitime*

119. – Violence injuste ou illégitime. C'est l'élément le plus important en droit positif. La violence ne peut vicier le consentement que si elle présente un caractère illégitime. On retrouve sous cette solution l'origine de l'institution.

En droit romain, la violence était constitutive d'un délit pénal ; il était logique de punir uniquement la violence injuste ou illégitime.

La règle a été maintenue dans le Code civil, même si elle est peu compatible avec le principe du consensualisme. Elle découle de l'article 1114, aux termes duquel « la seule crainte révérencielle envers le père, la mère, ou autre ascendant, sans qu'il y ait eu de violence exercée, ne suffit point pour annuler le contrat ». En vertu de ce texte, la violence morale exercée par les ascendants sur les descendants, telle la violence exercée par un père sur son fils, n'est pas de nature à invalider le contrat : cette violence est légitime car elle découle de l'autorité dont les parents sont investis sur leurs enfants.

La jurisprudence s'est emparée de ce texte particulier et a systématisé l'idée qui le fonde pour en déduire que la violence, pour constituer un vice du consentement, doit être illégitime. Toute la difficulté est de déterminer le seuil d'une menace illégitime ; ce caractère peut résulter, soit des moyens employés, soit du but poursuivi par l'auteur de la menace.

1) Les moyens utilisés

120. – Moyens et infraction pénale. Le moyen utilisé peut se traduire dans une infraction pénale, dans des manœuvres frauduleuses, tel étant le cas du fonctionnaire qui abuse de sa situation pour accorder une faveur à l'un de ses administrés. Dans ce cas, la violence est illégitime, car elle s'exerce à travers la commission d'une infraction pénale. Toutefois, la menace d'user d'une voie de droit (menace de porter plainte, de faire un procès...) n'est pas constitutive d'une violence.

Des conflits sociaux ont montré que la grève pouvait être une menace redoutable ; au-delà de la situation de grève, la séquestration de l'employeur peut influer sur la situation sociale.

Ainsi, les voies de fait ayant abouti à l'immobilisation d'un navire battant pavillon libérien dont l'équipage était indien, engagent la responsabilité des organisations syndicales instigatrices. Les syndicalistes, montés à bord de ce navire pour imposer au capitaine le système et l'application de la convention International Transport Workers Federation dite « ITF », avaient séparé les membres de l'équipage de leurs officiers qu'ils avaient séquestrés ou menacés de violence et pris le contrôle du navire, de telle sorte que, l'eussent-ils voulu, les marins n'auraient pu travailler, qu'ils avaient empêché le représentant de l'armateur, des diplomates indiens et un fonctionnaire libérien de s'entretenir avec l'équipage et que même après avoir quitté le bord en exécution d'une ordonnance de référé, ils s'étaient opposés par la force à l'embarquement d'un équipage de remplacement (Cass. soc., 8 nov. 1984 : *Bull. civ.* 1984, V, n° 423).

2) Le but poursuivi

121. – Violence et équité. La menace de l'emploi d'une voie de droit peut dégénérer en violence illégitime en cas d'abus. La menace devient illégitime parce que, par exemple, elle exprime un véritable chantage. La jurisprudence systématise cette idée et cherche ainsi à assurer une certaine équité dans les rapports contractuels. Ce souci d'équité se manifeste également dans la détermination de l'origine de la violence.

2° L'origine de la violence

122. – Indifférence de l'origine. Une chose est sûre : la violence peut émaner d'un cocontractant comme d'un tiers, à la différence du dol, qui ne peut provenir que du cocontractant. L'article 1111 du Code civil l'indique expressément : « la violence exercée contre celui qui a contracté l'obligation, est une cause de nullité, encore qu'elle ait été exercée par un tiers autre que celui au profit duquel la convention a été faite ».

123. – Violence et événements extérieurs. Néanmoins, il reste un doute : la violence peut-elle résulter d'événements extérieurs ? S'est ainsi posé le problème de l'état de nécessité en droit civil. La cause peut être une tempête, des circonstances économiques très défavorables... Peut-on fonder la violence sur de tels événements ? :

– pour certains auteurs, la réponse est négative, car la violence devrait être le fait d'une personne humaine : elle supposerait une intention, et ne saurait provenir d'événements extérieurs aux cocontractants. Les textes du Code civil peuvent étayer cette thèse. L'article 1109 parle d'un consentement **extorqué**, ce qui suppose une violence intentionnelle émanant d'une personne, et non d'événements extérieurs : « il n'y a point de consentement valable, si le consentement n'a été donné que par erreur, ou s'il a été extorqué par violence ou surpris par dol » ;

– selon une seconde thèse, la violence, en tant que vice du consentement, est parfaitement concevable lorsque son auteur se borne à exploiter une situation et des événements extérieurs. Un vieil arrêt de principe s'était prononcé en ce sens, à propos d'un contrat d'assistance maritime conclu lors d'une tempête menaçant les facultés et le corps d'un navire. Depuis, s'agissant de l'assistance maritime, un texte particulier règle la difficulté : il s'agit de l'article L. 4132-6 du Code des transports :

> « Un contrat d'assistance ou certaines de ses clauses peuvent être annulées ou modifiées si :
>
> – le contrat a été conclu sous une pression abusive ou sous l'influence du danger et que ses clauses ne sont pas équitables ; ou
>
> – si le paiement convenu en vertu du contrat est beaucoup trop élevé ou beaucoup trop faible pour les services effectivement rendus. »

D'autres dispositions ont été adoptées après la Deuxième Guerre mondiale pour essayer de protéger les personnes ayant contracté sous l'effet d'une violence. En effet, à l'époque, certaines personnes avaient été amenées à contracter dans des conditions très défavorables ; elles avaient été dépouillées et victimes de spoliations. Le législateur est intervenu en 1945, présumant que ces contrats avaient été conclus sous l'empire de la violence. Les victimes ont ainsi pu demander l'annulation desdits contrats.

Faut-il interpréter ces textes d'une manière compréhensive ou, au contraire, stricte ? Doit-on généraliser l'esprit contenu dans ces textes et admettre que la violence puisse résulter de circonstances extérieures et doit-on considérer que la jurisprudence consacrant cette idée a encore une portée en droit positif ?

La réponse doit être nuancée. La violence peut résulter de circonstances extérieures ; l'état de nécessité peut être assimilé à la violence, mais avec un correctif. D'une part, en effet, le texte du Code civil ne doit pas être pris à la lettre en ce qui concerne le terme

« extorquer ». D'autre part, ce qui compte, c'est le retentissement de la violence sur l'esprit du cocontractant. Exploiter un état de nécessité, profiter de circonstances extérieures, c'est certainement exercer une pression et se rendre coupable de violence. Autrement dit :

– on peut commettre une violence lorsqu'on en est l'auteur ;
– on peut également exploiter la violence d'un tiers ;
– on peut aussi profiter de la violence résultant de circonstances extérieures.

Ce qui importe avant tout, ce ne sont pas tellement les manœuvres utilisées, mais le résultat de la violence exercée : la contrainte dans le consentement.

Enfin, il faut prendre en considération le caractère illégitime de la violence. Le contrat ne pourra être annulé que si l'auteur de la violence a abusé des circonstances d'une manière illégitime, en imposant à son cocontractant des conditions contractuelles draconiennes et anormales. La jurisprudence, sans être toujours très nette, s'inscrit dans cette perspective.

La violence

Un arrêt de la troisième chambre civile de la Cour de cassation du 13 janvier 1999 a repris l'assimilation à la violence de la contrainte morale :

Cass. 3e civ., 13 janv. 1999 : *Bull. civ.* 1999, III, n° 11 ;
***Defrénois* 1999, p. 749**

LA COUR :

Sur le moyen unique :

Attendu, selon l'arrêt attaqué (Paris, 24 mai 1996), que, suivant un acte du 8 janvier 1980, Mme X... a vendu une propriété à la société Jojema ; que, par acte du 7 mai 1991, Mme X... a assigné la société Jojema en annulation de la vente pour violence morale ;

Attendu que la société Jojema fait grief à l'arrêt d'accueillir cette demande alors, selon le moyen, d'une part, que les juges ne peuvent prononcer la nullité d'une convention sur le fondement des articles 1111 et suivants du Code civil qu'après avoir recherché si la violence qu'ils retiennent présente bien un caractère déterminant pour le consentement de la prétendue victime, la seule constatation de cette violence étant en elle-même insuffisante ; qu'en la cause, les juges du fond se sont bornés à affirmer que Mme X... avait subi des violences physiques et morales sans préciser, comme ils y étaient invités par la société Jojema, en quoi la violence prétendument exercée avait déterminé le consentement de l'appelante à vendre le bien objet du litige ; qu'en statuant ainsi, la cour d'appel a privé sa décision de base légale au regard des articles 1111 et suivants du Code civil, d'autre part, que les actes argués de violence doivent être antérieurs ou concomitants à l'expression du consentement, qu'en se déterminant au seul regard d'éléments sporadiques, vagues et très espacés dans le temps (de 1972 à 1987), ou précis mais postérieurs (avril-mai 1980, 1982, 1985 et 1986) à la vente survenue le 8 janvier 1980, la cour d'appel n'a pas établi de lien temporel direct entre les pratiques relevées et l'expression du consentement violant ainsi les articles visés au précédent grief.

Mais attendu qu'ayant souverainement retenu que Mme X... avait subi, de la part des membres de la communauté animée par Roger Melchior, depuis 1972 et jusqu'en novembre 1987, date de son départ, des violences physiques et morales de nature à faire impression sur une personne raisonnable et à inspirer la crainte d'exposer sa personne ou sa fortune à un mal considérable et présent, alors que séparée de son époux et ayant à charge ses enfants, elle était vulnérable et que ces violences l'avaient conduite à conclure l'acte de vente de sa maison en faveur de la société Jojema afin que les membres de la communauté fussent hébergés dans cet immeuble, la cour d'appel, qui pouvait se fonder sur des éléments d'appréciation postérieurs à la date de formation du contrat, a légalement justifié sa décision ;

Par ces motifs : rejette le pourvoi.

Cette décision rejoint celle qu'un arrêt antérieur du 28 mai 1991 avait dégagée (Cass. com., 28 mai 1991 : *D.* 1992, jurispr. p. 166, note P. Morvan et *D.* 1991, somm. p. 385, obs.

L. Aynès. – Comp. Cass. 1re civ., 3 juin 1959 : *Bull. civ.* 1959, I, n° 276, décidant que « l'emprise » d'une femme sur son mari ne peut être assimilée à la « violence »).

Un arrêt important du 30 mai 2000, rendu par la première chambre civile de la Cour de cassation, a émancipé le vice de violence et a énoncé que la transaction peut être attaquée dans tous les cas où il y a violence et la contrainte économique se rattache à la violence et non à la lésion :

Cass. 1re civ., 30 mai 2000 : *Bull. civ.* 2000, I, n° 169 ; *D.* 2000, jurispr. p. 879, note J.-P. Chazal ; *Defrénois* 2000, p. 1124 et les obs. ; *D.* 2001 somm. p. 1140, obs. D. Mazeaud

Attendu que M. Deparis, assuré par les Assurances mutuelles de France « Groupe azur » (le Groupe Azur) a été victime d'un incendie survenu le 15 janvier 1991 dans le garage qu'il exploitait ; que, le 10 septembre 1991, il a signé un accord sur la proposition de l'expert pour fixer les dommages à la somme de 667 382 francs, dont, en premier règlement 513 233 francs, et en règlement différé 154 149 francs ;

Sur le premier moyen : (Publication sans intérêt) ;

Mais sur le deuxième moyen :

Vu les articles 2052 et 2053 du Code civil, ensemble l'article 12 du Code de procédure civile ;

Attendu que, pour rejeter la demande d'annulation de l'acte du 10 septembre 1991, l'arrêt attaqué retient que, la transaction ne pouvant être attaquée pour cause de lésion, la contrainte économique dont fait état M. Deparis ne saurait entraîner la nullité de l'accord ;

Attendu qu'en se déterminant ainsi, alors que la transaction peut être attaquée dans tous les cas où il y a violence, et que la contrainte économique se rattache à la violence et non à la lésion, la cour d'appel a violé les textes susvisés ;

Et, sur le troisième moyen :

Vu l'article 1134 du Code civil ;

Attendu que, pour condamner M. Deparis à rembourser au Groupe Azur la somme de 154 149 francs avec intérêts, l'arrêt attaqué retient que M. Deparis ne justifie pas avoir fait réparer l'immeuble dans les deux ans ;

Attendu qu'en statuant ainsi, alors que cette condition de délai ne figurait pas sur l'acte du 10 septembre 1991, le délai limite ayant été laissé en blanc, la cour d'appel a dénaturé les termes de cet acte ;

Par ces motifs : casse ;

Un arrêt du 3 avril 2002 est plus nuancé : une ancienne salariée d'une maison d'édition a le 21 juin 1984 reconnu la propriété de son employeur sur tous les droits d'exploitation d'un dictionnaire à la mise au point duquel elle avait fourni dans le cadre de son contrat de travail une activité supplémentaire. La Cour de cassation a cassé l'arrêt qui a fait droit à la demande de l'intéressée, licenciée en 1996, tendant à voir prononcer la nullité de ladite cession pour vice de son consentement : seule l'exploitation abusive d'une situation de dépendance économique, faite pour tirer profit de la crainte d'un mal menaçant les intérêts légitimes de la personne, peut vicier de violence son consentement. La chambre civile demande aux juges de constater que lors de la cession, l'intéressé était elle-même menacée par le plan de licenciement et que l'employeur avait exploité auprès d'elle cette circonstance pour la convaincre (Cass. 1re civ., 3 avr. 2002 : *Bull. civ.* 2002, I, n° 108 ; *D.* 2002, jurispr. p. 1860, note J.-P. Gridel ; *D.* 2002, somm. p. 2844, obs. D. Mazeaud).

Au sein de la famille, la crainte révérencielle a pu être admise une forme de violence :

« La crainte révérencielle envers ses parents est considérée comme une violence légitime en droit des contrats, ne permettant pas, dès lors, l'annulation de l'acte juridique. Elle constitue pourtant, depuis la loi du 4 avril 2006, une cause de nullité du mariage, dans un souci de lutte contre les mariages forcés. Cette différence de traitement incite alors à explorer le concept de crainte révérencielle, notamment en s'interrogeant sur le caractère légitime de cette violence morale. En effet, la promotion de l'épanouissement de la personne nécessite un réexamen de cette autorité naturelle dont le bien-fondé fait aujourd'hui l'objet d'une remise en question » (Y. Guenzoui, *La crainte révérencielle* : *D.* 2010, p. 984).

C. – Le dol

124. – Définition. Le dol est un vice du consentement régi – mais non défini – par l'article 1116 du Code civil :

> « Le dol est une cause de nullité de la convention lorsque les manœuvres pratiquées par l'une des parties sont telles, qu'il est évident que, sans ces manœuvres, l'autre partie n'aurait pas contracté. Il ne se présume pas, et doit être prouvé. »

Il consiste dans le fait de conduire autrui à contracter par ruse ou par tromperie, par des manœuvres destinées à surprendre son consentement. Ce dernier n'est donc pas libre ; le contrat peut être annulé. Il faut bien distinguer le dol dans la formation du contrat du dol dans l'exécution du contrat, qui est une autre notion. Il ne sera question ici que du dol dans la conclusion du contrat.

125. – Dol, erreur et faute. À travers le dol, le droit sanctionne l'erreur qui a pu naître dans l'esprit du cocontractant victime de ces manœuvres. Il sanctionne aussi la faute commise par l'auteur de ce dol, qui constitue une atteinte à la bonne foi contractuelle. Cette dernière idée permet de comprendre que seul le dol du cocontractant peut être sanctionné. Il n'est donc considéré comme un vice du consentement que s'il émane de l'une des parties au contrat et non d'un tiers.

Puisque le droit sanctionne la faute commise par l'auteur des manœuvres dolosives, non seulement le contrat peut être annulé, mais encore la responsabilité délictuelle du cocontractant peut être recherchée, afin d'obtenir des dommages et intérêts. Il faut simplement choisir entre l'annulation du contrat et la responsabilité de l'auteur du dol, en raison du non-cumul des actions. Toutefois, le cumul de ces deux actions est possible dans l'hypothèse où la nullité du contrat n'est pas suffisante pour réparer le dommage consécutif à la malformation du contrat.

126. – Dol déterminant. Le dol doit également être déterminant : il faut s'assurer que, sans le dol, la victime n'aurait pas contracté et prouver ce caractère déterminant. Deux questions méritent d'être développées :

- quelles sont les manœuvres susceptibles d'être sanctionnées ?
- quelles en sont les conséquences ?

1° Les manœuvres dolosives

127. – Notion et histoire des manœuvres. Le Code civil emploie le terme de « manœuvres ». L'expression évoque l'idée d'actes accomplis en vue de tromper, c'est-à-dire l'idée d'artifice, d'escroquerie, de mise en scène.

Cicéron, déjà, avait relaté la scène. Le banquier Pythias était un riche propriétaire de Syracuse, et voulait vendre à Canius sa villa située au bord de mer. Il imagina le stratagème suivant : il demanda à des pêcheurs d'aller pêcher juste devant sa propriété le jour où Canius viendrait visiter la villa. Étant amateur de pêche, ce dernier vit les barques circuler autour de la villa et pensa qu'il pourrait acheter une bien belle demeure où le poisson était abondant. Le contrat fut conclu, mais dès le lendemain, les pêcheurs disparurent. Canius jura, mais un peu tard, que l'on ne l'y reprendrait plus…

Pour que le dol soit caractérisé, il faut être en présence d'une manœuvre répréhensible. Peu importe la forme de la manœuvre : il est acquis que le silence – la réticence dolosive – peut constituer un vice du consentement.

a) La manœuvre dolosive

128. – *Dolus bonus et dolus malus.* Toute manœuvre employée pour déterminer autrui à contracter n'est pas forcément répréhensible. Certains mensonges sont parfaitement tolérés. La difficulté est de savoir à partir de quel seuil ces manœuvres constituent un dol. Cette distinction est évoquée par l'opposition traditionnelle que l'on fait entre le *dolus malus* (mauvais dol) punissable et le *dolus bonus* (bon dol) tolérable. Ce qu'il faut relever, c'est que la notion de *dolus bonus* vise les allégations excessives, dont la gravité est jugée insuffisante pour constituer un dol. Elle s'explique par les mœurs, les usages commerciaux, qui s'accommodent d'une certaine exagération, d'une certaine habileté, d'une certaine publicité. Le *dolus bonus* s'explique également par l'obligation de vigilance qui oblige tout un chacun à se soucier de ses droits : quand on conclut un contrat, la prudence est requise.

Cependant, la notion connaît à l'heure actuelle des infléchissements, voire un déclin. Quelles en sont les raisons ?

1) La notion de dolus bonus connaît une attaque de l'intérieur

Les commerçants ont compris les dangers de la publicité excessive et débridée. Ils sont de plus en plus exigeants avec eux-mêmes ; ils ont mis au point toute une série de mesures, de dispositions pratiques, pour que les contrats qu'ils proposent soient considérés comme honnêtes et loyaux. Ils se sont imposés une sorte de « code de bonne conduite ». L'autodiscipline des commerçants et plus généralement des professionnels est une réalité. Elle se traduit par des Guides de bonnes pratiques ou des Chartes auto-imposées.

2) La notion de dolus bonus connaît une attaque de l'extérieur

Les pouvoirs publics essaient d'intervenir pour moraliser la publicité, pour cantonner le *dolus bonus*. On peut s'en convaincre en rendant compte des dispositions sur la publicité fausse ou de nature à induire en erreur, notamment l'article 44 de la loi « Royer » du 27 décembre 1973, devenu l'article L. 121-1 du Code de la consommation. Selon ce texte, la publicité fausse constitue une infraction pénale, qui ne comprend que des éléments matériels ; en effet, peu importe la mauvaise foi de l'auteur de la publicité, peu importe l'intention.

Quant aux éléments matériels, il faut une publicité, le support, la forme ou la cible important guère. Seule l'existence du message adressé au public compte. Le deuxième élément matériel est que cette publicité doit porter sur un produit ou un service. Le troisième élément est qu'elle soit fausse ou de nature à induire en erreur, en d'autres termes, équivoque. On apprécie ce caractère équivoque de la publicité en se référant à la réaction du « bon père de famille ». Toute hyperbole ou exagération n'est pas condamnée, mais encore faut-il ne pas aller trop loin et ne pas troubler un esprit crédule.

b) La forme de la manœuvre dolosive

Les manœuvres peuvent consister en des actes positifs ou, au contraire, en une abstention.

129. – Dol par commission. Un mensonge caractérisé, une ruse, une fraude, la communication de documents falsifiés, la remise d'un faux bilan constituent des dols par commission.

130. – Dol par omission. Le fait de ne pas renseigner son cocontractant sur certains éléments du contrat peut-il être considéré comme constitutif d'un dol ?

La jurisprudence a évolué sur la question et les solutions ne sont pas toujours très nettes. Dans un premier temps, la Cour de cassation considérait que le silence ne pouvait pas constituer un dol, car, on l'a dit, il appartenait au cocontractant de s'informer avant de s'engager dans une opération contractuelle. Dans un deuxième temps, la Cour de cassation a ouvert une brèche dans le refus d'admettre la réticence dolosive. Il a été jugé que le dol pouvait résulter du silence lorsque la nature de la convention en cause avait créé entre les parties un rapport de confiance particulier, notamment lorsque le contrat était conclu *intuitu personae.*

Quoiqu'il en soit, d'une manière générale, le dol peut ainsi résulter du silence toutes les fois qu'un cocontractant garde le silence sur un fait important, que lui seul pouvait connaître et que son partenaire ignore.

2° Les effets des manœuvres dolosives

131. – Annulation du contrat. Le dol commis par l'une des parties a pour effet de vicier le consentement de l'autre : le consentement n'est pas libre et le contrat doit être annulé. Il y a vice du consentement parce que le dol provoque une erreur et parce qu'il constitue une attitude contraire à la bonne foi contractuelle, qui doit dominer la conclusion du contrat. Le plus souvent, le dol provoque une erreur, mais ce n'est pas toujours le cas.

Le dol est, à la fois, un vice du consentement et un délit civil. Cette dualité provient du droit romain qui ne connaissait pas la théorie des vices du consentement. Le dol était réprimé comme un délit, l'action de dol étant pénale et infamante, et remplissait une fonction à la fois punitive et indemnisatrice qui calquait la réparation sur le préjudice subi. En cas de dol, la victime peut choisir entre l'action en nullité de la convention et l'action en paiement de dommages et intérêts (Cass. 1re civ., 4 févr. 1975 : *Bull. civ.* 1975, I, n° 43), ou même opter pour la seule réparation du préjudice, notamment sous la forme d'une réduction du prix (Cass. com., 14 mars 1972 : *Bull. civ.* 1972, IV, n° 90).

L'action en responsabilité délictuelle offerte à la victime d'un dol dans la formation d'un contrat est indépendante de son action en nullité pour vice du consentement : « Attendu qu'en statuant ainsi, alors que le droit de demander la nullité d'un contrat par application des articles 1116 et 1117 du Code civil n'exclut pas l'exercice par la victime des manœuvres dolosives d'une action en responsabilité délictuelle, pour obtenir de leur auteur réparation du préjudice qu'elle a subi » (Cass. 1re civ., 25 juin 2008, n° 07-18.108).

Toutefois, le vendeur qui a commis une réticence dolosive n'est pas fondé à demander la garantie du professionnel qu'il a induit en erreur. Ainsi, lorsque des vendeurs ont volontairement induit en erreur un géomètre-expert sur l'existence de termites et que leur attitude est à l'origine de la rédaction de l'attestation erronée, ils doivent être condamnés à garantir le géomètre de la totalité des condamnations prononcées à son encontre (Cass. 3e civ., 19 nov. 2008, pourvoi n° 07-17.880).

C'est à propos du dol que la Cour de cassation a rappelé que le préjudice réparable d'un cocontractant, qui a fait le choix de ne pas demander l'annulation du contrat, correspond, non à la perte d'une chance de ne pas contracter, mais uniquement à la perte d'une chance d'avoir pu contracter à des conditions plus avantageuses (Cass. com., 10 juill. 2012, n° 11-21.954).

a) Le dol provoque une erreur

132. – Dol comme erreur provoquée. Le dol, vice du consentement, doit, en principe, provoquer chez la victime une fausse représentation de la réalité. Il induit en erreur ; si la victime a contracté, c'est sous l'empire d'une erreur. Il reste cependant des différences entre l'erreur et le dol :

– l'erreur est spontanée, c'est un vice du consentement seulement si elle porte sur des éléments essentiels du contrat ;

– en revanche, l'erreur provoquée par le dol entraîne la nullité du contrat même si cette erreur porte sur une qualité non substantielle, comme l'erreur sur la valeur ou les motifs.

Il s'ensuit que l'annulation du contrat est beaucoup plus facile à obtenir sur le terrain du dol que sur celui de l'erreur.

b) Le dol ne provoque pas d'erreur

133. – Dol sans erreur. En soi, il n'est pas nécessaire que le dol ait provoqué une erreur pour être retenu comme vice du consentement. Il suffit, en effet, que ces manœuvres aient altéré le consentement de la victime, laquelle, par exemple, finit par contracter par lassitude. La règle morale est sous-jacente dans la théorie du dol. La jurisprudence, il faut bien le reconnaître, est aujourd'hui plus sévère.

134. – Limites de la théorie des vices du consentement. Compte tenu de toutes ces solutions, les tribunaux, dans l'ensemble, restent assez stricts pour admettre l'existence d'un vice du consentement, que ce soit l'erreur, le dol ou la violence. Ainsi la protection des victimes est-elle partielle : le contrat peut être maintenu alors que le consentement n'a pas été tout à fait libre. La théorie des vices du consentement a révélé ses limites, ce qui se comprend car elle est d'essence individualiste. En effet, les vices du consentement doivent être invoqués en justice, et doivent être prouvés par ceux qui s'en estiment victimes. La jurisprudence et le législateur l'ont bien compris : ils essaient désormais de les dépasser et contribuent ainsi à la défense, non plus de l'intégrité du consentement, mais de sa lucidité.

La réticence dolosive

La Cour de cassation admet que la réticence dolosive, si elle est intentionnelle, puisse s'analyser en un vice du consentement ; encore faut-il que les juges du fond la caractérisent.

Cass. 1re civ., 3 mars 2010, nos 08-21.056 et 08-21.057

Sur le moyen unique, pris en sa première branche :

Attendu, selon l'arrêt attaqué (Pau, 23 sept. 2008), que, par acte notarié reçu le 25 juillet 2002 par M. X..., notaire, Mme Y... et Mme Z... ont vendu à Mme A..., par l'intermédiaire de l'agence Era Immobilier (société Pyrénées Immo), une maison située à Hibarette moyennant le prix de 74 786,31 euros ; que, par acte sous seing privé du 29 janvier 2003, Mme A... a revendu la maison à Mme B... moyennant le prix de 89 000 euros ; que l'acte authentique devait être passé le 15 avril 2003 au plus tard ; que le 7 février 2003, M. C..., notaire chargé de la rédaction de l'acte authentique, a adressé un questionnaire sur la situation de l'immeuble au maire de la commune d'Hibarette, qui l'a retourné avec la mention « oui » à la rubrique « zone inondable » ; que sur interrogation du notaire, le maire a précisé avoir répondu par l'affirmative à cette question parce que la maison avait été plusieurs fois inondée et non pas parce qu'elle se trouvait en zone inondable par décision administrative ; que Mme A... a assigné ses vendeurs, le notaire rédacteur de l'acte et l'agence immobilière en nullité de la vente du 25 juillet 2002 et paiement de dommages-intérêts ;

Sur le premier moyen du pourvoi n° C 08-21.056, le premier moyen du pourvoi n° D 08-21.057 et le moyen unique des pourvois provoqués, réunis :

Attendu que Mme Z..., la société civile professionnelle E...-X..., notaire et Mme X..., notaire, font grief à l'arrêt de dire nulle la vente intervenue le 25 juillet 2002, de condamner Mme Z... en son nom personnel et ès qualités d'héritière de Mme Y..., à payer à Mme A... la somme de 75 448,13 euros et de condamner M. X... et la société civile professionnelle E...-X... à payer *in solidum* avec Mme Z... la somme de 8 762 euros alors, selon le moyen :

1° / que le dol doit être prouvé et il appartient aux juges de caractériser la réticence dolosive ; que Mme Z... versait aux débats une attestation de Mme D... mentionnant que Mme A... avait été parfaitement informée des inondations ayant eu lieu en 1988 et 2001 et qu'elle avait ainsi acquis le bien immobilier en parfaite connaissance de cause ; que pour considérer que la réticence dolosive était constituée, la cour d'appel s'est bornée à énoncer que les vendeurs connaissaient l'existence de ces sinistres et que l'attestation de Mme D..., responsable de l'agence immobilière, ne pouvait être retenue ; qu'en déduisant ainsi la réticence dolosive de Mme Z... du seul fait que l'attestation de Mme D... selon laquelle Mme A... avait eu une parfaite connaissance des inondations lors des visites des lieux, ne pouvait être retenue, quand Mme A... n'a jamais démenti la relation très précise faite par Mme D... des deux visites qu'elle a faites sur les lieux et des informations qui lui ont été données, la cour d'appel n'a caractérisé aucun élément propre à établir la réticence dolosive de Mme Z... et a ainsi privé sa décision de base légale au regard de l'article 116 du Code civil ;

2° / que pour être constitué, le dol qui est un délit civil, doit reposer sur un élément intentionnel ; qu'à aucun moment de la procédure, Mme A... n'a fait valoir que Mme Z... lui avait intentionnellement dissimulé l'existence des inondations ; qu'en se bornant à énoncer que « la réticence dolosive est constituée, les consorts Y... ayant dissimulé cet élément à l'appelante qui n'aurait pas acquis un tel immeuble si elle l'avait connu, les inondations étant un phénomène naturel suffisamment grave pour décourager tout acquéreur éventuel », sans faire apparaître le caractère intentionnel de la réticence dolosive imputée à Mme Z..., la cour d'appel a privé sa décision de base légale au regard de l'article 1116 du Code civil ;

3° / que le principe suivant lequel « nul ne peut ne se constituer de preuve à lui-même » n'est pas applicable à la preuve des faits juridiques ; qu'en opposant ce principe à Mme Z... et à la société Pyrénées Immo pour écarter l'attestation de Mme D... selon laquelle Mme A... avait eu une parfaite connaissance des inondations lors des vices des lieux, quand, s'agissant d'un fait juridique, la preuve d'une information de l'acquéreur pouvait résulter de l'attestation de l'agent immobilier par l'intermédiaire duquel la vente avait été conclue, sans qu'il importe que ce dernier ait été également tenu de délivrer l'information prétendument celée, la cour d'appel a violé l'article 1315, alinéa 2, du Code civil ;

4° / que si le notaire est tenu de s'assurer de la validité et de l'efficacité de l'acte qu'il confectionne cette obligation n'inclut pas celle d'informer les parties de circonstances dont elles ont déjà connaissance ; qu'en affirmant qu'il appartenait au notaire d'avertir l'acquéreur du risque d'inondation de la maison qu'elle venait d'acquérir quand il résulte de l'attestation de Mme D..., que la cour d'appel a cru pouvoir écarter par des motifs erronés, que Mme A... avait eu une parfaite connaissance des inondations lors des visites des lieux, de sorte que le notaire n'était, en tout état de cause, tenu à aucune information relative à ce risque, la cour d'appel a violé l'article 1382 du Code civil ;

Mais attendu qu'ayant constaté que l'immeuble avait été inondé au minimum à deux reprises en 1988 et 2001, que les vendeurs connaissaient l'existence de ces sinistres et, abstraction faite d'un motif erroné mais surabondant relatif au principe selon lequel nul ne peut se faire de preuve à soi-même, inapplicable à la preuve des faits juridiques, que l'attestation de Mme D..., responsable de l'agence immobilière, ne pouvait à elle seule démontrer que le vendeur avait prévenu l'acquéreur des risques d'inondation et retenu que les vendeurs avaient dissimulé cet élément à Mme A... qui n'aurait pas acquis un tel immeuble si elle l'avait connu, la cour d'appel qui a caractérisé l'existence d'une réticence dolosive, a légalement justifié sa décision de ce chef ;

(...)

Par ces motifs : Rejette les pourvois...

La réticence a même été appliquée en matière de mariage, alors que normalement l'adage de Loysel « En mariage, trompe qui peut » l'exclut. C'est qu'il ne s'agissait pas d'une tromperie sur les qualités de l'époux, car l'adage retrouverait son empire, mais d'une véritable escroquerie au contrat de mariage. Le contrat de mariage est avant tout un contrat et le dol peut y prendre place :

« Eu égard à la nature de la convention notariée conclue par les parties dans la perspective d'une prochaine communauté de vie entre elles et qui impliquait de leur part des rapports de confiance particuliers empreints de bonne foi, de sincérité et de loyauté, et en considération de l'obligation civile contractée par le concubin en cas de rupture de cette union libre, constitue bien une réticence dolosive le silence observé à l'égard de ce dernier par la concubine sur l'offre de vie commune qu'elle avait faite à un tiers à l'annonce duquel elle avait répondu alors qu'elle était déjà en relation avec l'appelant depuis quelque temps.

Dès lors, si le concubin avait eu connaissance de la réponse donnée à ce tiers par son actuelle compagne, il est manifeste qu'il ne se serait pas engagé à tenter une expérience de vie commune avec cette dernière, ni surtout à l'indemniser en cas de rupture » (CA Aix-en-Provence, 26 sept. 1997 : *JCP* G 1998, IV, 1949).

Une divergence existe encore sur la prise en compte du **dol du vendeur**.

Pour la première chambre civile de la Cour de cassation, seule la réticence dolosive du vendeur peut être prise en compte : un acheteur ayant acquis d'un particulier des photographies réalisées par un photographe de très grande notoriété à un prix minime par rapport à la valeur des clichés sur le marché de l'art, a violé l'article 1116 du Code civil une cour d'appel qui a condamné l'acheteur à indemniser son vendeur pour avoir manqué par sa réticence à l'obligation de lui faire connaître la valeur exacte des photographies, alors qu'aucune obligation d'information ne pesait sur l'acheteur (Cass. 1re civ., 3 mai 2000 : *Bull. civ.* 2000, I, n° 131 ; *Defrénois* 2000, p. 1110 et les obs. ; *D.* 2000, inf. rap. p. 169 ; *LPA* 6 juill. 2000, p. 5, note A.-M. L. ; *JCP* G 2000, I, 272, n° 1, note G. Loiseau ; *RTD civ.* 2000, p. 566, obs. J. Mestre et B. Fages).

Pour la troisième chambre civile, dans un arrêt du 15 novembre 2000, le dol peut émaner du vendeur du bien comme de l'acquéreur (Cass. 3e civ., 15 nov. 2000 : *Contrats, conc. consom.* 2001, n° 23, p. 16).

La réticence dolosive a été admise dans les contrats d'entreprise.

Cass. com., 7 févr. 2012, n° 11-10.487

Sur le moyen unique, pris en ses deux premières branches :

Attendu, selon l'arrêt attaqué (Paris, 18 novembre 2010), que M. X..., consultant financier spécialisé en matière d'énergies renouvelables et conventionnelles, a conclu le 15 février 2007 avec la société d'ingénierie Eco delta développement (la société EDD) un « accord de service relatif à une augmentation de capital » ; qu'aux termes de ce contrat conclu pour une durée de six mois, M. X... s'engageait à assister la société EDD dans la recherche de partenaires financiers, en contrepartie du versement d'une commission de 1,5 % hors taxe calculée sur toute somme investie par les candidats présentés par son entremise ; que soutenant avoir été trompé par la société EDD sur la situation de l'un de ses salariés, ce qui a conduit au retrait de l'un des investisseurs, M. X... a recherché la responsabilité de cette société et a demandé la réparation de son préjudice ;

Attendu que la société EDD reproche à l'arrêt de l'avoir condamnée à payer à M. X... une somme de 40 000 euros au titre du préjudice résultant de la perte de chance et de 20 000 euros au titre de son préjudice d'image, alors, selon le moyen :

1°/ que la cour d'appel, qui constatait que la société EDD avait présenté M. Y... comme « ingénieur spécialisé dans l'énergie nucléaire ayant vécu à Montréal, directeur du développement », a, en décidant que l'absence d'information de la condamnation de M. Y... à une interdiction de gérer, condamnation étrangère à ses compétences techniques, était constitutive d'une réticence dolosive, violé l'article 1116 du Code civil ;

2°/ qu'en s'abstenant de rechercher si la société EDD, en omettant d'informer M. X... de la condamnation dont avait fait l'objet son salarié, avait agi intentionnellement dans le but de tromper son cocontractant, la cour d'appel n'a pas donné de base légale à sa décision ;

Mais attendu, d'une part, que l'arrêt retient souverainement qu'il résulte des pièces produites que M. Y..., directeur du développement de la société EDD, était l'interlocuteur privilégié de M. X... dans l'exécution du contrat, qu'il est intervenu auprès des clients présentés par ce dernier et que dans ses documents de présentation aux tiers investisseurs potentiels, M. X..., traduisant la situation qui lui avait été présentée, exposait que la société EDD avait deux gestionnaires, l'un et l'autre ingénieurs le premier prenant ses décisions après consultation avec le second, M. Y..., qui était « homme clé de l'équipe » ; qu'il relève enfin, par motifs adoptés, que la lourde condamnation prononcée contre M. Y... si elle avait été connue de M. X..., l'aurait empêché de contracter, car elle rendait illusoire l'acceptation d'une participation dans la société de la part de partenaires financiers ; qu'ayant ainsi fait ressortir que M. Y... n'était pas seulement un technicien mais l'un des deux dirigeants de la société ce dont résultait le caractère déterminant de la dissimulation reprochée à la société EDD, la cour d'appel a légalement justifié sa décision ;

Attendu, d'autre part, qu'ayant relevé par une appréciation souveraine que la dissimulation par M. Y... de ses antécédents extrêmement graves cependant qu'il exerçait des fonctions de responsabilité au sein de la société EDD et qu'il avait un rôle essentiel vis-à-vis des tiers, était déloyale et constituait une réticence dolosive, ce dont il résultait que cette dissimulation était intentionnelle, la cour d'appel a légalement justifié sa décision ;

D'où il suit que le moyen n'est fondé en aucune de ses branches ;

Et attendu que les autres griefs ne seraient pas de nature à permettre l'admission du pourvoi ;

PAR CES MOTIFS : REJETTE le pourvoi.

Le dol et l'erreur

Cass. 3e civ., 21 févr. 2001 : *Bull. civ.* 2001, III, n° 20, p. 17

Vu l'article 1116 du Code civil ;

Attendu, selon l'arrêt attaqué (CA Aix, 20 mai 1998), que, suivant deux actes, reçus par M. Gas, notaire, les 26 mai et 6 juillet 1989, la société civile immobilière Errera (SCI) a vendu un immeuble à usage d'hôtel à M. Plessis et la société Hôtel Le Gallieni (société) le fonds de commerce exploité dans cet immeuble au même acquéreur ; qu'une précédente décision ayant accueilli la demande de la SCI et de la société en réitération des cessions, M. Plessis les a assignées en annulation des ventes pour dol ; qu'il a également demandé la condamnation de M. Gas à lui payer des dommages-intérêts ; qu'en appel M. Plessis a maintenu sa prétention à titre subsidiaire et demandé à titre principal la réduction du prix et subsidiairement l'allocation de dommages-intérêts ;

Attendu que pour débouter M. Plessis de sa demande en annulation pour dol, l'arrêt retient que les conditions d'une telle annulation ne sont pas réunies quant aux griefs avancés par M. Plessis en raison du caractère inexcusable de l'erreur dont il soutient avoir été victime, l'ignorance de l'exploitation sans autorisation d'ouverture et en non-conformité aux règles de sécurité n'étant pas admissible de sa part alors qu'il avait une obligation particulière de se renseigner compte tenu du caractère professionnel de l'opération et que des vérifications élémentaires auprès des cédants lui auraient révélé l'exacte situation administrative de l'établissement ;

Qu'en statuant ainsi, par des motifs qui ne permettent pas d'exclure l'existence d'une réticence dolosive et alors qu'une telle réticence dolosive, à la supposer établie, rend toujours excusable l'erreur provoquée, la cour d'appel a violé le texte susvisé (...)

Les éléments dissimulés par le vendeur doivent être déterminants pour l'acquéreur qui aurait à tout le moins acquis à un prix inférieur s'il avait connu la situation exacte. Dans cette hypothèse, la réticence dolosive est caractérisée et la vente est annulée (Cass. 3e civ., 22 juin 2005 : *Bull. civ.* 2005, III, n° 137).

À ce caractère déterminant des informations dissimulées doit s'ajouter la constatation du caractère intentionnel de cette dissimulation, le simple manquement à une obligation précontractuelle d'information ne suffisant pas à démontrer l'existence d'un dol par réticence (Cass. com., 28 juin 2005 : *Bull. civ.* 2005, IV, n° 140).

Réticence dolosive et droit des sociétés

La question de la loyauté (et par contrecoup de la réticence dolosive) lors de la cession de parts a été évoquée devant la chambre commerciale.

Le président du conseil d'administration d'une société a constitué, avec d'autres actionnaires de cette société, une deuxième société dont il est également devenu président du conseil d'administration. Au cours d'une « réunion de famille », il a proposé aux actionnaires de la première société de céder leurs actions à la deuxième société. Cette proposition a été acceptée par deux actionnaires qui ont cédé des actions à la deuxième société au prix unitaire de 1 800 francs. Deux mois plus tard, une société tierce a acquis, au prix unitaire de 4 022 francs, 955 actions de la première société puis la quasi-totalité des actions composant le capital de la deuxième société, qu'elle a ultérieurement absorbée. Les actionnaires minoritaires cédants, estimant avoir été victimes d'un dol par réticence, ont demandé que le dirigeant et la société cessionnaire soient condamnés à leur payer des dommages-intérêts.

Selon la Cour de cassation, ils ne peuvent reprocher à l'arrêt attaqué d'avoir rejeté la demande dirigée contre la société cessionnaire, dès lors que le cessionnaire n'est tenu d'informer le cédant ni des négociations tendant à l'acquisition par un tiers d'autres titres de la même société ni de celles qu'il conduit lui-même avec ce tiers en vue de lui céder ou de lui apporter les titres faisant l'objet de la cession.

Toutefois, elle a cassé l'arrêt qui, pour rejeter la demande formée contre le dirigeant, retient que s'il paraît tout à fait vraisemblable qu'à la date de la « réunion de famille » ou à celle de la cession, les deux sociétés avaient déjà entrepris des négociations avec la société tierce, rien ne permet d'affirmer qu'au jour de la cession le prix de l'action avait déjà été fixé ni que l'absorption de la société était acquise, ceux-ci étant conditionnés par la possibilité pour la société tierce d'acquérir l'ensemble des actions et donc par l'attitude des actionnaires minoritaires. La cour d'appel ne pouvait raisonner ainsi, alors qu'elle constatait que le dirigeant et actionnaire des deux sociétés, avait été à l'initiative de la cession des actions de la première au bénéfice de la seconde et sans rechercher, ainsi qu'il lui était demandé, s'il n'avait pas caché l'existence des négociations conduites avec un tiers en vue du rachat ou de l'apport de ces mêmes actions, et ainsi manqué à l'obligation de loyauté qui s'impose au dirigeant de société à l'égard de tout associé en dissimulant aux cédants une information de nature à influer sur leur consentement (Cass. com., 12 mai 2004 : *Bull. civ.* 2004, IV, n° 94).

Dol dans l'exécution du contrat

La faute dolosive du constructeur permet au maître de l'ouvrage d'agir sur le fondement de la responsabilité civile de droit commun, ce qui permet à ce dernier d'échapper aux forclusions biennale et décennale. Par un important arrêt rendu en 2001, la Cour de cassation a précisé que la responsabilité encourue en pareille hypothèse est de nature contractuelle et que la faute dolosive est caractérisée « lorsque, de propos délibéré même sans intention de nuire, [le constructeur] viole par dissimulation ou par fraude ses obligations contractuelles » (Cass. 3e civ., 27 juin 2001, Rapp. C. cass. 2001, p. 433 ; *D.* 2001, 2995, concl. Weber, 2998, note J.-P. Karila). Cette définition de la faute dolosive se trouve aujourd'hui remise en cause (*RDC* 2006, p. 833, obs. S. Carval. – Cass. 3e civ., 6 déc. 2005 : *RD imm.* 2006, 137, obs. Ph. Malinvaud).

Cass. 3e civ., 22 juin 2005, n° 08-17.336

Sur le moyen unique :

Attendu, selon l'arrêt attaqué (Poitiers, 23 avr. 2008), que les époux X… ont commandé la pose d'une cheminée à la société Bonnin Charbonneau qui avait réalisé leur maison à ossature bois ; qu'ils ont payé la facture de ces travaux à la société Renoval ; qu'un incendie ayant, en 2003, détruit leur maison, ils ont, au vu d'un rapport d'expertise, et avec la société Thelem Assurances, leur assureur multirisque habitation, assigné la société Bonnin Charbonneau et la société Renoval en indemnisation de leur préjudice ;

Attendu que la société Renoval fait grief à l'arrêt de la condamner à payer aux époux X… la somme de 19 559,58 euros en principal au titre de la réparation de leur préjudices à la suite de l'incendie de leur maison, et la somme de 23 405,62 euros à leur assureur, la société Thelem Assurances, alors, selon le moyen :

1°/ que la faute dolosive du constructeur suppose une violation délibérée de ses obligations contractuelles par dissimulation ou fraude ; qu'aussi grave que soit la faute d'exécution commise par l'entrepreneur, elle n'est pas assimilable à une faute dolosive en l'absence de dissimulation ou fraude ; qu'en retenant qu'en faisant intervenir du personnel incompétent en matière de pose de cheminée en étant consciente du risque de désordre qui pouvait en résulter, la société Renoval avait commis de manière délibérée une faute dolosive de nature à engager sa responsabilité contractuelle, sans constater l'existence d'une quelconque dissimulation ou fraude délibérée de la part de la société Renoval, la cour d'appel a violé les articles 1147 et 1792 du Code civil ;

2°/ que l'action en responsabilité contractuelle de droit commun contre les constructeurs se prescrit par dix ans à compter de la réception dès lors que la faute se rattache à un désordre de construction ; qu'en retenant, pour condamner la société Renoval à indemniser les époux X... et leur assureur de leur préjudice, qu'elle avait commis une faute dolosive de nature à engager sa responsabilité contractuelle même en dehors de la garantie décennale, tout en constatant que les travaux avaient été réceptionnés depuis plus de dix ans, la cour d'appel a violé les articles 1147 et 2270 ancien du Code civil ;

Mais attendu qu'ayant relevé que l'installation de la cheminée dans une maison à ossature bois, réalisée par des personnes ignorant visiblement les règles de l'art en ce qui concerne la notion d'écart au feu, était calamiteuse et manifestement incorrecte à la traversée du plancher mais également à la traversée d'un lambris et retenu que la société Renoval ne pouvait pas ignorer qu'elle prenait un risque de nature à entraîner presque inéluctablement un désordre, tel que celui qui est survenu, la cour d'appel a pu en déduire que la société Renoval n'ayant pas pris les précautions élémentaires dans toute construction de cheminée de ce type, avait commis, de manière délibérée, une faute dolosive de nature à engager sa responsabilité contractuelle nonobstant la forclusion décennale ;

D'où il suit que le moyen n'est pas fondé.

L'entrée en vigueur de la réforme de la prescription civile rend cette jurisprudence d'un intérêt moindre. Le nouvel article 1792-4-3 du Code civil prévoit que « les actions en responsabilité de droit commun dirigées contre les constructeurs sont soumises à un délai de prescription de dix ans courant à compter de la réception des travaux ». Ce délai est le même que celui de la garantie décennale, c'est seulement en cas de dommages mettant en jeu la garantie biennale que le maître de l'ouvrage a un intérêt à cette invocation.

Dol et indemnisation de la victime par la technique de la perte de chance

Cass. com., 10 juill. 2012, n° 11-21.954

Attendu, selon l'arrêt attaqué, rendu sur renvoi après cassation (1re civ., 25 mars 2010, pourvoi n° 09-12.895), que la société Gestion location service (la société GLS) a cédé à la société Parsys, le 16 septembre 1999, la totalité des actions représentant le capital de la société EFSI qu'elle détenait et qui avait pour activité la location longue durée de matériel informatique ; que soutenant que la société GLS avait dissimulé, lors de la négociation, l'existence de contre-lettres consenties par la société EFSI à certains de ses locataires afin de leur permettre d'acquérir le matériel loué à un prix résiduel avantageux en fin de contrat, la société Parsys et le commissaire à l'exécution de son plan de continuation ont mis en œuvre la procédure arbitrale prévue au contrat ; que la cour d'appel a confirmé la sentence arbitrale en ce qu'elle avait retenu, au visa des articles 1116 et 1382 du Code civil, l'existence d'une réticence dolosive précontractuelle et, l'infirmant sur le montant du préjudice indemnisable, a condamné la société GLS à payer à ce titre certaines sommes à la société Parsys ; que devant la cour d'appel de renvoi, la société Parsys a demandé que la société GLS soit condamnée au paiement de dommages-intérêts en réparation de la perte de chance d'avoir pu réaliser un autre investissement ; que la société GLS a soulevé l'irrecevabilité de cette demande et, subsidiairement, a contesté son bien-fondé en soutenant que la société Parsys pouvait seulement prétendre à la réparation de la perte de chance d'avoir pu mieux négocier le prix d'acquisition de la société EFSI ;

(...)

Sur le deuxième moyen, pris en ses deux branches :

Vu les articles 1116 et 1382 du Code civil ;

Attendu que, pour statuer comme il fait, l'arrêt retient que la société Parsys peut obtenir réparation de la perte de chance de conclure un contrat plus avantageux sans avoir demandé la nullité du contrat affecté de dol ; qu'il ajoute que la perte de chance pour la société Parsys de réaliser une meilleure opération si elle avait été complètement informée est sans lien avec la conservation des actions de la société EFSI dans son patrimoine, le préjudice résultant de cette perte de chance s'étant produit au moment de la réalisation de l'opération ; qu'il retient encore que la décision de la société Parsys de maintenir le contrat n'a pas rompu le lien de causalité entre la faute précontractuelle et le préjudice dont il est demandé réparation ;

Attendu qu'en statuant ainsi, alors que la société Parsys ayant fait le choix de ne pas demander l'annulation du contrat, son préjudice réparable correspondait uniquement à la perte d'une chance d'avoir pu contracter à des conditions plus avantageuses, la cour d'appel a violé les textes susvisés ;

PAR CES MOTIFS, et sans qu'il y ait lieu de statuer sur les autres griefs : CASSE ET ANNULE, dans toutes ses dispositions, l'arrêt rendu le 26 mai 2011, entre les parties, par la cour d'appel de Paris (...)

§ 2. – La lucidité du consentement

135. – Protection du consentement. Quelles sont les techniques récentes de protection du consentement ? Elles concernent essentiellement les contrats d'adhésion, dans lesquels une partie, le consommateur, est en position de faiblesse économique.

Face à un professionnel, le consommateur est en position d'infériorité et peut donner son consentement sans se rendre compte véritablement de ce qu'il fait. Il ne contracte peut-être pas sous l'effet d'une pression : le consentement reste libre, mais il ne mesure pas la portée et l'étendue de son acte. Il est donc nécessaire d'assurer une bonne information sur le contrat, de faire en sorte que le consentement soit lucide et que la conclusion du contrat se fasse en toute connaissance de cause.

Les mesures qui sont prises sont très volontaristes et respectueuses du consensualisme. Elles cherchent à ce que le consentement soit donné en connaissance de cause, par l'information ou la réflexion.

A. – L'information

136. – Importance de l'information. Dès 1945, une étude importante de doctrine de M. de Juglart avait révélé l'importance de l'obligation de renseignement dans les contrats (*RTD civ.* 1945, 1).

L'évolution a confirmé la pertinence de l'analyse. L'obligation de renseignements fait aujourd'hui partie de notre droit positif : il appartient au professionnel de renseigner, d'informer, voire de conseiller le consommateur.

1° Les sources

a) Les sources d'origine légale

Un certain nombre de textes contemporains prévoient l'insertion obligatoire de certaines mentions dans différents types de contrats. Ces mentions sont destinées à éclairer le consentement du cocontractant. Les exemples abondent.

137. – Les contrats relatifs aux biens (essentiellement le contrat de vente). Ainsi en est-il du décret-loi du 29 juin 1935 (devenu C. com., art. L. 141-1) sur les cessions de fonds de commerce : le vendeur est tenu de délivrer à l'acquéreur nombre d'informations, concernant notamment le chiffre d'affaires ou l'état des sûretés qui pourraient grever le fonds de commerce. Ce sont des éléments importants qui sont nécessaires à l'acquéreur afin que celui-ci puisse acheter en toute connaissance de cause. Si les informations ne sont pas communiquées, si les mentions obligatoires ne sont pas portées sur le contrat, l'acquéreur pourra demander l'annulation du contrat. Le tribunal, de son côté, appréciera (la nullité est relative et facultative).

En matière de vente d'immeuble, depuis la loi n° 2000-1208 du 13 décembre 2000, le vendeur doit annexer au compromis de vente un état mentionnant la présence ou, le cas échéant, l'absence de matériaux ou produits de la construction contenant de l'amiante sous peine de ne pouvoir s'exonérer de la garantie des vices cachés correspondante (C. santé publ., art. L. 1334-13 et CCH, art. L. 271-4 à L. 271-6). Cet état dressant la recherche d'amiante doit être établi par un professionnel (CCH, art. L. 271-6). En l'absence de ce document, le vendeur ne répond pas à son obligation d'information et des sanctions légales sont expressément prévues. En présence de ce document, l'obligation d'information du vendeur est satisfaite et celui-ci n'est pas tenu à la délivrance d'un état informatif exempt d'erreur (Cass. 3e civ., 3 sept. 2009, n° 08-13.373).

Depuis le nombre des diagnostics obligatoires a été accru : selon l'article L. 271-4 du Code de la construction et de l'habitation, « En cas de vente de tout ou partie d'un immeuble bâti, un dossier de diagnostic technique, fourni par le vendeur, est annexé à la promesse de vente ou, à défaut de promesse, à l'acte authentique de vente ». Le dossier de diagnostic technique comprend, entre autres documents, le constat de risque d'exposition au plomb prévu aux articles L. 1334-5 et L. 1334-6 du Code de la santé publique, l'état mentionnant la présence ou l'absence de matériaux ou produits contenant de l'amiante prévu à l'article L. 1334-13 du même code, l'état relatif à la présence de termites dans le bâtiment prévu à l'article L. 133-6 du Code de la construction et de l'habitation, l'état de l'installation intérieure de gaz prévu à l'article L. 134-6 du même code. En d'autres termes, le vendeur exécute correctement son obligation d'information en transmettant cet état, que les mentions de celui-ci s'avèrent justes ou erronées. Une action en responsabilité contre le diagnostiqueur est alors possible. La responsabilité du vendeur est possible sur le fondement du défaut de conformité, s'il s'est engagé expressément à délivrer un bien exempt d'amiante (Cass. 3e civ., 29 janv. 2008, pourvoi n° 06-21.817).

En matière de pollution, des obligations spéciales d'information sont prévues aux articles L. 125-7 et L. 514-20 du Code de l'environnement :

Art. L. 125-7 : « Sauf dans les cas où trouve à s'appliquer l'article L. 514-20, lorsque les informations rendues publiques en application de l'article L. 125-6 font état d'un risque de pollution des sols affectant un terrain faisant l'objet d'une transaction, le vendeur ou le bailleur du terrain est tenu d'en informer par écrit l'acquéreur ou le locataire. Il communique les informations rendues publiques par l'État, en application du même article L. 125-6. L'acte de vente ou de location atteste de l'accomplissement de cette formalité.

À défaut et si une pollution constatée rend le terrain impropre à sa destination précisée dans le contrat, dans un délai de deux ans après la découverte de la pollution, l'acheteur ou le locataire a le choix de poursuivre la résolution du contrat ou, selon le cas, de se faire restituer une partie du prix de vente ou d'obtenir une réduction du loyer ; l'acheteur peut aussi demander la remise en état du terrain aux frais du vendeur lorsque le coût de cette remise en état ne paraît pas disproportionné au prix de vente.

Un décret en Conseil d'État définit les modalités d'application du présent article. »

Art. L. 514-20 : « Lorsqu'une installation soumise à autorisation ou à enregistrement a été exploitée sur un terrain, le vendeur de ce terrain est tenu d'en informer par écrit l'acheteur ; il l'informe également, pour autant qu'il les connaisse, des dangers ou inconvénients importants qui résultent de l'exploitation.

Si le vendeur est l'exploitant de l'installation, il indique également par écrit à l'acheteur si son activité a entraîné la manipulation ou le stockage de substances chimiques ou radioactives. L'acte de vente atteste de l'accomplissement de cette formalité.

À défaut, l'acheteur a le choix de poursuivre la résolution de la vente ou de se faire restituer une partie du prix ; il peut aussi demander la remise en état du site aux frais du vendeur, lorsque le coût de cette remise en état ne paraît pas disproportionné par rapport au prix de vente. »

Consentement et SRU

La loi du 13 décembre 2000 dite SRU a créé un nouveau titre VII du Code de la construction et de l'habitation, intitulé « Protection de l'acquéreur immobilier ». Ce nouveau chapitre reprend en l'explicitant et en la précisant l'article 20 de la loi du 31 décembre 1989 relative à la prévention et au règlement des difficultés liées au surendettement des particuliers et des familles :

« Tout acte sous seing privé ayant pour objet l'acquisition ou la construction d'un immeuble neuf d'habitation, la souscription de parts donnant vocation à l'attribution en jouissance ou en propriété d'immeubles neufs d'habitation, les contrats préliminaires de vente d'immeubles à construire ou de location-accession à la propriété immobilière, ne devient définitif qu'au terme d'un délai de sept jours pendant lequel l'acquéreur non professionnel a la faculté de se rétracter, chaque fois que la loi ne lui donne pas un délai plus long pour exercer cette faculté.

Lorsque le contrat définitif est précédé d'un contrat préliminaire, les dispositions ci-dessus ne s'appliquent qu'au contrat préliminaire.

L'acte est adressé par lettre recommandée avec demande d'avis de réception à l'acquéreur. Le délai de rétractation mentionné au premier alinéa court à compter de la réception de cette lettre par l'acquéreur. Celui-ci peut exercer sa faculté de rétractation avant l'expiration de ce délai par lettre recommandée avec demande d'avis de réception ».

Le nouvel article L. 271-1 prévoit un droit de rétraction de l'acquéreur non professionnel de tout droit immobilier, construit à l'image du délai de réflexion du consommateur ordinaire.

« Pour tout acte ayant pour objet la construction ou l'acquisition d'un immeuble à usage d'habitation, la souscription de parts donnant vocation à l'attribution en jouissance ou en propriété d'immeubles d'habitation ou la vente d'immeubles à construire ou de location-accession à la propriété immobilière, l'acquéreur non professionnel peut se rétracter dans un délai de sept jours à compter du lendemain de la première présentation de la lettre lui notifiant l'acte.

Cet acte est notifié à l'acquéreur par lettre recommandée avec demande d'avis de réception ou par tout autre moyen présentant des garanties équivalentes pour la détermination de la date de réception ou de remise. La faculté de rétractation est exercée dans ces mêmes formes.

Lorsque l'acte est conclu par l'intermédiaire d'un professionnel ayant reçu mandat pour prêter son concours à la vente, cet acte peut être remis directement au bénéficiaire du droit de rétractation. Dans ce cas, le délai de rétractation court à compter du lendemain de la remise de l'acte, qui doit être attestée selon des modalités fixées par décret.

Lorsque le contrat constatant ou réalisant la convention est précédé d'un contrat préliminaire ou d'une promesse synallagmatique ou unilatérale, les dispositions figurant aux trois alinéas précédents ne s'appliquent qu'à ce contrat ou à cette promesse.

Lorsque le contrat constatant ou réalisant la convention est dressé en la forme authentique et n'est pas précédé d'un contrat préliminaire ou d'une promesse synallagmatique ou unilatérale, l'acquéreur non professionnel dispose d'un délai de réflexion de sept jours à compter de la notification ou de la remise du projet d'acte selon les mêmes modalités que celles prévues pour le délai de rétractation mentionné aux premier et troisième alinéas. En aucun cas l'acte authentique ne peut être signé pendant ce délai de sept jours ».

Ce texte tient compte de la spécificité de la vente d'immeuble : la vente ne s'opère pas immédiatement, faute de pouvoir être réalisée par le notaire sans les renseignements nécessaires (vérification du titre de propriété, liste des inscriptions hypothécaires, réaction du syndicat des copropriétaires pour les charges impayées).

Les parties concluent ce que la pratique dénomme le « compromis de vente » et ce que le juriste préfère retenir sous le nom de promesse synallagmatique de vente. L'alinéa trois de cet article impose ce délai de réflexion à cette promesse et ne renaîtra pas à l'occasion de la passation de l'acte notarié confirmant le « compromis ».

Comme en matière de droit de la consommation portant sur la vente de biens meubles, l'article L. 271-2 prévoit l'interdiction, pénalement sanctionnée, de tout versement en espèces.

« Lors de la conclusion d'un acte mentionné à l'article L. 271-1, nul ne peut recevoir de l'acquéreur non professionnel, directement ou indirectement, aucun versement à quelque titre ou sous quelque forme que ce soit avant l'expiration du délai de rétractation, sauf dispositions législatives expresses contraires prévues notamment pour les contrats ayant pour objet l'acquisition ou la construction d'un immeuble neuf d'habitation, la souscription de parts donnant vocation à l'attribution en jouissance ou en propriété d'immeubles d'habitation et les contrats préliminaires de vente d'immeubles à construire ou de location-accession à la propriété immobilière. Si les parties conviennent d'un versement à une date postérieure à l'expiration de ce délai et dont elles fixent le montant, l'acte est conclu sous la condition suspensive de la remise desdites sommes à la date convenue.

Toutefois, lorsque l'un des actes mentionnés à l'alinéa précédent est conclu par l'intermédiaire d'un professionnel ayant reçu mandat pour prêter son concours à la vente, un versement peut être reçu de l'acquéreur s'il est effectué entre les mains d'un professionnel disposant d'une garantie financière affectée au remboursement des fonds déposés. Si l'acquéreur exerce sa faculté de rétractation, le professionnel dépositaire des fonds les lui restitue dans un délai de vingt et un jours à compter du lendemain de la date de cette rétractation.

Lorsque l'acte est dressé en la forme authentique, aucune somme ne peut être versée pendant le délai de réflexion de sept jours.

Est puni de 30 000 euros d'amende le fait d'exiger ou de recevoir un versement ou un engagement de versement en méconnaissance des alinéas ci-dessus ».

Les dispositions du présent article sont entrées en vigueur le 1er juin 2001 ; ces dispositions ont été modifiées par la loi n° 2006-872 du 13 juillet 2006 portant engagement national pour le logement.

138. – Les contrats relatifs aux services (prestations de services, contrats d'entreprise, mandats). Ainsi en est-il du crédit à la consommation, qui fait l'objet de deux lois, la loi du 10 janvier 1978 sur le crédit à la consommation en matière mobilière et la loi du 13 juillet 1979 sur le crédit à la consommation en matière immobilière, désormais intégrées dans le titre I du livre III du Code de la consommation. Ces lois imposent aux professionnels de faire figurer dans le contrat toute une série d'informations. L'offre de prêt doit comporter des indications très précises sur la durée, le montant et les modalités du prêt (C. consom., art. L. 311-10). Le contenu de l'offre et la publicité sont strictement réglementés. De surcroît, le législateur a prévu que les prêteurs devaient rédiger leurs contrats selon des modèles types. Tout ceci est de nature à parfaire l'information du consommateur, l'« enfant chéri » du contrat moderne. Cette protection du « consommateur », rangé parmi les faibles du droit contemporain, a trouvé sa bible dans le Code de la consommation.

139. – Les contrats de distribution. Le texte de référence est la loi du 31 décembre 1989, dite loi « Doubin », relative au développement des entreprises commerciales (précisée par le décret du 4 avril 1991). Il s'agit ici de contrats entre professionnels, et non plus entre professionnel et consommateur. L'article 1er de la loi du 31 décembre 1989 (C. com., art. L. 442-6) crée une nouvelle obligation d'information dans les contrats de distribution, et spécialement dans les contrats de concession et dans les contrats de franchise.

Ces contrats sont des contrats très rigoureux pour les distributeurs ; c'est pourquoi on a voulu imposer des obligations particulières aux producteurs. Désormais, ceux qui concèdent une marque doivent fournir à leur cocontractant un document donnant des informations sincères, de manière que ce dernier puisse s'engager en connaissance de cause.

La loi NRE

La loi, dite NRE, n° 2001-420 du 15 mai 2001 a fait un pas de plus vers la protection de petits distributeurs. Son article 56 avait modifié le texte de l'article L. 442-6 du Code de commerce.

Ces dispositions ont été modifiées par la loi n° 2008-776 du 4 août 2008 et par l'ordonnance n° 2008-1161 du 13 novembre 2008 :

« I. – Engage la responsabilité de son auteur et l'oblige à réparer le préjudice causé le fait, par tout producteur, commerçant, industriel ou personne immatriculée au répertoire des métiers :

1° D'obtenir ou de tenter d'obtenir d'un partenaire commercial un avantage quelconque ne correspondant à aucun service commercial effectivement rendu ou manifestement disproportionné au regard de la valeur du service rendu. Un tel avantage peut notamment consister en la participation, non justifiée par un intérêt commun et sans contrepartie proportionnée, au financement d'une opération d'animation commerciale, d'une acquisition ou d'un investissement, en particulier dans le cadre de la rénovation de magasins ou encore du rapprochement d'enseignes ou de centrales de référencement ou d'achat. Un tel avantage peut également consister en une globalisation artificielle des chiffres d'affaires ou en une demande d'alignement sur les conditions commerciales obtenues par d'autres clients ;

2° De soumettre ou de tenter de soumettre un partenaire commercial à des obligations créant un déséquilibre significatif dans les droits et obligations des parties ;

3° D'obtenir ou de tenter d'obtenir un avantage, condition préalable à la passation de commandes, sans l'assortir d'un engagement écrit sur un volume d'achat proportionné et, le cas échéant, d'un service demandé par le fournisseur et ayant fait l'objet d'un accord écrit ;

4° D'obtenir ou de tenter d'obtenir, sous la menace d'une rupture brutale totale ou partielle des relations commerciales, des conditions manifestement abusives concernant les prix, les délais de paiement, les modalités de vente ou les services ne relevant pas des obligations d'achat et de vente ;

5° De rompre brutalement, même partiellement, une relation commerciale établie, sans préavis écrit tenant compte de la durée de la relation commerciale et respectant la durée minimale de préavis déterminée, en référence aux usages du commerce, par des accords interprofessionnels. Lorsque la relation commerciale porte sur la fourniture de produits sous marque de distributeur, la durée minimale de préavis est double de celle qui serait applicable si le produit n'était pas fourni sous marque de distributeur. À défaut de tels accords, des arrêtés du ministre chargé de l'économie peuvent, pour chaque catégorie de produits, fixer, en tenant compte des usages du commerce, un délai minimum de préavis et encadrer les conditions de rupture des relations commerciales, notamment en fonction de leur durée. Les dispositions qui précèdent ne font pas obstacle à la faculté de résiliation sans préavis, en cas d'inexécution par l'autre partie de ses obligations ou en cas de force majeure. Lorsque la rupture de la relation commerciale résulte d'une mise en concurrence par enchères à distance, la durée minimale de préavis est double de celle résultant de l'application des dispositions du présent alinéa dans les cas où la durée du préavis initial est de moins de six mois, et d'au moins un an dans les autres cas ;

6° De participer directement ou indirectement à la violation de l'interdiction de revente hors réseau faite au distributeur lié par un accord de distribution sélective ou exclusive exempté au titre des règles applicables du droit de la concurrence ;

7° De soumettre un partenaire à des conditions de règlement qui ne respectent pas le plafond fixé au neuvième alinéa de l'article L. 441-6 ou qui sont manifestement abusives, compte tenu des bonnes pratiques et usages commerciaux, et s'écartent au détriment du créancier, sans raison objective, du délai indiqué au huitième alinéa de l'article L. 441-6. Est notamment abusif le fait, pour le débiteur, de demander au créancier, sans raison objective, de différer la date d'émission de la facture ;

8° De procéder au refus ou retour de marchandises ou de déduire d'office du montant de la facture établie par le fournisseur les pénalités ou rabais correspondant au non-respect d'une date de livraison ou à la non-conformité des marchandises, lorsque la dette n'est pas certaine, liquide et exigible, sans même que le fournisseur n'ait été en mesure de contrôler la réalité du grief correspondant ;

9° De ne pas communiquer ses conditions générales de vente, dans les conditions prévues à l'article L. 441-6, à tout acheteur de produits ou tout demandeur de prestations de services qui en fait la demande pour l'exercice d'une activité professionnelle ;

10° De refuser de mentionner sur l'étiquetage d'un produit vendu sous marque de distributeur le nom et l'adresse du fabricant si celui-ci en a fait la demande conformément à l'article L. 112-6 du Code de la consommation.

II. – Sont nuls les clauses ou contrats prévoyant pour un producteur, un commerçant, un industriel ou une personne immatriculée au répertoire des métiers, la possibilité :

a) De bénéficier rétroactivement de remises, de ristournes ou d'accords de coopération commerciale ;

b) D'obtenir le paiement d'un droit d'accès au référencement préalablement à la passation de toute commande ;

c) D'interdire au cocontractant la cession à des tiers des créances qu'il détient sur lui ;

d) De bénéficier automatiquement des conditions plus favorables consenties aux entreprises concurrentes par le cocontractant ;

e) D'obtenir d'un revendeur exploitant une surface de vente au détail inférieure à 300 mètres carrés qu'il approvisionne mais qui n'est pas lié à lui, directement ou indirectement, par un contrat de licence de marque ou de savoir-faire, un droit de préférence sur la cession ou le transfert de son activité ou une obligation de non-concurrence post-contractuelle, ou de subordonner l'approvisionnement de ce revendeur à une clause d'exclusivité ou de quasi-exclusivité d'achat de ses produits ou services d'une durée supérieure à deux ans.

L'annulation des clauses relatives au règlement entraîne l'application du délai indiqué au deuxième alinéa de l'article L. 441-6, sauf si la juridiction saisie peut constater un accord sur des conditions différentes qui soient équitables.

III. – L'action est introduite devant la juridiction civile ou commerciale compétente par toute personne justifiant d'un intérêt, par le ministère public, par le ministre chargé de l'économie ou par le président de l'Autorité de la concurrence lorsque ce dernier constate, à l'occasion des affaires qui relèvent de sa compétence, une pratique mentionnée au présent article.

Lors de cette action, le ministre chargé de l'économie et le ministère public peuvent demander à la juridiction saisie d'ordonner la cessation des pratiques mentionnées au présent article. Ils peuvent aussi, pour toutes ces pratiques, faire constater la nullité des clauses ou contrats illicites et demander la répétition de l'indu. Ils peuvent également demander le prononcé d'une amende civile dont le montant ne peut être supérieur à 2 millions d'euros. Toutefois, cette amende peut être portée au triple du montant des sommes indûment versées. La réparation des préjudices subis peut également être demandée. Dans tous les cas, il appartient au prestataire de services, au producteur, au commerçant, à l'industriel ou à la personne immatriculée au répertoire des métiers qui se prétend libérée de justifier du fait qui a produit l'extinction de son obligation.

La juridiction peut ordonner la publication, la diffusion ou l'affichage de sa décision ou d'un extrait de celle-ci selon les modalités qu'elle précise. Elle peut également ordonner l'insertion de la décision ou de l'extrait de celle-ci dans le rapport établi sur les opérations de l'exercice par les gérants, le conseil d'administration ou le directoire de l'entreprise. Les frais sont supportés par la personne condamnée.

La juridiction peut ordonner l'exécution de sa décision sous astreinte.

Les litiges relatifs à l'application du présent article sont attribués aux juridictions dont le siège et le ressort sont fixés par décret.

Ces juridictions peuvent consulter la Commission d'examen des pratiques commerciales prévue à l'article L. 440-1 sur les pratiques définies au présent article et relevées dans les affaires dont celles-ci sont saisies. La décision de saisir la commission n'est pas susceptible de recours. La commission fait connaître son avis dans un délai maximum de quatre mois à compter de sa saisine. Il est sursis à toute décision sur le fond de l'affaire jusqu'à réception de l'avis ou, à défaut, jusqu'à l'expiration du délai de quatre mois susmentionné. Toutefois, des mesures urgentes ou conservatoires nécessaires peuvent être prises. L'avis rendu ne lie pas la juridiction.

IV. – Le juge des référés peut ordonner, au besoin sous astreinte, la cessation des pratiques abusives ou toute autre mesure provisoire. »

b) Les sources d'origine jurisprudentielle

140. – Obligation de renseignement. La jurisprudence met parfois à la charge de celui qui sait une obligation de renseigner celui qui ne sait pas ; il s'agit en général du professionnel – en position de force – face au consommateur. Les tribunaux ont jugé bon de rétablir l'équilibre entre les deux parties. La Cour de cassation était allée très loin dans ce sens, mais il semble qu'elle soit revenue un peu en arrière pour affiner sa jurisprudence.

Un temps, les tribunaux ont imposé une obligation de renseignement à tout professionnel, notamment en matière de vente. Il semble cependant que cette obligation ne soit qu'une simple obligation de moyens et qu'elle se distingue de l'obligation de conseil. Celle-ci s'est aussi développée dans un certain nombre de contrats de services, tels ceux que proposent les notaires ou les avocats à leurs clients. Depuis quelques années, la Cour de cassation s'est engagée dans une jurisprudence plus équilibrée : le cocontractant non professionnel est tenu, en effet, d'une obligation de se renseigner sur l'importance du contrat et ses modalités. Cette obligation de se renseigner pesant sur le non-professionnel est le pendant de l'obligation de renseignement pesant sur le professionnel.

Consentement et prêt à un consommateur

La banque qui consent un prêt à un emprunteur non averti est tenu à son égard, lors de la conclusion du contrat, d'un devoir de mise en garde en considération de ses capacités financières et des risques de l'endettement né de l'octroi du prêt, dont elle ne peut être dispensée par la présence au côté de l'emprunteur d'une personne avertie, peu important qu'elle soit tiers ou partie. Ce principe a été posé dans une hypothèse où le tiers, caution solidaire de l'emprunteur, exerçait le métier de consultant financier (Cass. 1re civ., 30 avr. 2009, pourvoi n° 07-18.334 : *LEDC* juin 2009, p. 3, obs. A.-C. Muller).

Par un arrêt du 24 septembre 2009 (Cass. 1re civ., 24 sept. 2009, n° 08-16.404), la première chambre civile affirme de nouveau que lors de l'octroi d'un crédit, le banquier ne saurait être dispensé de son devoir de mise en garde par la présence d'une personne compétente, aux côtés d'un emprunteur non averti. Il s'applique ici au cas où la personne avertie est co-emprunteur, donc partie au contrat. Le prêteur ne saurait reporter sur autrui l'exécution de son obligation.

L'avocat est ainsi tenu d'une obligation particulière d'information, voire de conseil (Cass. 1re civ., 29 avr. 1997, n° 94-21.217 : *Bull. civ.* 1997, I, n° 132). Il a un devoir de compétence étendu (Cass. 1re civ., 14 mai 2009, n° 08-15.899). Il doit être en mesure de rapporter la preuve de l'exécution de son obligation particulière d'information envers son client (Cass. com., 13 oct. 2009, n° 08-10.430).

2° Étendue de l'obligation de renseignement

141. – Étendue. On raisonnera sur des textes du droit de la concurrence, qui complètent utilement le droit des obligations.

Le texte de référence est l'article 28 de l'ordonnance du 1er décembre 1986, relative à la liberté des prix et à la concurrence, devenu l'article L. 113-3 du Code de la consommation. Cet article pose le principe de l'information préalable du consommateur sur les prix des produits et des services, ainsi que sur les conditions de vente ou les conditions des prestations de services. Le texte est applicable aux produits et aux services, mais les biens immobiliers échappent à la réglementation. L'immeuble n'est pas un « produit ». Quant à la notion de service, elle est très large : il s'agit de tous les contrats autres que les contrats de vente, tels le contrat de mandat, le contrat d'entreprise, le contrat de prêt… Pratiquement toutes les opérations contractuelles sont ainsi concernées.

a) L'information sur les prix

142. – Notion large de prix. Le consommateur doit être informé sur les prix des contrats qu'il conclut. L'article L. 113-3 du Code de la consommation renvoie à des arrêtés ministériels le soin de préciser les modalités d'application.

Code de la consommation

Art. L. 113-3 *(Mod., L. n° 2013 100, 28 janv. 2013)* : « Tout vendeur de produit ou tout prestataire de services doit, par voie de marquage, d'étiquetage, d'affichage ou par tout autre procédé approprié, informer le consommateur sur les prix, les limitations éventuelles de la responsabilité contractuelle et les conditions particulières de la vente, selon des modalités fixées par arrêtés du ministre chargé de l'économie, après consultation du Conseil national de la consommation.

Dans les collectivités relevant de l'article 73 de la Constitution et dans les collectivités d'outre-mer de Saint-Barthélemy, de Saint-Martin, de Saint-Pierre-et-Miquelon et de Wallis-et-Futuna, en cas de situation conjoncturelle où le prix de cession par leur producteur de produits agricoles périssables ou de produits issus de cycles courts de production est anormalement bas par rapport à la moyenne des prix observés lors de la période correspondante de la précédente campagne, l'observatoire des prix, des marges et des revenus mentionné au titre Ier A du livre IX du Code de commerce peut proposer au représentant de l'État de rendre obligatoire l'affichage sur les lieux de vente du prix d'achat au producteur et du prix de vente au consommateur.

Le premier alinéa du présent article s'applique à toutes les activités visées au dernier alinéa de l'article L. 113-2. Il est également applicable aux manquements au règlement (CE) n° 1008/2008 du Parlement européen et du Conseil, du 24 septembre 2008, établissant des règles communes pour l'exploitation de services aériens dans la Communauté.

Les règles relatives à l'obligation de renseignements par les établissements de crédit, les établissements de monnaie électronique, les établissements de paiement et les organismes mentionnés à l'article L. 518-1 du Code monétaire et financier sont fixées par l'article L. 312-1-1 et les sections 3 et 4 du chapitre IV du titre Ier du livre III du même code. »

Selon les deux premiers arrêtés, en date du 3 décembre 1987 et 19 mai 1994, il résultait que :

– les informations sur les prix doivent être particulièrement lisibles dès l'instant que les produits sont exposés à la vue du public ;

– les professionnels doivent informer les consommateurs de tous les frais inhérents au contrat, notamment les frais de livraison, les frais pesant sur le client lorsque ce dernier est tenu d'acheter des produits supplémentaires et les frais pouvant être engagés lorsque l'appareil qui vient d'être acheté nécessite une installation particulière.

Aujourd'hui, les arrêtés en vigueur, non codifiés, sont les suivants :

– arrêté du 31 décembre 2008 relatif aux annonces de réduction de prix à l'égard du consommateur ;

– arrêté du 25 mars 2009 portant abrogation de l'arrêté du 27 novembre 1995 relatif à l'information du consommateur sur les tarifs pratiqués par les masseurs-kinésithérapeutes-rééducateurs et des articles 1er et 3 de l'arrêté du 11 juin 1996 relatif à l'information sur les tarifs d'honoraires pratiqués par les médecins libéraux ;

– arrêté du 7 avril 2009 modifiant l'arrêté du 8 juillet 1988 relatif à la publicité des prix de vente des carburants ;

– arrêté du 10 juin 2009 relatif à l'information sur les prix des appels téléphoniques aux services à valeur ajoutée.

Pratiquement, chaque domaine d'activité du droit commercial est réglementé par un arrêté spécifique et une circulaire d'application.

b) L'information sur les conditions de vente

143. – Information et clauses spécifiques. L'article L. 113-3 du Code de la consommation a décidé en outre qu'il était nécessaire d'informer les consommateurs sur les conditions contractuelles de vente.

Le prix n'est pas le seul élément important pour un cocontractant ; aussi l'article L. 113-3 dispose-t-il que le professionnel doit donner des informations au consommateur sur les limitations éventuelles de la responsabilité contractuelle ainsi que sur les conditions particulières du contrat.

Souvent figurent dans le contrat de vente des clauses limitatives de responsabilité et des clauses de garantie. Le consommateur l'ignore la plupart du temps. Dorénavant, le professionnel doit informer le cocontractant sur l'existence de telles clauses et donner des informations sur les conditions particulières du contrat, telles les modalités de livraison. Cette disposition a reçu des applications particulières ; notamment pour faciliter l'information du consommateur dans le secteur de l'électroménager, un arrêté du 2 mars 1990 a unifié la présentation des écrits constatant les contrats de garantie et les contrats de service après-vente.

3° Les sanctions relatives à l'obligation de renseignement

144. – Variété des sanctions. Elles sont très diversifiées, ce qui conduit à dire que la théorie des sanctions des actes juridiques mériterait d'être reconstruite. En l'occurrence, la sanction de principe est la nullité du contrat.

Cependant, on peut penser à des sanctions plus appropriées, telles la responsabilité civile ou pénale ou la déchéance (qui fera perdre au professionnel ayant manqué à son devoir de renseignements certaines de ses prérogatives). Des sanctions en nature peuvent même être envisagées, par exemple la régularisation du contrat imparfait.

145. – Droit positif. Quel est l'état du droit positif ? Une chose est sûre : la nullité n'est pas l'unique sanction.

En matière de cession de fonds de commerce, la nullité est la sanction prévue par la loi.

La sanction est aussi pénale – une contravention – en matière de contrat de crédit à la consommation.

La responsabilité civile peut être retenue en cas de manquement à l'obligation de renseignement pesant sur tel ou tel professionnel, de nature contractuelle ou délictuelle, selon que l'on considère cette obligation comme étant intégrée au contrat ou non.

Cependant, les solutions jurisprudentielles ne sont pas toujours nettes, mais dans l'ensemble, la responsabilité est considérée comme contractuelle.

Aujourd'hui, les associations de consommateurs ont le droit d'intervenir auprès des professionnels afin de vérifier la régularité des contrats qu'ils proposent, notamment en ce qui concerne les clauses abusives ou illicites (C. consom., art. L. 421-2 et L. 421-6), alors qu'avant, ils ne le pouvaient que lorsqu'une infraction pénale était caractérisée. L'article L. 421-6 institue une action préventive. Son objet est de purger les modèles de conventions des clauses abusives, indépendamment de l'utilisation concrète qui en est faite. La recevabilité de l'action contre l'éditeur, tiers au contrat, rejoint la finalité préventive de l'action, finalité qui avait été également soulignée par la Cour de justice des Communautés européennes dans le cadre de son interprétation de la directive n° 93/13/CEE sur les clauses abusives (CJCE, 24 janv. 2002, aff. C-372/99, pt 16). Par un arrêt du 3 février 2011, la Cour de cassation a utilisé l'article 7 de la directive qui impose aux États membres de faire cesser les clauses abusives « rédigées en vue d'une utilisation généralisée ». Cette décision permet aux associations d'agir non seulement contre les professionnels qui utilisent les modèles pour leurs propres contrats, mais également contre les organisations professionnelles qui éditent et proposent à leurs membres des modèles destinés aux consommateurs, contre les éditeurs de contrats types, contre les professionnels qui se bornent à recommander certains modèles (CJCE, 24 janv. 2002, préc.), et enfin, comme dans l'arrêt du 3 février 2011, contre les associations à but non lucratif exerçant une activité professionnelle de diffusion de contrats types auprès de leurs membres.

De surcroît, tout professionnel a l'obligation de communiquer à son cocontractant les conditions générales du contrat, sous peine de sanction pénale (C. consom., art. L. 134-1). L'exigence qu'un contractant a bien eu connaissance des conditions générales auxquelles il souscrit a été récemment renforcée. L'article R. 132-1, 1° du Code de la consommation interdit, depuis le décret du 18 mars 2009, comme étant irréfragablement abusive la clause présumant l'adhésion du consommateur à des stipulations dont il n'aurait pas eu connaissance avant la conclusion du contrat. Si une telle suspicion se justifie à l'égard des clauses de renvoi, il n'en est plus de même lorsque le contractant tente de rendre inopposables à son égard des conditions générales dont il est prouvé qu'il en a eu parfaitement connaissance.

Par une disposition spécifique, l'article L. 141-4 du Code des assurances oblige le souscripteur à remettre à l'adhérent une notice définissant les garanties et fait peser sur le souscripteur la charge de la preuve de cette remise. La Cour de cassation censure les juges du fond qui n'auraient pas recherché « si les conditions générales avaient été effectivement communiquées [à l'assuré] au moment de son adhésion » (Cass. 1re civ., 26 nov. 1996 : *Resp. civ. et assur.* 1997, comm. 68. – Cass. 1re civ., 4 juill. 2000 : *Resp. civ. et assur.* 2000, comm. 341) ou « avant son adhésion » (Cass. 1re civ., 3 févr. 1993 : *Resp. civ. et assur.* 1993, comm. 183). Dans un arrêt soumis à la Cour de cassation le 12 mars 2009, le pourvoi faisait valoir que la preuve de la remise des conditions générales avant ou au moment de l'adhésion n'était pas rapportée. La Cour de cassation rejette le recours au nom du pouvoir souverain d'appréciation des éléments de preuve par les juges du fond, et note que « en outre » l'assuré « avait lui-même fondé son argumentation en première instance sur les conditions générales ». Il n'est pas possible de dénier avoir reçu un document et de fonder un argument sur ce même document (Cass. 2e civ., 12 mars 2009, pourvoi n° 08-13.714).

Il est d'autres mesures mises en œuvre pour faire réfléchir le consommateur sur la portée de ses actes. Toutefois, le Code de la consommation qui a fait de l'obligation d'information du consommateur l'un des principaux vecteurs de la protection de celui-ci, ne l'a pas toujours assortie de sanction (par ex., C. consom., art. L. 111-1). Ainsi l'obligation de mentionner le délai de livraison : si le dépassement du délai est sanctionné par la résiliation du contrat (C. consom., art. L. 114-1) et si la clause mentionnant une date indicative d'exécution du contrat est réputée non écrite (C. consom., art. R. 132-2, 7°), en revanche, le défaut de mention du délai n'a pas fait l'objet de sanction spécifique. La Cour de cassation a refusé, en l'occurrence, de prononcer la nullité du contrat (Cass. 1re civ., 28 mai 2009, n° 08-16.263).

V. également *infra*, n° 340.

Cass. 1re civ., 3 févr. 2011, n° 08-14.402

Attendu que l'association l'Union fédérale des consommateurs Que Choisir de l'Isère (l'UFC Que Choisir) a assigné l'association Clévacances Isère – départementale des locations de vacances de l'Isère (l'association Clévacances Isère) afin d'obtenir la suppression de clauses, qu'elle qualifiait d'abusives ou illicites, figurant dans un contrat de location saisonnière proposé par cette association ; que la Fédération nationale des locations de France Clévacances est intervenue volontairement à l'instance ; que la cour d'appel a ordonné la suppression, dans le contrat de location saisonnière diffusé sous le label « Clévacances », de la clause tendant à interdire la détention d'animaux familiers dans les locaux donnés en location et a rejeté les autres demandes ;

(...)

Sur le moyen unique du pourvoi incident, après avis de la troisième chambre :

Attendu que l'association Clévacances Isère et la Fédération nationale des locations de France Clévacances font grief à l'arrêt attaqué d'ordonner la suppression du contrat de location saisonnière diffusé sous le label « Clévacances » de la clause tendant à interdire la détention d'animaux familiers dans les locaux donnés en location, alors, selon le moyen :

1°/ qu'est irrecevable la demande d'une association de consommateurs contre l'association éditrice d'un modèle de contrat de location saisonnière entre un non professionnel et un particulier comportant une clause prétendument illicite dès lors que cette association ne propose pas elle-même ce contrat aux consommateurs et n'est pas partie à ce contrat de location saisonnière, quand bien même cette clause serait destinée aux consommateurs ; qu'en retenant que l'UFC 38 était recevable à agir à l'encontre de l'association Clévacances Isère – départementale des locations de vacances de l'Isère et la Fédération nationale des locations de France Clévacances en suppression d'une clause illicite contenue dans un contrat de location saisonnière entre un propriétaire non professionnel et un consommateur auquel ces dernières ne sont pas parties du seul fait que cette clause est destinée aux consommateurs, peu important qu'elle soit proposée ou non par le professionnel, la cour d'appel a violé l'article L. 421-6 du Code de la consommation ainsi que les articles 1134 et 1165 du Code civil ;

2°/ que l'interdiction formulée par l'article 10 de la loi n° 70-598 du 9 juillet 1970 d'insérer dans un contrat de location toute stipulation tendant à exclure la détention d'un animal familier ne concerne que les locaux d'habitation ; que cette interdiction n'est pas applicable dans le cas d'une location saisonnière à laquelle une location d'habitation ne peut être assimilée ; qu'en décidant que devait être supprimée, comme étant illicite, la clause du contrat permettant au propriétaire d'exclure la détention d'un animal familier dans les locaux loués alors même qu'il s'agissait d'une location saisonnière, la cour d'appel a violé derechef, par fausse application, l'article L. 241-6 du Code de la consommation ainsi que l'article 10 de la loi n° 70-598 du 9 juillet 1970 ;

Mais attendu, d'abord, que l'action préventive en suppression de clauses illicites ouverte aux associations agréées de défense des consommateurs a vocation à s'appliquer aux modèles types de contrats destinés aux consommateurs et rédigés par des professionnels en vue d'une utilisation généralisée ; qu'ensuite, les dispositions impératives de l'article 10-1 de la loi du 9 juillet 1970 s'appliquent, par la généralité de leurs termes, aux locations saisonnières qui portent sur des locaux d'habitation ; que c'est à juste titre que la cour d'appel a ordonné la suppression du contrat de location saisonnière diffusé sous le label Clévacances de la clause, contrevenant à ce texte, offrant la faculté d'interdire la détention d'animaux familiers dans les locaux d'habitation donnés en location ; que le moyen n'est fondé en aucun de ses griefs ;

Mais sur le premier moyen du pourvoi principal :

Vu les articles L. 132-1 et L. 421-6 du Code de la consommation ;

Attendu que l'action préventive en suppression de clauses abusives ouverte aux associations agréées de défense des consommateurs a vocation à s'appliquer aux modèles types de contrats destinés aux consommateurs et rédigés par des professionnels en vue d'une utilisation généralisée ;

Attendu que pour retenir l'irrecevabilité de l'action en suppression de clauses abusives engagée par l'UFC Que Choisir à l'encontre de l'association Clévacances Isère et de la Fédération nationale des locations de France Clévacances, l'arrêt relève qu'il n'est pas contesté que ces associations, ayant la qualité de professionnels participant à l'industrie du tourisme et des loisirs, n'effectuent aucune location et n'interviennent pas directement auprès des locataires et ajoute, par motifs adoptés, que l'absence de trace de leur intervention directe aux contrats de location saisonnière ne permet pas d'envisager que les consommateurs soient confrontés à ces associations en tant que victimes d'éventuels abus de leur part, faute de bénéficier de prestations effectives et rémunérées en tant que telles, avant, pendant ou après la location ;

En quoi la cour d'appel a violé les textes susvisés ;

Par ces motifs : casse et annule (...)

B. – La réflexion

146. – Rétractation et/ou repentir. Il s'agit ici des droits de rétractation ou de repentir. En effet, le contrat est en général conclu instantanément par la rencontre d'une offre et d'une acceptation. Cependant, il arrive que la conclusion du contrat s'accomplisse par étapes successives, si bien que, même lorsque l'acceptation a été donnée, le contrat n'est pas encore parfait, en ce sens que l'une des parties a encore son mot à dire. Il se peut aussi que le contrat soit parfait, mais que l'une des parties ait encore le droit de le révoquer.

Cette technique de la rétractation résulte d'un certain nombre de textes récents. Ils peuvent être ordonnés autour de deux thèmes.

Dans certaines hypothèses, le contrat ne peut être signé que quelques jours après sa réception. Le mécanisme est intéressant, car de cette manière le cocontractant a la possibilité de mesurer l'étendue de ses obligations. C'est le cas en matière de crédit immobilier. Il y a bien un mécanisme de réflexion.

Dans d'autres hypothèses, le contrat a été conclu – l'acceptation a donc été formalisée –, mais le cocontractant dispose d'un certain délai pour revenir sur son engagement. C'est un droit de repentir qui autorise son auteur à revenir sur ses engagements. En outre, cette possibilité de rétractation est discrétionnaire et s'effectue dans des conditions très simples. En général, le contrat est prérédigé et contient une clause qui peut être détachée du bon de commande, permettant ainsi l'exercice réel de la faculté de rétractation par envoi du coupon au vendeur, qui est dès lors averti de la renonciation à la conclusion du contrat. Cette seconde technique joue dans un certain nombre de contrats, notamment en matière de :

– vente à domicile (L. 22 déc. 1972 ; C. consom., art. L. 121-25) ;

– crédit à la consommation (L. 10 janv. 1978 ; C. consom., art. L. 311-14 : pendant un délai de sept jours à compter de l'acceptation du contrat par l'emprunteur) ;

- assurance-vie (réforme de 1985) ;
- offres de ventes dites de « télé-achat » (L. 6 janv. 1988 ; C. consom., art. L. 121-16) ;
- ou encore dans la loi SRU présentée ci-dessus (CCH, art. L. 271-1).

147. - **Droit des obligations et droit de la consommation.** Peut-on généraliser l'institution ? Le droit de la consommation bouleverse les schémas, parfois sommaires, du droit des obligations. Le contrat n'est plus nécessairement conclu par la rencontre d'une offre et d'une acceptation. Pour l'heure, ce sont des textes particuliers qui déterminent ces nouveaux mécanismes. L'exception est-elle devenue la règle ? Si l'évolution se confirme, deux séries de droits se chevaucheront :

- d'une part, le droit (confinant à la réglementation) régissant les relations entre professionnels et consommateurs ;
- d'autre part, le droit applicable aux relations entre professionnels ou encore applicable aux relations entre particuliers, matière qui échapperait au droit de la consommation en obéissant aux principes classiques de la théorie des vices du consentement et aux mécanismes de l'offre et de l'acceptation.

Le Code de la consommation accrédite cette distinction, ce qui ne veut pas dire qu'elle soit parfaitement justifiée.

Les rapports du droit des obligations et du droit de la consommation ont été présentés dans deux grands articles : Jean Calais-Auloy, *L'influence du droit de la consommation sur le droit des contrats* : *RTD com.* 1998, p. 115. – J.-P. Pizzio, *La protection des consommateurs par le droit commun des obligations* : *RTD com.* 1998, p. 53.

1. L'obligation de renseignement

L'obligation légale précontractuelle de renseignement, mise en place par la loi n° 89-1008 du 31 décembre 1989 (loi Doubin) et par son décret d'application n° 91-337 en date du 4 avril 1991, a pour but de lutter contre tout abus d'une position de force caractérisée notamment dans les contrats d'adhésion, comme le contrat de franchise, par une absence réelle de négociation. Elle traduit, en conséquence, une plus grande exigence quant à la qualité du consentement.

Le contrat d'assistance commerciale par lequel un fournisseur met à la disposition d'un distributeur des produits de sa marque, moyennant l'obligation pour ce dernier de faire figurer la marque sur la porte de sa boutique de façon visible mais sans aucune obligation d'exclusivité, n'est pas soumis à l'article 1er de la loi du 31 décembre 1989, dite loi Doubin et ne peut être annulé pour non-respect de ses dispositions (T. com., Paris, 7e ch., 3 nov. 1992 : *JCP* G 1993, IV, 493).

2. Droit de la consommation

Un arrêt important du Conseil d'État a admis l'application du droit de la consommation, lors d'une intervention de chirurgie esthétique.

Aux termes du premier alinéa de l'article L. 113-3 du Code de la consommation : « Tout vendeur de produit ou tout prestataire de services doit, par voie de marquage, d'étiquetage, d'affichage ou par tout autre procédé approprié, informer le consommateur sur les prix, les limitations éventuelles de la responsabilité contractuelle et les conditions particulières de la vente, selon des modalités fixées par arrêtés du ministre chargé de l'économie, après consultation du Conseil national de la consommation ».

L'article L. 113-3 s'applique à toutes les activités entrant dans le champ d'application de l'ordonnance du 1er décembre 1986 relative à la liberté des prix et de la concurrence, c'est-à-dire « à toutes les activités de production, de distribution et de services, y compris celles qui sont le fait de personnes publiques, notamment dans le cadre de conventions de délégation de service public ». L'obligation d'information du consommateur instituée au premier alinéa de l'article L. 113-3 est mise à la charge de tous les prestataires de services, sans considération du caractère commercial ou libéral de leur activité et concerne notamment les prestations à caractère médical. L'arrêté attaqué du ministre délégué aux finances et au commerce extérieur du 17 octobre 1996 relatif à la publicité des prix des actes médicaux et chirurgicaux à visée esthétique, a donc été légalement pris sur le fondement de l'article L. 113-3.

Le premier alinéa de l'article 1er de l'arrêté attaqué dispose que : « Pour toute prestation à visée esthétique, dont le montant estimé est supérieur ou égal à 2 000 F ou comportant une anesthésie générale, le praticien remet un devis détaillé ». L'obligation ainsi mise à la charge des praticiens réalisant des prestations à visée esthétique de remettre à leur client un devis, lequel ne porte que sur un prix estimatif, n'a pas eu pour objet et ne saurait légalement avoir pour effet de contraindre ces praticiens à se faire rémunérer au moyen d'un forfait, en méconnaissance de l'article 55 du Code de déontologie.

L'obligation édictée par l'arrêté attaqué ne concerne que les prestations à visée esthétique effectuées en dehors de toute considération d'urgence thérapeutique, à l'exclusion notamment des interventions à visée réparatrice, et ne met à la charge des praticiens aucune obligation de résultat. Par suite, le ministre chargé de la consommation n'a pas commis d'erreur manifeste d'appréciation en estimant que l'obligation résultant de l'article L. 113-3 justifiait la remise d'un devis préalable.

Les médecins ou chirurgiens qui effectuent des prestations à visée esthétique non prises en charge par l'assurance maladie et dont les honoraires sont fixés librement, ne sont pas, au regard des modalités qui permettent de s'acquitter de l'obligation d'informer le consommateur prescrite par l'article L. 113-3, dans une situation de fait et de droit identique à celle des autres praticiens. Dans ces conditions, en leur imposant la remise d'un devis à leur client, le ministre n'a pas méconnu le principe d'égalité. Les médecins et chirurgiens qui effectuent des prestations à visée esthétique ne sont pas dans la même situation que les esthéticiens non-médecins. La circonstance que l'arrêté attaqué ne s'applique pas à cette seconde catégorie de professionnels ne méconnaît pas davantage le principe d'égalité.

L'obligation faite par l'article 2, paragraphe 9, de l'arrêté attaqué au praticien et à la personne examinée de respecter un délai minimum de réflexion avant la décision éventuelle d'intervention, porte atteinte au principe de la liberté contractuelle et excède l'habilitation donnée par l'article L. 113-3 au ministre chargé de l'économie. Aucune autre disposition législative n'autorisait ce ministre à prendre de telles dispositions, qui sont entachées d'illégalité.

(CE, 1re et 4e ss-sect., 27 avr. 1998 : *Gaz. Pal.* 1998, 2, p. 715, concl. C. Maugüé (n° spécial, *Droit de la santé*) ; *D.* 1998, inf. rap. p. 182).

La Cour de justice des Communautés européennes, dans un arrêt n° C-489/7 du 3 septembre 2009, a admis que celui qui se rétracte ne doit pas d'indemnité :

« Les dispositions de l'article 6, paragraphes 1, deuxième phrase, et 2, de la directive n° 97/7/CE du Parlement européen et du Conseil, du 20 mai 1997, concernant la protection des consommateurs en matière de contrats à distance, doivent être interprétées en ce sens qu'elles s'opposent à ce qu'une réglementation nationale prévoie de manière générale la possibilité pour le vendeur de réclamer au consommateur une indemnité compensatrice pour l'utilisation d'un bien acquis par un contrat à distance dans le cas où ce dernier a exercé son droit de rétractation dans les délais.

Toutefois, ces mêmes dispositions ne s'opposent pas à ce que le payement d'une indemnité compensatrice pour l'utilisation de ce bien soit imposé au consommateur dans l'hypothèse où celui-ci aurait fait usage dudit bien d'une manière incompatible avec les principes de droit civil, tels que la bonne foi ou l'enrichissement sans cause, à la condition qu'il ne soit pas porté atteinte à la finalité de ladite directive et, notamment, à l'efficacité et à l'effectivité du droit de rétractation, ce qu'il incombe à la juridiction nationale de déterminer. »

Voir plus généralement : « L'article 29 CE ne s'oppose pas à une réglementation nationale interdisant au fournisseur, dans le cadre d'une vente à distance transfrontière, d'exiger un acompte ou un paiement quelconque de la part du consommateur avant l'expiration du délai de rétractation, mais il s'oppose à ce que, en application de cette réglementation, il soit interdit, avant l'expiration dudit délai, de demander le numéro de la carte de paiement du consommateur ».

SOUS-SECTION 3

L'EXPRESSION DU CONSENTEMENT

§ 1. – Principe : le consensualisme

148. – Indifférence de la forme du consentement. En principe, l'expression du consentement importe peu : « on lie les bœufs par les cornes et les hommes par la parole » (adage de Loysel). Le consentement peut s'exprimer de diverses façons, sans qu'un écrit ne soit requis.

Le contrat peut reposer sur un échange de paroles, sur une poignée de mains, sur un hochement de têtes. Il peut être conclu à la suite d'un échange de lettres, de factures, de télécopies... Toutes les formes d'expression sont donc admises. Le principe du consensualisme implique la liberté des formes d'expression du consentement. Ce principe signifie aussi que la volonté tacite a la même force que la volonté expresse. Le droit assure ainsi la souplesse et la rapidité des transactions.

Le principe du consensualisme présente toutefois des inconvénients, car il ne contribue pas toujours à la sécurité des transactions juridiques et ne met pas l'État en mesure de les contrôler. Or les transactions concernent aussi les grands équilibres économiques et les pouvoirs publics peuvent trouver un intérêt à les superviser.

§ 2. – Les limites du principe

Souvent la loi, parfois les tribunaux, se jouent du principe du consensualisme.

A. – Les contrats imposés par le législateur

La loi peut imposer une obligation de contracter.

1° De manière négative

149. – Refus de contracter. Un certain nombre de textes répriment le refus de contracter ; c'est le cas notamment pour les personnes investies d'un ministère public (huissiers, notaires...) : elles ne peuvent refuser de contracter, car elles sont pratiquement dans une situation de service public.

Le législateur incrimine aussi le refus de contracter. Notamment en matière de vente ou de prestation de service. L'ordonnance du 1er décembre 1986 avait sanctionné le refus de vente. Cette législation a été libéralisée par la loi du 1er juillet 1996. Il faut cependant distinguer entre les relations entre professionnels uniquement et les relations entre professionnels et consommateurs.

Dans les relations entre professionnels, le refus de vente ou de prestation de service n'a été sanctionné, entre 1986 et 1996, que sur le terrain de la responsabilité civile.

Étaient surtout concernés les contrats de distribution. Cependant, le refus de vente était toléré lorsque les opérations de distribution mettaient en cause des produits de marque. La jurisprudence était, dans son ensemble, favorable aux fabricants de produits de qualité. Depuis 1996, le refus de vente n'est plus dénoncé par les textes.

Dans les relations entre professionnels et consommateurs, le refus de vente ou de prestation de service, sans motif légitime, constitue encore une infraction pénale (une contravention de cinquième classe), toutefois rarement mise en œuvre (C. consom., art. L. 122-1).

2° De manière positive

150. – Obligation de contracter. Des contrats sont parfois imposés :

– soit en laissant libre le choix du cocontractant (tel est le cas en matière d'assurance automobile ; d'assurance construction…) ;

– soit même en supprimant cette liberté : c'est le cas en matière de baux ruraux, de baux commerciaux ou de baux d'habitation.

Ainsi, le preneur d'un bail commercial soumis à l'ancien décret du 30 septembre 1953 (C. com., art. L. 145-1 et s.), bénéficie d'un droit au renouvellement. Le bailleur ne peut refuser le renouvellement, sauf motif grave, qu'en payant à son preneur la valeur de son fonds de commerce (indemnité d'éviction).

B. – Les contrats imposés par le juge

151. – Application de cette solution. En droit allemand, la solution est admise assez largement. Les juges peuvent imposer un contrat de fait. C'est le cas notamment lorsqu'une personne agit comme si elle acceptait un statut contractuel : elle est considérée comme étant liée sur un fondement contractuel. Le fait de se comporter comme un cocontractant induit une volonté de contracter même si cette volonté n'a pas été exprimée. Le droit anglais retient des solutions analogues.

En droit français, la jurisprudence a parfois accueilli cette idée. La doctrine n'y est pas hostile (cf. A. Laude, *La reconnaissance par le juge de l'existence d'un contrat*, PU Aix, 1992).

Si l'on prend l'exemple de l'automobiliste qui utilise un parking payant tout en refusant d'entrer dans un rapport contractuel, afin de ne pas être contraint de payer le prix du stationnement, faut-il admettre, malgré tout, l'existence d'un contrat ? En droit allemand, selon un courant doctrinal initié par M. Günther Haupt, le contrat n'implique pas toujours la rencontre d'une offre et d'une acceptation. Un contrat factice ou *faktischer Vertrag* peut naître d'un comportement social typique. Cette théorie devait jouer afin de servir de cadre juridique aux relations de masse, ainsi qu'aux rapports nés d'un contrat successif nul (contrat de société, contrat de travail). Cette théorie est cependant rejetée par la doctrine allemande contemporaine même si elle a été consacrée en jurisprudence (BGH 14.7.1956 ; BGHZ 21, 319).

§ 3. – Les extensions du principe

152. – Volonté et documents externes. Il est parfois exigé davantage que la simple volonté contractuelle. C'est l'occasion ici de rendre compte d'un débat classique et d'un débat plus actuel sur l'intégration dans le contrat d'un certain nombre de documents extérieurs au contrat.

A. – Le débat classique

153. – Volonté interne et volonté déclarée. Quelle volonté considérer ? La volonté interne ou la volonté déclarée ? Le contrat est avant tout un accord de volontés, mais de quelles volontés s'agit-il ? De la volonté interne, correspondant au for intérieur ou de la volonté exprimée, individualisée dans tel ou tel support ?

Lorsqu'une personne contracte, elle a sûrement un certain nombre d'intentions ou de motifs (volonté interne) ; lorsqu'elle dit à l'autre personne ce qu'elle veut, c'est la volonté déclarée qui est exprimée. Laquelle faut-il prendre en considération ? Dans l'absolu, compte tenu du principe du consensualisme, la volonté interne devrait être prise en compte, car elle correspond à ce que le contractant a souhaité. Il est cependant très difficile de connaître cette volonté. En outre, la sécurité des transactions juridiques pâtirait de la prise en considération de cette seule volonté ; il serait en effet très facile de demander l'annulation du contrat en disant que ce qui a été convenu n'est pas conforme à ce que l'on voulait réellement. C'est la raison pour laquelle le droit positif, en général, s'en tient à la volonté déclarée. Trois arguments le justifient :

– **la sécurité des transactions** ; il faut tenir compte du retentissement social de la manifestation de volonté ;

– **l'idée de justice** ; il est nécessaire dans le contrat que les deux parties soient informées et que les éléments entrant dans le champ contractuel soient pris en compte ;

– **le contrat en tant que phénomène social** ; il faut tenir compte des relations des parties avec les tiers ; or, les tiers ne peuvent connaître la volonté extériorisée.

B. – Le débat actuel

154. – Contractualisation des documents extérieurs. Quels sont les éléments intégrés dans le contrat ? Les opérations contractuelles reposent souvent sur une série de documents dont on ne sait s'ils font ou non partie du champ contractuel.

Ces documents doivent être lisibles et compréhensibles et surtout contractualisés. La question intéresse notamment les contrats d'adhésion, tel le contrat d'assurance, qui contiennent des clauses libellées en caractères minuscules : ces clauses « microscopiques » ont-elles une valeur contractuelle ?

En droit des assurances, les clauses dérogatoires sont opposables dans la mesure où elles ont un caractère apparent. En ce qui concerne les clauses attributives de compétence, elles sont considérées, dans les relations entre professionnels et consommateurs, comme nulles par application de l'article 48 du Code de procédure civile. Entre commerçants, elles ne sont valables que si elles sont stipulées en caractères très apparents.

Cette dernière solution, relative aux clauses attributives de compétence, peut être généralisée. Chaque fois qu'une clause exceptionnelle ou dérogatoire figure au contrat, elle n'est opposable que si elle apparaît en caractères très apparents (« prominent ». – V. également, C. assur., art. L. 112-4, s'agissant des clauses d'exclusion de risque et de déchéances). Pour les autres clauses plus banales, il faut s'assurer que le cocontractant à qui on les oppose a pu en avoir connaissance.

Qu'en est-il des documents extérieurs au contrat, tels les documents de publicité, les affiches, les écriteaux : ont-ils une valeur contractuelle ? Cette question agite la pratique. D'une manière générale, on peut considérer que ces éléments s'intègrent au contrat dans la mesure où la personne à qui on les oppose a pu, d'une façon ou d'une autre, les connaître et mesurer leur portée. Le problème se pose notamment dans les hôtels, où les règlements intérieurs ne sont pas toujours placés de manière visible. Il concerne également les conditions générales de telle ou telle compagnie de transport. Deux observations s'imposent :

– tout professionnel doit remettre à la personne qui envisage de contracter avec lui ses conditions générales (de vente, de livraison, de paiement...) ;

– l'opposabilité des clauses en caractères minuscules dépend de ce qu'elles figurent ou non dans le contrat proprement dit : dans l'affirmative, elle est opposable sauf si le consommateur prouve qu'il n'en a pas eu connaissance ; dans la négative, elle n'est pas opposable sauf si le professionnel prouve que le cocontractant a pu en avoir connaissance (la charge de la preuve est renversée).

1. L'opposabilité des clauses dérogatoires

Le problème est souvent posé en jurisprudence de savoir si une partie a eu connaissance d'une clause utilisée pour la résolution d'un conflit.

Dans un arrêt du 3 décembre 1991, la Cour de cassation approuve la cour d'appel qui a constaté que les conditions générales de vente figuraient au verso d'un bon de commande, que ce document portait au recto la mention imprimée suivante « L'acheteur déclare avoir pris connaissance des conditions générales de vente et de garantie inscrites au verso et les accepter dans toute leur teneur » et que l'acheteur avait apposé sa signature au-dessous de cette mention imprimée, en affirmant que la cour « a pu en déduire qu'en signant le bon de commande litigieux l'intéressé avait adhéré à son contenu, spécialement aux conditions générales de vente figurant au verso, dont il avait déclaré avoir pris connaissance et les avoir acceptées » (Cass. 1re civ., 3 déc. 1991 : *Bull. civ.* 1991, I, n° 342).

La question est plus discutée pour les clauses attributives de compétences.

Des cours d'appel avaient posé en principe que l'acceptation d'une clause dérogeant aux règles de compétence territoriale ne peut se déduire du simple silence de la partie qui a reçu les pièces où cette clause figurait, même de manière très apparente (CA Bordeaux, 27 juin 1979 : *D.* 1980, inf. rap. p. 173. – *Adde* CA Aix-en-Provence, 7 oct. 1980 : *D.* 1982, inf. rap. p. 156, 2e esp., obs. Julien). Le fait par une société de régler à bonne date les factures qu'elle reçoit ne peut s'analyser qu'en une simple adhésion aux modalités de règlement d'ailleurs énoncées dans les actes d'engagement antérieurs et non en une acceptation de la clause dérogatoire de compétence figurant sur les documents commerciaux et l'envoi répétitif de ceux-ci n'affecte en rien le caractère unilatéral de la dérogation proposée.

Toutefois, en droit international privé, la solution contraire fut admise dans un arrêt du 31 mai 1983 :

« En subordonnant la validité des clauses attributives de juridiction à l'existence d'une convention entre les parties, l'article 17 de la convention de Bruxelles du 27 septembre 1968 impose au juge saisi l'obligation d'examiner si la clause qui lui attribue compétence a fait effectivement l'objet d'un consentement entre parties qui doit se manifester d'une manière claire et précise. Si en principe, une déclaration unilatérale n'est pas suffisante pour constituer la convention requise pour la validité de la prorogation de compétence, la cour d'appel a pu, en l'espèce, déduire l'existence d'un consentement des deux parties à la clause de ses constatations selon lesquelles l'exportateur italien, en relations d'affaires continues depuis plusieurs années avec une société française, connaissait parfaitement les conditions habituelles d'achat de celle-ci et en particulier la clause attributive de juridiction donnant compétence exclusive au tribunal de commerce du lieu de son siège pour trancher tous différends découlant des contrats de fourniture » (Cass. 1re civ., 31 mai 1983 : *Bull. civ.* 1983, I, n° 139 ; *Gaz. Pal.* 1983, 2, pan. p. 295).

La chambre commerciale devait adopter la même solution en droit interne :

« Dès lors qu'au tireur resté porteur des lettres de change, le tiré accepteur aurait pu opposer les exceptions nées du rapport fondamental, une cour d'appel a considéré à bon droit que le tireur qui exerçait à l'encontre du débiteur l'action cambiaire était lui-même fondé à se prévaloir d'une clause d'attribution de compétence résultant de ce même rapport » (Cass. com., 5 mars 1991 : *Bull. civ.* 1991, IV, n° 96 ; *Gaz. Pal.* 1992, 1, pan. p. 6). En d'autres termes, une clause non souscrite par la partie peut lui être opposée.

Cependant, la référence contractuelle demeure essentielle, comme la première chambre civile de la Cour de cassation devait le rappeler dans un arrêt du 30 juin 1992, selon le motif suivant « La connaissance par l'une des parties des conditions générales de l'autre partie contenant une clause de juridiction ne suffit pas, même au cas de relations d'affaires suivies, à lui rendre opposable cette clause si le contrat n'y fait aucune référence directement ou indirectement. » (Cass. 1re civ., 30 juin 1992 : *Bull. civ.* 1992, I, n° 203 ; *D.* 1994, p. 169, note P. Guez).

Voir également en droit maritime où la Cour de cassation considère que la clause même insérée au connaissement n'est pas opposable au destinataire, sauf acceptation spéciale de sa part (Cass. com., 29 nov. 1994 : *Bull. civ.* 1994, IV, n° 360 ; *DMF* 1995, p. 209, obs. P. Bonassies). Comp. Cass. com., 16 déc. 2008 : *DMF* 2009, p. 124).

Sachant également que lorsque les clauses figurant sur les documents des parties sont « inconciliables », elles s'annulent :

« Dès lors que les clauses attributives de juridiction figurant respectivement sur les instruments contractuels des parties à un contrat de vente sont inconciliables, ces dispositions ont pour effet de s'annuler et la juridiction territorialement compétente est dès lors déterminée par les règles du Nouveau Code de procédure civile » (Cass. com., 20 nov. 1984 : *Bull. civ.* 1984, IV, n° 313 ; *Gaz. Pal.* 1985, 1, pan. p. 118).

« Au cas où coexistent des clauses attributives de juridiction qui se contredisent ou sont inconciliables, il y a lieu de faire application des règles de compétence de droit commun. Dès lors qu'il résulte des énonciations de l'arrêt attaqué renvoyant aux écritures des parties, que les actes notariés contenaient, en sus d'une clause attribuant compétence aux tribunaux de la Principauté de Monaco sans autre précision, également des clauses attribuant compétence aux tribunaux de Paris, le défendeur a pu être légitimement attrait devant le tribunal qui était celui de son domicile » (Cass. 1re civ., 28 mars 1995 : *Bull. civ.* 1995, I, n° 140 ; *Gaz. Pal.* 1995, 2, pan. p. 215 ; *D.* 1995, inf. rap. p. 119 ; *RTD civ.* 1997, p. 121, obs. Mestre).

« Après avoir relevé que les conditions générales d'achat contenaient une clause aux termes de laquelle "toutes nos commandes sont passées aux présentes conditions d'achat, toutes clauses ne figurant ni dans les présentes conditions générales, ni dans notre commande (et à plus forte raison toutes clauses contraires) doivent faire l'objet de notre acceptation écrite. Les accusés de réception de nos fournisseurs ne sauraient nous être opposés pour ce qui concerne ces clauses", une cour d'appel a fait l'exacte application de l'ancien article 121 de la loi du 25 janvier 1985, dans sa rédaction applicable en la cause, en retenant, que la contradiction entre les conditions générales de vente et les conditions générales d'achat excluait l'existence de tout accord des parties sur l'application de la clause de réserve de propriété, de sorte que la société venderesse ne pouvait se prévaloir du silence opposé par la société acheteuse au reçu des factures et des accusés de réception des commandes comportant la clause susvisée pour en déduire que l'acquéreur l'avait acceptée tandis qu'il en avait, au contraire, expressément écarté l'application, sauf acceptation écrite non alléguée en l'espèce » (Cass. com., 3 déc. 1996 : *Bull. civ.* 1996, IV, n° 299 ; *Gaz. Pal.* 1997, 1, pan. p. 57 ; *D.* 1997, inf. rap. p. 31).

Voir également sur l'opposabilité de prétendus usages bancaires (Cass. com., 11 mai 1999) : « En l'absence d'adhésion d'une épouse, titulaire d'un compte joint, aux usages bancaires qui ne feraient aucune obligation aux banques d'informer celle-ci de la décision de son époux, cotitulaire dudit compte, de se désolidariser du fonctionnement du compte joint, la banque devait informer l'épouse de la décision que lui avait notifiée son époux cotitulaire et qui avait eu pour effet de mettre fin à la convention de compte joint dont elle était gestionnaire, ce dont résultait la responsabilité, au moins partielle, de la banque, sur le fondement de l'article 1147 du Code civil ».

Par contrat du 21 septembre 1994 un éleveur a passé commande à une société d'un lot de 19 000 poussins qu'il a fait livrer à des époux chargés aux termes d'un contrat d'intégration, d'en assurer l'élevage jusqu'à maturation en poules pondeuses. Le lot ayant été abattu après que les services sanitaires aient détecté la présence de salmonelle et les époux ayant demandé la réparation de leur préjudice, l'éleveur a sollicité la garantie pleine et entière de ladite société. A été cassé l'arrêt qui, pour rejeter la demande en garantie, relève que les clauses limitatives et exonératoires de responsabilité contenues dans les conditions générales de vente de la société étaient reproduites sur les bons de commande et les facturations de 1992 et 1993, lesquelles portaient également sur les poussins d'un jour et avaient été acquittées par l'éleveur, de sorte que ce dernier, qui en avait eu connaissance, avait contracté en toute connaissance de cause, que la continuité, depuis 1992, des relations d'affaires entre les parties et l'absence de contestation de la part de l'acquéreur des clauses limitatives de responsabilité, rédigées en termes clairs et apparents dans les actes susvisés, établissaient que ce dernier en avait accepté les termes et qu'elles lui étaient opposables. En se fondant exclusivement sur les relations d'affaires suivies, sans relever que la vente conclue le 21 septembre 1994 se serait référée, de façon directe ou indirecte, à la clause limitative de garantie, la cour d'appel n'a pas donné une base légale à sa décision au regard des articles 1108, 1134 et 1341 du Code civil (Cass. 1re civ., 18 oct. 2005 : *Bull. civ.* 2005, I, n° 377).

Voir encore :

Cass. 1re civ., 17 févr. 2010, n° 08-12.479

Attendu que l'Agence pour la sécurité de la navigation aérienne en Afrique et à Madagascar (ASECNA), établissement de droit public international dont le siège social est à Dakar et le siège administratif à Paris assure les services de contrôle aérien au dessus du continent africain puis en facture le coût aux compagnies aériennes dont les avions survolent ce secteur, parmi lesquelles la société congolaise Hewa Bora Airways ; que la société Belge Demavia se dit l'agent de cette compagnie aérienne ; que l'ASECNA a assigné les deux sociétés en paiement de factures devant le tribunal de commerce de Paris ; que les défenderesses ont contesté la clause attributive de juridiction au tribunal de commerce ;

Attendu que les sociétés Hewa Bora Airways et Demavia font grief à l'arrêt attaqué (Paris, 14 nov. 2007) d'avoir rejeté leurs contredits et dit le tribunal de commerce de Paris compétent, alors, selon les moyens :

1°/ qu'il résulte des règles internes de compétence transposées à l'ordre international qu'une clause attributive de juridiction n'est opposable à une partie que si elle est stipulée dans un document contractuel ou dans des conditions générales auxquelles ce document se réfère ; que la cour d'appel, en retenant, pour déclarer opposable à la société Hewa Bora la clause attributive de juridiction contenue dans un document agréé OACI, sur l'affichage de ce document dans les aéroports et sa communication aux compagnies dans des conditions non précisées, a violé les règles précitées et l'article 48 du Code de procédure civile ;

2°/ que l'article 48 du Code de procédure civile transposé à l'ordre international une clause attributive de juridiction n'est opposable à une partie que si elle a été spécifiée de façon très apparente dans l'engagement de celle-ci ; qu'ainsi, la cour d'appel, en déclarant opposable à Hewa Bora la clause attributive de juridiction aux tribunaux de Paris, mentionnée dans les factures émises par l'ASECNA, sans rechercher si cette clause satisfaisait aux exigences de forme précitées, a privé son arrêt de base légale au regard dudit texte ;

3°/ qu'une clause attributive de juridiction ne peut être opposée à un plaideur qu'à la condition que ce dernier l'ait acceptée par écrit, ou verbalement avec confirmation écrite, ou sous une forme répondant aux exigences de l'article 23 du règlement CE n° 44/2001 du 22 décembre 2000 ; que le simple paiement de factures par un mandataire, pour le compte de son mandant, ne rend pas ce mandataire partie à la convention en vertu de laquelle ont été émises ces factures, et n'emporte pas acceptation, par ce mandant, de la clause attributive de juridiction figurant au bas de ces mêmes factures ; qu'en se déterminant aux motifs inopérants que les versements partiels effectués par la société Demavia en règlement des factures émises par l'ASECNA, au titre de prestations fournies à la société Hewa Bora Airways, ne permettaient plus à la société Demavia de contester la compétence du tribunal de commerce de Paris, sans répondre au moyen de la société Demavia pris de ce que celle-ci avait procédé aux versements litigieux en qualité de mandataire de la société Hewa Bora Airways la cour d'appel a violé l'article 455 du Code de procédure civile ;

4°/ qu'à défaut d'acceptation écrite ou verbale confirmée par écrit, une clause attributive de juridiction doit avoir été conclue sous une forme conforme aux habitudes que les parties ont établies entre elles, ou à défaut, conforme à un usage du commerce international connu et régulièrement observé dans le type de commerce en cause ; qu'en se bornant à se fonder sur « l'ancienneté » des relations de l'ASECNA avec les sociétés Hewa Bora Airways et Demavia, ainsi que sur le « nombre de factures » réglées par cette dernière, sans constater l'acceptation de la clause attributive de juridiction litigieuse par la société Demavia selon l'une des formes prévues à l'article 23 du règlement CE n° 44/2001 du 22 décembre 2000, la cour d'appel a violé cette disposition ;

5°/ que l'insuffisance de motifs équivaut au défaut de motifs ; qu'en affirmant que la société Demavia affrétait régulièrement des avions à la société Hewa Bora Airlines, sans préciser concrètement sur quels éléments elle fondait cette appréciation ni procéder à aucune analyse, la cour d'appel n'a pas mis la Cour de cassation en mesure d'exercer son contrôle, et a violé l'article 455 du Code de procédure civile ;

Mais attendu que l'arrêt relève, d'abord, par motifs propres et adoptés, que l'ASECNA est chargée, par les états contractants, d'assurer la sécurité du trafic aérien sur la zone, obligation lui étant faite de prendre en charge tout avion la survolant ; puis, qu'il incombe aux compagnies aériennes opérant dans ce secteur, qui souscrivent un contrat d'adhésion, de prendre connaissance des conditions écrites de la convention, en particulier de la clause attributive de juridiction, ces conditions étant affichées dans les aéroports de la zone et régulièrement adressées aux sociétés dont Hewa Bora Airways et Demavia ; que la cour d'appel a, d'une part, estimé souverainement, par motifs propres et adoptés, que la société Demavia, qui se prétendait simple agent de la société Hewa Bora Airways, affrétait en fait des avions de cette société ; qu'elle a, d'autre part retenu que, compte tenu de l'ancienneté de leurs relations d'affaires avec la société de contrôle aérien, les deux sociétés ne pouvaient soutenir ignorer la clause attributive de juridiction, reproduite sur chacune des factures de l'ASECNA, dont une partie a été payée par la société Demavia ; qu'elle a pu en déduire, par une décision motivée et sans encourir les griefs de violation des articles 48 du Code de procédure civile et 23 du règlement CE du 22 décembre 2000, que la clause était opposable aux deux sociétés et que le tribunal de commerce de Paris était compétent ;

D'où il suit que les moyens ne sont pas fondés ;

Par ces motifs : Rejette les pourvois.

2. Le sort des documents annexes

Le problème est souvent posé en jurisprudence de savoir si une partie a eu connaissance des documents annexes et dans quelle mesure ils lui sont opposables.

En matière de droit des assurances, on a admis que les conditions générales du contrat, auxquelles renvoient les conditions particulières, étaient opposables au consommateur :

L'article L. 132-1 du Code de la consommation, dans sa rédaction antérieure à la loi n° 95-96 du 1er février 1995, énonçait que « sont réputées non écrites les clauses relatives à l'étendue des garanties lorsqu'elles apparaissent imposées aux non-professionnels ou consommateurs par un abus de la puissance économique de l'autre partie et confèrent à cette dernière un avantage excessif ». Un assuré victime d'un vol commis dans son domaine avait, en se fondant sur une police d'assurances multirisques habitation assigné son assureur en réparation de son préjudice. La Cour de cassation considère « qu'a violé le texte précité la cour d'appel qui, pour écarter une clause figurant dans les conditions générales de la police et limitant en cas de vol d'objets mobiliers entreposés dans des dépendances, la garantie de l'assureur à 20 % du capital assuré et décider que l'assureur devait garantir intégralement son assuré pour le vol dont il a été victime, après avoir relevé, d'une part, l'indication dans les conditions particulières, seules signées par l'assuré, de la surface développée des biens immobiliers composant son domaine et, d'autre part, la limitation de garantie insérée, en ce qui concerne le mobilier contenu dans les dépendances, dans un tableau annexé aux conditions générales, a énoncé qu'en droit et de façon générale, sont abusives les clauses qui n'apparaissent pas clairement et en toutes lettres très apparentes dans le contrat spécifique de l'assuré, le seul qui l'intéresse et qui définit les modalités particulières de son cocontractant, ajoutant "qu'en l'espèce, l'assureur aurait dû, pour se prévaloir effectivement de la limitation de garantie qu'il invoque, faire figurer celle-ci dans un document unique et personnalisé signé par les deux parties", alors qu'elle avait constaté que, dans les conditions particulières de la police, l'assuré avait reconnu avoir reçu un exemplaire des conditions générales et du tableau des garanties annexé à celles-ci et alors que le renvoi fait dans les conditions particulières de la police aux conditions générales ne révélait pas un abus de puissance économique de l'assureur et ne lui conférait aucun avantage excessif » (Cass. 1re civ., 10 avr. 1996 : *Bull. civ.* 1996, I, n° 177 ; *Gaz. Pal.* 1996, 2, somm. p. 445, note A.F.R ; *JCP* G 1996, II, 22694, note Claret et Paisant ; *Contrats, conc. consom.* 1996, p. 113, obs. Raymond ; *RTD civ.* 1997, p. 118, obs. Mestre).

La question est plus discutable lorsque le document annexe est **publicitaire** :

« Doit être cassé l'arrêt qui, pour accueillir la demande de l'acquéreur d'un lot de boutiques dans un centre commercial en résolution de la vente, a retenu que si une plaquette publicitaire ne vaut document contractuel que si elle est annexée à l'acte de vente ou visée par celui-ci, il n'en reste pas moins qu'elle constitue la matérialisation du devoir de renseignement requis du vendeur professionnel et qu'en l'espèce, la plaquette distinguait elle-même ce qui n'était pas contractuel, désignant clairement le dessin de la seconde page et donnant par là, *a contrario*, ce caractère aux spécifications de la première page. En statuant ainsi, par des motifs qui ne suffisent pas à caractériser la valeur contractuelle du document publicitaire et tout en constatant que l'acquéreur était, par sa qualité de distributeur, averti des risques encourus, la cour d'appel a violé les articles 1134 et 1184 du Code civil » (Cass. 3e civ., 17 juill. 1996 : *Bull. civ.* 1996, III, n° 197 ; *D.* 1997, somm. p. 342, obs. Tournafond ; *Contrats, conc. consom.* 1997, p. 4, obs. Leveneur ; *Defrénois* 1996, p. 1366 et les obs.).

« Ayant relevé, d'un côté, que la société fournisseur d'une machine à libeller les chèques avait garanti dans ses documents publicitaires que les chèques libellés au moyen de la machine litigieuse étaient infalsifiables et, d'un autre côté, que l'acheteur, malgré l'utilisation de cette machine qu'il avait achetée à la société, avait été victime de chèques falsifiés, un arrêt a exactement retenu que ladite société avait manqué à son engagement » (Cass. com., 17 juin 1997 : *Bull. civ.* 1997, IV, n° 195 ; *D.* 1998, p. 248, note Pignarre et Paisant ; *Gaz. Pal.* 1998, 1, pan. cass. p. 91 ; *JCP* G 1997, I, 4056, nos 1 et s., obs. Labarthe ; *ibid.* 1998, I, 144, n° 8, obs. Viney ; *Contrats, conc. consom.* 1997, n° 177, note Leveneur).

Parfois, la grandeur des caractères du document fait la différence :

« (...) est inopposable au locataire la clause du contrat écrite en petits caractères et noyée dans les clauses d'exclusion, prévoyant que la garantie complète des dommages au véhicule nécessite une assurance complémentaire, alors que le dépliant publicitaire annonçait sans nuances une garantie de ces dommages, ce qui incitait les clients à relâcher leur attention. » (Cass. 1re civ., 27 févr. 1996 : *Contrats, conc. consom.* 1996, p. 94, obs. Leveneur ; *Defrénois* 1996, p. 742, obs. Aubert ; *RTD civ.* 1997, p. 118, obs. Mestre).

155. – Formation du contrat et commerce électronique. La question préalable est de déterminer quelle est la spécificité du commerce électronique par rapport au droit commercial ordinaire. Pour certains, le commerce électronique est un autre monde, un monde virtuel qui échappe à toutes les catégories juridiques. Aux États-Unis a été créée la *Cyberspace Law*, version anglo-américaine d'une *lex electronica*. La jurisprudence serait ainsi spécifique. L'an 2000 a vu les premiers cybertribunaux offrir leurs services.

Il convient de rester lucide sur cette question, ce qui ne veut pas dire sans enthousiasme. Un contrat reste un contrat quelle que soit la façon dont la liaison s'établit entre les parties. Le commerce électronique repose sur des contrats par correspondance ou par téléphone – la théorie des contrats entre absents a vocation à s'appliquer. Ces contrats ont une assise dans le monde réel. Derrière les écrans, ce sont des personnes physiques appelées à confronter les lois et à comparaître devant les tribunaux. En pratique, cela ne veut pas dire qu'il n'y ait aucune spécificité :

– ces contrats peuvent présenter un danger pour la communauté et c'est pourquoi il convient de respecter la personne et de lui assurer la protection à laquelle elle a droit ;

– la difficulté est souvent de déterminer la loi applicable et la juridiction compétente ;

– cela se passe moins facilement dans l'ordre interne : l'ordre est avant tout économique. Le risque est certain de voir certains tenter d'échapper à l'ordre juridique et juridictionnel français.

En la matière, le préalable consiste à identifier les textes applicables. Le premier est la directive n° 2000/31/CE du 8 juin 2000. La loi sur la société de l'information a transposé en droit interne le contenu de cette directive par la création d'une partie spécifique dans le Code civil :

La loi sur la société de l'information

La loi sur la société de l'information (*L. n° 2004-575, 21 juin 2004*) a été renumérotée par l'ordonnance n° 2005-674 du 16 juin 2005.

CHAPITRE III. – LES CONTRATS PAR VOIE ÉLECTRONIQUE

Art. 23. – Il est créé, après le chapitre VI du titre III du livre III du Code civil, un chapitre VII ainsi rédigé :

« CHAPITRE VII. – DES CONTRATS OU OBLIGATIONS SOUS FORME ÉLECTRONIQUE

Section I. – De l'échange d'informations en cas de contrat sous forme électronique

Art. 1369-1. – La voie électronique peut être utilisée pour mettre à disposition des conditions contractuelles ou des informations sur des biens ou services.

Art. 1369-2. – Les informations qui sont demandées en vue de la conclusion d'un contrat ou celles qui sont adressées au cours de son exécution peuvent être transmises par courrier électronique si leur destinataire a accepté l'usage de ce moyen.

Art. 1369-3. – Les informations destinées à un professionnel peuvent lui être adressées par courrier électronique, dès lors qu'il a communiqué son adresse électronique.

Si ces informations doivent être portées sur un formulaire, celui-ci est mis, par voie électronique, à la disposition de la personne qui doit le remplir.

Section II. – De la conclusion d'un contrat sous forme électronique

Art. 1369-4. – Quiconque propose, à titre professionnel, par voie électronique, la fourniture de biens ou la prestation de services, met à disposition les conditions contractuelles applicables d'une manière qui permette leur conservation et leur reproduction. Sans préjudice des conditions de validité mentionnées dans l'offre, son auteur reste engagé par elle tant qu'elle est accessible par voie électronique de son fait.

L'offre énonce en outre :

1° Les différentes étapes à suivre pour conclure le contrat par voie électronique ;

2° Les moyens techniques permettant à l'utilisateur, avant la conclusion du contrat, d'identifier les erreurs commises dans la saisie des données et de les corriger ;

3° Les langues proposées pour la conclusion du contrat ;

4° En cas d'archivage du contrat, les modalités de cet archivage par l'auteur de l'offre et les conditions d'accès au contrat archivé ;

5° Les moyens de consulter par voie électronique les règles professionnelles et commerciales auxquelles l'auteur de l'offre entend, le cas échéant, se soumettre.

Art. 1369-5. – Pour que le contrat soit valablement conclu, le destinataire de l'offre doit avoir eu la possibilité de vérifier le détail de sa commande et son prix total, et de corriger d'éventuelles erreurs, avant de confirmer celle-ci pour exprimer son acceptation.

L'auteur de l'offre doit accuser réception sans délai injustifié et par voie électronique de la commande qui lui a été ainsi adressée.

La commande, la confirmation de l'acceptation de l'offre et l'accusé de réception sont considérés comme reçus lorsque les parties auxquelles ils sont adressés peuvent y avoir accès.

Art. 1369-6. – Il est fait exception aux obligations visées aux 1° à 5° de l'article 1369-1 et aux deux premiers alinéas de l'article 1369-2 pour les contrats de fourniture de biens ou de prestation de services qui sont conclus exclusivement par échange de courriers électroniques.

Il peut, en outre, être dérogé aux dispositions de l'article 1369-2 et des 1° à 5° de l'article 1369-1 dans les conventions conclues entre professionnels.

Section III. – De l'envoi ou de la remise d'un écrit par voie électronique

Art. 1369-7. – Une lettre simple relative à la conclusion ou à l'exécution d'un contrat peut être envoyée par courrier électronique.

L'apposition de la date d'expédition résulte d'un procédé électronique dont la fiabilité est présumée, jusqu'à preuve contraire, lorsqu'il satisfait à des exigences fixées par décret en Conseil d'État.

Art. 1369-8. – Une lettre recommandée relative à la conclusion ou à l'exécution d'un contrat peut être envoyée par courrier électronique à condition que ce courrier soit acheminé par un tiers selon un procédé permettant d'identifier le tiers, de désigner l'expéditeur, de garantir l'identité du destinataire et d'établir si la lettre a été remise ou non au destinataire.

Le contenu de cette lettre, au choix de l'expéditeur, peut être imprimé par le tiers sur papier pour être distribué au destinataire ou peut être adressé à celui-ci par voie électronique. Dans ce dernier cas, si le destinataire n'est pas un professionnel, il doit avoir demandé l'envoi par ce moyen ou en avoir accepté l'usage au cours d'échanges antérieurs.

Lorsque l'apposition de la date d'expédition ou de réception résulte d'un procédé électronique, la fiabilité de celui-ci est présumée, jusqu'à preuve contraire, s'il satisfait à des exigences fixées par un décret en Conseil d'État.

Un avis de réception peut être adressé à l'expéditeur par voie électronique ou par tout autre dispositif lui permettant de le conserver.

Les modalités d'application du présent article sont fixées par décret en Conseil d'État.

Art. 1369-9. – Hors les cas prévus aux articles 1369-1 et 1369-2, la remise d'un écrit sous forme électronique est effective lorsque le destinataire, après avoir pu en prendre connaissance, en a accusé réception.

Si une disposition prévoit que l'écrit doit être lu au destinataire, la remise d'un écrit électronique à l'intéressé dans les conditions prévues au premier alinéa vaut lecture.

Section IV. – De certaines exigences de forme

Art. 1369-10. – Lorsque l'écrit sur papier est soumis à des conditions particulières de lisibilité ou de présentation, l'écrit sous forme électronique doit répondre à des exigences équivalentes.

L'exigence d'un formulaire détachable est satisfaite par un procédé électronique qui permet d'accéder au formulaire et de le renvoyer par la même voie.

Art. 1369-11. – L'exigence d'un envoi en plusieurs exemplaires est réputée satisfaite sous forme électronique si l'écrit peut être imprimé par le destinataire.

Il est inséré, après l'article L. 134-1 du Code de la consommation, un article L. 134-2 ainsi rédigé :

« *Art. L. 134-2.* – Lorsque le contrat est conclu par voie électronique et qu'il porte sur une somme égale ou supérieure à un montant fixé par décret, le contractant professionnel assure la conservation de l'écrit qui le constate pendant un délai déterminé par ce même décret et en garantit à tout moment l'accès à son cocontractant si celui-ci en fait la demande ».

SECTION 2

LA CAPACITÉ DE CONTRACTER

Le principe est édicté par l'article 1123 du Code civil : « toute personne peut contracter, si elle n'en est pas déclarée incapable par la loi ». Il en résulte que l'incapacité est l'exception et qu'elle doit avoir été prévue par les textes.

SOUS-SECTION 1

NOTION

La notion d'incapacité peut être envisagée d'un double point de vue : négatif et positif.

§ 1. – Ce que n'est pas l'incapacité

A. – L'incapacité se distingue du défaut de consentement

156. – **Incapacité et défaut du consentement.** Le consentement d'une personne peut être vicié ; il peut même ne pas exister. Un fou n'exprime aucun consentement. Il n'est pas forcément incapable.

Cass. 1re civ., 9 janv. 1963 : *Bull. civ.* 1963, I, n° 21

L'arrêt qui prononce la nullité d'une reconnaissance de dette est légalement justifié dès lors qu'il résulte des énonciations de la cour d'appel que le souscripteur, qui a été interné dans un hôpital psychiatrique quelques jours après la signature de l'acte, n'était pas, en raison des troubles psychiques dont il était atteint à l'époque, en état de souscrire un engagement valable, ce qui équivaut à une absence de consentement.

B. – L'incapacité se distingue du dessaisissement

157. – **Notion et application du dessaisissement.** Le dessaisissement est caractérisé lorsqu'une personne fait l'objet d'une saisie. Elle est toujours propriétaire de ses biens mais n'en a plus l'administration et la disposition ; elle peut certes agir, mais ses actes seront inopposables au créancier saisissant.

La question se pose également en matière de procédure collective : avant les réformes modernes des procédures collectives (L. 13 juill. 1967 réformée par L. 25 janv. 1985, modifiée par L. 10 juin 1994), dès l'instant qu'une procédure de faillite était ouverte, le débiteur était frappé de dessaisissement. Il ne pouvait agir que par l'intermédiaire d'un syndic, et s'il agissait seul, les actes qu'il avait passés étaient frappés d'inopposabilité à la masse des créanciers, même s'ils restaient par ailleurs valables.

Depuis les réformes de 1985 et 1994, les solutions sont un peu différentes. La notion de « masse » a en effet été supprimée, et par voie de conséquence, il en a été de même du dessaisissement du débiteur.

Désormais, ce dernier peut, en principe, continuer à accomplir les actes de la vie courante.

Pour la procédure de sauvegarde (Ord. n° 2008-1345, 18 déc. 2008) :

Code de commerce

Art. L. 622-1 : « I. – L'administration de l'entreprise est assurée par son dirigeant.

II. – Lorsque le tribunal, en application des dispositions de l'article L. 621-4, désigne un ou plusieurs administrateurs, il les charge ensemble ou séparément de surveiller le débiteur dans sa gestion ou de l'assister pour tous les actes de gestion ou pour certains d'entre eux.

III. – Dans sa mission d'assistance, l'administrateur est tenu au respect des obligations légales et conventionnelles incombant au chef d'entreprise.

IV. – À tout moment, le tribunal peut modifier la mission de l'administrateur sur la demande de celui-ci, du mandataire judiciaire ou du ministère public.

V. – L'administrateur peut faire fonctionner sous sa signature les comptes bancaires ou postaux dont le débiteur est titulaire si ce dernier a fait l'objet des interdictions prévues aux articles 65-2 et 68, troisième alinéa, du décret du 30 octobre 1935 unifiant le droit en matière de chèques. »

Dans la procédure de sauvegarde comme dans la procédure de redressement judiciaire (renvoi par l'article L. 631-14 à l'article L. 622-3), le débiteur demeure capable :

Code de commerce

Art. L. 622-3 : « Le débiteur continue à exercer sur son patrimoine les actes de disposition et d'administration, ainsi que les droits et actions qui ne sont pas compris dans la mission de l'administrateur.

En outre, sous réserve des dispositions des articles L. 622-7 et L. 622-13, les actes de gestion courante qu'accomplit seul le débiteur sont réputés valables à l'égard des tiers de bonne foi. »

En cas de liquidation judiciaire, le débiteur reste cependant dessaisi.

Code de commerce

Art. L. 641-9 : « I. – Le jugement qui ouvre ou prononce la liquidation judiciaire emporte de plein droit, à partir de sa date, dessaisissement pour le débiteur de l'administration et de la disposition de ses biens même de ceux qu'il a acquis à quelque titre que ce soit tant que la liquidation judiciaire n'est pas clôturée. Les droits et actions du débiteur concernant son patrimoine sont exercés pendant toute la durée de la liquidation judiciaire par le liquidateur.

Toutefois, le débiteur peut se constituer partie civile dans le but d'établir la culpabilité de l'auteur d'un crime ou d'un délit dont il serait victime.

Le débiteur accomplit également les actes et exerce les droits et actions qui ne sont pas compris dans la mission du liquidateur ou de l'administrateur lorsqu'il en a été désigné.

II. – Lorsque le débiteur est une personne morale, les dirigeants sociaux en fonction lors du prononcé du jugement de liquidation judiciaire le demeurent, sauf disposition contraire des statuts ou décision de l'assemblée générale. En cas de nécessité un mandataire peut être désigné en leur lieu et place par ordonnance du président du tribunal sur requête de tout intéressé, du liquidateur ou du ministère public.

Le siège social est réputé fixé au domicile du représentant légal de l'entreprise ou du mandataire désigné.

III. – Lorsque le débiteur est une personne physique, il ne peut exercer, au cours de la liquidation judiciaire, aucune des activités mentionnées au premier alinéa de l'article L. 640-2. Toutefois, le débiteur entrepreneur individuel à responsabilité limitée peut poursuivre l'exercice d'une ou de plusieurs de ces activités, si celles-ci engagent un patrimoine autre que celui visé par la procédure. »

C. – L'incapacité se distingue du défaut de pouvoir

158. – Pouvoir, représentation et incapacité. Avec la notion de pouvoir, on évoque le mécanisme de la représentation. Ce dernier permet à quelqu'un de conclure un contrat, non pas pour lui-même, mais pour le compte de quelqu'un d'autre. Le représentant contracte pour le compte du représenté, qui lui donne ainsi une mission : passer un contrat ou, plus généralement, un acte juridique, avec un tiers. Le représentant doit respecter la mission de représentation afin que le contrat entre le représentant et le tiers – l'objet du contrat de représentation – puisse produire ses effets et que le représenté soit lié audit contrat, comme s'il l'avait conclu lui-même.

Code civil

Art. 1984 : « Le mandat ou procuration est un acte par lequel une personne donne à une autre le pouvoir de faire quelque chose pour le mandant et en son nom.

Le contrat ne se forme que par l'acceptation du mandataire. »

Il convient de mettre à part la convention de prête-nom, dans laquelle un individu accepte de réaliser un acte juridique au profit d'un tiers en conservant le secret de cette représentation (V. *infra*, n° 308).

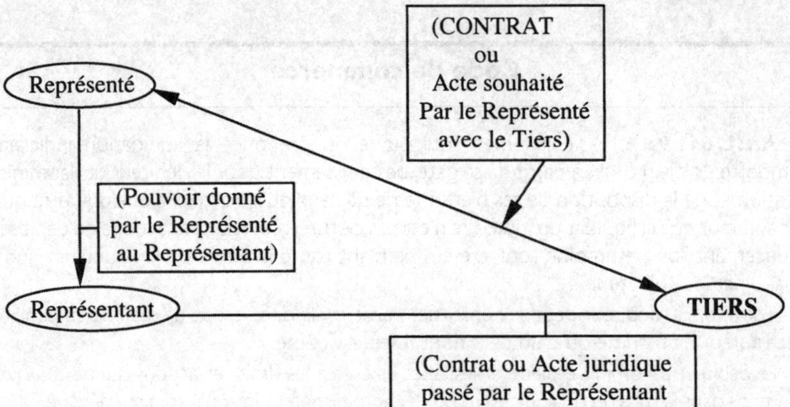

1° Les conditions de la représentation

a) Le pouvoir

159. – Le représenté donne le pouvoir à son représentant d'agir en son nom et pour son compte. Ce pouvoir peut être d'origine légale (en matière de mariage…), judiciaire (cas de l'administrateur judiciaire) ou conventionnel (cas du contrat de mandat, des statuts de la personne morale pour les dirigeants de celle-ci…). Si le signataire de l'acte n'a pas reçu de pouvoir de la part du représenté, il est seul tenu et ne peut engager son « mandant ».

b) La personne du représentant

160. – Il doit avoir l'intention d'agir au nom et pour le compte du représenté. Si cette volonté est clairement exprimée, le tiers le saura et la représentation est alors parfaite. Dans le cas contraire, le tiers n'est pas au courant du contrat de représentation, et la représentation ne pourra qu'être considérée comme imparfaite. C'est le cas du contrat de commission défini ainsi par l'article L. 132-1 du Code de commerce : « Le commissionnaire est celui qui agit en son propre nom ou sous un nom social pour le compte d'un commettant ».

La même solution prévaut, même si le tiers est prévenu qu'il y a représentation sans connaître le nom du représenté.

2° Les effets de la représentation

a) En cas de représentation dite parfaite

161. – La personne du représentant va s'effacer de la scène juridique. Désormais, la personne tenue par les liens contractuels est le représenté. Encore faut-il que le représentant ait agi dans les limites de sa mission, dans les limites de son pouvoir. De surcroît, il faut apprécier la **capacité** de contracter uniquement dans **la personne du représenté** : si le représentant est victime d'un vice du consentement, le représenté pourra s'en prévaloir.

À l'inverse, le représenté ne pourra invoquer un dol si le représentant s'en est rendu coupable ; le mandant est responsable du dol commis par le mandataire dans l'exécution de son mandat, dès lors qu'il n'y a pas eu dépassement de pouvoirs. Ayant relevé que la SCI venderesse avait confié à une société le mandat de vendre des appartements et qu'il n'était pas démontré que cette société aurait dépassé les limites des pouvoirs de représentation conférés par le mandant, alors que la SCI avait connaissance des informations fallacieuses communiquées par le mandataire aux acheteurs potentiels et avait bénéficié du dol, lequel avait été appuyé par l'offre d'une garantie locative excessive afin d'accréditer l'idée que le prêt bancaire serait remboursé par les loyers, la Cour d'appel a pu en déduire que la SCI était responsable du dol commis envers les acquéreurs tiers de bonne foi par la société mandataire dans l'exécution de son mandat, et a donc justement accueilli la demande de nullité de la vente pour dol (Cass. 3e civ., 29 avr. 1998 : *Bull. civ.* 1998, III, n° 87).

1. Le mandat double

Une même personne peut-elle agir comme mandataire des deux contractants d'une convention ? Dans une espèce soumise à la Cour de cassation, un agent immobilier ayant reçu mandat d'un vendeur et mandat d'un acquéreur, décida de réaliser l'opération entre les deux parties de lui-même. C'est ce que la première chambre civile a approuvé :

Après avoir posé en attendu principal que « … aucune disposition des articles 1 et suivants de la loi du 2 janvier 1970 et 72 et suivants du décret du 20 juillet 1972 ne fait obstacle à ce qu'un agent immobilier détienne un mandat d'un vendeur et un mandat d'un acquéreur pour une même opération. Il en résulte que le droit à commission existe pour chacun des mandats dès lors que sont satisfaites les exigences prescrites par les articles 6 de la loi et 73 du décret susvisé », la Cour de cassation casse l'arrêt de la cour d'appel qui, « pour condamner une société à restituer une somme d'argent, a énoncé que les dispositions de la loi et du décret précités ne permettaient pas à un agent immobilier, pour une seule et même opération de cession de terrains, de réclamer deux commissions, la première prévue dans le cadre du mandat du vendeur, la seconde dans celui du mandat de l'acheteur, et alors qu'aucun des deux mandats ne mentionnait l'existence de l'autre ni la commission qui y était attachée » (Cass. 1re civ., 13 mai 1998 : *Bull. civ.* 1998, I, n° 169 ; *D.* 1998, inf. rap. p. 147 ; *Gaz. Pal.* 1998, 2, pan. cass. p. 273 ; *RTD civ.* 1998, p. 927, obs. P.-Y. Gautier ; *Defrénois* 1999, p. 366 et la note).

Cette position est discutable tant sur le plan moral (l'agent immobilier recueille par ses fonctions la confiance de ses clients, qui ne se doutent pas qu'il va « rapprocher » deux fiches de son cabinet) que sur le plan juridique : où est l'équilibre contractuel naissant de la confrontation des intérêts ?

Aussi la jurisprudence classique exige-t-elle que ce rapprochement ait lieu « de bonne foi », autrement dit que les parties soient avisées de la situation (Cass. civ., 11 avr. 1860 : *D.* 1860, 1, p. 240).

Reste l'interdit moral, que la loi spécifique reprend parfois par le biais d'une interdiction.

L'article 20 de la loi n° 93-122 du 29 janvier 1993 ainsi rédigé dans son alinéa 1er : « Tout achat d'espace publicitaire ou de prestations ayant pour objet l'édition ou la distribution d'imprimés publicitaires ne peut être réalisé par un intermédiaire que pour le compte d'un annonceur et dans le cadre d'un contrat écrit de mandat »... pose le principe de l'obligation d'un contrat écrit de mandat.

De son côté, l'article 21 de la loi dispose : « Le mandataire mentionné au 1er alinéa de l'article 20 ne peut ni recevoir d'autre paiement que celui qui lui est versé par son mandant pour la rémunération de l'exercice de son mandat ni aucune rémunération ou avantage quelconque de la part du vendeur ». Par arrêt du 6 octobre 1995, la cour d'appel de Paris, 14e chambre B, en déduit :

« En application des dispositions des articles 20 et 21 de la loi du 29 janvier 1993, un tel contrat de mandat exclut l'existence de tout contrat notamment de commission liant le mandataire au vendeur d'espaces publicitaires ; (...) dès lors qu'un contrat de mandat prévoit expressément que l'annonceur réglera l'achat d'espace à l'agence et que celle-ci réglera, après vérification, les factures émises par le vendeur d'espace, l'annonceur ne peut invoquer un quelconque mandat apparent qu'aurait présenté l'agence, celle-ci ayant agi dans la seule application du contrat de mandat (...) c'est donc à juste titre qu'un tribunal de commerce condamne, à titre provisionnel, un annonceur à payer à un vendeur d'espaces publicitaires le montant du coût des insertions non réglées par l'agence de publicité mise en liquidation judiciaire à laquelle il avait fait appel afin de souscrire des ordres d'insertion relatifs aux espaces publicitaires dans les annuaires officiels de France Télécom » (CA Paris, 6 oct. 1995 : *Gaz. Pal.* 1996, 1, somm. p. 274, note A. Penven-Brabander ; *D.* 1995, inf. rap. p. 268).

2. Le mandat apparent

Si, en principe, le mandant n'est pas obligé envers les tiers pour ce que le mandataire a fait au-delà du pouvoir qui lui a été donné, il en est autrement lorsqu'il résulte des circonstances que le tiers a pu légitimement croire que le mandataire agissait en vertu d'un mandat et dans les limites de ce mandat (Cass. 1re civ., 30 mars 1965 : *D.* 1965, p. 559).

Celui qui a laissé créer à l'égard des tiers une apparence de mandat est tenu, comme le mandant, d'exécuter les engagements contractés par le mandataire (Cass. com., 5 déc. 1989 : *Bull. civ.* 1989, IV, n° 309). Une action en remboursement peut être exercée contre le représenté auquel était destinée la somme qui a été remise au représentant. Il en est de même dans le cas où celui qui a laissé créer une apparence de mandat doit réparer le dommage causé aux tiers comme s'il avait été un véritable mandant.

Le mandant peut être engagé sur le fondement d'un mandat apparent, même en l'absence d'une faute susceptible de lui être reprochée, si la croyance du tiers à l'étendue des pouvoirs du mandataire est légitime, ce caractère supposant que les circonstances autorisaient le tiers à ne pas vérifier les limites exactes de ces pouvoirs (Cass. ass. plén., 13 déc. 1962 : *GAJ civ.*, 12e éd., n° 267 ; *D.* 1963, p. 277, note Calais-Auloy ; *JCP* G 1963, II, 13105, note Esmein ; *RTD civ.* 1963, p. 572, obs. Cornu. – Cass. 2e civ., 17 oct. 1979 : *Bull. civ.* 1979, II, n° 242. – Cass. com., 6 juin 1989 : *Bull. civ.* 1989, IV, n° 179 ; *RTD civ.* 1990, p. 270, obs. Mestre. – Cass. com., 17 oct. 1995 : *Bull. civ.* 1995, IV, n° 246 ; *D.* 1997, somm. p. 57 (2e esp.), obs. Ferrier. – Cass. 1re civ., 28 juin 2005 : *Bull. civ.* 2005, I, n° 284 ; *D.* 2005, inf. rap. p. 1962 ; *Contrats, conc. consom.* 2005, n° 202, note Leveneur ; *AJDA* 2005, p. 2124, note Dreyfus (maire mandataire apparent de sa commune).

Parmi les circonstances autorisant le tiers à ne pas vérifier les pouvoirs de son cocontractant, peuvent être relevées, par ex. : – la faible valeur d'une commande à un fournisseur (Cass. com., 8 juill. 1981 : *Bull. civ.* 1981, IV, n° 315), l'autorité et l'honorabilité s'attachant aux fonctions de notaire (Cass. 3e civ., 2 oct. 1974 : *JCP* G 1976, II, 18247, note Thuillier. – Cass. 1re civ., 22 mai 1991 : *JCP* N 1992, II, 372, note Leveneur. – V. aussi, Cass. 3e civ., 4 oct. 2000 : *Bull. civ.* 2000, III, n° 1605. – Cass. 3e civ., 5 juin 2002 : *ibid.*, III, n° 131 ; *Defrénois* 2002, p. 1601, note Gelot. – Cass. 3e civ., 15 déc. 2004 : *Bull. civ.* 2004, III, n° 246 (2 arrêts) ; *JCP* G 2005, II, 10012, concl. Guérin ; *Gaz. Pal.* 2005, p. 2732, note Barbièri ; *Defrénois* 2005, p. 1441, obs. Gelot ; *AJDI* 2005, p. 399, obs. Prigent), la qualité d'avocat représentant la partie adverse à l'instance en homologation d'une transaction comportant renonciation à une servitude, susceptible de laisser croire à l'existence du mandat spécial d'aliéner exigé par l'article 1988, alinéa 2 (Cass. 3e civ., 2 mars 2005 : *Bull. civ.* 2005, III, n° 56), la qualité d'agent immobilier du contractant, qui avait fait paraître une annonce de mise en vente du bien et signé le compromis de vente en qualité de mandataire (Cass. 1re civ., 6 janv. 1994 : *Bull. civ.* 1994, I, n° 1).

La Cour de cassation contrôle la légitimité de la croyance aux pouvoirs du prétendu mandataire (Cass. 1re civ., 29 avr. 1969 : *Bull. civ.* 1969, I, nos 153 à 155 (trois arrêts) ; Rapp. C. cass. 1968-1969, p. 21 ; *D.* 1970, 23 (deux arrêts), note Calais-Auloy ; *JCP* G 1969, II, 15972 (trois arrêts), note Lindon ; *Defrénois* 1969, 1202, note Rouiller. – V. aussi, Cass. com., 25 avr. 1977 : *Bull. civ.* 1977, IV, n° 115. – Cass. 1re civ., 19 oct. 1977 : *ibid.*, I, n° 377. – Cass. 3e civ., 4 mai 1982 : *ibid.* III, n° 111. – Cass. 3e civ., 20 avr. 1988 : *JCP* G 1989, II, 21229, note J. Monéger. – Cass. com., 7 janv. 1992 : *Bull. civ.* 1992, IV, n° 65. – Cass. com., 10 oct. 1993 : *ibid*, IV, n° 319.

Le mandat apparent a pour seul effet d'obliger le mandant à exécuter les engagements pris envers les tiers par le mandataire apparent, mais non d'y obliger ce dernier (Cass. com., 21 mars 1995 : *Bull. civ.* 1995, IV, n° 101).

3. Le défaut de pouvoir

« Vérifier le pouvoir de son cocontractant, surtout s'il s'agit d'un institutionnel, frise la provocation : "Cela ne se fait pas". Et pourtant... Toute personne qui contracte avec une collectivité locale doit être pleinement consciente que l'absence de transmission préalable au préfet de la délibération habilitant le maire à signer prive ce dernier de toute capacité à contracter. Cette incapacité du maire est une cause de nullité d'ordre public du contrat. Cette nullité ne peut faire l'objet d'aucune régularisation *a posteriori* : elle peut être soulevée à tout moment de la vie du contrat, et donc éventuellement après un délai très long dans l'hypothèse de contrats tels que des délégations de service public. C'est ce qu'a affirmé une décision récente du Conseil d'État (arrêt 20 oct. 2000) rendue à propos de la concession d'exploitation d'un réseau câblé confié par une commune à une société privée (...) » (A. Charveriat et J.-L. Tixier, article paru dans le journal *Les Échos*, 3 mai 2001, n° 18396, p. 55).

D'où la vérification suivante :

– si l'acte est signé par le représentant légal de la société : demander un extrait Kbis ;

– **si l'acte est signé par un autre que le représentant légal : demander une procuration ou une délégation de pouvoirs.**

La délégation de pouvoirs renvoie à une notion particulière de mandat : l'obligation a pour objet l'exercice d'une fonction participant à l'organisation du pouvoir au sein de l'entreprise. Elle obéit, en principe, aux règles du mandat.

La nullité d'un contrat, pour absence de pouvoir du mandataire qui est relative, ne peut être demandée que par la partie représentée.

Cass. 1re civ., 9 juill. 2009, n° 08-15.413

Vu l'article 1984 du Code civil ;

Attendu que la nullité d'un contrat pour absence de pouvoir du mandataire, qui est relative, ne peut être demandée que par la partie représentée ;

Attendu qu'un contrat de construction de maison individuelle a été établi, le 30 mai 2001, entre Mme X…, maître de l'ouvrage et la société CIREC, constructeur, que la maison n'ayant pas été édifiée, Mme X… a assigné cette dernière et la société CEGI, garant de la livraison, pour obtenir l'exécution du contrat ;

Attendu que, pour prononcer la nullité du contrat, l'arrêt retient que celui-ci a été signé non par Mme X… mais par M. Y… lequel n'avait aucun mandat pour le faire ;

Qu'en statuant ainsi, alors que seule Mme X… disposait de la faculté de contester l'existence du mandat, la cour d'appel a violé le texte susvisé ;

Par ces motifs et sans qu'il y ait lieu de statuer sur les autres branches du moyen : Casse et annule.

b) En cas de représentation dite imparfaite

162. – Tel est le cas lorsque le représentant n'a pas déclaré aux tiers qu'il agissait pour le compte du représenté ou lorsque le contrat conclu est un contrat de commission. Le représentant est personnellement engagé et devra ensuite transmettre la charge de l'acte accompli du contrat au représenté.

Dans le contrat de commission, le commissionnaire (le représentant) agit pour le compte du commettant (le représenté), mais il agit en son nom propre, de sorte que le tiers ignore la personne du représenté. La commission est, en réalité, un contrat de mandat sans représentation ; elle est très fréquente dans les relations commerciales et dans le transport.

Lorsque la représentation est imparfaite, le représentant est tenu à l'égard du tiers qui ne connaît que lui ; il lui appartiendra de se retourner contre son client pour obtenir le remboursement des frais engagés pour son compte, le bénéfice du contrat revenant à celui-ci. Les relations sont normalement et logiquement étanches, à moins que le représentant ne révèle clairement au tiers sa mission de représentation.

§ 2. – Ce qu'est l'incapacité

163. – Les incapacités s'expliquent par deux idées principales. Tantôt les incapacités tiennent au statut des personnes concernées. Elles s'expliquent par des considérations d'ordre personnel, pour protéger les mineurs et certains majeurs (en tutelle ou curatelle) qui sont en état de faiblesse. Tantôt les incapacités s'expliquent par la nature même du contrat, qui ne peut être conclu par n'importe qui. On distingue deux sortes d'incapacités :

– les incapacités d'exercice (les moins marquées ; C. civ., art. 388 à 415) ;
– les incapacités de jouissance (plus graves et exceptionnelles).

SOUS-SECTION 2

LE RÉGIME DES INCAPACITÉS

§ 1. – Les incapacités d'exercice

L'incapacité d'exercice suppose que l'intéressé ne puisse exercer lui-même le droit de contracter ; il n'est certes pas privé de ce droit, mais ne pourrait l'exercer qu'en étant assisté. Ce type d'incapacité s'explique par la volonté de protéger certaines catégories de personnes.

A. – Les incapacités du mineur

164. – Complexité de l'incapacité d'exercice du mineur. Le mineur est frappé d'une incapacité générale d'exercice. Il ne peut en principe conclure lui-même un contrat : il doit être représenté, soit par un administrateur légal (un de ses parents), soit par un tuteur.

Code civil

Art. 1124 : « Sont incapables de contracter, dans la mesure définie par la loi :

Les mineurs non émancipés ;

Les majeurs protégés au sens de l'article 488 du présent code. »

La capacité du mineur est dictée par une dichotomie très simple : soit le mineur est émancipé, et sa capacité rejoint celle du majeur, soit il ne l'est pas, et son incapacité est totale.

En réalité, les choses sont plus complexes. Un certain nombre d'opérations restent possibles pour les mineurs. Il faut détailler les différents actes susceptibles d'être conclus : certains sont nuls, d'autres seront considérés comme valables.

Code civil

Art. 382 : « Les père et mère ont, sous les distinctions qui suivent, l'administration et la jouissance des biens de leur enfant. »

Art. 383 : « L'administration légale est exercée conjointement par le père et la mère lorsqu'ils exercent en commun l'autorité parentale et, dans les autres cas, sous le contrôle du juge, soit par le père, soit par la mère, selon les dispositions du chapitre précédent.

La jouissance légale est attachée à l'administration légale : elle appartient soit aux deux parents conjointement, soit à celui des père et mère qui a la charge de l'administration. »

Art. 384 : « Le droit de jouissance cesse :

1° Dès que l'enfant a seize ans accomplis, ou même plus tôt quand il contracte mariage ;

2° Par les causes qui mettent fin à l'autorité parentale, ou même plus spécialement par celles qui mettent fin à l'administration légale ;

3° Par les causes qui emportent l'extinction de tout usufruit. »

1° Les actes de la vie courante

165. – Le mineur peut accomplir seul les actes de la vie courante, comme aller au cinéma. Toutefois, ces actes peuvent être annulés lorsqu'ils ont été conclus sous des conditions préjudiciables, *i.e.* lésionnaires pour le mineur. C'est la version moderne de la solution romaine : *Minor restituitur non tanquam minor, sed tamquam laesus* (le mineur doit recevoir restitution non en tant que mineur, mais en tant que lésé).

En ce qui concerne les actes patrimoniaux réalisés seuls par le mineur, les tribunaux ont aménagé la sanction.

Le principe initial est celui de la nullité, combiné à la preuve d'une lésion, conformément à l'article 1305 du Code civil :

> « Dans tous les cas où l'action en nullité ou en rescision d'une convention n'est pas limitée à un moindre temps par une loi particulière, cette action dure cinq ans.
>
> Ce temps ne court dans le cas de violence que du jour où elle a cessé ; dans le cas d'erreur ou de dol, du jour où ils ont été découverts.
>
> Le temps ne court, à l'égard des actes faits par un mineur, que du jour de la majorité ou de l'émancipation ; et à l'égard des actes faits par un majeur protégé, que du jour où il en a eu connaissance, alors qu'il était en situation de les refaire valablement. Il ne court contre les héritiers de la personne en tutelle ou en curatelle que du jour du décès, s'il n'a commencé à courir auparavant. »

L'acte du mineur est nul, si celui-ci ou son représentant parvient à prouver qu'il est victime d'une lésion. La jurisprudence a créé une nullité de droit, pour les actes les plus graves. Les juges ont permis au mineur d'effectuer certains actes de manière autonome, en se référant aux articles 389-3 et 408 du Code civil.

Code civil

> **Art. 389-3 :** « L'administrateur légal représentera le mineur dans tous les actes civils, sauf les cas dans lesquels la loi ou l'usage autorise les mineurs à agir eux-mêmes.
>
> Quand ses intérêts sont en opposition avec ceux du mineur, il doit faire nommer un administrateur *ad hoc* par le juge des tutelles. À défaut de diligence de l'administrateur légal, le juge peut procéder à cette nomination à la demande du ministère public, du mineur lui-même ou d'office.
>
> Ne sont pas soumis à l'administration légale les biens qui auraient été donnés ou légués au mineur sous la condition qu'ils seraient administrés par un tiers. Ce tiers administrateur aura les pouvoirs qui lui auront été conférés par la donation ou le testament ; à défaut, ceux d'un administrateur légal sous contrôle judiciaire. »
>
> **Art. 408 :** « Le tuteur prendra soin de la personne du mineur et le représentera dans tous les actes civils, sauf les cas dans lesquels la loi ou l'usage autorise les mineurs à agir eux-mêmes. »

L'article 1312 du Code civil organise une solution exorbitante du droit commun relativement aux restitutions consécutives à la nullité d'un acte : le mineur ne doit restituer que ce qui a tourné à son profit.

Art. 1312 : « Lorsque les mineurs ou les majeurs en tutelle sont admis, en ces qualités, à se faire restituer contre leurs engagements, le remboursement de ce qui aurait été, en conséquence de ces engagements, payé pendant la minorité ou la tutelle des majeurs, ne peut en être exigé, à moins qu'il ne soit prouvé que ce qui a été payé a tourné à leur profit. »

2° Les actes de conservation et d'administration

166. – Il s'agit là des actes de gestion courante : les petites ventes, les contrats de prestation de service, les locations de courte durée. Ces actes peuvent être conclus par le représentant du mineur, mais non par le mineur seul ; à défaut, ils sont irréguliers et peuvent être annulés, mais, une fois encore, s'ils lèsent les intérêts du mineur.

3° Les actes de disposition

167. – Il s'agit des ventes de biens de valeur, des contrats pouvant endetter le mineur ou engager ses biens. En principe, le mineur ne peut passer seul ces actes : les deux parents le peuvent conjointement ; dans le cas où l'un des parents ne serait pas d'accord, une autorisation du juge des tutelles est nécessaire. Si des actes de disposition sont conclus dans des conditions irrégulières, ils sont frappés de nullité, même s'ils ne portent pas préjudice aux intérêts du mineur.

4° Les actes considérés comme « graves »

168. – Ce sont les actes de nature à appauvrir sérieusement le mineur et dont la liste est établie par l'article 389-5 du Code civil, modifié par la loi n° 2007-308 du 5 mars 2007, qui dispose que :

« Dans l'administration légale pure et simple, les parents accomplissent ensemble les actes qu'un tuteur ne pourrait faire qu'avec l'autorisation du conseil de famille.

À défaut d'accord entre les parents, l'acte doit être autorisé par le juge des tutelles.

Même d'un commun accord, les parents ne peuvent ni vendre de gré à gré, ni apporter en société un immeuble ou un fonds de commerce appartenant au mineur, ni contracter d'emprunt en son nom, ni renoncer pour lui à un droit, sans l'autorisation du juge des tutelles. La même autorisation est requise pour le partage amiable, et l'état liquidatif doit être approuvé par le juge des tutelles.

Si l'acte cause un préjudice au mineur, les parents en sont responsables solidairement. »

Le régime de la nullité est le même que pour les actes de disposition.

5° Les actes interdits

169. – Ces actes sont si sérieux qu'ils ne peuvent être accomplis au nom du mineur. Il s'agit des cautionnements, des entrées en société de personnes ou encore de donations qui pourraient dépouiller le mineur. L'article 904 du Code civil dispose ainsi que :

« Le mineur, parvenu à l'âge de seize ans et non émancipé, ne pourra disposer que par testament, et jusqu'à concurrence seulement de la moitié des biens dont la loi permet au majeur de disposer.

Toutefois, s'il est appelé sous les drapeaux pour une campagne de guerre, il pourra, pendant la durée des hostilités, disposer de la même quotité que s'il était majeur, en faveur de l'un quelconque de ses parents ou de plusieurs d'entre eux et jusqu'au sixième degré inclusivement ou encore en faveur de son conjoint survivant.

À défaut de parents au sixième degré inclusivement, le mineur pourra disposer comme le ferait un majeur. »

L'incapacité est ici une véritable incapacité de jouissance.

B. – Les majeurs incapables

170. – Variété de la prise en charge du majeur incapable. Lorsqu'une personne majeure subit une altération de ses facultés mentales, elle peut être frappée d'incapacité ; tout dépend de l'importance de l'atteinte et les mesures de protection sont variables.

Code civil

Art. 440 : « La personne qui, sans être hors d'état d'agir elle-même, a besoin, pour l'une des causes prévues à l'article 425, d'être assistée ou contrôlée d'une manière continue dans les actes importants de la vie civile peut être placée en curatelle.

La curatelle n'est prononcée que s'il est établi que la sauvegarde de justice ne peut assurer une protection suffisante.

La personne qui, pour l'une des causes prévues à l'article 425, doit être représentée d'une manière continue dans les actes de la vie civile, peut être placée en tutelle.

La tutelle n'est prononcée que s'il est établi que ni la sauvegarde de justice, ni la curatelle ne peuvent assurer une protection suffisante. »

1° La tutelle

171. – La tutelle est la mesure la plus sérieuse. Elle conduit à ce qu'un tuteur représente le majeur incapable. L'incapacité se rapproche ici de l'incapacité générale du mineur. Cependant, le juge des tutelles a la possibilité d'énumérer les actes que le majeur continuera de pouvoir accomplir lui-même.

2° La curatelle

172. – Elle ne donne lieu qu'à une simple assistance. Dans ces conditions, le majeur sous curatelle a la possibilité de passer seul les actes de la vie courante et les actes d'administration. Toutefois, les actes accomplis de cette manière pourraient être annulés s'ils étaient lésionnaires. L'assistance du curateur est requise essentiellement pour les actes de disposition.

3° La sauvegarde de justice

173. – Ce régime est peu appliqué et ne crée pas d'incapacité. Le majeur sous sauvegarde de justice continue de pouvoir conclure des contrats, mais ces contrats peuvent aussi être annulés s'ils s'avèrent lésionnaires ou être réduits s'ils sont excessifs au regard des facultés de l'intéressé. C'est ainsi que l'acuité visuelle du majeur protégé, définitivement incompatible avec les exigences de la sécurité routière, peut justifier qu'il ne soit pas autorisé à acheter un véhicule automobile pouvant être conduit sans permis (Cass. 1re civ., 27 févr. 2013, n° 11-28.307).

Le juge peut placer sous sauvegarde de justice la personne qui a besoin d'une protection juridique temporaire ou d'être représentée pour l'accomplissement de certains actes déterminés (C. civ., art. 433, al. 1er).

§ 2. – Les incapacités de jouissance

174. – Définition et applications. Contrairement aux incapacités d'exercice, les incapacités de jouissance sont nécessairement des incapacités spéciales. Elles ne jouent que dans des hypothèses bien déterminées. C'est par exemple l'interdiction de conclure tel ou tel contrat.

L'incapable ne peut exercer son droit que par l'intermédiaire d'un représentant.

Ces incapacités peuvent concerner des personnes physiques. Ainsi l'article 1596 du Code civil dispose-t-il que :

> « Ne peuvent se rendre adjudicataires, sous peine de nullité, ni par eux-mêmes, ni par personnes interposées :
>
> – Les tuteurs, des biens de ceux dont ils ont la tutelle ;
>
> – Les mandataires, des biens qu'ils sont chargés de vendre ;
>
> – Les administrateurs, de ceux des communes ou des établissements publics confiés à leurs soins ;
>
> – Les officiers publics, des biens nationaux dont les ventes se font par leur ministère ;
>
> – Les fiduciaires, des biens ou droits composant le patrimoine fiduciaire. »

De même, l'article 1125-1 du même code prévoit que :

> « Sauf autorisation de justice, il est interdit, à peine de nullité, à quiconque exerce une fonction ou occupe un emploi dans un établissement hébergeant des personnes âgées ou dispensant des soins psychiatriques de se rendre acquéreur d'un bien ou cessionnaire d'un droit appartenant à une personne admise dans l'établissement, non plus que de prendre à bail le logement occupé par cette personne avant son admission dans l'établissement. Pour l'application du présent article, sont réputées personnes interposées, le conjoint, les ascendants et les descendants des personnes auxquelles s'appliquent les interdictions ci-dessus édictées. »

S'agissant des personnes morales, des textes particuliers restreignent les droits de certains types de personnes morales. Le texte le plus important est la loi du 1er juillet 1901 sur les associations. Il en résulte que ces personnes morales ne peuvent acheter des immeubles que si ces immeubles sont nécessaires à la réalisation de leur objet.

D'une manière plus générale, **le principe de spécialité** des personnes morales impose que ces personnes ne peuvent accomplir d'actes étrangers à l'objet pour lequel elles ont été créées.

Si la société est une société à risque limité (SA, SARL), la société est engagée par les actes de ses dirigeants, quand bien même ils ne relèveraient pas de l'objet social. Les sanctions sont alors d'ordre interne. Encore faut-il cependant que le tiers contractant soit de bonne foi, *i.e.* ait ignoré que l'acte dépassait les limites de l'objet social.

Si la société est une société à risque illimité (SNC, SCP), les dirigeants n'engagent la société que pour les actes conformes à l'objet social. À défaut, l'acte est inopposable à la société. Le tiers pourra engager la responsabilité du dirigeant à condition de prouver la faute détachable de ses fonctions.

Les clauses qui limitent les pouvoirs des dirigeants sont en principe inopposables aux tiers.

Il se peut que l'acte soit contraire à l'intérêt social : le droit commun de la nullité des actes juridiques s'applique alors (Cass. com., 8 nov. 2011, n° 07-11.785).

1. L'incapacité du mineur

Traditionnellement, la jurisprudence est amenée à distinguer les « actes de la vie courante » que le mineur peut accomplir seul, des autres pour lesquels une autorisation est requise.

Si le mineur agissant seul peut valablement souscrire une promesse unilatérale de somme d'argent pour éteindre son obligation de réparer les conséquences de sa faute, le paiement d'une dette étant un acte d'administration (TI Montmorillon, 19 mai 1982 : *JCP* G 1984, II, 20219, note Montanier).

En, revanche, le mineur ne peut conclure seul un contrat d'achat d'une voiture, lequel n'est pas un acte de la vie courante (Cass. 1re civ., 9 mai 1972 : *Bull. civ.* 1972, I, n° 122 ; c'était du temps où le permis de conduire pouvait être tenté dès dix-huit ans alors que l'âge de la majorité était de vingt et un ans).

De même, sont nuls pour avoir été consentis par un mineur sans le concours de son représentant légal :

– l'ouverture d'un compte bancaire : le mineur qui contracte avec une banque, sans l'autorisation ni l'assistance de son représentant légal, afin d'obtenir l'ouverture d'un compte de dépôt avec délivrance de chéquiers, ne dispose pas de la capacité nécessaire et est fondé à invoquer la nullité de la convention en application de l'article 1124 du Code civil. Les restitutions consécutives à la nullité doivent être opérées entre les parties conformément aux dispositions relatives à la protection des incapables mineurs dont est fondé à se prévaloir l'intéressé. Il s'ensuit qu'en vertu de l'article 1312 du Code civil, le mineur n'est tenu de rendre ce qu'il a reçu en vertu du contrat annulé que dans la mesure de l'enrichissement conservé, lequel est inexistant suite à la dilapidation des fonds par l'usage des carnets de chèques mis à sa disposition (CA Versailles, 26 oct. 1990 : *D.* 1993, somm. p. 125, obs. Lucet) ;

– une convention relative aux droits de la personnalité (droit à l'image) (CA Paris, 1re ch. B, 31 oct. 1991 : *D.* 1992, inf. rap. p. 9) ;

– l'impossibilité d'avaliser une lettre de change (Cass. com., 28 oct. 1969 : *Bull. civ.* 1969, IV, n° 318).

Certains actes, normalement interdits, sont parfois sauvés grâce au recours au contrat de mandat : le vendeur par correspondance de biens de faible valeur destinés aux enfants peut invoquer, en cas de commande passée par un mineur, un mandat apparent, tacite et oral des parents de celui-ci (TI Nîmes, 29 juin 1982 : *D.* 1983, p. 13 et la note).

2. Les interdictions professionnelles

Une personne qui s'approvisionnait en cassettes pour magnétoscopes auprès d'une société par un contrat de crédit-bail, avait demandé l'annulation de ce contrat en faisant valoir que la pratique habituelle des opérations de crédit-bail était réservée aux établissements de crédit, qualité que n'avait pas son cocontractant, en raison des articles 3 et 10 de la loi du 24 janvier 1984. La Cour de cassation censure la cour d'appel qui, « pour rejeter sa demande, a retenu que l'inobservation de la règle invoquée ne pouvait trouver de sanction que dans d'éventuelles poursuites pénales, mais ne pouvait avoir de conséquences sur la validité des contrats particuliers, alors que l'interdiction pesant sur toute personne autre qu'un établissement de crédit-bail d'effectuer à titre habituel des opérations de crédit-bail protège non seulement l'intérêt général et celui des établissements de crédit mais aussi celui des crédit-preneurs et qu'étaient dès lors recevables les actions engagées par eux et tendant à l'annulation des conventions conclues en infraction à la règle précitée » (Cass. com., 19 nov. 1991 : *Bull. civ.* 1991, IV, n° 347 ; *Gaz. Pal.* 1992, 1, pan. p. 75 ; *D.* 1993, somm. p. 53, note M. Vasseur).

Dans une autre décision du 30 mars 1994, la première chambre civile constate que « les prohibitions prévues par l'article 13 du décret n° 45-0117 du 19 décembre 1945 (interdisant aux notaires de se livrer à des opérations de banque) pris pour l'application du statut du notariat ne sont passibles que de sanctions disciplinaires et sont sans influence sur la validité des obligations ». Par conséquent, une cour d'appel a décidé « à bon droit que les irrégularités commises, à les supposer établies, ne pouvaient entraîner la nullité d'un acte » (prêt d'un montant de 600 000 F garanti par une hypothèque) « mais pouvaient seulement engager la responsabilité du notaire » (Cass. 1re civ., 30 mars 1994 : *Bull. civ.* 1994, I, n° 125 ; *Gaz. Pal.* 1994, 2, pan. p. 189 ; *D.* 1994, inf. rap. p. 103 ; *Defrénois* 1994, p. 1466 et la note. – V. plus généralement, B. Savelli, *L'exercice illicite d'une activité professionnelle*, thèse Aix Marseille, 1995).

SECTION 3

L'OBJET DU CONTRAT

175. – **Définitions.** Avant toute chose, il est nécessaire de distinguer l'objet du contrat de l'objet de l'obligation ; en effet, ici la terminologie du Code civil n'est pas toujours très précise.

L'objet du contrat, c'est l'opération contractuelle envisagée par les parties (opération de vente, de mandat...). C'est leur objectif juridique. L'objet de l'obligation, c'est la prestation contractuelle. En effet, chaque obligation a un objet, une prestation qui se réduit à donner, faire ou ne pas faire. Quant à la prestation, elle a, elle-même, un objet qui peut être un bien ou un service.

SOUS-SECTION 1

L'OBJET DE L'OBLIGATION

Les obligations qui découlent d'un contrat peuvent avoir plusieurs objets. Tantôt il s'agit de donner quelque chose, tantôt de faire ou de ne pas faire quelque chose.

§ 1. – L'obligation de donner

176. – **Obligation de donner et qualités de la chose transférée**. Les contrats qui contiennent une obligation de donner sont essentiellement des contrats relatifs aux biens (contrats de vente). Cette prestation est particulière, car elle est de transférer la propriété du bien. On s'intéresse ici non à cette prestation de *dare*, mais à son objet, la

chose objet du transfert. La chose qui est transmise doit exister, être déterminée et être dans le commerce.

A. – L'existence de la chose

177. – **Moment de l'existence de la chose.** La chose objet de la prestation doit exister au moment de la conclusion du contrat. Si elle a disparu à ce moment, le contrat ne peut être conclu (C. civ., art. 1601). De même, en est-il d'une assurance couvrant un risque déjà réalisé. Il faut cependant atténuer cette observation par quelques nuances.

On peut admettre que la chose n'existe pas au moment de la conclusion du contrat, mais qu'elle existera plus tard. Elle est en « gestation ». En d'autres termes, le contrat peut-il porter sur des choses futures ?

Dans la mesure où la chose est appelée à exister, le contrat peut être valablement conclu ; il ne le sera cependant que sous condition, laquelle devra se réaliser, sinon le contrat sera rétroactivement annulé. De fait, les contrats portant sur des choses futures sont fréquents.

Ce sont les prévisions de l'article 1130 du Code civil :

> « Les choses futures peuvent être l'objet d'une obligation.
>
> On ne peut cependant renoncer à une succession non ouverte, ni faire aucune stipulation sur une pareille succession, même avec le consentement de celui de la succession duquel il s'agit [ajout à compter du 1er janvier 2007 : ", que dans les conditions prévues par la loi"]. »

Le même principe de validité de la vente de choses futures existe dans la Convention de Vienne en matière internationale.

> **Art. 3 :** 1) Sont réputés ventes les contrats de fourniture de marchandises à fabriquer ou à produire, à moins que la partie qui commande celles-ci n'ait à fournir une part essentielle des éléments matériels nécessaires à cette fabrication ou production.

V. également en droit des sûretés :

Code civil

> **Art. 2333 :** « Le gage est une convention par laquelle le constituant accorde à un créancier le droit de se faire payer par préférence à ses autres créanciers sur un bien mobilier ou un ensemble de biens mobiliers corporels, présents ou futurs.
>
> Les créances garanties peuvent être présentes ou futures ; dans ce dernier cas, elles doivent être déterminables. »
>
> **Art. 2355 :** « Le nantissement est l'affectation, en garantie d'une obligation, d'un bien meuble incorporel ou d'un ensemble de biens meubles incorporels, présents ou futurs.
>
> Il est conventionnel ou judiciaire.
>
> Le nantissement judiciaire est régi par les dispositions applicables aux procédures civiles d'exécution.

> Le nantissement conventionnel qui porte sur les créances est régi, à défaut de dispositions spéciales, par le présent chapitre.
>
> Celui qui porte sur d'autres meubles incorporels est soumis, à défaut de dispositions spéciales, aux règles prévues pour le gage de meubles corporels. »
>
> **Art. 2356 :** « À peine de nullité, le nantissement de créance doit être conclu par écrit.
>
> Les créances garanties et les créances nanties sont désignées dans l'acte.
>
> Si elles sont futures, l'acte doit permettre leur individualisation ou contenir des éléments permettant celle-ci tels que l'indication du débiteur, le lieu de paiement, le montant des créances ou leur évaluation et, s'il y a lieu, leur échéance. »
>
> **Art. 2361 :** « Le nantissement d'une créance, présente ou future, prend effet entre les parties et devient opposable aux tiers à la date de l'acte. »

178. – Choses aléatoires. Qu'en est-il des contrats portant sur des choses aléatoires ? Le contrat portant sur une chose aléatoire est-il conclu sous condition ou est-ce un contrat aléatoire ? Si l'on considère que le contrat est conclu sous condition, il ne sera valable que si la partie qui s'oblige exécute ledit contrat, *i.e.* donne la chose objet du contrat. Le contrat sera nul si ce cocontractant ne fournit pas la chose. Au contraire, si le contrat est considéré comme étant aléatoire, il ne porte alors pas sur une chose future, mais sur un espoir, sur l'espoir que le cocontractant procure une chose. Ce type de contrat aléatoire est parfaitement valable : ainsi en est-il de l'achat du « coup de filet » du pêcheur. Si la pêche est bonne, tant mieux pour le client ; si elle est mauvaise, tant pis pour lui. Dans les deux cas, le contrat est valable et le prix est exigible.

B. – La détermination de la chose

179. – Règle légale. À cet égard, l'article 1108 du Code civil dispose que :

> « Quatre conditions sont essentielles pour la validité d'une convention : le consentement de la partie qui s'oblige ; sa capacité de contracter ; *un objet certain qui forme la matière de l'engagement* ; une cause licite dans l'obligation. »

L'article 1129 indique, quant à lui, que :

> « Il faut que l'obligation ait pour objet une chose au moins déterminée quant à son espèce. La quotité de la chose peut être incertaine, pourvu qu'elle puisse être déterminée. »

Cette règle traduit une solution de bon sens. Lorsque la chose, objet du contrat, n'est pas déterminée, il est difficile de s'entendre. En fait, les situations sont plus complexes.

1° Considérations générales sur la détermination de l'objet

180. – Corps certain et chose de genre. L'obligation de donner peut porter sur un corps certain ou sur une chose de genre.

Le bien est considéré comme un corps certain quand il est individualisé. Dès lors, aucune difficulté particulière ne se présente. La chose peut être une chose de genre, c'est-à-dire qu'elle existe en une quantité infinie d'exemplaires. Elle est fongible, elle se mesure, elle se pèse. Dans ce cas, deux difficultés apparaissent :

– **la validité même du contrat** : pour que le contrat soit valable, il faut que les choses de genre soient déterminées. Tant qu'elles ne le sont pas, le débiteur peut se libérer de n'importe quelle façon (si je vends « du blé », je peux me libérer en livrant un grain de blé). Pour éviter de telles conséquences, on exige que la chose soit déterminée ; à défaut, le contrat ne peut être valablement conclu ;

– **le transfert de propriété de la chose de genre** : en droit français, la vente entraîne le transfert de propriété de la chose objet du contrat (C. civ., art. 1583). Ce transfert ne s'opère qu'à partir du moment où la chose de genre est individualisée : c'est-à-dire, ici, quand le blé sera mis en sac.

La vente d'un immeuble réserve parfois des surprises dans l'indétermination de l'objet, comme en témoignent deux arrêts récents.

Cass. 3e civ., 30 janv. 2008, n° 06-20.551

Attendu, selon l'arrêt attaqué (Aix-en-Provence, 12 juin 2006), que les époux X... ont signé avec M. Y... une promesse de vente portant sur une villa avec piscine et terrain clos paysager ; que les parties ne se sont pas accordées sur la division parcellaire à effectuer pour permettre le détachement d'une parcelle conservée par les vendeurs ; que M. Y... ayant assigné les époux X... en réalisation forcée de la vente, ceux-ci lui ont opposé la nullité de la promesse pour indétermination de la chose vendue ;

Sur le moyen unique :

Vu l'article 1589 du Code civil, ensemble l'article 1129 du même code ;

Attendu que pour dire que la promesse ne vaut pas vente parfaite, l'arrêt retient que la désignation du terrain n'est pas précise, qu'il est question d'une surface d'environ 7 000 m² non dessinée ni même esquissée sur plan, que mis à part « la mise à l'eau du bateau », il n'est pas précisé où doit être prise cette surface ; que la promesse est impossible à exécuter compte tenu de la surface totale réelle du terrain et que la chose est trop indéterminée pour qu'il y ait accord sur la chose et sur le prix, les parties étant restées trop floues dans la description du terrain vendu ;

Qu'en statuant ainsi, alors qu'elle avait relevé que la promesse de vente portait sur une villa située sur un terrain clos paysager dont la contenance et la situation cadastrale, de même que la contenance d'une parcelle « à détacher » étaient précisées, de sorte que l'objet de la vente pouvait être déterminé, la cour d'appel, qui n'a pas tiré les conséquences légales de ses propres constatations, a violé les textes susvisés ;

Par ces motifs : Casse et annule.

Cass. 3e civ., 11 févr. 2009, n° 07-20.237

Attendu, selon l'arrêt attaqué (Chambéry, 3 juill. 2007), que, par acte sous seing privé du 12 juillet 2003, les époux X..., aux droits desquels vient Mme X..., ont vendu aux époux Y... un appartement situé au premier étage d'un chalet leur appartenant ; que les vendeurs ayant refusé de réitérer la vente par acte authentique, les acquéreurs les ont assignés en réitération forcée ;

Attendu que les époux Y... font grief à l'arrêt de les débouter de leur demande, alors, selon le moyen, qu'est admise la validité du contrat lorsque le corps certain est déterminable au regard des termes de la convention ou des circonstances de la cause ; qu'il résulte de l'article 5 de la loi du 10 juillet 1965 que « dans le silence ou la contradiction des titres, la quote-part des parties communes afférente à chaque lot est proportionnelle à la valeur relative de chaque partie privative par rapport à l'ensemble des valeurs desdites parties, telles que ces valeurs résultent lors de l'établissement de la copropriété, de la consistance, de la superficie et de la situation des lots, sans égard à leur utilisation » ; que la cour d'appel, qui a jugé que dans le compromis de vente « il n'est fait mention ni de la consistance des parties communes ni de la quote-part de ces parties communes attachée à la propriété de l'appartement vendu », pour estimer qu'il n'est donc pas établi que les époux X..., d'une part, et les époux Y..., d'autre part, se sont accordés sur la quote-part des parties communes attachée à la propriété de l'appartement objet de la vente ; que cette quote-part constitue un élément essentiel de la vente, ce d'autant plus que la superficie du terrain où est édifié le chalet est de plus de 1 400 mètres carrés, de sorte que Mme X... est bien fondée à soutenir que, son objet étant insuffisamment déterminé, la vente n'est pas parfaite, alors qu'il est admis qu'en l'absence de précision contractuelle, la répartition des parties communes est fixée par application de l'article 5 de la loi du 10 juillet 1965, la cour d'appel a violé les articles 1129 et 1583 du Code civil, ensemble l'article 5 de la loi du 10 juillet 1965 ;

Mais attendu qu'ayant relevé qu'il n'était fait mention dans la promesse de vente ni de la consistance des parties communes, ni de la quote-part de ces parties communes attachées à la propriété de l'appartement et que les lacunes du projet d'acte authentique, qui désignait les biens vendus comme « un appartement et espace laissé en blanc de la propriété du sol et des parties communes générales » ne pouvaient être comblées par la mention selon laquelle l'immeuble avait fait l'objet d'états descriptifs de division réalisés par le notaire et par M. Z..., géomètre expert, dès lors qu'il n'était pas prétendu que le notaire avait établi un tel document et que celui dressé par M. Z... ne pouvait pas valoir état descriptif de division, la cour d'appel, qui, prenant en compte la superficie du terrain qui était de plus de 1 400 mètres carrés, a souverainement retenu que la détermination de la quote-part de parties communes afférente au bien vendu constituait pour les parties un élément essentiel de la convention, a pu en déduire qu'en l'absence de détermination suffisante de l'objet de la vente, celle-ci n'était pas parfaite ;

D'où il suit que le moyen n'est pas fondé ;

Par ces motifs : Rejette le pourvoi.

2° Qu'en est-il lorsque la chose objet de l'obligation est un prix ?

181. – Détermination du prix. De prime abord, on peut penser que le prix doit être déterminé. Telle est la solution retenue en matière de vente (C. civ., art. 1591).

Cette règle est très rigide. Lorsque le contrat a une certaine importance et s'inscrit dans la durée, il est difficile de la respecter. La jurisprudence a assoupli cette exigence : elle considère que le prix peut être simplement déterminable, par relation avec des éléments qui ne dépendent pas de la volonté de l'une ou de l'autre des parties. Le prix doit être objectivement déterminable. Comment donc respecter les exigences légales ?

La fixation du prix peut être laissée à l'arbitrage d'un tiers, ce qui est expressément prévu par l'article 1592 du Code civil : « (...) il peut cependant être laissé à l'arbitrage d'un tiers ; si le tiers ne veut ou ne peut faire l'estimation, il n'y a point de vente ». Bien entendu, ce tiers doit être indépendant de chacune des deux parties au contrat.

Le prix peut être déterminé également en fonction de références objectives, telle la vente de vin à un prix proportionnel à son degré d'alcool : le prix ne dépend pas de la volonté de l'une ou l'autre des parties.

Il peut aussi être fixé en fonction du cours de la chose vendue à la date de livraison ou encore par référence au prix du marché ; dès lors qu'il y a concurrence effective des prix sur ledit marché (*i.e.* il ne faut pas que l'une des parties jouisse d'un monopole sur ce marché, car alors le prix ne sera pas fixé de manière objective), ce mode de détermination du prix est parfaitement valable.

Il peut encore être stipulé par référence à une offre concurrente : le vendeur s'engage à vendre le bien à l'acquéreur à tel prix, tout en précisant que si celui-ci trouve le même bien à un prix inférieur à celui qu'il pratique, il s'engage à s'aligner sur le prix proposé par le concurrent. Encore une fois, il faut qu'il y ait concurrence effective sur le marché pour que ce mode de détermination du prix soit licite.

Enfin, le prix peut être fonction de la rentabilité de la chose ; le prix de vente d'un fonds de commerce sera fonction du chiffre d'affaires réalisé par le vendeur. Cependant, ce mode de détermination est généralement considéré par la jurisprudence comme non objectif.

182. – Analyse jurisprudentielle. Ces solutions ont été remises en cause par quatre décisions de principe du 1er décembre 1995 rendus par l'assemblée plénière de la Cour de cassation. Dans ces arrêts, la Cour de cassation a décidé que l'article 1129 n'était pas applicable à la détermination du prix et laissé entendre que le créancier (de la prestation monétaire) pouvait fixer unilatéralement le prix (par ex. : à travers une « clause-catalogue » ou à partir d'un tarif), à condition toutefois qu'il n'abuse pas de ses prérogatives. Cette nouvelle règle est particulièrement importante, car elle traduit un changement dans la conception même du contrat. L'analyse de la situation doit se faire d'une manière concrète : seul l'abus (et non l'excès) est sanctionné et, de surcroît, uniquement par la responsabilité ou la résiliation du contrat.

Il reste que les arrêts de la Cour de cassation ont été rendus dans un domaine bien précis, celui des contrats de distribution, et qu'ils ont pris le soin de réserver l'application de « dispositions particulières », *i.e.* des textes spéciaux sur le prix, dont l'article 1591. Autrement dit, la portée de ces décisions est limitée. L'application des textes particuliers sur le prix doit être réservée. Or ces textes sont assez nombreux dans le Code civil ou ailleurs.

Par un arrêt du 14 juin 2000, la première chambre civile a rappelé que l'article 1129 du Code civil n'est pas applicable à la détermination du prix. La haute juridiction a censuré la cour d'appel qui, pour annuler la clause d'un contrat de prêt prévoyant le paiement d'une indemnité financière de remboursement anticipé, retient que l'exigibilité de l'indemnité dépend exclusivement de la volonté du prêteur (Cass. 1re civ., 14 juin 2000 : *Bull. civ.* 2000, I, n° 184 ; *D.* 2001, somm. p. 1136 et obs. D. Mazeaud).

En toute hypothèse, le juge ne peut fixer le juste prix : la Cour de cassation a censuré la cour d'appel qui, à la suite du désaccord des parties sur le prix de vente de grues, a décidé que leur prix devait être de 40 000 F, en se déterminant par des éléments extérieurs à l'acte de cession (Cass. 1re civ., 28 nov. 2000 : *Contrats, conc. consom.* 2001, n° 40).

La Cour de cassation considère que le prix est déterminable lorsqu'il est lié à la survenance d'un événement futur ne dépendant pas de la seule volonté de l'une des parties ni d'accords ultérieurs entre elles. Elle approuve l'arrêt qui relève que le prix de cession des créances cédées est subordonné au montant des créances recouvrées, et qu'un acompte de 210 millions de francs était payable à la signature de l'acte, et qui retient exactement que le prix est déterminable, pour partie au moment de la cession, et pour partie au fur et à mesure du recouvrement des créances (Cass. com., 7 avr. 2009, n° 07-18.907).

1. Droit commun

Cass. ass. plén., 1er déc. 1995 : *Bull. civ.* 1995, ass. plén., n° 9 ; Rapp. C. cass. 1995, p. 290 ; *GAJ civ.*, 12e éd., n° 151-154 ; *Bull. inf. C. cass.* 15 janv. 1996, p. 10, concl. Jéol, note Fossereau ; *D.* 1996, p. 13, concl. Jéol, note Aynès ; *JCP* G 1996, II, 22565, concl. Jéol, note Ghestin ; *Gaz. Pal.* 1995, 1, 626, concl. Jéol, note de Fontbressin ; *Defrénois* 1996. 747, et les obs. ; *RTD civ.* 1996, 153, obs. Mestre

Sur le moyen unique, pris en ses deux branches : Attendu, selon l'arrêt confirmatif déféré (Rennes, 11 févr. 1993), qu'en vue de l'exploitation d'un hôtel, la société Le Montparnasse a, le 27 août 1987, pris à bail à la société Compagnie armoricaine de télécommunications, aux droits de laquelle se trouve la société GST-Alcatel Bretagne (société Alcatel), une installation téléphonique pour une durée de 10 années ; qu'au mois de janvier 1990, la société Le Montparnasse a cédé son fonds de commerce et que le cessionnaire n'a pas voulu reprendre l'installation téléphonique ; que la société Alcatel a assigné la société Le Montparnasse en paiement du montant de l'indemnité de résiliation, prévue au contrat ;

Attendu que la société Le Montparnasse reproche à l'arrêt d'avoir écarté l'exception de nullité du contrat et des avenants intervenus, tirée de l'indétermination du prix d'une partie des « prestations » stipulées, alors, selon le moyen, d'une part, que n'est ni déterminé ni déterminable, au sens de l'article 1129 du Code civil, le prix dont la fixation fait appel à des paramètres insuffisamment précisés ; qu'en l'espèce, l'article 2 de la convention du 27 août 1987 prévoit que toute extension d'une installation initiale fera l'objet d'une plus-value de la redevance de location, déterminée par référence à la hausse des prix intervenue chez le fournisseur depuis la dernière fixation « ayant servi de base », ainsi qu'en fonction de l'indice des prix contractuels ou, dans le cas où l'application de l'indice serait provisoirement suspendue suivant la formule de substitution ou le coefficient de majoration légale ou réglementaire arrêté par l'autorité publique, étant précisé que ces mêmes variations indiciaires pourront être à la fois appliquées au matériel adjoint à l'installation louée ou fournie et à la main-d'œuvre si, par suite de « circonstances quelconques », la hausse intervenue chez le fournisseur de matériel ne peut être dûment établie ; que, dès lors, en se bornant à énoncer que les paramètres ainsi définis ne pouvaient être maîtrisés par les parties, pour en déduire que l'importance de la majoration de la redevance initiale liée aux extensions de l'installation était parfaitement déterminable, sans rechercher si, par son obscurité et sa complexité, la formule de calcul prévue au contrat ne mettait pas le locataire, tenu par une clause d'exclusivité, dans l'impossibilité de connaître le taux de la majoration, la cour d'appel a privé sa décision de toute base légale au regard du texte susvisé ; et alors, d'autre part, qu'il faut, pour la validité du contrat, que la quotité de l'objet de l'obligation qui en est issue puisse être déterminée ; qu'il est constant, en l'espèce, que le locataire était tenu de faire appel au bailleur pour toute extension dont la mise en service était subordonnée, en application de l'article 3, *in fine*, du contrat du 27 août 1987, au paiement de la redevance réclamée par l'installateur ; que dès lors, en s'abstenant de rechercher si, lors de la conclusion des avenants prévus en cas de modification ou d'extension de l'installation initiale, les prix pouvaient être librement débattus et acceptés par les parties, la cour d'appel a privé sa décision de toute base légale au regard de l'article 1129 du Code civil ;

Mais attendu que l'article 1129 du Code civil n'étant pas applicable à la détermination du prix et la cour d'appel n'ayant pas été saisie d'une demande de résiliation ou d'indemnisation pour abus dans la fixation du prix, sa décision est légalement justifiée ;

Par ces motifs : Rejette le pourvoi (...)

2. Droit de la vente

Cass. com., 7 avr. 2009, n° 07-18.907

Sur le premier moyen, après avertissement délivré aux parties :

Attendu, selon l'arrêt attaqué (Paris, 29 juin 2007), que la banque Worms devenue société Licorne gestion (la banque) a consenti à la société Coenson international devenue Summersun un prêt destiné à l'acquisition de deux immeubles ; qu'un groupement de banques ayant été ultérieurement constitué, la banque Stern a pris une participation à concurrence d'un certain pourcentage du prêt ; que le 18 mars 1999, la société MAAF assurances (la société MAAF) a acquis les créances détenues par la banque Stern sur soixante-dix débiteurs dont la société Summersun ; que cette dernière ayant été mise en redressement puis liquidation judiciaires, la banque a déclaré sa créance puis l'a cédée à la société Immo Vauban qui l'a, elle-même, cédée à la société Pierre et vacances ; que les immeubles acquis avec le prêt ont été vendus sur adjudication à cette société ; qu'ultérieurement, la société MAAF a assigné la banque en résolution de la convention de sous-participation ainsi qu'en restitution de ses avances et, subsidiairement, en paiement de sa quote-part du prix de vente de l'immeuble ; que la banque lui a opposé l'irrecevabilité de son action en invoquant la nullité de la cession consentie à son profit ;

Attendu que la banque fait grief à l'arrêt d'avoir reconnu que la société MAAF avait qualité à agir et de l'avoir condamnée à lui payer une certaine somme, alors, selon le moyen :

1°/ que l'article L. 322-2-2 du Code des assurances prohibant pour les entreprises d'assurance les opérations autres que d'assurance, telles que les opérations bancaires sauf si elles demeurent limitées par rapport à l'ensemble des activités de l'entreprise, il incombe à la compagnie d'assurance d'établir qu'une opération contestée relève de cette exception ; qu'ainsi la cour d'appel en considérant qu'il appartenait à la banque d'apporter les éléments permettant d'apprécier l'importance des cessions de créance litigieuses par rapport à l'ensemble des activités de la société MAAF, a violé le texte précité et les articles 1315 du Code civil et 9 du Code de procédure civile ;

2°/ qu'il résulte de l'article 1591 du Code civil que le prix de la cession de créances doit être déterminable au jour de la cession sur la base d'éléments ne dépendant pas de la volonté du cessionnaire ; qu'en jugeant que n'était pas entachée de nullité la cession des créances de la banque Stern à la société MAAF à un prix égal à 80 % du montant des créances recouvrées, la cour d'appel a violé le texte précité ;

Mais attendu, en premier lieu, que s'il résulte de l'article 1591 du Code civil que le prix de la vente doit être déterminé et désigné par les parties, ces dispositions n'imposent pas que l'acte porte lui-même indication du prix, mais seulement que ce prix soit déterminable ; que tel est le cas lorsqu'il est lié à la survenance d'un événement futur ne dépendant pas de la seule volonté de l'une des parties ni d'accords ultérieurs entre elles ; que l'arrêt qui relève que le prix de cession des créances cédées est subordonné au montant des créances recouvrées, et qu'un acompte de 210 millions de francs était payable à la signature de l'acte, retient exactement que le prix est déterminable, pour partie au moment de la cession, et pour partie au fur et à mesure du recouvrement des créances ;

Attendu, en second lieu, qu'à la supposer établie, la seule méconnaissance par une société d'assurances de la règle de spécialité, au respect de laquelle l'article L. 322-2-2 du Code des assurances dans sa rédaction alors en vigueur subordonne son activité, n'est pas de nature à entraîner la nullité des contrats qu'elle a conclus ; que par ce motif de pur droit substitué à ceux critiqués, l'arrêt se trouve justifié en ce qu'il a dit recevable l'action de la société MAAF en sa qualité de cessionnaire de la créance ;

D'où il suit que le moyen ne peut être accueilli ;

Et attendu que les autres moyens ne seraient pas de nature à permettre l'admission du pourvoi ;

Par ces motifs : Rejette le pourvoi (...)

C. – La chose dans le commerce

183. – Notion de « chose dans le commerce ». L'article 1128 du Code civil énonce que la chose qui fait l'objet du contrat doit être dans le commerce : « il n'y a que les choses qui sont dans le commerce qui puissent être l'objet des conventions ». L'article 1598 du même code fait application de cette règle à la vente.

L'expression est précise : le mot « commerce » est utilisé dans son sens juridique général. On vise par là la circulation de richesses, les transactions commerciales, les opérations susceptibles de faire l'objet d'un contrat. En bref, on désigne toutes les choses présentant un caractère patrimonial. Certaines applications de cette règle sont évidentes ; d'autres sont plus particulières.

184. – Choses hors commerce. Les **choses sacrées** ne sont pas dans le commerce juridique. C'est ainsi que la personne humaine elle-même ou ses démembrements ne peuvent être dans le commerce, au sens de l'article 1128 précité. Les contrats portant sur le corps humain sont nuls, sauf dans quelques cas particuliers (dons du sang).

Il est de même difficile de concevoir des contrats portant sur **les droits de la personnalité**. Peut-on exploiter son image, sa voix, son apparence ? Pourtant, les contrats de ce type se développent. À quelles règles obéissent-ils ? Une sorte de droit commun est en voie d'élaboration.

Quant aux contrats portant sur **la cession d'une clientèle**, ils n'étaient pas systématiquement nuls. La clientèle est attachée à une personne ; elle n'a pas de dimension juridique immédiate et peut s'évanouir du jour au lendemain. Elle n'est, en réalité, qu'un résultat. Dès lors, les contrats portant directement sur une clientèle n'existent pas. Ils se réduisent purement et simplement à des contrats portant sur une obligation de faire ou de ne pas faire : présentation de la clientèle, non-concurrence... La validité des contrats de cession de clientèle a fini par recevoir l'approbation de la Cour de cassation dans un arrêt du 7 novembre 2000 (cf. jurisprudence).

Les **choses impures, toxiques ou malsaines** ne font pas partie du commerce juridique. Elles ne sauraient donc constituer valablement l'objet d'une convention.

De même, les **choses dangereuses** ne font pas partie du commerce juridique. Depuis une loi du 17 juillet 1983, les choses qui sont mises sur le marché à la disposition des consommateurs ne doivent présenter aucun danger ; elles doivent présenter la sécurité à laquelle on peut légitimement s'attendre (C. consom., art. L. 221-1). Cela vise notamment les fabricants de jouets, qui, s'ils mettent sur le marché un produit dangereux ou jugé comme tel, pourront être contraints de le retirer de la circulation.

Enfin, « **la marchandise contrefaite** ne peut faire l'objet d'une vente ». Cette règle a été posée par un arrêt de la chambre commerciale du 24 septembre 2003 : ce genre de chose est hors du commerce juridique. La notion d'extra-commercialité signifie essentiellement qu'un bien ne peut pas valablement circuler d'un patrimoine privé à un autre. La lettre de l'article 1128 du Code civil exclut que les choses hors du commerce fassent l'objet de « conventions », sans distinction. Par conséquent, le fabricant d'articles contrefaisants ne pourrait sans doute pas obtenir, devant le juge civil, paiement de ses services. La convention est nulle, et si l'article 1128 n'y suffisait pas, les articles 6 ou 1133 du Code civil pourraient être appelés en renfort, car il y a contrariété manifeste à l'ordre public ou, tout au moins, cause illicite.

La cession de clientèle civile

Depuis longtemps, l'article 1128 du Code civil interdisait en théorie les cessions de clientèle civile : les clients étaient des « choses hors commerce juridique » et leur « cession » avait un objet illicite.

La jurisprudence en ce sens était plus que centenaire (Cass. req., 12 mai 1885 : *DP* 1886, 1, p. 175. – Cass. civ., 16 mars 1943 : *DC* 1943, p. 121, note P.L.-P. ; *JCP* 1943, II, n° 2289, note P. Voirin. – Plus récemment, V. Cass. 1re civ., 28 mars 1995 : *D.* 1995, inf. rap. p. 120. – Cass. 1re civ., 7 juin 1995 : *D.* 1995, jurispr. p. 560, note B. Beignier. – Pour la clientèle d'un infirmier : Cass. 1re civ., 7 oct. 1997 : *D.* 1998, jurispr. p. 78, note B. Beignier. – CA Paris, 14 janv. 2000 (2 arrêts) : *D.* 2000, jurispr. p. 517, note G. Mémeteau).

Dans un arrêt du 7 novembre 2000, si la Cour de cassation approuve la cour d'appel d'avoir annulé la convention de cession au motif qu'elle portait atteinte au libre choix de son médecin par le malade, elle pose en principe que les cessions de clientèle médicale sont licites, si la liberté de choix du patient est sauvegardée.

Cass. 1re civ., 7 nov. 2000, n° 98-17.731

Sur le moyen unique, pris en ses deux branches :

Attendu que M. Woessner, chirurgien, a mis son cabinet à la disposition de son confrère, M. Sigrand, en créant avec lui une société civile de moyens ; qu'ils ont ensuite conclu, le 15 mai 1991, une convention aux termes de laquelle M. Woessner cédait la moitié de sa clientèle à M. Sigrand contre le versement d'une indemnité de 500 000 francs ; que les parties ont, en outre, conclu une « convention de garantie d'honoraires » par laquelle M. Woessner s'engageait à assurer à M. Sigrand un chiffre d'affaires annuel minimum ; que M. Sigrand, qui avait versé une partie du montant de l'indemnité, estimant que son confrère n'avait pas respecté ses engagements vis-à-vis de sa clientèle, a assigné celui-ci en annulation de leur convention ; que M. Woessner a demandé le paiement de la somme lui restant due sur le montant conventionnellement fixé ;

Attendu que M. Woessner fait grief à l'arrêt attaqué (CA Colmar, 2 avr. 1998) d'avoir prononcé la nullité du contrat litigieux, de l'avoir condamné à rembourser à M. Sigrand le montant des sommes déjà payées par celui-ci et de l'avoir débouté de sa demande en paiement du solde de l'indemnité prévue par la convention, alors, selon le moyen, d'une part, qu'en décidant que le contrat était nul comme portant atteinte au libre choix de son médecin par le malade, après avoir relevé qu'il faisait obligation aux parties de proposer aux patients une « option restreinte au choix entre deux praticiens ou à l'acceptation d'un chirurgien différent de celui auquel ledit patient avait été adressé par son médecin traitant », ce dont il résultait que le malade conservait son entière liberté de s'adresser à M. Woessner, à M. Sigrand ou à tout autre praticien, de sorte qu'il n'était pas porté atteinte à son libre choix, la cour d'appel n'a pas tiré les conséquences légales de ses propres constatations en violation des articles 1128 et 1134 du Code civil ; et alors, d'autre part, qu'en s'abstenant de rechercher comme elle y était invitée, si l'objet du contrat était en partie licite, comme faisant obligation à M. Woessner de présenter M. Sigrand à sa clientèle et de mettre à la disposition de celui-ci du matériel médical, du matériel de bureautique et du matériel de communication, de sorte que l'obligation de M. Sigrand au paiement de l'indemnité prévue par le contrat était pour partie pourvu d'une cause, la cour d'appel a privé sa décision de base légale au regard des articles 1128, 1131 et 1134 du Code civil ;

Mais attendu que si la cession de la clientèle médicale, à l'occasion de la constitution ou de la cession d'un fonds libéral d'exercice de la profession, n'est pas illicite, c'est à la condition que soit sauvegardée la liberté de choix du patient ; qu'à cet égard, la cour d'appel ayant souverainement retenu, en l'espèce, cette liberté de choix n'était pas respectée, a légalement justifié sa décision ; d'où il suit que le moyen, mal fondé en sa première branche, est inopérant en sa seconde ;

Par ces motifs : rejette le pourvoi...

Ce qui compte donc est la liberté des patients de choisir leur praticien. Cette idée n'est pas nouvelle (V. déjà Cass. 1re civ., 7 févr. 1990 : *Bull. civ.* 1990, I, n° 38 ; *Defrénois* 1990, art. 34837, p. 1018, obs. J.-L. Aubert ; *D.* 1991, somm. p. 319, obs. J.-L. Aubert ; *RTD civ.* 1991, p. 561, obs. F. Zenati. – Cass. 1re civ., 3 juill. 1996 : *D.* 1997, jurispr. p. 531, note N. Descamps-Dubaele et somm. p. 170, obs. R. Libchaber. – CA Limoges, 10 mai 1993 : *D.* 1994, jurispr. p. 161, note B. Beignier) et confie aux juges du fond la tâche de déterminer si une telle liberté fera défaut, ce qu'ils faisaient déjà en pratique (V. par ex. : CA Limoges, 10 mai 1993, préc.).

Cass. 3e civ., 19 déc. 2012, n° 08-14.225

Sur le moyen unique :

Attendu, selon l'arrêt attaqué (Versailles, 14 février 2008), que, par acte du 27 avril 2004 reçu par M. X..., notaire, Mme Y... et son fils M. Édouard Y... (les consorts Y...) ont promis de vendre à la société Helvia promotion un immeuble sous la condition suspensive de l'obtention d'un permis de construire purgé de tout recours ; que la validité de la promesse de vente a été prorogée au 29 juillet 2005, le recours des tiers n'étant pas encore purgé ; que par lettre du 20 juillet 2005, M. Z..., notaire de la société Helvia promotion, a informé M. X..., chargé de recevoir l'acte de vente, de la renonciation de cette société à la condition suspensive ; que le 2 août 2005, les consorts Y... ont informé la société Helvia promotion de la caducité de la promesse de vente faute de renonciation à la condition suspensive avant le 29 juillet 2005 ; que la société Helvia promotion a assigné les consorts Y... en perfection de la vente ;

Attendu que les consorts Y... font grief à l'arrêt de constater la perfection de la vente, alors, selon le moyen :

1°/ que, dans leurs conclusions d'appel, Mme A... et M. Y... faisaient valoir qu'ils avaient élu domicile en leur demeure respective pour l'exécution de la promesse de vente – Mme A... étant domiciliée... et M. Y... ... ; qu'en s'abstenant de s'expliquer sur le point de savoir si cette stipulation n'obligeait pas le bénéficiaire de la promesse à notifier sa décision de lever l'option au domicile de chacun des promettants, les juges du fond ont privé leur arrêt de base légale au regard de l'article 1134 du Code civil ;

2°/ que lorsqu'un acte doit être accompli à l'égard d'une partie, il ne peut l'être régulièrement à l'égard d'un tiers, réserve faite de l'hypothèse où la partie qui doit être destinataire de l'acte a donné mandat à ce tiers ; qu'en cas de promesse de vente, l'acte du bénéficiaire manifestant sa volonté de lever l'option doit être notifié au promettant, et non à un tiers, réserve faite du cas où ce tiers peut être regardé comme le mandataire du promettant ; qu'en décidant au cas d'espèce que le notaire du bénéficiaire avait pu notifier la levée de l'option au notaire du promettant, et non au promettant lui même, peu important que ce dernier n'ait pas été le mandataire du promettant, les juges du fond ont violé les articles 1134 et 1984 du Code civil ;

Mais attendu qu'ayant retenu, par motifs propres et adoptés, que la levée de l'option n'était soumise à aucune forme ou modalité particulière et que les consorts Y... avaient été informés oralement par leur notaire de la levée de l'option par la société Helvia promotion avant l'échéance du 29 juillet 2005, la cour d'appel, qui n'était pas tenue de répondre à des conclusions que ses constatations rendaient inopérantes, en a déduit à bon droit que l'option avait été régulièrement levée ;

D'où il suit le moyen n'est pas fondé ;

PAR CES MOTIFS : REJETTE le pourvoi.

L'annulation d'une clause de reversement d'honoraires pour atteinte à la liberté de choix du client

Cass. com., 14 nov. 2012, n° 11-16.439

Sur le moyen unique :

Attendu, selon l'arrêt attaqué (Nîmes, 11 janvier 2011), que M. Z..., qui exerçait avec M. X..., son activité professionnelle au sein de la SCP notariale Michel Z... et Yves X..., a cédé à son associé les parts qu'il détenait dans la société, l'acte de cession prévoyant une interdiction de réinstallation sur le territoire de certaines communes et le reversement des sommes reçues par le cédant au titre d'actes établis ou de dossiers traités pour le compte de clients de la SCP au sein d'un autre office notarial ; que, M. Z... s'étant réinstallé avec un autre confrère, au sein d'une autre société civile professionnelle, sur le territoire d'une commune autre que celles qui lui étaient interdites, M. X..., qui lui reprochait de n'avoir pas reversé les rémunérations perçues de plusieurs clients en violation des stipulations contractuelles, l'a assigné en réparation de son préjudice ; que l'arrêt le déboute de ses demandes ;

Attendu que M. X... fait grief à l'arrêt attaqué de le débouter de ses demandes tendant à voir juger que M. Z... était responsable de l'inexécution de la clause de reversement souscrite le 23 juillet 1998, condamner M. Z... à réparer le préjudice subi et, avant dire droit sur le quantum, ordonner une expertise, alors selon le moyen :

1°/ que l'acte du 23 juillet 1998 est clair et précis en ce qu'il a pour objet la cession par M. Z... à M. X... des parts sociales que le premier détenait dans la société civile professionnelle dont ils étaient associés ; qu'en retenant, pour débouter le cessionnaire de sa demande tendant à voir juger que le cédant avait violé la clause de non-concurrence stipulée à l'acte, que cette dernière emportait cession de clientèle, la cour d'appel a dénaturé l'acte de cession de parts sociales et a ainsi violé l'article 1134 du Code civil ;

2°/ que M. X... faisait valoir dans ses conclusions d'appel que l'obligation de reversement de la rémunération était limitée à dix ans ; qu'en ne répondant pas à ce moyen, de nature à établir que la clause litigieuse ne pouvait pas être analysée en une cession de clientèle prohibée, la cour d'appel a privé sa décision de motifs et a ainsi violé l'article 455 du Code de procédure civile ;

3°/ que la cession de clientèle d'un office notarial est licite ; que la cour d'appel qui, pour dire que la clause de reversement de la rémunération prévue à l'acte du 23 juillet 1998 était nulle, a jugé que cette clause emportait cession de clientèle, laquelle serait nulle dans les cessions notariales, a violé l'article 1128 du Code civil ;

4°/ que toute personne a le libre choix de son notaire, lequel est tenu de prêter son ministère lorsqu'il en est légalement requis ; qu'en se bornant à relever, pour débouter M. X... de sa demande de condamnation de son ancien associé, que la clause de reversement de la rémunération soumettait M. Z... à une pression de nature à le tenter de convaincre le client de faire le choix d'un autre notaire, sans constater que le client ne demeurait pas libre de le choisir comme notaire, la cour d'appel a privé sa décision de base légale au regard de l'article 3 de la loi du 25 ventôse an XI ;

5°/ que les obligations respectivement nées de la loi et du contrat ne sont incompatibles que si elles sont insusceptibles de recevoir simultanément exécution ; qu'en jugeant que l'obligation légale d'instrumenter de M. Z... et celle, prévue par la convention de cession du 23 juillet 1998, de reverser la rémunération reçue étaient antinomiques, la cour d'appel a violé les articles 3 de la loi du 25 ventôse an XI et 1134 du Code civil ;

Mais attendu qu'après avoir retenu, selon une interprétation, exclusive de toute dénaturation, que commandait la portée ambiguë de la clause stipulant le reversement au cessionnaire des sommes perçues de la part des anciens clients de la SCP Z... et X..., que cette clause, en interdisant à M. Z... de percevoir, pour une durée de dix ans, la rémunération de son activité pour le compte des clients qui avaient fait le choix de le suivre en son nouvel office, emportait cession de la clientèle lui ayant appartenu en partie, la cour d'appel, qui a relevé que la clause litigieuse, par la sanction de la privation de toute rémunération du travail accompli, soumettait le cédant à une pression sévère de nature, sinon à refuser de prêter son ministère, du moins à tenter de convaincre le client de choisir un autre notaire, et qui a ainsi constaté que la liberté de choix de cette clientèle n'était pas respectée, en a exactement déduit que ladite clause était nulle ; que le moyen, qui manque en fait en ses deuxième et quatrième branches, n'est pas fondé en ses trois autres branches ;

Par ces motifs : rejette le pourvoi.

La nullité de la cession de parts d'une société absorbée

Cass. com., 26 mai 2009, n° 08-12.691

Attendu, selon l'arrêt attaqué (CA Paris, 20 déc. 2007) que la Société nouvelle de participations (la société SNP) a été absorbée, le 27 septembre 1983, par la société Ufipar, elle-même absorbée par la société Compagnie financière Drouot, devenue la société Finaxa ; qu'à l'issue de ces opérations de fusion, les propriétaires des titres de la société SNP ont disposé d'un droit d'échange de ces derniers contre un certain nombre de titres de la société Finaxa, dans les conditions prévues par les traités successifs de fusion ; qu'en 2002, la société BNP Paribas securities services, chargée, en tant que mandataire de la société Finaxa, de la tenue du registre des actionnaires, ayant constaté que de nombreux ordres de transferts d'actions étaient passés au profit de M. X..., la société Finaxa a assigné ce dernier en nullité de ces cessions ;

Attendu que M. X... fait grief à l'arrêt d'avoir accueilli la demande de la société Axa, venant aux droits de la société Finaxa, alors, selon le moyen :

1°/ que les titres d'une société absorbée demeurent cessibles en tant qu'ils représentent un droit d'échange contre des actions de la société absorbante, et aussi longtemps que ce droit d'échange subsiste ; que tant qu'ils demeuraient échangeables, les titres n'avaient pas disparu pas plus qu'ils n'avaient péri ; qu'en jugeant que la cession était dépourvue d'objet, la cour d'appel a violé par fausse application les articles 1108, 1126 et 1601 du Code civil ;

2°/ qu'en affirmant que l'objet de la cession était identifié comme actions de la société, et non comme droit d'échange, sans établir ni une erreur, ni un dol à l'égard des cédants, vices du consentement qui n'étaient pas invoqués et dont seuls les cédants auraient pu se prévaloir, la cour d'appel a encore fait une fausse application des articles 1108, 1126 et 1601 du Code civil ;

Mais attendu qu'est nulle pour défaut d'objet toute cession de parts, d'actions, ou de droits conférés par ces titres, d'une société ayant disparu par l'effet d'une opération de fusion par absorption ; qu'ayant retenu que la cession portait sur des actions de la société SNP disparue, la cour d'appel, qui n'était pas tenue d'établir l'existence d'un vice du consentement, en a justement déduit qu'à défaut d'objet, ces conventions de cession étaient nulles ; que le moyen n'est pas fondé ;

Par ces motifs : Rejette le pourvoi (...)

§ 2. – Les obligations de faire et les obligations de ne pas faire

A. – La chose doit être déterminée

185. – Notion de « détermination ». La « chose » objet de la prestation de faire ou de ne pas faire doit être suffisamment déterminée, ainsi que l'exige la jurisprudence, ce qui n'est pas le cas lorsqu'une personne s'engage « à faire un geste », ou, dans une opération de restructuration, lorsque les nouveaux associés s'engagent à faire leur affaire personnelle des conventions et des garanties conclues par les anciens associés. La chose n'est pas suffisamment déterminée et l'obligation n'a pas de portée réellement juridique.

Ainsi, la cour d'appel a violé l'article 1129 du Code civil lorsqu'elle a déclaré nulle la clause d'une cession de parts prévoyant que les acquéreurs s'engageaient expressément à se substituer dans les cautions personnelles des vendeurs : l'obligation litigieuse conjointement souscrite par les cessionnaires, portant sur l'ensemble des cautionnements personnels donnés par les vendeurs en garantie des emprunts contractés par la société dont les actions étaient cédées, avait un objet déterminé (Cass. com., 1er avr. 1997 : *Bull. civ.* 1997, IV, n° 90 ; *Defrénois* 1997, p. 1437, note A. Bénabent).

L'objet et l'identification par le locataire

Cass. 1re civ., 23 mai 1995 : *Bull. civ.* 1995, I, n° 214 ; *Defrénois* 1996, p. 345 et la note

Sur le moyen unique, pris en sa première branche :

Vu les articles 1108 et 1129 du Code civil ;

Attendu que pour annuler le contrat conclu entre la société DPM et Mme Lauze comme ne portant pas sur un objet déterminé, l'arrêt attaqué retient que la convention, intitulée « accord de création d'un point club vidéo » prévoyait que la société DPM donne en location à Mme Lauze pour 12 mois 200 vidéogrammes afin de les proposer en location à sa clientèle, que le contrat ne mentionnait pas les titres des films, mais seulement leur genre (« karaté, enfant, policier », etc.), de sorte que la détermination de l'objet de la location dépendait de la seule volonté du bailleur ;

Attendu qu'en se déterminant ainsi, alors que le contrat stipulait au profit du locataire une possibilité d'échange gratuit « dans le cadre des besoins spécifiques à chaque point club, à concurrence de la totalité du nombre des cassettes mises en place, à la demande du client », de sorte que la désignation de l'objet du contrat était déterminé quant à l'espèce et à la quantité, et que son identification dépendait, pour le surplus, de la volonté du locataire, et non du bailleur, la cour d'appel a violé les textes susvisés ;

Par ces motifs, et sans qu'il y ait lieu de statuer sur les autres branches du moyen : Casse et annule.

B. – L'objet de l'obligation doit être possible

186. – Impossibilité matérielle ou juridique. La maxime « à l'impossible nul n'est tenu » a une portée juridique. L'impossibilité peut tout d'abord être matérielle : toucher du doigt la lune. Elle peut ensuite être de nature juridique : construire une maison alors qu'un règlement d'urbanisme l'interdit ; livrer une marchandise couverte par une mesure d'embargo (Cass. com., 16 mars 2010 : *DMF* 2010, 389).

C. – L'objet de l'obligation doit être licite

187. – Illégalité et illicéité. Lorsque l'objet de l'obligation est constitutif d'une infraction (l'engagement de commettre un meurtre) au regard du droit pénal ou est illicite au regard du droit civil (l'engagement de voter pour telle personne déterminée), les conventions ainsi formées sont frappées de nullité. Ainsi, la clause de non-concurrence insérée dans un contrat de travail doit être limitée, et dans le temps, et dans l'espace, afin de ne pas heurter le principe de la liberté du travail.

SOUS-SECTION 2

L'OBJET DU CONTRAT

188. – Objet et « civisme contractuel ». Le contrat lui-même en tant qu'opération contractuelle doit présenter un certain nombre de qualités. Le doyen Carbonnier parlait de « civisme contractuel », ce qui signifie que le contrat doit être conforme à l'ordre public, qu'il doit être juste, et dans la mesure du possible, équilibré. Quelle est la valeur de ces deux propositions ?

§ 1. – La licéité de l'objet

L'objet même du contrat doit être conforme à l'ordre public. Commençons par cerner la notion d'ordre public, cela permettra de mieux expliquer ses applications.

A. – La compréhension de la notion d'ordre public

189. – Tentative de définition. La notion d'ordre public est envisagée par l'article 6 du Code civil qui dispose que : « on ne peut déroger, par des conventions particulières, aux lois qui intéressent l'ordre public et les bonnes mœurs ».

L'ordre public est donc avant tout une limite à la liberté contractuelle. La notion est très difficile à définir. Aussi y a-t-il autant de définitions que d'auteurs qui se sont intéressés à la question. Le doyen Malaurie, auteur d'une thèse importante sur la notion d'ordre public, avait recensé près de vingt définitions, tout en y ajoutant la sienne : « l'ordre public représente le bon fonctionnement des institutions indispensables à la collectivité ».

Cette définition accueillante montre bien que la notion est fuyante et assez insaisissable ; elle traduit la nécessité d'assurer un certain équilibre dans la société, voire d'imposer une certaine forme de société.

On peut découvrir cette notion d'une manière empirique, en dégageant d'abord les sources de l'ordre public et en s'interrogeant ensuite sur ses fonctions.

1° Les sources de l'ordre public

190. – Loi impérative. L'ordre public repose sur des textes qui en constituent une source importante. Ce sont des lois impératives (qui se distinguent des lois supplétives de la volonté des parties) qui s'imposent, nonobstant toute clause contraire.

Comment savoir si des lois sont impératives ? Généralement, on peut s'en apercevoir à la lecture même du texte. Ainsi, lorsqu'un texte précise que toute convention contraire est frappée de nullité, cela laisse entendre que les alinéas précédents dudit texte sont contraignants ; il en est de même lorsqu'un texte s'impose, nonobstant toute clause contraire : le texte est impératif ; aucune clause contraire ne peut se substituer à lui. Lorsque la loi est muette, l'interprète doit se prononcer en tenant compte des objectifs du législateur. D'où un rôle important dévolu à la jurisprudence (V. C. civ., art. 1152 ; notamment Cass. 1re civ., 1er juin 1960 : *Bull. civ.* 1960, I, n° 305, à propos de l'article 1154 du Code civil).

191. – Bonnes mœurs. La deuxième (et peut-être véritable) source de l'ordre public réside dans la coutume : l'ordre public revêt ici la forme dite des « bonnes mœurs ». Ces bonnes mœurs sont un puits de sociologie et restent l'expression par excellence de l'ordre public.

Il n'est pas possible de donner une définition précise des bonnes mœurs. On y voit généralement la matière formant la morale des honnêtes gens, ce qui vise la civilité sociale (qui n'est plus, comme jadis, « puérile et honnête ») et la morale sexuelle. Autant dire que cette notion est extrêmement changeante : ce qui valait à la fin du XIXe siècle ne vaut plus nécessairement aujourd'hui. *Madame Bovary* ne ferait plus scandale, alors qu'au XIXe siècle l'ouvrage de Flaubert avait été interdit, comme contraire aux bonnes mœurs. De même, le contrat de courtage matrimonial a longtemps été considéré comme une violation manifeste des bonnes mœurs. Désormais, ces contrats se développent et sont même encadrés par des textes particuliers.

La jurisprudence est de moins en moins abondante sur la question des bonnes mœurs, ce qui est un signe de l'évolution. Il reste tout de même des indications dont il faut tenir compte. Tous les tabous (sans connotation péjorative) ne sont pas tombés. On ne peut ainsi conclure à titre onéreux un contrat en vue de l'adoption d'un enfant : cette rémunération est prohibée comme étant immorale ; elle est sans conteste contraire aux bonnes mœurs.

La notion de bonnes mœurs, inspirée jadis des idées de la morale chrétienne, s'est cependant fortement délitée. Elle trouve aujourd'hui son inspiration dans une morale humaine, pour ne pas dire humanitaire, dans laquelle les Droits de l'homme sont la référence voire déifiés, tandis que les valeurs religieuses perdent du terrain. Les conceptions changent...

192. – Jurisprudence. La jurisprudence constitue-t-elle la troisième source de l'ordre public ? Si on l'admet, il y aurait donc d'un côté un ordre public **textuel** (reposant sur des textes) et de l'autre un ordre public **virtuel** (qui pourrait être dégagé par les juges).

Les bonnes mœurs, il est vrai, sont généralement définies par les juges.

D'où, ici encore, un pouvoir considérable sur l'évolution de la société. En 1999, une libéralité faite pour maintenir une liaison adultère n'est plus condamnable (V. jurisprudence sur la cause). D'aucuns approuvent. Qu'aurait-on dit en 1899 ? Est-il, surtout, acceptable qu'un vieillard libidineux...

2° Les fonctions de l'ordre public

193. – Ordre public de direction et ordre public de protection. La violation de l'ordre public joue comme une limite à la liberté contractuelle. Plus fondamentalement, on peut se demander s'il y a une unité dans l'ordre public, car il s'agit de défendre les valeurs essentielles de la société et de protéger ses membres. Le développement d'un ordre public économique a en outre modifié la manière de voir les choses.

L'intervention croissante des pouvoirs publics dans le domaine contractuel invite à proposer une distinction entre l'ordre public de direction et l'ordre public de protection (distinction que l'on doit au doyen Carbonnier) :

– sous la notion d'ordre public de direction, on envisage toutes les dispositions prises pour assurer les grands équilibres économiques, telles celles qui assurent liberté des prix et, plus généralement, celle de la concurrence ;

– sous la notion d'ordre public de protection, on envisage toutes les mesures prises en faveur de telle ou telle catégorie sociale (locataires, salariés, petits commerçants, consommateurs...).

Cette distinction est, dans l'ensemble, reçue favorablement par la jurisprudence. L'ordre public de direction est sanctionné par une nullité absolue, alors que l'ordre public de protection est seulement sanctionné par une nullité relative.

La distinction est intéressante, mais d'une mise en œuvre difficile, parce que certaines mesures peuvent relever aussi bien de la direction de l'économie, que de la protection de telle ou telle personne. Ainsi en droit du travail, où l'ordre public reste très dense, les mesures prises intéressent la société dans son ensemble, mais aussi les salariés pris individuellement. De même dans ce que l'on pourrait appeler le droit monétaire (cf. la réglementation des clauses d'indexation, qui cependant, pour la jurisprudence, relève de l'ordre public de direction : Cass. com., 3 nov. 1988 : *D.* 1988. 93, note P. Malaurie).

194. – Ordre public et fraude. L'ordre public a, en tout cas, un rôle incontestablement préventif. Compte tenu de cette fonction, une distinction entre les notions d'ordre public et de fraude peut être faite, car cette dernière est davantage un mécanisme correcteur.

La fraude, notion distincte de l'ordre public, est un concept assez souple, mais d'application délicate. Pour désigner la fraude, on parle aussi de tromperie, de ruse, d'intention malveillante, parfois même de mauvaise foi. Ce peut être la fraude électorale, la fraude aux examens...

Cependant, il faut distinguer la fraude, qui est punissable, de la simple astuce, qui reste tolérée ; on le voit notamment en matière fiscale : le fait d'aménager son patrimoine de telle façon pour payer moins d'impôts relève de l'astuce, car il n'y a pas d'intention de frauder la loi. En revanche, le fait de remplir sciemment et faussement une déclaration d'impôts est constitutif d'une fraude. La fraude est établie lorsque deux éléments sont réunis :

– un élément matériel : on fraude pour échapper à l'emprise d'une loi impérative ;

– un élément psychologique : on a la volonté de contourner la loi, on a conscience d'agir de manière illicite, on se comporte ainsi en connaissance de cause.

L'exemple classique de la fraude à la loi est éloquent : au XIXe siècle, le droit français, à la différence du droit allemand, n'admettait pas le divorce ; or, dans une espèce célèbre, la princesse de Beauffremont désirait divorcer. L'aristocrate imagina donc de se faire naturaliser allemande afin de bénéficier de la loi allemande, ce qu'elle fit avant de se marier avec un allemand. Son ex-mari entreprit d'agir en justice pour obtenir l'annulation de la naturalisation et du second mariage contracté en fraude à la loi française. La Cour de cassation (Cass. req., 18 mars 1878) lui donna satisfaction et considéra que la fraude était, en l'espèce, caractérisée puisque sa femme avait eu l'intention délibérée d'éluder la loi française. La naturalisation fut donc annulée et le deuxième mariage considéré comme illicite ou, du moins, inopposable au mari français.

Lorsque la fraude est établie, l'acte pris en fraude est généralement inopposable, et n'a donc plus aucune efficacité. On dit du reste que la fraude corrompt tout, en application de l'adage *fraus omnia corrumpit*. Ce mécanisme est donc essentiellement correcteur, à la différence de l'ordre public dont la portée est plus préventive.

Illustration de la fraude

Cass. 3e civ., 21 janv. 2009, n° 07-19.916

Sur les trois moyens, réunis :

Vu le principe selon lequel la fraude corrompt tout, ensemble l'article 1134 du Code civil ;

Attendu, selon l'arrêt attaqué (Caen, 9 août 2007), rendu en matière de référé, que, par acte du 31 octobre 2002, M. X..., propriétaire de locaux à usage commercial donnés à bail à la société JCL Night, a fait délivrer à cette dernière un commandement de payer un arriéré de loyer, puis l'a assignée pour voir constater l'acquisition de la clause résolutoire ; qu'une ordonnance du 27 mars 2003, devenue irrévocable, a donné acte à la caisse régionale de crédit agricole de Normandie (la banque), créancier nanti, de son intervention volontaire, condamné la société JCL Night à payer au bailleur une certaine somme à titre provisionnel et suspendu les effets de la clause résolutoire sous condition que la locataire apure les causes du commandement en deux échéances avant le 15 juillet 2003, la première étant fixée au 15 mai 2003 ; que la première échéance n'ayant pas été réglée à bonne date, le bailleur a fait assigner la société JCL Night, placée en redressement judiciaire par jugement du 12 juin 2003, et M. Y..., désigné en qualité de représentants des créanciers de cette société, pour obtenir son expulsion et le paiement d'une indemnité d'occupation jusqu'à complète libération des lieux ; que la banque est intervenue volontairement à cette procédure ; que le redressement judiciaire de la société

JCL Night ayant été converti en liquidation judiciaire par jugement du 4 février 2004 désignant M. Y… en qualité de liquidateur, celui-ci a été autorisé par une ordonnance du juge-commissaire du 25 mars 2004 à céder le fonds de commerce de son administrée à la société La Casa ; que cette société a été appelée en intervention forcée par M. X… ;

Attendu que, pour rejeter les demandes en expulsion du preneur et en paiement d'une indemnité d'occupation formées par M. X…, l'arrêt retient qu'à l'exception de l'échéance litigieuse du 15 mai 2003, payée par la société JCL Night après l'expiration du délai accordé par le juge des référés, la banque a réglé du 5 juin 2003 jusqu'au 27 mai 2004, date de la cession du fonds de commerce à la société La Casa, la somme totale de 15 131,87 euros, soldant intégralement la dette de la locataire, qu'en acceptant ces règlements qui avaient pour seule cause l'existence du bail et pour finalité sa pérennité indispensable à la conservation du gage et en mettant concomitamment en œuvre une procédure d'expulsion, M. X… a commis une fraude aux droits de la banque laquelle ne porte pas sur la perception de ces sommes, mais sur le défaut de renonciation à la clause résolutoire, et qu'en application de l'adage selon lequel « la fraude corrompt tout », le bailleur est infondé à se prévaloir de la clause résolutoire et à solliciter l'expulsion du locataire, le fait que la victime de la fraude soit non le preneur, mais le tiers créancier inscrit, étant à cet égard indifférent ;

Qu'en statuant ainsi, alors que la sanction de la fraude ne peut porter que sur un droit existant à la date à laquelle l'acte frauduleux a été commis, la cour d'appel, qui a constaté que la fraude avait été commise à l'occasion des paiements effectués par la banque à compter du 5 juin 2003 quand le droit au bail avait définitivement disparu depuis le 15 mai 2003, a violé le principe et le texte susvisés ;

Par ces motifs : Casse et annule.

B. – L'extension de l'ordre public

195. – Ordre public politique. Un premier cercle, un « noyau dur », apparaît dans la notion d'ordre public : c'est l'ordre public politique (ou classique). La loyauté se rattache à cet ordre public politique.

Il a pour objet de maintenir ce que le doyen Carbonnier appelle les « colonnes de la cité » (la famille, la propriété, le contrat, la responsabilité…). Ce sont les éléments fondamentaux de la société. Dans ces conditions, on ne peut concevoir de contrats ou de clauses particulières qui aménageraient les textes sur le droit de la famille ou des personnes : ce sont des notions d'ordre public. De même ne pourrait-on pas, dans un contrat particulier, éluder des textes qui définissent les équilibres du pouvoir politique, car ces textes expriment les principes fondamentaux de l'organisation étatique.

Récemment, l'ordre public politique s'est enrichi d'éléments d'ordre social.

196. – Ordre public social. L'ordre public social est constitué par tous les textes du Code du travail pris de manière générale (textes sur la grève, les licenciements, les conditions de travail…), car ces textes assurent la défense des intérêts des salariés. Les employeurs doivent donc les respecter. Un contrat de travail individuel ne pourrait pas se jouer de ces dispositions.

197. – Ordre public écologique. L'écologie est devenue un objectif essentiel de nos sociétés modernes. Aussi un ordre public écologique interdit-il la passation de contrats qui contreviendraient par trop à la nécessité de sauvegarder notre planète. Ainsi, il est interdit de contracter sur des espèces animales protégées ou en voie de disparition (ivoire d'éléphant, ailerons de requins…).

198. – Ordre public économique. L'ordre public a également pris ces dernières années une dimension économique, notamment dans le domaine de la concurrence : tous les accords contraires à la libre concurrence sont frappés de nullité. Le droit de la concurrence a longtemps été fondé sur l'ordonnance du 1er décembre 1986, aujourd'hui codifiée dans le Code de commerce (Mod. par L. n° 96-588, 1er juill. 1996, cod. C. com., art. L. 410-1). Ce texte est une excellente illustration de l'ordre public économique s'imposant nonobstant toute clause contraire. Il est cependant souvent obscur et particulièrement contingent.

199. – Ordre public communautaire. Il faut enfin évoquer l'ordre public communautaire : l'ordre public n'est plus uniquement national. Il l'est peut-être de moins en moins. « L'acquis communautaire », *i.e.* les règles sociales, politiques et économiques de base de l'Union européenne, contient sans doute un nouvel ordre public, communautaire cette fois.

Cet ordre public est défini par la Cour de justice de l'Union européenne (CJUE) et par la Cour européenne des droits de l'homme située à Strasbourg (CEDH).

Cass. 3e civ., 22 mars 2006 : *Bull. civ.* 2006, III, n° 73

Vu l'article 8-1 de la Convention européenne de sauvegarde des droits de l'homme et des libertés fondamentales ;

Attendu, selon l'arrêt attaqué (Fort-de-France, 23 janv. 2004), que la Société Martiniquaise d'habitations à loyer modéré (SMHLM) a donné en location un appartement à Mme Marie-Josée X... et à M. Y..., le 28 novembre 1980 ; qu'après avoir quitté les lieux, M. Y... a fait assigner Mme Pierrette X..., la fille de sa colocataire, pour obtenir son expulsion et que Mme Marie-Josée X... est intervenue volontairement à l'instance ;

Attendu que pour accueillir cette demande et condamner Mmes Pierrette et Marie-Josée X... au paiement de sommes à titre de dommages-intérêts, l'arrêt retient que Mme Marie-Josée X... est à ce jour cotitulaire du bail, que, sauf enfant mineur, un des cotitulaires ne peut imposer à l'autre la présence d'une tierce personne majeure alors que le bail stipule une clause d'habitation personnelle prohibant toute sous-location, cession et mise à disposition gratuite de l'appartement, et que Mme Marie-Josée X... maintient dans les lieux sa fille majeure dans une situation illicite au regard du bail ;

Qu'en statuant ainsi, alors qu'elle avait relevé que Mme Pierrette X... avait établi sa résidence chez sa mère qui occupait personnellement le logement et que les clauses d'un bail d'habitation ne peuvent avoir pour effet de priver le preneur de la possibilité d'héberger ses proches, la cour d'appel, qui n'a pas tiré les conséquences légales de ses propres constatations, a violé le texte susvisé ;

Par ces motifs, et sans qu'il y ait lieu de statuer sur le moyen unique du pourvoi principal : Casse et annule.

200. – Ordre public international. Les dispositions de la loi étrangère normalement compétente qui sont contraires à la conception française de l'ordre public international ne sauraient avoir d'efficacité en France. La réaction à l'encontre d'une disposition de la loi étrangère contraire à la conception française de l'ordre public n'est pas la même suivant qu'il s'agit de mettre obstacle à l'acquisition d'un droit en France ou de laisser se produire en France les effets d'un droit acquis sans fraude à l'étranger et en conformité de la loi ayant compétence en vertu du droit international privé français.

V., par exemple, en matière contractuelle :

– Cass. 1re civ., 1er déc. 1999 : *Bull. civ.* 1999, I, n° 326 (la capacité d'agir en justice ne relève pas de l'ordre public international) ;

– Cass. com., 13 sept. 2011 : *Bull. civ.* 2011, IV, n° 131 (la conception de la cause des obligations contractuelles retenue par le droit français n'est pas, dans tous ses aspects, d'ordre public international).

C. – Sanction de l'ordre public

201. – Renonciation. Extension. L'atteinte à l'ordre public est normalement sanctionnée par la nullité de la clause ou du contrat, la nullité étant relative ou absolue, totale ou partielle selon les situations. On peut se demander s'il est possible que les parties renoncent à une disposition d'ordre public et consentent à adopter une règle contraire à celui-ci.

Dans le même ordre d'idées, il est permis de se demander si l'ordre public peut être étendu par les parties. Les parties se « soumettent » alors au statut applicable.

Une société avait vendu des appartements dans un immeuble à destination hôtelière, chaque acquéreur s'engageant à louer les appartements à la société venderesse. Les baux conclus visaient les dispositions du décret du 30 septembre 1953 mais une clause précisait que le congé pouvait être donné par lettre recommandée, alors que l'article L. 145-9, alinéa 5 du Code de commerce exige, à peine de nullité, un acte extrajudiciaire. Statuant sur renvoi après une précédente cassation, la cour d'appel de Grenoble releva que dans un cas d'application conventionnelle du statut, la notion d'« ordre public » n'intervenait pas et que la volonté des parties telle qu'elle est exprimée dans la convention devait s'appliquer : peu importait donc que le décret imposât à peine de nullité un acte extrajudiciaire dès lors que les clauses du bail en avaient disposé autrement ; le contrat l'emportait sur le statut. Cette décision fut cependant cassée par l'assemblée plénière : « en cas de soumission conventionnelle au décret du 30 septembre 1953 relatif au bail commercial, sont nulles les clauses contraires aux dispositions impératives du texte susvisé relatives à la forme du congé ». La volonté des parties ne pouvait donc soumettre le bail au décret de 1953 et en évincer les dispositions impératives (Cass. ass. plén., 17 mai 2002 : *Bull. civ.* 2002, ass. plén., n° 1).

Le choix de la loi applicable pose d'autres difficultés dans l'ordre international. La jurisprudence décide que la référence à une convention internationale entraîne une soumission à celle-ci lorsqu'elle est impérative. La solution peut être discutée.

Application de l'ordre public

La nullité d'ordre public a été appliquée à la clause faisant obligation à un commerçant d'adhérer à une association.

Cass. 3e civ., 12 juin 2003 : *Bull. civ.* 2003, III, n° 125, p. 112

Sur le premier moyen :

Vu l'article 11 de la Convention européenne des droits de l'homme, et l'article 4 de la loi du 1er juillet 1901 ;

Attendu que toute personne a droit à la liberté de réunion pacifique et à la liberté d'association, y compris le droit de fonder avec d'autres des syndicats et de s'affilier à des syndicats pour la défense de ses intérêts ; que l'exercice de ces droits ne peut faire l'objet d'autres restrictions que celles qui, prévues par la loi, constituent des mesures nécessaires, dans une société démocratique, à la sécurité nationale, à la sûreté publique, à la défense de l'ordre et à la prévention du crime, à la protection de la santé ou de la morale, ou à la protection des droits et libertés d'autrui, et que le présent article n'interdit pas que des restrictions légitimes soient imposées à l'exercice de ces droits par les membres des forces armées, de la police ou de l'administration de l'État ;

Attendu que tout membre d'une association qui n'est pas formée pour un temps déterminé peut s'en retirer en tout temps, après payement des cotisations échues et de l'année courante, nonobstant toute clause contraire ;

Attendu, selon l'arrêt attaqué (Nîmes, 30 oct. 2001), que la société Arlatex, preneuse à bail d'un local situé dans un centre commercial, a assigné son bailleur, la société Les Marguerites, en restitution des cotisations qu'elle avait versées au titre de son adhésion à l'association des commerçants du centre en arguant de la nullité de l'article 16 du bail qui oblige le preneur à adhérer à cette association et à maintenir son adhésion pendant toute la durée du bail et de ses renouvellements successifs ;

Attendu que pour débouter la société Arlatex de sa demande, l'arrêt retient, par motifs propres et adoptés, que le locataire ne peut se soustraire à une obligation conventionnellement acceptée par la signature du bail, cet engagement libre rendant inopérant le moyen tiré de nullité de la clause litigieuse et qu'il n'apparaît pas que le preneur ait de quelque façon été contraint d'adhérer à l'association des commerçants et qu'il n'a depuis cette adhésion jamais sollicité de s'en retirer ;

Qu'en statuant ainsi, alors que la clause d'un bail commercial faisant obligation au preneur d'adhérer à une association des commerçants et à maintenir son adhésion pendant la durée du bail est entachée d'une nullité absolue, la cour d'appel a violé les textes susvisés ;

Par ces motifs, et sans qu'il y ait lieu de statuer sur le second moyen : Casse et annule (...)

Cette nullité d'ordre public a trouvé une autre application le 20 juin 2006 :

Cass. 1re civ., 20 juin 2006, n° 05-17.475

Sur le premier moyen :

Attendu que Mme X... fait grief à l'arrêt attaqué (Montpellier, 7 sept. 2004) d'avoir déclaré nulle la convention de concubinage conclue le 1er septembre 1984 et d'avoir réduit à 760 euros la part contributive du père à l'entretien et à l'éducation de ses enfants, alors, selon le moyen, que les parents ont la faculté de saisir le juge aux affaires familiales afin de faire homologuer la convention par laquelle ils fixent la contribution à l'entretien et à l'éducation des enfants ; qu'une convention de concubinage ayant cet objet n'est pas contraire à l'ordre public ; qu'en décidant le contraire, la cour d'appel a violé l'article 6 du Code civil, ensemble l'article 373-2-7 du même code ;

Mais attendu qu'ayant relevé que la convention signée par les concubins n'avait pas fixé le montant de la contribution à proportion des ressources de chacun des parents et des besoins des enfants mais à un montant forfaitaire, égal à la moitié des revenus du concubin, susceptible d'une part de placer l'intéressé dans l'impossibilité d'exécuter ses obligations à l'égard d'autres créanciers d'aliments, et, d'autre part, constituant par son caractère particulièrement contraignant un moyen de dissuader un concubin de toute velléité de rupture contraire au principe de la liberté individuelle, la cour d'appel en a justement déduit que cette stipulation, contraire aux dispositions d'ordre public qui régissent l'obligation alimentaire, était nulle ; d'où il suit que le moyen n'est pas fondé (...)

Le régime de l'ordre public

Selon l'article L. 312-10, alinéa 2, du Code de la consommation, l'emprunteur ne peut accepter l'offre que dix jours après l'avoir reçue. Selon l'article L. 313-16 du même code, les dispositions applicables en matière de crédit immobilier sont d'ordre public.

Se fondant sur ces textes, la première chambre civile de la Cour de cassation censure une cour d'appel qui, pour débouter un emprunteur de sa demande en nullité d'un prêt qu'il avait obtenu d'une banque pour violation des articles 5 et 7 de la loi du 13 juillet 1979, a relevé qu'après avoir reçu l'offre le 17 décembre 1990, l'emprunteur avait signé l'acte de prêt chez le notaire le 26 décembre suivant, soit le dixième jour après avoir pris connaissance de l'offre, que le contrat de prêt a été exécuté, que ce n'est que deux ans après l'avoir signé qu'il a assigné la banque en nullité du contrat, qu'enfin l'intéressé n'allègue aucun grief né du non-respect des dispositions légales auquel il a prêté son concours, alors que « l'acceptation avait été donnée avant l'expiration du délai de dix jours suivant la réception de l'offre et que la renonciation au bénéfice des dispositions d'ordre public de l'article L. 312-10 du Code de la consommation n'est pas possible. » (Cass. 1re civ., 9 déc. 1997 : *Bull. civ.* 1997, I, n° 368 ; *Gaz. Pal.* 1998, 1, pan. cass. p. 56 ; *D.* 1998, inf. rap. p. 29 ; *JCP* G 1998, 10148, note S. Piedelièvre).

Voir encore, Cass. 1re civ., 17 mars 1998 : *Defrénois* 1998, p. 749, note J.-L. Aubert :

« S'il est interdit de renoncer par avance aux règles de protection établie par la loi sous le sceau de l'ordre public, il est en revanche permis de renoncer aux effets acquis de telles règles ».

§ 2. – La valeur de l'objet

202. – Équilibre contractuel et équivalence des prestations. La question est celle-ci : est-il nécessaire qu'il y ait dans un contrat équivalence entre les diverses prestations, entre ce que l'on reçoit et ce que l'on fournit en contrepartie ? Dans un contrat de vente, si l'objet – dont la valeur marchande est de 1 000 – est vendu 50, l'accord est-il valablement conclu ?

A *priori*, l'opération est déséquilibrée et n'est donc pas valable, mais, à la réflexion, la réponse ne peut être aussi simpliste. Qu'en est-il lorsque l'on fait une mauvaise affaire : des sanctions sont-elles concevables ?

Poser cette question, c'est vouloir résoudre le problème de la lésion. Elle mérite d'être traitée en considération de la jurisprudence ; puis, d'une manière plus générale, en s'interrogeant sur l'utilité du principe.

A. – La lésion en droit positif

203. – Refus de principe. La solution du droit positif est très claire : la lésion n'est pas un vice du consentement. Un contrat déséquilibré reste parfaitement valable dans la mesure où le consentement des parties a été exprimé et dans la mesure où la cause existe. L'équilibre des prestations n'est donc pas une condition de validité des conventions.

204. – Exceptions. Ce principe souffre cependant quelques exceptions.

1° Les cas de lésion définis par le Code civil

L'article 1118 du Code civil indique que la lésion peut vicier le consentement dans certains contrats ou à l'égard de certaines personnes.

a) Les contrats

205. – Le contrat de partage peut être déséquilibré à l'issue de l'indivision ; la lésion est admise si le déséquilibre atteint plus du quart, c'est-à-dire que l'un des copartageants a reçu dans son lot des biens ayant une faible valeur, inférieure de plus du quart par rapport à ce qu'ont reçu les autres copartageants. La lésion est alors considérée comme un vice du consentement et comme une cause de nullité (C. civ., art. 887 et s.).

En cas de vente d'immeuble, le vendeur peut agir en nullité en se prévalant de la lésion lorsque le prix de vente est inférieur de plus des sept-douzièmes à la valeur réelle dudit immeuble. Seule la vente de biens immeubles est concernée et seul le vendeur peut se prévaloir d'une telle lésion (C. civ., art. 1674 et s.).

b) Les personnes

206. – Ce sont ici essentiellement les mineurs ou les majeurs sous sauvegarde de justice, qui ont été lésés en ayant passé des actes courants d'administration ou d'entretien. Ceux-ci peuvent requérir l'annulation de leur contrat. Ainsi l'article 1305 du Code civil énonce : « la simple lésion donne lieu à la rescision en faveur du mineur non émancipé contre toutes sortes de conventions ». Le fait que le contrat ait été passé par le mineur seul n'entraîne pas *ipso facto* la nullité, mais le rend rescindable pour lésion (ce qui est l'application de l'adage de droit romain : *minor restituitur non tanquam minor sed tanquam laesus*).

2° Les excroissances de la lésion

Elles sont le résultat de précisions légales et de solutions jurisprudentielles.

a) Les textes légaux

207. – Depuis 1804, quelques textes sont intervenus pour essayer de rééquilibrer les contrats, et pour faire admettre la lésion dans certaines opérations ; ces textes sont peu nombreux :

– la loi du 8 juillet 1907 sur les ventes d'engrais et de semences ; si l'acquéreur paie un prix trop élevé et subit une lésion de plus du quart, il pourra demander l'annulation du contrat ;

– la loi du 11 mars 1957 sur la propriété littéraire et artistique (CPI, art. L. 131-5) ; il s'agit de l'hypothèse dans laquelle un auteur a cédé les droits d'exploitation sur ses œuvres littéraires ou artistiques, et qui pourra, s'il subit un préjudice de plus des 7/12e, obtenir la nullité du contrat ;

– la loi du 28 décembre 1966 (modifiée par la loi de décembre 1989 et devenue l'article L. 313-4 du Code de la consommation) ; les prêts ne doivent pas comporter des taux qui dépassent certaines limites, sinon ils seront considérés comme usuraires et le taux d'intérêt pourra être ramené à celui que fixent les textes ;

– la loi n° 2010-874 du 27 juillet 2010 a retenu encore la notion de déséquilibre significatif :

> « I. – Engage la responsabilité de son auteur et l'oblige à réparer le préjudice causé le fait, par tout producteur, commerçant, industriel ou personne immatriculée au répertoire des métiers :
>
> (....)
>
> 2° De soumettre ou de tenter de soumettre un partenaire commercial à des obligations créant un déséquilibre significatif dans les droits et obligations des parties ; » (C. com., art. 442-6, I, 2°).

b) *Les cas jurisprudentiels*

208. – La jurisprudence est en principe soumise aux textes des articles 1118 et autres, mais elle a admis dans certains cas que l'on pouvait réviser des contrats excessifs, abusifs, lésionnaires, en dehors des cas prévus par la loi.

La jurisprudence la plus notable concerne les agents d'affaires, les mandataires, tous ceux qui agissent en toute indépendance dans le cadre d'une mission contractuelle et qui perçoivent en contrepartie une rémunération – des honoraires. Si ces honoraires apparaissent trop élevés au regard du service rendu, les tribunaux, pour des raisons d'équité, se reconnaissent le droit d'en réduire le montant.

Cette manifestation de la lésion doit rester exceptionnelle ; c'est, du reste, le seul cas caractéristique dans la jurisprudence.

Cass. 3e civ., 17 juin 2009, n° 08-15.055

Sur le moyen unique :

Attendu, selon l'arrêt attaqué (Aix-en-Provence, 29 janv. 2008), que par acte du 25 janvier 2000, la commune de Mimet a vendu à Mme X... une parcelle de quatre mille quatre cent cinquante et un mètres carrés dans une zone où, pour être constructible, la superficie minimale d'une parcelle devait être de dix mille mètres carrés ; que, par jugement du 19 octobre 2000, le tribunal administratif de Marseille a annulé le plan d'occupation des sols approuvé le 16 mars 1999, avec pour effet la remise en vigueur du plan d'occupation des sols approuvé le 11 décembre 1984 fixant la superficie minimale d'une parcelle, pour être constructible, à quatre mille mètres carrés ; que la commune a sollicité notamment la rescision de la vente pour lésion ;

Attendu que la commune de Mimet fait grief à l'arrêt de la débouter de sa demande, alors, selon le moyen, que pour savoir s'il y a lésion des sept douzièmes, il faut estimer l'immeuble suivant son état et sa valeur au moment de la vente ; qu'en décidant, néanmoins, que si l'annulation de la révision du plan d'occupation des sols approuvée le 16 mars 1999 avait pour effet de rendre constructible le terrain vendu par la commune de Mimet à Mme X..., elle ne peut avoir pour effet « dès lors qu'elle n'était pas notoirement inéluctable » de faire disparaître la dévalorisation que, de fait, cette révision faisait subir à la parcelle à la date du

25 janvier 2000, en la rendant non constructible, quand le terrain vendu devait être estimé en tenant compte de son état constructible au moment de la vente, la cour d'appel a violé l'article 1675 du Code civil ;

Mais attendu qu'ayant retenu que si l'annulation de la révision du plan d'occupation des sols approuvé le 16 mars 1999 avait pour effet de remettre en vigueur le plan d'occupation des sols immédiatement antérieur qui prévoyait que les terrains devaient avoir une superficie minimale de quatre mille mètres carrés pour être constructibles, elle ne pouvait avoir pour effet, dès lors qu'elle n'était pas notoirement inéluctable, de faire disparaître la dévalorisation que, de fait, à la date du 20 janvier 2000, cette révision faisait subir à la parcelle litigieuse dont la superficie n'était que de quatre mille quatre cent cinquante et un mètres carrés en prévoyant que dans le secteur où elle se trouvait, les terrains devaient avoir une superficie minimale de dix mille mètres carrés pour être constructibles, la cour d'appel en a déduit à bon droit, la rétroactivité étant sans incidence sur la lésion qui s'apprécie au moment de la conclusion du contrat, que la commune de Mimet devait être déboutée de sa demande en rescision de la vente ;

D'où il suit que le moyen n'est pas fondé ;

Par ces motifs : Rejette le pourvoi.

B. – La lésion en législation

209. – Lésion et liberté contractuelle. Le problème de la lésion peut être envisagé dans l'absolu : l'état du droit positif faisant apparaître des cas de lésion déterminés, résultant de solutions peu cohérentes fondées sur des textes fragmentaires, ne faudrait-il pas généraliser et consacrer le principe de la lésion ?

Deux intérêts contradictoires s'affrontent. D'un côté, le principe de la liberté contractuelle doit être pris en considération : les parties ont le droit de faire ce qu'elles veulent ; elles peuvent parfaitement conclure un contrat déséquilibré. D'un autre côté, les idées de justice commutative ne manquent pas de légitimité ; les déséquilibres, s'ils ne sont pas, d'une manière ou d'une autre, compensés provoquent des situations à terme intolérables.

En outre, la notion de lésion peut être abordée de plusieurs façons.

210. – Conceptions de la lésion. D'une part, elle peut être perçue **de manière subjective** ; la lésion est alors conçue comme un vice du consentement. Le déséquilibre est le fruit d'un dol, d'une erreur ou d'une violence.

De deuxième part, la lésion peut être considérée **de manière objective**. La lésion est caractérisée dès lors que l'on constate une disproportion entre les obligations respectives des parties. Il s'agit alors d'un défaut d'équivalence, *i.e.* une partie a payé quelque chose beaucoup trop cher, a fait une mauvaise affaire. La difficulté de cette conception est de savoir quel est le seuil du déséquilibre du contrat.

De troisième et dernière part, la lésion peut être abordée d'un point de vue **moral**. Ce sont les injustices commises par une partie dans un contrat qui doivent être punies. L'auteur de ces injustices a abusé de ses prérogatives, de son pouvoir économique, pour imposer un contrat déséquilibré. La morale veut que cette personne soit punie.

La jurisprudence, quant à elle, lorsqu'elle retient la lésion, fait prévaloir essentiellement la conception objective ; il n'est absolument pas nécessaire de prouver un quelconque vice du consentement, dès lors qu'une lésion de plus des 7/12e est établie dans une vente d'immeuble ; le contrat peut être annulé, même si les parties n'ont commis aucune erreur.

211. – Un principe général. Cela dit, serait-il opportun aujourd'hui de consacrer la lésion et d'en faire un vice du consentement de portée générale ?

L'idéal serait de prévenir la lésion, d'éviter qu'elle puisse s'immiscer dans un contrat. Dans un certain nombre d'hypothèses, les contrats sont réglementés de manière qu'ils ne soient pas déséquilibrés. Ces mesures préventives se retrouvent notamment en droit du travail ou encore dans le droit de la construction.

Dans le domaine du droit de la consommation, des textes assez récents ont dégagé des éléments de réponse. L'article (devenu C. consom., art. L. 132-1) s'était efforcé de définir et de sanctionner les clauses abusives incluses dans les contrats conclus entre professionnels et consommateurs. Dès lors qu'un décret d'application de ladite loi était pris, il était possible d'annuler les clauses abusives dénoncées comme telles. Cependant, la loi de 1978 n'ayant pas de portée normative directe, si le décret d'application omettait de viser un type particulier de clause dite abusive, il n'était pas possible de l'annuler. Malgré cette solution logique de la loi (seules les clauses explicitement renfermées dans un décret d'application de la loi de 1978 étaient nulles), la Cour de cassation, première chambre civile, a, très effrontément, reconnu aux juges le pouvoir d'aller au-delà, et de décider, de leur propre initiative, ce qui est abusif ou pas. Aujourd'hui, la loi du 1er février 1995, modifiant la loi du 10 janvier 1978, sur les clauses abusives a clairement laissé au juge le droit de dire ce qui est ou n'est pas abusif, tout en fixant elle-même les critères de l'abus (V. C. consom., art. L. 132-1).

Désormais, les clauses qui ont pour objet ou pour effet de créer, au détriment du consommateur, un déséquilibre significatif entre les droits et les obligations des parties au contrat sont susceptibles d'être annulées par le juge. Même si l'appréciation du caractère abusif de la clause ne doit pas porter sur l'adéquation du prix (ou de la rémunération) au bien vendu (ou au service offert), le pouvoir reconnu au juge est important et repose sur des critères très proches de ceux de la lésion subjective (V. également *infra*, n°s 546 et s.).

La théorie des clauses abusives est d'autant plus importante que, selon la Cour de justice de l'Union européenne (arrêt 4 juin 2009, aff. C-243/08), le juge national est tenu d'examiner d'office le caractère abusif de la clause dès lors qu'il dispose des éléments de droit et de fait nécessaire à cet effet :

« L'article 6, paragraphe 1, de la directive CEE n° 93-13 du Conseil, du 5 avril 1993, concernant les clauses abusives dans les contrats conclus avec les consommateurs, doit être interprété en ce sens qu'une clause contractuelle abusive ne lie pas le consommateur, et qu'il n'est pas nécessaire, à cet égard, que celui-ci ait préalablement contesté avec succès une telle clause.

Le juge national est tenu d'examiner d'office le caractère abusif d'une clause contractuelle dès qu'il dispose des éléments de droit et de fait nécessaires à cet effet. Lorsqu'il considère une telle clause comme étant abusive, il ne l'applique pas, sauf si le consommateur s'y oppose. Cette obligation incombe au juge national également lors de la vérification de sa propre compétence territoriale.

Il appartient au juge national de déterminer si une clause contractuelle, telle que celle d'un contrat d'abonnement relatif à la fourniture de services de téléphonie mobile stipulant la compétence de la juridiction du ressort du siège du fournisseur, réunit les critères requis pour être qualifiée d'abusive au sens de l'article 3, paragraphe 1, de la directive n° 93-13. Ce faisant, le juge national doit tenir compte du fait qu'une clause contenue dans un contrat conclu entre un consommateur et un professionnel, qui est insérée sans avoir fait l'objet d'une négociation individuelle et qui confère compétence exclusive au tribunal dans le ressort duquel est situé le siège du professionnel, peut être considérée comme abusive ».

Cette discussion sur les déséquilibres possibles du contrat se retrouve sur le terrain de la cause.

SECTION 4

LA CAUSE

212. – Théorie délicate. La théorie de la cause est une théorie difficile qu'il faut aborder avec prudence. La connaissance de l'Histoire est plus que nécessaire à la compréhension des solutions du droit positif.

SOUS-SECTION 1

L'ÉVOLUTION HISTORIQUE DE LA THÉORIE DE LA CAUSE

213. – L'histoire juridique se divise en deux grandes périodes dont la charnière est la promulgation du Code civil.

§ 1. – Avant le Code civil

214. – Trois périodes peuvent à nouveau être distinguées : celle du droit romain, celle du Moyen Âge et des canonistes, et enfin la période de l'Ancien Droit et des jurisconsultes Domat et Pothier.

A. – Le droit romain

215. – Contrats *re, litteris* ou *verbis*. Le contrat résulte d'une conception simple et claire : il n'est juridiquement obligatoire que s'il revêt certaines formes qui en sont la *causa* (contrats *re, litteris* ou *verbis*) ; le formalisme romain est la seule raison d'être du contrat, lui seul permet de contrôler l'engagement des parties. Le formalisme allait ultérieurement céder le pas au causalisme. Le droit est devenu causaliste lorsqu'il a cessé d'être formaliste.

B. – Le droit canonique

216. – Impératif de la règle morale. Les canonistes au XIIIe siècle se sont élevés contre la conception romaine des contrats. Lorsque l'on fait une promesse, celle-ci doit être tenue, à peine de commettre une faute morale, *i.e.* un péché. Il y a dans cette conception deux idées :

1° la simple morale exige que l'on tienne ses engagements ;

2° ces engagements doivent eux-mêmes être conformes à la morale pour être juridiquement obligatoires. Si le contrat est immoral, il doit, selon les canonistes, être annulé.

Les canonistes se fondent ainsi sur le principe du consensualisme. Ce principe justifie la formation d'un contrat par l'échange des consentements, dès lors que les volontés s'expriment d'après des motifs d'ordre moral.

Lecture

A. Supiot, *Homo juridicus*, Points, coll. « Points essais », 2009, p. 152-153

« Les glossateurs médiévaux ont repris à leur compte l'adage *Ex nudo pacto actio non nascitur*, et édifié sur lui leur théorie des *vestimenta pactorum*. Puisque, selon la formule d'Accurse, le pacte nu est comme une femme stérile, il s'agit de le bien vêtir pour qu'il enfante des droits. Certains pactes "sont gras et chauds de nature et un rien suffit à les habiller", comme la vente et le louage, où le Droit romain voyait déjà des contrats consensuels. Pour les autres, il faut des vêtements moins légers que le simple consensus : la *res*, les *verba*, la *cahaerentia*, la *rei intervertus*... C'est de cette théorie des *vestimenta* que Loysel se gaussera au XVIe siècle, lorsque après avoir donné au consensualisme sa plus célèbre image – "on lie les bœufs par les cornes et les hommes par les paroles" –, il ajoute "et autant vaut une simple promesse ou convenance que les stipulations du Droit romain (*Institutes coutumières*, L. III, t. 1). C'est qu'entre les glossateurs et Loysel, le principe s'est proprement inversé et que l'on admet désormais, à rebours du droit romain *ex nudo pacto, actio oritur* (du pacte nu naît un droit d'agir en justice).

Ce renversement du principe, c'est aux canonistes médiévaux qu'on le doit et ce sont eux les inventeurs de la règle *Pacta sunt servanda.* »

C. – L'Ancien Droit : la période des XVIIe et XVIIIe siècles

217. - Utilité sociale du contrat. Les auteurs de l'Ancien Droit cherchent à s'extraire de considérations d'ordre purement moral. Jusque-là, seule la volonté de l'auteur de l'engagement comptait. Depuis, on se demande si le contrat peut présenter un intérêt d'ordre général et s'il est conforme à la justice commutative. La question de l'utilité sociale du contrat apparaît. Par conséquent, la notion de cause est objectivée ; elle est dégagée des mobiles ou motifs liés à la formation du contrat. Selon Domat ou Pothier, il faut isoler ce qui caractérise le but immédiat du contrat, le « pourquoi » en vertu duquel le contrat est conclu. C'est ce « pourquoi », pris objectivement, sans considérer les motifs ou mobiles qui ont pu animer les cocontractants, qui constitue la véritable cause du contrat.

218. - Distinctions. Dans ces conditions, les auteurs proposent les distinctions suivantes :

– dans les contrats synallagmatiques, en vertu desquels les obligations sont réciproques, l'obligation de chacune des parties a pour cause l'obligation assumée par l'autre cocontractant ; la cause de l'obligation, c'est la contre-prestation, *i.e.* dans le contrat de vente, si le vendeur livre la chose, c'est parce que l'acquéreur va en payer le prix convenu, et si ce dernier paye le prix, c'est parce qu'en contrepartie, il reçoit une chose ;

– dans les contrats unilatéraux, la cause de l'engagement d'une partie réside dans la prestation qui a été exécutée antérieurement par l'autre partie ; dans le contrat de prêt, si l'emprunteur doit restituer la chose, c'est parce que, préalablement, le prêteur a remis une chose à sa disposition ;

– dans les contrats conclus à titre gratuit, la cause réside dans l'intention libérale, *i.e.* le donateur fait une donation au donataire pour lui faire plaisir, lui rendre service.

Le Code civil reprendra, en substance, les analyses de Domat et Pothier.

§ 2. – Après le Code civil

219. – Stabilité. Les rédacteurs du Code civil, dont Portalis, s'inspirèrent principalement, lorsqu'ils ont rédigé les articles relatifs à la cause, des idées des canonistes, mais également des thèses de Domat et de Pothier. Pendant tout le XIXe siècle, ces idées ne seront pas bousculées. Au XXe siècle, en revanche, certains auteurs ont critiqué les conceptions traditionnelles de la cause, alors que d'autres s'efforcèrent d'en renouveler les assises.

A. – Les critiques de la théorie de la cause

220. – Planiol et l'anticausalisme. Elles émanent essentiellement de Planiol, adversaire farouche de la théorie de la cause. Sa théorie anticausaliste s'appuie sur les deux observations suivantes :

– l'auteur fait remarquer d'abord que les idées de Domat et celles de Pothier sont tout à fait inconsistantes, car parler de « but immédiat » est quelque chose de très vague, que les distinctions faites entre ce but et la cause finale du contrat, d'une part, entre les motifs et le but du contrat, d'autre part, sont spécieuses ;

– ensuite, la théorie de la cause serait totalement inutile, puisque l'on peut se fonder sur la notion d'objet pour obtenir la nullité d'un contrat lorsque ce dernier ne comporte aucune contrepartie ; ainsi, lorsque les uns fondent une nullité sur le défaut de cause dans un contrat, Planiol se place sur le défaut d'objet dudit contrat pour l'annuler.

Quel est l'intérêt de l'exigence exprimée par l'article 1131 du Code civil par rapport à la théorie de l'objet ? La coïncidence entre le défaut de cause et le défaut d'objet est souvent frappante. N'y a-t-il pas là double emploi ? En cas de défaut d'objet, la nullité ne frappe que l'obligation qui en est dépourvue ; par conséquent, l'autre obligation subsiste. Or, la théorie de la cause permet d'obtenir l'annulation de cette obligation. Si, dans un contrat de vente, le prix n'est pas suffisamment déterminé, l'obligation de payer le prix est nulle pour défaut d'objet. L'obligation du vendeur n'a, dès lors, plus de cause, et pourra, à son tour, être annulée. L'intérêt de la théorie de la cause est d'assurer la liaison entre les obligations.

D'autres auteurs, précisément, ont continué de défendre la théorie de la cause, notamment Capitant.

B. – Le néo-causalisme de Capitant

221. – Le néo-causalisme. Capitant renouvelle l'analyse classique de la notion de cause. Il fait observer que la cause est un élément permanent du contrat, parce qu'elle ne se définit que comme l'exécution de l'obligation réciproque d'une partie (et non pas simplement comme l'obligation réciproque). Si donc l'obligation d'une partie est causée, c'est parce que l'autre exécute sa prestation, *i.e.* si le vendeur doit livrer la chose convenue, c'est parce que l'acquéreur, effectivement, paye le prix. La cause n'est donc pas un élément instantané du contrat, elle en est un élément permanent, jouant tant au moment de la conclusion du contrat qu'au moment de son exécution. Dans ces conditions, la cause peut expliquer des mécanismes tels que la résolution ou la théorie des risques.

La cause selon Capitant doit, de surcroît, intégrer les motifs déterminants qui ont conduit à la conclusion du contrat, ce qui permet d'annuler le contrat conclu pour des motifs illicites ou immoraux.

De toutes ces analyses, on retiendra que la théorie de la cause complète utilement la théorie de l'objet. À la question « quoi » (*quid debetur*), lorsque l'on s'interroge sur la notion d'objet, la question « pourquoi » (*cur debetur*) fait écho ; la théorie de la cause est dans cette interrogation :

– quelle est la raison d'être du contrat ?
– pourquoi a-t-on contracté ?

Autant de questions que la cause permet de résoudre.

La notion de cause est un instrument de contrôle de l'engagement. Un temps, la forme remplissait ce rôle. Lorsqu'elle a disparu, car considérée comme contraire aux exigences de la circulation des richesses, la cause l'a remplacée. On l'a écrit plus haut, le droit français est devenu nécessairement causaliste à partir du moment où il a cessé d'être formaliste.

Cela dit, deux conceptions de la cause se dégagent ; la première est **objective** : la cause réside dans la contrepartie d'une obligation exécutée. La seconde est **subjective** : elle réside dans l'intention, les mobiles qui ont poussé l'une ou l'autre des parties à contracter. Le droit positif retient ces deux conceptions ; il adopte une position dualiste en distinguant la cause-contrepartie et la cause-motif.

SOUS-SECTION 2

L'ANALYSE DUALISTE DE LA CAUSE

222. – Exposé de l'analyse. On opposera la cause de l'obligation et la cause du contrat. La cause de l'obligation se situe sur le plan des prestations qui découlent du contrat (payer un prix, louer une chose...). Toute obligation doit être justifiée : c'est ce dont rend compte l'idée de cause-contrepartie. En ce qui concerne le contrat lui-même, on apprécie l'opération contractuelle dans son ensemble, *i.e.* l'objectif poursuivi par les parties. Ici la cause doit être licite et morale ; le droit positif ne peut tolérer que des contrats immoraux ou illicites circulent.

§ 1. – La cause de l'obligation

223. – Droit positif. L'article 1131 du Code civil dispose que : « l'obligation sans cause, ou sur une fausse cause, ou sur une cause illicite, ne peut avoir aucun effet ». Dans cette disposition, le Code civil exprime l'idée selon laquelle une obligation doit avoir une contrepartie. C'est une règle de droit positif, appliquée par les tribunaux : la cause doit exister, *i.e.* l'obligation doit avoir une contrepartie. Quelle est la portée de cette règle : doit-on l'appliquer systématiquement ? Peut-on admettre des atténuations ou même des exceptions ?

A. – La portée de la règle

224. – Cause et « *consideration* ». L'idée d'une contrepartie à une obligation n'est pas propre au droit français ; dans la *Common Law*, la même idée existe (« *consideration* »). Elle est systématisée aussi bien en Angleterre qu'aux États-Unis : les contrats ne peuvent être qualifiés comme tels que si les opérations ont une valeur économique ; c'est pourquoi tous les contrats à titre gratuit ne sont pas considérés comme des contrats.

Le droit français n'a pas tout à fait cette conception, car il admet bien que les opérations à titre gratuit puissent être qualifiées de contrats ; en outre, l'existence de contrats unilatéraux ne fait aucun doute.

En tout cas, s'il est relativement simple d'apprécier la cause dans un contrat synallagmatique, la tâche est encore plus difficile lorsque le contrat est unilatéral.

1° Dans les contrats synallagmatiques

225. – Cause comme contrepartie. Ce sont les contrats les plus courants, correspondant généralement à des opérations économiques, et dans lesquels les parties s'obligent réciproquement. Par conséquent, la cause de l'obligation de l'une des parties réside dans l'obligation assumée par l'autre partie. La cause-contrepartie justifie l'obligation synallagmatique. La cause assure ici la liaison entre les obligations. L'exigence de l'article 1131 du Code civil, selon laquelle la cause doit exister, a dans les contrats synallagmatiques une double incidence.

a) La cause de l'obligation au moment de la formation du contrat

226. – La cause n'est sans doute pas une condition d'existence du contrat ; cette condition est le consentement. Cependant, la cause est une condition de validité qui s'apprécie du reste uniquement au moment de la formation du contrat. Un contrat d'assurance est nul pour défaut de cause si l'aléa est nul. Un contrat de révélation de succession est nul pour défaut de cause si l'existence de la succession devait normalement parvenir à la connaissance de l'héritier sans intervention extérieure.

Si la cause-contrepartie disparaît après la conclusion du contrat, cela n'a aucune incidence. Encore une fois, la cause est seulement une condition de validité du contrat.

La notion de cause est essentiellement définie par la jurisprudence. La cause, à ce stade, est entendue comme la **cause contrepartie**. Le contrat de bail à construction conclu pour un prix dérisoire ou vil n'est pas inexistant mais nul pour défaut de cause et l'action en nullité de ce contrat est, s'agissant d'une nullité relative, soumise à la prescription quinquennale de l'article 1304 du Code civil (Cass. 3e civ., 21 sept. 2011, n° 10-21.900).

La jurisprudence élargit cependant le concept, en intégrant le motif, d'où la référence à l'économie du contrat.

La cause est présumée être inexistante lorsque l'exécution du contrat selon l'économie voulue par les parties est impossible. Tel était le cas d'un contrat de location de cassettes vidéo pour l'exploitation d'un commerce dans une commune de 1314 habitants (Cass. 1re civ., 3 juill. 1996 : *Bull. civ.* 1996, I, n° 286 ; *RTD civ.* 1996, p. 903, obs. Mestre ; *Defrénois* 1996, 1015, et la note).

Solution identique pour un contrat par lequel un cafetier s'engageait à s'approvisionner exclusivement en bière auprès d'un brasseur en contrepartie d'un cautionnement simple donné par le brasseur en garantie de 20 % d'un prêt consenti par un tiers aux deux époux distributeurs. La Cour de cassation a estimé que l'engagement pris par le brasseur, qui ne démontrait pas avoir pris un risque réel, était dérisoire, privant le contrat de cause (Cass. com., 8 févr. 2005 : *Bull. civ.* 2005, IV, n° 21).

Cause et économie du contrat voulue par les parties

Il ne peut être reproché à une cour d'appel d'avoir annulé pour défaut de cause un contrat de création d'un « point club vidéo » et de la location de cassettes, dès lors qu'ayant relevé que, s'agissant de la location de cassettes vidéo pour l'exploitation d'un commerce, l'exécution du contrat selon l'économie voulue par les parties était impossible (les exploitants s'étant engagés à diffuser des cassettes dans une agglomération de

1 314 habitants), la cour d'appel en a exactement déduit que le contrat était dépourvu de cause, dès lors qu'était ainsi constaté le défaut de toute contrepartie réelle à l'obligation de payer le prix de location des cassettes, souscrite par les exploitants dans le cadre de la convention de création envisagée.

Cass. 1re civ., 3 juill. 1996 : *Bull. civ.* 1996, I, n° 286 ; *Defrénois* 1996, p. 1015 et la note

Sur le moyen unique, pris en ses deux branches :

Attendu que la société DPM fait grief à l'arrêt attaqué (Grenoble, 17 mars 1994) d'avoir annulé, pour défaut de cause, le contrat de création d'un « point club vidéo » et de location de cassettes conclu avec M. et Mme Piller, en retenant que la cause, mobile déterminant de l'engagement de ces derniers, était la diffusion certaine des cassettes auprès de leur clientèle, et que cette exploitation était vouée à l'échec dans une agglomération de 1 314 habitants, alors que, d'une part, dans un contrat synallagmatique la cause de l'obligation d'une partie réside dans l'obligation de l'autre partie, et qu'en l'espèce la cause de l'engagement des époux Miller était la mise à leur disposition des cassettes vidéo, et que, d'autre part, les motifs déterminants ne peuvent constituer la cause du contrat que dans le cas non relevé par la cour d'appel où ces motifs sont entrés dans le champ contractuel ;

Mais attendu qu'ayant relevé que, s'agissant de la location de cassettes vidéo pour l'exploitation d'un commerce, l'exécution du contrat selon l'économie voulue par les parties était impossible, la cour d'appel en a exactement déduit que le contrat était dépourvu de cause, dès lors qu'était ainsi constaté le défaut de toute contrepartie réelle à l'obligation de payer le prix de location des cassettes, souscrite par M. et Mme Piller dans le cadre de la convention de création d'un « point club vidéo » ;

Que l'arrêt est ainsi légalement justifié ;

Par ces motifs : Rejette le pourvoi.

Un autre arrêt du 8 février 2005 statue dans le même sens :

Cass. com., 8 févr. 2005, n° 03-10.749 : *Bull. civ.* 2005, IV, n° 21 ; *D.* 2005, act. jurispr. p. 639 ; *ibid.* pan. 2841, obs. Amrani-Mekki ; *D.* 2006, pan. 515, obs. Ferrier ; *JCP* G 2006, II, 10011, note Luciani ; *JCP* E 2005, 1177, n° 4, obs. Mainguy et Respaud ; *Contrats, conc. consom.* 2005, n° 104, note Leveneur ; *RDC* 2005, p. 684, obs. D. Mazeaud et p. 771, obs. Behar-Touchais

Sur le moyen unique

Attendu, selon l'arrêt confirmatif attaqué (Versailles, 8 nov. 2002), que M. et Mme X... se sont portés cautions solidaires de M. et Mme Y... pour l'exécution d'un contrat de fourniture que ces derniers avaient conclu avec la société Brasserie de Saint-Omer en vue de l'exploitation d'un fonds de commerce, et qui stipulait notamment l'engagement de caution de ce fournisseur dans le cadre d'un prêt ; que les exploitants ayant cédé leur fonds, et l'acquéreur n'ayant pas repris ce contrat, le fournisseur a actionné les cautions en paiement d'une indemnité contractuelle de rupture ;

Attendu que la société Brasserie de Saint-Omer fait grief à l'arrêt d'avoir annulé le contrat d'approvisionnement exclusif pour défaut de cause, alors, selon le moyen :

1/ qu'il incombe à la partie qui, à la faveur d'une exception de nullité, prétend que son obligation est dépourvue de cause, faute de contrepartie réelle et sérieuse, d'établir le caractère dérisoire de la contre-prestation ; qu'en déduisant la nullité de la convention litigieuse de ce que la société Brasserie de Saint-Omer ne rapportait pas la preuve que son engagement de caution était une condition nécessaire à l'obtention du prêt, ni du risque financier qu'elle avait pris en se portant caution, la cour d'appel a statué au prix d'une inversion de la charge de la preuve, et donc en violation de l'article 1315 du Code civil ;

2/ qu'à le supposer avéré, le caractère disproportionné de la clause pénale assortissant le contrat d'approvisionnement exclusif justifiait seulement la réduction judiciaire du quantum des pénalités, mais non point l'annulation, pour défaut de contrepartie réelle et sérieuse, de l'engagement lui-même ; qu'en statuant comme ils ont fait, les juges du fond ont violé les articles 1108, 1131 et 1152 du Code civil ;

3/ que l'existence de la cause d'une obligation s'apprécie à la date où elle est souscrite ; qu'il s'ensuit que les juges du fond ne pouvaient fonder leur décision sur la circonstance, relative à l'exécution de la convention, que le cautionnement donné par la Brasserie de Saint-Omer n'avait pas eu à être mis en œuvre, en l'absence de défaillance du débiteur principal ; qu'à cet égard, les juges du fond ont de nouveau violé l'article 1131 du Code civil ;

Mais attendu qu'ayant relevé que l'engagement consistait à s'approvisionner exclusivement auprès de la Brasserie de Saint-Omer et avait pour contrepartie l'engagement de caution simple de cette dernière à concurrence de 20 % du prêt consenti aux distributeurs, que la Brasserie était elle-même garantie par M. et Mme X..., qui s'étaient portés cautions, et qu'elle ne démontrait pas avoir pris un risque réel, la cour d'appel, qui a ainsi apprécié les contreparties au jour de la formation du contrat, a souverainement estimé, abstraction faite du motif surabondant critiqué par la première branche du moyen, que l'engagement pris par le brasseur était dérisoire, et en a justement déduit que le contrat litigieux était nul pour absence de cause ; que le moyen n'est pas fondé ;

Par ces motifs : Rejette le pourvoi (...)

V. également Cass. 1re civ., 25 mars 2010, n° 09-12.813.

Cette cause contrepartie est le fondement d'un arrêt du 23 octobre 2012 :

Cass. com., 23 oct. 2012, n° 11-23.376

Sur le moyen unique :

Attendu, selon l'arrêt attaqué (Chambéry, 21 juin 2011), qu'en 1995, M. X... a été nommé directeur général et président du conseil d'administration de la société Mécasonic ; qu'en 2005, la société Mécasonic a conclu avec la société PGCD, dont le gérant et associé unique est M. X..., une convention de prestations de service ; qu'en 2007, M. X... ayant été démis de ses fonctions de directeur général de la société Mécasonic et le contrat conclu avec la société PGCD ayant été résilié, cette dernière et M. X... ont assigné la société Mécasonic et demandé le paiement à la société PGCD de l'indemnité contractuelle de résiliation du contrat ; que la société Mécasonic a ensuite fait l'objet d'une procédure de redressement judiciaire, M. Y... étant désigné mandataire judiciaire, et M. Z... commissaire à l'exécution du plan de continuation ;

Attendu que M. X... et la société PGCD font grief à l'arrêt de rejeter la demande de la société PGCD en paiement par la société Mécasonic de l'indemnité contractuelle de résiliation au titre de la convention de prestation de service du 9 novembre 2005 alors, selon le moyen :

1°/ que dans les contrats synallagmatiques, l'obligation d'une partie trouve sa cause dans l'obligation de l'autre, qui en constitue la contrepartie ; qu'en l'espèce, la cour d'appel a constaté qu'aux termes de la convention du 9 novembre 2005, la société Mécasonic mettait à la charge de la société PGCD différentes prestations consistant dans la création et le développement de filiales à l'étranger, l'organisation et/ ou la participation à des salons professionnels, la définition de stratégie de vente dans les différents pays visés et la recherche de nouveaux clients à l'étranger ; qu'en prononçant l'annulation de cette convention pour absence de cause, aux motifs inopérants qu'elle constituait une véritable délégation à la société PGCD d'une partie des attributions de M. X... en qualité de directeur général de la société Mécasonic et faisait double emploi avec les fonctions de ce dernier, quand il résultait de ses propres constatations que le contrat litigieux mettait à la charge de la société PGCD des obligations déterminées dont la société Mécasonic était en droit de demander l'exécution, de sorte que la convention litigieuse comportait des contreparties réciproques et réelles, la cour d'appel a violé l'article 1131 du Code civil ;

2°/ que la société PGCD faisait valoir que la convention du 9 novembre 2005 avait été conclue pour décharger M. X... d'une partie de ses attributions au sein de la société Mécasonic et que sa rémunération avait été corrélativement réduite de 40 %, de sorte que les obligations mises à la charge de la société PGCD ne faisaient pas double emploi avec celles de M. X..., qui ne les assumait plus, et avait vu de ce fait même sa rémunération sensiblement réduite ; qu'en prononçant néanmoins l'annulation pour défaut de cause de la convention litigieuse, en retenant qu'elle constituait une délégation à la société PGCD des fonctions de M. X... en tant que directeur général de la société Mécasonic et que les prestations mises à la charge de la société PGCD faisaient double emploi avec les obligations de M. X..., sans rechercher, comme elle y était expressément invitée, si celui-ci n'avait pas cessé d'assumer ces obligations qui avaient été transférées à la société PGCD, la cour d'appel a privé sa décision de base légale au regard de l'article 1131 du Code civil ;

Mais attendu qu'après avoir relevé qu'aux termes de la convention litigieuse, la société Mécasonic avait confié à la société PGCD les prestations de création et développement de filiales à l'étranger, d'organisation et (ou) de participation à des salons professionnels, de définition des stratégies de vente dans les différents pays visés et de recherche de nouveaux clients à l'étranger, l'arrêt retient qu'une telle convention constitue une délégation à la société unipersonnelle dont M. X... est le gérant d'une partie des fonctions de décision, de stratégie et de représentation incombant normalement à ce dernier en sa qualité de directeur général de la société Mécasonic et qu'elle fait double emploi, à titre onéreux pour cette société, avec lesdites fonctions sociales ; qu'ayant ainsi fait ressortir que les obligations stipulées à la charge de la société Mécasonic étaient dépourvues de contrepartie réelle, la cour d'appel en a exactement déduit, sans avoir à faire la recherche dès lors inopérante visée à la seconde branche, que la convention litigieuse était dépourvue de cause et devait en conséquence être annulée ; que le moyen n'est fondé en aucune de ses branches ;

PAR CES MOTIFS : Rejette le pourvoi.

b) La cause de l'obligation au moment de l'exécution du contrat

227. – La cause est appréciée uniquement au moment de la formation du contrat (V. *infra*, n° 238. – Cass. com., 30 oct. 2008 qui est sans doute un cas d'espèce). Il reste que la cause explique certains mécanismes juridiques concernant l'exécution du contrat. Ainsi permet-elle de comprendre la théorie de l'exception d'inexécution (*exceptio non adimpleti contractus*) : si, dans un contrat synallagmatique, l'une des parties refuse d'exécuter la prestation promise, en contrepartie, l'autre peut refuser d'exécuter sa propre prestation ; c'est la règle du « donnant-donnant ».

Elle explique aussi la théorie des risques ; dans un contrat de bail, le locataire paye un loyer en échange de la jouissance paisible de l'immeuble loué. Si l'immeuble vient à être détruit à la suite d'un cas de force majeure, par exemple un tremblement de terre, le bailleur ne peut plus accomplir sa prestation ; la question se pose alors de savoir si le locataire doit continuer à verser des loyers qui ne correspondent à aucune contrepartie. La théorie de la cause permet d'affirmer que le contrat de bail n'a plus de raison d'être, et le locataire est ainsi délié de tout engagement.

2° Dans les contrats unilatéraux

228. – Cause comme remise préalable. Dans un contrat unilatéral, les obligations par hypothèse ne sont pas réciproques. Le contrat existe parce que les consentements ont été échangés, mais une seule d'entre elles s'est obligée. Dans le contrat de prêt, seul l'emprunteur s'oblige (il doit restituer la chose reçue). Comment justifier l'obligation de l'emprunteur ? La cause de l'obligation, dans un contrat unilatéral, ne réside pas dans l'obligation de l'autre partie, mais dans une remise préalable. Dans le cas du contrat de prêt, l'obligation de l'emprunteur se justifie par le fait que, préalablement, au moment de la conclusion du contrat, une chose a été mise à sa disposition. Si, antérieurement à la conclusion du contrat, aucune chose n'a été remise, le contrat n'a pas de raison d'être.

La première chambre civile, au sujet de la cause des contrats de prêts consensuels – ce que sont les prêts consentis par un professionnel du crédit depuis un arrêt du 28 mars 2000 – a décidé que la cause de l'obligation de remboursement de l'emprunteur réside dans l'obligation du prêteur et non dans la remise des fonds elle-même (Cass. 1re civ., 19 juin 2008, pourvoi n° 06-19.753 : *LEDC* sept. 2008, p. 2, obs. G. Pillet). Cette solution a été également adoptée par la chambre commerciale (Cass. com., 7 avr. 2009, pourvoi n° 08-12.192 : *LEDC* juin 2009, n° 6, p. 3, note O. Deshayes).

En matière de cautionnement, la cause de l'obligation de la caution trouve son expression dans le rapport principal. On pourrait, pour certains auteurs, la localiser aussi dans le rapport caution-débiteur (V. Cass. com., 8 nov. 1972 : *D.* 1973, 753).

La jurisprudence éprouve cependant des difficultés à justifier la cause dans un contrat unilatéral, et très souvent, la théorie de l'objet suffit à expliquer l'exigence posée par l'article 1131. La théorie de la cause n'est donc pas appliquée de manière systématique : un certain nombre de limites ou d'exceptions coexistent.

B. – Les limites à la règle (preuve)

229. – **Preuve présumée de la cause.** Ces limites sont évoquées par l'article 1132 du Code civil, qui dispose que : « la convention n'est pas moins valable, quoique la cause n'en soit pas exprimée ».

Certains auteurs ont pu considérer que ce texte permettait de dire que le contrat n'avait pas à être justifié, puisque le contrat reste valable, même en l'absence de cause exprimée. À l'heure actuelle, la lecture du texte est plus stricte : il ne concerne, dit-on, que les problèmes de preuve ; le *negotium* (l'opération au fond) n'est pas concerné, seul l'*instrumentum* (le support du contrat) étant en cause, si l'on ose dire. En outre, l'article ne concerne pas les contrats synallagmatiques, ni les contrats conclus à titre gratuit (dont font partie les contrats unilatéraux), dans lesquels le droit commun de la preuve reste applicable, mais uniquement les promesses de payer (engagements unilatéraux), *e.g.*, en somme, les reconnaissances de dettes. La question est de savoir si le seul fait de signer un papier sur lequel on reconnaît devoir une certaine somme, sans dire à quel titre, est considéré comme valable ? L'engagement est parfaitement valable, car la cause est présumée, *i.e.* elle est censée exister malgré l'absence de cause exprimée ; par conséquent, il appartient au débiteur de prouver que son engagement n'a aucune contrepartie, qu'il n'a reçu aucune somme, et qu'ainsi il n'est pas débiteur (Cass. 1re civ., 14 janv. 2010, nos 08-13.160 et 08-18.582. – Cass. 1re civ., 9 févr. 2012, n° 10-27.787. – Cass. 1re civ., 4 mai 2012, n° 10-13.545). Cette preuve de l'absence de cause peut être faite par tous moyens.

Cass. 1re civ., 14 janv. 2010, n° 08-13.160 : *JCP* G 2010, p. 707, note N. Dissaux

Attendu que suivant une offre préalable acceptée le 4 mai 1993, la société Cetelem a consenti à M. X... un prêt d'un montant de 50 000 francs ;

Sur le moyen unique, pris en sa première branche :

Attendu qu'il est fait grief à la cour d'appel (Aix-en-Provence, 14 nov. 2007) d'avoir débouté la société Cetelem de sa demande en paiement et d'avoir renversé la charge de la preuve, alors, selon le moyen, que le contrat de prêt consenti par un professionnel du crédit n'est pas un contrat réel de sorte que la preuve du contrat de prêt requiert seulement que soit établi l'accord de volonté, lequel résulte de l'offre de crédit régulièrement signée de l'emprunteur et qu'en considérant que la signature d'une offre préalable de prêt personnel ne suffisait pas à emporter la preuve du prêt et qu'il incombait à la société Cetelem de prouver la remise des fonds à l'emprunteur, la cour d'appel a violé les articles 1315, 1341 et 1892 du Code civil ;

Mais attendu que si le prêt consenti par un professionnel du crédit est un contrat consensuel, il appartient au prêteur qui sollicite l'exécution de l'obligation de restitution de l'emprunteur d'apporter la preuve de l'exécution préalable de son obligation de remise des fonds ; que la cour d'appel, qui a relevé que la signature d'une offre préalable de prêt n'emportait pas la preuve que l'emprunteur, qui contestait avoir reçu la somme prêtée, l'avait perçue et que faute d'apporter une telle preuve, la société de crédit n'apportait pas celle de sa créance, a légalement justifié sa décision ;

Sur le moyen unique, pris en sa seconde branche :

Attendu qu'il est fait grief à la cour d'appel d'avoir, en énonçant que la société Cetelem qui ne disposait d'aucune autre pièce comptable, ne pouvait faire la preuve de sa créance au moyen de ces documents aux motifs qu'ils émanaient de ses propres services comptables, fait peser sur la société de crédit une preuve impossible à rapporter et d'avoir violé les articles 315 et 1349 du Code civil ensemble l'article 1er du Protocole additionnel de la Convention européenne des droits de l'homme ;

Mais attendu que c'est dans l'exercice de son pouvoir souverain d'appréciation de la valeur probante des documents litigieux que la cour d'appel a estimé que la preuve de la créance du prêteur n'était pas apportée ; que le moyen n'est pas fondé ;

Par ces motifs : Rejette le pourvoi.

Un arrêt du 13 octobre 2004 nous fournit un exemple de cette présomption de cause : un propriétaire avait souscrit un contrat de vente par lequel il achetait au locataire le droit au bail détenu par ce dernier. Même si la cause n'était pas précisée expressément dans le contrat, elle n'était guère difficile à deviner. Le propriétaire, en rachetant le droit au bail, recouvrait ainsi l'entière propriété du bien (*usus, fructus et abusus*) et était en mesure de louer le bien à son profit par exemple. La Cour de cassation l'a bien compris, en censurant l'arrêt d'appel au motif que « l'acquisition par le bailleur du droit au bail en vente par son locataire, laquelle permet au premier de recouvrer la jouissance matérielle des lieux loués, n'est pas dépourvue de cause. » (Cass. 3e civ., 13 oct. 2004 : *JurisData* n° 2004-025196 ; *Bull. civ.* 2004, III, n° 21).

Cass. 1re civ., 4 mai 2012, n° 10-13.545

Sur le moyen unique :

Vu l'article 1132, ensemble l'article 1315 du Code civil ;

Attendu, selon l'arrêt attaqué, que se prévalant d'une reconnaissance de dette souscrite à son profit par Françoise X..., M. Y... l'a assignée en paiement de la somme y figurant ; que pour rejeter cette demande, la cour d'appel, après avoir constaté que la reconnaissance de dette litigieuse avait été établie au titre d'un prêt consenti à Françoise X... par M. Y..., énonce que le prêt qui n'est pas consenti par un établissement de crédit est un contrat réel qui, pour exister, suppose la remise d'une chose et que M. Y... n'apporte pas la preuve de la remise de ladite somme à Françoise X... ;

Qu'en statuant ainsi alors que la convention n'est pas moins valable quoique la cause n'en soit pas exprimée, de sorte que c'était à Françoise X..., qui avait signé la reconnaissance de dette et contestait la remise de la somme litigieuse, de rapporter la preuve de ses allégations, la cour d'appel a violé le texte susvisé ;

Par ces motifs : Casse et annule (...).

C. – Les exceptions à la règle

230. – Cause sans contrepartie. Par exception, certains engagements sont valables malgré l'absence de toute contrepartie.

1° La donation

231. – Dans ce type de contrat, conclu à titre gratuit, ce qui justifie l'obligation du donateur, c'est son intention libérale.

Code civil

Art. 864 : « La donation entre vifs est un acte par lequel le donateur se dépouille actuellement et irrévocablement de la chose donnée en faveur du donataire qui l'accepte. »

2° L'obligation naturelle

232. – Elle peut servir de base à un engagement juridique, lequel est alors justifié par la notion de morale, *i.e.* l'intention libérale, qui sert ainsi de fondement à la promesse de payer.

L'obligation naturelle

Cass. 1re civ., 17 oct. 2012, n° 11-20.124

Vu l'article 1134 du Code civil ;

Attendu, selon l'arrêt attaqué, que M. X…, ayant acquis auprès de la société Waksy, un véhicule automobile qui ne lui avait pas été livré, a assigné son gérant, M. Y…, à titre personnel, en paiement de dommages-intérêts, invoquant l'obligation naturelle de le dédommager ;

Attendu que pour rejeter sa demande, l'arrêt retient que M. X… disposait d'une créance à l'égard non pas de M. Y… mais de la société Waksy et que le seul engagement pris verbalement par M. Y… à l'occasion de son audition par les services de police de « dédommager personnellement (le plaignant) le plus rapidement possible », non suivi d'un commencement d'exécution, ne constituait pas une obligation naturelle dont M. Y… se serait reconnu débiteur ;

Que par ces motifs, impropres à écarter l'existence d'une obligation naturelle, la cour d'appel n'a pas donné de base légale à sa décision ;

Par ces motifs : Casse et annule (…)

3° Les garanties autonomes

233. – Ces engagements, qui se développent dans le droit du commerce international, sont valables d'une manière quasi automatique :

Code civil

Art. 2321 : « La garantie autonome est l'engagement par lequel le garant s'oblige, en considération d'une obligation souscrite par un tiers, à verser une somme soit à première demande, soit suivant des modalités convenues.

Le garant n'est pas tenu en cas d'abus ou de fraude manifestes du bénéficiaire ou de collusion de celui-ci avec le donneur d'ordre.

Le garant ne peut opposer aucune exception tenant à l'obligation garantie.

Sauf convention contraire, cette sûreté ne suit pas l'obligation garantie. »

Soit un contrat conclu par une entreprise européenne à l'étranger ; le pays étranger accepte de contracter et demande à l'entreprise de lui fournir une garantie indépendante ou à première demande. Celle-ci sera fournie par une banque quelconque – qui s'engage ainsi à assurer la bonne exécution du contrat, en réalité, à payer une somme déterminée – et pourra jouer de manière systématique, même si le contrat a bien été exécuté : la garantie joue indépendamment du contrat principal et reste valable sans aucune contrepartie, si ce n'est la commission que règle le débiteur principal. Plus précisément, l'absence de cause ne permet pas l'annulation de l'engagement. Tout se passe comme si les parties – et spécialement le garant – avaient renoncé à se prévaloir des intérêts liés à la théorie de la cause.

§ 2. – La cause du contrat

234. – **Appréciation des deux causes.** La distinction faite entre cause de l'obligation et cause du contrat, après un temps d'application doctrinale, reçoit aujourd'hui confirmation par la jurisprudence. Cette dernière apprécie différemment les deux causes ; alors que la cause de l'obligation est appréciée de manière objective, la cause du contrat l'est de façon subjective : c'est le « mobile déterminant » ; c'est le motif en l'absence duquel les parties ne se seraient pas engagées. En d'autres termes, il s'agit de savoir si ce qui a motivé les parties est licite et moral ou, au contraire, illicite ou immoral. La théorie de la cause permet donc de contrôler à ce stade les motifs qui ont animé les parties. En effet, le contrat, instrument mis à la disposition des personnes par l'ordre juridique pour organiser leurs relations, doit être utilisé uniquement dans un but licite ou moral. Certaines opérations que la morale – au sens large du terme – réprouve ne peuvent être tolérées.

A. – Applications

235. – **Objet du contrat sans cause ou avec cause illicite.** Soit une femme de ménage qui conclut un contrat de travail pour travailler dans une maison de jeu ou une maison de tolérance : l'objet de son contrat est sans doute parfaitement licite (balayer) ; en revanche, la cause du contrat est totalement illicite (elle va participer à une opération jugée immorale) : le contrat doit être annulé.

De même, le contrat de vente de matériel servant à la parapsychologie doit être annulé, car la cause du contrat est illicite ; en effet, le « métier » de deviner et pronostiquer ou d'expliquer les songes fut une activité sanctionnée par le Code pénal ancien (art. R. 34, 7°). Le nouveau Code pénal ne punit plus que l'escroquerie ou l'abus de la faiblesse d'une personne et ne retient plus l'infraction spécifique de divination.

Les prêts sans intérêts, remboursables exclusivement en cas de cessation des relations contractuelles, font partie d'un système de financement destiné à couvrir les pénalités encourues en cas de dépassement des quotas de production laitière fixés conformément à la réglementation européenne ; l'octroi de tels prêts s'analyse en un comportement frauduleux tendant au détournement de cette réglementation. La cause illicite est donc caractérisée (Cass. 1re civ., 26 oct. 2012, n° 11-12.941).

Quant à la cause immorale, elle a longtemps été mise en avant pour dénoncer les libéralités entre amants animées par la volonté d'établir, de maintenir ou de reprendre des relations hors mariage ou d'en assurer la rémunération. Depuis un revirement de jurisprudence (V. *infra*), cet argument n'a, en droit positif, plus aucune valeur. Mieux, ou pire, le contrat proposé par un professionnel, relatif à l'offre de rencontres en vue de la réalisation d'un mariage ou d'une union stable, qui ne se confond pas avec une telle réalisation, n'est pas nul, comme ayant une cause contraire à l'ordre public et aux bonnes mœurs, du fait qu'il est conclu par une personne mariée (Cass. 1re civ., 4 nov. 2011, n° 10-20.114).

B. – Problèmes d'ordre technique

236. – **Nécessité d'une cause commune**. Faut-il considérer que le motif immoral ou illicite d'une opération doit être partagé par les deux cocontractants ? Si les deux personnes sont animées par un tel motif, il n'y a pas de difficulté : le contrat doit être annulé. Lorsque pareil motif n'est pris en considération que par l'une des parties, le contrat ne devrait pas pouvoir être annulé. Le motif, en effet, doit nécessairement être partagé des

deux protagonistes ou, du moins, connu d'eux. Il doit être dans le champ contractuel. Pour que le contrat de vente de matériel de parapsychologie soit annulable (V. jurisprudence ci-dessous), encore faudrait-il que le vendeur ait su à quoi le matériel était destiné ; cette connaissance du mobile peut être effective ou peut résulter plus simplement des circonstances de la cause. Cette nécessité d'une connaissance commune du motif illicite ou immoral présidant à la conclusion du contrat limite sans doute les potentialités de la théorie de la cause. Mais la solution renforce, à juste titre, la sécurité juridique. La Cour de cassation n'a pas été sensible à l'argument : elle décide aujourd'hui « qu'un contrat peut être annulé pour cause illicite ou immorale, même lorsque l'une des parties n'a pas eu connaissance du caractère illicite ou immoral du motif déterminant de la conclusion du contrat » (Cass. 1re civ., 7 oct. 1998, V. *infra*, n° 237).

237. – Disparition de la cause. L'existence de la cause, comme on l'a vu (V. *supra*, n° 227) est exigée lors de la formation du contrat (Cass. com., 8 févr. 2005 : *Bull. civ.* 2005, IV, n° 21. – Cass. 3e civ., 17 juill. 1996 : *Bull. civ.* 1996, III, n° 193). Une disparition rétroactive de la cause ne peut provoquer en principe la nullité de l'engagement (Cass. 1re civ., 11 févr. 1986 : *Bull. civ.* 1986, I, n° 25). Toutefois, la Cour de cassation avait, au moins une fois déjà, insisté sur le caractère successif de l'engagement pour tenir compte de la disparition de la cause en cours d'exécution (Cass. 1re civ., 16 déc. 1986 : *Bull. civ.* 1986, I, n° 301) ; ensuite elle admet que la résiliation d'un contrat entraîne la caducité des conventions dont ce contrat constitue la cause (Cass. 1re civ., 4 avr. 2006 : *Defrénois* 2006, art. 38431, note J.-L. Aubert).

Dans un arrêt du 30 octobre 2008, la première chambre civile admet que la disparition de la cause d'un contrat à exécution successive entraîne sa caducité, c'est-à-dire son extinction pour l'avenir. En l'espèce, le père qui s'était engagé, par reconnaissance de dette, à verser une certaine somme à la mère pour l'entretien et l'éducation de leur fils a obtenu d'être libéré avant le terme prévu au motif qu'il avait désormais la charge exclusive de l'enfant. Annonçant l'arrêt commenté, la première chambre civile avait d'ailleurs très récemment jugé que l'engagement à durée indéterminée souscrit par une épouse au profit de son mari en considération de leur lien matrimonial, prenait fin à la dissolution de ce lien (Cass. 1re civ., 22 oct. 2008, pourvoi n° 06-20.286).

L'avant-projet de réforme de la Chancellerie envisage cette solution au cas de disparition en cours d'exécution du contrat de l'un de ses éléments constitutifs (art. 102). Il faut néanmoins s'interroger sur le champ d'application de cette solution. Elle n'est pas limitée aux hypothèses dans lesquelles une reconnaissance de dette est en cause. Elle repose sur une distinction entre les engagements à exécution successive et ceux dont l'exécution est instantanée.

1. Cause de l'obligation. Cause du contrat

Un arrêt de la première chambre civile de la Cour de cassation permet d'illustrer la distinction qu'il y a lieu de faire entre la cause de l'obligation et la cause du contrat.

Cass. 1re civ., 12 juill. 1989, n° 88-11.443, rejet, arrêt *Pirmamod c/ Guichard*

Sur le moyen unique, pris en ses deux branches :

Attendu qu'en 1981, M. Pirmamod, parapsychologue, a vendu à Mme Guichard, elle-même parapsychologue, divers ouvrages et matériels d'occultisme pour la somme de 52 875 francs ; que la facture du 29 décembre 1982 n'ayant pas été réglée, le vendeur a obtenu une ordonnance d'injonction de payer, à l'encontre de laquelle Mme Guichard a formé contredit ; que l'arrêt attaqué (Paris, 24 nov. 1987) a débouté M. Pirmamod de sa demande en paiement, au motif que le contrat de vente avait une cause illicite ;

Attendu que M. Pirmamod fait grief audit arrêt d'avoir ainsi statué, alors, selon le moyen, d'une part, que la cause du contrat ne réside pas dans l'utilisation que compte faire l'acquéreur de la chose vendue, mais dans le transfert de propriété de cette chose, et qu'en prenant en compte, pour déterminer cette cause, le prétendu mobile de l'acquéreur, la cour d'appel aurait violé les articles 1131, 1133 et 1589 du Code civil ; et alors, d'autre part, qu'en déclarant nulle pour cause illicite la vente d'objets banals au prétexte que ceux-ci pourraient servir à escroquer des tiers, bien qu'il soit nécessaire que le mobile illicite déterminant soit commun aux deux parties sans qu'il y ait lieu de tenir compte de l'utilisation personnelle que l'acquéreur entend faire à l'égard des tiers de la chose vendue, l'arrêt attaqué aurait de nouveau violé les textes susvisés ;

Mais attendu, d'abord, que si la cause de l'obligation de l'acheteur réside bien dans le transfert de propriété et dans la livraison de la chose vendue, en revanche la cause du contrat de vente consiste dans le mobile déterminant, c'est-à-dire celui en l'absence duquel l'acquéreur ne se serait pas engagé ; qu'ayant relevé qu'en l'espèce, la cause impulsive et déterminante de ce contrat était de permettre l'exercice du métier de deviner et de pronostiquer, activité constituant la contravention prévue et punie par l'article R. 34 du Code pénal, la cour d'appel en a exactement déduit qu'une telle cause, puisant sa source dans une infraction pénale, revêtait un caractère illicite ;

Attendu, ensuite, que M. Pirmamod exerçait la même profession de parapsychologue que Mme Guichard, qu'il considérait comme sa disciple ; qu'il ne pouvait donc ignorer que la vente de matériel d'occultisme à celle-ci était destinée à lui permettre d'exercer le métier de devin ; que la cour d'appel n'avait donc pas à rechercher si M. Pirmamod connaissait le mobile déterminant de l'engagement de Mme Guichard, une telle connaissance découlant des faits de la cause ;

Qu'il s'ensuit que le moyen ne peut être retenu en aucune de ses deux branches ;

Par ces motifs : rejette le pourvoi.

Par un autre arrêt du 10 février 1998, la première chambre civile de la Cour de cassation a eu à connaître à nouveau le procès d'une astrologue et a déclaré illicite, pour absence de cause, le contrat de présentation de clientèle conclu par celle-ci avec celle qui reprenait son cabinet :

Cass. 1re civ., 10 févr. 1998 : *Bull. civ.* 1998, I, n° 49 : *Defrénois* 1998, p. 732 et la note ; *D.* 2000, jurispr. p. 442, note L. Gannagé ; *JCP* G 1998, II, 10142, note B. Fages

Sur le moyen unique, pris en ses deux branches :

Attendu que Mme Aze fait grief à l'arrêt attaqué (Bordeaux, 1re ch. B, 10 janv. 1996) d'avoir prononcé la nullité de la convention conclue en 1990 entre elle-même et Mme Primersky, et de l'avoir, par voie de conséquence, déboutée de ses demandes en paiement de la somme due au titre de l'indemnité de présentation de sa clientèle d'astrologue prévue par cette convention, et de dommages et intérêts, alors, selon le moyen, que, d'une part, l'arrêt ne pouvait de manière générale affirmer l'illicéité prétendue du métier d'astrologue en se référant aux dispositions réglementaires de l'article R. 34 (7°), du Code pénal dont l'objet était limité à la police de la rue, et qu'en l'absence de prohibition législative du métier d'astrologue, la cour d'appel a fait une fausse application de l'article 1133 du Code civil ; alors que, d'autre part, le juge judiciaire, gardien des libertés individuelles, ne pouvait affirmer le caractère illicite du métier d'astrologue sans violer l'article 6 du Code civil, l'article 66 de la Constitution, les articles 9 et 10 de la Convention européenne des droits de l'homme ;

Mais attendu que, pour déclarer illicite la cause du contrat de présentation de clientèle d'astrologue, parce que prohibée par la loi, au sens large, la cour d'appel, qui pouvait se fonder sur un texte réglementaire, et qui n'a nullement porté atteinte aux libertés individuelles, a fait une exacte application de l'article R. 34 (7°), du Code pénal, alors en vigueur et qui punissait « les gens qui font métier de deviner et pronostiquer, ou d'expliquer les songes », d'où il suit que le moyen n'est fondé en aucune de ses branches.

Par ces motifs, rejette (...)

2. Cause commune

La théorie de la « cause commune » semble avoir été abandonnée par un arrêt de la Cour de cassation du 7 octobre 1998 :

Cass. 1re civ., 7 oct. 1998 : *Bull. civ.* 1998, I, n° 285 ; *Gaz. Pal.* 1998, 2, pan. cass. p. 325 ; *D.* 1998, p. 563, concl. J. Sainte-Rose ; *D.* 1998, inf. rap. p. 239 ; *D.* 1999, somm. p. 110 et la note ; *JCP* G 1998, 10202, note M.-H. Maleville ; *Defrénois* 1998, p. 1408, note D. Mazeaud

LA COUR :

Sur le moyen unique, pris en ses deux branches :

Attendu que, par acte sous seing privé du 17 juin 1981, M. Malvezin a reconnu devoir à son épouse une somme, remboursable avec un préavis de trois mois ; qu'après leur divorce, Mme Malvezin, devenue Mme Grostabussiat, a, par acte du 14 juin 1989, accepté que le prêt lui soit remboursé sous forme d'une augmentation de la pension alimentaire que lui versait son ex-mari ; qu'en 1993, elle l'a assigné en remboursement du solde du prêt ;

Attendu que M. Malvezin fait grief à l'arrêt attaqué (Versailles, 23 févr. 1996) d'avoir annulé pour cause illicite l'acte du 14 juin 1989 et fait droit à la demande de son ex-épouse, alors, selon le moyen, d'une part, qu'en ne constatant pas que l'accord avait eu pour motif déterminant des déductions fiscales illégales et en ne recherchant pas s'il n'avait pas eu pour motif déterminant de réaliser l'étalement du remboursement du prêt dont le paiement était susceptible d'être réclamé à tout moment, la cour d'appel a privé sa décision de base légale au regard de l'article 1131 du Code civil ; et alors, d'autre part, qu'une convention ne peut être annulée pour cause illicite que lorsque les parties se sont engagées en considération commune d'un motif pour elles déterminant ; qu'ayant constaté que Mme Grostabussiat déclarait à l'administration fiscale l'intégralité des sommes reçues de M. Malvezin, il s'en évinçait que Mme Grostabussiat ne pouvait avoir eu pour motif déterminant de son accord la déductibilité, par M. Malvezin, des sommes à elle versées, en sorte que la cour d'appel, en retenant une cause illicite, a violé l'article précité ;

Mais attendu qu'un contrat peut être annulé pour cause illicite ou immorale, même lorsque l'une des parties n'a pas eu connaissance du caractère illicite ou immoral du motif déterminant de la conclusion du contrat ; que l'arrêt ayant retenu que l'acte du 14 juin 1989 avait une cause illicite en ce qu'il avait pour but de permettre à M. Malvezin de déduire des sommes non fiscalement déductibles, Mme Grostabussiat était fondée à demander l'annulation de la convention ; qu'ainsi, la cour d'appel, qui n'avait pas à effectuer la recherche inopérante visée à la première branche du moyen, a légalement justifié sa décision ;

Par ces motifs, rejette…

3. Cause immorale

Ensuite, par un arrêt surprenant du 3 février 1999, mais bien dans l'air du temps, la première chambre civile enlève tout intérêt à la notion de cause illicite et immorale en matière de libéralités. En effet, elle valide une opération assez peu… morale, au motif que « n'est pas contraire aux bonnes mœurs la cause de la libéralité dont l'auteur entend maintenir la relation adultère qu'il entretient avec le bénéficiaire ».

Ce qui entraîne la cassation, pour violation des articles 1131 et 1133 du Code civil, de l'arrêt qui, « constatant que le *de cujus* a, par testament authentique, d'une part, révoqué toutes donations entre époux et exhérédé son épouse et, d'autre part, gratifié une autre femme d'une somme de 500 000 F, prononce la nullité de la libéralité consentie à celle-ci au prétendu motif que la disposition testamentaire n'a été prise que pour poursuivre et maintenir une liaison encore très récente » (Cass. 1re civ., 3 févr. 1999 : *Gaz. Pal.* 1999, 1, pan. cass. p. 104 ; *D.* 1999, p. 267, note J.-P. Langlade-O'Sughrue ; *D.* 1999, p. 267, rapp. X. Savatier ; *D.* 1999, somm. p. 307, obs. M. Grimaldi ; *Defrénois* 1999, p. 744, obs. D. Mazeaud).

La même solution apparaît dans un arrêt d'assemblée plénière du 29 octobre 2004 (n° 03-11.238 : *Bull. civ.* 2004, ass. plén., n° 12) précisant que « n'est pas nulle comme ayant une cause contraire aux bonnes mœurs la libéralité consentie à l'occasion d'une relation adultère ». Viole donc les articles 900, 1131 et 1133 du Code civil, la cour d'appel qui, pour prononcer la nullité d'un legs universel, retient que celui-ci, qui n'avait « vocation » qu'à rémunérer les faveurs de sa bénéficiaire, est ainsi contraire aux bonnes mœurs.

En revanche, en matière politique, l'engagement souscrit par le candidat d'une association à une élection politique de lui rembourser certaines sommes en cas de succès est nul pour illicéité de la cause si celle-ci consiste dans l'investiture du candidat par l'association et l'exercice des fonctions politiques sous son étiquette : le candidat d'un parti politique aux élections régionales s'est engagé, en cas de succès, à verser au parti sous forme de règlements mensuels, une somme de 180 000 francs, montant des dépenses engagées par le parti au plan national, mais directement liées à la campagne menée dans la circonscription considérée. Le candidat, élu, n'ayant effectué aucun versement, il ne peut être reproché à l'arrêt attaqué d'avoir débouté le parti politique de son action en paiement de la somme totale pour nullité de la convention, dès lors que, saisie d'une reconnaissance de dette dont les énonciations contradictoires rendaient l'interprétation nécessaire, la cour d'appel, après avoir souverainement établi que la cause de l'engagement souscrit par le candidat était en réalité son investiture par le parti et l'exercice des fonctions électives sous son étiquette, a retenu à bon droit qu'une telle cause était illicite comme portant sur un objet hors commerce. Le moyen tiré d'une méconnaissance des articles 1128, 1131, 1134 du Code civil est donc mal fondé (Cass. 1re civ., 3 nov. 2004 : *Bull. civ.* 2004, I, n° 237 ; *Defrénois*, 2004, p. 1730, note J.-L. Aubert).

4. Disparition de la cause

Enfin, la Cour de cassation, dans **un arrêt d'espèce du 30 octobre 2008**, a admis que la cause pouvait « disparaître » :

Cass. 1re civ., 30 oct. 2008 : *Bull.* civ. 2008, I, n° 241

Sur le moyen unique :

Attendu que Mme X... a assigné en paiement d'une certaine somme M. Y... en se fondant sur une reconnaissance de dette par laquelle celui-ci s'était reconnu débiteur de celle-là d'une somme de 360 000 francs qu'il s'était engagé à payer par mensualités de 3 000 francs à compter du 1er décembre 1972 ; qu'ayant constaté que cet engagement avait été consenti par M. Y... au titre du paiement à son ex-épouse de la pension alimentaire destinée à assurer l'éducation et l'entretien de leur fils, qui était alors à la charge de Mme X..., l'arrêt confirmatif attaqué (Rennes, 11 mai 2007) a rejeté cette demande au motif que la cause de cet engagement avait disparu dès lors que depuis le mois de novembre 1974 l'enfant était à la charge exclusive de son père ;

Attendu que, Mme X... fait grief à l'arrêt d'avoir ainsi statué, alors, selon le moyen, que l'existence de la cause d'une obligation doit s'apprécier à la date où elle est souscrite ; qu'ainsi, en se fondant, pour débouter Mme X... de sa demande, sur ce que la cause de la reconnaissance de dette souscrite en 1972 avait « disparu » en novembre 1974, la cour d'appel a violé l'article 1131 du Code civil ;

Mais attendu qu'ayant, par une recherche de la commune intention des parties, caractérisé l'engagement à exécution successive de M. Y..., la cour d'appel a constaté la disparition de la cause de cet engagement, partant sa caducité ;

Que le moyen n'est pas fondé ;

Par ces motifs : Rejette le pourvoi.

SECTION 5

LA FORME

238. – Rôle et intérêts du formalisme. L'article 1108 du Code civil n'exige pas qu'une condition de forme particulière soit remplie pour qu'un contrat soit valable. Néanmoins, certains contrats supposent pour leur validité même une expression particulière : c'est le cas des contrats réels (V. *supra*, n° 40) et des contrats solennels. Le formalisme est un gage de sécurité, permettant d'affirmer le caractère sérieux de l'engagement, de donner aux tiers des informations et de mettre l'État en mesure de contrôler les transactions juridiques.

Le formalisme, par opposition au consensualisme, présente donc de nombreux intérêts. Et, parce que ces intérêts sont diversifiés, on comprend aisément que les formes requises par les textes soient très variées. Parfois des formes spécifiques sont nécessaires pour assurer la publicité du contrat ; parfois elles sont requises à des fins fiscales ou exigées pour assurer la protection du consommateur. Le fondement du formalisme n'est plus unique. Ainsi les formes sont-elles très diversifiées (V. l'ouvrage collectif intitulé *Le formalisme : Journées Jacques Flour*, Defrénois, 2000, p. 867 et s).

SOUS-SECTION 1

LES SOLENNITÉS

239. – Notion et principes attachés au formalisme. Une observation préalable doit être faite sur la notion de solennité. Un contrat est solennel lorsque certaines formes sont nécessaires à sa validité. L'opération est valable si, et seulement si, certaines formes sont respectées. Ainsi un contrat d'hypothèque n'est valable que s'il est passé par acte authentique.

Les actes solennels obéissent à quelques principes essentiels.

Le premier d'entre eux est le principe selon lequel est refusée toute **idée d'équivalence** ; la loi impose telle forme particulière propre à un contrat déterminé : on ne peut se contenter d'une forme équivalente ; celle-ci n'aura aucune portée juridique, sauf le cas particulier des effets de commerce.

Le deuxième principe s'exprime dans la règle du **parallélisme des formes** : le contrat a été conclu dans telle forme ; il ne pourra être modifié qu'en observant la même forme.

Le troisième principe est celui selon lequel la solennité d'un contrat trouve sa source **dans la loi**. Il arrive souvent que les parties, dans leur contrat, exigent que telle ou telle forme soit respectée, même si le contrat n'est pas solennel. En matière de vente d'immeuble, la pratique veut que le contrat soit passé devant notaire afin de donner une certaine forme à l'opération, mais celle-ci n'a aucune incidence sur la validité même du contrat.

Quels sont les divers contrats solennels ? La distinction peut être faite à partir des différentes formes de solennité.

§ 1. – L'exigence d'un acte authentique

240. – Acte authentique et acte notarié. Il s'agit pour l'essentiel de l'acte notarié (rédigé par un officier ministériel, qui est le notaire). Le notaire est considéré comme le conseil des familles. Il a pour mission d'aider les parties contractantes, en leur fournissant toutes les informations nécessaires. L'exigence de l'intervention d'un notaire se comprend, car les actes dont il s'agit sont des actes graves ou lourds de conséquences pécuniaires, tels le contrat de donation, le contrat de mariage (C. civ., art. 1394), le contrat de constitution d'hypothèque (C. civ., art. 2416) ou encore le contrat de vente d'immeuble à construire portant sur un logement d'habitation (C. civ., art. 1601-1 ; L. 3 janv. 1967). Tous ces contrats ne sont valables qu'autant que les conditions de forme ont été respectées (rédaction par acte authentique devant officier public).

La promesse de contrat solennel (à l'exemple de la promesse d'hypothèque) n'est qu'un engagement créateur d'une obligation de faire.

(V. également, J. Hauser, *Le pacte civil de solidarité est-il un contrat consensuel ou un contrat solennel ? : Defrénois* 2001, p. 673 et s).

Sur la question, V. L. Aynès, *L'acte authentique et la procuration* : D. 2012, 890. – Ph. Delebecque, *L'acte authentique imparfait* : *JCP* G 2012, I, 263.

Cass. ch. mixte, 21 déc. 2012, n° 11-28.688

Sur le moyen unique :

Attendu, selon l'arrêt attaqué (Aix-en-Provence, 14 octobre 2011), que la société BRED Banque populaire (la banque) a engagé des poursuites de saisie immobilière à l'encontre de M. X... sur le fondement d'un acte notarié de prêt établi en vue d'une acquisition immobilière ; que M. X... a contesté le caractère exécutoire du titre servant de fondement aux poursuites ;

Attendu que M. X... fait grief à l'arrêt de le débouter de sa demande de mainlevée de saisie immobilière, de constater que la banque disposait d'un titre exécutoire comportant une créance liquide et exigible lui permettant de diligenter des voies d'exécution et d'ordonner la vente aux enchères publiques de l'immeuble saisi sur la mise à prix fixée par le créancier, alors, selon le moyen :

1°/ qu'une procuration doit, soit être annexée à l'acte pour lequel elle a été consentie, soit déposée au rang des minutes, sans que l'annexion à un autre acte ne puisse valoir annexion à cet acte ou dépôt au rang des minutes, lequel constitue un acte distinct ; qu'en considérant néanmoins que l'annexion de la procuration donnée par M. X... et reçue par M. Y... à un acte de vente reçu par M. Z... satisfaisait aux dispositions de l'article 8 du décret du 26 novembre 1971, devenu les articles 21 et 22 du même décret, la cour d'appel a violé ces textes ;

2°/ que constitue un clerc d'une étude notariale, une personne qui dispose d'une formation juridique et de compétences spécifiques qui en font un professionnel du droit qualifié, sans pouvoir être assimilé à tout salarié d'une étude notariale, notamment à une secrétaire ; qu'en considérant que Mme A..., secrétaire, avait valablement représenté M. X..., quand ce dernier avait donné procuration à un clerc de notaire pour le représenter, la cour d'appel a violé les articles 1134, 1984 et 1985 du Code civil ;

3°/ que la confirmation d'un acte vicié exige à la fois la connaissance du vice affectant cet acte et l'intention de le réparer ; qu'en retenant que le mandat donné par M. X... aurait été ratifié du fait de l'exécution du contrat de prêt, la cour d'appel, qui a statué par des motifs impropres à caractériser tant la connaissance qu'avait M. X... du vice que son intention de le réparer, n'a pas donné de base légale à sa décision au regard de l'article 1338 du Code civil ;

Mais attendu, d'une part, que l'inobservation de l'obligation, pour le notaire, de faire figurer les procurations en annexe de l'acte authentique ou de les déposer au rang de ses minutes ne fait pas perdre à l'acte son caractère authentique, partant son caractère exécutoire ; que, par ce motif de pur droit suggéré par la défense, substitué à ceux critiqués, la décision déférée se trouve légalement justifiée ; que le moyen ne peut être accueilli ;

Attendu, d'autre part, qu'ayant souverainement retenu que le mandat litigieux avait été ratifié par M. X... du fait de l'exécution par celui-ci du contrat de prêt, la cour d'appel, qui n'était pas tenue de procéder à une recherche qui ne lui était pas demandée, a, par ce seul motif, légalement justifié sa décision ;

Par ces motifs : Rejette le pourvoi.

§ 2. – L'exigence d'un simple écrit

241. – Rédaction d'un écrit. Dans d'autres situations, la forme solennelle se réduit à un simple écrit non authentique. La loi exige la rédaction d'un écrit sous seing privé notamment dans les hypothèses suivantes :

– contrat de cession de brevet ;

– contrat relatif à l'exploitation d'un navire (C. transports, art. L. 5114-1) ;

– contrat de compromis (laissant à un arbitre désigné le soin de trancher un litige – C. civ., art. 2060) ;

– contrat d'apprentissage ;

– contrat d'agent immobilier (à défaut, l'agent ne pourra percevoir de commission ou d'honoraires) ;

Si la sanction n'est pas expressément prévue (c'est le cas en matière de transaction, C. civ., art. 2044), la jurisprudence précise – curieusement – que l'écrit est requis uniquement à des fins de preuve.

Dans d'autres situations, la loi est plus souple et impose seulement que telle ou telle clause particulière soit rédigée par écrit. Tel est le cas notamment en matière de prêt d'argent ; plus précisément, le taux d'intérêt doit aujourd'hui être fixé par écrit (C. civ., art. 1907 ; C. consom., art. L. 313-1 et s.).

SOUS-SECTION 2

LES FORMALITÉS

242. – Formalités et efficacité du contrat. En principe, les formalités requises par les textes n'ont pas d'incidence sur la validité du contrat. Elles ne concernent que ce que l'on pourrait appeler l'« efficacité » du contrat. Autrement dit, l'acte est valable, mais il est imparfait. Il n'est pas efficace car il manque une formalité. On peut distinguer les formalités de publicité, les formalités fiscales et les formalités administratives.

§ 1. – Les formalités de publicité

Les règles de publicité sont importantes, en droit civil comme en droit commercial.

A. – Le droit civil

243. – Publicité foncière. Les règles de publicité les plus notables sont celles de la publicité foncière, prévues et organisées par un décret du 4 janvier 1955. Ce texte concerne les contrats translatifs de propriété immobilière, tels que la vente d'immeuble ; il concerne aussi tous les actes constitutifs de droits réels immobiliers, notamment les hypothèques.

Ces contrats et actes doivent être publiés aux services chargés de la publicité foncière, en vertu du décret précité. La publicité n'est pas une condition de validité du contrat, mais une condition d'opposabilité de l'acte aux tiers.

244. – Cession de créance. Certaines formalités sont également requises pour les cessions de créance, prévues par l'article 1690 du Code civil. Ce texte dispose :

> « Le cessionnaire n'est saisi à l'égard des tiers que par la signification du transport faite au débiteur. Néanmoins le cessionnaire peut être également saisi par l'acceptation du transport faite par le débiteur dans un acte authentique. »

B. – Le droit commercial

245. – **Cessions soumises à formalités.** On mentionnera les règles de publicité afférentes à la cession d'un fonds de commerce ou à un contrat portant sur des brevets ou des marques ; le contrat doit être publié au greffe du tribunal de commerce, de manière que les créanciers éventuels puissent prendre connaissance du contrat ainsi conclu. Tel est encore le cas du gage sans dépossession (C. civ., art. 2338) ou du gage automobile (C. civ., art. 2351).

§ 2. – Les formalités fiscales

246. – **Enregistrement.** Ce sont surtout des formalités d'enregistrement. Elles permettent à l'Administration de percevoir des droits à l'occasion d'une mutation. D'une manière générale, les contrats de vente importants sont soumis à ces formalités ; il en est de même pour les actes de disposition, tels les baux portant sur des immeubles ou les baux ruraux.

247. – **Sanctions.** En principe, aucune mesure ne sanctionne l'inobservation de cette formalité (le contrat reste parfaitement valable), mais une sanction fiscale peut être appliquée (ayant la nature d'amende).

Dans deux situations particulières, cependant, un acte qui n'a pas été enregistré encourt des sanctions civiles ; elles concernent :

– **la date certaine de l'acte sous seing privé ;** en principe, un acte sous seing privé n'a pas de date certaine, sauf dans le cas où il a été enregistré, ce qui permettra d'opposer sa date aux tiers, en vertu des dispositions de l'article 1328 du Code civil (« les actes sous seing privé n'ont de date contre les tiers que du jour où ils ont été enregistrés, du jour de la mort de celui ou de l'un de ceux qui les ont souscrits, du jour où leur substance est constatée dans les actes dressés par les officiers publics, tels que procès-verbaux de scellé ou inventaire ») ;

– **les promesses unilatérales de vente** portant sur un immeuble, un fonds de commerce ou sur des droits sociaux dans une société civile immobilière, qui doivent être enregistrées dans un délai de dix jours à compter de l'acceptation du bénéficiaire de la promesse, à peine de nullité (en vertu de l'article 1840-A du Code général des impôts, devenu l'article 1589-2 du Code civil).

§ 3. – Les formalités administratives

248. – **Variété et sanction des formalités administratives.** Dans toute une série d'hypothèses, plus ou moins cohérentes, l'Administration intervient dans la conclusion du contrat afin de mieux contrôler l'opération en cause. Il faut par conséquent respecter les formalités prévues par les textes (décrets ou arrêtés). Les textes les plus importants ont, jusqu'en 1996, concerné le contrôle des changes et les relations financières avec l'étranger, opérations qui présentent un intérêt sur le plan national. Aussi comprend-on pourquoi l'Administration a cherché à maîtriser les mouvements de fonds.

La principale question qui se pose – concernant ces autorisations administratives préalables – est de savoir si l'autorisation est requise pour la validité même de l'acte, ou seulement pour son efficacité. La jurisprudence a évolué sur la question et fini par considérer que l'autorisation ne concernait que l'efficacité de l'acte.

249. – Autres exigences. Rédaction en français. Dans le prolongement de cette exigence, on peut se demander quelles sanctions peuvent jouer lorsque les contrats ne sont pas rédigés en français, contrairement à ce que les textes prévoient. En principe, tous les actes juridiques conclus sur le territoire français, quelle qu'en soit la nature, doivent être rédigés en langue française, en vertu de l'ordonnance d'août 1539 de Villers-Cotterêts (prise sous François Ier). De même, depuis la loi du 31 décembre 1975, toutes les publicités doivent être rédigées en français, qu'elles soient orales ou écrites. Les mesures ont été renforcées et élargies par la loi du 4 août 1994. À défaut, le contrat doit-il être annulé ? La jurisprudence récente (à propos d'un contrat de travail rédigé en français) a donné une solution cohérente : le contrat reste parfaitement valable, mais le salarié est en droit d'exiger de son employeur que celui-ci lui délivre un contrat de travail rédigé en français, conformément aux prescriptions légales.

Dans les contrats internationaux, les solutions sont plus souples : les parties sont en droit de choisir librement la langue dans laquelle elles rédigent leurs accords (Cass. com., 11 mars 1997 : *Bull. civ.* 1997, IV, n° 66).

SOUS-SECTION 3

LES CONDITIONS DE PREUVE

250. – Importance des règles de preuve. En matière contractuelle, les exigences de preuve sont primordiales, car si on ne peut prouver l'existence d'une opération, celle-ci ne présente guère d'intérêt. *Idem est non esse, aut non probari* (« c'est la même chose de ne pas exister ou de ne pouvoir prouver »). Certes, l'opération doit être constatée dans un écrit, mais de quel écrit s'agit-il ? On rappellera quelques notions.

§ 1. – Exigence d'un écrit

Pour prouver l'existence d'un contrat, il faut justifier d'un écrit. Cette règle élémentaire connaît un certain nombre d'atténuations.

A. – Une obligation

251. – Nécessité de l'écrit. Lorsque l'opération présente une certaine valeur – au-dessus de 1 500 € – un écrit est exigé en vertu de l'article 1341 du Code civil. Si la valeur de l'opération n'atteint pas cette somme, la preuve du contrat peut se faire par tous moyens.

Cass. 1re civ., 19 juin 2008, n° 07-13.912

Sur le moyen unique, pris en sa première branche :

Vu l'article 1341 du Code civil ;

Attendu que, prétendant avoir prêté à M. X… la somme de 22 867,35 euros, M. et Mme Y… (les époux Y…) l'ont assigné en remboursement ;

Attendu qu'après avoir énoncé que si, la preuve de la remise de fonds ne suffisant pas à justifier l'obligation pour celui qui les a reçus de les restituer, il appartient à celui qui se dit créancier de rapporter la preuve d'un contrat de prêt dès lors que le bénéficiaire des fonds allègue un don manuel, en revanche la preuve de l'absence d'intention libérale du créancier est libre, la cour d'appel écartant, en l'absence d'écrit, l'existence d'un commencement de preuve par écrit du prêt invoqué, a déduit tant de l'analyse d'attestations établies par le notaire des époux Y… que de la constatation du caractère confus et invraisemblable des explications données par M. X… pour prétendre à la remise gracieuse de la somme litigieuse, que les époux Y… apportaient la preuve de leur absence d'intention libérale, partant de l'existence du prêt invoqué ;

Qu'en se déterminant ainsi, quand la preuve de ce contrat, dont la charge pesait sur les époux Y…, ne pouvait être apportée que par écrit, l'absence d'intention libérale de ceux-ci n'étant pas susceptible d'établir à elle seule l'obligation de restitution des fonds versés, la cour d'appel a violé, par refus d'application, le texte susvisé ;

Par ces motifs, et sans qu'il y ait lieu de statuer sur la seconde branche du moyen : Casse et annule (…)

B. – Les exceptions

252. – **Droit commercial.** L'écrit n'est pas nécessaire en matière commerciale, et la preuve de l'opération peut être rapportée par tous moyens, notamment par présomptions ou témoignages (C. com., art. L. 110-3). Très souvent, le contrat est commercial pour les deux parties ; dans ce cas, aucune difficulté ne se présente : la preuve par tous moyens est recevable par les deux cocontractants. Si, en revanche, le contrat est commercial pour une des parties, et civil pour l'autre partie, comme c'est le cas des contrats conclus entre professionnels et consommateurs, ledit contrat est qualifié de contrat mixte. Qu'en est-il alors ? Les règles sont simples : si l'on veut prouver contre le commerçant, la preuve est libre ; si, au contraire, ce dernier veut prouver contre le consommateur, il devra le faire par écrit (en principe), selon le droit commun de la preuve en matière civile.

253. – **Impossibilité matérielle ou morale de se procurer un écrit.** Une autre exception concerne les hypothèses dans lesquelles il est impossible de prouver son droit au moyen d'un écrit (C. civ., art. 1348) ; il est alors possible de prouver par tous les autres moyens admissibles. L'impossibilité peut être matérielle (l'écrit a disparu à la suite d'un cas de force majeure, tel un incendie) ou d'ordre moral (entre les membres d'une même famille, il n'est pas d'usage de contracter par écrit).

254. – **Commencement de preuve par écrit.** Une troisième exception concerne l'hypothèse d'un commencement de preuve par écrit, *i.e.* l'écrit existe bel et bien, mais il est imparfait (il n'a pas été signé par exemple) : cet écrit peut constituer un commencement de preuve par écrit, rendant alors admissibles d'autres modes de preuve tels la preuve testimoniale ; le commencement de preuve par écrit doit émaner de la personne contre qui on veut prouver. On ne se crée pas de titre à soi-même.

255. – **Preuve à l'égard des tiers.** Il faut signaler qu'à l'égard des tiers, la liberté de preuve est totale (dans la limite des modes de preuve légalement admissibles). Un contrat est pour eux et à leur égard un fait.

§ 2. – L'écrit requis

256. – **Variété de l'acte écrit.** Il peut s'agir d'un acte authentique, qui est obligatoire dans le contrat solennel. Dans cette hypothèse, il faut respecter tous les textes régissant la forme authentique. Les prescriptions sont très précises et minutieusement réglementées (L. 25 ventôse, an XI et D. 26 nov. 1971).

Il peut aussi s'agir d'un simple acte sous seing privé, qui, pour avoir une quelconque valeur juridique, doit impérativement être signé. La signature est essentielle : elle doit être manuscrite.

En outre, lorsque le contrat est **synallagmatique**, il faut le rédiger en double exemplaire (C. civ., art. 1325).

Si le contrat est **unilatéral**, la formalité importante à respecter est celle qui est visée par l'article 1326 du Code civil ; cette formalité s'exprime par la mention manuscrite du « bon pour », suivie de la signature de l'intéressé. L'article 1326 dispose en effet :

> « L'acte juridique par lequel une seule partie s'engage envers une autre à lui payer une somme d'argent ou à lui livrer un bien fongible doit être constaté dans un titre qui comporte la signature de celui qui a souscrit cet engagement ainsi que la mention, écrite de sa main, de la somme ou de la quantité en toutes lettres et en chiffres. En cas de différence, l'acte sous seing privé vaut pour la somme écrite en toutes lettres. »

Cette formalité est capitale en matière de cautionnement : la caution civile doit respecter scrupuleusement cette formule, faute de quoi son engagement n'aurait aucune valeur ; la jurisprudence est moins stricte lorsque le cautionnement est commercial ou donné par un dirigeant de société. Elle n'est pas utile dans d'autres situations.

La photocopie n'est pas toujours équivalente à l'écrit.

1. Mention « Lu et approuvé »

Cass. 1re civ., 30 oct. 2008, n° 07-20.001

Attendu que Charles X…, décédé le 8 février 2002 à l'âge de 87 ans, avait souscrit en 1992 et 1993 auprès de la Caisse nationale de prévoyance assurances (la caisse) deux contrats d'assurances-vie « Poste Avenir » mentionnant qu'en cas de décès, les bénéficiaires en seraient le conjoint, et à défaut, à part égales, les enfants de l'assuré ; que se plaignant du versement par l'assureur à son frère Gilbert et à l'épouse de celui-ci des montants figurant aux contrats, M. Daniel X… a assigné la caisse en paiement de la moitié des montants versés ; que cette dernière a appelé en garantie M. Gilbert X… et son épouse ; que les premiers juges, se fondant sur un avenant du 3 octobre 1997 instituant les époux Gilbert X… comme bénéficiaires des contrats, n'a pas accueilli la demande ;

Sur le premier moyen :

Vu l'article 1322 du Code civil, ensemble l'article 1134 du même code ;

Attendu qu'en dehors des exceptions prévues par la loi, l'acte sous seing privé n'est soumis à aucune autre condition de forme que la signature de ceux qui s'y obligent ;

Attendu que, pour condamner la caisse à verser à M. Daniel X… la moitié des avoirs correspondant aux deux contrats Poste Avenir, l'arrêt relève que la signature de Charles X… n'a pas été précédée de la mention « lu et approuvé » comme cela est d'usage ;

Qu'en statuant ainsi, après avoir relevé l'absence de contestation sur l'auteur de la signature de l'avenant et sans relever un quelconque besoin d'interprétation, la cour d'appel a violé les textes susvisés ;

Par ces motifs, et sans qu'il y ait lieu de statuer sur le second moyen : Casse et annule (…).

2. Valeur de la photocopie

Cass. 1re civ., 13 nov. 2008, n° 08-10.456

Sur le moyen unique :

Vu les articles 1315 et 1347 du Code civil ;

Attendu que prétendant qu'en vertu d'une offre souscrite par Mme X…, il avait consenti à cette dernière un prêt, le Crédit lyonnais l'a assignée en remboursement de celui-ci ;

Attendu qu'après avoir constaté que la perte de l'original de l'offre de prêt résultait d'une défaillance des services de la banque et que la photocopie seule produite aux débats n'était ni fidèle ni durable et qu'elle ne pouvait davantage être retenue comme un commencement de preuve par écrit, eu égard à la dénégation, non réfutée, de sa signature par la cliente, la cour d'appel, statuant sur renvoi après cassation (Cass. 1re civ., 21 mars 2006, pourvoi n° 04-19.195), a déduit l'existence du prêt de ce que Mme X... ne contestait pas que le montant en avait été déposé sur son compte, le 13 octobre 1997, et avait été partiellement remboursé, ni n'invoquait aucune autre cause au versement venu enrichir ce compte ;

Qu'en statuant ainsi quand la preuve du contrat de prêt, dont la charge pesait sur la banque, ne pouvait, en l'absence d'original, être rapportée que par un commencement de preuve par écrit dont l'existence a été écartée, et quand la seule remise des fonds, même partiellement remboursés, n'était pas susceptible d'établir à elle seule l'obligation de restituer les fonds, la cour d'appel a inversé la charge de la preuve et violé les textes susvisés ;

Et vu l'article 627, alinéa 2 du Code de procédure civile, la cour étant en mesure de mettre fin au litige en appliquant la règle de droit appropriée ;

Par ces motifs : Casse et annule (...)

257. - Nature des règles de l'admission des modes de preuve. Pour conclure, on se demandera si les règles qui régissent l'admission des modes de preuve doivent être considérées comme d'ordre public. Ainsi, s'agissant d'un contrat de crédit dont l'argent est distribué au moyen d'une carte magnétique, l'ordre de paiement est évidemment donné grâce à l'utilisation d'un code confidentiel : la clause relative à l'ordre de paiement – contraire aux exigences du Code civil – n'en a pas moins été validée par la Cour de cassation (Cass. 1re civ., 8 nov. 1989 : *D.* 1990, p. 369). L'arrêt est de principe. Sa portée est générale. Il est donc possible d'aménager par convention les règles de preuve, dans la mesure où les parties ne méconnaissent aucune disposition d'ordre public, et, plus généralement, ont la libre disposition de leurs droits.

258. - Preuve et électronique. Le législateur français a réformé le droit interne de la preuve par la loi du 13 mars 2000, dans laquelle il a introduit la signature électronique aux articles 1108-1 et suivants du Code civil.

Le 13 décembre 1999, le législateur européen avait fixé un cadre juridique communautaire pour la signature électronique. Une directive sur le commerce électronique du 8 juin 2000 a pour objectif principal de sécuriser les transactions électroniques et d'améliorer les droits des consommateurs sur l'Internet. Désormais, le cybermarchand devra présenter au cyberconsommateur les aspects techniques du contrat électronique. L'utilisateur doit connaître « les différentes étapes à suivre pour conclure le contrat » avant de passer commande. Le consommateur doit pouvoir télécharger (pour les enregistrer ou les imprimer) les clauses du contrat et les conditions générales de l'opération. Il doit aussi pouvoir choisir la langue de la convention, afin de pouvoir comprendre les termes de celles-ci.

La directive tente aussi d'interdire l'envoi à l'internaute, par voie de courriers électroniques des informations publicitaires non désirées (technique dite du *spamming*) : pour cela, le cybermarchand doit vérifier les registres sur lesquels sont inscrites les personnes ne souhaitant pas recevoir de messages publicitaires.

Le législateur est intervenu en votant une loi n° 2000-230 du 13 mars 2000 relative à « l'adaptation de la preuve aux technologies de l'information relative à la signature électronique » (*JO* 14 mars 2000, p. 3968). La loi nouvelle répond à un souci d'évolution technologique (J. Huet, *Vers une consécration de la preuve et de la signature électronique* : *D.* 2000, chron. p. 95. – C. Charbonneau et F.-J. Pansier, *Le droit de la preuve est un totem moderne* : *Gaz. Pal.* 20 mars 2000).

Il est donné tout d'abord une définition légale à la preuve littérale. Ainsi, comme le dispose désormais l'article 1316 du Code civil, « la preuve littérale, ou preuve par écrit, résulte d'une suite de lettres, de caractères, de chiffres ou de tous autres signes ou symboles dotés d'une signification intelligible, quels que soient leur support et leurs modalités de transmission ». Cette définition comporte deux éléments : le premier a trait au contenu – suite de symboles intelligibles ; le second porte sur la forme – indifférence du support. Ainsi est consacrée l'existence d'une preuve par écrit électronique puisque la seule exigence est le caractère intelligible des symboles. Afin qu'il n'y ait pas de doute sur la règle, il est inséré un nouvel article 1316-1 disposant que « l'écrit sous forme électronique est admis en preuve au même titre que l'écrit sur support papier ». Enfin, il est posé à l'article 1316-3 que « l'écrit sur support électronique a la même force probante que l'écrit sur support papier ».

Par cette loi, le législateur dématérialise la définition de l'écrit. Jusqu'alors, on entendait l'écrit, par opposition à la parole, comme le support papier. Aujourd'hui, l'écrit est une suite de symboles intelligibles nonobstant leur support.

Dans un deuxième temps, le législateur tranche le conflit qui ne manquera pas de naître entre les différentes formes de preuves par écrit. Il le fait d'abord négativement en affirmant l'équivalence des supports électroniques et papier. Ensuite, il confère au juge le pouvoir d'apprécier en cas de conflit de preuves littérales le titre le plus vraisemblable. Cependant, il est fait deux réserves à ce pouvoir du juge. La première est classique et a trait aux prévisions législatives particulières en matière probatoire (notamment ce qui concerne les preuves par écrit papier, condition de validité de l'acte, en matière de crédit, de bail par exemple). La seconde concerne une possibilité de définition conventionnelle. On comprend donc que les parties pourront définir, en présence de plusieurs titres par écrit, lequel doit primer. Il paraît donc légitime de penser, notamment en matière de commerce électronique, que les contrats seront d'adhésion et que le consommateur sera amené à admettre la supériorité de la preuve électronique sur toute autre preuve par écrit.

Reste que l'admission de la preuve électronique est soumise à des conditions. Ainsi, l'article 1316-1 introduisant l'équivalence de l'électronique et du papier pose la réserve suivante : doit « être dûment identifiée la personne dont il (l'acte) émane » et l'acte doit être « établi et conservé dans les conditions de nature à en garantir l'intégrité ».

L'article 1316-4 ne porte plus sur la seule question de la preuve, mais sur celle, beaucoup plus large, du consentement aux actes juridiques. Le premier alinéa rappelle le droit commun des actes juridiques : la signature est nécessaire à la perfection de l'acte ; elle manifeste le consentement. Le second affirme que cette signature – donc ce consentement – peut être faite de manière électronique. Le mécanisme était déjà connu dans l'utilisation des cartes bancaires. La solution est cependant doublement nouvelle ici : d'une part, elle est légale et non plus le fait de prévisions contractuelles ; d'autre part, elle est générale, s'appliquant à l'ensemble des actes juridiques, et non plus limitée au secteur des autorisations de paiement ou de retrait.

La signature électronique manifeste donc le consentement d'une partie. Cette solution porte une double atteinte à l'évolution actuelle de la protection des contractants faibles ou réputés comme tels. Tout d'abord, il s'agit de la conséquence liée à la dématérialisation des transactions. Le droit romain avait instauré une matérialisation évidente de l'engagement contractuel. Depuis la loi nouvelle, le consentement par la signature peut être donné par voie électronique, ce qui prive assurément la partie du rappel symbolique du support matériel.

Pour synthétiser les apports de cette loi, on peut retenir qu'il a été énoncé une définition légale de la preuve littérale (C. civ., art. 1316) intégrant désormais l'écrit virtuel (« la preuve littérale, ou preuve par écrit, résulte d'une suite de lettres, de caractères, de chiffres ou de tous autres signes ou symboles dotés d'une signification intelligible, quels que soient leur support et leurs modalités de transmission »). C'est la consécration d'une preuve par écrit électronique que conforte l'article 1316-1 nouveau disposant que « l'écrit sous forme électronique est admis en preuve au même titre que l'écrit sur support papier ». L'article 1316-3 complète enfin la place de l'écrit électronique sur le plan probatoire en affirmant que « l'écrit sur support électronique a la même force probante que l'écrit sur support papier ».

Restait une limite à cette affirmation du principe de la force probatoire de l'écrit électronique, limite résidant dans le fait que l'article 1316-4 du Code civil était complété par un second alinéa en vertu duquel :

> « Lorsqu'elle est électronique, elle [la signature nécessaire à la perfection d'un acte juridique] consiste en l'usage d'un procédé fiable d'identification garantissant son lien avec l'acte auquel elle s'attache. La fiabilité de ce procédé est présumée, jusqu'à preuve contraire, lorsque la signature est créée, l'identité du signataire assurée et l'intégrité de l'acte garantie, dans des conditions fixées par décret en Conseil d'État. »

C'est justement le présent décret qui doit venir préciser la notion de fiabilité en matière de signature. L'enjeu est majeur puisque le principe de validité de la preuve électronique et du consentement par signature électronique est posé sous l'unique condition de la fiabilité des informations, plus précisément de la garantie nécessaire de l'intégrité du contenu de l'écrit virtuel et de celle de l'identité de l'auteur de l'acte virtuel.

Le décret du 30 mars 2001 se décompose en plusieurs temps. Le premier (art. 1er et 2) consiste en un ensemble de définitions applicables aux dispositions du décret. Il est ensuite abordé successivement la procédure de certification publique des dispositifs de création de signature électronique (art. 3 et 4), les exigences techniques minimales relativement à ces créations de signatures (art. 3), les dispositions énonçant une obligation de transparence permettant une véritable possibilité de contrôle pour le vérificateur (art. 5) et les dispositions applicables aux prestataires de certification (art. 6, 7 et 8).

La Cour de cassation, par un arrêt du 30 mars 1999, a considéré que la charge de la preuve d'une erreur dans une facture d'eau incombe à l'usager et non au concessionnaire du service.

Cass. 1re civ., 30 mars 1999 : *Bull. civ.* 1999, I, n° 113 ; *JCP* G 2000, 10334, note C. Ghica-Lemarchand ; *D.* 2000, jurispr. p. 596, note D. Ammar : *Gaz. Pal.* 29 févr. 2000, jurispr. 60, p. 20, note F. Dahan

Vu l'article 1315, al. 1er, du Code civil,

Attendu que la Compagnie générale des eaux a assigné M. Albou en paiement de la somme de 11 415,88 F représentant le montant d'une facture impayée ; que M. Albou a payé la somme de 5 000 F soutenant qu'il n'avait jamais eu de factures pour un montant aussi élevé et qu'aucune fuite n'avait été décelée dans son installation ;

Attendu que le tribunal a énoncé que la Compagnie générale des eaux doit apporter la preuve, pour justifier le montant élevé de sa facture, que des modifications substantielles sont intervenues dans la consommation d'eau de M. Albou ou qu'une fuite d'eau après compteur existait sur les installations ;

Qu'en se déterminant ainsi, alors qu'il incombait à M. Albou d'établir le fait ayant produit l'extinction de son obligation, le tribunal a inversé la charge de la preuve et violé le texte susvisé ;

Par ces motifs : casse…

259. – Acte d'avocat. L'acte d'avocat a enfin vu le jour en 2011.

Ce nouvel « acte » est à mi-chemin entre l'acte sous seing privé et l'acte authentique même si les notaires s'en défendent. La loi met en œuvre les préconisations du rapport « Darrois », parmi lesquelles figurait « la reconnaissance d'effets de droit au contreseing d'un acte sous seing privé par un avocat ».

Il aura donc fallu une demi-douzaine d'années au Barreau pour imposer ce nouvel « instrument », qui a pour objectif affiché d'accroître la sécurité juridique. Et, plus officieux, de recentrer l'image (et l'activité) de l'avocat, du contentieux vers le conseil. La première pierre fut en effet posée en 2003, à l'occasion d'un colloque au cours duquel les professeurs Albert, Delcros et Jamin développèrent l'idée d'un « acte sous signature juridique ». Le projet évolua ensuite ça ou là, avant d'être repris et promu par la commission Darrois, puis de trouver un relais à l'Assemblée nationale en la personne d'Étienne Blanc. Le 21 juillet 2009, ce député faisait circuler une proposition de loi « portant création de l'acte d'avocat », qui tardait à être inscrite à l'ordre du jour, en dépit de l'onction présidentielle reçue le 26 août 2009. Rebaptisée proposition de loi « sur le contreseing de l'avocat », elle ne fut enregistrée à la présidence de l'Assemblée que le 5 novembre 2009.

Ce contreseing de l'avocat fait pleine foi de l'écriture et de la signature des parties (qui gardent la possibilité de recourir à la procédure de faux prévue par le Code de procédure civile pour les actes sous seing privé) et atteste que l'avocat a pleinement éclairé la partie qu'il conseille sur les conséquences juridiques de l'acte.

Pour les notaires, qui y voyaient une nouvelle atteinte à leur profession en général, et à l'acte authentique en particulier, le coup est rude.

Certes, toute référence à l'article 1322 du Code civil est finalement écartée de la loi. En outre, cette dernière comporte un volet visant à « réaffirmer le rôle essentiel du notaire, et de l'acte authentique, notamment en matière immobilière ». Le Code civil est ainsi amendé afin de rappeler expressément que seul un acte authentique peut donner lieu à publicité foncière (C. civ., art. 710-1). D'autres dispositions renforcent les missions du notaire.

Le projet de loi comportait un troisième volet consacré au « développement de l'interprofessionnalité entre professions du droit », à laquelle les notaires restent majoritairement hostiles. S'il avait été adopté, « des avocats, des notaires, des huissiers de justice et des commissaires-priseurs judiciaires pourr[aient] créer une même société de participations financières détenant des parts dans des sociétés ayant pour objet l'exercice de deux ou plusieurs de ces professions ». Un nouveau pas vers la « grande profession du droit » n'a pas été franchi en 2011 ; est-ce un simple report de cette marche forcée ?

Loi n° 2011-331 du 28 mars 2011

Le contreseing de l'avocat

Art. 66-3-1 : « En contresignant un acte sous seing privé, l'avocat atteste avoir éclairé pleinement la ou les parties qu'il conseille sur les conséquences juridiques de cet acte. »

Art. 66-3-2 : « L'acte sous seing privé contresigné par les avocats de chacune des parties ou par l'avocat de toutes les parties fait pleine foi de l'écriture et de la signature de celles-ci tant à leur égard qu'à celui de leurs héritiers ou ayants cause. La procédure de faux prévue par le Code de procédure civile lui est applicable. »

Art. 66-3-3 : « L'acte contresigné par avocat est, sauf disposition dérogeant expressément au présent article, dispensé de toute mention manuscrite exigée par la loi. »

CHAPITRE 2

SANCTIONS DES CONDITIONS DE FORMATION DU CONTRAT

260. – Nullité. Que décider lorsque le consentement n'est pas libre ? Quelles sanctions sont prévues lorsque l'objet n'est pas suffisamment caractérisé ? Ou lorsque l'obligation n'a pas de contrepartie ?

En principe, lorsqu'une condition de validité du contrat n'a pas été respectée, le contrat est frappé de nullité. La nullité est la sanction traditionnellement admise, dès lors que la partie lésée en a fait la demande et en a prouvé la cause. On parle parfois de rescision, notamment lorsque le contrat a été conclu par un mineur ; le contrat pourra être rescindé pour cause de lésion. Ce terme ancien est l'équivalent juridique de la nullité, tant au point de vue de la définition que de la force juridique de la sanction. Deux questions préliminaires se posent : l'une a trait à la notion même de nullité, l'autre à ses sources.

SECTION PRÉLIMINAIRE

LA NOTION ET LES SOURCES DE NULLITÉ

SOUS-SECTION 1

NOTION

261. – Distinction de la nullité et d'autres sanctions. On est conduit à faire la distinction avec d'autres notions particulières, proches de la nullité, mais qui ne sont pas identiques.

§ 1. – Nullité et résolution

262. – En cas de résolution du contrat, ce dernier disparaît de manière rétroactive : tout se passe comme si le contrat n'avait jamais existé. La solution est la même qu'en matière de nullité, mais la sanction ne présente pas les mêmes caractères : alors que la nullité du contrat sanctionne un défaut dans la formation du contrat (consentement, capacité, objet, cause), la résolution sanctionne l'inexécution d'une obligation d'un contrat valablement conclu.

Il est cependant parfois difficile de distinguer les deux types de sanctions : que décider par exemple lorsque le contrat porte sur la vente d'une voiture ? En réalité, tout dépend du moment auquel on se place : si le « vice » affectant le contrat apparaît au moment de la conclusion du contrat (vente d'une voiture non référencée en France), la nullité s'impose ; s'il est caractérisé au moment de l'exécution du contrat (non paiement par l'acquéreur du prix de la voiture), seule la résolution est possible.

§ 2. – Nullité et caducité

263. – Distinction entre nullité et caducité. Ces deux notions sanctionnent l'absence d'un élément essentiel du contrat. Cependant, la nullité concerne la phase de formation, alors que la caducité concerne la phase de l'exécution du contrat. L'engagement est considéré comme valable jusqu'au jour où un événement extérieur rend son exécution impossible : le contrat devient dès lors caduc.

Il y a une différence entre la caducité et la résolution : cette dernière sanctionne l'inexécution du contrat due à la faute d'un cocontractant, alors que la caducité tient uniquement à l'arrivée d'un événement extérieur au contrat qui ne peut plus être exécuté. En outre, à la différence de la nullité et de la résolution, les effets de la caducité n'ont lieu que pour l'avenir : le contrat reste valable jusqu'au jour où elle est constatée ; à partir de cette date, le contrat n'a plus aucune valeur juridique.

§ 3. – Nullité et inefficacité

264. – Cette dernière notion apparaît aujourd'hui à travers des décisions jurisprudentielles ou certains textes. Ainsi, la loi « Neiertz » du 31 décembre 1989 (modifiée en 1991 et 1996), sur le surendettement des ménages, a fortement réglementé le cautionnement, du moins lorsque la caution est un simple consommateur. La loi (C. consom., art. L. 313-10) prévoit ainsi que le créancier (établissement de crédit, banque…) ne peut se prévaloir du contrat de cautionnement lorsqu'il a été conclu alors que la caution était déjà surendettée. Il ne pourra se prévaloir du contrat que dans la mesure où le consommateur, ultérieurement, revient à une meilleure fortune. Cette solution n'a donc rien à voir avec la notion de nullité. Le contrat est seulement inefficace pour telle ou telle raison prévue par les textes, et pourra redevenir efficace si la cause de l'inefficacité disparaît.

§ 4. – Nullité et inopposabilité

265. – Les deux notions se rapprochent, en ce sens qu'elles sont fondées sur une irrégularité portant sur la formation du contrat. Cependant, alors que la nullité affecte les rapports des cocontractants entre eux, l'inopposabilité a trait aux relations des parties à l'égard des tiers ; ceux-ci ne pourront pas se prévaloir du contrat rendu inopposable et, à l'inverse, les parties ne pourront imposer leur contrat aux tiers.

§ 5. – Nullité et inexistence

266. – La jurisprudence utilise parfois cette notion d'inexistence, notamment lorsque le contrat est conclu dans des conditions totalement irrégulières : il manque des éléments essentiels à la validité de l'acte. Dans cette hypothèse, on considère que le contrat n'est pas seulement nul, mais qu'il est inexistant.

Cette distinction repose sur l'opposition de la *Common Law*, entre les contrats qualifiés de *void* et ceux qualifiés de *voidable*. Alors que, pour les premiers, il n'est pas nécessaire de saisir la justice d'une demande (leur nullité est *per se*), les seconds requièrent l'intervention du juge pour apprécier les conditions factuelles de réalisation de la nullité.

La notion d'inexistence est intéressante dans la mesure où la nullité peut être enfermée dans des conditions assez strictes, notamment en matière de droit des sociétés ; il est en effet assez difficile d'obtenir l'annulation d'un acte passé par une société (délibération, assemblée générale...) : c'est pourquoi la jurisprudence se fonde sur la notion d'inexistence pour prononcer l'annulation de l'acte, alors pourtant que les textes ne le permettent pas. La nullité absolue et l'inexistence sont deux notions qui ne se recouvrent pas parfaitement : « l'hypothèque consentie par une société fictive, laquelle est nulle et non inexistante, demeure valable et opposable aux créanciers chirographaires, sauf fraude à leurs droits, l'annulation opérant sans rétroactivité selon l'article 1844-15 du Code civil » (Cass. com., 22 juin 1999 : *Bull. civ.* 1999, IV, n° 136).

La Cour de cassation a quelques réticences à retenir l'inexistence, même en procédure civile, comme le montre l'arrêt rendu en chambre mixte le 7 juillet 2006, reproduit ci-dessous. En matière contractuelle, la théorie de l'inexistence a connu un faible succès.

Cass. ch. mixte, 7 juill. 2006, n° 03-20.026

Sur le moyen unique, pris en ses deux premières branches :

Vu les articles 114 et 117 du Code de procédure civile, ensemble l'article 855 du même code ;

Attendu que, quelle que soit la gravité des irrégularités alléguées, seuls affectent la validité d'un acte de procédure, soit les vices de forme faisant grief, soit les irrégularités de fond limitativement énumérées à l'article 117 du Code de procédure civile ;

Attendu, selon l'arrêt attaqué, que les sociétés Kinetics Technology international (société KTI) et Technip avaient confié à la société Jules Roy, désormais dénommée société Schenker BTL, le transport d'une cargaison qui a subi des avaries constatées lors de son débarquement, le 19 avril 1995 ; que par acte du 17 avril 1996, ces deux sociétés, ainsi que leurs assureurs, ont assigné à comparaître devant un tribunal de commerce, à l'audience du 16 mai suivant, la société Jules Roy qui a appelé en cause d'autres sociétés ; que le 16 mai 1996 étant un jour férié, les sociétés demanderesses ont réitéré leur assignation par acte du 10 mai 1996 ; que la société Jules Roy a soulevé la nullité de la première assignation et invoqué la prescription d'un an prévue par l'article L. 133-6 du Code de commerce ;

Attendu que pour déclarer prescrite l'action des sociétés KTI, Technip et de leurs assureurs, l'arrêt, après avoir relevé que l'assignation délivrée le 17 avril 1996 portait mention d'une date correspondant à un jour férié et où la juridiction ne siégeait pas, retient que cet acte, privé d'une mention substantielle, était impuissant à saisir les premiers juges, devait être tenu pour inexistant sans qu'il soit besoin d'en prononcer la nullité et ne pouvait avoir d'effet interruptif de la prescription ;

Qu'en statuant ainsi, alors qu'il résultait de ses constatations que l'acte était affecté d'un vice de forme, la cour d'appel a violé les textes susvisés ;

Par ces motifs, et sans qu'il y ait lieu de statuer sur la troisième branche du moyen : Casse et annule (...)

§ 6. – Nullité et clause réputée non-écrite

267. – Effet limité. Lorsque la nullité du contrat est prononcée, toutes les dispositions de celui-ci sont dépourvues de valeur. Lorsqu'une clause est réputée non écrite, seules les stipulations de ladite clause sont privées du moindre effet ; le reste du contrat demeure valide.

Aucune question de prescription ne se pose lorsqu'une clause est ainsi réputée non écrite.

SOUS-SECTION 2

LES SOURCES DE NULLITÉ

268. – L'adage « pas de nullité sans texte ». Portée de la règle. La nullité doit en principe être prévue expressément par un texte. En réalité, cette règle joue de manière différente selon la matière en cause.

Dans le droit de la famille, et spécialement en ce qui concerne le mariage, la règle s'applique strictement et de manière systématique.

Dans le droit des contrats, la règle n'a pas la même portée. Souvent, les nullités sont déterminées par des dispositions particulières, mais le juge peut parfaitement prononcer la nullité d'un contrat en se fondant, non pas sur des dispositions légales précises, mais sur un principe général ou une règle d'ordre public.

En outre, les parties elles-mêmes peuvent déterminer conventionnellement les cas dans lesquels le contrat peut être annulé ou, du moins, n'aura aucune valeur. Elles peuvent, d'un commun accord, annuler leur opération.

À l'inverse, elles peuvent aussi renoncer conventionnellement à demander l'annulation du contrat lorsqu'un problème surgit (clause dite d'incontestabilité, en matière de licence de brevet, par exemple). Ces aménagements contractuels, dans les deux cas, ne doivent cependant pas être en contradiction avec des textes légaux.

SECTION 1

LA MISE EN ŒUVRE DE LA NULLITÉ

SOUS-SECTION 1

RÈGLES DE PROCÉDURE

Le juge ne peut pas prononcer d'office la nullité. Il faut préalablement saisir le juge, *i.e.* entreprendre une action judiciaire.

§ 1. – Le rôle dévolu au juge

269. – Caractère obligatoire ou facultatif de la nullité. Lorsque le juge est saisi d'une demande en annulation, il doit en principe prononcer la nullité du contrat dès lors que les conditions en sont réunies. Dans certains cas cependant, la nullité présente un caractère facultatif : même si les conditions en sont réunies, le juge conserve le pouvoir de ne pas prononcer la nullité.

Tel est le cas en matière de vente de fonds de commerce : un certain nombre de mentions obligatoires doivent être respectées à peine de nullité ; néanmoins, le juge conserve un pouvoir d'appréciation :

Code de commerce
Art. L. 141-1 : « I. – Dans tout acte constatant une cession amiable de fonds de commerce, consentie même sous condition et sous la forme d'un autre contrat ou l'apport en société d'un fonds de commerce, le vendeur est tenu d'énoncer : 1° Le nom du précédent vendeur, la date et la nature de son acte d'acquisition et le prix de cette acquisition pour les éléments incorporels, les marchandises et le matériel ; 2° L'état des privilèges et nantissements grevant le fonds ; 3° Le chiffre d'affaires qu'il a réalisé durant les trois exercices comptables précédant celui de la vente, ce nombre étant réduit à la durée de la possession du fonds si elle a été inférieure à trois ans ; 4° Les résultats d'exploitation réalisés pendant le même temps ; 5° Le bail, sa date, sa durée, le nom et l'adresse du bailleur et du cédant, s'il y a lieu. II. – L'omission des énonciations ci-dessus prescrites peut, sur la demande de l'acquéreur formée dans l'année, entraîner la nullité de l'acte de vente. »

C'est ainsi que le défaut des résultats des trois dernières années d'exploitation peut ne pas être sanctionné, si un véritable « audit » a été effectué.

V. également en droit des sociétés : C. com., art. L. 225-42.

En droit des procédures collectives : C. com., art. L. 632-2.

270. – Rôle du juge. Le juge peut-il relever d'office la nullité ? La réponse est positive, à condition de respecter le principe du contradictoire ou parce que certains textes le prévoient de manière expresse (V. C. com., art. L. 141-4 préc. en matière de vente de fonds de commerce).

§ 2. – Le rôle des parties

271. – Nullité par voie d'action ou d'exception. La nullité peut tout d'abord être invoquée par voie d'action, *i.e.* le demandeur à l'action invoque la nullité du contrat devant le tribunal compétent.

Elle peut aussi être invoquée par voie d'exception. Pour comprendre cette situation, il faut supposer que la demande principale porte par exemple sur une question d'exécution du contrat : le défendeur répond en soulevant une exception, qui tend à faire dire par le juge que le contrat est nul.

Cette distinction est importante, du point de vue de la prescription de l'action fondée sur la vertu de l'oubli et de la paix sociale : *Quieta non movere.*

En effet, lorsque la nullité est soulevée par voie d'action, la demande est enfermée dans un délai de prescription, qui est, en matière de nullité, de cinq ans (C. civ., art. 1304) ; en revanche, lorsque l'on soulève la nullité du contrat par voie d'exception, aucun délai de prescription de l'action ne doit être respecté, conformément à la maxime *quae temporalia sunt ad agendum, perpetua sunt ad excipiendum* (« l'action est temporaire, l'exception est perpétuelle »). La Cour de cassation a souvent rappelé le caractère perpétuel de l'exception de nullité (Cass. com., 10 juin 2008 : *Bull. civ.* 2008, IV, n° 118. – Cass. 3e civ., 4 mars 2009 : *Bull. civ.* 2009, III, n° 57). La raison en est que l'on veut éviter qu'une partie n'attende l'écoulement de la prescription pour réclamer à l'autre l'exécution d'un contrat nul dont celle-ci ne pourrait pas demander la nullité.

272. – Nullité et exécution. L'exception de nullité peut seulement jouer pour faire échec à la demande d'exécution d'un acte juridique qui n'a pas encore été exécuté.

La solution s'explique très logiquement. Si le contrat n'a reçu aucun commencement d'exécution, soulever la prescription pour répondre à une demande d'exécution ne cause aucun trouble. Au contraire, la porte sera définitivement fermée. Dans le cas inverse, la prescription doit s'appliquer dans les délais requis.

Quieta non movere. Dans un premier temps, la jurisprudence avait appliqué sans limitation l'adage *Quae temporalia* (*Quae temporalia sunt ad agendum, perpetua sunt ad excipiendum*). Depuis un arrêt du 1er décembre 1998 (Cass. 1re civ., 1er déc. 1998 : *Bull. civ.* 1998, I, n° 338), la Cour de cassation considère qu'il ne peut être utilisé si l'obligation concernée a fait l'objet d'un commencement d'exécution (Cass. 2e civ., 19 oct. 2006 : *Bull. civ.* 2006, II, n° 276). Cette solution a été adoptée par les trois chambres civiles (Cass. 1re civ., 6 déc. 2005 : *Bull. civ.* 2005, I, n° 470. – Cass. 1re civ., 13 févr. 2007 : *Bull. civ.* 2007, I, n° 57. – Cass. 2e civ., 14 sept. 2006 : *Bull. civ.* 2006, II, n° 226. – Cass. 3e civ., 30 janv. 2002 : *Bull. civ.* 2002, III, n° 24. – Cass. 3e civ., 8 févr. 2006 : *Bull. civ.* 2006, III, n° 30) et la chambre commerciale (Cass. com., 6 juin 2001 : *Bull. civ.* 2001, IV, n° 113. – Cass. com., 3 avr. 2007 : *Bull. civ.* 2007, IV, n° 109).

Dans un arrêt du 20 mai 2009 (V. *infra*), la première chambre civile paraissait vouloir distinguer selon que la nullité est relative ou absolue : s'agissant d'une obligation affectée par une cause de nullité relative, son commencement d'exécution par son débiteur interdit à celui-ci de se prévaloir de l'exception ; s'agissant d'une cause de nullité absolue, l'exception de nullité peut être invoquée même si le contrat a été partiellement ou totalement exécuté.

Elle est cependant revenue depuis sur cette analyse : Cass. 1re civ., 24 avr. 2013, n° 11-27.082.

1. La nullité par voie d'exception

Cass. 1re civ., 23 janv. 1996 : *Bull. civ.* 1996, I, n° 34

Attendu, selon les énonciations des juges du fond, que M. Aranda, marié sous le régime de la communauté légale de meubles et d'acquêts, a, par acte sous seing privé du 7 octobre 1989, vendu, sous conditions suspensives, à M. Gros, ou à toute personne morale qui s'y substituerait, un ensemble immobilier dont il était propriétaire avec sa femme, étant précisé à la convention que l'acte authentique devait intervenir au plus tard le 15 janvier 1990, et qu'à défaut d'obtention des crédits par l'acquéreur M. Aranda s'engageait à lui louer l'ensemble immobilier pendant une durée de 23 mois, et à le lui vendre à l'expiration du bail ; que, par actes notariés des 5 et 9 mai 1990, un bail a été conclu et la promesse de vente a été réitérée, les parties étant convenues de la réalisation de l'acte authentique avant le 12 décembre 1991 ; que, M. Aranda ayant refusé de signer l'acte authentique, la SCI Salverose, venant aux droits de M. Gros, et ce dernier ont assigné les époux Aranda pour faire juger que la vente était intervenue ; que l'arrêt attaqué a décidé que « l'action en nullité », engagée par Mme Aranda dans ses conclusions d'appel après l'expiration du délai de 2 ans imparti par l'article 1427 du Code civil, n'était pas recevable ;

Sur le moyen unique :

Vu l'article 1427, alinéa 2, du Code civil ;

Attendu qu'aux termes de ce texte, si l'un des époux a outrepassé ses pouvoirs sur les biens communs, l'action en nullité est ouverte à son conjoint pendant 2 années à partir du jour où il a eu connaissance de l'acte, sans pouvoir jamais être intentée plus de 2 ans après la dissolution de la communauté ;

Attendu que ce texte ne peut avoir pour effet de priver le conjoint du droit d'invoquer la nullité comme moyen de défense contre la demande d'exécution d'un acte irrégulièrement passé par l'autre époux ;

Attendu que, saisie par la SCI Salverose et M. Gros d'une demande tendant à la constatation de la validité de la vente, la cour d'appel a déclaré « l'action en nullité » engagée par Mme Aranda prescrite pour avoir été introduite plus de 2 ans après qu'elle a eu connaissance des conventions signées par son mari ;

Attendu qu'en statuant ainsi, alors que le délai de 2 ans à compter du jour de la connaissance de l'acte, imparti par l'article 1427, alinéa 2, du Code civil pour l'exercice de l'action en nullité contre une vente réalisée, ne pouvait empêcher Mme Aranda d'opposer à la demande principale un moyen de défense tiré de la nullité de la vente, la cour d'appel a, par fausse application, violé le texte susvisé ;

Par ces motifs : Casse et annule (...)

Cass. 3e civ., 4 mars 2009 : *Bull. civ.* 2009, III, n° 57

Sur le premier moyen :

Vu le principe selon lequel l'exception de nullité est perpétuelle, ensemble l'article 1427, alinéa 2, du Code civil ;

Attendu, selon l'arrêt attaqué (Nîmes, 23 janv. 2007), que les consorts X..., aux droits desquels intervient la société Poiel, propriétaires indivis de parcelles ont assigné les époux Y..., propriétaires de parcelles contiguës, pour obtenir la cessation d'un empiétement sur leur propriété et la mise en place de bornes en exécution d'un procès-verbal de bornage du 6 mars 1973, signé par les parties à l'exception de Mme Y... ;

Attendu que pour déclarer ce procès-verbal opposable à cette dernière, l'arrêt retient que la nullité de cet acte n'a pas été demandée par Mme Y... qui était commune en biens pour être mariée sous le régime de la communauté réduite aux acquêts, dans les deux ans de sa connaissance ;

Qu'en statuant ainsi, alors que le délai imparti par l'article 1427, alinéa 2, du Code civil pour l'exercice de l'action en nullité contre le procès-verbal de bornage qu'elle n'avait pas signé ne pouvait empêcher Mme Y... d'opposer à la demande principale un moyen de défense tiré de la nullité de cet acte irrégulièrement passé par son époux, la cour d'appel a violé le principe et l'article susvisés ;

Par ces motifs : Casse et annule (...)

2. Nullité par voie d'exception et exécution du contrat

Cass. 1re civ., 20 mai 2009 : *Bull. civ.* 2009, I, n° 96

Sur le premier moyen, pris en sa troisième branche :

Vu les articles 1304 et 2262 du Code civil, ensemble les articles 1131 et 1321-1 du même code ;

Attendu que par acte sous seing privé du 22 avril 1998 la société des Éditions X..., actuellement dénommée Santé équilibre performance (SEP), a cédé à la société les Bureaux du patrimoine, aux droits de laquelle se trouve la société Épargne actuelle, son fonds de commerce de courtage d'assurances, constitué par la gestion d'un portefeuille AFER, pour le prix de 1 200 000 francs ; que le même jour les parties ont signé une convention pour régler le sort des commissions versées par l'AFER concernant quatre clients ; que la SEP ayant sollicité le paiement de diverses sommes en exécution de la seconde convention, la société Épargne actuelle lui a opposé une exception de nullité de cette convention ;

Attendu que pour faire droit à la demande de la SEP et rejeter l'exception de nullité l'arrêt énonce que les deux conventions signées le même jour sont indivisibles, qu'il résulte de la lettre adressée le 19 février 1999 par le GIE AFER à la SEP que la deuxième convention a reçu un commencement d'exécution et que l'exception de nullité peut seulement jouer pour faire échec à la demande d'exécution d'un acte juridique qui n'a pas encore été exécuté ;

Qu'en se déterminant ainsi, sans rechercher si la nullité invoquée était une nullité relative alors que seule une telle qualification la rendait inopposable en cas d'exécution de l'obligation découlant de l'acte, la cour d'appel n'a pas donné de base légale à sa décision au regard des textes susvisés ;

Par ces motifs : Casse et annule (...)

Le revirement

Cass. 1re civ., 24 avr. 2013, n° 11-27.082

Sur le moyen unique du pourvoi principal :

Attendu que les époux X... font grief à l'arrêt de les débouter de leur demande alors, selon le moyen :

1°/ que l'exécution d'un contrat ne peut faire obstacle à l'exception de nullité de cet acte qu'à la double condition que le demandeur à l'exception ait eu connaissance, au moment où il a exécuté, de la cause de nullité et qu'il soit établi qu'il ait entendu la réparer par son exécution ; qu'en l'espèce, pour juger que les époux X... étaient « irrecevables à soulever l'exception de nullité du contrat de prêt » du 1er mars 2004, la cour d'appel se borne à retenir que « le contrat de prêt a reçu exécution pendant près de cinq années, la première échéance impayée remontant au 5 janvier 2009 » ; qu'en statuant de la sorte, par des motifs impropres à caractériser la connaissance qu'auraient eue les époux X... des vices affectant l'acte argué de nullité au moment où ils l'ont partiellement exécuté, ainsi que leur volonté de confirmer l'acte en dépit de ces vices, la cour d'appel a privé sa décision de base légale au regard des articles 1134, 1147 et 1304 du Code civil ;

2°/ que l'exception de nullité d'un contrat à exécution successive peut être invoquée même si ce contrat a été partiellement exécuté, dès lors que l'exception est soulevée avant l'expiration du délai de prescription de l'action en nullité susceptible d'être engagée à titre principal contre l'acte en cause ; que le délai de prescription de l'action en nullité court à la date à laquelle le demandeur a eu connaissance de la cause de nullité du contrat ; qu'en l'espèce, pour débouter les époux X... de leur demande d'annulation de la saisie-attribution pratiquée en exécution du contrat de prêt du 1er mars 2004, la cour d'appel s'est bornée à relever que ce contrat avait été exécuté jusqu'au 5 janvier 2009 ; qu'en statuant de la sorte, sans rechercher, d'une part, à quelle date les époux X... avaient eu connaissance des causes de nullité du contrat de prêt du 1er mars 2004, cette date constituant le point de départ du délai de prescription de l'action en nullité contre ce contrat, et d'autre part, si l'exception de nullité avait été soulevée par les époux X... avant l'expiration de ce délai, la cour d'appel a privé sa décision de base légale au regard des articles 1134, 1147 et 1304 du Code civil ;

3°/ que l'exécution d'un contrat entaché d'une nullité absolue ne peut faire échec au jeu de l'exception de nullité de cet acte ; qu'en l'espèce, les époux X... faisaient valoir qu'ils n'avaient jamais donné procuration à Mme B..., secrétaire notariale, pour les représenter lors de la conclusion de l'acte authentique de prêt du 1er mars 2004, de sorte que cet acte était entaché d'une nullité absolue pour absence totale de consentement ; qu'en constatant que le contrat de prêt du 1er mars 2004 avait été exécuté jusqu'au 5 janvier 2009, pour en déduire que les époux X... étaient irrecevables à soulever l'exception de nullité de cet acte, sans rechercher, comme elle y était invitée, si cet acte n'était pas affecté d'une nullité absolue pour défaut de consentement des époux X..., laquelle pouvait être invoquée même si l'acte avait été partiellement exécuté, la cour d'appel a privé sa décision de base légale au regard des articles 1134, 1147 et 1108 du Code civil ;

4°/ qu'un acte authentique fait foi des seules mentions qu'il contient ; qu'en cas de contestation par une partie représentée à l'acte par un tiers de l'existence et de la validité de la procuration donnée à cet effet, le juge doit s'assurer de l'existence et de la régularité du mandat habilitant le tiers à conclure l'acte au nom et pour le compte de la partie absente, sans pouvoir se borner à constater que l'acte authentique mentionne l'existence de cette procuration ; qu'en l'espèce, l'acte authentique du 1er mars 2004 sur le fondement de laquelle les saisies-attributions litigieuses avaient été effectuées se borne à mentionner que les époux X..., désignés comme « emprunteur », n'étaient pas présents mais auraient été représentés par Mme B... en vertu d'une procuration « reçue par M. Z..., notaire associé à Lyon, le 6 février 2004 dont le brevet original est demeuré annexé à l'acte de vente en l'état futur d'achèvement » ; que les époux X... contestaient l'existence et la validité de cette procuration et faisaient valoir qu'ils n'avaient jamais donné leur consentement à l'acte du 1er mars 2004 ; qu'ils faisaient également valoir que Mme B... n'avait pas la qualité de clerc de notaire mais était secrétaire notariale ; qu'en jugeant néanmoins que cet acte était régulier et valait titre exécutoire, au seul motif que la procuration n'avait fait l'objet d'aucune inscription de faux, sans s'assurer que la procuration citée dans l'acte, qui n'était pas versée aux débats, donnait effectivement mandat à Mme B... de représenter les époux X..., la cour d'appel a privé sa décision de base légale au regard des articles 11 et 23 du décret du 26 novembre 1971, ensemble les articles 1108, 1134 et 1317 du Code civil, et l'article L. 213-6 du Code de l'organisation judiciaire ;

Mais attendu, d'abord, qu'il ne résulte ni de l'arrêt ni des pièces de la procédure que les époux X... aient soutenu devant la cour d'appel, d'une part, qu'ils n'avaient pas eu connaissance, au moment où ils l'ont exécuté, de la cause de nullité affectant l'acte de prêt ni l'intention de la réparer et, d'autre part, qu'ils avaient soulevé l'exception de nullité avant l'expiration du délai de prescription de l'action ; que les première et deuxième branches du moyen sont donc nouvelles et mélangées de fait, partant irrecevables ;

Attendu, ensuite, que la règle selon laquelle l'exception de nullité peut seulement jouer pour faire échec à la demande d'exécution d'un acte qui n'a pas encore été exécuté s'applique sans qu'il y ait lieu de distinguer entre nullité relative et nullité absolue ; que la cour d'appel n'avait donc pas à procéder à la recherche visée par la troisième branche du moyen ;

Et attendu, enfin, qu'ayant souverainement constaté que la procuration litigieuse avait été reçue par acte authentique et qu'elle n'avait fait l'objet d'aucune inscription de faux, la cour d'appel a, par ce seul motif, légalement justifié sa décision ;

Mais sur le moyen unique, pris en sa première branche, du pourvoi provoqué :

Vu l'article 331, alinéa 2, du Code de procédure civile ;

Attendu que pour mettre hors de cause M. Y... et la SCP, l'arrêt retient, d'une part, que les époux X... sont irrecevables à soulever l'exception de nullité du contrat de prêt et, d'autre part, qu'aucune procédure en inscription de faux n'a été engagée à l'encontre ni de ce contrat, qui vaut titre exécutoire, ni de l'acte de vente du bien immobilier, ni de la procuration reçue également par acte authentique par un notaire ayant compétence pour le faire ;

Qu'en statuant ainsi, alors que la caisse faisait valoir qu'elle disposait d'un droit d'agir au principal contre les notaires, ce qui lui conférait un intérêt à solliciter la mise en cause de ces derniers, dans l'instance engagée par les emprunteurs, afin que le jugement à intervenir leur soit déclaré commun, la cour d'appel a violé le texte susvisé ;

Et vu l'article L. 411-3 du Code de l'organisation judiciaire ;

Par ces motifs, et sans qu'il y ait lieu de statuer sur la seconde branche du moyen unique du pourvoi provoqué :

Rejette le pourvoi principal.

SOUS-SECTION 2

RÈGLES DE FOND

Le régime de la nullité est dominé par une distinction essentielle, celle qui est faite entre la nullité dite **relative** et la nullité dite **absolue**.

§ 1. – Principe de la distinction

273. – Distinction entre nullité relative et nullité absolue. Le Code civil n'affirme pas expressément cette distinction : elle est en quelque sorte en « suspension » dans les dispositions du code. La doctrine et la jurisprudence l'affirment plus clairement.

A. – Justification de la distinction

274. – Pourquoi établir une telle distinction ? Cela s'explique par des considérations d'ordre historique.

1° En droit romain

275. – Le contrat était considéré comme nul lorsque telle ou telle forme n'avait pas été respectée. Dans les autres hypothèses et notamment lorsqu'il y avait un vice du consentement ou un dol, on considérait que le contrat n'était pas nul, et que la victime du dol ou du vice pouvait demander en justice à être dispensée d'exécuter son obligation ; la sanction était donc particulière.

2° Dans l'Ancien Droit

276. – S'inspirant du droit romain, quoique modifié, on affirmait que, en cas de défaut de cause ou d'objet, donc lorsqu'un élément essentiel au contrat faisait défaut, le contrat était frappé de nullité, qui pouvait être admise de manière systématique. Dans les autres situations, notamment en cas de vice du consentement, d'incapacité ou de lésion, le contrat n'était pas nul, mais simplement « annulable », *i.e.* la victime devait d'abord demander une autorisation à un tribunal ou à une autorité pour pouvoir demander ensuite l'annulation du contrat, faute de quoi celle-ci n'était pas permise.

On voit donc que, progressivement, une distinction s'est établie entre deux catégories de nullités : sorte d'organisme vivant, le contrat est nul lorsqu'il lui manque un élément principal (nullité absolue), alors qu'il est simplement malade lorsqu'il lui manque un élément secondaire (nullité relative).

3° Dans le Code civil

277. – Les textes (et non plus les lettres de rescision abolies) laissent entendre que, dans un certain nombre d'hypothèses, la nullité doit être prononcée de manière systématique, lorsqu'il s'agit de faire respecter une condition imposée dans un souci d'ordre public. Dans les autres situations, lorsqu'il s'agit simplement de protéger la victime d'un vice du consentement ou d'une lésion, la nullité ne serait pas systématique, elle serait donc relative.

Le droit positif a consacré cette distinction. La doctrine l'a cependant sensiblement affinée, en raisonnant non plus sur des critères anthropomorphiques, mais sur des critères procéduraux (thèse du droit de critique). Aujourd'hui, on s'attache plus volontiers aux intérêts que la nullité se propose de préserver :

– chaque fois que la condition est exigée dans un souci d'ordre public ou encore pour assurer un certain ordre dans la société, son inobservation est sanctionnée par une nullité absolue du contrat ;

– lorsque la condition est requise simplement pour protéger des intérêts particuliers, sans que l'organisation politique ou économique ne soit en cause, l'inobservation de cette condition est sanctionnée par une nullité relative.

Telle est l'idée qui domine la distinction entre les deux catégories de nullités ; elle est difficile à mettre en œuvre.

B. – Les applications de la distinction

278. – Hypothèses indiscutables et discutables. Certaines hypothèses ne font pas de difficultés, d'autres posent un certain nombre de problèmes, que ce soit en doctrine ou en jurisprudence.

1° Hypothèses indiscutables

279. – On admet la nullité relative en cas de vice du consentement, en cas d'incapacité d'exercice, de rescision pour cause de lésion, et chaque fois qu'une règle d'ordre public de protection n'est pas respectée, *i.e.* visant les consommateurs ou les salariés…

À l'inverse, la nullité est absolue lorsque l'objet et la cause présentent un caractère illicite ou immoral ; de même en est-il lorsqu'une règle d'ordre public de direction est violée.

Précisons également que la nullité est, en cas de minorité, subordonnée à une exigence de lésion (V. *supra*, n° 164).

2° Hypothèses discutées

280. – En cas d'inobservation de conditions de forme, une hésitation est possible.

Lorsque la forme inobservée présente un caractère solennel, la nullité doit être en principe absolue. À l'inverse, si la forme à respecter ne vise qu'à protéger un des cocontractants, la nullité est relative.

Que décider lorsque le prix dans un contrat n'est pas suffisamment déterminé ? Logiquement, la nullité devrait être relative puisque la protection de l'acquéreur est seule en cause, mais la solution retenue en jurisprudence est la nullité absolue.

Enfin, en cas de défaut de consentement (à ne pas confondre avec un éventuel vice du consentement), la jurisprudence considère que la sanction est une nullité absolue, ce qui n'est pas très conforme à la distinction classique entre les deux types de nullités, puisqu'il s'agit aussi de protection d'intérêts privés.

S'agissant de l'absence de cause, la Cour de cassation a fini par décider que la cour d'appel « ayant retenu que la demande en nullité de contrat pour défaut de cause tenant à l'impossibilité de réaliser un profit ne visait que la protection des intérêts du demandeur et que ce défaut de cause existait dès les ventes sans garantie, la cour d'appel en a exactement déduit qu'il s'agissait d'une nullité relative et que la prescription était acquise » (Cass. 3e civ., 29 mars 2006 : *Bull. civ.* 2006, III, n° 88).

Cass. 3e civ., 8 oct. 2008, n° 07-14.396

Attendu, selon l'arrêt attaqué (Aix-en-Provence, 14 déc. 2005), que Mme X..., par acte sous seing privé du 9 novembre 1990, a vendu à la société Jacquet-Magnin deux parcelles cadastrées section AC n° 34 et 36 ; que la vente a été réitérée le 30 novembre 1990 par acte authentique reçu par M. Y..., notaire, moyennant le prix de 5 178 000 francs payés comptant à l'aide d'un prêt consenti par la société Banque Veuve Morin Pons, aux droits de laquelle sont venues la société Banque Part-Dieu puis la société Dresdner Bank Gestion France ; que l'acte comportait une promesse de dation en paiement consentie par la société Jacquet-Magnin au vendeur et une promesse de vente d'une parcelle cadastrée AC 35 consentie par Mme X... à son acquéreur, à réaliser dans le mois suivant l'acquisition qu'elle en aurait faite de la commune de Beausoleil ; que par acte du 17 mars 1994, reçu par MM. Z... et A..., notaires, les parcelles vendues ont été acquises par la commune de Beausoleil ; que Mme X... a agi en annulation de la vente du 30 novembre 1990 sur le fondement de l'article 1172 du Code civil et pour défaut de prix sérieux ;

Sur le premier moyen :

Attendu que Mme X... fait grief à l'arrêt de la débouter de sa demande, alors, selon le moyen, que pour déterminer si l'action en nullité d'un contrat relève du régime de la nullité relative ou de celui de la nullité absolue, il convient de rechercher si ce contrat porte atteinte aux règles d'ordre public de protection ou d'ordre public de direction ; que l'action en nullité d'un contrat fondée sur l'article 1172 du Code civil peut être une action en nullité absolue ; que la cour d'appel, qui a affirmé que la nullité recherchée sur la base de l'article 1172 du Code civil relevait nécessairement de la nullité relative de l'article 1304 du code et était soumise à la prescription quinquennale, sans rechercher si le contrat dont la nullité était demandée se heurtait à des règles d'ordre public de protection ou de direction, a privé sa décision de base légale au regard des articles 1172 et 1304 du Code civil ;

Mais attendu que la nullité du contrat fondée sur une condition impossible est une nullité relative qui ne peut être invoquée que par celui dont la loi qui a été méconnue tendait à assurer la protection ; qu'ayant relevé que Mme X... soutenait que l'engagement souscrit par l'acquéreur à l'égard de l'administration fiscale de revendre le bien dans les cinq ans l'empêchait de réaliser ou de faire réaliser les constructions envisagées et de lui livrer les appartements prévus dans la dation et que la commune de Beausoleil lui avait promis de lui vendre la parcelle AC 35 alors qu'elle n'en était pas propriétaire, la cour d'appel a retenu à bon droit, procédant à la recherche prétendument omise, que la demande en nullité fondée sur cette double condition prétendument impossible, présentée le 9 octobre 1996, se heurtait à la prescription quinquennale de l'article 1304 du Code civil ;

D'où il suit que le moyen n'est pas fondé ;

Mais sur le deuxième moyen : (...)

Par ces motifs : Casse et annule (sur les autres moyens).

Cass. com., 5 févr. 2013, n° 12-11.720

Sur le moyen unique, pris en sa première branche :

Attendu, selon l'arrêt attaqué (Montpellier, 25 octobre 2011), que le 17 mai 2005, M. X... (la caution) s'est rendu caution solidaire envers la Banque Dupuy de Parseval (la banque) des engagements de la société, dont il était le gérant ; que le 26 septembre 2005, cette dernière ayant été mise en liquidation judiciaire, la banque a déclaré sa créance ; qu'après avoir intégralement exécuté son engagement le 15 novembre 2005, la caution a assigné la banque, en nullité de cet engagement ;

Attendu que la caution fait grief à l'arrêt d'avoir infirmé le jugement prononçant la nullité de son engagement et condamnant la banque à lui restituer une certaine somme alors, selon le moyen, qu'est nul l'engagement de caution pris par acte sous seing privé par une personne physique envers un créancier professionnel qui ne comporte pas les mentions exigées par les articles L. 341-2 et L. 341-3 du Code de la consommation ; que cette nullité d'ordre public ne peut être couverte par l'exécution de son engagement par la caution ; qu'en décidant que l'exécution par la caution de son engagement pris en vertu d'un acte de cautionnement nul pour défaut des mentions manuscrites exigées par les articles L. 341-2 et L. 341-3 du Code de la consommation valait confirmation de l'acte, la cour d'appel a violé ensemble ces articles ;

Mais attendu que la violation du formalisme des articles L. 341-2 et L. 341-3 du Code de la consommation, qui a pour finalité la protection des intérêts de la caution, est sanctionnée par une nullité relative, à laquelle elle peut renoncer par une exécution volontaire de son engagement irrégulier, en connaissance du vice l'affectant ; qu'ayant constaté que l'engagement litigieux ne comportait pas les mentions légales prescrites, l'arrêt retient que la caution, après avoir souscrit un prêt à cette fin, a réglé les sommes dues, sans mise en demeure préalable et en dépit des conseils contraires de son avocat et de son comptable et, qu'ainsi conseillée, elle a agi en toute connaissance de cause ; que de ces constatations et appréciations, la cour d'appel a pu déduire que la caution avait entendu réparer le vice affectant son engagement, de sorte que cette confirmation au sens de l'article 1338 du Code civil, l'empêchait d'en invoquer la nullité ; que le moyen n'est pas fondé ;

Et attendu que les autres griefs ne seraient pas de nature à permettre l'admission du pourvoi ;

Par ces motifs : rejette le pourvoi.

§ 2. – Intérêt de la distinction

A. – Personnes pouvant se prévaloir d'une action en nullité

281. – Droit d'agir et nullité relative. Lorsque la nullité invoquée est une nullité relative, seul le cocontractant que l'on veut protéger peut demander l'annulation du contrat, à l'exclusion de toute autre personne, que ce soit l'autre cocontractant ou un tiers. Ainsi, seule la victime d'un dol, d'une erreur ou d'une violence peut se prévaloir de la nullité relative de la convention. L'action en nullité relative pour dol étant réservée à celui des contractants dont le consentement a été vicié.

En dépit de la subrogation générale qu'il détenait en vertu des actes de vente, le sous-acquéreur de locaux donnés à bail commercial, estimant le loyer anormalement peu élevé, était sans qualité pour engager une action en nullité du bail à raison du dol dont aurait été victime le propriétaire initial (Cass. 3e civ., 18 oct. 2005 : *Bull. civ.* 2005, III, n° 197).

282. – Droit d'agir et nullité absolue. En revanche, lorsque la nullité invoquée est une nullité absolue, toute personne ayant un intérêt à s'en prévaloir peut agir, car il s'agit dans ce cas de protéger l'intérêt général. Ce sont d'abord les deux parties au contrat, leurs ayants cause universels ou à titre particulier. Quant aux tiers, il leur est possible d'invoquer la nullité absolue du contrat, s'ils justifient d'un intérêt légitime à agir (CPC, art. 31). La jurisprudence hésite à admettre que des tiers véritables (*penitus extranei*) puissent agir en nullité absolue d'un contrat conclu dans des conditions d'illicéité ou d'immoralité caractérisées.

Cass. com., 16 janv. 2013, n° 11-27.837

Sur le moyen unique :

Vu l'article 1108 du Code civil, ensemble les articles L. 2121-29, L. 2122-21 et L. 2131-1 du Code général des collectivités territoriales ;

Attendu, selon l'arrêt attaqué, que la commune de Portes-lès-Valence (la commune) a, suivant acte authentique du 14 novembre 1990, consenti à la société L'Allexoise (la société) un contrat de crédit-bail immobilier ; que faisant notamment état de ce que la délibération du conseil municipal n'autorisait le maire à signer qu'un bail commercial et n'avait, de surcroît, pas été transmise au représentant de l'État dans le département préalablement à la signature de l'acte, la société a assigné la commune en annulation du contrat et restitution des loyers versés ;

Attendu que pour déclarer son action irrecevable, l'arrêt énonce que la nullité, même d'ordre public, qui peut affecter le contrat litigieux étant édictée au seul profit de la collectivité publique, la société, cocontractante de la commune et non pas tiers au contrat, n'est pas recevable à s'en prévaloir dans le seul but, parfaitement étranger à l'intérêt général qu'elle invoque, d'échapper aux stipulations d'un contrat qu'elle a librement signé et exécuté pendant huit années ;

Qu'en statuant ainsi, alors que la méconnaissance des dispositions d'ordre public relatives à la compétence de l'autorité signataire d'un contrat conclu au nom de la commune est sanctionnée par la nullité absolue, en sorte qu'elle peut être invoquée par toute personne, justifiant ainsi d'un intérêt légitime à agir, la cour d'appel a violé les textes susvisés ;

Par ces motifs : casse et annule.

B. – Confirmation de la nullité

283. – Notion et forme de la confirmation. La notion de confirmation, dans le droit des contrats, signifie que la personne qui pouvait se prévaloir d'une nullité a renoncé à le faire. La confirmation suppose par ailleurs qu'un acte juridique soit passé, car la personne qui confirme manifeste sa volonté. L'effet de la confirmation est de rendre valable un contrat conclu dans des conditions irrégulières ; en conséquence, l'effet est rétroactif. En outre, l'acte de confirmation est irrévocable, *i.e.* la personne qui a confirmé ne peut plus revenir sur cette décision et invoquer ensuite la nullité du contrat.

Comment peut-on confirmer en matière contractuelle ?

D'une part, il faut avoir la libre disposition de ses droits ; par conséquent, seules les nullités relatives sont susceptibles de confirmation. La forme importe peu : de manière expresse – par écrit ou tacite – par un simple comportement.

D'autre part, la confirmation partielle n'est pas admise par la jurisprudence, pour des raisons de cohérence : puisqu'en principe, lorsque le contrat est nul, toutes les clauses dudit contrat sont bien sûr frappées de nullité ; il n'est donc pas possible de confirmer une seule clause.

Cass. 1re civ., 26 sept. 2012, n° 11-20.429

Vu les articles 1311 et 1338 du Code civil ;

Attendu, selon le jugement attaqué, que M. Nathan X..., né le 13 septembre 1989, a acquis le 15 avril 2007, alors qu'il était encore mineur et ne disposait pas du permis de conduire requis, une motocyclette de marque Honda auprès de M. Y..., moyennant un prix de 600 euros ; que par acte du 13 avril 2010, M. X... et ses parents ont assigné M. Y... devant la juridiction de proximité en annulation de la vente ;

Attendu que pour rejeter leur demande, le jugement, après avoir constaté que les intéressés avaient connaissance du vice affectant la vente et qu'ils avaient décidé d'entreposer le véhicule chez un tiers, énonce qu'ils ne sauraient contester que par leur comportement ils ont confirmé tacitement l'acte de vente irrégulier ;

Qu'en statuant ainsi, par des motifs impropres à établir que les époux X..., du temps de la minorité de leur fils, ou ce dernier, une fois devenu majeur, avaient renoncé, sans équivoque, à se prévaloir de la nullité de la vente, alors que la confirmation d'actes nuls exige à la fois la connaissance du vice les affectant et l'intention de le réparer, la juridiction de proximité a violé les textes susvisés ;

Par ces motifs : Casse et annule.

C. – Prescription de l'action en nullité

284. – Notion, raison, point de départ et durée de la prescription. Les droits de créance, comme tous les droits pour agir en justice, sont prescriptibles, *i.e.* au-delà d'un certain laps de temps, le titulaire de l'action est frappée de forclusion et il ne peut plus mettre en œuvre son droit : la prescription est ici extinctive. La règle se justifie par les vertus de l'oubli et l'idée de paix sociale : éviter que les troubles consécutifs à l'annulation du contrat ne puissent se perpétuer. Deux questions essentielles se posent :

– **quel est le point de départ du délai de prescription ?**

Le principe est contenu dans l'article 2224 du Code civil :

> « Les actions personnelles ou mobilières se prescrivent par cinq ans à compter du jour où le titulaire d'un droit a connu ou aurait dû connaître les faits lui permettant de l'exercer ».

S'il s'agit d'une nullité absolue, le point de départ du délai se situe au moment de la conclusion du contrat, puisque c'est à ce moment que l'on apprécie la conformité du contrat aux bonnes mœurs ou à l'ordre public. En revanche, s'agissant d'une nullité relative, le point de départ de la prescription court du jour où le vice affectant l'acte a disparu, *i.e.* en cas de dol, au moment où les manœuvres dolosives ont cessé ;

– **quelle est la durée de la prescription ?** S'il s'agit d'une nullité absolue, le délai de prescription est, en principe, celui de droit commun, c'est-à-dire de cinq ans lorsque l'acte est civil (C. civ., art. 2262) ou commercial (C. com., art. L. 110-4). S'agissant d'une nullité relative, le délai de prescription est aujourd'hui également de cinq ans (C. civ., art. 1304). Il faut toutefois tenir compte de dispositions spéciales prévoyant d'autres délais, notamment en droit des sociétés.

SECTION 2

LES EFFETS DE LA NULLITÉ

285. – Caractère rétroactif de la nullité. Il faut rappeler que la nullité d'un acte est nécessairement prononcée par décision de justice. Quels sont les effets du jugement de nullité, étant entendu que ces effets sont identiques, que la nullité soit relative ou absolue ?

Le contrat conclu se trouve rétroactivement anéanti : tout se passe comme s'il n'avait jamais existé. La solution est tout à fait logique, car ce qui est nul ne peut produire d'effets. Pourtant, il faut vérifier cette affirmation. En outre, quelle est l'étendue de la nullité ? Se pose enfin la question d'une éventuelle responsabilité.

Se pose encore le problème d'une éventuelle indemnité d'occupation due par ceux qui ont occupé l'immeuble. Pour la Cour de cassation, viole l'article 1234 du Code civil la cour d'appel qui, pour condamner une SCI ayant renoncé à l'acquisition d'un immeuble à payer aux vendeurs une indemnité d'occupation, retient que la révocation de la vente doit replacer les parties en l'état antérieur et que, jusqu'à la restitution, la SCI a occupé le bien dont la propriété est revenue rétroactivement aux vendeurs qui sont ainsi fondés à demander une indemnité d'occupation, alors que le vendeur n'est pas fondé, en raison de l'effet rétroactif de l'annulation de la vente, à obtenir une indemnité correspondant à la seule occupation de l'immeuble (Cass. 3e civ., 2 mars 2005 : *Bull. civ.* 2005, III, n° 57).

SOUS-SECTION 1

ÉTENDUE DE LA NULLITÉ

286. – Nullité de l'acte ou de la clause illégale. Lorsque l'acte est annulé par le juge, doit-on comprendre que l'acte dans son entier est nul ou que seules les clauses illégales le sont ?

Deux solutions **théoriques** sont concevables. La première veut que toutes les clauses du contrat soient frappées de nullité ; le contrat dans son ensemble est anéanti. La seconde veut que la nullité frappe uniquement la clause irrégulière ; le contrat survit donc partiellement. Ce problème de l'étendue de la nullité se pose seulement lorsque l'une des clauses du contrat est illicite, car dans le cas où le contrat est irrégulier dans sa totalité, la question n'a aucun intérêt.

La jurisprudence et les textes ne sont pas très nets. Les dispositions légales en la matière sont principalement visées par les articles 900 et 1172 du Code civil. L'article 900 dispose que : « Dans toute disposition entre vifs ou testamentaire, les conditions impossibles, celles qui sont contraires aux lois ou aux mœurs, seront réputées non écrites ». L'article 1172 prévoit, quant à lui, que : « toute condition impossible, ou contraire aux bonnes mœurs, ou prohibée par la loi, est nulle, et rend nulle la convention qui en dépend ».

Selon ces textes donc, il semblerait que la solution à admettre soit la suivante : la nullité est totale lorsque la clause illicite est une condition impulsive et déterminante du contrat ; lorsqu'elle n'est pas jugée essentielle, la nullité reste partielle, ne frappant que la clause litigieuse et laissant intactes toutes les autres clauses.

Toute la difficulté, compte tenu de cette solution, consiste à déterminer ce qu'est ou n'est pas une condition impulsive et déterminante du contrat, *i.e.* celle qui est jugée essentielle, qui a poussé les parties à contracter. Le problème peut se poser par exemple pour le prix dans un contrat de vente : la condition relative au prix est très souvent déterminante : la nullité de cette condition s'étend donc à l'ensemble du contrat. La jurisprudence retient cette analyse en se fondant sur l'article 1172, mais elle se montre à l'heure actuelle assez favorable à la nullité partielle, notamment en raison de l'intérêt social et économique du contrat, qui est ainsi, si l'on ose dire, « sauvé ».

De surcroît, certains textes particuliers instituent une nullité partielle plutôt qu'une nullité totale du contrat. C'est le cas dans le droit de la consommation, qui permet d'annuler uniquement la clause illicite ou abusive, en la réputant « non-écrite » (formule que l'on trouve souvent dans les textes contemporains). Aucun délai particulier de prescription ne joue alors : le caractère illicite ou abusif de la clause peut être soulevé quel que soit le délai en cause.

SOUS-SECTION 2

RÉTROACTIVITÉ DE LA NULLITÉ

287. – **Difficultés liées à l'anéantissement rétroactif.** La solution classique veut que, lorsque le contrat est frappé de nullité, il soit censé n'avoir jamais existé. En effet, il n'a pas pu exister et développer ses effets, compte tenu de son imperfection. L'anéantissement rétroactif s'impose donc. Cependant, la solution soulève un certain nombre de difficultés d'application, aussi bien dans les rapports entre les parties contractantes que dans les rapports entre les parties et les tiers, notamment les créanciers de l'une ou des deux parties.

§ 1. – Entre les parties contractantes

Deux hypothèses sont concevables, selon que le contrat irrégulier a été exécuté ou non. Dans le cas où les parties n'ont pas du tout exécuté leur obligation, la nullité ne crée aucune difficulté particulière. Dans le cas inverse, puisque le contrat n'est censé n'avoir jamais existé, les parties doivent restituer ce qu'elles ont pu recevoir, *e.g.* une somme d'argent et une chose dans le cas d'un contrat de vente. Les difficultés ne manquent pas.

A. – Difficultés particulières

288. – **Nature de la restitution.** Quelle est la nature de l'obligation de restitution ? Est-ce une obligation de nature contractuelle ou, au contraire, de nature extracontractuelle ? Il s'agirait plutôt d'une obligation de nature contractuelle, car elle s'enracine dans le contrat, elle est même une conséquence du contrat ; les parties n'ont sans doute pas voulu expressément que le contrat produise un tel effet, mais il s'agit bien d'une conséquence du contrat. Une jurisprudence a retenu cette solution. Ainsi, tant que les parties n'ont pas été remises en l'état antérieur à la conclusion de leur convention annulée, l'obligation de restituer inhérente au contrat de prêt demeure valable. Dès lors, le cautionnement en considération duquel le prêt a été consenti subsiste tant que cette obligation valable n'est pas éteinte (Cass. com., 17 nov. 1982 : *Bull. civ.* 1982, IV, p. 301 ; *D.* 1983, jurispr. p. 527, note M. Contamine-Raynaud ; *JCP* G 1984, 20216, note P. Delebecque et C. Mouly).

« L'obligation de restituer inhérente au contrat de prêt demeurant valable tant que les parties n'ont pas été remises en l'état antérieur à la conclusion de leur convention annulée, les co-emprunteurs solidaires restent tenus de restituer chacun l'intégralité des fonds qu'ils ont reçus ; que le moyen non fondé en sa première branche, ne tend en sa seconde branche qu'à remettre en cause l'appréciation souveraine, par les juges du fond, des pièces qui leur étaient soumises » (Cass. 1re civ., 15 juill. 2006 : *Bull. civ.* 2006, I, n° 357).

289. – **Utilisation de la chose devant être restituée.** Que décider lorsque la chose reçue a été utilisée par le cocontractant ? Dans le cas du contrat de vente, l'acquéreur

qui a utilisé la chose et qui doit la restituer, à la suite de l'annulation du contrat, doit-il verser une indemnité au vendeur pour le temps d'utilisation de ladite chose ?

En principe, la partie qui doit restituer la chose n'a pas à verser de compensation monétaire.

Lorsque la chose utilisée a été endommagée, on peut aussi se demander qui doit supporter la perte de valeur de la chose, consécutive au dommage qu'elle a subi. La jurisprudence a hésité sur la question. Un temps, elle a considéré que le vendeur était resté propriétaire de la chose et, qu'en conséquence, il devait supporter seul la perte de valeur. Aujourd'hui, on retient des solutions empreintes d'équité et l'acquéreur peut parfaitement être condamné à dédommager le propriétaire de la chose s'il s'avère que le dommage lui est imputable.

290. – Augmentation de valeur de la chose devant être restituée. Enfin, que décider lorsqu'une plus-value s'est ajoutée à la valeur de la chose à restituer ? Celui qui a reçu la chose mérite-t-il de recevoir une indemnité ? Dans cette hypothèse, il est admis que cette personne puisse obtenir une indemnité, dès lors qu'elle est de bonne foi ; c'est appliquer une solution traditionnelle tirée du droit des biens : le possesseur de bonne foi qui doit restituer la chose peut en conserver les fruits.

B. – Difficultés d'ordre général

291. – Liminaire. Observons d'abord que si le contrat est annulé pour dol, la partie qui s'est rendue coupable du dol est privée de toute restitution (Cass. com., 19 mai 1998 : *Bull. civ.* 1998, IV, n° 160) : « La nullité de la cession du fonds de commerce a pour effet de donner à l'acquéreur le droit d'obtenir la restitution de l'intégralité des sommes qu'il a versées lors de cette cession » ; d'où la cassation, pour violation de l'article 1371 du Code civil, de l'arrêt qui, ayant constaté que la société venderesse s'est rendue coupable de dol, n'en déduit pas que cette faute la prive de l'action *de in rem verso*.

De surcroît, dans certains cas, la rétroactivité consécutive à l'annulation de l'acte est tenue en échec. Deux cas peuvent être distingués.

292. – Contrat à exécution successive et restitution. Lorsque le contrat est à exécution successive, *i.e.* s'exécute dans le temps, peut-on prononcer la nullité rétroactive de l'acte ? La question concerne, notamment :

– le contrat de fourniture (variante du contrat de vente), contrat par lequel le fournisseur s'engage à livrer régulièrement des marchandises et dont l'obligation caractéristique s'étale dans le temps ;

– le contrat de travail, dans lequel l'obligation spécifique repose sur le salarié – travailler – et est aussi étalée dans le temps ;

– le contrat de location, dans lequel le bailleur fournit la jouissance d'un local qui s'inscrit par hypothèse dans le temps.

Dans ces situations, il est difficile de concevoir des restitutions réciproques. En outre, s'agissant d'un contrat de travail à annuler, les restitutions ne vont pas de soi : certes, le salarié peut théoriquement restituer les sommes d'argent – les salaires – qu'il a perçues en contrepartie de son travail ; en revanche, comment l'employeur peut-il matériellement restituer des prestations de travail fournies ? La même constatation vaut pour le contrat de location, à l'égard du locataire : on voit mal ce dernier restituer la jouissance de l'immeuble dont il a pu profiter, si ce n'est sous forme d'indemnités… C'est pourquoi, dans ce genre d'hypothèses, on s'en tient à des solutions originales : le contrat sera bien annulé, mais pas de manière rétroactive ; la nullité ne jouera que pour l'avenir.

Par conséquent, on maintient les obligations qui ont pu être exécutées, et on considère que les parties doivent être indemnisées des prestations fournies ainsi que des fautes commises par l'une au préjudice de l'autre ; dans l'exemple du contrat de travail, le salarié va tout simplement conserver les salaires qu'il aurait dû restituer, à titre d'indemnité ; quant à l'employeur, il conserve ce qu'il a pu recevoir.

La jurisprudence récente considère cependant que le principe de rétroactivité joue que le contrat soit à exécution instantanée ou à exécution successive (Cass. 3e civ., 13 juin 2001, n° 99-18.676).

293. – **Nullité pour objet ou cause immorale et rétroactivité.** Lorsque le contrat est annulable pour objet ou cause immorale, la nullité joue-t-elle de manière rétroactive ? Soit un contrat par lequel une personne prête de l'argent à une femme mariée afin que celle-ci quitte son mari pour rejoindre son amant. La convention passée a certainement une cause immorale : favoriser l'adultère par le prêt d'argent. Dès lors, dans la mesure où l'immoralité est partagée par les deux contractants (sauf à tenir compte de la jurisprudence du 7 octobre 1998, V. *supra*, n° 236), le contrat peut théoriquement être annulé. Cependant, il faut aller jusqu'au bout de l'analyse : puisque le contrat est nul, donc anéanti de manière rétroactive, les parties sont tenues par une obligation contractuelle de restitution. Néanmoins, peut-on admettre que le prêteur puisse solliciter la restitution des sommes prêtées ? (En matière de résolution, V. *infra*, n° 473).

La jurisprudence considère qu'il n'est pas possible, dans cette hypothèse, de restituer les choses reçues ; les juges font application de la maxime *nemo auditur propriam turpitudinem allegans* (« nul ne peut se prévaloir de sa propre turpitude »). Le prêteur, dans l'exemple, a connaissance de l'immoralité de la convention : il ne peut donc en conséquence se prévaloir de sa propre turpitude et obtenir restitution des sommes prêtées.

Cette règle a une valeur importante en droit positif, mais ne joue pas de manière systématique, car elle n'est conçue que comme **mesure préventive** : éviter le plus possible que ne soient conclus des contrats immoraux. Ensuite, **son domaine est très précis** : la règle ne s'oppose pas à l'action en nullité, mais uniquement à l'action en restitution consécutive à une nullité. De surcroît, elle ne joue qu'au cas où un contrat immoral a été conclu et non pas lorsque le contrat est seulement illicite.

En outre, **lorsque à l'origine du contrat immoral il y a constitution d'une infraction pénale**, la maxime *nemo auditur...* est écartée ; l'autonomie du droit pénal s'exprime alors. La solution est identique lorsque le contrat immoral est un contrat conclu à titre gratuit : si le disposant ne peut, en raison de l'application de la règle, demander restitution de ce qu'il a donné, le contrat produit pleinement ses effets, et c'est précisément ce que l'on veut éviter. Il est donc recevable à agir en restitution.

Enfin, **l'effet de la règle est atténué par le jeu d'une autre maxime**, celle qui veut que l'action en restitution ne cesse que lorsque, dans la cause, les turpitudes de chacune des parties sont équivalentes (*in pari causa turpitudinis cessat repetitio*). Le juge apprécie le degré respectif de moralité de chacun des cocontractants : si le demandeur en restitution est au moins aussi coupable que le défendeur, il ne pourra demander la restitution de la chose ; à l'inverse, dans l'hypothèse où l'immoralité du demandeur est moindre que celle du défendeur, il pourra obtenir cette restitution et la maxime *nemo auditur...* est écartée. Les solutions sont ainsi plus équitables et surtout plus équilibrées.

§ 2. – Entre les parties et les tiers

294. – Diversité des solutions. Dans l'absolu, lorsque la nullité est prononcée, tous les actes afférents à l'acte annulé doivent aussi être anéantis. C'est la solution de bon sens. Soit un contrat de vente nul : avant que la nullité ne soit prononcée, la chose vendue est cédée à un second acquéreur. La nullité du premier contrat de vente frappe en principe aussi le second contrat, car la nullité revêt un caractère général.

Cependant, cette solution est très grave pour les tiers, qu'il faut pouvoir protéger. Plusieurs solutions peuvent être proposées.

Si l'acte est un acte d'administration, il doit être maintenu.

S'il s'agit d'un acte de disposition concernant un bien meuble corporel, les dispositions de l'article 2276 du Code civil s'appliquent. Cet article dispose que : « en fait de meubles, la possession vaut titre. Néanmoins celui qui a perdu ou auquel il a été volé une chose peut la revendiquer pendant trois ans, à compter du jour de la perte ou du vol, contre celui dans les mains duquel il la trouve ; sauf à celui-ci son recours contre celui duquel il la tient ». Le sous-acquéreur en possession du bien, s'il est de bonne foi, peut le conserver ; il est définitivement propriétaire.

S'il s'agit d'un acte de disposition portant sur un immeuble, l'acte doit être annulé, et l'immeuble restitué. En pratique, cependant, la solution se rencontre rarement, car l'acquéreur d'un immeuble ne serait-ce que par son conseil, s'informe toujours un minimum et prend des précautions (un soupçon sur l'éventuelle annulation de la première vente pousserait à ne pas acheter). De surcroît, toutes les demandes en nullité des contrats doivent être publiées au Bureau de conservation des hypothèques, de manière à informer les tiers pouvant être intéressés par l'opération en cause.

SOUS-SECTION 3

RESPONSABILITÉ

295. – Cumul entre annulation et responsabilité. L'annulation d'un contrat peut-elle s'accompagner d'une éventuelle action en responsabilité ? Ce n'est pas exclu. Une action en responsabilité peut parfaitement compléter une action en nullité d'un acte, du moins si les conditions de la responsabilité sont réunies, étant entendu qu'elle ne peut qu'être de nature délictuelle, puisque le contrat est anéanti. Les règles applicables à la responsabilité délictuelle sont visées par l'article 1382 du Code civil, c'est-à-dire qu'il faudra prouver une faute, un préjudice, et un lien de causalité entre ce dernier et la faute : la faute peut résulter d'un comportement déloyal ; le préjudice résultera de la disparition du contrat, car la partie a engagé des frais pour rien (c'est ce que l'on appelle l'intérêt négatif : l'intérêt qu'on aurait eu à ne pas conclure le contrat annulé ; l'intérêt positif représente le manque à gagner, l'intérêt que l'on aurait eu à ce que le contrat fût valable, dont il est plus difficile d'admettre la réparation pour ne pas réduire à néant la portée de l'annulation) ; le lien de causalité, la plupart du temps, ne souffre aucune difficulté. Dès que les conditions de la responsabilité délictuelle sont réunies, on doit admettre que l'action en nullité peut se doubler d'une action en dommages-intérêts.

En réalité, lorsqu'on incrimine celui qui a conclu le contrat en connaissant (ou ayant dû avoir connaissance), la cause de nullité (erreur inexcusable, dissimulation frauduleuse de l'incapacité, illicéité du contrat), la jurisprudence préfère réparer le préjudice en nature en privant le coupable du droit d'agir.

En cas de dol et de violence, la jurisprudence reconnaît que des dommages et intérêts peuvent venir renforcer l'annulation, si celle-ci ne répare pas entièrement le préjudice subi par la victime du vice.

Il est à noter que des dispositions particulières jouent lorsqu'un mineur agit en nullité du contrat : d'une part, la nullité est exclue si le mineur a dissimulé frauduleusement son incapacité (C. civ., art. 1301, *a contrario*) ; le maintien du contrat sanctionne ainsi la faute commise par le mineur.

D'autre part, le mineur (ou le majeur en tutelle) n'est tenu de restituer que la part de la prestation qui a tourné à son profit : s'il a vendu un bien et a dilapidé le prix reçu, il n'a donc rien à rendre.

1. Nullité et résolution du contrat

Un arrêt de la chambre commerciale de la Cour de cassation illustre parfaitement la distinction entre la nullité et la résiliation judiciaire.

Cass. com., 3 mars 1975, n° 73-13.106

La Cour ;

Sur le moyen unique :

Vu les articles 1109 et 1184 du Code civil ;

Attendu que, saisie d'un litige relatif à une machine d'occasion vendue par la Société Le Matériel Moderne à la Société Fontainebleau-Offset, la cour d'appel, dans le dispositif de sa décision, prononce « aux torts » de la Société Le Matériel Moderne la « résiliation du contrat de vente » et condamne ladite société à payer à la Société Fontainebleau-Offset la somme de 1 000 francs à titre de dommages-intérêts ;

Que cependant, dans ses motifs, la cour d'appel ne relève aucun manquement à l'obligation de délivrance du vendeur qui a fourni la chose même sur lequel l'accord s'était réalisé, non plus qu'aucun manquement à la garantie des défauts rédhibitoires mais retient que l'acquéreur a cru que la machine datait de cinq ans alors qu'elle fonctionnait depuis dix ans et admet, pour cette raison, qu'il y a eu vice du consentement, sans préciser s'il s'agit d'une erreur ou d'un dol ; que, de toute manière, le vice du consentement est une cause de nullité et non de résiliation de la vente ;

D'où il suit qu'en statuant comme elle l'a fait, la cour d'appel n'a pas mis la Cour de cassation en mesure d'exercer son contrôle ;

Par ces motifs : – Casse...

2. Exercice

Comment assurer le retour au *statu quo ante* lorsqu'une personne a vendu à une autre les arbres plantés sur une parcelle de terre lui appartenant, que ces arbres ont été coupés par l'acquéreur et que le vendeur agit aujourd'hui en annulation de la vente ? (V. Cass. 1re civ., 16 mars 1999 : *Bull. civ.* 1999, I, n° 95).

(V. Annexe : Les principes du droit européen des contrats).

Tableau synoptique de la justification de la diversité des évaluations des restitutions dans la vente

	NULLITÉ	RÉSOLUTION
Imputable	*Imputabilité au vendeur* (dol, violence…) – **restitutions du vendeur :** prix nominal et dommages distincts (conclusion du contrat, indemnité pour amélioration de la chose par l'acheteur…) évalués au jour du jugement. – **restitutions de l'acheteur :** la chose et/ou une indemnité évaluée *au jour du contrat* (perte totale ou diminution de l'utilité de la chose par dégradation).	*Imputabilité de l'inexécution au vendeur* – **restitutions du vendeur :** prix nominal et dommages distincts (augmentation de la valeur d'échange de la chose, indemnité pour amélioration de la chose par l'acheteur…) évalués au jour du jugement. – **restitutions de l'acheteur :** la chose et/ou une indemnité évaluée *au jour du contrat* (perte totale ou diminution de l'utilité de la chose par dégradation).
	Imputabilité à l'acheteur (violence, prix dérisoire…) – **restitutions du vendeur** : prix nominal (aucune jurisprudence). – **restitutions de l'acheteur :** la chose ou une indemnité évaluée au jour du jugement et dommages distincts (une indemnité de jouissance comme équivalent des fruits, de l'occupation…) évalués au jour du jugement.	*Imputabilité de l'inexécution à l'acheteur* – **restitutions du vendeur :** néant ou la fraction du prix reçu (aucune jurisprudence). – **restitutions de l'acheteur :** la chose ou une indemnité évaluée au jour du jugement et les dommages distincts (indemnité complémentaire si la valeur de la chose a augmenté, indemnité de jouissance comme équivalent des fruits, loyers, occupation…) évalués au jour du jugement.
Non imputable	Cas de l'erreur ou du contrat illicite (si double imputabilité) – **restitutions du vendeur :** prix nominal. – **restitutions de l'acheteur :** la chose ou une indemnité évaluée *au jour du contrat.*	Cas de la force majeure. Application de la théorie des risques.

Tableau de Frédéric Rouvière : *RTD civ.* 2009, p. 638.

TITRE 2

LE CONTENU DU CONTRAT

Rendre compte du contenu du contrat conduit dans un premier temps à déterminer les obligations contractuelles assumées par les parties, puis, en un second temps, à apprécier la force de ces obligations.

CHAPITRE 1
DÉTERMINATION DES OBLIGATIONS CONTRACTUELLES

296. – Le régime juridique des obligations contractuelles découle du principe philosophique de l'autonomie de la volonté dont la liberté contractuelle est l'une des expressions juridiques les plus achevées. Le contenu du contrat est ainsi la chose des parties, en ce sens qu'elles vont pouvoir déterminer librement quels sont leurs droits et leurs obligations. À condition toutefois qu'elles ne transgressent pas les barrières de l'ordre public et ne dénaturent pas la notion même de contrat. D'où les deux séries de développement qui suivent :

- le principe de la liberté contractuelle ;
- les limites de la liberté contractuelle.

SECTION 1
LE PRINCIPE DE LA LIBERTÉ CONTRACTUELLE

SOUS-SECTION 1
LE FONDEMENT DE LA LIBERTÉ CONTRACTUELLE

297. – Principe. Le principe de la liberté contractuelle – qu'aucune norme constitutionnelle ne garantit – est l'un des principes essentiels du droit des contrats. Il signifie que les parties peuvent fixer comme elles l'entendent le contenu de leur contrat. La loi réglemente les contrats ; les textes du Code civil distinguent les différents types de contrats, mais toutes ces dispositions n'ont en principe aucune valeur impérative : ce sont de simples textes supplétifs de la volonté des parties, *i.e.* celles-ci sont libres de s'y référer, de les aménager ou, au contraire, de s'en écarter.

C'est ainsi que les dispositions de l'article 1593 du Code civil selon lesquelles « les frais d'actes et autres accessoires à la vente sont à la charge de l'acheteur » ont un caractère supplétif (Cass. civ., 23 déc. 1931 : *Gaz. Pal.* 1932, 1, p. 433) : les parties peuvent donc décider de partager les frais ou accessoires, voire de les faire supporter par le seul vendeur (plus généralement, V. C. Perès-Dourdou, *La règle supplétive*, thèse, LGDJ, 2003).

298. – Principe à valeur constitutionnelle. Le Conseil constitutionnel a considéré (Cons. const., 3 août 1994 : *D.* 1995, somm. p. 344, note F. Mélin-Soucramanien ; *D.* 1996, somm. p. 45, note X. Prétot ; *JCP* G 1995, 22404, note Y. Broussolle) que « s'il est loisible au législateur de modifier, compléter ou abroger des dispositions antérieures, il lui appartient néanmoins de ne pas priver de garanties légales des principes constitutionnels ; le nouveau cadre légal dans lequel s'inscrivent les institutions de retraite supplémentaire est étranger, compte tenu de l'objet et de la nature de ces institutions, à la liberté d'entreprendre ; il ne saurait davantage méconnaître le principe de la liberté contractuelle qui, en l'état, n'est garanti par aucune norme de valeur constitutionnelle, non plus que le droit à l'inaliénabilité des retraites ».

De plus, dans une décision en date du 20 mars 1997 (*RTD civ.* 1998, p. 99), le Conseil constitutionnel affirma que « si le principe de liberté contractuelle n'a pas en lui-même valeur constitutionnelle », il est possible d'invoquer sa méconnaissance devant lui « dans le cas où elle conduirait à porter atteinte à des droits et libertés constitutionnellement garantis ». Ce qui revient à dire qu'en matière contractuelle, le législateur n'est pas totalement libre. En effet, le Conseil constitutionnel pourra exercer sa censure lorsque l'atteinte portée à la liberté contractuelle aura pour conséquence de violer une autre liberté à valeur constitutionnelle.

Sur cette base, le Conseil a fixé en ces termes les conditions générales de déclenchement de la protection constitutionnelle : « le législateur ne saurait porter à l'économie des conventions et contrats légalement conclus une atteinte d'une gravité telle qu'elle méconnaisse manifestement la liberté découlant de l'article 4 de la Déclaration des droits de l'homme et du citoyen de 1789 » (Cons. const., déc. 10 juin 1998, n° 98-401 DC : *JO* 14 juin, p. 9033 ; *RTD civ.* 1998, 798, obs. N. Molfessis ; *ibid.* 1999, 78, obs. J. Mestre. – *Adde*, Cons. const., déc. 23 juill. 1999, n° 99-416 DC : *JO* 28 juill. 1999, p. 11250. – Cons. const., déc. 13 janv. 2000, n° 99-423 DC : *JO* 20 janv. 2000, p. 992. – Cons. const., déc. 7 déc. 2000, n° 2000-436 DC : *JO* 14 déc., p. 19840. – Cons. const., déc. 27 nov. 2001, n° 2001-451 DC : *JO* 1er déc. 2001, p. 19912). Dans une décision du 13 janvier 2003, le Conseil constitutionnel énonce que « le législateur ne saurait porter aux contrats légalement conclus une atteinte qui ne soit justifiée par un motif d'intérêt général suffisant, sans méconnaître les exigences résultant des articles 4 et 16 de la Déclaration des droits de l'homme et du citoyen de 1789 », pourrait marquer une volonté de renforcer la protection constitutionnelle en la matière car la formule « contrats légalement conclus » est plus large que celle d'« économie des conventions et contrats légalement conclus » (Cons. const., déc. 13 janv. 2003, n° 2002-465 DC : *JO* 18 janv. 2003, p. 1084 ; *D.* 2003, p. 638 et s., chron. B. Mathieu).

299. – Question prioritaire de constitutionnalité. Depuis le 1er mars 2010, tout justiciable peut, au cours d'une instance judiciaire, invoquer l'inconstitutionnalité d'une disposition législative, au moyen d'une question prioritaire de constitutionnalité. Cette question est transmise par le juge du fond à la Cour de cassation, puis au Conseil constitutionnel, lorsque les conditions posées par la loi organique du 10 décembre 2009 sont remplies. La question doit porter sur une disposition législative applicable au litige ou à la procédure, ou constituant le fondement des poursuites ; la disposition contestée ne doit pas avoir déjà été déclarée conforme à la Constitution, sauf changement des circonstances. Les articles 126-5 du Code de procédure civile et R. 49-26 du Code de procédure pénale, résultant du décret n° 2010-148 du 16 février 2010, prévoient que le juge n'est pas tenu de transmettre à la Cour de cassation une question prioritaire de constitutionnalité lorsque la cour, ou le Conseil constitutionnel, est déjà saisi d'une question mettant en cause cette disposition législative par le même moyen. Il est permis de se demander si le droit des obligations sera concerné par ces questions. Ce n'est pas exclu.

SOUS-SECTION 2

LA MISE EN ŒUVRE DE LA LIBERTÉ CONTRACTUELLE

300. – Définition et diversité des clauses. Le terme « clause » s'entend de la « disposition particulière d'un acte juridique ayant pour objet soit d'en préciser les éléments ou les modalités, soit de l'assujettir à un régime spécial » (G. Cornu, *Vocabulaire juridique*, V° *Clause*). La clause se présente donc comme une partie d'une convention. Son objet est de structurer la volonté des parties, de déterminer dans le détail leur projet et d'en définir tous les aspects. Une clause peut porter aussi bien sur les conditions de formation d'un contrat que sur ses effets. Elle peut être brève et tenir en une ou deux lignes ou être plus complexe, notamment lorsqu'il s'agit de distinguer des sous-hypothèses, et occuper plusieurs feuillets. Le plus souvent, ce sont les obligations mêmes des parties qui donnent lieu à des stipulations précises. Il est en effet nécessaire de connaître quelle est l'étendue des engagements pris par les différents protagonistes.

Rien cependant n'interdit de concevoir le terme clause d'une manière plus subjective pour y voir « l'élément d'un acte juridique qui présente une individualité intellectuelle ». Dans ce cas, l'expression importe peu. Une proposition ou un membre de phrase peut alors constituer une clause.

Ce qui a été voulu par les parties présente un caractère obligatoire. On trouve ainsi, par exemple :

– des clauses de non-réaffiliation : il a été jugé que ne violait aucune règle d'ordre public la clause de non-réaffiliation, limitée dans le temps et dans l'espace et qui n'interdit pas la poursuite d'une activité économique identique (Cass. com., 17 janv. 2006, n° 03-12.382) ;

– des clauses de non-sollicitation (Cass. com., 10 mai 2006, n° 04-10.149, V. *infra*).

Les clauses suivantes sont souvent envisagées :

- clause attributive de compétence ;
- clause commissoire (ou pacte commissoire) ;
- clause compromissoire (ou d'arbitrage) ;
- clause d'agrément ;
- clause d'échelle mobile ;
- clause d'enseigne ;
- clause d'exclusion ;
- clause d'exécution personnelle ;
- clause d'expert ;
- clause d'immutabilité ;
- clause d'indexation ;
- clause d'intégralité ;
- clause d'interprétation ;
- clause d'*intuitu personae* ;
- clause d'objectif ;
- clause d'opacité ;

- clause de cession ;
- clause de complémentarité ;
- clause de confidentialité ;
- clause de décharge ;
- clause de dédit ;
- clause de déficit ;
- clause de définitions ;
- clause de droit applicable ;
- clause de force majeure ;
- clause de garantie ;
- clause de non-concurrence ;
- clause de non-garantie ;
- clause de notification ;
- clause de préemption ;
- clause de préférence linguistique ;
- clause de priorité ;
- clause de prix ;
- clause de reconduction ;
- clause de renonciation à recours ;
- clause de réserves ;
- clause de réserve de propriété ;
- clause de résiliation ;
- clause de responsabilité ;
- clause de retour à meilleure fortune ;
- clause de sauvegarde ;
- clause de secours ;
- clause de suspension ;
- clause de voisinage ;
- clause des quatre coins ;
- clause limitative de réparation ;
- clause pénale ;
- clause relative aux propriétés intellectuelles ;
- clause résolutoire.

Dans la pratique, les contrats sont tous rédigés de la même façon. Dans les contrats internationaux, la même observation s'impose, les cabinets d'affaires recourant souvent à des formules équivalentes.

1. Arrêt du 14 octobre 2008

Cass. com., 14 oct. 2008, n° 07-17.977

Sur le moyen unique, pris en sa deuxième branche :

Vu l'article 1604 du Code civil ;

Attendu, selon l'arrêt confirmatif attaqué, que la société Toujas et Coll (la société Toujas) a fait l'acquisition auprès de la société Mécalux France (la société Mécalux) de rayonnages métalliques qu'elle a installés à l'extérieur de ses magasins pour y stocker divers matériaux de bricolage dont elle fait commerce ; qu'invoquant l'apparition d'une forte corrosion sur ces structures, la société Toujas a assigné la société Mécalux afin d'obtenir sa condamnation à procéder à leur remplacement ;

Attendu que pour rejeter les demandes de la société Toujas, l'arrêt, après avoir relevé, par motifs adoptés, que les conditions générales de vente de la société Mécalux indiquaient que les éléments verticaux porteurs étaient finis au moyen d'un procédé de peinture par électrodéposition, dit cataphorèse, que les autres éléments étaient également finis au moyen d'un procédé automatique de peinture après avoir été dégraissés et phosphatés et que ce procédé était deux fois supérieur à la galvanisation électrolytique et trois fois supérieur à la peinture conventionnelle, retient, par motifs propres, qu'une garantie anticorrosion de l'intégralité du matériel vendu n'a jamais été conventionnellement accordée à la société Toujas par la société Mécalux qui s'est limitée à décrire les traitements apportés à partie des produits vendus et les performances accordées à ces traitements ;

Attendu qu'en se déterminant ainsi, sans rechercher si les rayonnages vendus par la société Mécalux présentaient les qualités décrites dans ses conditions générales de vente et si, dans la négative, la société Mécalux n'avait pas manqué à son obligation de délivrance conforme, la cour d'appel n'a pas légalement justifié sa décision ;

Par ces motifs, et sans qu'il y ait lieu de statuer sur les autres griefs : Casse et annule.

2. Arrêt du 10 mai 2006

Cass. com., 10 mai 2006, n° 04-10.149

Sur le moyen unique du pourvoi principal :

Vu l'article 1134 du Code civil ;

Attendu selon l'arrêt attaqué que la société Ecso, devenue depuis lors société Union Technologies Informatique (la société UTI) a mis à la disposition de la société Metaware Technologies (la société Metaware) plusieurs salariés pour des travaux d'assistance technique en informatique ; que deux de ces salariés ont mis fin à leur mission le 31 juillet 1998, alors qu'elle s'achevait normalement le 23 septembre 1998, au motif qu'embauchés par la société Ecso en vertu d'un contrat à durée déterminée se terminant le 31 juillet 1998, ils n'entendaient pas continuer à travailler avec cette société après cette date ; qu'ils ont, quelques jours plus tard, été embauchés directement par la société Metaware ; que la société Ecso, invoquant la violation par la société Metaware d'une clause du contrat interdisant la sollicitation du personnel mis à sa disposition, a retiré ses autres salariés ; que la société Metaware a alors refusé de régler les factures de la société Ecso, cédées par cette dernière à la société française de factoring, devenue depuis lors Eurofactor ; que par un jugement du 29 janvier 2002, le tribunal de commerce de Nanterre a condamné la société Metaware à payer à la société UTI la somme de 11 748,24 euros au titre de factures impayées et non cédées à un tiers, et celle de 34 575,44 euros à titre de dommages-intérêts pour violation de la clause dite de non-sollicitation ;

Que par ailleurs, le tribunal de commerce de Versailles, par un jugement du 5 avril 2002, a condamné la société Metaware à payer à la société Eurofactor la somme de 55 303,14 euros, montant des factures cédées par la société UTI ; que ces sommes ont été réglées par la société Metaware ; que la cour d'appel de Versailles a joint les recours formés par la société Metaware contre ces deux jugements et les infirmant a statué à nouveau ;

Attendu que pour rejeter les demandes en réparation de la société UTI fondées sur la violation de la clause de non-sollicitation, l'arrêt retient que l'obligation de non-sollicitation prévue par le contrat liant les sociétés Metaware et UTI était disproportionnée, puisqu'elle était imposée pour des contrats de trois mois renouvelables et n'était nullement compensée par une indemnité au bénéfice du salarié ;

Attendu qu'en statuant ainsi, alors que seul le salarié peut se prévaloir du trouble qu'est susceptible de lui causer une clause de non-sollicitation ne comportant pas de contrepartie financière, la cour d'appel a violé, par fausse application, l'article susvisé ;

Par ces motifs, et sans qu'il y ait lieu de statuer sur le pourvoi incident :

Casse et annule (...)

Quoi de plus banal qu'un contrat défini comme un ensemble de clauses contractuelles ? Pourtant, non seulement le tout est plus que la somme des parties, mais aussi chaque partie est plus qu'un élément du tout. C'est en ce sens qu'il est possible d'avancer l'idée d'un nouvel essor du concept de clause contractuelle.

V. P.-H. Antonmattéi, *Les clauses du contrat de travail*, éd. Liaisons, coll. « Droit vivant », 2005. – G. Arbant-Michel, *Les relations entre les clauses et le contrat*, Université de Montpellier I, thèse microfiche, 2001. – Ph. Delebecque, *Clausula, clausulae, clausularum*, in *Prospectives du droit économique*, Dialogues avec M. Jeantin, Dalloz, 1999, p. 33 et s. – J. Ghestin, *L'absence de cause et la contrepartie propre à une obligation résultant d'une clause d'un contrat*, in *Droit et actualité, Études J. Béguin*, Litec, p. 311 et s. – S. Le Gac-Pech, *La proportionnalité en droit privé des contrats*, préf. H. Muir-Watt, LGDJ, 2000. – M. Mekki, *Le nouvel essor de la clause contractuelle* : *RDC* 2006, 1051. – J. Pélissier, *Pour un droit des clauses du contrat de travail* : *RJS* 7/2005, p. 499 et s.

Cependant, il peut être difficile de déterminer ce qu'ont voulu réellement les parties : leur intention n'est pas toujours très claire, d'autant plus que des ressorts psychologiques l'animent. En outre, les parties peuvent avoir voulu dissimuler tel aspect de l'opération. Leur volonté fictive doit être déjouée. C'est ce que se propose de faire la théorie de la simulation.

Comp. en droit anglais la distinction entre « conditions » et *warranties* :

« Les clauses d'un contrat établissant à la charge de l'une des parties une obligation peuvent être de deux espèces : les unes sont des conditions, les autres sont des *warranties*. Cette distinction est de la plus haute importance. La sanction qui interviendra est en effet différente si c'est une condition ou une *warranty* qui n'est pas exécutée par le débiteur. L'autre contractant pourra, dans les deux cas, demander des dommages et intérêts ; mais, s'il s'agit d'une condition, il pourra, en plus, déclarer la résolution du contrat » (R. David, *Les contrats en droit anglais*, LGDJ, 1985, n° 359).

§ 1. – Le problème général d'interprétation de la volonté des parties

301. – Nécessité de l'interprétation. Interpréter signifie rechercher le sens précis d'une formule. Interpréter un contrat conduit donc à rechercher le sens que les parties ont voulu donner aux dispositions contractuelles. Des difficultés surgissent lorsque le contrat est obscur, incomplet, ambigu ou contradictoire. Ces difficultés d'interprétation se rencontrent aussi bien dans les contrats d'adhésion que dans les contrats conclus entre les seuls professionnels et notamment dans les contrats internationaux. Dès lors, des règles doivent être appliquées, des méthodes d'interprétation proposées, qui ne sont pas toujours scrupuleusement respectées par le juge, ce qu'au demeurant il est libre de faire.

A. – Les méthodes d'interprétation

302. – Directives du Code civil. Le Code civil propose des directives à suivre pour interpréter les contrats obscurs ou incomplets, dans les articles 1156 à 1162. Ces dispositions ne sont pas impératives ; cependant, en pratique, elles sont appliquées au prix, toutefois, de certaines adaptations. Certaines sont générales, d'autres ont un caractère particulier.

1° Les dispositions générales

303. – Elles forment un « guide-âne », selon l'expression du doyen Carbonnier.

L'article 1156 est la clef de voûte de tout le système d'interprétation proposé : « on doit dans les conventions rechercher quelle a été la commune intention des parties contractantes, plutôt que de s'arrêter au sens littéral des termes ». L'esprit prime la lettre.

L'article 1157 dispose que : « lorsqu'une clause est susceptible de deux sens, on doit plutôt l'entendre dans celui avec lequel elle peut avoir quelque effet, que dans le sens avec lequel elle n'en pourrait produire aucun » : en présence d'une clause pouvant être soit valable, soit nulle, il faut l'interpréter comme si elle était valable. On valorise ainsi le contrat.

Les articles 1158, 1159 et 1160 s'inscrivent dans le prolongement des articles précédents et donnent la possibilité au juge d'interpréter le contrat en s'appuyant sur les usages :

– « les termes susceptibles de deux sens doivent être pris dans le sens qui convient le plus à la matière » ;

– « ce qui est ambigu s'interprète par ce qui est d'usage dans le pays où le contrat est passé » ; et...

– « on doit suppléer dans le contrat les clauses qui y sont d'usage, quoiqu'elles n'y soient pas exprimées ».

Les usages ont un rôle déterminant dans la vie professionnelle. Ils sont, souvent, ancestraux.

2° La disposition de l'article 1162 du Code civil

304. – Ce texte dispose que : « dans le doute, la convention s'interprète contre celui qui a stipulé et en faveur de celui qui a contracté l'obligation ». Dans la logique du Code civil, interpréter contre celui qui stipule revient à interpréter la convention contre le créancier et en faveur du débiteur (*in favor debitoris*). Or, la jurisprudence a dénaturé le sens de cet article. Elle considère en effet qu'il faut interpréter le texte dans le sens suivant : celui qui stipule n'est pas forcément le créancier, c'est celui qui propose le contrat, celui qui a l'initiative du contrat, en somme le professionnel ; il faudrait donc interpréter le contrat d'adhésion contre le professionnel et en faveur du consommateur. C'est ce que l'on appelle l'interprétation *contra proferentem* : la règle bien connue des droits de *Common Law* est consacrée désormais par les textes : « Elles [les clauses] s'interprètent en cas de doute dans le sens le plus favorable au consommateur ou au non-professionnel. Le présent alinéa n'est toutefois pas applicable aux procédures engagées sur le fondement de l'article L. 421-6 » (C. consom., art. L. 133-2, al. 2).

V. également : C. civ., art. 1602 :

> « Le vendeur est tenu d'expliquer clairement ce à quoi il s'oblige.
>
> Tout pacte obscur ou ambigu s'interprète contre le vendeur. »

3° Les parties

305. – Clauses sur l'interprétation. Rien ne s'oppose à ce que les parties prévoient dans leur contrat la façon dont telle ou telle clause devra être interprétée. Ces stipulations sont parfaitement valables.

Comp. C. consom., art. 132-1, 4 :

> « Dans les contrats conclus entre des professionnels et des non-professionnels ou des consommateurs, sont de manière irréfragable présumées abusives, au sens des dispositions du premier et du troisième alinéas de l'article L. 132-1 et dès lors interdites, les clauses ayant pour objet ou pour effet de :
>
> (...)
>
> 4° Accorder au seul professionnel le droit de déterminer si la chose livrée ou les services fournis sont conformes ou non aux stipulations du contrat ou lui conférer le droit exclusif d'interpréter une quelconque clause du contrat ; »

B. – L'office du juge

306. – Interprétation et dénaturation. Le juge peut-il interpréter des clauses obscures ? La jurisprudence a évolué sur la question du contrôle de la Cour de cassation.

Dans un **premier temps,** avant la promulgation du Code civil, le raisonnement était le suivant : le contrat a la même force juridique que la loi ; or, le juge de cassation peut interpréter la loi. Donc ce juge peut aussi interpréter le contrat (syllogisme parfait).

Dans un **second temps,** la Cour de cassation a retenu une solution tout à fait différente : l'impossibilité d'interpréter tout contrat, le contrat étant considéré comme de pur fait.

Depuis **la fin du XIXe siècle,** la jurisprudence est fixée en faveur d'une solution intermédiaire : le juge du fond ne peut interpréter le contrat que s'il contient des clauses obscures ou ambiguës. En revanche, lorsque les clauses du contrat sont claires et précises, aucune interprétation du contrat n'est possible. Si la règle n'est pas respectée, le juge du fond sera censuré par la Cour de cassation pour dénaturation des termes de la convention.

Toute la difficulté consiste donc à savoir à partir de quand une clause est considérée comme claire et précise ou obscure et ambiguë ; il n'existe pas de critère en la matière. L'interprétation est une question de fait, qui dépend du pouvoir souverain du juge du fond lorsque la clause est obscure. La Cour de cassation n'exerce son contrôle qu'en cas de dénaturation des termes clairs et précis du contrat.

Lorsqu'une jurisprudence constante a fixé l'interprétation d'une clause dans un sens particulier, elle s'impose, en ce sens que ladite clause sera toujours considérée comme claire et précise et le juge ne pourra donc l'interpréter.

S'il s'agit d'une clause dite « de style », très fréquente dans les actes notariés, ce n'est pas parce qu'elle revêt ce caractère qu'elle est nécessairement nulle ; la preuve de son obscurité ou de son ambiguïté doit être rapportée. Pour toute autre clause, qui ne serait pas une clause de style ou qui ne serait pas interprétée de manière constante par la jurisprudence dans un sens précis, les tribunaux tranchent au cas par cas ; il n'y a aucune ligne directrice, si ce n'est l'interprétation en faveur du consommateur et au détriment du professionnel dans un contrat d'adhésion (*contra proferentem*).

Selon l'article 133-2, alinéa 2 du Code de la consommation, « les clauses des contrats proposés par les professionnels aux consommateurs ou aux non-professionnels s'interprètent, en cas de doute, dans le sens le plus favorable au consommateur ou au non-professionnel ». Trois décisions ont été rendues par la Cour de cassation sur le fondement de ce texte (Cass. 1re civ., 21 janv. 2003, pourvoi n° 00-13.342. – Cass. 2e civ., 13 juill. 2006, pourvoi n° 05-18.104. – Cass. 1re civ., 22 mai 2008, pourvoi n° 05-21.822). Un arrêt du 9 avril 2009 vise l'article 133-2, alinéa 2 du Code de la consommation et l'article 1134 du Code civil.

Il ressort de toutes ces décisions que la Cour de cassation contrôle l'appréciation par les juges du fond de l'existence de l'ambiguïté, condition de l'interprétation *in favorem*. Dans la décision du 9 avril 2009, les juges du fond sont censurés parce qu'ils n'ont pas relevé cette ambiguïté, résultant de conditions posées certes en termes clairs et précis mais inconciliables.

De l'interprétation à la dénaturation

Une **jurisprudence classique** illustre le refus de dénaturation des conventions :

Cass. civ., 15 avr. 1872, rejet, *Foucauld et Coulombe c/ Pringault*

LA COUR ;

Vu l'article 1134 du Code civil ;

Attendu qu'aux termes de cet article, « les conventions légalement formées tiennent lieu de loi à ceux qui les ont faites » ;

Qu'il n'est pas permis aux juges, lorsque les termes de ces conventions sont clairs et précis, de denaturer les obligations qui en résultent et de modifier les stipulations qu'elles renferment ;

Attendu que la clause invoquée par les demandeurs en cassation pour refuser le paiement des primes réclamées par Pringault en exécution d'un avis réglementaire affiché dans l'usine de la Société veuve Foucauld et Coulombe, porte en termes exprès « qu'il est bien entendu que, pour n'importe quel cas, la prime demeurera facultative » ;

Que cette clause par laquelle ladite société stipule qu'elle ne pourra être contrainte au payement de la prime est formelle et opposable dans tous les cas aux ouvriers de l'usine ;

Qu'en vain, pour n'en point faire l'application aux litiges soumis à sa juridiction, le Conseil des prud'hommes de Flers s'appuie, d'une part, sur ce que Pringault aurait effectué son travail conformément à l'avis dont il s'agit, et, d'autre part, sur ce qu'il aurait précédemment touché des primes ;

Qu'en effet les demandeurs, en effectuant le payement de ces primes, comme depuis en refusant de les accorder à Pringault, ont usé de la faculté dont ils s'étaient réservé, par la clause susvisée, de faire ou de ne pas faire usage, suivant leur volonté ;

D'où il suit qu'en condamnant la Société veuve Foucauld et Coulombe à payer des primes réclamées par Pringault, le jugement attaqué a formellement violé les dispositions de l'article 1134 du Code civil ;

Par ces motifs, casse…

La chambre commerciale a retenu qu'est sans portée la clause contractuelle stipulée en contradiction avec l'économie générale d'une convention.

Cass. com., 15 févr. 2000 : *Bull. civ.* 2000, IV, n° 29 ; *D.* 2000, somm. p. 145 et les obs. ; *Defrénois* 2000, p. 1118, obs. D. Mazeaud

Sur le moyen unique, pris en ses trois branches :

Attendu, selon l'arrêt confirmatif déféré (CA Angers, 27 mai 1997), que M. Soulard s'est engagé envers la société DCM (la société de publicité), pour une durée de quatre années, à diffuser dans son officine de pharmacie des publicités vidéo graphiques, sur un matériel fourni par cette société et financé en crédit-bail par la société CMV (le crédit-bailleur), pour une période de même durée ; que la société de publicité ayant cessé ses prestations de diffusion et M. Soulard ne percevant plus les redevances publicitaires qui lui servaient à s'acquitter des loyers envers le crédit-bailleur, a cessé de payer le coût de la location du matériel devenu inutilisable ; que le crédit-bailleur a assigné M. Soulard en paiement des loyers lui restant dus ;

Attendu que le crédit-bailleur reproche à l'arrêt d'avoir prononcé la résiliation du contrat de location alors, selon le pourvoi, d'une part, que, comme le faisait valoir le crédit-bailleur, dans ses conclusions d'appel, le contrat de location avec option d'achat n'a été proposé par elle que le

12 février 1991 et signé par M. Soulard le 6 mars 1991, de sorte que dénature ce contrat qui était régulièrement versé aux débats, et viole l'article 1134 du Code civil, la cour d'appel qui énonce que « le 15 janvier 1991, M. Soulard a signé son acceptation du contrat de location avec option d'achat et que M. Soulard aurait » dans le même temps « adhéré au réseau, signé la commande du matériel, et souscrit le contrat de location pour en déduire une prétendue » interdépendance « avec le contrat de fourniture de services signé soi-disant le même jour par M. Soulard ; alors, d'autre part, que les contrats dont l'objet a un rapport direct avec l'activité professionnelle exercée par le cocontractant du fournisseur de biens ou de services ne relèvent pas de la législation sur les clauses abusives ; qu'il en est ainsi du contrat de location du matériel télé-informatique souscrit par un pharmacien pour la promotion de ses ventes dans son fonds de commerce, de sorte que viole l'article L. 132-1 du Code de la consommation, la cour d'appel qui, énonçant que la clause selon laquelle le locataire reste » tenu de régler les loyers jusqu'au terme de la convention, même au cas où le contrat d'exploitation conclu par ailleurs avec la société de publicité ne serait pas exécuté ou sera résilié ou annulé « aurait pour finalité » de la faire échapper aux conséquences de l'interdépendance des contrats « refuse d'en faire application, comme étant abusive ; et alors, enfin, que l'autonomie de la volonté permet aux parties de répartir comme elles l'entendent la charge des risques, notamment en matière commerciale ; qu'en l'espèce, le crédit-bailleur faisait valoir dans ses conclusions d'appel que le pharmacien avait expressément accepté d'assumer le risque de la défaillance du prestataire de services en signant le contrat de location qui précisait, dans les conditions particulières, que le locataire restait tenu de payer les loyers même au cas où le contrat d'exploitation conclu avec la société de publicité serait résilié, de sorte qu'en refusant de faire produire effet à cette stipulation claire et précise et, partant, d'appliquer le système de répartition des risques tel qu'il résultait du contrat de location, la cour d'appel a violé l'article 1134 du Code civil ;

Mais attendu, en premier lieu, qu'après avoir constaté que, le 15 janvier 1991, M. Soulard a signé avec la société de publicité le contrat de diffusion et le bon de commande du matériel, l'arrêt relève, hors toute dénaturation dès lors que, par le bon de commande, il a également choisi le mode de financement du matériel, que, le même jour, il a signé « son acceptation du contrat de location avec option d'achat dudit matériel », précisant que le crédit-bailleur a donné son agrément « ultérieurement » et, par ailleurs, que le contrat avec la société de financement a été signé « le 6 mars 1991 » ;

Attendu, en second lieu, que, par motifs propres et adoptés, l'arrêt retient que le crédit-bailleur était informé que le matériel pris à bail était destiné à être exploité par la société de publicité, qu'en tant que de besoin le crédit-bailleur autorisait cette exploitation, qu'il s'agissait d'un matériel très spécifique et que la seule cause du contrat de crédit-bail était constituée par le contrat de prestations d'images, ce dont il déduit que les deux contrats étaient interdépendants et, par suite, que l'exploitation devenant impossible du fait de la défaillance de la société de publicité, la résiliation du contrat de crédit-bail devait être prononcée ; qu'ainsi, et dès lors que le texte de la clause invoquée était en contradiction avec l'économie générale du contrat, la cour d'appel, abstraction faite du motif erroné critiqué par le moyen, a légalement justifié sa décision ;

L'article 1134 du Code civil a été appliqué, cumulativement avec l'article 133-2, alinéa 2 du Code de la consommation, en **droit de la consommation, par un arrêt du 9 avril 2009**.

Cass. 2e civ., 9 avr. 2009, n° 08-15.714

Attendu, selon l'arrêt attaqué, que le 13 juillet 1991, M. X... a adhéré auprès de la société Rhin et Moselle, par l'intermédiaire de la société de courtage, le groupe April, à deux contrats d'assurance de groupe, un contrat « Acti prévoyance » garantissant notamment une rente en cas d'invalidité totale ou partielle supérieure à 33 % « payable au 366e jour d'arrêt de travail si l'assuré est classé en invalidité ou s'il est dans l'impossibilité d'exercer son activité professionnelle et ce, pendant deux ans au maximum », et un contrat « Open protection » garantissant notamment une rente en cas d'invalidité totale ou partielle « si l'assuré présente un taux d'incapacité permanente déterminé par le croisement du taux d'incapacité fonctionnelle et du taux d'incapacité professionnelle, dès lors que le taux d'incapacité contractuel en résultant est supérieur à 33 %, l'invalidité étant totale si ce taux est égal ou supérieur à 66 % » ; que le contrat « Acti prévoyance » a été transféré à la société AIG Europe, puis à la société CPA assurance-vie, enfin à la société Axeria prévoyance (la société Axeria), et que le contrat « Open protection » a été transféré à la société Cofassur vie, puis à la société GAN eurocourtage vie (la société Le GAN) ; que M. X..., atteint d'une affection cardiaque, a cessé son activité professionnelle en 1996 et a sollicité la mise en œuvre des garanties contractuelles ; que les assureurs ayant refusé leur garantie en invoquant une possibilité de reprise partielle de l'activité, M. X..., après expertise obtenue en référé, les a fait assigner en paiement devant le tribunal de grande instance ;

Sur le premier moyen, pris en sa première branche :

Vu l'article 1134 du Code civil ;

Attendu que pour débouter M. X... de sa demande tendant à voir condamner la société Axeria à lui payer une somme de 89 013 euros au titre de la rente invalidité totale stipulée au contrat « Acti prévoyance », l'arrêt retient que l'expert judiciaire a considéré que le taux d'incapacité fonctionnelle de M. X... du 12 mai 1998 au 1er août 1999 était de 60 % ; que cette curieuse indication se révèle sans portée en ce qu'elle se rapporte à une période que l'expert a considérée lui-même comme étant une période d'incapacité temporaire totale, ainsi que cela résulte tant de son rapport initial que de sa réponse adressée au conseil de M. X... ; qu'en effet, le taux d'incapacité permanente, tenant compte selon le contrat du taux d'incapacité fonctionnelle et du taux d'incapacité professionnelle, ne pouvait être fixé qu'à compter de la consolidation de l'état de M. X..., soit à compter du 1er août 1999 ;

Qu'en statuant ainsi, alors que la clause du contrat d'assurance selon laquelle l'impossibilité pour l'assuré d'exercer son activité professionnelle n'imposait pas de vérifier si l'état de santé de celui-ci était consolidé, la cour d'appel, qui en a dénaturé les termes, a violé le texte susvisé ;

Et sur le second moyen, pris en sa seconde branche :

Vu les articles 1134 du Code civil et L. 133-2, alinéa 2, du Code de la consommation ;

Attendu, selon le second de ces textes, applicable en la cause, que les clauses des contrats proposés par les professionnels aux consommateurs ou aux non-professionnels s'interprètent, en cas de doute, dans le sens le plus favorable au consommateur ou au non-professionnel ;

Attendu que pour débouter M. X... de sa demande tendant à voir condamner la société le GAN en application du contrat « Open protection » à lui payer une somme de 40 998 euros au titre de la garantie contractuelle « rente en cas d'invalidité totale ou partielle », et limiter celle-ci à la somme de 19 095,80 euros offerte par l'assureur, l'arrêt retient que s'agissant de la rente pour invalidité, M. X... fait exactement valoir que ce contrat ne comporte pas de disposition expresse selon laquelle la rente ne serait versée qu'à l'issue du 365e jour d'arrêt de travail ; que cependant, selon le contrat, les indemnités journalières sont réglées pendant un maximum de 365 jours pour une même affection ; que, s'agissant de la rente, elle est payable « après constatation du degré d'invalidité » ; qu'un tel degré d'invalidité n'a pas été fixé par l'expert à compter du premier jour d'arrêt de travail puisqu'il résulte d'une réponse de cet expert que l'état de santé de M. X..., entre le 12 mai 1997 et le 1er août 1999, entrait dans le cadre de l'incapacité temporaire totale et non dans le cadre de l'invalidité ; que la société Le GAN admet toutefois devoir verser une rente au titre de l'invalidité à compter du 15 juillet 1998 jusqu'à la date, également retenue par M. X..., du 1er août 1999, et ce alors même qu'elle soutient que les taux d'invalidité professionnelle et fonctionnelle sont inférieurs à 33 % ; qu'il sera donc alloué à M. X... la somme de 19 095,80 euros offerte par l'assureur pour la période précitée ; qu'il lui sera aussi accordé le remboursement des cotisations correspondant à la durée de paiement de la rente, conformément au contrat, soit en l'espèce du 15 juillet 1998 au 15 juillet 1999, date de la fin du contrat, pour un montant de 1 576,92 euros ;

Qu'en statuant ainsi, alors que la clause litigieuse était ambiguë dès lors qu'elle prévoyait à la fois la nécessité de fixer un taux déterminé et sa révision trimestrielle selon l'évolution de l'état de l'assuré et qu'elle devait être interprétée dans le sens le plus favorable à l'assuré, ce qui excluait que la détermination de l'invalidité dépende de la consolidation de son état, la cour d'appel a violé les textes susvisés ;

Par ces motifs : Casse et annule (...)

307. – Principe de cohérence. Depuis plusieurs années, la Cour de cassation a mis en œuvre l'idée en vertu de laquelle un contractant dont les actes ou les paroles sont contradictoires, et qui trompe ainsi la confiance qu'il avait légitimement créée dans l'esprit de son cocontractant, lequel avait agi sur la foi de ses déclarations ou comportements initiaux, doit assumer les conséquences de ses contradictions contractuelles illégitimes. Le principe de cohérence contractuelle se déploie à tous les stades de chronologie contractuelle.

Lors de la formation du contrat, d'abord, si, en raison de sa durée, de son état d'avancement et des coûts qu'elle a engendrés, la négociation d'un contrat a suscité, dans l'esprit d'un des négociateurs, une confiance légitime dans la conclusion du contrat négocié, sa rupture brutale et imprévisible emporte la responsabilité délictuelle du négociateur versatile, dont le comportement incohérent est sanctionné (Cass. com., 26 nov. 2003 : *RDC* 2004, p. 257, obs. D. Mazeaud ; *RTD civ.* 2004, p. 80, obs. J. Mestre et B. Fages).

Au stade de l'exécution du contrat, le comportement incohérent d'un contractant a souvent été sanctionné par la jurisprudence (Cass. com., 8 mars 2005 : *D.* 2005, pan. p. 2843, obs. B. Fauvarque-Cosson ; *RDC* 2005, p. 1015, obs. D. Mazeaud ; *Rev. Lamy dr. civ.* juill.-août 2005, p. 5, note D. Houtcieff ; *RTD civ.* 2005, p. 391, obs. J. Mestre et B. Fages).

Lors de la cessation du contrat, l'exigence de cohérence contractuelle est exploitée pour canaliser le pouvoir de rompre unilatéralement le lien contractuel en cas d'inexécution dont un contractant est investi par le jeu d'une clause résolutoire expresse (Cass. 1re civ., 8 avr. 1987 : *Defrénois* 1988, p. 375, obs. J.-L. Aubert : *JCP* G 1988, II, 21037, obs. Y. Picod ; *RTD civ.* 1988, p. 122, obs. J. Mestre et p. 146, obs. Ph. Rémy. – Cass. com., 7 déc. 1993 : *RTD civ.* 1994, p. 856, obs. J. Mestre. – Cass. 1re civ., 16 févr. 1999 : *D.* 2000, somm. p. 360, obs. D. Mazeaud) ; ce principe conduit à tempérer la liberté dont, en matière de contrats de distribution, bénéficient les concédants et les franchiseurs ; leur liberté de principe de rompre unilatéralement les contrats, qui les lient à leurs cocontractants, fléchit lorsque leurs comportements, lors de l'exécution du contrat, ont fait naître dans l'esprit de leurs distributeurs une confiance légitime dans une certaine stabilité du contrat ou dans le maintien du lien contractuel (Cass. com., 5 avr. 1994 : *Contrats, conc. consom.* 1994, comm. 159, obs. L. Leveneur ; *D.* 1995, somm. p. 90, obs. D. Mazeaud ; *RTD civ.* 1994, p. 603, obs. J. Mestre. – Cass. com., 20 janv. 1998 : *Contrats, conc. consom.* 1998, comm. 56, obs. L. Leveneur ; *D.* 1998, p. 413, note Ch. Jamin ; *D.* 1999, somm. p. 114, obs. D. Mazeaud ; *JCP* G 1999, II, 10085, obs. J.-P. Chazal ; *RTD civ.* 1998, p. 675, obs. J. Mestre). Cette dernière solution doit cependant être accueillie avec quelques réserves.

Dans un arrêt du 28 janvier 2009, la troisième chambre civile de la Cour de cassation mentionne en toutes lettres, et pour la première fois, dans sa motivation le principe de cohérence contractuelle et qu'elle précise son support textuel : en statuant ainsi, alors qu'elle avait relevé que la (compagnie d'assurance) s'était prévalue de la nature décennale des désordres pour exiger de son assurée le versement de primes majorées, puis avait contesté devant les juges du fond la garantie correspondante pour lui voir substituer la garantie « défaut de performance » moins onéreuse pour elle, la cour d'appel, qui n'a pas tiré les conséquences légales de ses propres constatations, a violé le texte de l'article 1134, alinéa 3.

Cass. 3e civ., 28 janv. 2009, n° 07-20.891

Attendu, selon l'arrêt attaqué (Bordeaux, 17 sept. 2007), que la commune de Bordeaux a transféré à la Société d'économie mixte bordelaise des équipements publics d'exposition et de congrès (la SBEPEC) la gestion patrimoniale et immobilière des bâtiments et des installations du Parc des Expositions et lui a consenti le 28 décembre 1989 un bail emphytéotique d'une durée de vingt-cinq ans ; qu'autorisée à exercer les droits du propriétaire sur l'ensemble des installations, y compris la réalisation des aménagements et extensions des équipements qui se révéleraient nécessaires, la SBEPEC, agissant en qualité de maître de l'ouvrage, a, le 13 mars 1990, conclu une convention d'assistance et de conseil avec la Société bordelaise d'architecture (la SBA), et le

18 mars 1990, chargé un groupement d'entreprises ayant pour mandataire commun la société Tunzini Nessi, assurée par la société Axa Corporate solutions assurance (société Axa) de la mission de réaliser la climatisation des bâtiments pour le prix de 28 899 938,02 francs (4 405.767,15) ; qu'un second groupement d'entreprises, ayant également pour mandataire commun la société Tunzini Nessi, a reçu mission de réaliser une centrale d'énergie aux fins d'assurer la production de l'énergie calorifique et frigorifique nécessaire à la climatisation des bâtiments ; que cette centrale a été construite sous la maîtrise d'ouvrage de la société Montenay, laquelle avait conclu le 20 juin 1990 un contrat de concession avec la SBEPEC ; que la réception est intervenue le 7 février 1991 ; que des travaux destinés à augmenter la puissance de la centrale d'énergie en vue d'améliorer son fonctionnement, exécutés en 1994 par la société Tunzini Nessi, n'ayant pas donné satisfaction, une expertise a été ordonnée en référé le 31 juillet 1995 ; qu'après dépôt du rapport le 9 décembre 1998, la SBEPEC a assigné en réparation et indemnisation la société Tunzini Nessi, devenue la société Vinci Energie (société Vinci) et la commune de Bordeaux ; que la société Vinci a appelé en garantie, notamment la SBA, et la société Axa ;

Sur le premier moyen du pourvoi principal, ci-après annexé :

Attendu qu'ayant, par motifs propres et adoptés, constaté que l'installation de climatisation réalisée comprenait une centrale d'énergie aux fins d'assurer la production de l'énergie calorifique et frigorifique nécessaire à la climatisation des bâtiments du parc des expositions et la climatisation intérieure de ces bâtiments par la mise en place des équipements nécessaires (alimentation électrique, eau glacée, système de programmation, caissons de ventilation, diffuseurs d'air, etc.), la cour d'appel, qui a exactement retenu que ce système, par sa conception, son ampleur et l'emprunt de ses éléments à la construction immobilière, constituait un ouvrage au sens de l'article 1792 du Code civil, a, sans être tenue de procéder à une recherche relative au caractère indissociable de cette installation avec les bâtiments que ses constatations rendaient inopérante, légalement justifié sa décision de ce chef ;

Sur le deuxième moyen du pourvoi principal et le second moyen du pourvoi incident, réunis, ci-après annexés :

Attendu qu'ayant constaté qu'il résultait de la convention de concession que les installations réalisées et financées par la société Montenay avaient le caractère de biens de retour, la cour d'appel, qui n'était pas tenue de procéder à une recherche que ses constatations rendaient inopérante relative à la date d'expiration de cette concession, a légalement justifié sa décision de ce chef en retenant que la SBEPEC devait être regardée comme immédiatement propriétaire de ces installations et avait donc qualité pour solliciter le paiement des sommes correspondant au coût de l'augmentation de la puissance de la centrale d'énergie sur le fondement de l'article 1792 du Code civil ;

Mais sur le premier moyen du pourvoi incident :

Vu l'article 1134, alinéa 3 du Code civil ;

Attendu que pour débouter la société Vinci de sa demande de dommages et intérêts contre la société Axa, l'arrêt retient que l'attitude de cette dernière ne constitue pas une atteinte au principe de cohérence et n'est pas révélatrice d'une faute, dès lors qu'il n'est pas répréhensible pour un assureur de contester en justice les conditions de mise en œuvre d'une des garanties offertes à l'assuré en s'en remettant à l'appréciation des juridictions sur la qualification de désordres, et alors par ailleurs que la fixation des primes conditionnant la prise en charge de ces derniers a nécessairement recueilli au préalable l'adhésion de l'assuré ;

Qu'en statuant ainsi, alors qu'elle avait relevé que la société Axa s'était prévalue de la nature décennale des désordres pour exiger de son assurée le versement de primes majorées, puis avait contesté devant les juges du fond la garantie correspondante pour lui voir substituer la garantie « défaut de performance » moins onéreuse pour elle, la cour d'appel, qui n'a pas tiré les conséquences légales de ses propres constatations, a violé le texte susvisé ;

Et attendu qu'il n'y a pas lieu de statuer sur le troisième moyen du pourvoi principal qui ne serait pas de nature à permettre l'admission de ce pourvoi ;

Par ces motifs : Casse et annule.

§ 2. – La simulation

308. – Acte simulé et contre-lettre. Il arrive parfois que l'une des parties contractantes produise un écrit secret qui contredit l'écrit apparent et prétende que son intention réelle est exprimée dans l'acte secret. Que faut-il alors décider ? Doit-on privilégier l'acte secret ou, au contraire, l'acte apparent ? Ce problème est celui de la simulation, mensonge concerté dont les deux parties ont connaissance (ce n'est donc pas un dol).

Les parties établissent leur opération contractuelle d'une certaine manière : d'abord, elles passent une convention apparente (dite également ostensible), *i.e.* l'acte simulé, puis établissent une convention secrète, encore dénommée contre-lettre. Quel est l'intérêt de recourir à ce stratagème ? Tantôt une volonté de fraude anime les parties contractantes (fraude fiscale...) ; tantôt la contre-lettre est établie parce que l'une des parties ne veut pas révéler son identité officiellement, et l'acte apparent est conclu par l'intermédiaire d'un prête-nom.

309. – Interprétations de la simulation. Comment réagir devant cette pratique ? Trois points de vue sont concevables :

– la conception libérale permet de respecter la volonté réelle des parties, et les deux conventions sont donc admises ;

– la conception objective permet de tenir compte des intérêts des tiers (créanciers, fisc) qui peuvent être lésés dans l'opération, ce qui oblige à ne tenir compte que de l'acte apparent ;

– la conception morale permet d'annuler l'acte de simulation, mais uniquement dans l'hypothèse d'une fraude.

310. – Éléments du débat. Le débat est difficile, d'autant que toutes ces conceptions mettent en cause des éléments méritant d'être pris en considération. Le premier élément – désir ou volonté de tromper les tiers – est le plus souvent à l'origine de la simulation et crée un préjugé défavorable à l'encontre de cette notion, même si la tromperie ne vise pas en fait à léser les tiers : ce peut être simplement le désir de ne pas se montrer aux regards indiscrets. Le second élément résulte du fait qu'il n'est pas toujours opportun de permettre à un débiteur de se délier de ses obligations sous le seul prétexte que son obligation résulte d'une contre-lettre. Le dernier élément fait prévaloir, en matière contractuelle, la commune intention des parties.

311. – Droit positif. Compte tenu de tous ces éléments, on peut se demander comment le droit positif aborde le phénomène. Il l'admet et le reconnaît même dans **l'article 1321 du Code civil** : « les contre-lettres ne peuvent avoir leur effet qu'entre les parties contractantes ; elles n'ont point d'effet contre les tiers ». Cela signifie que, d'une part, les tiers pourront se prévaloir de l'une ou de l'autre convention, selon leurs intérêts, et, d'autre part, qu'en droit positif la simulation n'est pas une cause de nullité, puisque les tiers disposent d'une option.

A. – Formes de la simulation

312. – Variété des formes. La simulation peut porter pratiquement sur tous les éléments constitutifs du contrat :

– elle peut porter sur **le consentement** lui-même ; les parties déclarent expressément dans l'acte apparent qu'elles constituent une société et dans la contre-lettre, précisent que ladite société n'a aucune existence juridique, par exemple que les apports sont purement fictifs ;

– elle peut porter sur **la cause** ; les parties concluent un contrat de vente, mais dans la contre-lettre stipulent qu'il s'agit en réalité d'une donation et qu'ainsi le prétendu acquéreur ne devra verser aucun prix ;

– elle peut porter sur **l'objet** (cas le plus fréquent) ; les parties déterminent un prix dans l'acte apparent, et dans la contre-lettre le prix stipulé est tout à fait différent (il est beaucoup plus élevé ; c'est la pratique des « dessous de table ») ;

– elle peut enfin porter sur **la personne** qui contracte ; c'est la simulation par interposition de personnes, dans laquelle le prétendu cocontractant n'est qu'un homme de paille, un prête-nom, la contre-lettre seule révélant la véritable identité du contractant. Dans l'absolu, le prête-nom est un mandataire, mais le mécanisme du mandat n'est que partiel, puisqu'il s'agit d'un mandat sans représentation ; le prête-nom s'engage dès lors en son nom propre dans l'acte apparent.

B. – Régime juridique de la simulation

313. – Variété des effets. Le régime juridique diffère selon qu'il s'agit des rapports entre les parties elles-mêmes ou des rapports des parties à l'égard des tiers.

1° Entre les parties

a) Principe

314. – La simulation est « neutre », en ce sens qu'« elle ne rend pas nul ce qui est valable et ne rend pas valable ce qui est nul ». Plus précisément, cette idée entraîne les conséquences suivantes :

– si la contre-lettre remplit toutes les conditions de validité exigées par la loi, *i.e.* elle n'a pas eu pour but de contourner une disposition légale impérative, elle est valable et présente un caractère juridique obligatoire ;

– dans le cas inverse, la solution commande que seul l'acte apparent soit pris en compte, car il n'est pas possible de faire secrètement ce que la loi proscrit ouvertement.

V. Cass. com., 26 avr. 1982 : *D.* 1986, 233.

b) Exceptions

315. – La première exception est prévue par l'article 1099, alinéa 2, du Code civil, qui dispose que : « (...) toute donation, ou déguisée, ou faite à personnes interposées, sera nulle ».

La seconde exception est prévue par l'article 1321-1 du Code civil, qui annule les contre-lettres majorant secrètement le prix dans le cas d'une vente d'immeuble, de fonds de commerce ou d'une cession d'office ministériel. La pratique des « dessous de table » est ici interdite. Un problème se pose néanmoins : la nullité prévue par l'article 1321-1 précité ne frappe-t-elle que la contre-lettre ou atteint-elle l'ensemble de l'opération ? La jurisprudence estime que seule la contre-lettre doit être frappée de nullité, dans un souci de protection de l'acquéreur ; c'est une sorte de prime à la dénonciation d'une contre-lettre, solution qui peut paraître choquante du point de vue juridique, car en toute logique, l'opération dans son ensemble devrait être annulée.

En outre, en cas de fraude, la simulation peut être prouvée par tous moyens et l'une des parties devoir payer (trop ?) cher la tentative de fraude. La solution ne va pas de soi.

Cass. 1re civ., 17 déc. 2009, n° 08-13.276

Sur le moyen unique, pris en ses première, deuxième et quatrième branches :

Attendu que par acte notarié du 3 août 2000, M. et Mme X... ont acquis des époux Y... un chalet situé à Courchevel 1850, au prix de 21 000 000 francs ; que prétendant avoir acquitté, à la demande des vendeurs et pour leur compte, un supplément de prix occulte, d'un montant de 762 228,93 euros, entre les mains de M. A..., avocat suisse installé à Genève, les époux X... les ont, par acte du 18 février 2003, assignés en dissimulation du prix de vente et restitution du supplément de prix versé sur le fondement de l'article 1840 du Code général des impôts (devenu l'article 1321-1 du Code civil) ; qu'à la suite du décès de Jean Y…, sa veuve et ses quatre enfants, ès qualités d'héritiers, ont repris l'instance ; qu'ils font grief à l'arrêt attaqué (Paris, 21 févr. 2008) d'avoir jugé, au seul vu d'éléments de fait, qu'était établie l'existence d'un mandat entre les vendeurs et l'avocat pour la perception du complément de prix occulte et de les avoir condamnés à en restituer le montant, alors, selon le moyen, que la preuve d'un mandat ne peut être reçue que conformément aux règles générales sur la preuve des conventions, que ces règles sont applicables non seulement dans les rapports du mandant et du mandataire mais encore à l'encontre des tiers qui ont traité avec celui-ci ; qu'en statuant au vu de seuls éléments de fait, la cour d'appel a violé les articles 1341 et 1984 du Code civil ;

Mais attendu qu'en cas de fraude, la simulation peut être prouvée par tout moyen ; qu'il en est ainsi de la dissimulation d'une partie du prix d'une vente d'immeuble, laquelle a notamment pour finalité d'éluder l'application des règles fiscales relatives à l'imposition des transactions immobilières ; qu'ayant constaté l'existence d'une fraude en faisant ressortir, par une appréciation souveraine des faits et de la valeur probante des éléments de preuve soumis à son examen, qu'une partie du prix de vente du bien immobilier avait été dissimulée et acquittée, à la demande des époux Y…, entre les mains de l'avocat suisse qu'ils avaient mandaté à cet effet, la cour d'appel a, par ce seul motif et sans encourir les griefs du moyen, légalement justifié sa décision ;

Et attendu que les griefs des troisième, cinquième, sixième et septième branches ne sont pas de nature à permettre l'admission du pourvoi ;

Par ces motifs : Rejette le pourvoi

2° Entre les parties et les tiers

316. – Le principe est le suivant : la simulation n'a aucun effet à l'égard des tiers. Les tiers dont il s'agit ne sont pas les héritiers des parties contractantes, mais essentiellement les ayants cause à titre particulier et les créanciers chirographaires (non titulaires de sûretés). De surcroît, les tiers protégés sont ceux qui sont de bonne foi ; par conséquent, la contre-lettre est opposable aux tiers de mauvaise foi, *i.e.* ceux qui ont eu connaissance de l'opération. Toutefois, les tiers de bonne foi disposent d'une option : ils peuvent s'en tenir, en fonction des circonstances et de leurs intérêts, à l'acte apparent ou à l'acte secret. Enfin, lorsqu'un conflit oppose différents tiers, c'est celui qui se prévaut de l'acte ostensible qui l'emporte.

La simulation

1) Une jurisprudence tente de distinguer **la simulation et l'interposition de personne**.

Cass. 1re civ., 28 nov. 2000 : *Bull. civ.* 2000, I, n° 311

Sur le moyen unique :

Vu l'article 1321 du Code civil ;

Attendu que, pour rejeter la demande en paiement d'une somme de 600 000 francs, formée contre M. et Mme Bruno Eche, et Mme Alice Gondal, divorcée de M. Jean Eche, par M. Faverie qui soutenait que le prêt de même somme qu'il avait consenti à M. Jean Eche était destiné à son fils Bruno, et prétendait avoir été victime d'une simulation, l'arrêt attaqué retient que « la contre-lettre suppose, entre deux parties, une convention apparente et une convention à supposer secrète, et qu'en l'espèce, la convention apparente a été conclue entre M. Faverie et M. Jean Eche, et la convention secrète entre M. Jean Eche et un tiers » ;

Attendu qu'en se déterminant ainsi, alors que l'interposition de personnes ne suppose pas que l'acte ostensible et l'acte secret aient été conclus entre les mêmes personnes, la cour d'appel a violé le texte susvisé ;

Par ces motifs :

Casse et annule, mais seulement en ce qu'il a débouté M. Faverie de sa demande en paiement d'une somme de 600 000 francs dirigée contre M. et Mme Bruno Eche et Mme Alice Gondal, l'arrêt rendu le 26 février 1998, entre les parties, par la cour d'appel de Paris ; remet, en conséquence, quant à ce, la cause et les parties concernées dans l'état où elles se trouvaient avant ledit arrêt et, pour être fait droit, les renvoie devant la cour d'appel d'Orléans.

2) **La dissimulation fiscale est aussi simulation sanctionnée :**

Cass. ch. mixte, 12 juin 1981 : *Bull. civ.* 1981, ch. mixte, n° 5, p. 7

Sur le moyen unique :

Vu l'article 1840 du Code général des impôts,

Attendu que la nullité édictée par ce texte à l'égard de toute convention ayant pour but de dissimuler partie du prix de vente d'un immeuble ne s'applique qu'à la convention secrète et ne porte pas atteinte la validité de l'acte ostensible, sans qu'il y ait lieu de rechercher s'il y a ou non indivisibilité entre les deux conventions ;

Attendu que pour accueillir la demande de nullité du « compromis de vente », formée par les époux Thomas, qui avaient vendu à Lussier un immeuble dont une partie du prix de vente avait été dissimulée, l'arrêt attaqué a retenu que, dans l'esprit des parties, la convention de dissimulation était indivisible de l'acte ostensible ; Attendu qu'en statuant ainsi la cour d'appel a violé le texte susvisé ;

Par ces motifs : Casse...

3) L'article L. 5422-5 du Code des transports est **une bonne illustration des solutions que l'on peut retenir en matière de simulation :**

« Toutes lettres ou conventions par lesquelles le chargeur s'engage à dédommager le transporteur lorsque celui-ci ou son représentant a consenti à délivrer un connaissement sans réserves, sont nulles et sans effet à l'égard des tiers ; mais ceux-ci peuvent s'en prévaloir à l'encontre du chargeur.

Si la réserve volontairement omise concerne un défaut de la marchandise dont le transporteur avait ou devait avoir connaissance lors de la signature du connaissement, il ne pourra pas se prévaloir de ce défaut pour éluder sa responsabilité et ne bénéficiera pas de la limitation de responsabilité prévue par l'article 28 ci-dessous. »

SECTION 2
LES LIMITES DE LA LIBERTÉ CONTRACTUELLE

317. – La liberté contractuelle est le principe fondateur de tout contrat, mais elle n'est pas toute puissante et se heurte à certaines limites, qui tiennent soit au contrat lui-même, soit aux exigences de l'ordre public.

SOUS-SECTION 1
LES LIMITES TENANT À L'ESSENCE DU CONTRAT

318. – Tout contrat comporte des obligations fondamentales ou essentielles. Elles lui sont inhérentes ; on en dénombre deux : l'obligation fondamentale et l'obligation de bonne foi.

§ 1. – L'obligation fondamentale

A. – Notion

319. – Distinction tripartite. L'obligation fondamentale peut être définie à travers la distinction tripartite que l'on peut faire entre les différents éléments constitutifs du contrat.

1° Les éléments « accidentels » du contrat

320. – Ce sont les éléments expressément voulus par les parties, mais qui ne dépendent pas de la nature de tel ou tel contrat. Dans un contrat de vente, ce sont les modalités de livraison, les clauses qui concernent la compétence territoriale en cas de litige…

2° Les éléments « naturels » du contrat

321. – Ce sont les éléments qui font normalement partie d'un contrat. Dans le contrat de vente, le vendeur doit en principe garantir l'acquéreur ; cependant, ces éléments naturels peuvent être éliminés par les parties, *i.e.* dans le contrat de vente, une clause peut, en principe, stipuler que le vendeur ne garantira pas l'acquéreur contre tel ou tel vice.

3° Les éléments « essentiels » du contrat

322. – Ce sont les éléments en l'absence desquels le contrat n'a aucune raison d'être. Dans l'exemple de la vente, on ne peut concevoir un tel contrat sans transfert en pleine propriété d'un bien et sans paiement d'un prix. Si ces éléments n'existaient pas, le contrat en question ne serait pas un contrat de vente.

323. – Dualité de raisonnement. On peut cerner de plus près la notion d'obligation fondamentale en raisonnant en deux temps.

a) Raisonnement dans l'absolu

324. – Il est impossible de définir l'obligation fondamentale en tant que telle. Les parties peuvent en principe décider ce qu'elles veulent dans un contrat et assumer n'importe quel type d'obligation ; encore faut-il que les obligations assumées aient une consistance juridique, qui peut être très faible, ce que la possibilité laissée au créancier de demander l'exécution de l'obligation du débiteur permettra de vérifier. Telle est la position constante de la jurisprudence : ce qui caractérise un contrat, c'est sa sanction (sur laquelle, V. *infra*, n° 436 et s.). À défaut de sanction, l'accord des parties n'est pas un contrat ; il se réduit à un engagement moral.

b) Raisonnement concret

325. – Si l'on analyse les différents contrats, l'obligation fondamentale s'assimile à la « prestation caractéristique » du contrat. Dans un contrat synallagmatique, au minimum deux obligations se détendent : la première est en générale monétaire (elle n'a rien de caractéristique, existant dans pratiquement tous les contrats synallagmatiques), la seconde permet de donner un nom au contrat et se réduit généralement à l'objet ou à la cause du contrat, entendu comme l'objectif économique de l'opération contractuelle (c'est la prestation caractéristique ou fondamentale du contrat).

B. – Intérêt de la notion

326. – Multiplicité des intérêts. Les intérêts sont nombreux ; ils se manifestent tout d'abord en droit international privé, lorsqu'il s'agit de trouver la loi applicable au contrat en cause. Généralement, on donne compétence à la loi qui a été choisie par les parties ; à défaut, la loi compétente est celle du lieu où demeure le débiteur de la prestation caractéristique (Conv. Rome, art. 4.2 : « Sous réserve du paragraphe 5, il est présumé que le contrat présente les liens les plus étroits avec le pays où la partie qui doit fournir la prestation caractéristique a, au moment de la conclusion du contrat, sa résidence habituelle ou, s'il s'agit d'une société, association ou personne morale, son administration centrale. Toutefois, si le contrat est conclu dans l'exercice de l'activité professionnelle de cette partie, ce pays est celui où est situé son principal établissement ou, si, selon le contrat, la prestation doit être fournie par un établissement autre que l'établissement principal, celui où est situé cet autre établissement » ; idem aujourd'hui en application du règlement Rome 1).

En droit interne, la notion d'obligation fondamentale est également déterminante, à la fois pour s'assurer de la validité du contrat et pour régler d'éventuels problèmes de qualification.

1° Validité du contrat

327. – Principe de liberté contractuelle. En principe, les parties déterminent leurs obligations librement ; dans ces conditions, elles peuvent limiter les obligations normalement prévues dans le contrat qu'elles entendent conclure. Il reste cependant une limite à ne pas franchir : si les cocontractants peuvent écarter les obligations accessoires ou naturelles du contrat, ils ne peuvent pas éliminer l'obligation fondamentale, faute de quoi le contrat ainsi conclu n'a plus aucune justification.

Notion d'obligation fondamentale

Une jurisprudence retient une solution originale qui n'est peut-être pas limitée à la seule clause limitative de réparation en cause (Cass. com., 22 oct. 1996, cassation, *SA Banchereau c/ Sté Chronopost : Bull. civ.* 1996, IV, n° 261 ; *D.* 1997, p. 121, note A. Sériaux ; *D.* 1997, somm. p. 175 et la note ; *JCP* G 1997, II, 22881, note D. Cohen et *Defrénois* 1997, art. 36516, p. 20).

Une décision du 9 juin 2009 reprend cette solution :

Cass. com., 9 juin 2009, n° 08-10.350

Attendu, selon l'arrêt attaqué, que M. X..., en qualité de liquidateur judiciaire de la société Colo, a vendu à M. et Mme Y..., par l'intermédiaire de la société Must immobilier (la société Must), le fonds de commerce de bar-restaurant de celle-ci ; que quelques jours après la vente, les acquéreurs ont appris que le commerce n'avait jamais obtenu l'autorisation d'ouverture en raison d'un avis défavorable de la commission communale de sécurité et que la terrasse n'était pas conforme au permis de construire ; que l'établissement ayant fait l'objet d'une fermeture administrative et que le bail ayant été résilié, M. et Mme Y... ont assigné M. X..., ès qualités, la société Must et son assureur, la société Axa France (la société Axa), en résolution de la vente et en responsabilité ;

Sur le premier moyen, pris en sa première branche qui est recevable :

Vu les articles 1131,1147 et 1150 du Code civil ;

Attendu que pour écarter toute responsabilité du vendeur, l'arrêt retient que les clauses de dispense concernant la réglementation de sécurité qui figurent dans la promesse d'achat et dans l'acte de vente du fonds de commerce sont valables dès lors qu'elles traduisent l'acceptation par les acquéreurs d'un aléa ou d'une obligation qu'ils étaient en mesure d'identifier ;

Attendu qu'en statuant ainsi, alors que M. X..., ès qualités, qui avait comme obligation essentielle de délivrer le fonds de commerce pourvu d'une autorisation d'ouverture, ne pouvait s'en exonérer par une clause élusive de responsabilité qui, contredisant la portée de son engagement, devait être réputée non écrite, la cour d'appel a violé les textes susvisés ;

Par ces motifs : Casse et annule.

2° Qualification du contrat

328. – Caractère primordial de la qualification. La qualification est un problème général, soulevé par toute règle de droit. Le droit est un ensemble limité de règles, alors que la vie quotidienne est un ensemble illimité de faits. Dès lors, il est nécessaire, pour appliquer le droit, de qualifier le fait. Quelles que soient les matières du droit (droit pénal, droit des contrats...), la phase de qualification est toujours primordiale. Souvent, il est vrai, le problème passe inaperçu : il est clair que l'accord par lequel une chose est transférée, en contrepartie du versement d'une somme d'argent, s'analyse en un contrat de vente. Cependant, dès que l'opération envisagée est un tant soit peu complexe, le problème n'est pas le même. Prenons le cas du contrat de crédit-bail (ou *leasing*) : est-ce un contrat de vente, un contrat de bail ou un contrat de location ?

329. – Principes de solution. On peut résoudre ce problème de qualification en présentant les deux observations suivantes :

– la qualification est une question de droit, et non une question de fait (à la différence du problème d'interprétation d'une convention) ; par conséquent, la Cour de cassation contrôle sur ce point les décisions rendues par les juges du fond, qui, quant à eux, doivent motiver leur décision de qualification afin de mettre la Cour de cassation en mesure d'exercer son office ;

– lorsqu'il s'agit de qualifier, les juges du fond doivent prendre en considération, non pas les éléments subjectifs du contrat, mais uniquement les éléments objectifs de ce dernier, c'est-à-dire qu'ils ne doivent pas s'arrêter à la dénomination que les parties ont donnée au contrat, mais au contraire s'attacher aux obligations, ainsi qu'à l'ordre que les parties leur ont conféré.

330. – Liberté de qualification par les parties. En outre, il faut tenir compte des dispositions de l'article 12, alinéa 4, du Code de procédure civile, qui modifient la solution proposée. Ce texte dispose que : « (...) toutefois, il [le juge] ne peut changer la dénomination ou le fondement juridique lorsque les parties, en vertu d'un accord exprès et pour les droits dont elles ont la libre disposition, l'ont lié par les qualifications et points de droit auxquels elles entendent limiter le débat ». Ainsi, les parties ont-elles la possibilité de lier le juge par la qualification qu'elles ont donnée à leur accord ; le juge ne peut alors qualifier le contrat d'une autre manière. Cet accord sur la qualification est en tant que tel un contrat, qui doit en lui-même être respecté dès lors que les conditions de validité sont remplies (C. civ., art. 1108 et s.) et qu'aucune règle d'ordre public n'a été écartée.

La Cour de cassation avait d'ailleurs, dès 1945, énoncé le principe suivant :

« s'il appartient aux juges du fait d'interpréter les conventions selon l'intention des parties, ils doivent néanmoins restituer à ces conventions leur véritable caractère juridique, malgré la qualification qu'il a plu aux contractants de leur donner ; (...) ; dès lors, en ne s'expliquant pas sur les éléments objectifs du contrat et en s'abstenant de rechercher l'objet prédominant de celui-ci, la cour d'appel n'a pas mis la Cour de cassation à même d'exercer utilement le contrôle qui lui appartient en matière de qualification légale des conventions (...) » (Cass. civ., 30 oct. 1945 : *D.* 1945, p. 52).

De même, malgré son caractère unilatéral, une lettre d'intention peut, selon ses termes, lorsqu'elle a été acceptée par son destinataire et eu égard à la commune intention des parties, constituer à la charge de celui qui l'a souscrite un engagement contractuel de faire ou de ne pas faire pouvant aller jusqu'à l'obligation d'assurer un résultat, si même elle ne constitue pas un cautionnement ; il appartient au juge de donner ou restituer son exacte qualification à un pareil acte sans s'arrêter à la dénomination que les parties en auraient proposée (Cass. com., 21 déc. 1987 : *Bull. civ.* 1987, IV, n° 281 ; Rapp. C. cass. 1987, p. 196 ; *D.* 1989, p. 112, note Brill ; *JCP* G 1988, II, 21113, concl. Montanier).

§ 2. – L'obligation de bonne foi

331. – **Notion controversée.** Pour certains auteurs, la bonne foi est une idée très féconde, en ce sens qu'elle assure la bonne exécution du contrat et oblige les parties à collaborer et à travailler dans un but commun. La bonne foi confine alors à la charité. Pour d'autres auteurs, cependant, la vision du contrat est moins angélique. Plus lucide aussi et fondamentalement plus exacte. La bonne foi est sanctionnée uniquement à travers son contraire qui est la mauvaise foi. La bonne foi reçoit alors des applications particulières et limitées dans les mécanismes contractuels.

A. – Arguments favorables à la notion de bonne foi

332. – **Lois et jurisprudence.** Les textes font de nombreuses allusions à cette idée de bonne foi. Des textes étrangers la visent expressément, tel l'article 2 du Code civil suisse qui en fait un principe général du droit. L'article 1134, 3e alinéa, du Code civil indique quant à lui que les conventions « **doivent être exécutées de bonne foi** ». Voir également l'article 1.106 des Principes de droit européen du contrat :

> – « dans l'exercice de ses droits et l'exécution de ses obligations, chaque partie est tenue d'agir conformément aux exigences de la bonne foi » ;
> – les parties ne peuvent exclure ce devoir, ni le limiter. »

La jurisprudence contemporaine semble assez favorable au thème de la bonne foi dans les relations juridiques et lui accorde une place de plus en plus importante, mais au prix de certaines conditions.

La chambre commerciale de la Cour de cassation, dans un arrêt de principe rendu le 10 juillet 2007, entend manifestement cantonner restrictivement la portée de l'exigence de bonne foi, édictée par l'article 1134, alinéa 3 du Code civil, et canaliser rigoureusement les pouvoirs du juge fondés sur ce texte : « La règle selon laquelle les conventions doivent être exécutées de bonne foi permet au juge de sanctionner l'usage déloyal d'une prérogative contractuelle, mais elle ne l'autorise pas à porter atteinte à la substance même des droits et des obligations légalement convenus entre les parties ».

Le premier enseignement de cet arrêt réside dans la hiérarchie établie par la Cour de cassation entre les deux alinéas de l'article 1134 du Code civil et entre les principes contractuels directeurs qu'ils énoncent. La primauté est, accordée au principe de la force obligatoire du contrat sur celui de la bonne foi dans l'exécution du contrat, précisément sur le devoir de loyauté.

Cass. com., 10 juill. 2007, n° 06-14.768

Sur le moyen unique, pris en sa première branche :

Vu l'article 1134, alinéas 1 et 3, du Code civil ;

Attendu, selon l'arrêt attaqué, que par acte du 18 décembre 2000, MM. X..., Y... et Z..., actionnaires de la société Les Maréchaux, qui exploite notamment une discothèque, ont cédé leur participation à M. A..., déjà titulaire d'un certain nombre de titres et qui exerçait les fonctions de président du conseil d'administration de cette société ; qu'il était stipulé qu'un complément de prix serait dû sous certaines conditions qui se sont réalisées ; qu'il était encore stipulé que chacun des cédants garantissait le cessionnaire, au prorata de la participation cédée, notamment contre toute augmentation du passif résultant d'événements à caractère fiscal dont le fait générateur serait antérieur à la cession ; que la société ayant fait l'objet d'un redressement fiscal au titre de l'exercice 2000 et MM. X..., Y... et Z... ayant demandé que M. A... soit condamné à leur payer le complément de prix, ce dernier a reconventionnellement demandé que les cédants soient condamnés à lui payer une certaine somme au titre de la garantie de passif ;

Attendu que pour rejeter la demande de M. A..., l'arrêt retient que celui-ci ne peut, sans manquer à la bonne foi, se prétendre créancier à l'égard des cédants dès lors que, dirigeant et principal actionnaire de la société Les Maréchaux, il aurait dû se montrer particulièrement attentif à la mise en place d'un contrôle des comptes présentant toutes les garanties de fiabilité, qu'il ne pouvait ignorer que des irrégularités comptables sont pratiquées de façon courante dans les établissements exploitant une discothèque et qu'il a ainsi délibérément exposé la société aux risques, qui se sont réalisés, de mise en œuvre des pratiques irrégulières à l'origine du redressement fiscal invoqué au titre de la garantie de passif ;

Attendu qu'en statuant ainsi, alors que si la règle selon laquelle les conventions doivent être exécutées de bonne foi permet au juge de sanctionner l'usage déloyal d'une prérogative contractuelle, elle ne l'autorise pas à porter atteinte à la substance même des droits et obligations légalement convenus entre les parties, la cour d'appel a violé, par fausse application, le second des textes susvisés et, par refus d'application, le premier de ces textes ;

Par ces motifs : Casse et annule.

La solution a été expressément reprise par la troisième chambre civile :

Cass. 3e civ., 9 déc. 2009, n° 04-19.923

Sur le moyen unique :

Vu l'article 1134, alinéas 1 et 3, du Code civil, ensemble l'article L. 145-1 du Code du commerce ;

Attendu, selon l'arrêt attaqué (Montpellier, 8 sept. 2004), que, par acte du 4 août 1999, la société civile immobilière Pompei (la SCI) a donné à bail pour une durée de neuf ans à la société La Belle Époque des locaux à usage commercial de restaurant, bar et brasserie ; que le 15 décembre 1999, la société La Belle Époque a été mise en liquidation judiciaire ; que nonobstant l'opposition de la SCI, M. X..., désigné en qualité de mandataire liquidateur, a été autorisé par le juge commissaire à céder le fonds de commerce de la société La Belle Époque à la société HDC ; que la SCI a fait assigner M. X..., ès qualités, et la société HDC aux fins de voir déclarer inopposable à son endroit la cession intervenue, que soit prononcée la résiliation du bail et que soit ordonnée l'expulsion de la société La Belle Époque ainsi que celle de tous occupants de son chef ;

Attendu que pour rejeter les demandes de la SCI, l'arrêt retient que l'article 8 du contrat n'autorisait la cession du bail qu'à l'acquéreur du fonds de commerce, que cette clause ne vaut et ne peut être respectée que s'il existe ou s'il a pu exister un véritable fonds de commerce de restaurant, bar ou brasserie, seules activités admises dans les locaux loués, qu'à la date du bail un tel fonds n'existait pas, le local étant alors la boutique d'un antiquaire, que par la suite la société La Belle Époque n'a pas été à même de créer le fonds de restaurant, son gérant de fait et son gérant de droit ayant été incarcérés le 14 octobre 1999, soit deux mois après la signature du bail, et que les locaux étant restés fermés jusqu'au prononcé de la liquidation judiciaire l'objet social de cette société s'est avéré impossible à réaliser, mais que cette situation était connue de la SCI dont le gérant était également le gérant de fait de la société La Belle Époque, lequel n'avait acquis les locaux objet du bail que pour y installer des cuisines destinées à desservir un local commercial voisin dans lequel la locataire exploitait un restaurant qui en était dépourvu, que la SCI, dont la mauvaise foi est ainsi caractérisée, est irrecevable à opposer à la société La Belle Époque l'absence de fonds de commerce dans les locaux loués et le fait que les locaux ont été aménagés en cuisine et que dès lors que ni la régularité de la cession contrôlée par le juge commissaire, ni la moralité, la solvabilité et la compétence de la société HDC n'étaient en cause, le refus d'agrément de la SCI à la cession est injustifié ;

Qu'en statuant ainsi, alors que si la règle selon laquelle les conventions doivent être exécutées de bonne foi permet au juge de sanctionner l'usage déloyal d'une prérogative contractuelle, elle ne l'autorise pas à porter atteinte à la substance même des droits et obligations légalement convenus entre les parties ni à s'affranchir des dispositions impératives du statut des baux commerciaux, la cour d'appel qui a constaté qu'aucun fonds de commerce n'avait été créé ou exploité dans les locaux, pris à bail par la société La Belle Époque et qui n'a pas tiré les conséquences légales de ses propres constatations, a violé les textes susvisés ;

Par ces motifs : Casse et annule.

B. – Arguments défavorables à la notion de bonne foi

333. – Coopération contractuelle et équité. Force est de reconnaître que la psychologie des contractants n'est pas, en général, synonyme de coopération. Dans la pratique des affaires, chacun défend ses propres intérêts, *i.e.* dans un contrat de vente, le vendeur désire céder au meilleur prix, l'acquéreur acheter au plus bas prix… Cette réalité n'a rien de condamnable dans une logique de marché, comme le nôtre. La notion de bonne foi est également très fuyante ; sa résonance morale incline à des jugements fondés sur la simple équité sociale. La bonne foi fait désespérer de la technique juridique, dès lors écartée par des solutions d'opportunité, et non de rigueur. Elle est la trace de l'équité au cœur du droit.

C. – Solutions

334. – Distinction. La jurisprudence de 2007 a très bien organisé la question, encore qu'il ne faille pas systématiser. Ce qui relève de la « substance du contrat » échappe au contrôle du juge : l'économie contractuelle est appréciée par les parties et uniquement par les parties. En revanche, les prérogatives contractuelles qui se traduisent par des droits particuliers (congés, exonérations…) peuvent être appréciées par le juge, mais uniquement lorsque leur mise en œuvre traduit un abus ou une volonté abusive, la mauvaise foi appelant une sanction, en l'occurrence la privation d'une prérogative contractuelle.

Deux applications principales de l'obligation de bonne foi se dégagent des méandres du contentieux. L'une est mesurée, l'autre l'est moins.

335. – Prérogatives contractuelles. Obligation de se comporter loyalement. La première veut que, puisque les conventions doivent être exécutées de bonne foi, les parties se comportent loyalement. Ainsi l'obligation joue dans la mise en œuvre de telle ou telle clause du contrat, notamment les clauses résolutoires ou de non-responsabilité. Elle joue dans la mise en œuvre des prérogatives contractuelles. Par exemple, dans les contrats de transport, que ce soit de personnes ou de marchandises, aucun délai particulier n'est en général prévu : la jurisprudence, se fondant sur la notion de bonne foi, estime que le délai doit être dans tous les cas « raisonnable ». De même, toute marchandise vendue doit être de qualité « loyale » et « marchande ».

Cette conception est certainement de droit positif, et à juste titre. Voir par exemple :

- dans le jeu des clauses résolutoires dont le créancier ne peut se prévaloir que s'il n'est pas de mauvaise foi ;
- dans le domaine de clauses particulières :

« Ayant constaté qu'un bail emphytéotique tendait au transfert du coefficient d'occupation du sol afférent à la parcelle faisant l'objet du contrat sur la parcelle voisine en vue de l'édification d'un complexe hôtelier, moyennant une redevance annuelle symbolique de un franc, la cour d'appel qui, cette redevance n'ayant pas été payée à son échéance, a refusé de constater la résiliation du contrat, après avoir retenu que l'application de la clause résolutoire viderait de sa substance l'accord des parties, a légalement justifié sa décision, ces constatations et énonciations faisant ressortir que la clause résolutoire n'avait pas été invoquée de bonne foi par le bailleur » (Cass. 3e civ., 6 juin 1984 : *Bull. civ.* 1984, III, n° 111).

« A violé l'article 1134, alinéa 3, du Code civil une cour d'appel qui, pour constater la résolution d'une vente à charge de rente viagère, a énoncé que la clause insérée à l'acte était une clause résolutoire de plein droit et qu'il appartenait seulement au juge de vérifier si les causes du commandement étaient dues et si la somme réellement due a ou non été réglée dans le mois de cet acte et qu'en l'espèce, les conditions de mise en œuvre de cette

clause étaient remplies dès lors qu'il n'avait pas été satisfait aux causes du commandement, sans rechercher, comme il était demandé, si l'ensemble des circonstances dans lesquelles la légataire universelle du crédirentier avait poursuivi contre sa mère, débirentier, sans protestation du crédirentier qui avait, en outre, accepté deux augmentations successives du montant annuel des arrérages, n'excluait pas la bonne foi dans la mise en œuvre de la clause résolutoire » (Cass. 1re civ., 16 févr. 1999 : *D.* 1999, inf. rap. p. 75).

La bonne foi reçoit aussi application en droit du travail :

Cass. soc., 10 mai 2006, n° 05-42.210

Sur le moyen unique :

Vu les articles 1134 du Code civil et L. 120-4 du Code du travail ;

Attendu que Mlle X... a été engagée le 15 octobre 1991 en qualité d'inventoriste par la société Gecoma ; que ses fonctions exigeant de se rendre, en équipe, de très bonne heure le matin, sans pouvoir utiliser les transports en commun, hors de la région parisienne, pour faire des inventaires de magasins pour des sociétés clientes, sa chef d'équipe venait la chercher à son domicile, avec la navette de l'entreprise ; qu'en novembre 2001, l'employeur a cessé cette « pratique » ; que, soutenant qu'elle était mise dans l'impossibilité de travailler, Mlle X... a saisi la juridiction prud'homale d'une demande de résiliation du contrat de travail et sollicité la condamnation de l'employeur à lui payer diverses sommes ;

Attendu que pour débouter la salariée de ses demandes la cour d'appel retient que la société n'avait jamais pris l'engagement d'assurer le transport de la salariée de son domicile au lieu de travail, que l'existence d'un usage n'était pas établie et que l'existence d'une note de service prévoyant « qu'à compter du 1er septembre 1999 il n'y aurait plus de ramassage du personnel ni de dépôt à domicile » était dépourvue de portée ;

Attendu, cependant, que le contrat de travail doit être exécuté de bonne foi ;

Qu'en statuant comme elle l'a fait, alors que l'employeur, prenant en compte la spécificité de son travail d'inventoriste en équipe et l'horaire exceptionnel de prise du travail, faisait prendre la salariée depuis plus de dix ans à son domicile par un véhicule de l'entreprise et, cessant de la faire bénéficier de cet avantage lié à sa fonction, l'avait mise dans l'impossibilité de travailler, ce qui caractérisait un manquement de l'employeur à l'exécution de bonne foi du contrat de travail, la cour d'appel a violé les textes susvisés ;

Par ces motifs : Casse et annule ;

336. – Devoir de collaboration. L'exigence de bonne foi conduit à sanctionner les comportements malhonnêtes ou encore incohérents. Faut-il aller plus loin et valoriser l'obligation de bonne foi jusqu'à imposer un véritable devoir de collaboration aux parties contractantes ? Dans certaines situations particulières sans doute, mais sans que cela ne devienne le principe.

Ainsi, **en droit du travail**, le salarié est tenu, pendant l'exécution du contrat de travail, d'un devoir de loyauté envers l'employeur. À l'origine, l'obligation de loyauté est imposée au salarié envers son employeur en tant que contrepartie de son intégration à l'entreprise. Le salarié doit s'abstenir d'un comportement agressif, tant avec le chef d'entreprise qu'à l'endroit de la clientèle, de la hiérarchie et du personnel ; il est tenu de se conformer, dans la mesure où il ne peut se prévaloir d'excès de pouvoir ou de violation de la réglementation d'ordre public du travail, au règlement intérieur et aux ordres reçus, ayant pour finalité le bon fonctionnement d'un établissement dans la gestion duquel il ne peut s'immiscer. Surtout, il doit éviter de travailler au profit d'un autre employeur sans l'accord du premier. Une fois le contrat de travail rompu, que ce soit par le licenciement ou par la démission, **cette obligation de loyauté trouve son prolongement dans l'obligation de non-concurrence**, qui peut être prévue par une clause limitée dans le temps et dans l'espace.

En toute hypothèse, l'employeur, tenu d'exécuter de bonne foi le contrat de travail, a le devoir d'assurer l'adaptation des salariés à l'évolution de leurs emplois : ainsi n'est pas fondé le licenciement pour motif économique d'un salarié qui aurait pu bénéficier d'une formation et ainsi occuper un poste disponible (Cass. soc., 25 févr. 1992 : *Bull. civ.* 1992, V, n° 122 ; *Gaz. Pal.* 1992, 1, pan. p. 104 ; *D.* 1992, somm. p. 294, note A. Lyon-Caen ; *D.* 1992, p. 390, note M. Défossez).

Récemment, **la Cour de cassation a fait sortir cette obligation de loyauté du droit du travail** et l'a appliquée de façon générale en fondant une partie de la cassation sur elle : « (...) n'a pas donné de base légale à sa décision au regard de l'article 1382 du Code civil la cour d'appel qui, pour rejeter la demande en dommages-intérêts formée par la société, a énoncé notamment que le dirigeant était délié de la clause de non-concurrence, avait totale liberté de travail et de concurrence avec la société, alors qu'elle a constaté que le défendeur avait exercé successivement les fonctions de gérant, puis après sa transformation en société anonyme, de directeur général de la société, **ce dont il découlait qu'il était tenu à une obligation de loyauté à l'égard de cette entreprise**, et après avoir relevé les démissions massives des salariés de la société pour rejoindre la société créée par l'ancien dirigeant, sans vérifier de façon concrète, ainsi que le soutenait la société dans ses écritures, les conditions dans lesquelles certains d'entre eux avaient été déliés de la clause de non-concurrence qu'ils avaient souscrite, le défendeur étant encore directeur général de cette entreprise » (Cass. com., 24 févr. 1998 : *Bull. civ.* 1998, IV, n° 86 ; *Gaz. Pal.* 1998, 1, pan. cass. p. 117 ; *D.* 1999, somm. p. 100, note Y. Picod ; *JCP* G 1999, II, 10003, note M. Keita).

Les juridictions du fond ont également fait application de ce devoir de collaboration (CA Paris, 7 mai 1986 : *Gaz. Pal.* 1987, 1, somm. p. 24 ; cf. jurisprudence *infra*).

De même, la jurisprudence fait peser sur **les dirigeants de sociétés** une obligation de loyauté (Cass. com., 27 févr. 1996 : *Bull. Joly Sociétés* 1996, p. 485, § 164, note A. Couret ; *RTD civ.* 1997, p. 113, n° 1, obs. J. Mestre. – Cass. com., 12 mai 2004 : *RDC* 2004, p. 923, obs. D. Mazeaud ; *Bull. Joly Sociétés* 2004, p. 1114, § 218, note D. Schmidt. – Cass. com., 22 févr. 2005 : *Bull. Joly Sociétés* 2005, p. 1105, § 244, note Th. Massart. – Cass. com., 14 juin 2005 : *Bull. Joly Sociétés* 2005, p. 1399, § 304). Voir un arrêt du 6 mai 2008 de la chambre commerciale (n° 07-13.198) : « Attendu qu'en se déterminant ainsi, sans rechercher, comme il lui était demandé, si M. Y..., dirigeant de la société HPA, n'avait pas manqué à l'obligation de loyauté à laquelle il était, en cette qualité, tenu à l'égard des associés cédants en s'abstenant d'attirer leur attention sur l'existence, dans le patrimoine de cette société, de bénéfices distribuables d'un montant supérieur à celui du prix stipulé, la cour d'appel n'a pas donné de base légale à sa décision ».

Cette idée de bonne foi-coopération est juste, mais dans un domaine bien délimité : l'obligation de coopération doit jouer dans les contrats dominés par l'idée de confiance, tels les contrats d'affrètement, de gérance ou encore de société : tous les associés doivent en principe collaborer à la bonne marche de la société, s'ils veulent qu'elle se développe et prospère. Il en est de même pour certains contrats internationaux, généralement de grande importance, qui s'exécutent dans le temps, ou pour les contrats dits de situation, tels les contrats de concession ou de franchise commerciales. Le devoir de coopération se prolonge parfois après l'exécution du contrat : elle explique la notion de « mitigation », venue du droit anglais et reçue par le droit français. Supposons un contrat conclu entre un transporteur et un commerçant : à destination, il s'avère que les marchandises sont avariées ; le commerçant dispose d'un recours contre le transporteur responsable des avaries, mais a l'obligation d'éviter que le préjudice qu'il a subi ne s'aggrave, par exemple il bâchera les marchandises pour les protéger de la pluie. Telle est l'idée de « mitigation ». Elle est exacte, mais son application ne doit pas être systématisée (V. *infra*, n° 508). Méfions-nous, une fois encore, de l'esprit de système.

Plus généralement, il ne faut pas oublier que le contrat repose sur un antagonisme d'intérêts. Si les parties doivent se comporter loyalement, elles ne sont pas tenues de s'apporter mutuellement assistance.

Lecture

1. Le devoir de loyauté

Pendant toute la durée du contrat de travail, le salarié est tenu d'une obligation de loyauté envers l'employeur. Le rédacteur au service contentieux d'une caisse d'allocations familiales qui, en sa qualité d'allocataire, commet auprès de sa caisse d'affiliation des faits de la nature de ceux qu'il était chargé de poursuivre, manque à son obligation de loyauté et de probité et commet une faute grave (Cass. soc., 25 févr. 2003 : *Bull. civ.* 2003, V, n° 66 ; *Cah. soc. barreau Paris* 2003, n° 150 A, 34, obs. F.-J. Pansier). La suspension du contrat de travail du fait de la maladie laisse subsister à la charge du salarié une obligation de loyauté à l'égard de son employeur :

« En se livrant, pendant l'arrêt de maladie à des déplacements ou des activités qui démontrent sans ambiguïté qu'il n'était nullement dans l'incapacité de travailler, le salarié commet une violation de son obligation de loyauté constitutive d'une faute grave. De même, le salarié, mécanicien de son état, qui, au cours d'un arrêt de travail pour maladie, fait appel à un autre mécanicien de la société qui l'emploie, pour entreprendre la réparation d'un véhicule pour son compte, manque à son obligation de loyauté et commet une faute grave » (Cass. soc., 21 oct. 2003 : *Bull. civ.* 2003, V, n° 258 ; *Cah. soc. barreau Paris* 2004, n° 156 S., 22, obs. C. Charbonneau).

2. Le devoir de collaboration

La prestation de services informatiques est un domaine privilégié du devoir de collaboration : la complexité des systèmes, l'obsolescence des machines et des logiciels, la résolution des problèmes (les fameux *bugs*) conduit les tribunaux à exiger beaucoup des professionnels. La décision de la cour d'appel de Paris du 7 mai 1986 (*Gaz. Pal.* 1987, 1, somm. p. 24), par sa date, fait figure de décision annonciatrice :

« L'exécution d'un contrat de prestations de services informatiques requiert la collaboration des parties tant dans la définition des besoins de l'utilisateur et leur expression par celui-ci au regard des nécessités de la prestation informatique ainsi que dans le choix du matériel adapté, que dans l'élaboration et la mise en place du système informatique conçu et réalisé par l'entreprise spécialisée.

Le juge saisi d'une demande de résolution fondée sur l'article 1184 du Code civil peut toujours, s'il la rejette, prononcer aux lieu et place de la résolution une condamnation à des dommages-intérêts correspondant à la réparation des conséquences de la mauvaise exécution du contrat.

Il en va ainsi dès lors qu'il résulte d'une faute initiale du fournisseur dans l'exécution de son devoir de conseil tant pour la définition des besoins réels de l'entreprise utilisatrice que dans la proposition d'un système adapté après réalisation d'une analyse fonctionnelle globale, une inadéquation des programmes livrés entraînant des retards dans le traitement de la paye et de la comptabilité et une impossibilité d'utilisation rapide des programmes spécifiques qui n'ont pas permis une mise en service en son temps et que par ailleurs, il est établi que l'entreprise utilisatrice n'a pas apporté toute la collaboration que la société prestataire de service était en droit d'attendre de son client au fur et à mesure de la mise en place du système acquis et que notamment, celle-ci n'a pas fait donner à son personnel chargé d'utiliser le système une formation générale de base susceptible de lui permettre d'appréhender plus facilement la documentation d'utilisation fournie ».

La collaboration prend parfois le tour de la bonne foi (cf. Cass. soc., 10 mai 2006, n° 05-42.210, préc.).

Dans ce sens déjà, un arrêt de la première chambre civile du 23 janvier 1996 :

« A violé l'article 1134, alinéa 3 du Code civil une cour d'appel qui, pour débouter une société de distribution d'eau de sa demande en paiement d'un arriéré de consommation dirigée contre un office d'HLM, a retenu que la société avait commis une faute dans l'exécution de ses obligations contractuelles pour ne pas avoir facturé ses fournitures avec la ponctualité nécessaire à la correcte gestion des immeubles, laquelle avait entraîné, pour l'office, un préjudice né de l'accumulation d'une dette dont la méconnaissance légitime avait empêché la répercussion sur les locataires, et que ce préjudice était égal à sa dette avec laquelle il se compense, retenant encore que rien ne faisait obligation à l'office de détecter l'absence de facturation, alors que la cour d'appel avait constaté que l'utilisation par l'office des deux immeubles en cause à des fins locatives impliquait nécessairement qu'ils étaient desservis en eau et que, dès lors, l'office ne pouvait ignorer être débiteur du coût de la consommation d'eau qu'il était fondé à récupérer sur ses locataires, et tenu d'exécuter de bonne foi le contrat le liant au distributeur d'eau, devait vérifier si cette fourniture lui était facturée par la société » (*Bull. civ.* 1996, I, n° 36 ; *Defrénois* 1996, 744, et la note).

3. Le solidarisme contractuel : rejet de la notion

« A violé par ailleurs les articles 1134 et 1147 du Code civil la cour d'appel qui a retenu que le concédant ne justifiait pas avoir tenté de réparer sa faute en aidant le concessionnaire dans ses pourparlers avortés avec le repreneur, alors que le concédant n'est pas tenu d'une obligation d'assistance du concessionnaire en vue de sa reconversion » (Cass. com., 6 mai 2002 : *Bull. civ.* 2002, IV, n° 81 ; *D.* 2002, somm. p. 2842, obs. D. Mazeaud ; *JCP* G 2002, II, 10146, note P. Stoffel-Munck ; *RTD com.* 2003, p. 157, chron. B. Bouloc).

En toute hypothèse, le prétendu solidarisme contractuel ne peut jouer lorsque le contrat disparaît :

Cass. 3e civ., 14 sept. 2005 : *Bull. civ.* 2005, III, n° 166

Les conventions doivent être exécutées de bonne foi.

S'agissant d'une promesse de vente d'un immeuble donné à bail à des époux, auxquels les vendeurs avaient délivré congé, sous la condition suspensive que la maison soit libérée de toute location ou occupation au jour de la vente par acte authentique, la condition ne s'étant pas réalisée dans le délai convenu de trois mois, les vendeurs ont vendu l'immeuble ultérieurement, avec d'autres parcelles, et moyennant un prix supérieur, à d'autres personnes. Les bénéficiaires de la promesse initiale les ont assignés en nullité de la vente pour que soit déclarée parfaite la promesse intervenue et en dommages-intérêts.

Doit être cassé l'arrêt qui, pour condamner *in solidum* les vendeurs et les locataires à payer aux demandeurs des dommages-intérêts, retient que la loyauté devant présider aux relations entre les parties et consacrée par l'article 1134 *in fine* du Code civil devait conduire les vendeurs à soumettre leurs nouvelles propositions à ceux auxquels ils avaient initialement promis de vendre et qui avaient été évincés par l'attitude inconséquente des locataires laissés en place. En statuant ainsi, alors que l'obligation de bonne foi suppose l'existence de liens contractuels et que ceux-ci cessent lorsque la condition suspensive auxquels ils étaient soumis a défailli, la cour d'appel a violé l'article 1134, alinéa 3 du Code civil.

SOUS-SECTION 2

LES OBLIGATIONS INTÉGRÉES AU CONTRAT

337. – **Amplification et forçage du contenu contractuel.** Il s'agit d'obligations extérieures au contrat, *i.e.* non voulues expressément par les parties, mais qui pourtant font partie intégrante du contrat. En effet, le législateur et la jurisprudence interviennent pour parfaire le contenu du contrat. La volonté des parties se conjugue alors avec celle que dictent les autorités publiques. Les obligations intégrées dans le contrat sont les expressions de l'ordre public de direction et l'ordre public de protection, destinés à assurer et à maintenir une certaine police contractuelle. Ce phénomène d'amplification du contenu contractuel, longtemps négligeable, a pris un réel essor.

§ 1. – Applications classiques

338. – **Conception négative de l'ordre public.** Dans une conception classique, les applications de l'ordre public sont purement négatives ; lorsque le législateur intervient, il se borne à interdire un certain nombre de conventions. Tel est l'esprit de l'article 6 du Code civil, qui dispose que : « on ne peut déroger, par des conventions particulières, aux lois qui intéressent l'ordre public et les bonnes mœurs ». L'ordre public est conçu de manière exceptionnelle. Son rôle est d'assurer le bon fonctionnement des institutions indispensables à la collectivité, *i.e.* défendre les libertés essentielles.

§ 2. – Applications modernes de l'intervention législative

339. – **Conception positive de l'ordre public.** L'ordre public contemporain prend une forme dirigiste et une forme sociale. Les pouvoirs publics interviennent pour contrôler les équilibres financiers et économiques, et prennent des mesures qui relèvent de l'ordre public de direction. En outre, ils interviennent pour protéger certaines catégories sociales ; les mesures prises relèvent alors de l'ordre public de protection. Cette distinction présente un intérêt du point de vue de la théorie des nullités : si l'ordre public en jeu est de direction, la nullité est absolue, alors que dans l'autre cas, elle est seulement relative. On retiendra que le législateur s'est engagé dans l'édification de régimes contractuels cohérents, en réglementant certains types de contrats, tels le contrat de bail ou le contrat de travail ; ces contrats contiennent des dispositions impératives qu'il n'est jamais possible d'écarter.

De son côté, la jurisprudence n'est pas restée inactive et a imposé certaines obligations qu'il convient de respecter selon le type de contrat envisagé. En s'inspirant des textes légaux et confortés par les initiatives du législateur, les tribunaux ont beaucoup innové.

Le texte qui fonde cette jurisprudence est celui de l'article 1135 du Code civil : « les conventions obligent non seulement à ce qui y est exprimé, mais encore à toutes les suites que l'équité, l'usage ou la loi donnent à l'obligation d'après sa nature ». En s'appuyant sur ce texte, les tribunaux ont dégagé la théorie des suites du contrat : ce dernier contient naturellement des obligations expressément voulues par les parties, mais encore des obligations postulées par l'équité, l'usage ou la loi. Parmi ces obligations d'origine jurisprudentielle, deux sont à retenir :

- l'obligation de conseil et de renseignement ;
- l'obligation de sécurité.

A. – L'obligation d'information, de renseignement, de mise en garde et de conseil

340. – Obligation jurisprudentielle. Elle est parfois prévue par un texte, mais la plupart du temps, c'est la jurisprudence qui indique que tel ou tel contrat contient une obligation de renseignement, voire de conseil. L'obligation consiste, pour celui qui est tenu de l'exécuter, à informer le cocontractant de toutes les conséquences techniques ou pécuniaires du contrat envisagé, étant entendu que l'obligation de conseil est plus dense que l'obligation de renseignement, car elle consiste à déterminer la décision du futur contractant. L'accent est mis sur l'efficacité du contrat.

341. – Obligation spécifique de renseignement. Si l'obligation de renseignement n'est pas respectée, le débiteur engage sa responsabilité contractuelle. Il est cependant difficile de préciser à quel moment joue l'obligation : dans certaines situations, elle s'impose dans la sphère précontractuelle, alors que dans d'autres cas, elle ne se situe qu'au moment de l'exécution du contrat. Elle se rencontre dans un certain nombre de contrats de prestation de service. La jurisprudence décide ainsi que le médecin doit renseigner son patient sur tous les risques d'une opération, même exceptionnels ; de même, l'architecte doit renseigner son client, *i.e.* le prévenir des inconvénients qu'il y a à utiliser tel matériau. Idem pour le garagiste : ne donne pas de base légale à sa décision la cour d'appel qui condamne un client à payer à un garagiste le montant d'une réparation importante sur une voiture de peu de valeur en retenant que sur ce point, le professionnel n'avait pas d'obligation de conseil, alors qu'en sa qualité de technicien, il devait éclairer le client incompétent sur l'opportunité des réparations qu'il pouvait croire, à tort, efficaces ou avantageuses (Cass. com, 25 févr. 1981 : *Gaz. Pal.* 1981, pan. p. 252 ; *Bull. civ.* 1981, IV, n° 109 ; *ibid.*, IV, p. 83).

342. – Obligation de mise en garde. La question importante est de savoir si le banquier dispensateur de crédit est tenu d'une obligation de mise en garde à l'égard du client, lorsqu'il s'avère que la charge du prêt sera trop lourde eu égard à ses capacités financières. La réponse a été donnée par quatre arrêts rendus le 12 juillet 2005 (Cass. 1re civ., 12 juill. 2005 : *Bull. civ.* 2005, I, nos 124 à 127 ; *D.* 2005, p. 2276 ; *JCP* G 2005, II, 10140). Ceux-ci retiennent que le banquier est tenu à une obligation de mise en garde, mais seulement à l'égard du profane. Cette solution fut confirmée dans un arrêt rendu par la première chambre civile le 2 novembre 2005 (*D.* 2005, act. jurispr. p. 3084, obs. V. Avena-Robardet) et reprise le 12 juillet 2006 (V. ci-dessous). De plus, il est important de souligner que la chambre commerciale a consacré de manière expresse le devoir de mise en garde du banquier (Cass. com., 3 mai 2006 : *D.* 2006, p. 1445).

Cass. 1re civ., 12 juill. 2006, nos 09-12.906 et 09-13.347

Vu l'article 1147 du Code civil ;

Attendu que reprochant à faute à l'Union de crédit pour le bâtiment (UCB) de leur avoir consenti un prêt immobilier dont le remboursement excédait leurs facultés contributives, M. et Mme X… (les époux X…) l'ont assignée en réparation du préjudice né de cette faute ;

Attendu que pour rejeter cette demande, la cour d'appel a retenu, en considération du montant des mensualités de la première année de remboursement du prêt litigieux, que celui-ci n'était pas manifestement disproportionné aux facultés d'endettement des emprunteurs, lesquels avaient ultérieurement éprouvé des difficultés pour rembourser ce prêt en conséquence de décisions étrangères aux exigences d'un tel remboursement, et que les intéressés, qui avaient sollicité ledit prêt, ne prétendaient ni ne démontraient que l'UCB aurait eu, sur leurs revenus et leurs facultés de remboursement raisonnablement prévisibles, des informations qu'eux-mêmes auraient ignorées ;

Qu'en se déterminant ainsi sans rechercher, comme elle y était invitée, si en raison de la progressivité du montant des mensualités de remboursement du prêt litigieux, l'endettement total qui en résultait, excédait, ou non, les facultés contributives des époux X..., et, dans l'affirmative, si ceux-ci pouvaient, ou non, être regardés comme des emprunteurs profanes à l'égard desquels l'UCB eût alors été tenue d'un devoir de mise en garde, la cour d'appel n'a pas donné de base légale à sa décision ;

Par ces motifs :

Casse et annule, mais uniquement en ses dispositions rejetant l'action en responsabilité dirigée par les époux X... contre l'UCB et prononçant condamnation à l'égard de ceux-ci, l'arrêt rendu le 20 janvier 2004, entre les parties, par la cour d'appel de Paris ; remet, en conséquence, sur ce point, la cause et les parties dans l'état où elles se trouvaient avant ledit arrêt et, pour être fait droit, les renvoie devant la cour d'appel de Paris, autrement composée (...)

Cass. 1re civ., 20 oct. 2009, n° 08-20.274

Attendu, selon l'arrêt attaqué, que la caisse de crédit mutuel Laval Trois Croix (la caisse) a consenti à Mme X... un prêt de 87 658,18 euros en vue du financement d'un fonds de commerce, prêt dont Mme Y..., sa mère, s'est rendue caution ; qu'en raison de la défaillance de Mme X..., la caisse a assigné Mme Y... en exécution de son engagement ; que cette dernière a invoqué un manquement de la caisse à son obligation de mise en garde ;

Mais sur le moyen unique, pris en sa première branche :

Vu l'article 1147 du Code civil ;

Attendu que le préjudice né du manquement par un établissement de crédit à son obligation de mise en garde s'analyse en la perte d'une chance de ne pas contracter ;

Attendu que pour condamner la caisse à payer à Mme Y... une indemnité égale au montant de la dette, l'arrêt retient que le préjudice découlant du manquement de la caisse à son devoir de mise en garde envers Mme Y... consiste pour celle-ci à devoir faire face au remboursement du prêt consenti à Mme X... à concurrence du montant de son engagement ;

Attendu qu'en statuant ainsi la cour d'appel a violé le texte susvisé ;

Par ces motifs, et sans qu'il y ait lieu de statuer sur le dernier grief : Casse et annule.

343. – Obligation de conseil. La jurisprudence intègre l'obligation de conseil dans un certain nombre de contrats, notamment relatifs aux biens. Est ainsi visé le contrat de vente, dans lequel le vendeur doit prévenir le futur acquéreur des difficultés d'exécution du contrat et le mettre en garde contre les risques du produit acheté (le problème se pose essentiellement quand le produit en cause est nouveau ou considéré comme dangereux). Les professionnels ont pris acte de cette jurisprudence dans leur pratique : l'obligation de conseil est respectée par l'apposition d'étiquettes et de mentions contenant toutes les informations nécessaires à l'utilisation du produit.

Cette obligation de conseil est appréciée en fonction de la qualité de son débiteur. Certains professionnels, comme le notaire rédacteur d'acte, sont particulièrement exposés, s'ils ne respectent pas les règles de prudence et de diligence attachées à leur profession.

Voir par exemple : « Une personne qui avait cédé les actions qu'elle détenait majoritairement moyennant un prix payable suivant un échéancier ayant été elle-même poursuivie en paiement par les créanciers des sociétés en vertu de cautionnements qu'elle avait auparavant consentis et dans lesquels les cessionnaires ne s'étaient pas substitués en dépit de leurs orientations, il ne peut être reproché à une cour d'appel d'avoir débouté cette personne de son action en réparation de son préjudice dirigée contre le notaire des actes de cession, dès lors que les juges du fond ont constaté que le notaire avait été tenu à l'écart des négociations ayant abouti à la cession d'actions, et qu'il n'y avait plus de place pour l'exercice du devoir de conseil dès lors que la convention était déjà parfaite au moment où le notaire est intervenu, qu'ensuite, la cour d'appel a caractérisé l'inefficacité insurmontable de la substitution dans les cautionnements, due à l'absence de surface financière des acquéreurs, laquelle était parfaitement connue du cédant qui l'avait délibérément négligée en renonçant, de son propre chef, et bien avant l'acte de vente des actions, à une garantie sous forme de cautionnement, que les acquéreurs étaient incapables de lui fournir et a pu en déduire l'absence de responsabilité du notaire. » (Cass. 1re civ., 28 nov. 1995 : *Bull. civ.* 1995, I, n° 437 ; *Gaz. Pal.* 1996, 2, pan. p. 167 ; *Defrénois* 1996, p. 361, note J.-L. Aubert).

Un immeuble vendu à un marchand de biens, ayant été revendu le lendemain, par l'entremise du même notaire, à un autre marchand de biens, à un prix supérieur, il ne peut être reproché à l'arrêt attaqué d'avoir débouté le vendeur originaire de son action en responsabilité contre le notaire, dès lors que l'arrêt a exactement décidé que le secret professionnel interdisait au notaire de révéler au vendeur d'un bien immobilier qu'il avait été chargé par l'acquéreur de procéder à sa revente, quel qu'en soit le prix (Cass. 1re civ., 3 mai 2006 : *D.* 2006, inf. rap. p. 1402).

Le devoir de conseil

De nombreux arrêts ont été rendus sur le sujet (signe des temps), et c'est surtout sur le fondement d'un devoir de conseil que la société prestataire de services et/ou de matériel est ou n'est pas sanctionnée.

« Ayant relevé qu'une société d'informatique avait exactement informé son client sur les fonctions du progiciel de gestion commerciale et comptable qu'elle lui offrait ainsi que sur les adaptations proposées et que ses prestations avaient satisfait les besoins de son client, une cour d'appel a à bon droit retenu qu'elle avait accompli ses obligations contractuelles, y inclus son devoir de conseil, sans avoir à rechercher si elle s'était abstenue d'apporter des informations sur les solutions concurrentes, aucune circonstance particulière n'étant invoquée qui justifiât un tel devoir » (Cass. com., 12 nov. 1992 : *Bull. civ.* 1992, IV, n° 352 ; *Gaz. Pal.* 1993, 1, pan. p. 90 ; *D.* 1993, somm. p. 237, note G. Paisant ; *D.* 1993, somm. p. 237, note O. Tournafond).

Une cour d'appel a pu retenir la responsabilité d'une société de conseil en informatique, après avoir relevé « que le système conçu par cette société était totalement inadapté aux nécessités économiques pour avoir été fondé sur des considérations trop théoriques, trop difficiles à accorder aux particularités de l'entreprise utilisatrice et de sa clientèle » (Cass. com., 4 févr. 1997 : *Gaz. Pal.* 1997, 2, pan. p. 247 ; *Gaz. Pal.* 1997, 2, somm. p. 390, note F. Brousse ; *Dr. informatique et télécoms* 1997, 4, 25, note C. Diop).

« L'obligation de délivrance du vendeur d'un matériel s'étend à sa mise au point, et comporte une obligation accessoire d'information et de conseil du client (...) n'a pas donné de base légale à sa décision au regard des articles 1604 et 1135 du Code civil une cour d'appel qui, pour débouter un acheteur de sa demande en résolution de la vente d'un matériel informatique destiné à son officine de pharmacie, a énoncé que le matériel a été livré sans réserve de la part de l'acquéreur, qui a tardé à faire valoir sa réclamation, sans rechercher si le vendeur avait satisfait à son obligation d'information et de conseil » (Cass. 1re civ., 25 juin 1996 : *Bull. civ.* 1996, I, n° 274 ; *Gaz. Pal.* 1997, 1, pan. p. 16 ; *Gaz. Pal.* 1997, 1, somm. p. 59, note M.-Z. Firouz-Abadie ; *D.* 1996, inf. rap. p. 188 ; *Dr. informatique et télécoms* 1997, 3, 27, obs. M. Espagnon).

Toutefois, c'est en matière de **droit médical** que cette obligation a connu un réel succès.

Par un arrêt en date du 7 octobre 1998 (*Bull. civ.* 1998, I, n° 287 ; *Defrénois* 1999, p. 742, obs. D. Mazeaud), la première chambre civile de la Cour de cassation a décidé que le médecin était tenu de fournir au patient une information loyale, claire et appropriée sur les risques graves afférents aux investigations et soins proposés et qu'il n'en était pas dispensé par le seul fait que ces risques ne se réaliseraient qu'exceptionnellement et ce, hormis les cas d'urgence, d'impossibilité ou de refus du patient d'être informé. Viole donc l'article 1147 du Code civil, une cour d'appel qui, pour rejeter l'action en responsabilité de la patiente contre le chirurgien qui l'a opérée, énonce que l'information que doit donner le praticien n'est exigée que pour des risques normalement prévisibles, et qu'en l'espèce, la complication de thrombophlébite du sinus caverneux, bien que connue, était très rare, et en déduit que le chirurgien n'avait pas à en avertir la patiente.

La solution, à n'en pas douter, constitue un revirement de jurisprudence. Pourtant, elle n'en est pas pour autant surprenante, car les récentes « révolutions » jurisprudentielles en matière de responsabilité médicale en général, et d'obligation d'information du patient en particulier, annonçaient une telle évolution. Par ailleurs, la solution de l'espèce n'est assurément pas *contra legem*, mais résulte plutôt d'une interprétation *stricto sensu* de certains textes fondamentaux en matière médicale et déontologique. Il n'en reste pas moins que cette jurisprudence, qui a d'ores et déjà connu de beaux lendemains, soulève de légitimes interrogations et appelle des précisions. (...)

C'est essentiellement du fait des récentes évolutions jurisprudentielles que le présent arrêt ne constitue pas à proprement parler une surprise. Si pendant longtemps, la jurisprudence (V. notamment : Cass. civ., 28 mai 1951 : *D.* 1952, p. 53, note R. Savatier ; *JCP* 1951, II, n° 6421, note R. Perrot) a considéré que l'information du patient par le médecin était présumée, et qu'il appartenait à celui-là de prouver qu'elle ne lui avait pas été fournie, l'année 1997 a été le témoin d'une véritable révolution jurisprudentielle sur ce point. Dans un désormais célèbre arrêt en date du 25 février 1997 (*Gaz. Pal.* 1997, 1, pan. p. 105 ; *Gaz. Pal.* 1997, 1, somm. p. 131, note X. ; *Gaz. Pal.* 1997, 1, p. 274, rapp. P. Sargos, note Guigue ; *JCP* G 1997, I, 4025, obs. Viney), la première chambre civile de la Cour de cassation a procédé à un revirement de jurisprudence et décidé qu'il appartenait au médecin d'apporter la preuve qu'il avait bien rempli son obligation d'information. Cette solution se fonde sur l'article 1315, alinéa 2, du Code civil, alinéa qui dispose que « celui qui se prétend libéré, doit justifier le paiement ou le fait qui a produit l'extinction de son obligation ». Cette solution a été complétée par un arrêt de la même juridiction en date du 14 octobre 1997 (*JCP* G 1997, II, 2294 ; *ibid.*, I, 4068, n° 6, chron. G. Viney), et qui dispose que la preuve apportée par le médecin peut être faite par tout moyen. (...)

Jusqu'à l'arrêt dont il est ici question, la jurisprudence, tant judiciaire qu'administrative estimait *a priori* que l'obligation d'information se limitait à l'information sur les risques normalement prévisibles et non sur ceux dont la réalisation était peu probable. Par exemple dans un arrêt en date du 6 mars 1979, la première chambre civile de la Cour de cassation a considéré qu'un risque de 4/1000 présentait une réalisation peu probable et n'avait guère besoin d'être signalé ; de même a-t-elle jugé le 15 mai 1985 (*Gaz. Pal.* 1985, 2, somm. p. 352) qu'un risque de 2 à 3 % pouvait être passé sous silence (les deux arrêts sont cités par M. Guigue et Mme Esper, *Gaz. Pal.* 1997, n° 297/298, p. 3). (...)

Dans un arrêt en date du 20 février 1998, la cour d'appel de Paris (*Gaz. Pal.* 1998, n° 296/297, p. 89) a jugé : « Il n'est pas démontré que [l'anesthésiste] aurait interrogé son patient pour s'assurer qu'il choisissait ce procédé anesthésique en toute connaissance des graves complications qu'il comportait. En effet le seul fait que le susnommé ait indiqué à l'expert qu'il était informé des risques inhérents à cette anesthésie compte tenu du traitement qu'il suivait (...) ne démontre pas qu'il savait que l'anesthésiste lui injecterait après l'intervention un anticoagulant à doses non faibles qui, en association avec les médicaments qu'il prenait, entraînerait des risques accrus. Même de survenance rare, ces risques devaient, en raison de leur gravité ; être portés par le médecin à la connaissance de son patient » (...)

Le juge administratif quant à lui n'est pas en reste, puisque dans un arrêt en date du 9 juin 1998, la cour administrative d'appel de Paris (*Gaz. Pal.* 1998, n° 296/297, p. 67 et la note) a décidé, qu'« il résulte notamment du rapport de l'expert, que le risque de paraplégie que comportait l'intervention préconisée, quoiqu'exceptionnel, était bien connu. Eu égard à la gravité de ce risque, les praticiens de l'Assistance publique-Hôpitaux de Paris étaient tenus d'en informer l'intéressé. L'Assistance publique-Hôpitaux de Paris n'apporte pas la preuve qui lui incombe que le patient a été informé de ce risque de paraplégie ». Il s'agit là d'un véritable alignement de la jurisprudence administrative sur la jurisprudence judiciaire (étant précisé qu'en l'espèce, la cour ne s'est pas prononcée sur le mode de preuve). (...)

Il est courant de parler de « victimologie » afin de décrire une tendance du droit (notamment) à s'attacher de plus en plus, pour ne pas dire essentiellement au sort des victimes. Il y a de la noblesse dans une telle attitude, et on ne peut s'en féliciter. Il faut cependant prendre gare à « ne pas trop charger la barque » (pour dire les choses clairement) du côté de ceux dont on dit qu'ils sont les « responsables » (ce qu'il ne sont pas toujours). À force de vouloir trop jouer avec eux, on pourrait décourager les acteurs potentiels. (...).

(Extrait de la chronique de J.-B. Bladier et F.-J. Pansier *in Gaz. Pal.* 5 juin 1999, n° spécial *Droit de la santé*).

Récemment, l'obligation de conseiller les acquéreurs d'un rat a été discutée !

Cass. 1re civ., 14 mai 2009, n° 08-16.395

Sur le moyen unique :

Attendu que le 7 juillet 2004 les époux X... ont acheté à la Jardinerie de l'Oison un rat, qui, le 10 juillet 2004 a mordu Mme X... et leur fils Fabien lequel est tombé gravement malade ; que les consorts X... ont alors assigné le vendeur en réparation du préjudice subi du fait d'un manquement à l'obligation d'information sur les risques de maladie pouvant résulter des morsures ;

Attendu qu'il est fait grief à la juridiction de proximité (Elbeuf, 27 mars 2008) d'avoir condamné la Jardinerie à payer des dommages et intérêts à Fabien X... et à sa mère, alors, selon le moyen :

1°/ que la contradiction de motifs équivaut à leur absence ; qu'en jugeant, d'une part, qu'il n'était pas démontré que le rat vendu ait été malade au moment de la vente, ni que la Sarl Jardinerie de Loison ait commis une négligence, ni qu'il ait existé un lien de causalité entre un comportement fautif de cette société et le dommage, de sorte que la responsabilité civile de l'exposante dans la réalisation du dommage ne pouvait être retenue, tout en énonçant, d'autre part, que la Sarl Jardinerie de Loison aurait manqué à son obligation d'information et de conseil et causé un dommage, la juridiction de proximité a entaché sa décision d'une contradiction de motifs, en violation de l'article 455 du Code de procédure civile ;

2°/ que l'obligation d'information et de conseil ne peut s'appliquer aux faits qui sont de la connaissance de tous ; que selon les propres constatations du jugement attaqué, l'acheteur d'un rat est « habituellement averti du fait qu'il s'agit d'un animal qui ne présente pas toutes les garanties d'hygiène » ; qu'il devait nécessairement s'en déduire que le risque de morsure infectieuse, et donc éventuellement dangereuse, de la part d'un tel rongeur réputé pour sa saleté, était de la connaissance de tous ; qu'en jugeant néanmoins que ce risque aurait dû faire l'objet d'une obligation particulière d'information et de conseil, la juridiction de proximité a violé l'article 1147 du Code civil ;

Mais attendu que le juge de proximité qui ne s'est pas contredit et qui a constaté que l'acheteur n'avait ni connaissance ni conscience, qu'en achetant un rat domestique il s'exposait à un risque de maladie, a pu en déduire que le vendeur, en tant que professionnel, avait manqué à son obligation d'information en ne portant pas ce risque à la connaissance de l'acheteur ;

D'où il suit que le moyen n'est fondé en aucune de ses branches ;

Par ces motifs : Rejette le pourvoi ;

B. – L'obligation de sécurité

344. – Assurer la sécurité des passagers. Généralisation. Elle consiste à assurer la sécurité corporelle des personnes physiques. Elle a été dégagée par la jurisprudence

(Cass. civ., 21 nov. 1911), en matière de transport maritime de passagers. La Cour de cassation a jugé le transporteur responsable contractuellement, car il devait veiller à ce que les passagers arrivent indemnes à destination. Depuis, cette obligation a été systématisée pour tout contrat mettant en cause une personne physique (contrats d'agence de voyages, de promenade à cheval...).

345. – Régime. Obligation de moyens ou obligation de résultat. Elle peut être conçue tantôt comme une simple obligation de moyens, c'est-à-dire que le créancier de l'obligation de sécurité, s'il désire être indemnisé, devra imputer une faute au débiteur ; tantôt elle est conçue comme une obligation de résultat, et le créancier est alors dispensé de prouver une quelconque faute du débiteur de l'obligation de sécurité. En d'autres termes, la responsabilité de ce dernier est présumée, dès l'instant que l'obligation n'a pas été respectée.

Toute la difficulté est – c'est une question constante pour les tribunaux – de déterminer si l'obligation de sécurité est une obligation de moyens ou de résultat. Les solutions ne sont en effet pas toujours limpides. Il est à noter que cette obligation, d'origine jurisprudentielle, se trouve consacrée dans le droit de la consommation par le législateur. Elle tend à devenir une obligation légale. Selon la loi du 21 juillet 1983 relative à la sécurité des consommateurs, les produits et services doivent présenter la sécurité à laquelle on peut légitimement s'attendre, et ne pas porter atteinte à la santé des personnes dans des conditions normales d'utilisation (C. consom., art. L. 221-1).

L'obligation de sécurité

L'exécution du contrat de transport comporte pour le transporteur l'obligation de conduire le voyageur sain et sauf à destination :

Cass. civ., 21 nov. 1911, *Cie gén. transatlantique c/ Zbidi Hamida ben Mahmoud : GAJ civ.*, 11e éd., n° 262 ; *DP* 1913, 1, p. 249, note Sarrut ; *S.* 1912, 1, p. 73, note Lyon-Caen

Sur l'unique moyen du pourvoi

Vu l'article 1134 du Code civil ;

Attendu que des qualités et des motifs de l'arrêt attaqué, il résulte que le billet de passage remis, en mars 1907, par la Compagnie Générale Transatlantique à Zbidi Hamida Ben Mahmoud, lors de son embarquement à Tunis pour Bône, renfermait, sous l'article 11, une clause, attribuant compétence exclusive au tribunal de commerce de Marseille pour connaître des difficultés auxquelles l'exécution du contrat de transport pourrait donner lieu ;

Qu'au cours du voyage, Zbidi Hamida, à qui la Compagnie avait assigné une place dans le sous-pont, à côté des marchandises, a été grièvement blessé au pied par la chute d'un tonneau mal arrimé ;

Attendu que, quand une clause n'est pas illicite, l'acceptation du billet sur lequel elle est inscrite, implique, hors les cas de dol ou de fraude, acceptation, par le voyageur qui la reçoit, de la clause elle-même ;

Que, vainement, l'arrêt attaqué déclare que les clauses des billets de passage de la Compagnie Transatlantique, notamment l'article 11, ne régissent que le contrat de transport proprement dit et les difficultés pouvant résulter de son exécution, et qu'en réclamant une indemnité à la Compagnie pour la blessure qu'il avait reçue, Zbidi agissait contre elle non « en vertu de ce contrat et des stipulations dont il lui imputait la responsabilité » ;

Que l'exécution du contrat de transport comporte, en effet, pour le transporteur l'obligation de conduire le voyageur sain et sauf à destination, et que la cour d'Alger constate elle-même que c'est au cours de cette exécution et dans des circonstances s'y rattachant, que Zbidi a été victime de l'accident dont il poursuit la réparation ;

Attendu, dès lors, que c'est à tort que l'arrêt attaqué a refusé de donner effet à la clause ci-dessus relatée et déclaré que le tribunal civil de Bône était compétent pour connaître de l'action en indemnité intentée par Zbidi Hamida contre la Compagnie Transatlantique ; Qu'en statuant ainsi, il a violé l'article ci-dessus visé ;

Par ces motifs, CASSE...

Cette obligation de sécurité a connu un succès dans tous les domaines, y compris en droit du travail, s'agissant de harcèlement moral :

« Selon l'alinéa 1 de l'(ancien) article L. 122-49 du Code du travail, aucun salarié ne doit subir des agissements répétés de harcèlement moral qui ont pour objet ou pour effet une dégradation des conditions de travail susceptible de porter atteinte à ses droits et à sa dignité, d'altérer sa santé physique ou mentale ou de compromettre son avenir professionnel. D'autre part, la responsabilité de l'employeur, tenu de prendre, en vertu de l'(ancien)article L. 230-2 II (g) Code du travail, les mesures nécessaires à la prévention des risques professionnels liés au harcèlement moral n'exclut pas la responsabilité du travailleur auquel il incombe, selon l'article L. 230-3 du même code, de prendre soin de la sécurité et de la santé des personnes concernées du fait de ses actes ou de ses omissions au travail. Il résulte de ces dispositions spécifiques aux relations de travail au sein de l'entreprise, qu'engage sa responsabilité personnelle à l'égard de ses subordonnés le salarié qui leur fait subir intentionnellement des agissements répétés de harcèlement moral. C'est dès lors à bon droit qu'une cour d'appel, ayant retenu que des salariés avaient été sciemment harcelés moralement, au sens de l'article L. 122-49 du Code du travail, par leur supérieur hiérarchique, condamne ce dernier à leur verser des dommages-intérêts.

Il résulte des anciens articles L. 122-49, L. 122-51 et L. 230-2 Code du travail, ce dernier interprété à la lumière de la directive CE n° 89/391 du 12 juin 1989 concernant la mise en œuvre de mesures visant à promouvoir l'amélioration de la sécurité et la santé des travailleurs, que l'employeur est tenu envers ses salariés d'une obligation de sécurité de résultat en matière de protection de la santé et de la sécurité des travailleurs dans l'entreprise, notamment en matière de harcèlement moral, et que l'absence de faute de sa part ne peut l'exonérer de sa responsabilité » (Cass. soc., 21 juin 2006 : *Gaz. Pal.* 6 juill. 2006, jurispr. 187, et la note).

L'obligation de sécurité a été appliquée à l'association sportive :

Cass. 1re civ., 15 déc. 2011, n° 10-23.528

Vu l'article 1147 du Code civil ;

Attendu, selon l'arrêt attaqué, que M. X... est devenu paraplégique à la suite d'une chute dont il a été victime alors qu'il descendait une voie d'escalade sur un mur artificiel appartenant à l'association Club « La Cordée perrosienne » et qu'il était assuré au sol par M. Y... ; qu'il a fait assigner en réparation de son préjudice corporel l'association Club « La Cordée perrosienne », les sociétés Zurich insurance public limited (Zurich) et Generali assurances IARD (Generali), assureurs de cette dernière, ainsi que la Mutuelle assurances des instituteurs de France, assureur de l'association sportive universitaire de Lannion dont lui et M. Y... étaient adhérents, et la Mutuelle des étudiants de Bretagne Atlantique ; que la société Generali a fait assigner en garantie M. Y... et la Fédération française de sport universitaire ; que la Caisse primaire d'assurance maladie des Côtes d'Armor (la CPAM des Côtes d'Armor) est intervenue volontairement à l'instance ;

Attendu que pour débouter M. X... de sa demande tendant à la condamnation *in solidum* de l'association Club « La Cordée perrosienne », de la société Zurich et de la société Generali à réparer ses préjudices, l'arrêt, après avoir relevé que M. X..., licencié de la Fédération française de la montagne et de l'escalade, n'avait pas souhaité solliciter une formation et s'était mis à pratiquer l'escalade avec M. Y... de façon libre, en dehors de tout encadrement, énonce que l'obligation de sécurité du moniteur n'existe que pendant une formation, et non lorsque la personne exerce librement l'escalade dans une salle et sur un mur mis à la disposition de tous les sportifs membres du club ou assimilés, et retient que l'association sportive n'a commis aucun manquement à une obligation quelconque de surveillance et d'information susceptible d'engager sa responsabilité ;

Qu'en statuant ainsi, alors que l'association sportive est tenue d'une obligation contractuelle de sécurité, de prudence et de diligence envers les sportifs exerçant une activité dans ses locaux et sur des installations mises à leur disposition, quand bien même ceux-ci pratiquent librement cette activité, la cour d'appel a violé le texte susvisé ;

PAR CES MOTIFS, et sans qu'il y ait lieu de statuer sur les autres griefs du pourvoi de M. X... ni sur le moyen unique du pourvoi de la CPAM des Côtes d'Armor : CASSE ET ANNULE.

CHAPITRE 2

FORCE DES OBLIGATIONS CONTRACTUELLES

346. – Comment apprécier la force juridique du lien contractuel ? Deux idées principales sous-tendent la réponse : le contrat est strictement obligatoire pour les parties et n'a pas d'effet à l'égard des tiers.

SECTION 1

LA FORCE DU CONTRAT ENTRE LES PARTIES CONTRACTANTES

347. – Entre les parties contractantes, la force du contrat est très rigoureuse : elle leur tient lieu de véritable loi, à laquelle elles ne peuvent déroger.

SOUS-SECTION 1

LE PRINCIPE DE LA FORCE OBLIGATOIRE DES CONVENTIONS

§ 1. – Fondement du principe

348. – Article 1134 du Code civil. On rappellera les dispositions de l'article 1134 du Code civil : « les conventions légalement formées tiennent lieu de loi à ceux qui les ont faites... ». L'adage *pacta sunt servanda* (« les pactes doivent être respectés ») vient ajouter à l'importance du principe. La force obligatoire du contrat est universelle ; elle n'est pas propre au droit français. La règle se justifie d'abord par la morale, qui veut que tout homme soit tenu en son âme et conscience de respecter ses engagements – honneur oblige – ; elle se justifie ensuite par des idées philosophiques : le respect de la parole, donc du contrat, s'explique par la volonté exprimée ; l'homme ne s'engage qu'autant qu'il l'a voulu. Il choisit ses chaînes.

§ 2. – Applications du principe

349. – Variété des applications. De très nombreuses solutions prennent leur source dans le principe de la force obligatoire du contrat.

A. – Dans les relations entre États

350. – Les États souverains sont aujourd'hui en relation constante ; ils passent des traités ou des conventions internationales ayant trait à telle ou telle question. Ces accords ont force obligatoire, parce que les États qui les ont signés l'ont voulu. La Convention de Vienne sur les traités le rappelle.

Prenons un exemple : avant que le Portugal et l'Espagne n'entrent dans le Marché commun, ils s'approvisionnaient en céréales essentiellement auprès des États-Unis ; dès leur admission, ils ont dû s'approvisionner dans les pays de l'Union européenne, et notamment en France (en vertu de la règle de préférence communautaire). Les Américains ont réagi en augmentant les droits de douane, notamment sur les cognacs et les fromages français : un conflit a éclaté entre les États-Unis et l'Union européenne, et les différents États ont dû conclure un traité afin de régler le contentieux. Par cet accord, l'Union européenne a garanti aux États-Unis un minimum global d'exportations vers la Communauté et, en contrepartie, les Américains se sont engagés à ne pas augmenter leurs droits de douane. L'exemple est éloquent : le recours à la technique du contrat permet de résoudre les difficultés économiques entre les États.

B. – Dans les relations entre État et entreprises privées

351. – La règle de la force obligatoire du contrat trouve application dans les relations entre les pouvoirs publics et les entreprises ou simples particuliers. L'État suit depuis quelque temps une « politique contractuelle », c'est-à-dire qu'il n'impose pas de mesures autoritaires, mais négocie avec les différents partenaires économiques sur le plan national. C'est ainsi que, pour lutter contre l'inflation, les pouvoirs publics ont pris, un temps, avec les représentants des principales entreprises économiques des engagements de modération : ces derniers se sont engagés à ne pas augmenter leurs prix ; l'État, en contrepartie, s'est engagé à consentir des réductions fiscales ou à favoriser telle ou telle politique vis-à-vis des entreprises. Ces conventions sont des accords dûment obligatoires, ainsi qu'en dispose l'article 1134.

Pour ce qui est des relations des simples particuliers entre eux, les conventions privées les harmonisent. Tous les jours, à tous les instants, des contrats se nouent et se dénouent.

§ 3. – Corollaires de la force obligatoire du contrat

Le contrat, tant pour les parties que pour le juge, s'impose avec toute sa rigueur.

A. – Vis-à-vis des parties

1° Principe

352. – Rigueur de la force obligatoire. De manière positive, les choses sont assez simples, en ce sens que les parties doivent respecter scrupuleusement leurs obligations ; par conséquent, si l'une des parties ne respectait pas ses engagements, l'autre serait en droit de demander l'exécution effective du contrat.

Même un tiers pourrait demander cette exécution.

Cass. 3e civ., 4 mai 2006, n° 04-10.051

Vu les articles 1134, 1147 et 1165 du Code civil ;

Attendu que pour rejeter la demande de Mme X... tendant à dire que l'État français devra contraindre sous astreinte la société Méhana France à cesser toute commercialisation des articles de Paris, l'arrêt retient que la société Méhana France n'a commis aucune faute délictuelle en exerçant une activité autorisée par le bail qui lui avait été consenti et que Mme X... n'est pas fondée à obtenir une mesure impliquant l'extension à cette société de l'effet obligatoire d'un contrat auquel elle n'est pas partie ;

Qu'en statuant ainsi, alors que le locataire bénéficiaire d'une clause d'exclusivité qui lui a été consentie par son bailleur est en droit d'exiger que ce dernier fasse respecter cette clause par ses autres locataires, même si ceux-ci ne sont pas parties au contrat contenant cette stipulation, la cour d'appel a violé les textes susvisés ;

Par ces motifs : Casse...

De manière négative, les parties ne peuvent, unilatéralement, détruire ce qui a été convenu d'un commun accord. Une dérogation au contrat et la modification d'une clause devront faire l'objet d'un nouvel accord (dit « avenant »). Cette modification n'est pas une novation (V. le tome 3 de cet ouvrage).

2° Applications

Il faut s'interroger ici sur l'exécution même du contrat ; deux hypothèses sont à distinguer :

353. – Contrat parvenu à son terme. Lorsque le contrat est parvenu à son terme (ce qui suppose nécessairement que le contrat était à durée déterminée) : les parties ne sont pas en principe tenues de poursuivre l'exécution du contrat ; toutefois, des textes particuliers, notamment en matière de baux commerciaux ou ruraux, viennent imposer la poursuite du contrat normalement expiré, *i.e.* il se renouvelle automatiquement. En réalité, il faut distinguer plusieurs situations :

– la **prorogation**, *i.e.* la modification du terme initialement convenu avant l'échéance du contrat. Il s'agit d'une modification (en cours d'exécution) d'un élément du contrat, en l'occurrence le terme convenu ;

– le **renouvellement**, *i.e.* l'accord, à l'échéance du contrat, en vue de conclure un nouveau contrat mais aux mêmes conditions que le contrat initial. Cet accord peut être exprès ou tacite et résulter d'une clause stipulée dans le contrat initial, du type « le contrat se renouvellera, sauf indication contraire, d'année en année ».

Il peut donc y avoir une suite ininterrompue de contrats d'une durée déterminée : cette suite n'a pas pour effet de créer un seul et même contrat. La solution est contraire en droit du travail : le renouvellement du contrat de travail à durée déterminée n'est pas libre, et surtout indéfini ; parfois, la poursuite de la relation salariale sur le fondement de contrats successifs (contrat à durée déterminée ou intérim) peut conduire à la requalification de la convention en contrat à durée indéterminée ;

– **la reconduction**, *i.e.* la poursuite matérielle du contrat initial sans accord exprès (on parle de « tacite reconduction »).

Elle peut être, ou non, convenue d'avance dans le contrat initial, car on peut penser qu'il s'agit d'une règle de droit commun (bien qu'elle soit prévue par un texte spécial : l'article 1738 du Code civil).

La tacite reconduction n'entraîne pas prorogation du contrat initial, mais donne naissance à un nouveau contrat.

La Cour de cassation a récemment réaffirmé ce principe :

« Sauf disposition ou volonté contraire, la tacite reconduction d'un contrat à durée déterminée, dont le terme extinctif a produit ces effets, donne naissance à un nouveau contrat à durée déterminée, et dont les autres éléments ne sont pas nécessairement identiques. Une cour d'appel qui, après avoir constaté la commune intention des parties de poursuivre leurs relations contractuelles à l'issue du terme du premier contrat, a relevé l'échec ultérieur de leurs négociations sur les nouvelles conditions, a pu en déduire que la rupture unilatérale par l'une des parties avait été exempte de toute méconnaissance de l'article 1134 du Code civil. » (Cass. 1re civ., 15 nov. 2005 : *Bull. civ.* 2005, I, n° 413 ; *D.* 2006, p. 587 et la note).

354. - Contrat en cours d'exécution. Le contrat en cours d'exécution ne peut être révoqué que d'un commun accord, ceci en vertu de l'article 1134, alinéa 2, du Code civil, qui dispose que : « (...) elles [les conventions] ne peuvent être révoquées que de leur consentement mutuel, ou pour les causes que la loi autorise... » ; la solution est tout à fait logique, car si un accord de volonté est nécessaire pour former un contrat (*mutuus consensus*), seul un nouvel accord de volonté peut le défaire (*mutuus dissensus*). Le droit positif considère ce nouvel accord comme un contrat, soumis en tant que tel à la théorie générale des contrats (V. Cass. 1re civ., 22 nov. 1960 : *D.* 1961, p. 89, note Holleaux : en droit du travail, la modification du contrat a fait l'objet d'une évolution jurisprudentielle. – V. ci-dessous, 2.).

1. Révocation d'un commun accord

« Si, suivant l'article 1134 du Code civil, les conventions légalement formées ne peuvent être révoquées que par l'accord des contractants, semblable accord, qui n'est soumis à aucune condition de forme, peut être tacite et résulter des circonstances dont l'appréciation appartient aux juges du fond. Ayant énoncé qu'un médecin non seulement n'a jamais élevé la moindre protestation contre la volonté de son confrère de considérer comme caduque une convention d'association et de la remplacer par un contrat différent mieux adapté aux circonstances nouvelles, mais qu'au contraire toute son attitude démontrait à l'évidence qu'il avait accepté la résiliation et que seule sa carence et sa passivité ont empêché l'élaboration d'un nouveau contrat dont il admettait le principe (de sorte qu'il ne peut s'en prendre qu'à lui-même si celui-ci n'a pas été conclu), les juges du fond, appréciant souverainement les intentions des parties, déclarent justement que la convention a été révoquée par l'effet d'une volonté commune, bien différente d'une renonciation unilatérale ».

(Cass. 1re civ., 23 janv. 1996 : *Bull. civ.* 1996, I, n° 37 ; *Defrénois* 1996, p. 1010, et la note).

2. Modification et contrat de travail

1) Les modifications obligatoires : modifications du contrat par la loi nouvelle ou par une convention collective.

Elles découlent des changements apportés à la législation et aux conventions collectives étendues applicables au contrat de travail. Le contrat de travail doit alors faire l'objet d'un avenant le mettant en conformité avec le nouveau statut ainsi défini (règles d'ordre public).

2) Les modifications conventionnelles

L'employeur dispose de la faculté de proposer au salarié des modifications au contrat de travail, qu'il ne peut mettre en vigueur que si le salarié a manifesté *clairement et sans équivoque son acceptation*. S'il s'agit d'une modification portant sur un *élément essentiel* du contrat, l'accord doit être *exprès et formel* ; il ne saurait être déduit de la poursuite de son travail par l'intéressé (Cass. soc., 29 janv. 1997 : *Bull. civ.* 1997, V, n° 38 ; *Gaz. Pal.* 1997, 2, pan. p. 253).

Pour définir ce qu'est un « élément essentiel » du contrat, la *directive communautaire du 14 octobre 1991* tranche le problème en dressant la liste des éléments essentiels du contrat de travail : nom de l'employeur et du salarié, lieu de travail, qualité ou catégorie d'emploi, description sommaire du travail, date du début du contrat ou de la relation de travail, rémunération, durée journalière ou hebdomadaire de travail, mention de la convention collective applicable (art. 2).

Ainsi, lorsque les parties ont envisagé les possibles aménagements du contrat (par exemple par une clause de mobilité) ; il s'agit d'appliquer ici les principes du droit des obligations et la notion d'abus devient le critère de choix (Cass. soc., 9 mai 1990 : *Bull. civ.* 1990, V, n° 210 ; *Cah. soc. barreau Paris* 1990, 173 A., 41 ; *Gaz. Pal.*, 1990, 2, pan. p. 183 ;

JCP E 1991, II, 126, note Taquet. – Cass. soc., 10 juin 1997 : *Bull. civ.* 1997, V, n° 210 ; *Cah. soc. barreau Paris* 1997, n° 94 S., 169 ; *Gaz. Pal.* 1998, 1, pan. cass. p. 78).

Le refus du salarié ouvre à l'employeur une *option* : renoncer à la modification envisagée ou procéder au licenciement (Cass. soc., 5 mars 1997 : *Bull. civ.* 1997, V, n° 95 ; *Gaz. Pal.* 1997, 1, pan. p. 110), lequel sera déclaré sans cause réelle et sérieuse s'il n'est pas justifié. L'employeur a la charge de la preuve, notamment de la nécessité de la restructuration de l'entreprise et de changements d'organisation indispensables à sa survie.

3. Les modifications unilatérales

Longtemps, la modification unilatérale n'aboutissait à la procédure de licenciement et au paiement d'une indemnité que si elle est *essentielle* (ou substantielle). Depuis un arrêt du 16 juillet 1996 (*Bull. civ.* 1996, V, n° 278 ; *Cah. soc. barreau Paris* 1996, n° 85 A., 62, obs. A. Philbert ; *JCP* G 1997, II, 22768, note Y. Saint-Jours), la Cour de cassation a modifié sa distinction qui repose aujourd'hui sur *les modifications du contrat de travail et les changements dans les conditions de travail*.

Plus qu'une simple modification terminologique, les auteurs de cette distinction estiment qu'elle distingue la sphère contractuelle (le contrat est l'accord des deux parties de sorte que sa modification suppose aussi l'accord des deux parties en application des principes de la force obligatoire des conventions) de la sphère du pouvoir de direction du chef d'entreprise (au contraire, l'exécution du contrat est marquée du sceau des pouvoirs de direction du chef d'entreprise qui peut imposer unilatéralement la modification des organisations).

Deux arrêts récents ont posé en principe que l'importance de la modification s'apprécie *in abstracto* et non eu égard à la situation particulière des individus : c'est l'essor *d'une conception objective et abstraite de la notion de modification du contrat de travail* (cf. C. Charbonneau, *De la modification du contrat de travail* : *Cah. soc. barreau Paris* 1999, D. 12).

Lorsqu'il s'agit d'une modification des conditions de travail entrant dans le *pouvoir de direction du chef de l'entreprise*, le refus du travailleur de l'accepter constitue une faute grave qui légitime son licenciement (Cass. soc., 8 janv. 1997 : *Bull. civ.* 1997, V, n° 3 ; *Gaz. Pal.* 1997, 1, pan. p. 60). Lorsque l'employeur procède à une modification des conditions de travail par application d'une clause de mobilité du contrat, il ne fait qu'exercer son pouvoir de direction. Toutefois, le salarié licencié en raison de son refus d'une mutation géographique peut apporter la preuve d'un détournement de pouvoir.

À l'inverse, constituent des modifications essentielles, que ne saurait imposer l'employeur, la transformation du temps plein en *temps partiel*, la *réduction des heures travaillées* (Cass. soc., 14 oct. 1997 : *Gaz. Pal.* 1997, 2, pan. p. 301 ; *Cah. soc. barreau Paris* 1997, n° 95 B., 195), l'obligation au *travail nocturne*, un changement important *d'emploi et de fonctions*, le *transfert du lieu de travail*, non prévu par une clause de mobilité (par exemple de Paris en banlieue : Cass. soc., 12 déc. 1996 : *Gaz. Pal.* 1997, 1, pan. p. 47 ; *Cah. soc. barreau Paris* 1997, 88 S., 45).

Est également essentiel le changement de rémunération : « Une cour d'appel a exactement décidé que le licenciement uniquement motivé par le refus du salarié d'une modification de son contrat était dépourvu de cause dès lors que la clause par laquelle l'employeur se réserve le droit de modifier, en tout ou en partie, le contrat de travail, est nulle comme contraire aux dispositions de l'article 1134, alinéa 2 du Code civil, le salarié ne pouvant renoncer aux droits qu'il tient de la loi, et que le salarié était libre de refuser la modification de son contrat et plus spécialement des modalités de sa rémunération, peu important que l'employeur soutienne que le nouveau régime ait été plus favorable » (Cass. soc., 27 févr. 2001 : *Bull. civ.* 2001, V, n° 60 ; *Cah. soc. barreau Paris* 2001, n° 130 S 280, obs. F.-J. Pansier).

Si le motif est *économique*, en cas de refus du salarié, l'employeur doit procéder à un licenciement « économique » et supporte la charge de la preuve.

Noter enfin que la modification du contrat de travail découle également de l'application de *sanctions disciplinaires* (rétrogradation, mise à pied, etc.).

3° Exceptions

355. – Le principe de la révocation mutuelle d'un contrat est souvent pris en défaut ; aussi existe-t-il des exceptions.

356. – Résolution conventionnelle. D'une part, on peut observer que la résolution **conventionnelle** est inopérante dans le cas du contrat de mariage ; elle n'est pas suffisante à révoquer le contrat, un tribunal devant autoriser l'accord des parties.

357. – Résiliation unilatérale. D'autre part, c'est parfois la résiliation unilatérale qui permet seule de dénouer un contrat ; trois cas peuvent être évoqués :

a) lorsque **les parties ont conventionnellement**, par une clause insérée dans le contrat originaire, permis une telle rupture (clause dite « résolutoire ») et si, bien entendu, la clause est exécutée de bonne foi ;

Cass. 1re civ., 21 févr. 2006 : *Bull. civ.* 2006, I, n° 252

Attendu que, si la partie qui met fin à un contrat de durée indéterminée dans le respect des modalités prévues n'a pas à justifier d'un quelconque motif, le juge peut néanmoins, à partir de l'examen de circonstances établies, retenir la faute faisant dégénérer en abus l'exercice du droit de rompre ;

Attendu que la cour d'appel (Versailles, 4 oct. 2002), après avoir relevé que M. Z... avait, dès le mois de mai 1996, manifesté aux trois anesthésistes de l'établissement son intention de voir son épouse exercer en son sein la même spécialité sans contribution financière, puis fait preuve d'atermoiements lors des tentatives de conciliation d'octobre et novembre 1996, lesquelles rendaient difficile la présentation d'un ou plusieurs successeurs, avant de formuler, en décembre 1996, des propositions restrictives inacceptables pour leur destinataire, a jugé que, malgré le respect du préavis, la société avait abusivement mis fin au contrat en usant de manœuvres à l'initiative de son dirigeant, pour faire occuper par l'épouse de celui-ci et sans aucun dédommagement « le poste de M. X... » ; que la décision est légalement justifiée au regard des articles 1134 et 1147 du Code civil.

Cass. 1re civ., 30 oct. 2008, pourvoi n° 07-19.736

Mais attendu qu'après avoir relevé, d'une part, que la convention stipulait au profit de chacune des parties une faculté de résiliation anticipée, sous réserve d'un préavis de six mois et, en cas de rupture à la charge de la clinique, moyennant le versement au praticien d'une indemnité (...), d'autre part, que le contrat laissait subsister les dispositions du droit commun relatives à la réparation des fautes contractuelles et que la charge de la preuve d'un abus de droit ou d'une faute de la clinique pesait sur les médecins, la cour d'appel en a exactement déduit qu'aucune règle de droit ni le contrat liant les parties n'imposaient la motivation de la décision de résiliation unilatérale.

b) lorsque **la loi le prévoit**, tels les articles 1780, 1794, 2004 du Code civil, et l'article L. 113-12 du Code des assurances, qui concernent respectivement le louage de services (le contrat de travail), le « marché à forfait » (construction d'immeuble), le contrat de mandat et le contrat d'assurance ; dans ces quatre hypothèses, l'une ou l'autre des parties, ou les deux, le cas échéant, peuvent résilier de manière unilatérale le contrat originaire ;

c) lorsque, d'une manière générale, **le contrat est conclu à durée indéterminée**, la jurisprudence ayant généralisé les dispositions de l'article 1780 à tous les contrats de ce type, étant précisé que cette faculté doit être tempérée par l'idée de bonne foi ou de loyauté dans les relations contractuelles (ce qui revient à obliger l'auteur de la rupture à prévenir préalablement son cocontractant de son intention de rupture, en lui donnant un préavis) ;

d) le Code de commerce prévoit des règles spécifiques **en cas de relation commerciale établie**.

V. C. com., art. L. 442-6, I, 5° :

> « I. – Engage la responsabilité de son auteur et l'oblige à réparer le préjudice causé le fait, par tout producteur, commerçant, industriel ou personne immatriculée au répertoire des métiers : (...) 5° De rompre brutalement, même partiellement, une relation commerciale établie, sans préavis écrit tenant compte de la durée de la relation commerciale et respectant la durée minimale de préavis déterminée, en référence aux usages du commerce, par des accords interprofessionnels. Lorsque la relation commerciale porte sur la fourniture de produits sous marque de distributeur, la durée minimale de préavis est double de celle qui serait applicable si le produit n'était pas fourni sous marque de distributeur. À défaut de tels accords, des arrêtés du ministre chargé de l'économie peuvent, pour chaque catégorie de produits, fixer, en tenant compte des usages du commerce, un délai minimum de préavis et encadrer les conditions de rupture des relations commerciales, notamment en fonction de leur durée. Les dispositions qui précèdent ne font pas obstacle à la faculté de résiliation sans préavis, en cas d'inexécution par l'autre partie de ses obligations ou en cas de force majeure. Lorsque la rupture de la relation commerciale résulte d'une mise en concurrence par enchères à distance, la durée minimale de préavis est double de celle résultant de l'application des dispositions du présent alinéa dans les cas où la durée du préavis initial est de moins de six mois, et d'au moins un an dans les autres cas ; (...). »

La jurisprudence a dû interpréter ce texte, en premier lieu pour en déterminer le champ d'application, le point de départ du préavis et la justification de la rupture.

Lecture

P. Arhel, Droit de la concurrence : LPA 26 nov. 2009, n° 236, p. 9

A. Champ d'application de l'article L. 442-6, I, 5°

1. Succession de contrats indépendants

La société Bouygues bâtiment international (BBI), qui s'est vue confier plusieurs projets de construction "clés en mains" de bâtiments publics au Turkménistan, avait, jusqu'en 2004, sous-traité à la société Les Ateliers d 'origine la confection et la pose des rideaux et voilages de plusieurs bâtiments. Cette collaboration ayant été interrompue pour les projets exécutés à partir de 2004, la société Les Ateliers d'origine a assigné BBI en dommages-intérêts sur le fondement de l'article L. 442-6, I, 5° du Code de commerce, qui interdit la rupture brutale de relations commerciales établies. La demande a été en grande partie rejetée par les juges du fond et le pourvoi n'a pas eu plus de succès : "Attendu que l'arrêt retient (...) que les relations entre la société BBI et la société Les Ateliers d'origine résultaient de contrats indépendants, intervenant en fonction de l'ouverture des chantiers obtenus par la société BBI au Turkménistan, que la société BBI, qui n'avait pas passé d'accord-cadre avec la société Les Ateliers d'origine, ne lui avait pas garanti de chiffre d'affaires ou d'exclusivité sur le marché turkmène et qu'elle avait confié en 2003, après consultations, la confection de voilages pour l'hôtel du président à un concurrent plus compétitif ; qu'en l'état de ces constatations dont elle a pu déduire l'absence d'une relation commerciale établie entre les deux sociétés (...), la cour d'appel a légalement justifié sa décision" Cass. com., 16 déc. 2008, pourvoi n° 07-15.589).

(...) La protection légitime de la victime d'une rupture brutale des relations commerciales établies ne peut justifier que le partenaire commercial soit privé du droit de faire jouer la concurrence lors de l'ouverture de nouveaux chantiers faisant l'objet de nouveaux contrats indépendants.

2. *Professions auxquelles il est interdit d'exercer le commerce*

On sait que l'article L. 442-6, I, 5° du Code de commerce, qui interdit la rupture brutale de relations commerciales établies, s'applique quel que soit le statut juridique de la victime de la rupture, à une association par exemple (Cass. com., 6 févr. 2007, pourvoi n° 03-20.463 : *D.* 2007, act. jurispr. p. 653, obs. É. Chevrier), mais qu'il ne s'applique pas aux professions auxquelles il est interdit d'exercer le commerce, entre un médecin et une clinique par exemple (Cass. com., 23 oct. 2007, pourvoi n° 06-16.774 : *D.* 2007, act. jurispr. p. 2805, obs. É. Chevrier). Cette dernière restriction a été confirmée par la chambre commerciale à propos des notaires, auxquels le décret du 19 décembre 1945, relatif au statut du notariat, interdit de se livrer à des opérations de commerce (Cass. com., 20 janv. 2009, pourvoi n° 07-17.556 : *D.* 2009, act. jurispr. p. 369, obs. É. Chevrier). L'article L. 442-6, I, 5° ne s'applique pas non plus dans un litige entre un laboratoire d'analyses médicales et un chirurgien (Cass. civ., 22 janv. 2009, pourvoi n° 07-21.233).

3. *Rupture des relations avec un prestataire de services*

En revanche, la chambre commerciale a annulé un arrêt par lequel les juges du fond qui, pour rejeter l'action en responsabilité pour rupture de relations commerciales établies, ont retenu que les prestations réalisées par un architecte, issues d'une création purement intellectuelle et exclusive de toute acquisition antérieure en vue de la revendre, constituent une activité par essence civile. Selon la Haute juridiction, « En statuant ainsi, alors que toute relation commerciale établie, qu'elle porte sur la fourniture d'un produit ou d'une prestation de service, entre dans le champ d'application de l'article L. 442-6, 1, 5° du Code de commerce, la cour d'appel a violé ce texte » (Cass. com., 16 déc. 2009, pourvoi n° 07-18.050).

B. Point de départ du préavis

L'auteur de la rupture brutale n'engage pas sa responsabilité s'il établit que la rupture a fait l'objet d'un « préavis écrit tenant compte de la durée de la relation commerciale » (C. com., art. L. 442-5, I, 5°). Le délai de préavis ne court pas forcément à compter de la notification de la rupture du contrat. Une affaire opposant la société Sodimas et la société Transport Fatton permet d'illustrer la flexibilité de la jurisprudence à cet égard.

La cour d'appel de Grenoble avait accueilli la demande de dommages-intérêts formée par la société de transport, qui reprochait à son cocontractant d'avoir notifié la rupture des relations le 24 décembre 2003 sans préavis, mais la Cour de cassation ne partage pas cette analyse : « Attendu qu'en se déterminant ainsi, alors qu'elle constatait que la société Sodimas, interrogée par la société Fatton sur "le devenir de leur collaboration", avait dès le 25 juin 2003 confirmé que son projet de création d'une filiale de transport, dont la viabilité financière avait été vérifiée, serait finalisé au cours du mois de décembre 2003, la cour d'appel a privé sa décision de base légale » (Cass. com., 7 avr.2009, pourvoi n° 08-11.572).

C. Justification de la rupture

Dans une affaire de rupture brutale de relations commerciales, l'auteur de la rupture, dont la décision était motivée par des propos racistes de son cocontractant, la société

Bois, a fait valoir que celui-ci a manqué à ses obligations contractuelles. Les juges du fond ont cependant accueilli la demande de dommages-intérêts de la société Bois en énonçant que « l'attitude et les propos reprochés à faute au gérant de la société Bois n'entrent pas dans le champ contractuel de telle sorte qu'il ne peut être reproché à la société Bois une inexécution contractuelle ».

Ils sont censurés par la Cour de cassation : "Attendu qu'en se déterminant ainsi, par des motifs impropres à établir que la société Bois, à laquelle étaient reprochées des fautes commises lors de l'exécution de son obligation de livraison de la chose vendue, n'avait pas méconnu son obligation de loyauté dans l'exécution du contrat, la cour d'appel a privé sa décision de base légale" (Cass. com., 31 mars 2009, pourvoi n° 08-13.964). »

358. – En dehors de ces hypothèses, **que le contrat soit à durée déterminée ou à durée indéterminée**, la jurisprudence n'admet pas la rupture unilatérale du contrat, avec deux importantes réserves :

– lorsque l'urgence le commande (cf. spectateur d'un théâtre expulsé parce qu'il perturbe le spectacle) ;

– lorsqu'il est constaté un manquement grave aux obligations.

Résiliation du contrat à durée indéterminée

Selon la jurisprudence : « la gravité du comportement d'une partie à un contrat peut justifier que l'autre partie y mette fin de façon unilatérale à ses risques et périls, peu important que le contrat soit à durée déterminée ou non ».

Cass. 1re civ., 20 févr. 2001, n° 99-15.170

Vu les articles 1134 et 1184 du Code civil ;

Attendu que la gravité du comportement d'une partie à un contrat peut justifier que l'autre partie y mette fin de façon unilatérale à ses risques et périls, peu important que le contrat soit à durée déterminée ou non ;

Attendu que la société Europe expertise (la société) a confié, pour une période de trois ans à compter du 25 septembre 1995, à M. Fanara, expert en automobiles, la réalisation d'expertises préalables à la reprise par un conducteur de tous véhicules sur lesquels avait été consentie une vente avec faculté de rachat à un loueur professionnel ; que la société a résilié leur convention le 25 octobre 1995 ;

Attendu que pour rejeter la demande de M. Fanara en indemnisation des conséquences de la rupture du contrat par la société, l'arrêt retient par motifs propres et adoptés que le manquement par M. Fanara à ses obligations contractuelles pouvait entraîner la rupture prématurée des relations contractuelles ;

Attendu qu'en statuant ainsi, sans rechercher si le comportement de M. Fanara revêtait une gravité suffisante pour justifier cette rupture, la cour d'appel n'a pas donné de base légale à sa décision ;

Par ces motifs, Casse...

Des arrêts récents reviennent sur cette rupture unilatérale :

La gravité du comportement d'une partie à un contrat peut justifier que l'autre partie y mette fin de façon unilatérale à ses risques et périls, peu important les modalités formelles de résiliation contractuelle (Cass. com., 10 févr. 2009, pourvoi n° 08-12.415).

À raison du caractère visible des défauts qui affectaient l'habillage en plastique d'un flacon de parfum diffusé à un prix exigeant un produit sans défaut, la cour d'appel, qui a ainsi fait ressortir la gravité du comportement du débiteur, a pu en déduire que la rupture unilatérale du contrat était justifiée (Cass. com., 30 juin 2009, pourvoi n° 08-14.944).

Retenant que le débiteur a eu un comportement fautif en s'attribuant à tort, lors de démarchages de clients potentiels, la caution éditoriale d'un grand magazine avec lequel elle avait conclu un contrat, la cour d'appel a ainsi fait ressortir la gravité de la faute commise par le débiteur, de nature à justifier la rupture de ce contrat par le créancier (Cass. com., 15 sept. 2009, pourvoi n° 08-15.872).

La multiplication des non-conformités de produits alimentaires aux critères microbiologiques définis par arrêté, susceptibles de conséquences sur la santé publique, constitue une faute grave dont la cour d'appel a pu déduire qu'elle justifiait la résiliation immédiate du contrat (Cass. 1re civ., 24 sept. 2009, pourvoi n° 08-14.524).

Lecture

Ph. Delebecque, Pour ou contre l'anticipatory breach of contract : Gaz. CAMP 2012, n° 19

« Peut-on rompre d'une manière anticipée un contrat ?

Les Anglais l'admettent, au prix toutefois de certaines conditions. La Chambre des Lords a depuis très longtemps (*Hoschter c/ de La Tour*, 1853) décidé qu'une partie à un contrat pouvait, lorsqu'elle avait la quasi certitude que son partenaire ne pouvait en poursuivre la bonne exécution, mettre un terme immédiat aux relations contractuelles. Depuis lors la théorie de l'*anticipatory breach of the contract* semble acquise dans la *Common Law*, notamment dans le monde maritime (cf. *Hong-Kong Fir Shp. c/ Kawasaki Ltd*, 1962, 2 QB 26 : "the charterer may rightly terminate... if the delay in remedying any breach is so long in fact, or likely to be so long in reasonable anticipation, that the commercial purpose of the contract would be frustrated").

Inutile de souligner les intérêts de la solution qui permet à une partie de se libérer d'un contrat dont elle a des raisons sérieuses de penser qu'il ne sera pas exécuté. Elle répond aux besoins de la vie des affaires et se pare de nombreuses vertus en temps de crise. Ne vaut-il pas mieux s'en aller lorsque l'on est pratiquement sûr que la personne avec qui l'on est en relation d'affaires ne pourra se tirer de ses propres difficultés ? C'est au demeurant ce que sous-entendent les textes les plus modernes.

Les Principes d'Unidroit sur les contrats du commerce international déclarent qu'"une partie est fondée à résoudre le contrat si, avant l'échéance, il est manifeste qu'il y aura inexécution essentielle de la part de l'autre partie" (art. 7.3.3). Les Principes du droit européen du contrat contiennent une règle identique (art. 9. 304). Enfin, la Convention de Vienne sur la vente internationale de marchandises consacre une disposition – normative cette fois – à la théorie de l'*anticipatory breach* (cf. art. 72.1 : "si, avant la date de l'exécution du contrat, il est manifeste qu'une partie commettra une contravention essentielle au contrat, l'autre partie peut déclarer celui-ci résolu"). Il faut ajouter que le droit allemand va dans le même sens (cf. BGB, § 323).

De son côté, le droit français est généralement présenté comme hostile à cette théorie : ne dit-on pas, lorsque la résolution ou la résiliation n'est pas aménagée à travers une clause contractuelle, dite résolutoire, qu'une telle mesure est avant tout judiciaire et qu'elle ne peut intervenir tant que l'inexécution n'est pas dûment caractérisée ? Le texte même de l'article 1184 du Code civil n'invite-t-il pas à réserver le prononcé de la résolution d'un contrat au juge ou à l'arbitre ?

À la réflexion, une telle conclusion paraît excessive. Déjà au regard de certains textes favorables à la résiliation unilatérale et anticipée, notamment en matière d'affrètement (cf. D. 31 déc. 1966, art. 13, selon lequel l'affréteur peut résilier le contrat avant tout commencement de chargement, sauf pour lui à verser au fréteur une indemnité au plus égale au montant du fret) ou de transport (cf. D. 31 déc. 1966, art. 32, disposant que si le départ du navire est, par la faute du transporteur empêché ou retardé de manière telle que le transport ne puisse se faire utilement pour le chargeur et sans risque pour lui d'engager sa responsabilité, le chargeur [peut] résoudre le contrat). Le droit interne de la vente est encore plus intéressant, car il permet au vendeur de ne pas livrer le bien s'il est acquis que depuis la vente l'acheteur ne peut plus payer et que le vendeur est en danger de perdre le prix (C. civ., art. 1613). En outre, la jurisprudence générale n'est pas, contrairement à ce que l'on pourrait penser, hostile à toute rupture anticipée du contrat. On connaît cette jurisprudence récente considérant que la gravité du comportement d'une partie à un contrat peut justifier que l'autre partie y mette fin de façon unilatérale à ses risques et périls, que le contrat soit à durée déterminée ou non (Cass. 1re civ., 20 févr. 2001 : *Bull. civ.* 2001, I, n° 40). La même solution est admise depuis plus longtemps en cas d'urgence ou en cas de perte de confiance en la personne du cocontractant, si du moins le contrat est conclu *intuitu personae.* »

B. – Vis-à-vis du juge

359. – Intervention controversée du juge. Le rôle du juge dans l'appréciation des termes du contrat est assez controversé. D'un certain côté, on peut vouloir refuser tout pouvoir au juge, qui n'est pas partie au contrat ; par conséquent, il n'aurait pas à intervenir ou à modifier tel ou tel élément du contrat. De l'autre, on peut admettre l'intervention du juge dans la sphère contractuelle, afin d'introduire un certain souffle d'équité dans le contrat. Le droit s'inspire et doit s'inspirer de la première conception. Cependant, cela ne correspond peut-être plus à l'état du droit positif ; en effet, on a déjà observé que le législateur lui-même s'octroyait le droit de parfaire et de réglementer le contenu de certains contrats : le juge, « stimulé » et conforté par cette intervention du législateur, se reconnaît aussi le droit d'intervenir. Quelles sont les hypothèses dans lesquelles est admise l'intervention du juge ?

1° Admission de l'intervention judiciaire

360. – Délégation du législateur. Premièrement, le juge peut intervenir lorsqu'il reçoit une **délégation du législateur** ; tel est le cas dans le domaine des clauses pénales, l'article 1152 du Code civil donnant au juge le droit de modifier le montant d'une clause pénale manifestement excessive ou manifestement dérisoire.

361. – Lacunes du contrat. Deuxièmement, le juge se reconnaît le droit **d'intervenir lorsque le contrat présente des lacunes**, ce qui est somme toute assez fréquent ; cette possibilité joue ainsi chaque fois qu'un contrat emporte, pour l'un des cocontractants, obligation de conseil et de renseignement ou obligation de sécurité. C'est également le cas en matière de prêt d'argent, car il se peut qu'aucun terme pour le remboursement du prêt ne soit prévu : le juge fixe alors un terme raisonnable, selon les circonstances de l'espèce. La même possibilité est offerte au tribunal en matière de prix dans les contrats de service et, notamment, dans les contrats de mandat. En effet, les honoraires du mandataire ne sont généralement pas fixés clairement dans l'accord primitif et cela soulève les difficultés que l'on imagine ; le tribunal a le pouvoir de modérer le montant des honoraires manifestement excessifs, eu égard aux usages en la matière.

Dans les autres contrats, lorsque aucun prix n'a été fixé, les solutions sont différentes selon le type de contrat en cause ; s'il s'agit d'un contrat de vente, le juge refuse systématiquement et à bon droit d'intervenir, alors que dans les contrats de prestation de service, il se reconnaît, d'une manière générale, le pouvoir de fixer un prix, du moins lorsque la prestation a été exécutée (V. *supra*, nos 181 et s.). Ainsi, la chambre civile a-t-elle déclarée nulle la promesse de vente lorsque les parties, ayant convenu que le prix serait fixé par un tiers à défaut d'entente amiable entre elles, ne parviennent ensuite pas à se mettre d'accord sur la désignation de ce tiers : « En l'absence de clause du contrat prévoyant qu'à défaut de choix volontaire par les parties, le tiers chargé de fixer le prix sera désigné par le juge, il n'appartient pas au tribunal de procéder à cette désignation ni à cette fixation » (Cass. civ., 25 avr. 1952 : *JCP* 1952, II, 7181, note E. Becqué).

Toutes ces solutions concernant le prix conduisent à proposer l'analyse suivante : la jurisprudence se comprend à travers la distinction que l'on peut faire entre les éléments accessoires et les éléments essentiels du contrat. Lorsqu'il s'agit d'un élément essentiel, il appartient uniquement aux parties de le déterminer ; à l'inverse, le juge peut déterminer lui-même un élément accessoire qui fait défaut afin de compléter le contrat.

2° Refus d'une intervention judiciaire

362. – Refus de la dénaturation. Premièrement, **lorsque les termes du contrat sont clairs** et que ce dernier est complet, le juge doit faire appliquer le contrat tel quel, s'il s'avère que l'un des cocontractants en demande l'exécution.

363. – Refus de l'imprévision. Deuxièmement, **au cas où le contrat** – clair et complet – **est bouleversé par des circonstances extérieures**, le juge ne peut pas davantage intervenir. Cela conduit à poser le problème de l'imprévision, dont la solution a été donnée par le vénérable arrêt de principe (jurisprudence constante) *Canal de Craponne* du 6 mars 1876.

En 1567, M. Adam de Craponne – entrepreneur de son état –, décida de construire un canal d'irrigation en s'engageant à en assurer l'entretien en contrepartie du versement par les riverains d'une somme de trois sols par acre de terre irriguée (un acre est égal à la moitié d'un hectare). Trois cents ans plus tard, en 1867, la cour d'appel d'Aix-en-Provence autorisait les héritiers de M. de Craponne à modifier le montant des redevances dans le contrat originaire. Ce contrat était, selon les magistrats aixois, devenu inéquitable. La Cour de cassation censura leur décision, en faisant observer que : « en aucun cas, il n'appartient aux tribunaux, quelque équitable que puisse paraître leur décision, de prendre en considération le temps et les circonstances pour modifier les conventions des parties et substituer des clauses nouvelles à celles qui ont été librement acceptées par les contractants ».

La solution, dit-on, n'est pas la même en matière administrative ; l'arrêt *Gaz de Bordeaux* du Conseil d'État admettrait la théorie de l'imprévision dans les contrats administratifs. Cette jurisprudence, sans être isolée, n'est cependant pas dominante. La jurisprudence administrative est en réalité assez proche de la jurisprudence civile.

La jurisprudence *Canal de Craponne* appelle des explications. Ses détracteurs font valoir qu'elle ne tient pas compte du principe de bonne foi, essentiel dans le droit des contrats, qu'elle est contraire aux solutions admises dans de nombreuses législations étrangères et qu'elle ignore la clause *rebus sic stantibus* (« les choses restant en l'état »), qui veut que l'on n'exécute un contrat qu'autant que les circonstances qui ont présidé à sa conclusion restent inchangées. Les partisans de la célèbre décision estiment, en revanche, qu'elle est conforme à la notion même de contrat, sorte de « pari sur l'avenir », qui ne doit pas se trouver modifié par des événements postérieurs à sa conclusion ; en outre, elle s'inscrit dans une politique juridique et jurisprudentielle qui permet de contenir la masse du contentieux et de ne pas submerger les tribunaux de procès de pure opportunité. Au demeurant, la notion d'équité est très fuyante et souvent unilatérale. En somme, la solution de la Cour de cassation mérite d'être approuvée, d'autant qu'elle peut être aménagée.

Force obligatoire du contrat

Un jugement très médiatisé continue d'appliquer fermement le principe de la force obligatoire du contrat (T. com. Paris, ord. réf., 20 mai 1996, *SA nationale de Télévision France* 2 *c/ SA Réservoir prod.* : *D.* 1997, somm. p. 84 ; *Defrénois* art. 35516, p. 328) ; ainsi, une société de télévision qui entend contester le coût élevé d'une émission ne saurait obtenir de son cocontractant, en référé, la production de documents justifiant pareil coût, dès lors que les conventions tiennent lieu de loi à ceux qui les ont faites et que les contrats objet de la procédure ont été signés par deux professionnels avertis de l'audiovisuel.

Imprévision

L'arrêt de principe *Canal de Craponne* a refusé l'application de la théorie de l'imprévision :

Cass. civ., 6 mars 1876, cassation partielle, *Cne de Pélissanne et a. c/ Craponne*

... Mais, sur le premier moyen du pourvoi :

Vu l'article 1134 du Code civil ;

Attendu que la disposition de cet article n'étant que la reproduction des anciens principes constamment suivis en matière d'obligations conventionnelles, la circonstance que les contrats dont l'exécution donne lieu au litige sont antérieurs à la promulgation du Code civil ne saurait être, dans l'espèce, un obstacle à l'application dudit article ; – Attendu que la règle qu'il consacre est générale, absolue, et régit les contrats dont l'exécution s'étend à des époques successives de même qu'à ceux de toute autre nature ;

– Que, dans aucun cas, il n'appartient aux tribunaux, quelque équitable que puisse leur paraître leur décision, de prendre en considération le temps et les circonstances pour modifier les conventions des parties et substituer des clauses nouvelles à celles qui ont été librement acceptées par les contractants ;

– Qu'en décidant le contraire et en élevant à 30 centimes de 1834 à 1874, puis à 60 centimes à partir de 1874, la redevance d'arrosage, fixée à 3 sols par les conventions de 1560 et 1567, sous prétexte que cette redevance n'était plus en rapport avec les frais d'entretien du canal de Craponne, l'arrêt attaqué a formellement violé l'article 1134 ci-dessus visé ;

– Par ces motifs, casse...

La conception rigide de la modification du contrat en droit privé trouve parfois une échappatoire par la mise en cause du déséquilibre financier existant dès la conclusion du contrat.

Cass. 1re civ., 16 mars 2004 : *Bull. civ.* 2004, I, n° 86

Attendu que la commune de Cluses a concédé, en 1974, à l'Association Foyer des jeunes travailleurs (AFJT) l'exploitation d'un restaurant à caractère social et d'entreprises ; qu'une convention tripartite a été signée le 15 octobre 1984 entre la commune, l'AFJT et la société Les Repas Parisiens (LRP) pour une durée de dix ans ; qu'aux termes de cet accord, l'AFJT, confirmée en qualité de concessionnaire a sous-concédé l'exploitation à la LRP, avec l'accord de la commune ; que la LRP, obtenant de ses cocontractantes d'importants travaux d'investissement, s'engageait à payer un loyer annuel à l'AFJT et une redevance à la commune ; que, par lettre du 31 mars 1989, la LRP a résilié unilatéralement cette convention, au motif qu'elle se trouvait dans l'impossibilité économique de poursuivre l'exploitation ; que, par ordonnance de référé du 25 avril 1989, l'AFJT et la commune ont obtenu la condamnation de la LRP à poursuivre son exploitation ; que cette société a, néanmoins, cessé son activité le 31 juillet 1989 ; qu'invoquant un bouleversement de l'équilibre économique du contrat, elle a saisi le tribunal administratif de Grenoble d'une demande en résiliation de cette convention et, à défaut, en dommages-intérêts ; que, parallèlement, l'AFJT et la commune ont saisi le tribunal de grande instance de Bonneville aux fins d'obtention, du fait de la résiliation unilatérale du contrat, de dommages-intérêts pour les dégradations causées aux installations ; qu'après saisine du Tribunal des conflits qui, par décision du 17 février 1997, a déclaré compétente la juridiction judiciaire, s'agissant d'un contrat de droit privé, l'arrêt attaqué (Chambéry, 5 juin 2001) a jugé que la LRP avait rompu unilatéralement le contrat et l'a condamnée à payer à l'AFJT les sommes de 273 655,37 francs et 911 729,92 francs, au titre, respectivement, des loyers et redevances dus au 31 juillet 1989 et de l'indemnité de résiliation, et à la commune de Cluses la somme de 116 470,17 francs au titre des travaux de remise en état des installations, et celle de 73 216,50 francs au titre de la redevance restant due ;

Sur le premier moyen :

Attendu que la LRP fait grief à l'arrêt d'avoir ainsi statué alors, selon le moyen, que les parties sont tenues d'exécuter loyalement la convention en veillant à ce que son économie générale ne soit pas manifestement déséquilibrée ; qu'en se déterminant comme elle l'a fait, sans rechercher si, en raison des contraintes économiques particulières résultant du rôle joué par la collectivité publique dans la détermination des conditions d'exploitation de la concession, et notamment dans la fixation du prix des repas, les personnes morales concédantes n'avaient pas le devoir de mettre la société prestataire de service en mesure d'exécuter son contrat dans des conditions qui ne soient pas manifestement excessives pour elle et d'accepter de reconsidérer les conditions de la convention dès lors que, dans son économie générale, un déséquilibre manifeste était apparu, la cour d'appel n'a pas donné de base légale à sa décision au regard des articles 1134 et 1147 du Code civil ;

Mais attendu que la cour d'appel a relevé que la LRP mettait en cause le déséquilibre financier existant dès la conclusion du contrat et non le refus injustifié de la commune et de l'AFJT de prendre en compte une modification imprévue des circonstances économiques et ainsi de renégocier les modalités du sous-traité au mépris de leur obligation de loyauté et d'exécution de bonne foi ; qu'elle a ajouté que la LRP ne pouvait fonder son retrait brutal et unilatéral sur le déséquilibre structurel du contrat que, par sa négligence ou son imprudence, elle n'avait pas su apprécier ; qu'elle a, ainsi, légalement justifié sa décision ;

D'où il suit que le moyen n'est pas fondé ;

Sur le second moyen (...)

Par ces motifs : Rejette le pourvoi (...).

SOUS-SECTION 2

LES ATTÉNUATIONS AU PRINCIPE DE LA FORCE OBLIGATOIRE DU CONTRAT

364. – Le législateur n'est pas tenu à la même rigueur que les parties contractantes. Celles-ci peuvent également anticiper certaines difficultés en stipulant des clauses de modification, d'adaptation ou d'indexation.

§ 1. – Atténuations résultant du législateur

365. – Assouplissement législatif. Il arrive parfois que le législateur cherche à assouplir la rigueur de la règle. Il s'inspire essentiellement de considérations d'équité, de contingences économiques ou sociales pour autoriser la révision du contrat. On peut d'abord citer la loi du 25 mars 1949, relative aux contrats de rente viagère, qui en permet la révision. Le décret du 30 septembre 1953, relatif aux baux commerciaux (C. com., art. L. 145-1 et s.), prévoit, quant à lui, toute une série de mesures sur la révision des loyers. On peut enfin citer l'article L. 621-101 du Code de commerce, relatif au redressement et à la liquidation judiciaires des entreprises en difficulté, qui permet à un candidat-repreneur de l'entreprise de demander au tribunal la révision des conditions de son acquisition.

§ 2. – Atténuations résultant des parties

366. – Assouplissement conventionnel. Les parties sont autorisées – elles y sont même invitées – à se prémunir contre des changements de circonstances bouleversant l'économie générale du contrat ; en pratique, deux types de clauses peuvent être stipulées :

– la clause d'indexation (ou d'échelle mobile) ;

– la clause dite de *hardship* (« sauvegarde »), fréquente dans les contrats internationaux et parfaitement concevable dans les contrats internes de longue durée.

Rien ne s'oppose par ailleurs à ce que les parties s'engagent d'elles-mêmes dans une renégociation. Celui-ci ne se traduit pas nécessairement par une novation. Des avenant seront ainsi rédigés dans l'accord des parties.

A. – La clause d'indexation

367. – Le temps et le contrat. Il faut supposer, pour son application, un contrat dans lequel la prestation monétaire s'exécute dans le temps. Cette prestation est dès lors sujette à certaines influences : elle peut notamment être affectée par l'érosion monétaire. L'indexation est une modalité de l'obligation qui a pour objet de faire varier automatiquement le montant de cette obligation, en fonction de l'évolution de certains éléments de référence, de certains paramètres tels le cours du blé, du pétrole, voire d'une monnaie étrangère.

Il a ainsi été jugé que dans un contrat de droit interne, la monnaie de paiement doit être nécessairement le franc ou l'euro et non une monnaie étrangère. La clause stipulant une indemnité exprimée en dollar doit donc être annulée (Cass. 3e civ., 18 oct. 2005, n° 04-13.930)

1° Observations sur la clause elle-même

368. – Indexation sur la monnaie. On peut tout d'abord indexer sur des éléments de référence objectifs, tel le coût de construction. Cependant, peut-on indexer sur des devises ou sur l'or ? Les clauses dites « monétaires » font varier les obligations monétaires en fonction de l'évolution du cours d'une monnaie ou du cours de l'or ; il faut dès lors distinguer entre la monnaie de compte et la monnaie de paiement : alors que la première est un instrument de mesure auquel les parties vont se référer pour compter, la seconde sert à la réalisation effective d'un paiement. Le problème surgit lorsque l'on fait référence à une monnaie de paiement, car les règles en la matière sont très particulières. En effet, il faut respecter la règle du cours légal et non celle du cours forcé qui supprime la possibilité de convertir le franc français en or (depuis 1936). Cela signifie concrètement que si le paiement intervient en France, il doit nécessairement se faire en euros ; or, si l'instrument de paiement fait référence au dollar américain par exemple, la clause est nulle (elle ne serait valable qu'au cas où le contrat était appelé à être exécuté aux États-Unis).

Lorsque l'on fait référence à une monnaie étrangère en tant qu'instrument de compte, une distinction s'impose : si le contrat est international, la clause est valable sans limitation ; s'il s'agit d'un contrat interne, la clause n'est valable que dans la mesure où elle est conforme au droit de l'indexation. Plus précisément, quel est le droit de l'indexation ?

2° Observations sur le régime de la clause

369. – Naissance et validité des clauses d'indexation. Le problème de l'indexation a été totalement ignoré des rédacteurs du Code civil ; à l'époque régnait en effet une quasi-stabilité monétaire. Les difficultés sont venues au cours de la Première Guerre mondiale, au moment de l'expansion économique. Dans les années 1920, les indexations ont commencé à apparaître, avec notamment celles qui ont accompagné les emprunts d'État. Le problème s'est ensuite posé en droit du travail, s'agissant d'indexer les salaires, ce qui fut partiellement autorisé après maints conflits. Actuellement, compte tenu de toutes ces brèches, les clauses d'indexation se retrouvent dans la plupart des contrats qui s'exécutent dans le temps.

C'est la jurisprudence qui a été appelée à se prononcer sur leur validité : si dans les contrats internationaux, aucune limite ou presque ne vient perturber la validité de telles clauses, il n'en est pas de même en ce qui concerne les contrats internes. La Cour de cassation admit leur validité, mais les pouvoirs publics, afin d'éviter que cette solution ne se systématisât, décidèrent d'intervenir, dans l'ordonnance du 30 décembre 1958 (modifiée en février 1959 et reprise dans le Code monétaire et financier, art. L. 112-1 et s.). Cette mesure constitue toujours le texte de référence sur les indexations, avec une adaptation indispensable depuis l'entrée en vigueur de l'euro le 1er janvier 1999.

L'avènement de la monnaie unique, du reste, n'est pas de nature à remettre en cause le droit positif, car la réglementation applicable ne participe pas uniquement de la politique monétaire (comp. G. Gruber, *L'euro et les clauses d'indexation* : *D.* 1999, chron. p. 258).

a) Régime général de l'indexation

370. – Il s'agit ici de discuter du contrat lui-même, de l'indice d'indexation choisi par les parties et de la relation existant entre l'activité de ces dernières et l'indice choisi.

371. – Type de contrat. Tous les contrats qui s'exécutent dans le temps, quelle que soit leur nature, sont en principe soumis à l'ordonnance de 1958-1959 ; toutefois, des exceptions se rencontrent. La première concerne les contrats internationaux, dans lesquels l'indexation demeure libre ; la deuxième concerne les contrats de rente viagère et les promesses d'aliments, dans lesquels l'indexation est également libre.

372. – Indice choisi. L'indice est la variable en fonction de laquelle le prix originaire évolue. Ce peut être : le cours du blé, l'indice de construction, le dollar américain, l'indice INSEE, etc. *A priori* donc, les possibilités offertes pour choisir un indice de référence sont très larges, mais deux dispositions réduisent la marge de manœuvre des parties :

– une taxation instituée, fixant strictement un montant qu'il n'est pas possible de dépasser, *e.g.* la taxation sur le prix de l'essence en période de crise ;

– une limite interdisant aux parties de faire référence à trois catégories d'indices, que sont l'indice sur le niveau général des prix, l'indice sur le SMIC et l'indice sur le niveau général des salaires, ceci pour des raisons essentiellement de politique économique (C. monét. fin., art. L. 112-2).

373. – Contrat et indice choisi. Il faut constater l'existence d'une relation directe entre l'objet du contrat et l'activité de l'une ou de l'autre partie. On peut d'abord choisir un indice ayant une relation avec l'objet du contrat, entendu comme l'objectif de l'opération poursuivie, *e.g.* un contrat relatif à l'exploitation d'une boulangerie et une indexation sur le cours du blé. On peut aussi choisir un indice entretenant une relation directe, non avec l'objet du contrat, mais avec l'activité professionnelle de l'une des parties, que cette activité soit principale ou seulement accessoire ; il est ainsi possible d'indexer sur le cours du lait pour un prêt fait à un agriculteur.

La jurisprudence se montre assez libérale et interprète sans rigueur les dispositions pourtant strictes de l'ordonnance.

b) Droit spécial de l'indexation

374. – Secteurs spécifiques. Ce droit concerne essentiellement le secteur de la construction ; il est issu de la loi du 9 juillet 1970. Selon ce texte, est réputée en relation directe avec l'objet du contrat (de construction) toute clause prévoyant une indexation sur la variation de l'indice national du coût de la construction, établi régulièrement par l'INSEE. Les contrats visés sont les contrats de construction, les ventes d'immeubles neufs ou anciens, les cessions de parts sociales de sociétés civiles immobilières, et tous les contrats de location d'appartements, à usage d'habitation ou à usage professionnel.

On peut noter également qu'il existe des règles précises concernant les baux commerciaux (C. com., art. L. 145-39).

c) Sanctions en cas d'indexation irrégulière

375. – Moment et étendue de la sanction. La validité d'une clause d'indexation s'apprécie au moment de la conclusion du contrat. La sanction est une nullité ; mais quel est son régime ? La jurisprudence estime qu'il s'agit d'une nullité absolue, s'agissant de dispositions d'ordre public de direction.

Cette nullité absolue est-elle partielle ou totale ? En réalité, tout dépend de savoir si la clause d'indexation a été la cause impulsive et déterminante du consentement des parties ; en général, cette clause prend une place importante dans le contrat et sa nullité atteint l'ensemble du contrat.

Quel est enfin le rôle du juge ? La Cour de cassation retient des solutions assez souples et compréhensives, en invitant les juges du fond à « sauver » l'indexation et ainsi à substituer, tant que faire ce peut, à un indice irrégulier un indice valable.

B. – La clause de *hardship*

376. – Présentation de la clause de *hardship*. Ce terme signifie en anglais « épreuve » ou littéralement « coup dur ». À la différence de la clause d'indexation, qui réalise une adaptation automatique du contrat aux circonstances nouvelles, la clause de *hardship* – dont le but est identique – a une incidence indirecte. En effet, face à des événements, elle provoque simplement une discussion entre les parties contractantes, afin qu'elles se mettent d'accord sur de nouvelles bases. Fréquentes dans les contrats internationaux de longue durée, on les trouve également dans des contrats internes et même dans certaines conventions collectives de travail.

Sa finalité est de sauvegarder utilement – par une adaptation – un contrat à exécution successive, qui, à cause de circonstances politiques, économiques ou sociales, pourrait provoquer la ruine de l'un des cocontractants ou du moins ne pourrait plus être appliqué dans ses termes primitifs, tant certains événements l'ont affecté. Elle est valable, mais il est possible de se demander dans quelle mesure elle peut être compatible avec la notion même de contrat, notamment en ce qui concerne la théorie de l'imprévision.

Un contrôle peut être exercé par le juge sur la clause de *hardship*, aussi bien sur sa notion que sur sa mise en œuvre.

Exemple

« The parties acknowledge that events not foreseen by them at the date of this Contract may arise during the term of the Contract. Should such events, including but not limited to events of an economic, monetary, fiscal or political nature, affect directly or indirectly the execution of the Contract, creating an unreasonable advantage to one party or causing serious harm to the other, the injured party shall inform the other party by written notice.

The parties shall meet within 30 (thirty) days after the date of such written notice, in order to seek an appropriate solution for the protection of their respective interests and for the continuation of the Contract.

If the parties are unable to agree on a solution within 60 (sixty) days after the date of the said written notice, the injured party shall be entitled to go to arbitration.

For purposes of this section, the parties agree that fluctuation in the (...) market alone shall not constitute a hardship. »

1° Notion

a) D'un point de vue négatif

377. – Distinction avec l'offre concurrente et la force majeure. Elle se distingue, d'une part, de la clause de l'offre concurrente, qui permet à l'acquéreur de demander au vendeur de s'aligner sur les prix d'un concurrent. D'autre part, elle ne se confond pas non plus avec la clause dite de force majeure, qui a pour objet de définir par avance les événements qui pourraient être considérés comme ayant une valeur exonératoire, à l'exemple de la force majeure.

b) D'un point de vue positif

378. – Adaptation du contrat aux circonstances. La clause de *hardship*, on l'a vu, a pour objet de provoquer l'accord des parties au contrat originaire afin de l'adapter ; ces circonstances peuvent être de toute nature, du moment qu'elles sont notionnellement imprévisibles, extérieures aux parties et qu'elles entraînent un brusque changement des conditions prévues initialement.

2° Régime

379. – Trois étapes du mécanisme de la clause. Trois étapes importantes doivent être analysées pour comprendre le mécanisme de la clause.

a) Déclenchement

380. – Il est bien sûr nécessaire d'identifier un événement extérieur aux parties, affectant l'économie générale du contrat, et entraînant ce que les Anglais appellent une « frustration ».

b) Accord des parties

381. – La clause fait naître une obligation réciproque de négociation ; les parties doivent renégocier le contrat, et ce, de bonne foi.

c) Issue

382. – De deux choses l'une :

– soit les parties se mettent d'accord sur de nouvelles conditions, et le contrat sera dès lors exécuté conformément à ce qui a été nouvellement convenu ;

– soit les parties n'arrivent pas à se mettre d'accord et le juge (ou l'arbitre) ne peut pas se substituer aux parties pour refaire le contrat. Le contrat doit donc être résilié car il n'a plus de raison d'être. Pour éviter ce genre d'infortune, les parties conviennent généralement de désigner un tiers dont la mission sera de prendre une décision aux lieu et place des contractants, *i.e.* fixer les nouveaux termes du contrat.

En dépit de l'obligation de rapprochement que la clause de *hardship* fait peser sur les parties, rien ne les oblige à parvenir effectivement à un accord. L'obligation de négocier est de résultat mais celle de parvenir à une solution n'est, en revanche, qu'une simple obligation de moyens. Cette obligation n'est pas purement morale car les parties, en stipulant une clause de *hardship*, ont précisément envisagé la faculté de réviser leur accord.

Cette solution a d'ailleurs été reconnue par la Cour de cassation le 3 octobre 2006 : dans cette affaire, un contrat (de vente de chaleur) comportait deux clauses de renégociation dont l'application était sujette à un bouleversement de l'équilibre économique. Le prix du gaz ayant grandement augmenté (+ 87 % en deux ans), le débiteur de l'obligation de fourniture a formulé de nombreuses propositions de révision du prix à son cocontractant qui les a toutes refusées ; ce dernier a ensuite assigné le débiteur de l'obligation en résolution du contrat. Dans un attendu très clair, la chambre commerciale a rappelé que la clause de sauvegarde n'obligeait « en aucune façon le cocontractant à accepter les modifications de contrat proposées... » et n'obligeait « nullement les parties à réviser le contrat mais en autorisait seulement la possibilité ». Elle en conclut qu'aucune faute ne peut être reprochée à celui qui refuse d'accepter la révision substantielle de son contrat « quel que soit le déséquilibre économique allégué » (Cass. 1re civ., 3 oct. 2006, V. ci-dessous).

Dans un arrêt récent de la cour d'appel de Paris du 28 janvier 2009, cette dernière a rappelé qu'une partie « n'est pas fondée à solliciter la renégociation du contrat convenu entre les parties (...), au motif d'un bouleversement de l'économie du contrat, dès lors que la convention des parties a force de loi et qu'il lui incombe de supporter les conséquences de son imprévision, serait-elle le fruit d'un usage dans le secteur considéré – dans le choix, ou en l'occurrence l'absence, de modalités de révision du prix ».

Cass. com., 3 oct. 2006, n° 04-13.214

Attendu, selon l'arrêt déféré (Angers, 27 janv. 2004), que la Société française de fournitures pour installation et maintenances techniques (société Soffimat), est convenue le 9 décembre 1997 avec la société Besnier Mayenne, devenue Laitière de Mayenne, d'installer une centrale électrique de cogénération à Mayenne en s'engageant à la fournir en énergie thermique pour les besoins de son site industriel ; qu'elle a créé à cette fin la société Mayennecogen, qui a passé avec la société Laitière de Mayenne le 15 mars 1999, un contrat de vente de chaleur, modifié par un avenant du 14 avril 2000 ; que le démarrage de la centrale n'ayant jamais eu lieu, la société Laitière de Mayenne a dénoncé l'inexécution par les sociétés Soffimat et Mayennecogen de leurs obligations contractuelles et les a assignées en résolution des contrats à leurs torts et en indemnisation de son préjudice ;

Sur le premier moyen :

Attendu que les sociétés Mayennecogen et Soffimat reprochent à l'arrêt d'avoir prononcé la résolution du contrat à leurs torts et de les avoir condamnées in solidum à payer à la société Laiterie de Mayenne une somme de 35 000 euros à titre de dommages-intérêts, outre celle de 1 000 euros et 2 500 euros pour frais irrépétibles, alors selon le moyen :

1/ que les articles 3 et 15 du contrat du 15 mars 1999 obligeaient les parties à se rencontrer « sur l'initiative de l'une des parties, en cas d'événement majeur affectant leurs obligations respectives au terme du présent accord d'une façon telle que l'équilibre économique et financier qui prévalait lors de sa signature s'en trouve gravement modifié à son détriment » et à « examiner ensemble les moyens d'adapter le contrat aux évolutions constatées dans les facteurs économiques, techniques ou de réglementation et ce dans le but de préserver leurs intérêts réciproques » ; que si ces clauses n'obligent certes pas chaque partie à accepter n'importe quelle modification proposée par l'autre partie, elles mettent cependant à leur charge, en cas de bouleversement de l'équilibre économique du contrat en raison d'un événement extérieur aux parties, une obligation de renégocier loyalement ; qu'en l'espèce, la société Mayennecogen soulignait que la hausse vertigineuse et constante du prix du gaz naturel intervenue depuis la signature du contrat du 15 mars 1999 (+ 87 % entre avril 1999 et janvier 2001) avait bouleversé l'équilibre dudit contrat et que son exécution, tant dans les conditions tarifaires initiales que dans celles prévues par l'avenant n° 1 du 14 avril 2000, constituait pour elle une opération ruineuse et pourrait la conduire à engager sa responsabilité pour revente à perte ; qu'il résulte de l'arrêt que la société Mayennecogen avait formulé plusieurs propositions de révision du contrat auprès de la société Laitière de Mayenne, laquelle les avait toutes refusées sans pour autant faire de contre-proposition ; qu'en se bornant, pour juger que la responsabilité de l'échec de la procédure de rencontre et d'adaptation ne pouvait être imputée à la société Laitière de Mayenne, à affirmer que les clauses de rencontre et d'adaptation ne l'obligeaient pas à accepter les modifications du contrat proposées par l'autre partie et que le fait, pour cette société « d'avoir refusé d'accepter la révision substantielle du prix du contrat avant même sa mise à exécution, alors qu'un avenant sur le prix venait d'être signé par les parties, ne saurait caractériser une faute de sa part », sans rechercher si elle n'avait pas manqué à son obligation de tout mettre en œuvre pour parvenir à un accord préservant aussi les intérêts de la société Mayennecogen et notamment si ses multiples refus étaient légitimes, la cour d'appel a privé sa décision de base légale au regard de l'article 1134 du Code civil ;

2/ que la société Mayennecogen expliquait que l'avenant du 14 avril 2000 n'avait pas permis de rétablir l'équilibre économique en vigueur lors de la conclusion du contrat du 15 mars 1999 car la société Laitière de Mayenne avait exigé, en contrepartie de la réduction de la durée du fonctionnement, une baisse corrélative du prix de la vapeur ; qu'en se fondant sur l'existence dudit avenant pour dire non fautifs les refus de postérieurs de la société Laitière de Mayenne de modifier le prix de la vapeur, sans relever que cet avenant avait permis de rétablir l'équilibre économique des prestations, la cour d'appel a privé sa décision de base légale au regard de l'article 1134 du Code civil ;

3/ que les articles 3 et 15 du contrat du 15 mars 1999, qui mettent à la charge des parties, en cas de bouleversement de l'équilibre économique du contrat en raison d'un événement extérieur aux parties, une obligation particulière de renégocier loyalement, n'exigent pas que cet événement ait été imprévisible mais seulement qu'il n'ait pas été effectivement prévu ; que les parties au contrat du 15 mars 1999 avaient choisi d'indexer le prix de vente de la vapeur sur l'indice du fuel et non sur le prix du gaz, et n'avaient donc pas prévu l'augmentation du prix du gaz ; qu'en refusant à la société Mayennecogen le droit de se prévaloir de cette augmentation, prétexte pris de ce que « l'évolution des cours du gaz naturel est un événement tout à fait prévisible, qui aurait normalement dû être pris en compte », la cour d'appel a violé l'article 1134 du Code civil ;

Mais attendu qu'après avoir relevé que pour justifier l'inexécution des obligations mises à sa charge par la convention qu'elle a signée le 15 mars 1999, la société Mayennecogen invoque l'augmentation importante des tarifs de gaz naturel, ayant entraîné une modification substantielle de l'économie globale du projet envisagé, l'arrêt retient, par une appréciation souveraine de la portée des stipulations liant les parties, que l'article 3 intitulé « clause de rencontre », obligeant les parties à se rencontrer dans tous les cas une fois l'an « en cas d'événement majeur affectant leurs obligations respectives au terme du présent accord d'une façon telle que l'équilibre économique et financier qui prévalait lors de la signature s'en trouve gravement modifié à son détriment », n'oblige en aucune façon le cocontractant à accepter les modifications de contrat proposées par l'autre partie en cas de survenance d'un tel événement et que de même l'article 15 du contrat intitulé « adaptation et transfert du contrat » selon lequel les parties ont convenu « d'examiner ensemble les moyens d'adapter le contrat aux évolutions dans les facteurs économiques, techniques ou de réglementation afin de préserver leurs intérêts réciproques » n'oblige nullement les parties à réviser le contrat mais en autorise seulement la possibilité ; qu'il en déduit que la responsabilité de l'échec de la procédure de rencontre et d'adaptation ne peut être imputée à la société Laitière de Mayenne en l'absence de comportement abusif de sa part et que le seul fait, pour la société Laitière de Mayenne, d'avoir refusé d'accepter la révision substantielle du prix du contrat avant même sa mise à exécution, tandis qu'un avenant sur le prix venait d'être signé par les parties, ne saurait caractériser une faute de sa part, quel que soit le déséquilibre économique allégué par la société Mayennecogen qui doit supporter les conséquences de son imprévision dans le choix d'un indice fondant la clause d'indexation ; qu'ainsi la cour d'appel a légalement justifié sa décision ; que le moyen n'est fondé en aucune de ses branches ;

Et sur le second moyen (...) :

Par ces motifs : Rejette le pourvoi.

SECTION 2

LA FORCE DU CONTRAT À L'ÉGARD DES TIERS

383. – Effet interdit à l'égard des tiers. Le contrat peut-il avoir des effets à l'égard des tiers ? Cette question est dominée par le principe de l'effet relatif des conventions, inscrit dans l'article 1165 du Code civil, aux termes duquel : « les conventions n'ont d'effet qu'entre les parties contractantes ; elles ne nuisent point au tiers et elles ne lui profitent que dans le cas prévu dans l'article 1121 ». C'est là la transcription de l'adage latin *res inter alios acta aliis neque nocere neque prodesse potest* (« la chose conclue entre les parties ne peut ni nuire, ni profiter aux autres »). Néanmoins, ce principe connaît des dérogations ou atténuations. La loi a, de surcroît, imaginé des techniques d'intégration des tiers au contrat.

SOUS-SECTION 1

LE PRINCIPE DE L'EFFET RELATIF DES CONTRATS

384. – Effet limité aux parties. L'article 1165 précité définit le domaine d'application du contrat : aux parties et seulement aux parties. Le principe n'est pas reconnu par le seul droit français ; il s'applique dans la plupart des pays étrangers, notamment dans les pays de *Common Law* (*privity of contract*). On trouve d'autres applications de ce principe, comme en droit judiciaire privé (procédure civile) : le jugement rendu ne s'applique qu'aux parties et n'a donc pas d'effet à l'égard des tiers (autorité relative de la chose jugée).

L'article 1351 du Code civil dispose :

> « L'autorité de la chose jugée n'a lieu qu'à l'égard de ce qui a fait l'objet du jugement. Il faut que la chose demandée soit la même ; que la demande soit fondée sur la même cause ; que la demande soit entre les mêmes parties, et formée par elles et contre elles en la même qualité. »

Plusieurs règles en découlent. La première tient à la relativité même du contrat ; il a un effet obligatoire, mais uniquement entre les parties contractantes. Cependant, et c'est là la deuxième idée, le contrat est un fait social qui, de ce fait, est opposable aux tiers.

§ 1. – La relativité du lien contractuel

A. – Situation des parties elles-mêmes

385. – Effet lié à la volonté de contracter. Les parties, celles qui ont conclu le contrat, celles qui ont donné leur consentement, sont tenues par le lien contractuel parce qu'elles l'ont voulu. Leur contrat ne peut profiter ou nuire aux tiers, *i.e.* ceux qui n'ont pas contracté.

La solution est logique : le contrat est une loi privée. Celle-ci ne s'applique qu'à ceux qui l'ont adoptée.

Voir pour une illustration légale du principe de la relativité, C. transports, art. L. 5422-20 : « L'entrepreneur de manutention opère pour le compte de celui qui aura requis ses services, et sa responsabilité n'est engagée qu'envers celui-ci qui, seul, a une action contre lui ».

La relativité du lien obligatoire

Cass. 1re civ., 30 avr. 2009 : *Bull. civ.* 2009, I, n° 82

Sur le premier moyen :

Vu l'article 1165 du Code civil ;

Attendu que les conventions n'ont d'effet qu'entre les parties contractantes ; qu'elles ne nuisent point au tiers et elles ne lui profitent que dans le cas prévu par l'article 1121 du Code civil ;

Attendu que M. X..., propriétaire d'une parcelle de terrain, a confié, par acte du 15 juin 2001, à Mme Z... le soin d'y édifier une maison ; que celle-ci a sous-traité les travaux à la société Bâti 2000, assurée auprès de la société AGF et à M. Y..., assuré auprès de la société MMA ; que des malfaçons étant apparues, M. X... a assigné les constructeurs et leurs assureurs ; que Mme Z... ayant, par acte du 29 octobre 2003, cédé son fonds de commerce à la société Les Rivages, elle a demandé sa mise hors de cause ;

Attendu que, pour accueillir cette demande, l'arrêt retient que l'acte de cession comporte une clause particulière aux termes de laquelle « il est expressément rappelé que les créances et la totalité des dettes générées par l'activité du cédant sont transmises à l'acquéreur » et que ladite cession a été consentie moyennant le prix symbolique de « un euro » ;

Qu'en statuant ainsi, alors qu'une telle cession ne pouvait avoir effet à l'égard du créancier qui n'y avait pas consenti, la cour d'appel a violé le texte susvisé ;

Et attendu qu'il n'y a pas lieu de statuer sur le second moyen qui ne serait de nature à permettre l'admission du pourvoi ;

Par ces motifs : Casse et annule.

B. – Situation des tiers devenus parties

386. – Effet lié à l'intégration du tiers. Il se peut que des tiers s'intègrent au contrat auquel ils n'ont pas participé de prime abord, et deviennent ainsi des parties contractantes :

– c'est d'abord le cas des ayants cause universels, *i.e.* les héritiers qui reprennent le contrat conclu par le défunt, car on considère qu'ils prolongent la personnalité de leur auteur ;

– c'est également le cas du représenté, dans un contrat de mandat, qui devient partie par le jeu du mécanisme de la représentation ;

– c'est le cas du destinataire dans un contrat de transport conclu entre un transporteur et un expéditeur : ledit contrat n'existe que parce qu'il profite à une tierce personne, qui deviendra partie contractante dès qu'elle en acceptera d'une manière ou d'une autre le principe. Toutes les clauses ou presque – en droit maritime, la question se complique – du contrat lui seront alors opposables.

Code de commerce

Art. L. 132-8 : « La lettre de voiture forme un contrat entre l'expéditeur, le voiturier et le destinataire ou entre l'expéditeur, le destinataire, le commissionnaire et le voiturier. Le voiturier a ainsi une action directe en paiement de ses prestations à l'encontre de l'expéditeur et du destinataire, lesquels sont garants du paiement du prix du transport.

Toute clause contraire est réputée non écrite. »

387. – Atténuations au mécanisme d'intégration. Ce principe connaît cependant des atténuations. Le contrat conclu *intuitu personae* deviendra caduc au décès du cocontractant, ce qui est aussi le cas lorsqu'une clause prévoit que le contrat ne sera pas continué au décès de l'un des cocontractants. Ces clauses se retrouvent dans les relations entre sociétés contractantes (caducité en cas d'absorption par un concurrent, de fusion...).

Le mandant n'est de son côté tenu que dans la limite du pouvoir donné au mandataire.

C. – Situation des créanciers chirographaires

388. – Créanciers non-parties au contrat. Sont dits « chirographaires » les créanciers non titulaires de sûretés ; non-parties au contrat conclu par leur débiteur, ils n'en ont pas moins un droit de gage général sur le patrimoine de ce dernier (C. civ., art. 2284 et 2285). Ils vont dès lors subir toutes les fluctuations de ce patrimoine, en ce sens que ce qui est conclu par le débiteur s'impose à eux, que ce soit à leur bénéfice ou à leur préjudice (V. le tome 3 de cet ouvrage).

D. – Situation des ayants cause à titre particulier

389. – Variété de la situation des ayants cause à titre particulier. Ce sont les personnes qui succèdent à un bien ou à un droit déterminé ; le problème se pose à propos des contrats relatifs aux biens qui ont pu être conclus par le cédant du bien (un fonds de commerce par exemple), tels ceux qui concernent les fournisseurs, les clients ou encore les salariés : au jour de la cession du fonds, l'acquéreur, qui est un ayant cause à titre particulier, est-il obligé par les contrats conclus par le vendeur ? Est-il tenu par ces contrats, sources de créances et de dettes ? Les solutions dépendent du caractère accessoire desdits contrats. En outre, dans l'affirmative, il faut se demander s'ils peuvent être transmis en même temps que la chose. Les créances peuvent parfois être considérées comme des accessoires transmissibles en même temps que le bien lui-même.

Quant aux dettes, elles sont en principe intransmissibles, sauf exceptions – il faut tenir compte des cas de cessions de contrat, légales ou conventionnelles. Il faut cependant admettre que les charges réelles, *i.e.* des servitudes, sont attachées à la chose et sont ainsi transmissibles activement et passivement (V. également *infra*, n° 412, la théorie des chaînes de contrats).

E. – Situation des véritables tiers

390. – Absence d'effet pour le *penitus extraneus*. S'agissant des véritables tiers appelés également *penitus extranei*, le principe de l'effet relatif des contrats joue pleinement à leur égard. Le *penitus extraneus* est, par exemple, le piéton renversé par un automobiliste circulant dans une voiture de location : il pourra engager la responsabilité (nécessairement) délictuelle de l'automobiliste ou encore de la société de location. En voici un exemple :

L'effet relatif du contrat

Cass. 3e civ., 8 nov. 2000 : *Bull. civ.* 2000, III, n° 168, p. 117 ; *D.* 2000, act. jurispr. p. 444, obs. Y. Lienhard ; *JCP* G 2001, II, 10450, note Y. Chartier

Vu l'article 1165 du Code civil :

Attendu que les conventions n'ont d'effet qu'entre les parties contractantes ;

Attendu, selon l'arrêt attaqué (Montpellier, 15 juin 1995), que la société immobilière du Castell (la SCI), constituée en 1984 entre cinq associés, a emprunté des fonds à la Caisse régionale du Crédit agricole mutuel Sud-Méditerranée (la CRCAM) pour le financement d'un programme de construction ; que, pour le recouvrement des montants qui lui étaient dus, la CRCAM a mis en œuvre la garantie hypothécaire qui lui avait été consentie, puis a assigné les associés en paiement de leur part à la dette sociale ; que M. Lavenne, associé de la SCI, a demandé reconventionnellement à être déchargé de toute obligation envers la CRCAM en invoquant la responsabilité de celle-ci sur le fondement de l'article 1382 du Code civil ;

Attendu que, pour accueillir la demande de la CRCAM, l'arrêt retient que les associés d'une société civile sont tenus envers le créancier avec lequel la société a contracté, dès la date du contrat, que l'obligation contractée par le gérant les lie comme s'ils avaient contracté eux-mêmes, qu'ils ne peuvent donc pas être considérés comme des tiers par rapport aux actes souscrits par la société et qu'ils sont irrecevables à invoquer à l'encontre du créancier de la société les dispositions de l'article 1382 du Code civil ;

Qu'en statuant ainsi, alors que les associés d'une SCI ne sont pas contractuellement liés au créancier de la société, la cour d'appel a violé le texte susvisé ;

Par ces motifs : casse et annule.

§ 2. – L'opposabilité aux tiers

391. – Principe d'opposabilité aux tiers et par les tiers. En tant que fait social, le contrat est opposable aux tiers, qui ne peuvent méconnaître son existence. Cette idée ne constitue pas une dérogation au principe de l'effet relatif des conventions, *i.e.* il ne s'agit pas de lier contre leur volonté les tiers, mais de faire en sorte qu'ils respectent le contrat en tant que phénomène juridique. Cela dit, cette opposabilité peut aussi bien jouer à leur encontre qu'en leur faveur.

Lecture

P. Jestaz, in Le droit, Dalloz, coll. « Connaissance du droit » 7e éd. 2012

« Selon l'article 1165 du Code civil, les conventions n'ont d'effet qu'entre les parties : elles ne nuisent ni ne profitent aux tiers. Ce principe, au demeurant fort logique admet comme toujours des exceptions. Or celles-ci, à partir de la fin du XIXe siècle, ont paru se multiplier. Passe encore pour la convention collective, qui reste limitée aux rapports de travail salarié. Mais comment comprendre par exemple que celui qui achète un immeuble en sachant que son vendeur avait consenti une option à un tiers soit condamné à indemniser ce tiers ? Ne fallait-il pas en déduire que le contrat (dit promesse de vente) conclu entre ce vendeur et le bénéficiaire de l'option avait effet à son égard et donc lui nuisait ? Et par-delà cette interrogation, le juge saisi d'un litige quelconque devait-il encore appliquer l'article 1165 ou bien considérer que ce texte n'avait plus aucune valeur ? L'explication ne fut trouvée qu'à la fin des années trente, mais simultanément par deux auteurs : elle était donc "dans l'air". Au terme de leur recherche, il convient de distinguer entre l'effet obligatoire du contrat et son existence en tant que simple élément de fait. L'effet obligatoire ne lie que les parties contractantes : le vendeur seul doit livrer la chose, le locataire seul doit payer le loyer !... Mais la conclusion du contrat est en soi un fait – un fait historique, pourrait-on dire – et à partir du moment où l'acquéreur en avait connaissance, son comportement devenait malhonnête puisqu'il agissait sciemment au détriment du bénéficiaire de l'option : on le condamne donc, non parce que le contrat de promesse de vente l'aurait obligé personnellement, mais par simple application du droit de la responsabilité (faute ayant entraîné un préjudice) et sans que cette solution introduise d'exception véritable à l'article 1165 ! Ce raisonnement lumineux réglait définitivement la question : aujourd'hui les étudiants l'assimilent dès leur 2e année de faculté et les magistrats, grâce à la distinction de l'effet obligatoire et de ce que l'on appelle techniquement l'opposabilité du contrat, ont sur ce point les moyens d'avoir à peu de frais une jurisprudence claire. »

A. – Opposabilité du contrat aux tiers

1° Manifestations de l'opposabilité

392. – Il y a de nombreuses manifestations de l'opposabilité d'un contrat aux tiers ; on retiendra cet exemple : le tiers qui, sciemment, se rend complice de la violation d'une obligation contractuelle (de non-concurrence, notamment) engage sa responsabilité (délictuelle).

2° Conditions de l'opposabilité

393. – D'une manière générale, la règle suppose que soit prouvée l'existence du contrat dont on veut se prévaloir, d'où l'exigence d'une date certaine pour prévenir toute contestation sur l'existence et les modalités du contrat.

D'une manière plus particulière, dans certains cas, la loi subordonne l'opposabilité des contrats aux tiers, notamment aux ayants cause à titre particulier, à l'accomplissement de formalités de publicité (vente d'un fonds de commerce, constitution d'une hypothèque).

B. – Opposabilité du contrat par les tiers

394. – Les tiers peuvent, dans certaines circonstances, se prévaloir d'un contrat, sans toutefois exiger l'exécution d'une obligation contenue dans un contrat auquel ils n'ont pas participé. À cet égard, ils peuvent invoquer les effets d'un contrat :

– comme une **situation de fait** à la condition **que celle-ci soit de nature à fonder l'application d'une règle juridique lui conférant le droit qu'il invoque** (Cass. com., 18 déc. 2012, n° 11-25.567) ;

– comme **des éléments d'interprétation** : l'effet relatif du contrat n'interdit pas aux juges du fond de puiser dans un acte étranger à l'une des parties en cause des éléments d'appréciation de nature à éclairer leur décision. Il ne peut être reproché à une cour d'appel d'avoir condamné des notaires à réparer le préjudice subi par leurs clients en se fondant sur une convention à laquelle les notaires étaient demeurés étrangers pour tirer de celle-ci un élément d'évaluation du préjudice qu'il leur incombait de réparer et sans étendre à leur égard l'effet obligatoire de cette convention (Cass. 1re civ., 3 janv. 1996 : *Bull. civ.* 1996, I, n° 7 ; *Defrénois* 1996, p. 1022 et les obs.). C'est le principe rappelé par un arrêt de la première chambre civile le 10 mai 2005 : « si, en principe, les conventions n'ont d'effet qu'à l'égard des parties, elles constituent des faits juridiques dont peuvent être déduites des conséquences en droit à l'égard des tiers » (*Bull. civ.* 2005, I, n° 205 ; *RTD civ.* 2005, p. 596, obs. J. Mestre et B. Fages).

– ou comme **un argument de preuve** pour fonder en faveur des tiers une action en responsabilité au cas où ils subiraient un préjudice, car la jurisprudence considère qu'un même fait peut, sous certaines conditions, constituer une faute contractuelle à l'égard des parties contractantes et une faute délictuelle vis-à-vis des tiers.

Cette solution a été consacrée par un arrêt rendu par l'assemblée plénière le 6 octobre 2006 : le tiers à un contrat peut invoquer, sur le fondement de la responsabilité délictuelle, un manquement contractuel dès lors que ce manquement lui a causé un dommage. La solution est sans doute excessive et mériterait d'être nuancée et de ne jouer que lorsque la faute contractuelle est en réalité une pure faute de négligence.

L'opposabilité du contrat

1. Opposabilité aux tiers

– Il s'agissait d'une salariée, employée en qualité de femme de ménage par une entreprise de nettoyage de locaux. Elle faisait valoir que la société insérait dans les contrats la liant à ses clients une clause interdisant à ces derniers, dans certaines conditions, d'embaucher les personnes qu'elle leur avait adressées pour effectuer des prestations. Elle avait intenté une action en dommages-intérêts contre son employeur, au motif que cette clause, en l'empêchant de retrouver du travail, lui avait causé préjudice. La chambre sociale estime que… « doit être cassé l'arrêt qui, pour condamner la société à payer des dommages-intérêts à l'intéressée pour perte d'un emploi en raison de la clause insérée dans le contrat liant la société à ses clients », a énoncé que cette clause limitait la liberté de travail de la salariée et était de nature à lui rendre plus difficile une nouvelle embauche, alors que n'étant pas partie aux contrats liant la société à ses clients, la salariée ne pouvait invoquer les clauses qui ne figuraient que dans ces contrats, sauf à établir l'existence d'une faute quasi-délictuelle de l'employeur lui ayant causé un préjudice, faute que la cour d'appel, en statuant ainsi, n'avait pas caractérisée.

(Cass. soc., 5 juin 1996 : *Bull. civ.* 1996, V, n° 230 ; *Gaz. Pal.* 1996, 2, pan. p. 204 ; *D.* 1997, somm. p. 25 et la note).

– La notion d'opposabilité a connu une application en matière d'édition :

Cass. 1re civ., 17 oct. 2000 : *Bull. civ.* 2000, I, n° 246 ; *JCP* G 2001, I, 338, chron. G. Viney

LA COUR :

Sur le premier moyen, pris en ses trois branches :

Attendu que, selon les juges du fond, l'hebdomadaire Voici, édité par la société Prisma presse, a publié un article contenant des informations relatives à la princesse de Galles ; que les sociétés Michael O'Mara Books Ltd et Plon, invoquant leur droit exclusif d'édition d'un ouvrage de M. Andrew Morton, intitulé « Diana – Her new life », d'où les informations publiées par l'hebdomadaire Voici, peu avant la diffusion du livre en France, auraient été indûment extraites, ont obtenu de la cour d'appel (CA Paris, 1er oct. 1997) la condamnation de la société Prisma presse à des dommages-intérêts ;

Attendu que la société Prisma presse fait grief à cet arrêt d'avoir rejeté le moyen d'irrecevabilité opposé aux éditeurs, tiré de la nullité des contrats d'édition, en se référant inexactement au droit de la contrefaçon, et en faisant une fausse application de la règle de l'effet relatif des contrats ;

Mais attendu que la cour d'appel a déduit la recevabilité de l'action des sociétés Michael O'Mara Books et Plon des contrats d'édition conclus avec l'auteur de l'ouvrage, emportant à leur profit le droit exclusif d'exploiter cet ouvrage ; que les juges du second degré ont ainsi fondé leur décision au regard du seul moyen d'irrecevabilité opposé par la société Prisma presse dans ses conclusions, tiré d'un défaut de qualité à agir des sociétés Michael O'Mara Books et Plon, faute de justifier des droits qu'elles détiendraient sur l'ouvrage litigieux ; qu'ainsi, indépendamment des motifs surabondants faisant référence à la contrefaçon, non invoquée en l'espèce, la cour d'appel a, sur ce point, légalement justifié sa décision ;

Et sur le second moyen, pris en ses trois branches :

Attendu qu'il est encore reproché à la cour d'appel d'avoir retenu la responsabilité de la société Prisma presse pour la publication d'informations contenues dans le livre de M Morton, alors que la société Prisma presse tenait de l'article 1134 du Code civil le droit d'opposer la nullité du contrat d'édition, alors que la divulgation des informations n'était pas fautive, à défaut de violation du droit de reproduction des éditeurs, et alors que la convention de confidentialité quant à ces informations ne liait pas la société Prisma presse, tiers au contrat, et qu'il n'était pas établi que la société Prisma presse se fut procuré l'ouvrage de manière illicite ;

Mais attendu que la cour d'appel a relevé que l'article litigieux n'était pas le résultat d'investigations personnelles, mais la reprise d'informations contenues dans l'ouvrage, à paraître, de M. Morton ; que les juges du second degré ont pu dès lors, faisant application du principe d'opposabilité des conventions aux tiers, retenir la faute de la société Prisma presse à l'égard des titulaires du droit d'édition de l'ouvrage, pour avoir divulgué des informations puisées dans un ouvrage que les éditeurs s'apprêtaient à diffuser, privant ainsi cette publication d'une partie de son originalité et de son intérêt ;

Que le moyen n'est donc pas fondé ;

Par ces motifs : rejette le pourvoi...

2. Opposabilité par les tiers

Les tiers peuvent, dans certaines circonstances, se prévaloir d'un contrat : c'est le thème de l'opposabilité du contrat par les tiers, et non aux tiers.

– Les transports maritimes en fournissent l'illustration, à travers un arrêt de 1973 dans lequel la chambre commerciale a énoncé qu'un même fait susceptible de constituer un manquement à une obligation existant entre deux parties liées par un contrat, peut être au regard des tiers étrangers au contrat, une faute quasi-délictuelle engageant la responsabilité de son auteur. Ainsi, la responsabilité quasi délictuelle de l'armateur peut être retenue envers le sous-affréteur avec lequel il n'a pas de lien contractuel, pour le défaut d'entretien du navire ayant entraîné l'avarie de la cargaison (Cass. com., 16 janv. 1973, n° 71-10.462).

La Cour de cassation a récemment tranché le débat :

Cass. ass. plén., 6 oct. 2006, n° 05-13.255 : *Bull. civ.* 2006, ass. plén, n° 9, p. 23

Attendu, selon l'arrêt attaqué (Paris, 19 janv. 2005), que les consorts X... ont donné à bail un immeuble commercial à la société Myr'Ho qui a confié la gérance de son fonds de commerce à la société Boot Shop ; qu'imputant aux bailleurs un défaut d'entretien des locaux, cette dernière les a assignés en référé pour obtenir la remise en état des lieux et le paiement d'une indemnité provisionnelle en réparation d'un préjudice d'exploitation ;

Sur le premier moyen :

Attendu que les consorts X... font grief à l'arrêt d'avoir accueilli la demande de la société Boot Shop, locataire-gérante, alors, selon le moyen, « que si l'effet relatif des contrats n'interdit pas aux tiers d'invoquer la situation de fait créée par les conventions auxquelles ils n'ont pas été parties, dès lors que cette situation de fait leur cause un préjudice de nature à fonder une action en responsabilité délictuelle, encore faut-il, dans ce cas, que le tiers établisse l'existence d'une faute délictuelle envisagée en elle-même indépendamment de tout point de vue contractuel ; qu'en l'espèce, il est constant que la société Myr'Ho, preneur, a donné les locaux commerciaux en gérance à la société Boot Shop sans en informer le bailleur ; qu'en affirmant que la demande extracontractuelle de Boot Shop à l'encontre du bailleur était recevable, sans autrement caractériser la faute délictuelle invoquée par ce dernier, la cour d'appel a entaché sa décision d'un manque de base légale au regard de l'article 1382 du Code civil » ;

Mais attendu que le tiers à un contrat peut invoquer, sur le fondement de la responsabilité délictuelle, un manquement contractuel dès lors que ce manquement lui a causé un dommage ; qu'ayant relevé, par motifs propres et adoptés, que les accès à l'immeuble loué n'étaient pas entretenus, que le portail d'entrée était condamné, que le monte-charge ne fonctionnait pas et qu'il en résultait une impossibilité d'utiliser normalement les locaux loués, la cour d'appel, qui a ainsi caractérisé le dommage causé par les manquements des bailleurs au locataire-gérant du fonds de commerce exploité dans les locaux loués, a légalement justifié sa décision ;

Et attendu qu'il n'y a pas lieu de statuer sur les 2e et 3e moyens, dont aucun ne serait de nature à permettre l'admission du pourvoi ;

Par ces motifs : Rejette le pourvoi (...)

SOUS-SECTION 2

LES DÉROGATIONS AU PRINCIPE DE L'EFFET RELATIF DES CONVENTIONS

395. – Désuétude de l'article 1165. Le texte de l'article 1165 du Code civil est quelque peu désuet ; il ne rend plus compte de l'extrême richesse du droit positif. En effet, il est toute une série de situations dans lesquelles le contrat en tant que lien contractuel, et non en tant que fait, produit des effets à l'égard des tiers. On a déjà vu en ce sens que la jurisprudence permettait au sous-acquéreur ou à l'ayant cause à titre particulier de recueillir des créances attachées aux biens transmis, mais il y a plus : de nombreux mécanismes permettent à des tiers de s'intégrer à un contrat et d'en bénéficier ; pareillement, des techniques permettent d'étendre un contrat à des tiers.

§ 1. – Mécanismes d'intégration

Ils sont au nombre de trois :

- la stipulation pour autrui ;
- la promesse de porte-fort ;
- l'action directe.

A. – La stipulation pour autrui

Code civil
Art. 1121 : « On peut pareillement stipuler au profit d'un tiers, lorsque telle est la condition d'une stipulation que l'on fait pour soi-même ou d'une donation que l'on fait à un autre. Celui qui a fait une telle stipulation ne peut plus la révoquer, si le tiers a déclaré vouloir en profiter. »

396. – Agrégation du tiers au contrat sous réserve d'acceptation. Elle établit une relation entre trois personnes : le stipulant, le promettant et le tiers bénéficiaire. Plus précisément, la stipulation pour autrui est l'institution par laquelle une partie à un contrat (le stipulant) obtient de l'autre partie (le promettant) qu'il s'engage au bénéfice d'un tiers (le tiers bénéficiaire), étant précisé que ce tiers, s'il accepte la stipulation, pourra s'agréger au contrat conclu entre le stipulant et le promettant. L'exemple typique de la stipulation pour autrui est le contrat d'assurance-vie : l'assuré (le stipulant) verse une prime d'assurance à une compagnie d'assurance (le promettant) qui s'engage à attribuer le capital ainsi constitué aux enfants ou au conjoint de l'assuré (les tiers bénéficiaires).

397. – Pratique de la stipulation pour autrui. Aujourd'hui généralisée, la technique est d'application quotidienne en matière bancaire, en matière de sociétés ou encore de biens. Quels en sont les caractères, notamment vis-à-vis du tiers bénéficiaire ? Ce dernier n'est pas partie au contrat conclu entre le stipulant et le promettant ; ce n'est pas non plus une personne représentée dans le contrat originaire. En réalité, le bénéficiaire est un tiers appelé à s'intégrer au contrat dans un second temps, de manière discrétionnaire toutefois, car il a toujours la possibilité d'accepter ou de refuser la stipulation. Son droit, qui résulte de la stipulation pesant sur le promettant, est direct et immédiat. Dans l'exemple du contrat d'assurance-vie, au décès de l'assuré, les indemnités vont être directement versées au bénéficiaire. Elles ne vont pas transiter par le patrimoine du stipulant, ce qui le met à l'abri des actions des créanciers du stipulant ou du promettant.

La stipulation pour autrui a connu une application nouvelle en matière de contrat d'assurance de groupe. Un consommateur de crédit à la consommation, qui avait adhéré à un tel contrat d'assurance de groupe conclu entre l'établissement de crédit et une compagnie d'assurance, réclamait la suppression d'une clause stipulée dans ce contrat (entraînant l'exclusion de la couverture du risque par l'assureur), en soutenant qu'elle était abusive. Les juges du fond l'avaient débouté, au motif que la clause litigieuse était stipulée dans le contrat conclu entre l'établissement de crédit et la compagnie d'assurance et n'entrait donc pas dans le champ d'application de l'article L. 132-1 du Code de la consommation qui accorde au juge le pouvoir de supprimer les clauses abusives à la condition qu'elles aient été stipulées dans un contrat conclu entre un professionnel et un consommateur. En l'espèce, le consommateur de crédit-assuré n'était qu'un tiers au contrat noué entre deux professionnels dans lequel la clause litigieuse avait été stipulée ; il n'entrait donc pas dans le champ d'application de la protection légale spéciale. La Cour de cassation a censuré la décision des juges du fond au motif que : « L'adhésion au contrat d'assurance de groupe, bien que conséquence d'une stipulation pour autrui, n'en crée pas moins entre l'adhérent et l'assureur qui l'agrée, un lien contractuel direct, de nature synallagmatique, dont les stipulations relèvent comme telles des dispositions de l'article L. 132-1 du Code de la consommation ». La stipulation pour autrui ne fait pas disparaître le contrat d'origine (Cass. 1re civ., 22 mai 2008 : *Bull. civ.* 2008, I, n° 145).

1° Conditions

398. – Condition de forme. On observera d'abord qu'aucune condition de forme n'est exigée, car la stipulation pour autrui est l'accessoire d'un contrat principal ; elle est donc soumise aux seules formes de ce contrat.

399. – Preuve. Ensuite, quant à la preuve d'une stipulation pour autrui, il n'existe pas non plus de règles particulières. On admet même qu'elle puisse être implicite, ce qui fut un temps le cas en matière de transport de personnes, lorsqu'un accident s'était produit – le transporteur est débiteur d'une obligation contractuelle de sécurité vis-à-vis des passagers – et il s'ensuit que sa responsabilité contractuelle peut être recherchée. Quand les victimes décédaient, la jurisprudence avait admis que les héritiers des défunts, non parties au contrat de transport, étaient bénéficiaires d'une stipulation pour autrui et qu'ils pouvaient, en tant que tels, se prévaloir de l'obligation de sécurité pesant sur le transporteur. L'explication était intéressante mais artificielle : l'action des victimes contre le transporteur est avant tout légale. Les textes sont aujourd'hui en ce sens (V. C. transports, art. L. 5421-7 ; V. également C. transports, art. L. 5422-18, al. 3).

Cette règle de preuve a été rappelée dans un arrêt du 28 octobre 2003 : au cours d'un voyage organisé au Cambodge pour un groupe de Français, et d'une excursion sur le fleuve Mékong, la pirogue a chaviré et quatre personnes sont décédées par noyade, les autres regagnant la rive. La Cour de cassation considère qu'il ne peut être reproché à l'arrêt attaqué d'avoir décidé que l'action des proches parents des victimes décédées avait un fondement quasi-délictuel et non contractuel dès lors qu'ils ne bénéficiaient pas d'une stipulation pour autrui explicite ou implicite insérée dans le contrat de voyage.

Cass. 1re civ., 28 oct. 2003, n° 00-18.794

Attendu que la société Consult voyages a organisé un voyage au Cambodge pour un groupe de Français ; qu'au cours d'une excursion sur le fleuve Mékong, la pirogue ayant chaviré, quatre personnes sont décédées par noyade, les autres regagnant la rive ; que les dix-huit survivants et les proches parents des quatre victimes ont fait assigner l'agence de voyages et son assureur, la compagnie Axa assurances, en réparation de leurs préjudices moraux ; que l'arrêt attaqué (Paris, 9 mai 2000) a confirmé, en application de la loi française sur le fondement de la responsabilité contractuelle de l'agence de voyages, la condamnation de ces derniers à réparer le préjudice moral subi par les dix-huit survivants, mais a rejeté l'action des proches parents des quatre personnes décédées, la loi cambodgienne ne reconnaissant pas la réparation de ce préjudice ;

Sur le premier moyen du pourvoi n° K 00-20.065 :

Attendu que le pourvoi fait grief à l'arrêt d'avoir décidé que l'action des proches des victimes avait un fondement quasidélictuel et non contractuel dès lors qu'ils ne bénéficiaient pas d'une stipulation pour autrui explicite ou implicite insérée dans le contrat de voyage, alors, selon le moyen, qu'en exigeant que la stipulation pour autrui tacite qu'ils invoquaient à leur profit ait revêtu un caractère exprès, la cour d'appel a violé les articles 1121, 1122 et 1147 du Code civil ;

Mais attendu que l'arrêt, après avoir énoncé que les demandeurs, victimes par ricochet, n'étaient pas ayants cause de leurs parents décédés, n'agissant ni en qualité de cessionnaires, ni d'héritiers, a exactement décidé qu'ils ne pouvaient pas bénéficier d'une stipulation pour autrui implicite au titre du contrat de voyage, de sorte qu'il était exclu que leur action soit fondée sur la responsabilité contractuelle de l'agence de voyages ; que le moyen ne peut être accueilli ;

Sur le second moyen du pourvoi n° K 00-20.065 et sur le moyen du pourvoi n° D 00-18.794 :

Attendu que les demandeurs font grief à l'arrêt attaqué d'avoir violé les articles 3 et 1382 du Code civil en rejetant leurs demandes de réparation du préjudice moral subi du fait du décès de leur parent, alors, selon le moyen, que, si le fait générateur s'est produit au Cambodge, leur dommage s'est réalisé en France, lieu où ils vivent, de sorte que la loi française était applicable ;

Mais attendu que la loi applicable à la responsabilité extracontractuelle est celle de l'État du lieu où le fait dommageable s'est produit ; que ce lieu s'entend aussi bien de celui du fait générateur du dommage que celui du lieu de réalisation de ce dernier ; que s'agissant du préjudice moral subi par les victimes par ricochet, qui est en relation directe avec le fait dommageable et qui trouve sa source dans le dommage causé à la victime, la loi applicable à sa réparation est celle du lieu où ce dommage s'est réalisé et non celui où ce préjudice moral est subi ; que l'arrêt attaqué ayant relevé que le fait générateur du dommage était l'embarquement des passagers à bord d'un bateau instable, doté d'installations inadéquates et d'un barreur inexpérimenté, ce fait s'étant produit au Cambodge, pays où le bateau avait chaviré et celui où le dommage s'était réalisé, en appliquant la loi cambodgienne à la réparation du préjudice des victimes par ricochet, la cour d'appel a fait une exacte application de la règle de conflit de lois ; que les moyens ne sont pas fondés ;

Par ces motifs : Rejette les pourvois (...)

400. – Conditions de fond. Quant aux conditions de fond, le montage de l'opération se déroule en deux temps :

– le premier concerne la conclusion du contrat entre le stipulant et le promettant, qui peut revêtir n'importe quelle forme juridique, dans lequel va être désigné un bénéficiaire, sous la condition que le stipulant justifie d'un intérêt (un intérêt moral suffit) ; le tiers bénéficie immédiatement d'un droit contre le promettant ;

– dans un deuxième temps, le tiers désigné va intervenir, *i.e.* il peut accepter la stipulation ou y renoncer. Son acceptation n'est cependant pas une condition de validité de la stipulation pour autrui.

401. – Consolidation de la stipulation. Une fois le consentement du tiers donné, la stipulation est pour ainsi dire consolidée, et aucune révocation n'est alors possible. Bien entendu, le tiers doit avoir la capacité d'acquérir des droits et, dans une certaine mesure, d'assumer des obligations ; en effet, compte tenu d'une certaine évolution jurisprudentielle et malgré la définition classique de la stipulation – qui ne confère que des droits au bénéficiaire –, on admet que ce dernier puisse assumer certaines obligations, dans la mesure où ces obligations présentent un caractère accessoire.

En outre, la jurisprudence admet que la personne du bénéficiaire, qui en principe doit être déterminée dans le contrat, puisse être simplement déterminable au jour où la stipulation est appelée à produire ses effets.

2° Effets

402. – Examen des effets en fonction des parties. Ils s'apprécient à un triple point de vue.

a) Rapports entre le stipulant et le promettant

403. – Ces rapports sont réglés par le contrat originaire et subsistent même après l'acceptation du bénéficiaire ; le stipulant peut demander au promettant qu'il exécute son obligation, même s'il n'en profite pas lui-même.

La règle résulte d'un arrêt classique rendu par la Cour de cassation le 12 juillet 1956 (*GAJ civ.*, n° 170) :

Un créancier avait reçu en nantissement de son débiteur 98 000 actions de la Société Chaux et Ciments Portland artificiels de Virieu. Il a consenti à l'aliénation par ledit débiteur de 45 000 de ces actions. L'acquéreur desdites actions a, par un acte contemporain de la cession, pris l'engagement d'investir dans la société de Virieu une somme de 60 millions. Cette promesse n'ayant pas été exécutée et la société ayant été mise en faillite, le créancier initial a assigné l'acquéreur des actions pour le voir condamner à verser à la faillite les 60 millions dont il était débiteur.

La cour d'appel a reconnu l'existence en l'espèce d'une stipulation pour autrui, mais a débouté le créancier de sa demande pour le motif qu'il ne pouvait exercer une action qui normalement n'appartenait qu'à la société. Cette décision est censurée au motif que « si le tiers bénéficiaire d'une stipulation pour autrui acquiert contre le promettant un droit propre et direct, le stipulant n'en possède pas moins une action en exécution de la promesse souscrite par le débiteur ».

b) Rapports entre le tiers bénéficiaire et le promettant

404. – Le tiers acquiert son droit dès la conclusion du contrat originaire. Reste à ce qu'il accepte le droit stipulé en sa faveur. Cela dit, si ce droit est immédiat et direct (contre le promettant), il n'est pas autonome, en ce sens qu'il dépend du contrat-base : par conséquent, le promettant peut opposer au tiers bénéficiaire toutes les exceptions qu'il aurait pu opposer au stipulant (dont les clauses contenues dans ce contrat).

Ce principe a trouvé une application dans l'espèce suivante : dans le cadre d'une convention de cession d'une partie du capital d'une société, le cédant a souscrit au bénéfice de la société une garantie de passif, comportant une clause compromissoire et la banque s'est portée caution solidaire de celui-ci pour ses engagements découlant de la garantie de passif. La société a assigné le cédant et la banque devant le tribunal de commerce en paiement de la garantie de passif. Cette société bénéficiant d'une stipulation pour autrui, les défendeurs lui ont opposé la clause compromissoire. La cour d'appel avait dit la juridiction étatique compétente et condamné la banque à payer une certaine somme à la société, retient que la clause d'arbitrage figure dans la convention signée par le cédant et le cessionnaire, ce dernier n'étant pas partie à l'instance, que la banque n'est concernée qu'indirectement, en qualité de tiers, par la convention et qu'en conséquence la clause compromissoire n'est opposable ni à la banque ni à la société. En statuant ainsi, alors que la clause d'arbitrage contenue dans le contrat liant le stipulant au promettant peut être invoquée par et contre le tiers bénéficiaire d'une stipulation pour autrui, et donc contre la société bénéficiaire de la garantie de passif, la cour d'appel a violé le principe compétence-compétence et l'article 1458 du Code de procédure civile (Cass. 1re civ., 10 juill. 2006, n° 03-11.983).

c) Rapports entre le stipulant et le tiers bénéficiaire

405. – En principe, il n'y a pas de rapport juridique entre ces deux personnes : le tiers n'est ni débiteur, ni créancier du stipulant. Il n'est pas non plus son ayant cause. Il n'a de créance qu'à l'encontre du promettant. Cela dit, le stipulant peut remettre en cause la stipulation en la révoquant. Cependant, dès acceptation de celle-ci, aucune révocation n'est possible (V. Cass. 1re civ., 14 nov. 1995 : *Bull. civ.* 1995, I, n° 404 ; *Defrénois* 1996, p. 750 et la note) :

« ... l'établissement de crédit, bénéficiaire du contrat d'assurance de groupe auquel l'adhérent avait donné son adhésion et en vertu duquel l'assureur devait, en cas de sinistre, se substituer à lui pour le remboursement du solde des prêts garantis, recueille directement, à ce moment, le bénéfice de l'assurance par l'effet de la stipulation ainsi faite à son profit, ce qui vaut paiement de la dette de l'emprunteur et emporte la libération de celui-ci. Par suite, dès lors que les conditions de la garantie étaient, par ailleurs, remplies, comme c'était le cas pour l'un de ces prêts à la différence des deux autres prêts, le paiement fait par l'emprunteur, après la survenance du sinistre, en remboursement anticipé du prêt, était indu ».

La stipulation pour autrui

L'examen de la jurisprudence montre que la stipulation pour autrui est utilisée à la fois de façon fréquente et pour des objectifs divers.

– Dans le cas de l'assurance sur la vie souscrite au profit d'un tiers, la jurisprudence a très tôt (Cass. civ., 16 janv. 1888 : *DP* 1888,1, p. 77 ; S. 1888, 1, p. 121, note T.C.) estimé que le stipulant stipulait pour lui-même en même temps que pour ce tiers :

« ... »

Cass. 1re civ., 22 mai 2008, n° 05-21.822 : *Bull. civ.* 2008, I, n° 145

Sur le premier moyen :

Vu l'article L. 132-1 du Code de la consommation, dans sa rédaction issue de la loi n° 95-96 du 1er février 1995 applicable en l'espèce ;

Attendu que la cour d'appel, devant laquelle était invoqué le caractère abusif de la clause du contrat d'assurance de groupe que la compagnie d'assurances opposait à M. X... pour refuser de prendre en charge le remboursement sollicité, a écarté ce moyen aux motifs que les dispositions de l'article L. 132-1 du Code de la consommation sont inapplicables en l'espèce dès lors que ladite clause figure dans un contrat conclu non pas entre M. X... et la compagnie d'assurances mais entre celle-ci et la société Cetelem, auquel M. X... s'est contenté d'adhérer librement ;

Qu'en statuant ainsi, alors que l'adhésion au contrat d'assurance de groupe, bien que conséquence d'une stipulation pour autrui, n'en crée pas moins, entre l'adhérent et l'assureur, qui l'agrée, un lien contractuel direct, de nature synallagmatique, dont les stipulations relèvent, comme telles, des dispositions du texte susvisé, la cour d'appel a violé celui-ci par refus d'application ;

V. dans le même sens, Cass. com., 13 avr. 2010, n° 09-13.712.

– Il résulte de l'article 1121 du Code civil que le stipulant a qualité pour demander l'exécution du contrat dont il est le souscripteur.

Une société, chargée par EDF d'une opération réalisée au profit des salariés de cette dernière pour les faire bénéficier d'une remise de 500 francs sur un voyage qu'ils souscriraient auprès d'une agence de voyages, a acheté à cette agence un certain nombre de bons d'une valeur unitaire égale à celle de la remise prévue. Ces bons n'ayant pu être utilisés en raison de la liquidation judiciaire de l'agence de voyages, la société qui en avait remboursé le prix à EDF a mis en jeu la garantie financière de l'association professionnelle des agences de voyages. La cour d'appel l'a débouté de sa demande. Elle considère que ladite société, qui n'était pas cliente de l'agence de voyages au sens de l'article 10 du décret du 28 mars 1977, les bons de voyage ayant été émis au nom des agents d'EDF, se prévalait de droits appartenant à des clients de cette agence qui avaient souscrit des voyages partiellement payés à l'aide de bons émis par elle, qu'elle avait remboursé la valeur de ces bons à EDF et non à ses salariés et ne justifiait d'aucune subrogation dans les droits de clients frustrés, de sorte qu'elle n'avait pas qualité pour demander un paiement quelconque, alors que la société avait stipulé, au profit de tiers bénéficiaires désignés, des bons de voyage à valoir sur des prestations de voyage fournies par l'agence de voyages. La Cour de cassation au nom de la stipulation pour autrui a censuré cette décision (Cass. 1re civ., 14 déc. 1999 : *Bull. civ.* 1999, I, n° 341).

Si le bénéfice d'une stipulation pour autrui est en principe transmis aux héritiers du bénéficiaire désigné lorsque celui-ci vient à décéder après le stipulant mais sans avoir déclaré son acceptation, il en va autrement lorsque le stipulant, souscripteur d'une assurance sur la vie, a désigné, outre ce bénéficiaire, des bénéficiaires en sous-ordre, sans réserver les droits des héritiers du premier nommé. Ayant constaté que le bénéficiaire de la stipulation, décédé deux mois et demi après la stipulante, n'avait pas demandé le règlement des sommes dont il était bénéficiaire et n'avait accompli aucun acte qui puisse être considéré comme une acceptation de la stipulation faite en sa faveur, une cour d'appel en a exactement déduit que les sommes devaient être versées aux enfants de la stipulante désignés comme bénéficiaires à titre subsidiaire, à l'exclusion du frère du premier bénéficiaire (Cass. 1re civ., 9 juin 1998 : *Bull. civ.* 1998, I, n° 202 ; *JCP* G 1999, I, 137, chron. N. Eymard-Gauclin ; *RGAT* 1998, p. 786, note J. Kullmann ; *Defrénois* 1998, p. 1416 et la note).

– Enfin, en application de l'article 1121, l'acquéreur d'une parcelle qui s'engage envers le vendeur d'un domaine immobilier ou envers ses ayants cause, au profit de tous les bénéficiaires précisés à l'acte, à respecter des clauses concernant notamment la limitation de hauteur des habitations à édifier sur sa parcelle, et qui bénéficie, en vertu de son acte d'acquisition des mêmes stipulations imposées aux autres acquéreurs et acceptées par eux, possède contre ceux-ci ou leurs ayants cause, une action directe pour les contraindre au respect des engagements pris (Cass. 3e civ., 31 janv. 1969, n° 66-12.879).

B. – La promesse du porte-fort

406. – Opération tripartite sous réserve de ratification du tiers. Prenons l'exemple classique du père de famille qui désire vendre les biens de son fils mineur. *A priori*, cette vente est nulle, mais le père peut se porter fort vis-à-vis de l'acquéreur que son fils, une fois majeur, ratifiera l'opération.

La promesse peut aussi porter sur la bonne exécution d'une obligation. La promesse de porte-fort est également très développée dans les opérations sociétaires.

L'institution met en relation trois personnes. Le texte de base est l'article 1120 du Code civil, aux termes duquel… « néanmoins on peut se porter fort pour un tiers, en promettant le fait de celui-ci ; sauf l'indemnité contre celui qui s'est porté fort ou qui a promis de faire ratifier, si le tiers refuse de tenir l'engagement ». Longtemps ignorée du droit positif, la promesse de porte-fort connaît aujourd'hui un regain d'intérêt, notamment dans le droit des sûretés et des sociétés. La promesse de porte-fort est le fait de promettre « le fait du tiers ».

Une personne conclut un contrat avec une autre (bénéficiaire), en se portant fort de ce qu'un tiers au contrat viendra ratifier l'opération. Si ce dernier accepte, le contrat – entre le tiers et le bénéficiaire – est conclu ; dans le cas contraire, le porte-fort devra dédommager le bénéficiaire de la promesse. L'acceptation du tiers est purement volontaire – ce n'est pas une confirmation – et elle est uniquement destinée à consolider un contrat préexistant. Elle peut être expresse ou tacite. Dès lors que le tiers donne son consentement, il est à son tour lié et le porte-fort est dégagé de toute obligation car il n'est pas en principe responsable du tiers. Cependant, on assimile l'accord du tiers à une ratification, laquelle joue de manière rétroactive, *i.e.* le tiers est engagé dès l'origine de la promesse.

407. – Fausse dérogation à l'effet relatif. Dans la promesse de porte-fort, il n'y a pas véritablement de dérogation au principe de l'effet relatif des conventions, car le tiers est en effet libre de ratifier ou pas ; seul le porte-fort est obligé, du moins tant que le tiers ne s'est pas décidé.

408. – Distinctions. Cette institution n'est pas toujours aisée à qualifier :

– il faut distinguer la promesse de porte-fort de la promesse de bons offices, en ce sens que, dans cette dernière, le promettant s'engage seulement à essayer d'obtenir la ratification du tiers, ne supportant ainsi qu'une obligation de moyens, *i.e.* obligeant le bénéficiaire à prouver une faute en cas d'action en responsabilité de sa part ; en revanche, l'obligation du porte-fort est de résultat : il ne pourra s'exonérer qu'en cas de force majeure ;

– il faut la distinguer du contrat de cautionnement, dans lequel la caution s'oblige, en cas de défaillance du débiteur principal, à se substituer à lui afin de désintéresser le créancier, car d'une part, le porte-fort ne se substitue pas au tiers et, d'autre part, les obligations du contrat de cautionnement coexistent, ce qui n'est pas le cas dans la promesse de porte-fort (où les obligations sont alternatives).

L'inexécution par le tiers dont le fait avait été promis de l'intégralité des termes d'un engagement doit être analysée en une absence de ratification dudit engagement (Cass. 1re civ., 18 avr. 2000 : *JCP* G 2000, I, 272, n° 14).

La promesse de porte-fort

Par acte notarié du 3 juin 1865, la Veuve Bourdenet et ses enfants majeurs avaient consenti une hypothèque au profit du sieur Dupasquier, leur créancier. Cette hypothèque portait sur des immeubles qui appartenaient entre autres à leur fils et frère mineur, Émile Bourdenet, pour qui ils s'étaient portés fort. Celui-ci, aussitôt après sa majorité, avait ratifié l'acte de ses mère et frères (3 mai 1866), puis avait contracté divers emprunts qui avaient donné lieu à des inscriptions hypothécaires prises sur les mêmes immeubles par les prêteurs, Corne et Tournier (18 et 26 déc. 1866). Il s'agissait de savoir qui l'emporterait, dans l'ordre ouvert sur les immeubles hypothéqués, de Dupasquier ou de Corne et Tounier.

La cour de Besançon avait donné satisfaction à ceux-ci. La Cour de cassation a censuré cette solution :

« La ratification de celui pour qui on s'est porté fort opère avec rétroactivité. En conséquence, l'inscription d'une hypothèque prise, en vertu de l'acte constitutif de l'hypothèque consentie par le porte-fort, a produit son effet du jour de sa date vis-à-vis des créanciers qui n'avaient pas d'inscription valable avant la ratification » (Cass. req. 2 avr. 1912 : *DP* 1912, 1, p. 524).

(V. Cass. 1re civ., 18 avr. 2000 : *Bull. civ.* 2000, I, n° 115).

V. également : Cass. com., 13 déc. 2005 : *Bull. civ.* 2005, IV, n° 256, p. 283 :

« Vu les articles 1120 et 1134 du Code civil ;

Attendu que celui qui se porte fort pour un tiers en promettant la ratification par ce dernier d'un engagement est tenu d'une obligation autonome dont il se trouve déchargé dès la ratification par le tiers, tandis que celui qui se porte fort de l'exécution d'un engagement par un tiers s'engage accessoirement à l'engagement principal souscrit par le tiers à y satisfaire si le tiers ne l'exécute pas lui-même ».

C. – L'action directe

409. – Véritable exception. Il s'agit d'une véritable exception au principe de l'effet relatif. Elle permet à son titulaire d'exercer son droit contre le débiteur de son débiteur. Raisonnons sur un contrat d'entreprise conclu entre un maître de l'ouvrage et un entrepreneur qui s'engage à construire une maison : ce dernier a une créance contre le maître de l'ouvrage qui doit payer un prix (le coût de la construction). Il se peut que l'entrepreneur n'ait pas la possibilité de réaliser lui-même l'intégralité des travaux, aussi va-t-il sous-traiter les travaux à un sous-entrepreneur (dit le sous-traitant). Un deuxième contrat – dit sous-traité – a donc été conclu, cette fois entre l'entrepreneur et le sous-traitant : ce dernier a une créance contre l'entrepreneur qui doit le payer. Le mécanisme de l'action directe va lui permettre d'agir directement contre le maître de l'ouvrage, *i.e.* le débiteur de son débiteur.

L'action directe est d'actualité. Le droit positif en distingue deux types.

1° L'action directe en paiement

410. – Hypothèses d'action directe en paiement. Elle est prévue, en principe, uniquement par des textes :

– l'article 1753 du Code civil dispose : « le sous-locataire n'est tenu envers le propriétaire que jusqu'à concurrence du prix de sa sous-location dont il peut être débiteur au moment de la saisie, et sans qu'il puisse opposer des paiements faits par anticipation… » ;

– l'article 1994 du même code prévoit que : « le mandataire répond de celui qu'il s'est substitué dans la gestion : 1) quand il n'a pas reçu le pouvoir de se substituer quelqu'un ; 2) quand ce pouvoir lui a été conféré sans désignation d'une personne, et que celle dont il a fait choix était notoirement incapable ou insolvable. Dans tous les cas, le mandant peut agir directement contre la personne que le mandataire s'est substituée » ; cette action a été bilatéralisée par la jurisprudence si bien que le sous-mandataire peut agir contre le mandant ;

– l'article L. 124-3 du Code des assurances précise que : « L'assureur ne peut payer à un autre que le tiers lésé tout ou partie de la somme due par lui, tant que ce tiers n'a pas été désintéressé, jusqu'à concurrence de ladite somme, des conséquences pécuniaires du fait dommageable ayant entraîné la responsabilité de l'assuré. » ;

– le sous-traitant dispose d'une action directe contre le maître de l'ouvrage depuis la loi du 31 décembre 1975 relative à la sous-traitance (L. n° 75-1334, 31 déc. 1975, art. 12) ;

– l'article L. 132-8 du Code de commerce prévoit également une action directe originale : « La lettre de voiture forme un contrat entre l'expéditeur, le voiturier et le destinataire ou entre l'expéditeur, le destinataire, le commissionnaire et le voiturier. Le voiturier a ainsi une action directe en paiement de ses prestations à l'encontre de l'expéditeur et du destinataire, lesquels sont garants du paiement du prix du transport. Toute clause contraire est réputée non écrite ».

La lettre de voiture

Cass. com., 7 avr. 2009, n° 08-12.919

Attendu, selon l'arrêt attaqué et les productions, qu'à la demande de la société Berryplast, ultérieurement placée en liquidation judiciaire, des transports ont été effectués au départ ou à destination des locaux de la société Sogeclo ; que la société Transports digoinnais n'ayant pas été payée de factures qu'elle avait émises en a demandé le règlement à la société Sogeclo, sur le fondement de l'article L. 132-8 du Code de commerce ;

Sur le moyen unique, pris en ses deuxième et troisième branches :

Vu l'article L. 132-8 du Code de commerce ;

Attendu que, même s'il ne figure pas en qualité de destinataire sur la lettre de voiture, celui qui reçoit la marchandise et l'accepte sans indiquer agir pour le compte d'un mandant est garant du paiement du prix du transport envers le voiturier ;

Attendu que pour rejeter l'action directe en paiement de la société Transports digoinnais en tant que voiturier, l'arrêt retient que si sur les lettres de voiture le nom de la société Sogeclo apparaît à la rubrique chargement ou déchargement, le tampon apposé par cette dernière mentionne toujours « dépôt » suivi de son adresse, rue de la République à Lapugnoy 62122, que le transporteur savait que la société Sogeclo était un lieu de chargement et de déchargement mais en aucun cas l'expéditeur ou le destinataire de la marchandise et que la société Sogeclo n'apparaît pas comme le donneur d'ordre du transporteur ;

Attendu qu'en se déterminant ainsi, sans rechercher si la société Sogeclo avait reçu la marchandise et l'avait acceptée sans indiquer agir pour le compte d'un mandant, la cour d'appel n'a pas légalement justifié sa décision ;

Et sur le moyen pris, en sa quatrième branche :

Vu l'article L. 132-8 du Code de commerce ;

Attendu que pour statuer comme il fait, l'arrêt retient encore que l'action directe voulue par le législateur pour permettre au voiturier qui a effectué sa prestation d'être payé par l'un quelconque de ceux qui en ont bénéficié au risque du double paiement, ne peut profiter au transporteur de mauvaise foi qui connaissait les difficultés de trésorerie du donneur d'ordre ;

Attendu qu'en statuant ainsi, alors que la circonstance que le transporteur ait connu les difficultés de trésorerie de son donneur d'ordre ne lui interdit pas d'exercer l'action directe prévue par l'article L. 132-8 du Code de commerce, la cour d'appel a violé le texte susvisé ;

Par ces motifs : Casse et annule.

411. – Difficultés d'application. Ce type d'action directe soulève quelques difficultés d'application.

La première est de savoir si le débiteur de l'action directe peut opposer des exceptions inhérentes au contrat qu'il a lui-même conclu avec l'entrepreneur (pour reprendre l'exemple cité). En effet, il se peut qu'il ait déjà payé l'entrepreneur ou que le contrat soit vicié ou qu'il ait été résilié... En principe, la solution est que le débiteur de l'action directe peut opposer toutes les exceptions qu'il aurait pu faire valoir à son cocontractant.

La seconde est que l'action directe implique le dessaisissement du débiteur principal, que ce soit dès la naissance de l'action directe (elle est alors parfaite) ou lors de sa mise en œuvre (elle est imparfaite). De surcroît, cette action n'implique pas forcément un paiement intégral de la part de son titulaire ; en effet, c'est un mode de paiement simplifié, qui, comme tel, obéit à la règle de la double limite : d'une part, le titulaire de l'action directe doit être créancier du débiteur principal, d'autre part, encore faut-il que le sous-débiteur soit encore débiteur vis-à-vis de son propre cocontractant. Dans l'exemple du contrat d'entreprise, le maître de l'ouvrage n'est débiteur vis-à-vis du titulaire de l'action que dans la limite de son propre contrat avec l'entrepreneur.

2° L'action directe en responsabilité

412. – **Création jurisprudentielle**. Cette action, créée par la jurisprudence, joue dans les chaînes de contrats, afin de permettre au dernier maillon de la chaîne d'agir contre l'auteur initial du dommage.

En cas de chaîne homogène de contrats (suite de ventes), le sous-acquéreur victime peut ainsi agir directement contre le fabricant.

La solution a été étendue dans l'hypothèse d'une **chaîne hétérogène de contrats**. La suite de contrats se compose d'opérations différentes. Par exemple, un contrat de vente de tuiles est conclu entre un fabricant et un entrepreneur ; un contrat de construction d'une maison est passé entre le même entrepreneur et un maître de l'ouvrage. Les différents contrats n'ont pas la même nature juridique, mais ouvrent droit, pour la personne située au bout de la chaîne et dernier intéressé, à l'action directe contre le fabricant (en cas de vice caché ou de défaut de conformité). Cette jurisprudence, aujourd'hui systématisée, est propre aux contrats translatifs et s'explique par l'idée d'accessoire ou d'*intuitus rei*. Ainsi, la Cour de cassation a admis qu'une clause de non-garantie opposable par un vendeur intermédiaire à son propre acquéreur ne peut faire obstacle à l'action de l'acquéreur final contre le vendeur originaire (Cass. 3e civ., 16 nov. 2005 : *Bull. civ.* 2005, III, n° 222).

L'action directe en responsabilité a été, un temps, admise dans **les groupes de contrats**. Elle est aujourd'hui écartée (Cass. ass. plén., 12 juill. 1991), bien que ce revirement de jurisprudence soit loin d'être convaincant.

La notion de « groupe de contrats » est à contenu variable : la Cour de cassation a décidé que, faute de volonté contraire, les contrats de prêt et d'assurance emprunteur ne constituent pas un tel groupe (Cass. 1re civ., 18 janv. 2000 : *Bull. civ.* 2000, I, n° 10 ; *Defrénois* 2000, p. 731, note D. Mazeaud).

Nature de l'action directe

Dans les chaînes de contrats translatifs de propriété, le maître de l'ouvrage, comme le sous-acquéreur, jouit de tous les droits et actions attachés à la chose qui appartenait à son auteur et peut donc agir contre le vendeur initial à raison des obligations contractuelles de celui-ci envers son propre acheteur (Cass. ass. plén., 7 févr. 1986 : *D.* 1986, jurispr. p. 293, note Bénabent). Réciproquement, il peut se voir opposer toutes les clauses du contrat sur lequel il appuie son action en responsabilité. La règle vaut que l'on soit en présence de contrats homogènes ou hétérogènes, c'est-à-dire qu'il s'agisse d'une succession de contrats de même nature (contrats de vente) ou que se succèdent des contrats de nature différente (contrats d'entreprise et contrats de vente, voire de bail).

L'Assemblée plénière de la Cour de cassation a, par deux fois, défini la nature de l'action directe du maître de l'ouvrage à l'égard du fabricant ou du sous-traitant. Le premier accorde une action contractuelle directe contre le fabricant :

Cass. ass. plén., 7 févr. 1986, rejet, 1re esp., *Sté Produits Céramique de l'Anjou c/ Syndicat des copropriétaires de la résidence Normandie et a.* : *Bull. civ.* 1986, ass. plén., n° 2 ; *Gaz. Pal.* 1986, jurispr. p. 543, note J.-M. Berly ; *D.* 1986, jurispr. p. 293, note A. Bénabent ; *D.* 1987, somm. p. 185, note H. Groutel ; *JCP* G 1986, II, 20616, note Ph. Malinvaud

LA COUR ;

Sur le moyen unique :

Attendu que la Société de Produits Céramiques de l'Anjou – dite PCA –, fournisseur des briques ayant servi au montage des cloisons de l'ensemble immobilier construit par la SCI Asnières Normandie, fait grief à l'arrêt attaqué de l'avoir déclarée responsable pour partie des fissurations apparues dans les cloisons, et condamnée à payer au syndicat de la copropriété partie du coût des réparations, alors, selon le moyen, que, d'une part, la faute prétendue du vendeur de matériaux ne pouvant s'apprécier qu'au regard des stipulations contractuelles imposées par l'entrepreneur, la Société ESCA, l'arrêt, en déclarant que ces stipulations étaient indifférentes, a violé les articles 1147 et 1382 du Code civil ; alors, d'autre part, que, statuant sur le fondement de la responsabilité quasi délictuelle, l'arrêt ne pouvait faire état de la présomption de connaissance pesant sur le vendeur professionnel, mais devait rechercher si le fabricant connaissait effectivement la destination des matériaux vendus, en l'espèce, la fabrication de cloisons ne reposant pas sur une semelle adéquate et donc soumises à des déformations, et dont seule cette utilisation avait entraîné le défaut ; alors, en outre, qu'en se fondant, pour déclarer des briques non conformes, sur les normes définies et imposées postérieurement à l'époque de la construction sans rechercher si ces briques n'étaient pas conformes aux normes imposées lors de leur livraison, l'arrêt n'a pas caractérisé la faute du vendeur ; alors, encore, que l'arrêt a délaissé les conclusions indiquant que la fragilité des briques était due non pas à leur manque de qualité mais à un défaut d'utilisation de la part de l'entrepreneur, omettant ainsi d'examiner une cause d'exonération constituée par la faute d'un tiers ; alors, enfin, que faute d'avoir recherché si les fissures des briques ne provenaient pas seulement de l'absence de semelle résiliente, cause majeure reconnue des désordres, et non pas d'un défaut allégué des matériaux, l'arrêt n'a pas caractérisé, autrement que par une simple affirmation, le lien de causalité entre le prétendu défaut de conformité des briques et le dommage invoqué ;

Mais attendu que le maître de l'ouvrage comme le sous-acquéreur, jouit de tous les droits et actions attachés à la chose qui appartenait à son auteur ; qu'il dispose donc à cet effet contre le fabricant d'une action contractuelle directe fondée sur la non-conformité de la chose livrée ; que, dès lors, en relevant que la Société PCA avait livré des briques non conformes au contrat, en raison de leur mauvaise fabrication, la cour d'appel, qui a caractérisé un manquement contractuel dont la SCI Asnières Normandie, maître de l'ouvrage, pouvait lui demander réparation dans le délai de droit commun, a, par ce seul motif, légalement justifié sa décision ; qu'en aucune de ses cinq branches, le moyen ne peut donc être accueilli ;

Par ces motifs : rejette le pourvoi.

Le second arrêt reconnaît que le maître de l'ouvrage ne dispose, contre le sous-traitant, d'aucune action directe de nature contractuelle :

Cass. ass. plén., 12 juill. 1991, n° 90-13.602, cassation partielle,
Besse c/ Protois

Sur le moyen unique :

Vu l'article 1165 du Code civil ;

Attendu que les conventions n'ont d'effet qu'entre les parties contractantes ;

Attendu, selon l'arrêt attaqué, que plus de dix années après la réception de l'immeuble d'habitation, dont il avait confié la construction à M. Alhada, entrepreneur principal, et dans lequel, en qualité de sous-traitant, M. Protois avait exécuté divers travaux de plomberie qui se sont révélés défectueux, M. Besse les a assignés, l'un et l'autre, en réparation du préjudice subi ;

Attendu que, pour déclarer irrecevables les demandes formées contre le sous-traitant, l'arrêt retient que, dans le cas où le débiteur d'une obligation contractuelle a chargé une autre personne de l'exécution de cette obligation, le créancier ne dispose contre cette dernière que d'une action nécessairement contractuelle, dans la limite de ses droits et de l'engagement du débiteur substitué ; qu'il en déduit que M. Protois peut opposer à M. Besse tous les moyens de défense tirés du contrat de construction conclu entre ce dernier et l'entrepreneur principal, ainsi que des dispositions légales qui le régissent, en particulier la forclusion décennale ;

Attendu qu'en statuant ainsi, alors que le sous-traitant n'est pas contractuellement lié au maître de l'ouvrage, la cour d'appel a violé le texte susvisé ;

Par ces motifs : casse et annule...

Cour de justice des Communautés européennes (CJCE – aujourd'hui CJUE)

La Cour de justice des Communautés européennes considère que la matière contractuelle (au sens de l'article 5 1°) de la convention de Bruxelles du 27 septembre 1968 devenu article 5 du règlement n° 44/2001 du Conseil du 22 décembre 2000 concernant la compétence judiciaire, la reconnaissance et l'exécution des décisions en matière civile et com-

merciale ne saurait viser « une situation dans laquelle il n'existe aucun engagement librement assumé d'une partie envers une autre ».

1) Dans les chaînes de contrats

CJCE, 17 juin 1992, *Jakob Handte* : *D.* 1992, somm. p. 225 ; *D.* 1993, somm. p. 214, note J. Kullmann ; *JCP* G 1992, 21917, note C. Larroumet

« L'article 5-1 de la Convention de Bruxelles du 27 septembre 1968 concernant la compétence judiciaire et l'exécution des décisions en matière civile et commerciale doit être interprété en ce sens qu'il ne s'applique pas à un litige opposant le sous-acquéreur d'une chose au fabricant, qui n'est pas le vendeur, en raison des défauts de la chose ou de l'impropriété de celle-ci à l'usage auquel elle est destinée ».

V. également CJUE, 1re ch., 7 févr. 2013, aff. C-543/10, *Refcomp SpA c/ Axa corporate solutions assurance SA* : *D.* 2013, 1110, note S. Bollée.

« L'article 23 du règlement CE n° 44/2001 du Conseil, du 22 décembre 2000, concernant la compétence judiciaire, la reconnaissance et l'exécution des décisions en matière civile et commerciale, doit être interprété en ce sens qu'une clause attributive de juridiction convenue dans le contrat conclu entre le fabricant d'un bien et l'acquéreur de celui-ci ne peut pas être opposée au tiers sous-acquéreur qui, au terme d'une succession de contrats translatifs de propriété conclu entre des parties établies dans différents États membres, a acquis ce bien et veut engager une action en responsabilité à l'encontre du fabricant, sauf s'il est établi que ce tiers a donné son consentement effectif à l'égard de ladite clause dans les conditions énoncées à cet article ».

Cette solution ne devrait pas entamer la jurisprudence interne.

Sur l'ampleur de la transmission, V. Cass. 3e civ., 16 nov. 2005 : *Bull. civ.* 2005, III, n° 222.

Une clause de non-garantie opposable par un vendeur intermédiaire à son propre acquéreur ne peut faire obstacle à l'action directe de l'acquéreur final contre le vendeur originaire.

Cass. 3e civ., 16 nov. 2005, n° 04-10.824

Attendu, selon l'arrêt attaqué (Colmar, 16 oct. 2003), que le Crédit immobilier d'Alsace (le CIA) a acquis en 1990, de la société CIC, marchand de biens, un terrain dont il a découvert en 1994 qu'il contenait des hydrocarbures ; qu'à l'issue de recherches sur l'historique du terrain, il a diligenté une procédure de référé en avril 1996, puis a assigné en garantie des vices cachés la commune de Haguenau, propriétaire originaire du terrain sur lequel elle avait exploité une usine de production de gaz de 1863 à 1929 et la Société européenne de supermarchés (la SES) à qui elle avait revendu le terrain en 1956 ; qu'il a sollicité également la condamnation de la commune de Haguenau à lui rembourser les travaux de dépollution en application de la loi du 19 juillet 1976 sur les établissements classés ;

Sur le premier moyen du pourvoi principal, pris en ses première et deuxième branches, ci-après annexé :

Attendu qu'ayant relevé que le vice était essentiellement constitué par la présence de résidus de fioul mélangés à de la terre et à des gravats divers, la cour d'appel, qui a retenu que si M. X... avait eu connaissance des problèmes de constructibilité du terrain acquis par sa société et avait adapté la construction de l'entrepôt à la présence de trois anciennes cuves, rien ne permettait d'affirmer qu'il connaissait le contenu de ces cuves, a pu en déduire, sans se contredire, que la mauvaise foi des dirigeants de la SES lors de la vente de l'entrepôt en 1990 n'était pas démontrée ;

D'où il suit que le moyen n'est pas fondé ;

Sur le second moyen du pourvoi principal :

Attendu que le CIA fait grief à l'arrêt de déclarer les juridictions judiciaires incompétentes pour connaître de son action contre la commune de Haguenau, alors, selon le moyen, que les litiges relatifs à la responsabilité contractuelle encourue par une commune du fait de la vente d'un bien situé sur son domaine privé ressortit à la compétence judiciaire dès lors que le contrat de vente n'a pas pour objet l'exécution d'un service public et ne contient pas de clause exorbitante du droit commun ; que le contrat de vente consenti par la commune de Haguenau à la société Haeringer est un contrat de droit privé portant sur un bien de la commune situé sur son domaine privé et exempt de toute clause exorbitante de droit commun ; qu'en retenant la compétence des juridictions administratives pour statuer sur un litige consécutif à cette vente et mettant en cause la responsabilité contractuelle de la commune de Haguenau, la cour d'appel a violé ensemble la loi des 16-24 août 1790, le décret du 16 fructidor an III et le principe de séparation des autorités administratives et judiciaires ;

Mais attendu que le CIA ayant invoqué comme fondement à sa demande, en dehors de la garantie des vices cachés, la responsabilité quasi-délictuelle ou l'obligation légale pour l'auteur d'une pollution de prendre en charge le coût de son traitement en application de la loi du 19 juillet 1976 et du décret du 21 septembre 1977, le moyen manque en fait ;

Mais sur le premier moyen du pourvoi principal, pris en sa troisième branche :

Vu les articles 1641 et 1165 du Code civil ;

Attendu que pour rejeter la demande du CIA sur le fondement des vices cachés, l'arrêt retient l'efficacité de la clause de non-garantie stipulée dans l'acte de vente de la société SES à la société CIC et son opposabilité à l'action en garantie intentée par le CIA, et énonce que l'action en garantie, exclue et bloquée au niveau d'un vendeur intermédiaire, ne peut pas être envisagée et prospérer contre le vendeur initial, la commune de Haguenau ;

Qu'en statuant ainsi, alors qu'une clause de non-garantie opposable par un vendeur intermédiaire à son propre acquéreur ne peut faire obstacle à l'action directe de l'acquéreur final contre le vendeur originaire, dès lors qu'aucune clause de non-garantie n'a été stipulée lors de la première vente, la cour d'appel a violé les textes susvisés ;

Et attendu qu'il y a lieu, conformément à l'article 627, alinéa 2, du Nouveau Code de procédure civile, de mettre fin au litige en appliquant la règle de droit appropriée aux faits souverainement constatés par les juges du fond qui ont relevé que le recours contractuel de droit commun serait prescrit, et de décider que l'action en garantie exercée le 26 avril 1996 contre la commune de Haguenau, qui avait vendu le terrain affecté du vice en 1956, est prescrite, la garantie légale du vendeur initial devant être mise en œuvre à l'intérieur du délai de la prescription extinctive de droit commun fixé à trente ans par l'article 2262 du Code civil ;

Par ces motifs : Casse et annule.

2) Dans les groupes de contrat

(CJCE, 27 oct. 1998, *Navire Abblasgracht Vooz* et en application Cass. com., 16 mars 1999 : *D.* 1999, inf. rap. p. 108 ; *DMF* 1999, p. 9).

Saisie d'un renvoi préjudiciel par la chambre commerciale de la Cour de cassation, la Cour de justice des Communautés européennes a dit pour droit, par arrêt du 27 octobre 1998, que « l'action par laquelle le destinataire de marchandises reconnues avariées à l'issue d'un transport maritime, puis terrestre, ou son assureur subrogé dans ses droits pour l'avoir indemnisé, réclame réparation de son préjudice en se fondant sur le connaissement couvrant le transport maritime, non pas à l'encontre de celui qui a émis ce document à son entête, mais à l'encontre de la personne que le demandeur tient pour être le transporteur maritime réel, ne relève pas de la matière contractuelle au sens de l'article 5, point 1, de la Convention du 27 septembre 1968 concernant la compétence judiciaire et l'exécution des décisions en matières civile et commerciale, mais de la matière délictuelle ou quasi-délictuelle au sens de l'article 5, point 3, de ladite convention ». Par le même arrêt, elle a également dit pour droit que « le lieu où le destinataire des marchandises, après l'exécution du transport maritime, puis du transport terrestre final, n'a fait que constater l'existence des avaries aux marchandises qui lui ont été livrées, ne peut servir à déterminer le lieu où le fait dommageable s'est produit » au sens de l'article 5, point 3, de la convention du 27 septembre 1968, tel qu'interprété par la Cour de justice des Communautés européennes.

Il résulte de cette réponse à la question préjudicielle que, si le fondement de la demande des assureurs formée à l'encontre du transporteur réel et du capitaine du navire est délictuel au regard de la Convention de Bruxelles du 27 septembre 1968, le lieu, situé en France, où, selon le moyen, les avaries sont « apparues » – c'est-à-dire ont été constatées lors du dépotage des conteneurs –, ne peut constituer celui où le fait dommageable s'est produit au sens de la convention susvisée.

Enfin et surtout, la Cour de justice des Communautés européennes a, une nouvelle fois, décidé que la notion de matière contractuelle au sens de l'article 5-1 ne saurait être comprise comme visant une situation dans laquelle il n'existe aucun engagement librement assumé d'une partie envers une autre.

§ 2. – Mécanismes d'extension

413. – Accords collectifs. L'extension emprunte la technique des accords collectifs. Pour qualifier juridiquement le XXe siècle, certains auteurs ont parlé du « siècle de l'autonomie des volontés collectives », par opposition au XIXe siècle, qui aurait été la période de l'autonomie des volontés individuelles. Cette formule traduit assez bien ce phénomène d'extension du contrat aux tiers. Néanmoins, la notion d'accord collectif n'est pas très assurée sur les plans technique et juridique ; deux éléments s'en détachent :

- sur le plan de la conclusion même de l'accord, il s'agit d'un contrat ;
- en ce qui concerne ses effets, il s'agit véritablement d'un règlement, puisque les tiers seront concernés par l'accord initial.

La fonction de ce type d'accord est plus nette que la notion ; il se développe pour assurer la régulation de certains rapports sociaux et concorde avec l'idée selon laquelle on préfère actuellement recourir à des techniques contractuelles négociées. En tout cas, ces accords sont fréquents dans le droit de la consommation, le droit commercial, ou encore le droit social…

Il est difficile de trouver un critère précis de l'accord collectif, si ce n'est qu'il déroge aux principes de l'article 1165. L'accord collectif a vocation à s'appliquer à toute une catégorie de personnes, tiers à l'accord et ni représentées ou ni même ayants cause. Cette dérogation joue de manière générale ; pour rendre compte des différents accords collectifs, on peut distinguer les accords nommés et les accords innommés.

A. – Les accords nommés

414. – Diversité des accords collectifs nommés. Il s'agit d'accords collectifs auxquels les textes ont donné un nom.

On peut citer les conventions collectives de travail, visées expressément par l'ancien article L. 132-1 du Code du travail, relatives aux conditions de travail ou aux garanties sociales. Elles sont signées par des employeurs et des organisations syndicales de salariés les plus représentatives. Si les employeurs ne sont liés par la convention qu'à partir du moment où ils l'ont signée – ou si le syndicat patronal auquel ils font partie l'a signée –, en revanche, les salariés sont tenus dès l'instant que leur entreprise relève de l'activité professionnelle concernée par ladite convention, et ce, même s'ils ne font pas partie du syndicat signataire. C'est là un avantage important pour tous les salariés concernés, les conventions collectives ne pouvant que leur bénéficier, sans jamais restreindre leurs droits. C'est le principe d'interprétation *in favorem* des conventions collectives.

On peut également citer les conventions tarifaires conclues entre les caisses de sécurité sociale et les médecins, définies et organisées par certains textes du Code de la sécurité sociale ; c'est sur la base de ces conventions que sont généralement fixés les honoraires des médecins.

On peut aussi évoquer les accords collectifs dans le domaine de l'agriculture, régis par une loi du 6 juillet 1964.

On peut enfin faire état des engagements pris en matière de baux d'habitation, qui concernent les conditions d'utilisation d'un local, notamment sur les charges à répartir entre les locataires. Conclu entre les syndics de copropriété et les associations de locataires, le système fut imaginé par la loi « Méhaignerie » du 23 décembre 1986, en son article 42, avant d'être repris par la loi « Mermaz » de 1989 ; il n'a cependant pas été appliqué en pratique.

B. – Les accords innommés

415. – Importance des accords collectifs innommés. Fruits de la pratique, mais non organisés par le législateur, ces accords sont importants. On peut citer au moins deux types d'accords innommés :

– d'une part, les accords intervenant entre différents partenaires sociaux, sans qu'ils soient exprimés dans une convention collective ; l'exemple le plus typique est celui des accords de Grenelle, conclus à la suite des événements de mai 1968 : les différents partenaires sociaux (syndicats représentatifs et employeurs) se réunirent dans les bureaux du ministère du Travail, rue de Grenelle, pour discuter notamment d'augmentations de salaires et de la revalorisation du SMIG. Alors pourtant qu'aucun accord ne fut matérialisé ni même signé, la communauté des employeurs décida de suivre les orientations prises lors des discussions. Certains, cependant, restèrent récalcitrants. Un salarié isolé agit alors pour se prévaloir dudit accord, que son entreprise avait refusé d'appliquer. Les juges du fond le déboutèrent de sa prétention, après avoir estimé que les accords de Grenelle ne revêtaient pas un caractère réglementaire et ne s'imposaient donc pas directement à tous les employeurs et à tous les salariés. La Cour de cassation confirma l'analyse. On aurait peut-être pu donner une force à ces accords en se référant à l'idée de coutume ;

– d'autre part, les accords interviennent à l'heure actuelle dans le domaine du droit de la consommation. Conclus entre professionnels et associations de consommateurs, ils obligent les premiers à améliorer la qualité des produits livrés ou des services : certainement obligatoires entre les parties contractantes, ces accords n'ont pas de portée à l'égard d'un consommateur isolé. En principe, l'article 1165 du Code civil interdit à un particulier de se prévaloir desdits accords, sauf si ces derniers contiennent une stipulation pour autrui implicite en sa faveur ; la jurisprudence n'a pas encore consacré ce point de vue.

(V. Annexe : Les principes du droit européen des contrats).

TITRE 3

L'EXÉCUTION DU CONTRAT

416. – Fin du contrat. Le contrat prend normalement fin par l'exécution des obligations convenues, par exemple dans un contrat de vente, lorsque le vendeur aura livré la chose et l'acquéreur payé le prix ; c'est ce que les Anglais nomment la *discharge of the contract*. Les spécialistes de droit maritime parleront d'**accomplissement** de la convention. La manière dont s'opère cet accomplissement n'appelle guère d'observations ; il faut simplement préciser ce qu'il faut entendre par exécution correcte et intégrale du contrat, mais cette question intéresse plus particulièrement le droit du paiement, traité dans le troisième volume de cet ouvrage (V. Volume III, n°s 363 et s.).

417. – Période post-contractuelle. Une fois le contrat exécuté s'ouvre une période post-contractuelle. Le contrat parvenu à son terme peut maintenir son emprise sur les relations des ex-cocontractants. Des relations commerciales peuvent se prolonger. Cependant, cette poursuite des relations ne vaut certainement pas prorogation du contrat initial, puisque même en cas de reconduction tacite du contrat, un nouveau contrat est conclu : elle correspond uniquement à une situation de fait. Le contrat passé n'a sans doute plus vocation à régir les difficultés éventuelles qui peuvent apparaître.

Cela dit, le thème de l'exécution du contrat a des aspects plus pathologiques. Les difficultés affectant l'exécution du contrat, ne manquent pas : les altérations proviennent de l'écoulement du temps ou encore des parties elles-mêmes.

418. – Altérations dues à l'écoulement du temps. Terme. La première remarque concerne la fixation de la durée d'un contrat. La notion importante est celle du terme, défini comme un événement futur qui se produira certainement (il se distingue donc de la simple condition, étant entendu que lorsque l'événement érigé par les parties en modalité de leur obligation est non seulement de date incertaine, mais encore de réalisation incertaine, il s'agit bien de condition et non plus de terme, V. Volume III, n°s 124 et s.).

Si le contrat, à exécution successive, ne contient pas de terme, le contrat est à durée indéterminée. Au cas contraire, le contrat est à durée déterminée. Le terme peut être constitué par une date connue, *e.g.* un contrat de location d'un bien pour trois mois : à l'expiration de cette période, le contrat devient caduc. On peut aussi concevoir qu'il porte sur une date inconnue, telle le décès d'une personne : l'événement se réalisera certainement, mais il est impossible de savoir quand exactement : « veillez, car vous ne savez ni le jour, ni l'heure » ; il n'en reste pas moins que le contrat comporte un terme.

419. – Altérations dues à l'écoulement du temps. Ambiguïté du droit positif. La deuxième remarque concerne le regard que le droit a sur la durée du contrat : le droit positif est en effet assez paradoxal, puisque, d'un côté, des mesures sont prises afin d'éviter que des contrats ne soient conclus pour une trop longue durée : ainsi les contrats dits « perpétuels » sont nuls (d'une nullité, semble-t-il, absolue), c'est-à-dire, notamment, lorsqu'ils dépassent une durée de quatre-vingt-dix-neuf ans ; de même, les contrats à durée indéterminée peuvent être résiliés de manière unilatérale par l'un ou l'autre cocontractant.

De l'autre, des mesures assurent une certaine stabilité du contrat, afin de protéger des catégories déterminées de contractants (ainsi en matière de baux d'habitation et de baux ruraux ou commerciaux, la durée minimum de conclusion d'un contrat de bail est, respectivement, de trois ans et neuf ans ; la tacite reconduction d'un contrat est également une solution qui favorise la stabilité des relations contractuelles).

« Ne se détermine pas par des considérations générales et hypothétiques la cour d'appel qui, pour annuler une convention ayant pour objet le service d'une installation téléphonique, relève que sauf à renoncer à toute modification de cette installation pendant quinze ans, bien qu'il s'agisse d'un matériel en constante évolution technique et à se priver ainsi de toute adaptation à ses besoins nécessairement fluctuants, ainsi que le démontrait la signature d'un avenant, la locataire se trouvait tenue par l'effet d'une clause du contrat litigieux à des obligations pouvant se poursuivre indéfiniment » (Cass. com., 3 nov. 1992 : *Bull. civ.* 1992, IV, n° 339).

Si le bail conclu entre deux communes est entaché d'un vice de perpétuité et si l'action en nullité du contrat souscrit en 1953 a été engagée en 1991, la Cour de cassation a approuvé la cour d'appel d'en avoir déduit que le bail ne pouvant être considéré comme inexistant et l'action en nullité, même absolue, se prescrivant par trente ans, la demande de la commune était irrecevable (Cass. 3e civ., 15 déc. 1999 : *Bull. civ.* 1999, III, n° 242 ; *JCP* G 2000, II, 10236, concl. J.-F. Weber).

La nullité des contrats conclus pour une trop longue durée se déduit de l'article 1709 du Code civil : « Le louage des choses est un contrat par lequel l'une des parties s'oblige à faire jouir l'autre d'une chose pendant un certain temps, et moyennant un certain prix que celle-ci s'oblige de lui payer ».

420. – Altérations dues à l'écoulement du temps. Loi Chatel. La loi n° 2005-67 du 28 janvier 2005, dite loi Chatel, a pour objectif de gagner la confiance du consommateur et le protéger. Afin de parvenir à un tel but, le titre premier de la loi permet de « faciliter la résiliation des contrats tacitement reconductibles », qui, de fait, pouvaient parvenir à un engagement perpétuel du consommateur. En effet, de nombreux formulaires renferment des clauses de tacite reconduction, dans des délais très courts pour opérer la dénonciation. La multiplication de ces contrats interdit de fait au consommateur de pouvoir les dénoncer à temps, et cela a paru regrettable que, dans certains domaines (téléphonie mobile et fournisseur d'accès à l'Internet), la concurrence est importante et a des conséquences tarifaires. Deux règles permettent de faciliter la rupture : d'une part, le professionnel prestataire de services doit informer par écrit le consommateur de la possibilité de ne pas reconduire le contrat conclu avec une clause de reconduction tacite, au plus tôt trois mois et au plus tard un mois avant le terme de la période autorisant le rejet de la reconduction ; d'autre part, le consommateur, auquel cette information n'a pas été adressée, peut mettre gratuitement un terme au contrat, à tout moment à compter de la date de reconduction (C. consom., art. L. 136-1).

La première obligation est une application particulière du devoir d'information à la charge du professionnel ; ce dernier peut prévoir des clauses de tacite reconduction à condition d'en aviser le consommateur et de permettre à celui-ci de rompre à la date anniversaire. La sanction du non-respect de cette clause est plus originale : le contrat devient à durée déterminée au profit du consommateur, qui peut rompre à tout instant et sans avoir à de justifier, mais reste un contrat à durée déterminée pour le professionnel, contraint de respecter les différents termes.

L'objectif avoué du législateur est de conduire les entreprises concernées à supprimer les clauses de tacite reconduction des contrats lorsque le consommateur est l'une des parties. La nouvelle norme serait donc le contrat à durée déterminée sans tacite reconduction, ce qui revient à faire disparaître du paysage contractuel une clause supposée « abusive » sans l'avoir qualifiée officiellement ainsi.

Le 2 avril 2009, la Cour de cassation a rendu sa première décision sur le fondement de l'article L. 136-1 du Code de la consommation dans sa rédaction issue de la loi du 28 janvier 2005. Ce texte a été utilisé par le comité d'entreprise d'une société dont le contrat de fourniture de services conclu avec une autre société avait été tacitement reconduit sans que l'information sur la faculté de non-reconduction ne lui ait été délivrée. L'action avait été approuvée par un juge de proximité au motif que le comité d'entreprise qui n'est pas un professionnel bénéficiait de fait de la qualité de consommateur. La censure de la Cour de cassation intervient au motif que le texte bénéficiait alors au seul « consommateur », catégorie qui ne vise que les personnes physiques. Une personne morale, même n'exerçant pas une activité lucrative comme un comité d'entreprise, ne pouvait s'en prévaloir.

L'article L. 136-1 précité a été modifié par la loi dite Chatel II du 3 janvier 2008 qui a étendu son application au « non-professionnel ». Cette catégorie permet d'inclure les personnes morales n'exerçant pas d'activité professionnelle (Cass. 1re civ., 15 mars 2005 : *Bull. civ.* 2005, I, n° 135) ; toutefois, l'absence de but lucratif n'exclut pas l'exercice d'une activité professionnelle (Cass. 1re civ., 23 mars 1999 : *D.* 2000, somm. p. 40).

421. Altérations dues aux parties elles-mêmes. Ces altérations sont des vicissitudes liées au changement de parties au contrat ou encore à la défaillance des cocontractants. Dans le premier cas, il s'agit de la circulation du contrat ; dans le second, on évoque le thème de l'inexécution du contrat.

CHAPITRE 1

LES PARTIES CHANGENT : LA CIRCULATION DU CONTRAT

Deux sujets méritent d'être développés : la substitution du contractant et l'adjonction du contractant.

SECTION 1

LA SUBSTITUTION D'UN CONTRACTANT À UN AUTRE (LA CESSION DE CONTRAT)

422. – Phénomène courant. On constate que, dans la vie des affaires, de très nombreux contrats sont cédés ; c'est le cas, *prima facie*, lorsqu'un club de football procède à un « transfert » de joueur ou lorsque l'on veut procéder à une restructuration d'entreprise : tous les contrats, tels ceux liant l'employeur aux salariés, devront être cédés au nouvel employeur, qui dispose cependant de la possibilité de ne pas reprendre lesdits contrats. Le droit français prend aujourd'hui conscience de ce phénomène et apporte un certain nombre d'éléments de réponse.

SOUS-SECTION 1

NOTION DE CESSION DE CONTRAT

Elle peut être envisagée d'un point de vue négatif et d'un point de vue positif.

§ 1. – Définition négative

423. – Cession du contrat et transmission du contrat. La cession de contrat n'est pas la simple transmission du contrat à cause de mort ; cela vaut tant pour les personnes physiques que morales. En effet, lorsque des ayants cause à titre universel recueillent le bénéfice d'un contrat, ce n'est pas dans le cadre de la cession du contrat : non cessionnaires, les héritiers deviennent parties au contrat. Ils sont « investis de tous les droits et actions du défunt ».

Pour les personnes morales, le phénomène de transmission est identique, puisque la société disparue est « décédée », l'entreprise nouvelle créée qui l'absorbe ou fusionne avec elle est considérée comme une héritière. Aux termes de l'article L. 236-3-I du Code de commerce, la fusion entraîne la dissolution sans liquidation des sociétés qui disparaissent et la transmission universelle de leur patrimoine aux sociétés bénéficiaires. Ainsi, la société qui a recueilli par l'effet de la fusion l'intégralité du patrimoine d'une autre société, peut en qualité d'ayant cause universel se voir opposer la chose jugée à l'égard de cette société (Cass. com., 18 févr. 2004 : *Bull. civ.* 2004, IV, n° 39).

Ce principe de transmission de plein droit s'applique à tous les contrats conclus, sauf pour les conventions conclues *intuitu personae* : si le contrat d'agent revendeur prévoit qu'il est conclu *intuitu personae* et que les droits et obligations du revendeur ne sont pas cessibles ou transférables sans l'accord écrit du concessionnaire, la société absorbante, en l'absence d'un tel accord, ne peut se prévaloir du contrat (Cass. com., 13 déc. 2005, n° 03-16.878).

424. – Cession du contrat et cession de créance. La cession n'est pas non plus la simple adjonction d'une cession de dette et d'une cession de créance. Dans l'analyse classique de la cession de contrat, on considérait qu'elle n'était admise que s'il y avait à la fois cession des dettes et des créances. Et l'opération devait être décomposée en deux temps successifs et non pas réalisée par une seule et même cession, ce qui faisait que la cession était très difficile à réaliser. En outre, des formalités lourdes devaient être respectées, celles de l'article 1690 du Code civil : « le cessionnaire n'est saisi à l'égard des tiers que par la signification du transport faite au débiteur. Néanmoins, le cessionnaire peut être également saisi par l'acceptation du transport faite par le débiteur dans un acte authentique ». Enfin, la cession de dette n'a jamais été admise en jurisprudence, sauf si toutes les parties y consentent.

Compte tenu de ces difficultés, certains auteurs (notamment, L. Aynès, *La cession de contrat*, Economica, 1982) ont considéré que, pour céder un contrat, il n'était pas nécessaire de réaliser cette double opération et qu'il suffisait tout simplement de céder sa qualité de contractant. La jurisprudence accueille de plus en plus favorablement cette thèse particulièrement pertinente.

§ 2. – Définition positive

425. – Acte unique. La cession de contrat est une institution originale. Elle s'exprime dans un acte unique. Le cessionnaire (C) du contrat est considéré comme un ayant cause à titre particulier, recueillant les créances et dettes de son auteur, *i.e.* le cédant (B). Dans ces conditions (C) devient lui-même débiteur et créancier du contractant originaire (A).

La jurisprudence et de nombreux textes de loi reconnaissent la cession de contrat, notamment en matière de baux ou de contrats de travail. Un arrêt de principe a même permis au cédé (A) de poursuivre directement le cessionnaire (C) tenu envers lui par l'effet de la cession.

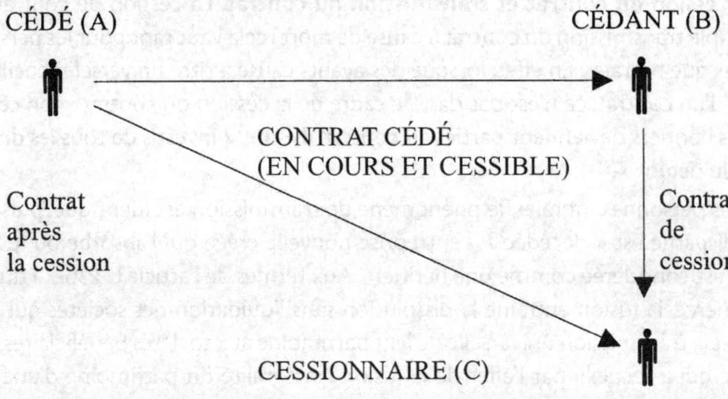

SOUS-SECTION 2

RÉGIME DE LA CESSION DE CONTRAT

§ 1. – Conditions de la cession de contrat

426. – **Prévisions légales spécifiques.** La loi régit fréquemment la cession de contrat. Certains textes interdisent purement et simplement de telles cessions, en matière de baux ruraux notamment.

D'autres textes interdisent d'interdire la cession de contrat : tel est le cas de l'ancien article L. 122-12 du Code du travail, qui prévoit la cession de plein droit de tous les contrats de travail conclus par l'ancien employeur au profit du nouvel employeur (en cas de restructuration). Toute clause y dérogeant est nulle (Cass. ch. mixte, 7 juill. 2006, pourvoi n° 04-14.788).

Enfin, certains textes tolèrent la cession de contrat ; tel est le cas de l'article 1717 du Code civil qui dispose que : « le preneur a le droit de sous-louer, et même de céder son bail à un autre, si cette faculté ne lui a pas été interdite. Elle peut être interdite pour le tout ou partie. Cette clause est toujours de rigueur ».

La cession peut aussi être judiciaire, spécialement dans le cas d'une procédure collective (C. com., art. L. 621-88).

Cass. com., 15 déc. 2009, n° 08-21.235

Vu l'article L. 661-7, alinéa 2, du Code de commerce, dans sa rédaction issue de la loi du 26 juillet 2005 de sauvegarde des entreprises ;

Attendu qu'il résulte de ce texte que le pourvoi n'est ouvert qu'au ministère public à l'encontre des arrêts qui arrêtent ou rejettent le plan de cession ; qu'il n'est dérogé à cette règle, comme à toute autre règle interdisant ou différant un recours, qu'en cas d'excès de pouvoir ;

Attendu, selon l'arrêt attaqué (Pau, 18 sept. 2008), que le 25 septembre 2003, les sociétés Fructicomi et Auxicomi, aux droits de laquelle est venue la société Oseo financement, ont consenti à la société Servipalm un crédit-bail portant sur un immeuble à usage d'abattoir dans lequel elle exploitait son fonds de commerce ; que le 28 février 2007, la société Servipalm a été mise en redressement judiciaire ; que la société Excel développement a fait une offre de reprise excluant la poursuite du crédit-bail au profit d'une acquisition des locaux dont le principe et les modalités étaient acceptés par les crédit-bailleurs ; que par jugement du 14 mai 2008, le tribunal a arrêté le plan de cession au profit de la société Excel et a autorisé la cession des seuls contrats mentionnés par l'offre de reprise ; que sur appel de la société Servipalm, la cour d'appel a confirmé le jugement sur ce dernier chef ; que la société Servipalm s'est pourvue en cassation ;

Attendu que c'est par une exacte interprétation des dispositions combinées des articles L. 626-10, alinéa 3, L. 642-2 II et L. 642-7 du Code de commerce, dans leur rédaction issue de la loi du 26 juillet 2005 de sauvegarde des entreprises, que l'arrêt retient que le tribunal ne peut imposer au repreneur la cession d'un des contrats mentionnés par l'article L. 642-7 précité dont l'exécution aggraverait les engagements qu'il a souscrits au cours de la préparation de son offre qui ne mentionnait pas la reprise de ce contrat ; que la cour d'appel n'a en conséquence ni commis, ni consacré l'excès de pouvoir évoqué à la première branche du moyen ;

Et attendu qu'aucun autre grief du pourvoi n'invoque ni ne caractérise un excès de pouvoir ;

D'où il suit que dirigé contre une décision qui n'est pas entachée d'excès de pouvoir et qui n'a pas consacré un excès de pouvoir, le pourvoi est irrecevable ;

Par ces motifs : Déclare irrecevable le pourvoi.

427. – Nécessité d'un accord entre cédant et cessionnaire et de l'autorisation du cédé. En dehors de toute prévision légale particulière, pour que la cession opère, il faut nécessairement un accord entre le cédant (B) et le cessionnaire (C) ; cet accord relève de la théorie générale des obligations et porte sur un contrat en cours (ce que n'est pas un contrat de vente ayant épuisé ses effets) et cessible. Si le contrat a déjà épuisé ses effets ; il n'est naturellement pas susceptible d'être cédé. Ainsi un contrat de vente qui serait cédé n'est qu'une revente : il y a donc une double vente. Mais un contrat de fourniture en cours est susceptible d'être cédé.

La question essentielle est de savoir s'il faut, en outre, l'accord du débiteur cédé (A) ; la solution de principe est normalement négative, sauf dans l'hypothèse d'un contrat conclu *intuitu personae* entre (A) et (B).

La jurisprudence récente est apparemment plus exigeante (V. Cass. com., 6 mai 1997). En réalité, le cédé n'est pas appelé à exprimer son consentement. Il doit donner son autorisation pour que le contrat soit cessible, du moins lorsque la loi ne le prévoit pas elle-même. À défaut et si son refus n'est pas légitime, le tribunal pourra passer outre.

Quant aux clauses aménageant la cession, elles sont également fréquentes : clause d'agrément, clause d'autorisation anticipée, clause d'incessibilité (souvent interdites, C. com., art. L. 442-6-II-c).

§ 2. – Effets de la cession de contrat

428. – Triple effet. Trois relations méritent d'être considérées.

A. – Relations entre le cédant (B) et le cessionnaire (C)

429. – Le contrat conclu entre ces deux parties est un contrat onéreux ou gratuit de cession obéissant au droit commun des obligations. Lorsque la cession opère, les rapports qui existaient entre (B) et (A) avant la cession sont maintenus et le cessionnaire (C) va prendre en charge le contrat pour l'avenir.

B. – Relations entre le cédé (A) et le cessionnaire (C)

430. – (C) devient, dès la cession opérée, créancier de (A), du moins pour toutes les créances postérieures à ladite cession. À l'inverse, le cédé (A) peut parfaitement poursuivre le cessionnaire, en vertu du contrat qui a été transmis, spécialement pour toutes les dettes postérieures à l'opération.

C. – Relations entre le cédant (B) et le cédé (A)

431. – Ces parties sont bien entendu liées tant que la cession n'a pas joué. Demeurent-elles contractuellement tenues postérieurement à l'opération ? Le cédant doit-il une garantie au débiteur cédé ?

Les solutions ne sont malheureusement pas toujours très claires, mais en systématisant la jurisprudence et les textes, on peut dire qu'elles sont les suivantes :

– la cession est organisée par la loi – hypothèse d'une cession du contrat de travail – et il en ressort alors que le cédant (B) ne doit pas en principe garantie au cédé (A), *i.e.* s'il n'est pas payé par le cessionnaire (C), le cédé (A) n'aura aucun recours contre (B) ;

– les parties ont stipulé certaines clauses, à l'occasion de la cession, telle une clause de garantie imposée à (B) : le respect des termes du contrat permet alors au cédé (A) d'agir directement contre (B) en cas de non-paiement par (C) ;

– rien n'est prévu par les textes et aucune clause particulière n'a été stipulée : il faut alors considérer que le cédant (B) reste garant vis-à-vis du cédé (A).

Si le cédé a donné son autorisation à la cession, la solution inverse devrait s'imposer.

La cession peut être également, une fois encore, organisée par la loi (C. trav., art. L. 1224-1) ou décidée par le juge (C. com., art. L. 642-18).

Cession conventionnelle de contrat et autorisation du cédé

Pour la chambre commerciale de la Cour de cassation, dans cet arrêt du 6 mai 1997, en se référant à une stipulation contractuelle de substitution qui ne prévoit ni l'information du cocontractant ni son agrément, un tribunal retient justement que ce dernier ne peut s'opposer à son application.

Cass. com., 6 mai 1997 : *Bull. civ.* 1997, IV, n° 118 ; *D.* 1997, p. 588

LA COUR :

Attendu, selon le jugement attaqué (T. com. Nevers, 28 sept. 1994), rendu en dernier ressort, que la société Jean-Michel Gobet et la société Spie Trindel ont conclu un contrat de maintenance, réservant à cette dernière la faculté de « librement céder… les droits et obligations issus du présent contrat ou substituer toute société de son choix dans le bénéfice des droits et la charge des obligations en résultant » ; que la société Gobet a refusé de payer les redevances convenues à la société Pro-Telcom, que la société Spie Trindel s'était substituée ;

Sur le premier moyen, pris en ses deux branches :

Attendu que la société Gobet fait grief au jugement de la condamnation prononcée contre elle, alors, selon le pourvoi, d'une part, que la substitution d'un tiers dans les droits et obligations d'une partie au contrat, fût-elle autorisée préalablement par le cocontractant, n'est opposable à celui-ci que si elle lui a été signifiée ou s'il a été partie à la cession ; qu'en estimant que la substitution de la société Pro-Telcom dans les droits et obligations de la société Spie Trindel était opposable à la société Gobet, motif pris de ce que le contrat de maintenance prévoyait à l'origine une faculté de substitution et qu'une « lettre circulaire » avait annoncé la substitution intervenue au profit de la société Pro-Telcom, le tribunal, qui ne constate pas que la société Gobet avait personnellement reçu copie de la « lettre circulaire », a privé sa décision de base légale au regard des articles 1134 et 1690 du Code civil ; et alors, d'autre part, que dans une lettre dépourvue de toute ambiguïté, la société Pro-Telcom, prenant acte des protestations de la société Gobet, indiquait qu'elle renonçait à exiger la mise en œuvre de la faculté de substitution prévue au contrat de maintenance conclu entre la société Gobet et la société Spie Trindel ; qu'en éclatant ce document, invoqué par la société Gobet, au seul motif que la lettre « avait été faite certainement dans un souci de conciliation », le tribunal s'est prononcé par un motif inopérant et a privé sa décision de toute base légale au regard de l'article 1134 du Code civil ;

Mais attendu que se référant à la stipulation contractuelle de substitution, qui ne prévoyait ni l'information de la société Gobet ni un agrément par elle, le tribunal a, justement, retenu que cette société ne pouvait s'opposer à son application ; que le moyen n'est pas fondé ;

Par ces motifs : Casse et annule.

Contrat conclus *intuitus personae*

Deux exemples pris dans la jurisprudence récente illustrent la prise en compte de l'*intuitus personae* dans le contrat.

Cass. 1re civ., 6 juin 2000 : *Bull. civ.* 2000, I, n° 173 ; *Defrénois* 2000, p. 1125 et la note

Sur le moyen unique, pris en sa première branche :

Vu l'article 1134 du Code civil, ensemble l'article 10 de la loi du 31 décembre 1971 ;

Attendu que le fait qu'un contrat ait été conclu en considération de la personne du cocontractant ne fait pas obstacle à ce que les droits et obligations de ce dernier soient transférés à un tiers dès lors que l'autre partie y a consenti ;

Attendu que M. Vieira a confié la défense de ses intérêts dans une instance prud'homale à M. Gravellier, avocat membre d'une société civile professionnelle ; qu'il a conclu avec celui-ci, personnellement, une convention d'honoraires prévoyant, outre le paiement d'honoraires au temps passé, un honoraire de résultat ; que, lors de l'audience de conciliation, M. Gravellier s'était fait remplacer par l'un de ses associés, l'adversaire de M. Vieira a présenté une proposition transactionnelle que M. Vieira a acceptée après avoir pris conseil de l'avocat remplaçant de M. Gravellier ;

Attendu que le premier président a décidé que la convention d'honoraires ne pouvait s'appliquer, du fait que M. Gravellier n'avait pas assuré personnellement la défense de son client et a fixé les honoraires de l'avocat selon les règles du droit commun ;

Attendu qu'en se déterminant ainsi, alors qu'il relevait que M. Vieira avait admis que l'associé de son conseil l'assiste lors de l'audience de conciliation, constatant par là même que M. Vieira avait donné son consentement à la suppléance de son cocontractant, le premier président a violé le texte susvisé ;

Par ces motifs, et sans qu'il y ait lieu de statuer sur la seconde branche du moyen : Casse et annule (…)

Le 5 février 2009, la Cour de cassation a de nouveau subordonné la cession de contrat au formalisme de l'article 1690 du Code civil :

Cass. 1re civ., 5 févr. 2009, n° 08-10.230

Attendu que la société Groupe Mercure fait grief à l'arrêt attaqué (Paris, 23 oct. 2007) de l'avoir déboutée de sa demande, alors, selon le moyen :

1°/ que la cession de portefeuille est une cession de clientèle qui, comme tel, n'est pas soumise à la formalité de la signification préalable (violation de l'article 1690 du Code civil) ;

2°/ qu'une cession de contrats n'est pas davantage soumise à la formalité de signification (violation de l'article 1690 du Code civil) ;

3°/ qu'en tout état de cause, la connaissance de la cession par le tiers cédé peut être prouvée par tous moyens ; que la cour d'appel ne pouvait refuser de tenir pour régulière l'information résultant des lettres adressées aux AGF par la société Groupe Mercure du 14 juin 2001 au 26 septembre 2002 (violation de l'article 1690 du Code civil) ;

Mais attendu qu'après avoir relevé, de façon non critiquée par le pourvoi, que le 1er juin 2001 est intervenu entre la société Family et la société Groupe Mercure un « contrat de cession de portefeuille » et « accord commercial », contrat aux termes duquel la société Family acceptait de vendre la totalité des portefeuilles qu'elle avait constitués avant le 1er mai 2001 auprès de différentes compagnies d'assurance, dont AGF, c'est à bon droit que l'arrêt retient qu'une cession de portefeuille s'analyse en une cession de contrats, c'est-à-dire une cession de créances, et non en une cession de clientèle comme le prétend la société Groupe Mercure ; qu'en énonçant qu'un tel acte était soumis aux formalités de l'article 1690 du Code civil, qui exigent la signification du transport faite au débiteur, loin de violer ce texte, la cour d'appel en a au contraire fait l'exacte application ;

Par ces motifs : Rejette le pourvoi.

SECTION 2

LE SOUS-CONTRAT (L'ADJONCTION D'UN CONTRACTANT)

432. – Première analyse. Soit un contrat de location conclu entre un bailleur et un preneur ; ce dernier désire sous-louer. Ce n'est pas une cession de contrat, car au contraire de ce type d'opération dans laquelle l'une des parties va disparaître de la scène juridique, toutes les parties demeurent dans l'opération de sous-contrat.

SOUS-SECTION 1

NOTION DE SOUS-CONTRAT

433. – **Sous-contrat, cession de contrat et co-contrat.** Le sous-contrat peut être rapproché de la cession de contrat, en ce sens que l'on va assister à une succession de contrats ; cependant, dans l'opération envisagée, le contrat initial est maintenu : les obligations du sous-contractant s'ajoutent aux rapports préexistants issus du contrat primitif. Il faut également prendre le soin de distinguer le sous-contrat du co-contrat : dans ce dernier, plusieurs contractants se trouvent liés pour la réalisation d'une seule et même opération (tel est le cas de la co-traitance, où divers entrepreneurs sont « sur la même ligne » et réalisent un même marché, pour le compte du même maître de l'ouvrage). C'est aussi le cas de la co-assurance, des co-crédits syndiqués (*pools* bancaires) représentés par un chef de file, lequel est un mandataire. Un schéma différent s'observe en matière de réassurance, l'assureur étant dans la position d'un cédant (assuré) et le réassureur dans celle d'un assureur en deuxième ligne.

SOUS-SECTION 2

RÉGIME DU SOUS-CONTRAT

§ 1. – Indépendance

434. – **Effet relatif.** On suppose un contrat de bail conclu entre un propriétaire et un locataire ; si ce dernier désire sous-louer, doit-il nécessairement demander l'accord du propriétaire ? Dans l'absolu, la réponse est négative, car le sous-contrat est en lui-même, un contrat qui produit ses effets propres et est distinct du contrat principal. Les deux contrats sont indépendants. Tout au plus, faut-il admettre puisque le sous-contrat dépend du contrat principal que le premier ne peut avoir une durée plus longue que le second et que la nullité ou la résolution du second affecte le premier. Il reste que le sous-contrat peut être interdit par les parties elles-mêmes ou subordonné à un agrément ou à un contrôle de la partie créancière. Toutes les clauses sont concevables.

De leur coté, des textes peuvent intervenir : certains autorisent, en toute hypothèse, le sous-contrat sans obtention d'un accord préalable du contractant originaire – tel est le cas en matière de baux d'habitation régis par la vieille loi de 1948. Dans d'autres situations, les textes interdisent le recours au sous-contrat : c'est notamment le cas en matière de baux commerciaux (C. com., art. L. 145-31). Enfin, des textes – tel l'article 1717 précité – tolèrent le recours au sous-contrat (V. encore, C. transports, art. L. 5423-5, en matière d'affrètement). La loi du 31 décembre 1975 sur la sous-traitance prévoit que l'entrepreneur principal doit prendre l'initiative de faire agréer le sous-traitant par le maître de l'ouvrage. Les parties sont distinctes et ne sauraient en principe agir l'une contre l'autre. La réalité est parfois différente.

§ 2. – Effets

435. – **Dérogations à l'effet relatif.** L'admission du sous-contrat peut entraîner des dérogations au principe de l'effet relatif des conventions. La jurisprudence classique pre-

nait systématiquement en considération ce principe, et refusait donc en conséquence de reconnaître l'existence de relations entre le sous-contractant et le contractant originaire. Il s'ensuivait que le sous-contractant n'avait aucun moyen d'agir directement contre le contractant originaire (seule une action en responsabilité délictuelle fondée sur l'article 1382 du Code civil était recevable).

Cette solution a été remise en cause pour deux séries de raisons :

– la loi admet dans certains cas l'existence d'actions directes entre les contractants extrêmes (C. transports, art. L. 5423-7 ; L. 31 déc. 1975, art. 12 ; C. civ., art. 1753 et 1994 ; C. com., art L. 132-8) ;

– les groupes de contrats sont une réalité économique que le droit doit prendre en considération.

La jurisprudence l'avait bien compris, qui avait admis en 1988 (Cass. 1re civ., 8 mars 1988 : *Bull. civ.* 1988, I, n° 69. – V. également, Cass. 1re civ., 21 juin 1988 : *JCP* E 1988, II et la note ; *Bull. civ.* 1988, I, n° 203) que le maître de l'ouvrage disposait d'une action nécessairement contractuelle contre le sous-traitant. Cette solution moderne et intelligente a cependant été abandonnée en 1991 par le fameux arrêt *Besse* du 12 juillet 1991.

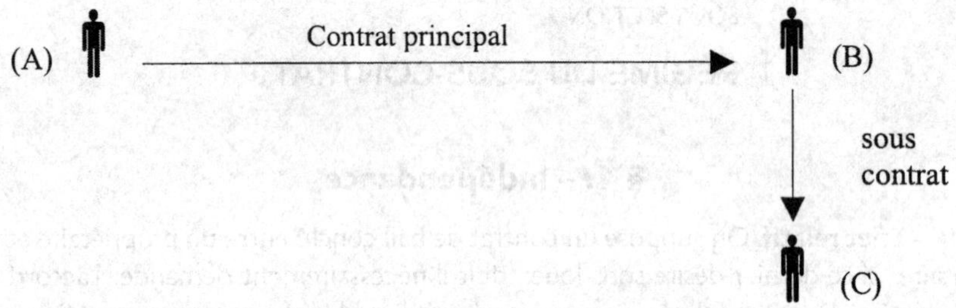

CHAPITRE 2

L'INEXÉCUTION DU CONTRAT

436. – Sanction de l'inexécution. L'une des parties est défaillante : elle ne respecte pas ou mal les obligations qui lui incombent. Quelles sont les sanctions qui s'imposent ? En d'autres termes, quand et comment faut-il sanctionner l'inexécution du contrat ?

SECTION 1

MOMENT DE LA SANCTION

437. – Conditions. Lorsqu'un contrat n'est pas exécuté, on conçoit que la partie victime de l'inexécution décide de réagir ; cette réaction est subordonnée au constat nécessaire d'une défaillance, sous-entendant que des conditions de forme (ou de procédure, voire de quasi-procédure) et de fond soient respectées.

SOUS-SECTION 1

CONDITIONS DE FORME

438. – Mise en demeure. Les conditions de forme consistent essentiellement dans ce que l'on nomme la mise en demeure (de *mora*, retard), formalité quasi procédurale exigée pour constater l'inexécution du débiteur. Elle résulte de l'article 1146 du Code civil : « les dommages et intérêts ne sont dus que lorsque le débiteur est en demeure de remplir son obligation, excepté néanmoins lorsque la chose que le débiteur s'était obligé de donner ou de faire ne pouvait être donnée ou faite que dans un certain temps qu'il a laissé passer ». À cette condition s'attachent divers intérêts pratiques. Il convient d'examiner tour à tour l'exigence de la mise en demeure et les conditions de celle-ci.

§ 1. – Forme de la mise en demeure

439. – Atténuation de la règle. Les textes du Code civil sont très exigeants, mais la jurisprudence et la pratique ont atténué cette rigueur. D'après le code de 1804, la mise en demeure supposait une interpellation du débiteur, par voie d'huissier. C'était donc un acte très formaliste : sommation de payer, assignation, citation en référé, commandement de payer. La jurisprudence était moins tatillonne et permettait la mise en demeure par d'autres moyens que l'acte d'huissier, comme la lettre recommandée avec accusé de réception. La loi du 9 juillet 1991 a consacré cet assouplissement (C. civ., art. 1146, al. 2).

Code civil

Art. 1139 : « Le débiteur est constitué en demeure, soit par une sommation ou par autre acte équivalent, telle une lettre missive lorsqu'il ressort de ses termes une interpellation suffisante, soit par l'effet de la convention, lorsqu'elle porte que, sans qu'il soit besoin d'acte et par la seule échéance du terme, le débiteur sera en demeure. »

§ 2. – Nécessité de la mise en demeure

Code civil

Art. 1138 : « L'obligation de livrer la chose est parfaite par le seul consentement des parties contractantes.

Elle rend le créancier propriétaire et met la chose à ses risques dès l'instant où elle a dû être livrée, encore que la tradition n'en ait point été faite, à moins que le débiteur ne soit en demeure de la livrer ; auquel cas la chose reste aux risques de ce dernier. »

Art. 1146 : « Les dommages et intérêts ne sont dus que lorsque le débiteur est en demeure de remplir son obligation, excepté néanmoins lorsque la chose que le débiteur s'était obligé de donner ou de faire ne pouvait être donnée ou faite que dans un certain temps qu'il a laissé passer. La mise en demeure peut résulter d'une lettre missive, s'il en ressort une interpellation suffisante. »

Art. 1153 : « Dans les obligations qui se bornent au paiement d'une certaine somme, les dommages-intérêts résultant du retard dans l'exécution ne consistent jamais que dans la condamnation aux intérêts au taux légal, sauf les règles particulières au commerce et au cautionnement.

Ces dommages et intérêts sont dus sans que le créancier soit tenu de ne justifier d'aucune perte.

Ils ne sont dus que du jour de la sommation de payer, ou d'un autre acte équivalent telle une lettre missive s'il en ressort une interpellation suffisante, excepté dans le cas où la loi les fait courir de plein droit.

Le créancier auquel son débiteur en retard a causé, par sa mauvaise foi, un préjudice indépendant de ce retard, peut obtenir des dommages et intérêts distincts des intérêts moratoires de la créance. »

A. – Principe

440. – Nécessité. Trois remarques s'imposent.

1) La mise en demeure constitue le **préliminaire à une action en exécution forcée** du contrat, qui est la sanction de principe en cas d'inexécution du contrat. Elle autorise l'exécution forcée.

2) Elle est **le préalable à une action en résolution du contrat pour inexécution**, seconde sanction dans un tel cas. Judiciaire, elle suppose donc une assignation devant le tribunal et cette assignation constitue la mise en demeure. Parfois est stipulée une clause résolutoire dans le contrat, mais son application est généralement subordonnée à une mise en demeure préalable.

3) Lorsque la responsabilité contractuelle est engagée, **des dommages et intérêts** sont alloués à la victime de l'inexécution : c'est là la troisième sanction en cas d'inexécution de la convention. Est-elle subordonnée à une mise en demeure préalable ? Il faut distinguer entre les dommages et intérêts moratoires (retard dans l'exécution), auquel cas la mise en demeure est nécessaire, et les dommages et intérêts compensatoires (préjudice indépendant de tout retard), auquel cas elle n'est pas requise dans la mesure où le préjudice est déjà réalisé.

Soit une entreprise de travaux agricoles chargée de soigner une vigne. Malgré toute mise en demeure, elle sera responsable de la perte de récolte consécutive à l'absence de soins, dans la mesure où il est établi qu'elle a manqué à ses obligations et dans la mesure où la réalité et l'importance du préjudice sont prouvés.

La mise en demeure reste donc nécessaire chaque fois que l'inexécution n'est pas définitivement caractérisée et lorsque l'exécution de l'obligation reste possible.

Cass. ch. mixte, 6 juill. 2007, n° 06-13.823

Attendu, selon l'arrêt attaqué (Bordeaux, 7 févr. 2006), que la société Château moulin de Soubeyran a vendu à la société Deli K star du vin en bouteilles, l'enlèvement devant intervenir « en date du 20 mars 2004 jusqu'au 31 décembre 2004 » ; qu'après avoir, par lettre du 20 juillet 2004, fait connaître à la société Château moulin de Soubeyran qu'elle devait mettre ces bouteilles à sa disposition le plus vite possible, la société Deli K star l'a assignée le 29 novembre 2004 en résolution de la vente et en paiement de dommages-intérêts ;

Attendu que la société Château moulin de Soubeyran fait grief à l'arrêt de la condamner au paiement d'une certaine somme à titre de dommages-intérêts en réparation du préjudice commercial subi par la société Deli K star, alors, selon le moyen, que les dommages-intérêts ne sont dus que lorsque le débiteur est en demeure de remplir son obligation ; qu'en jugeant que « les termes du contrat n'impliquent nullement une quelconque obligation de mettre la venderesse en demeure » pour la condamner à payer 15 000 euros à la société Deli K star malgré l'absence de mise en demeure de la première par la seconde, la cour d'appel a violé l'article 1146 du Code civil ;

Mais attendu qu'ayant retenu, par des motifs non critiqués, que l'inexécution du contrat était acquise et avait causé un préjudice à la société Deli K star, la cour d'appel en a exactement déduit qu'il y avait lieu de lui allouer des dommages-intérêts ;

D'où il suit que le moyen n'est pas fondé ;

Par ces motifs : Rejette le pourvoi.

441. – Pratique étrangère. Dans les autres législations, notamment dans la *Common Law*, la mise en demeure n'est pas requise (*time is money*) ; les Allemands retiennent une solution originale : lorsque le débiteur est défaillant, le créancier peut lui accorder un délai supplémentaire pour s'exécuter (*nachfrist*).

La mise en demeure est, en tout cas, nécessaire même si un terme est stipulé. La solution s'explique par le souci de protection du débiteur.

B. – Exceptions

Elles sont de deux ordres.

1° Exceptions légales

442. – Exception posée par une loi particulière. D'une part, la loi considère parfois que le débiteur est mis en demeure de plein droit, dès l'instant qu'il ne respecte pas ses obligations. Ainsi l'article 1657 du Code civil dispose-t-il que : « en matière de vente de denrées et effets mobiliers, la résolution de la vente aura lieu de plein droit et sans sommation, au profit du vendeur, après l'expiration du terme convenu pour le retirement ».

Il s'agit du contrat de vente, dans lequel une des obligations de l'acquéreur est de prendre livraison des marchandises ; en cas d'inexécution, le vendeur peut résoudre le contrat sans avoir à mettre le débiteur en demeure.

443. – Exception déduite de la notion de mise en demeure. D'autre part, des exceptions découlent de la notion même de mise en demeure : celle-ci est imposée pour que le débiteur s'exécute ; à travers elle, on informe solennellement le débiteur qu'en cas de défaillance il s'exposera à des sanctions. Dès lors, elle n'a plus de raison d'être lorsque l'inexécution du contrat est d'ores et déjà consommée. On peut dégager de cette idée trois applications :

– la mise en demeure n'est pas nécessaire lorsque l'inexécution porte sur une obligation de ne pas faire ;

– elle ne l'est pas lorsque le débiteur prend l'initiative de déclarer à son créancier qu'il refuse l'inexécution ;

– elle ne l'est pas non plus lorsqu'il résulte des circonstances ou de la convention des parties qu'un délai devait être respecté et que celui-ci n'est en fait pas tenu (sapin de Noël à livrer par hypothèse avant le 24 décembre).

La jurisprudence a eu l'occasion de rappeler que l'exercice de l'action en résolution autorisée par ce texte, l'acte introductif d'instance suffit à mettre en demeure la partie qui n'a pas exécuté son engagement, sans qu'il soit nécessaire de faire précéder cet acte d'une sommation ou d'un commandement (Cass. 1re civ., 23 janv. 2001 : *Bull. civ.* 2001, I, n° 7).

2° Exceptions conventionnelles

444. – Choix des parties. Les parties peuvent toujours indiquer dans le contrat que la seule échéance du terme vaudra mise en demeure. Il peut être également stipulé d'autres clauses prévoyant une dispense de mise en demeure, sauf prohibition légale, notamment pour les contrats d'assurance.

SOUS-SECTION 2

CONDITIONS DE FOND

445. – Deux parties sont en présence : le demandeur à l'action est le créancier, victime de l'inexécution du contrat ; le défendeur est le débiteur, qui n'a pas rempli sa promesse. C'est au demandeur, conformément au droit commun de la preuve (*actori incumbit probatio*, C. civ., art. 1315), d'établir l'inexécution du contrat ; une fois établie, le défendeur pourra faire valoir des excuses pour tenter de se justifier.

§ 1. – Conditions pesant sur le demandeur

446. – Manquements. Preuve. Le demandeur, pour avoir satisfaction, *i.e.* recevoir des dommages et intérêts, obtenir l'exécution de son contrat ou s'engager dans sa résolution, doit prouver la réalité du contrat le liant au débiteur (**manquement matériel**). Il doit aussi prouver que telle ou telle obligation n'a pas été respectée (**manquement juridique**). Enfin, il doit, *a priori*, établir que l'inexécution de l'obligation est imputable au défendeur (**manquement moral**). On peut ramener cette recherche de preuves à deux séries de conditions imposées au demandeur.

A. – Conditions négatives

447. – 1° Le demandeur doit établir que l'inexécution du contrat n'est pas due à son propre fait. On retrouve cette idée dans l'adage *nemo auditur*..., qui exige un comportement irréprochable pour qu'une action en nullité soit recevable. Cette idée est sous-jacente dans les solutions jurisprudentielles. La *Common Law* retient le même principe, à travers la théorie de l'*estoppel*. Il faut être cohérent avec soi-même. Le fauteur de trouble ne saurait agir.

2° La seconde condition s'exprime dans l'absence de renonciation, *i.e.* celui qui a renoncé au bénéfice du contrat ne peut plus en réclamer l'exécution : cette renonciation peut être expresse (refus de mettre en œuvre les sanctions) ou tacite (elle résultera des circonstances, dès lors qu'elle n'est pas équivoque).

B. – Conditions positives

448. – Le demandeur doit apporter les deux preuves suivantes :

– la **réalité matérielle** de l'inexécution, c'est-à-dire l'inexécution : un préjudice qui peut être matériel ou moral, sans réalité et sans importance, une malfaçon lorsque le contrat porte sur une chose, ou encore un retard ;

– la **réalité juridique** de l'inexécution, *i.e.* le manquement à une obligation contractuelle, à une obligation juridiquement incluse dans le contrat.

Parfois, le demandeur doit prouver en plus la **faute du débiteur** : tel est le cas si l'obligation est de moyens. Il doit alors imputer la réalité de l'inexécution.

§ 2. – Conditions pesant sur le défendeur

449. – Excuse de défendeur. En supposant l'inexécution établie, le défendeur peut essayer de la justifier par une excuse légitime.

450. – Possibilité d'invoquer la cause étrangère. La question est de savoir si le défendeur peut, en toute hypothèse, avancer des excuses et démontrer ainsi que l'inexécution ne lui incombe pas et résulte d'une cause étrangère. Celle-ci est, la plupart du temps, identifiée sous ce que l'on nomme la « force majeure ». La force majeure revêt trois caractères : c'est en principe un événement extérieur aux parties, imprévisible et irrésistible. Toutefois, dans certains cas bien particuliers, aucune excuse ne peut être avancée : tel est le cas lorsque l'obligation pesant sur le défendeur est une **obligation de garantie** (V. garantie légale des vices cachés, ou garantie contractuelle accordée dans tel ou tel cas).

451. – Force majeure et cas fortuit. On trouve aussi l'expression de « cas fortuit » pour désigner la force majeure ; la distinction, qui fut un temps opérée par la jurisprudence (la force majeure est un événement d'ordre naturel, tandis que le cas fortuit est le produit d'une défaillance humaine), n'est plus de droit positif. Les conceptions sont donc équivalentes.

452. – Trois caractères de la force majeure. La force majeure est tout d'abord un événement **extérieur** aux parties ; par exemple, la maladie n'est en principe pas extérieure aux parties, notamment à la partie débitrice.

Elle est **imprévisible**, le caractère s'apprécie lors de la conclusion du contrat et de manière souple et relative. La question est de savoir si l'événement en cause est normalement imprévisible.

Elle est enfin **irrésistible** lors de l'exécution ; élément essentiel, il se caractérise par l'impossibilité absolue d'exécuter l'obligation (cf. Cass. com., 1er oct. 1997, *The British and Foreign Marine Insurance Company c/ Szymanski.* – Cass. 1re civ., 10 févr. 1998, *Saint Louis Union Académie c/ Mme Bonjour*). Une exécution plus difficile ou plus onéreuse ne suffit donc pas à caractériser un événement irrésistible. Ce seront par exemple des événements naturels exceptionnels, tels un ouragan ou un tremblement de terre, mais non une tempête de neige, de fortes pluies ou même une sécheresse désastreuse. En ce qui concerne la grève, la jurisprudence est assez hésitante, bien que plutôt favorable à ce qu'elle constitue un événement irrésistible.

1. Les critères de la force majeure dans la responsabilité contractuelle

Traditionnellement, la force majeure, notion de droit, suppose la réunion de trois conditions cumulatives. L'événement qui en est à l'origine doit être extérieur, irrésistible et imprévisible. L'extériorité est l'expression d'une garantie. L'exécution du contrat doit être rendue impossible par l'événement indépendant de la volonté du débiteur.

L'événement, au moment de sa survenance, doit laisser le débiteur impuissant : d'où l'exigence d'irrésistibilité. L'événement ne pouvait pas être prévu au moment de la conclusion du contrat : c'est l'exigence d'imprévisibilité qui a provoqué une divergence entre les chambres de la Cour de cassation. Certaines formations restaient attachées à la conception traditionnelle selon laquelle ces deux conditions doivent être remplies cumulativement pour admettre l'existence d'une force majeure exonératoire de responsabilité. C'était le cas, en matière de responsabilité délictuelle, de la deuxième chambre civile (Cass. 2e civ., 13 juill. 2000 : *Bull. civ.* 2000, II, n° 126. – Cass. 2e civ., 15 mars 2001 : *Bull. civ.* 2001, II, n° 56. – Cass. 2e civ., 23 janv. 2003 : *Bull. civ.* 2003, II, n° 17. – Cass. 2e civ., 22 mai 2003 : *Bull. civ.* 2003, II, n° 154. – Cass. 2e civ., 18 mars 2004 : *Bull. civ.* 2004, II, n° 139. – Cass. 2e civ., 23 sept. 2004 : *Bull. civ.* 2004, II, n° 432. – Cass. 2e civ., 15 déc. 2005 : *Bull. civ.* 2005, II, n° 336) et, en matière de responsabilité contractuelle, de la troisième chambre civile (Cass. 3e civ., 28 mai 1971 : *Bull. civ.* 1971, III, n° 344). D'autres formations, en revanche, considéraient que la prévisibilité de l'événement n'exclut pas la force majeure dès lors que, malgré le fait que le débiteur ait pris toutes les mesures requises, il n'a pu ni éviter la réalisation de cet événement ni en limiter les effets. C'était le cas notamment de la première chambre civile (Cass. 1re civ., 7 mars 1966 : *Bull. civ.* 1966, I, n° 166. – Cass. 1re civ., 9 mars 1994 : *Bull. civ.* 1994, I, n° 91. – Cass. 1re civ., 8 déc. 1998 : *JCP* G 1999, II, 10106, note X. Dagorne-Labbé. – Cass. 1re civ., 17 nov. 1999 : *Bull. civ.* 1999, I, n° 307. – Cass. 1re civ., 6 nov. 2002 : *JCP* G 2003, I, 152, n° 32, obs. G. Viney) mais aussi de la chambre commerciale (Cass. com., 1er oct. 1997 : *D.* 1998, 199, et la note. – Cass. com., 16 mars 1999, pourvoi n° 97-11.428. – Cass. com., 26 juin 2001, pourvoi n° 97-18.410. – Cass. com., 28 avr. 1998 : *D.* 1999, jurispr. p. 469, obs. B.M. et F.L.) et de la chambre sociale (Cass. soc., 12 févr. 2003 : *Bull. civ.* 2003, V, n° 50 ; *Cah. soc. barreau Paris* 2003, n° 150 S., 223, obs. C. Charbonneau). C'est la position posée par l'avant-projet Catala qui, concernant les deux types de responsabilité, dispose dans son article 1349, alinéa 3 que : « La force majeure consiste en un événement irrésistible que l'agent ne pouvait prévoir ou dont on ne pouvait éviter les effets par des moyens appropriés ».

Par deux arrêts rendus le 14 avril 2006 (*D.* 2006, 1577, note P. Jourdain ; *Defrénois* 2006, 1212, note E. Savaux), l'un concernant la responsabilité contractuelle et l'autre la responsabilité délictuelle, l'assemblée plénière exige le cumul des caractères d'imprévisibilité et d'irrésistibilité du fait invoqué.

« Il n'y a lieu à aucuns dommages-intérêts lorsque, par suite d'une force majeure ou d'un cas fortuit, le débiteur a été empêché de donner ou de faire ce à quoi il était obligé, ou a fait ce qui lui était interdit.

Il en est ainsi lorsque le débiteur a été empêché d'exécuter par la maladie, dès lors que cet événement, présentant un caractère imprévisible lors de la conclusion du contrat et irrésistible dans son exécution, est constitutif d'un cas de force majeure.

Ayant retenu que seul le débiteur était en mesure de réaliser la machine, objet de la commande, et qu'il s'en était trouvé empêché par son incapacité temporaire partielle puis par la maladie ayant entraîné son décès, que l'incapacité physique résultant de l'infection et de la maladie grave survenues après la conclusion du contrat présentait un caractère imprévisible et que la chronologie des faits ainsi que les attestations relatant la dégradation brutale de son état de santé taisaient la preuve d'une maladie irrésistible, une cour d'appel décide à bon droit que ces circonstances étaient constitutives d'un cas de force majeure ».

Cass. ass. plén., 14 avr. 2006, n° 02-11.168 (n° 538).

Les hauts magistrats tranchent en faveur de l'exigence du critère de l'imprévisibilité appréciée au jour de la conclusion du contrat. L'irrésistibilité est insuffisante. C'est ainsi la conception classique de la force majeure qui est réaffirmée.

À la suite de ces décisions, la première chambre civile, par l'arrêt annoté (Cass. 1re civ., 30 mai 2006 : *Bull. civ.* 2006, I, n° 279), mais aussi la chambre commerciale (Cass. com., 26 nov. 2006, pourvoi n° 04-18.232. – Cass. com., 27 févr. 2007, pourvoi n° 05-14.304. – Cass. com., 9 oct. 2007, pourvoi n° 06-16.744) et la chambre sociale (Cass. soc., 22 mars 2007, pourvoi n° 05-40.425 : *Cah. soc. barreau Paris* 2007, n° 192 S., 282, note F.-J. Pansier. – Cass. soc., 19 juin 2007, pourvoi n° 06-44.236) se sont ralliées à la conception classique de la force majeure. Les cinq chambres civiles se rejoignent sur une définition unitaire de la force majeure en ce qui a trait aux conditions d'imprévisibilité et d'irrésistibilité. Plus récemment, la chambre criminelle (Cass. crim., 9 mai 2007, pourvoi n° 06-88.256) et une décision récente d'une chambre mixte ont confirmé la conception unitaire (Cass. ch. mixte, 28 nov. 2008, pourvoi n° 06-12.307).

Une divergence demeure quant à la date d'appréciation de certaines conditions. En matière contractuelle, l'imprévisibilité s'apprécie lors de la conclusion du contrat et l'irrésistibilité lors de son exécution (alors que, en matière délictuelle, les deux conditions s'apprécient au moment de l'accident.

L'unité jurisprudence a été confirmée récemment. En ce qui concerne les deux premiers éléments, l'imprévisibilité et l'irrésistibilité, doivent-ils exister cumulativement pour retenir la force majeure ou suffit-il que l'événement soit simplement irrésistible quoique prévisible ?

Par un arrêt du 30 octobre 2008, la première chambre civile reprend la nécessité de l'imprévisibilité :

Cass. 1re civ., 30 oct. 2008, n° 07-17.134

(...) Attendu que la société Figeac Aéro, ayant passé un contrat le 25 octobre 2002 avec la société EDF, a subi deux coupures de l'énergie électrique nécessaire à son activité industrielle, les 15 et 24 juin 2004, dues à des mouvements sociaux motivés par le projet de privatisation de son fournisseur, et a été assignée en paiement de factures arriérées ; qu'elle a reconventionnellement sollicité l'indemnisation de son préjudice ;

Sur le premier moyen, pris en sa première branche :

Vu les articles 1147 et 1148 du Code civil ;

Attendu que, pour débouter la société Figeac Aéro de sa demande de dommages-intérêts, l'arrêt attaqué retient que les ruptures dans la fourniture d'énergie, bien que prévisibles puisqu'annoncées publiquement, étaient irrésistibles, inévitables et insurmontables dans les conditions de leur survenance et que dans le domaine contractuel, dans de telles circonstances d'irrésistibilité, l'imprévisibilité n'est pas requise ;

Qu'en statuant ainsi, alors que seul un événement présentant un caractère imprévisible, lors de la conclusion du contrat, et irrésistible dans son exécution, est constitutif d'un cas de force majeure, la cour d'appel a violé les textes susvisés ;

Par ces motifs, et sans qu'il y ait lieu de statuer sur la seconde branche du premier moyen et celle unique du second moyen :

Casse et annule (...)

S'agissant de la **condition d'extranéité**, une divergence jurisprudentielle subsiste. En matière contractuelle, la Cour de cassation admet parfois une force majeure qui ne présente que les caractères d'imprévisibilité et d'irrésistibilité. Deux cas classiques peuvent être relevés : en premier lieu, la grève du personnel du débiteur qui lui interdit d'exécuter son obligation (Cass. com., 28 févr. 1966 : *Bull. civ.* 1966, IV, n° 123. – Cass. ch. mixte, 4 févr. 1983 : *Bull. civ.* 1983, ch. mixte, n°s 1 et 2. – Cass. 1re civ., 6 oct. 1993, pourvoi n° 91-16.568. – Cass. 1re civ., 24 nov. 1993, pourvoi n° 91-19.308. – Cass. com., 9 oct. 2007, pourvoi n° 06-16.744). En second lieu, la maladie du débiteur qui le met dans l'incapacité totale de remplir son obligation (Cass. 1re civ., 23 janv. 1968 : *Bull. civ.* 1968, I, n° 39. – Cass. 1re civ., 10 févr. 1998 : *D.* 1998, 539, note D. Mazeaud). En matière délictuelle, la deuxième chambre civile exige dans toutes les hypothèses le respect du caractère d'extranéité du fait constitutif de la force majeure en refusant au gardien de la chose d'invoquer, pour s'exonérer de sa responsabilité, le vice inhérent de la chose (Cass. 2e civ., 20 nov. 1968 : *JCP* G 1970, II, 16567, note N. Dejean de la Bâtie. – Cass. 2e civ., 5 mai 1975 : *Bull. civ.* 1975, I, n° 135), le fait de grève (Cass. ch. mixte, 4 déc. 1981 : *D.* 1983, 365) ou sa défaillance physique ou morale (Cass. 2e civ., 18 déc. 1964 : *D.* 1965. 191. – Cass. 2e civ., 21 janv. 1966 : *Bull. civ.* 1966, I, n° 102. – Cass. 2e civ., 30 juin 1966 : *ibid.*, I, n° 720).

2. Exemples de force majeure

La jurisprudence récente de la Cour de cassation, dans ses différentes chambres, tend à réduire les trois caractères classiques de la force majeure à une seule vérification, celle de l'irrésistibilité.

Dans un premier arrêt, en date du 1er octobre 1997, la chambre commerciale a statué ainsi :

« L'irrésistibilité de l'événement est, à elle seule, constitutive de la force majeure, lorsque sa prévision ne saurait permettre d'en empêcher les effets, sous réserve que le débiteur ait pris toutes les mesures requises pour éviter la réalisation de l'événement ;

Ne donne pas de base légale à sa décision au regard de l'article 103 du Code de commerce la cour d'appel qui, pour décider que l'agression à main armée dont a été victime le transporteur ne constitue pas un événement constitutif de la force majeure, retient que si le vol à main armée était irrésistible pour le chauffeur, les circonstances qui entourent un vol ne suffisent pas à le rendre imprévisible et que, au contraire, la fréquence des agressions à main armée rend ce risque prévisible, sans rechercher si, eu égard aux circonstances de l'espèce, le transporteur avait pris toutes les mesures requises pour éviter que l'événement ne se réalise » (*Bull. civ.* 1997, IV, n° 240 ; *Gaz. Pal.* 1997, 2, pan. p. 318 ; *D.* 1997, inf. rap. p. 222 ; *D.* 1998, somm. p. 199 et la note ; *D.* 1998, somm. p. 318, note B. Mercadal).

Dans un autre arrêt du **10 février 1998**, de la première chambre civile cette fois, la même solution est reprise.

Une étudiante avait conclu un contrat de formation avec un établissement d'enseignement aux fins de préparer un CAP de coiffure ; elle avait informé celui-ci de son impossibilité de poursuivre la formation prévue pour raisons de santé. La cour d'appel de Paris avait débouté l'établissement de sa demande en paiement du solde des frais de scolarité restant dû.

« Constatant que, en raison de sa maladie, un élève n'a pu suivre les cours dispensés par un établissement d'enseignement privé, une cour d'appel considère justement que cette maladie, irrésistible, constitue un événement de force majeure, bien que n'étant pas extérieure à celui-ci.

Il ne saurait non plus être reproché à la cour d'appel de déclarer abusive la clause du contrat prévoyant que "le contrat devient définitif après la signature et que le montant en sera dû en totalité, aucun motif ne pouvant être retenu pour une éventuelle annulation", dès lors qu'elle relève que la clause procure à l'établissement d'enseignement privé un avantage excessif en imposant à l'élève le paiement des frais de scolarité, même en cas d'inexécution du contrat imputable à l'établissement ou causé par un cas fortuit ou de force majeure, rejoignant ainsi la recommandation n° 91-09 du 7 juillet 1989 de la commission des clauses abusives » (*Bull. civ.* 1998, I, n° 53 ; *Gaz. Pal.* 1998, 1, pan. cass. p. 133 ; *D.* 1998, p. 539, note D. Mazeaud ; *D.* 1998, inf. rap. p. 68 ; *JCP* G 1998, II, 10124, note G. Paisant ; *LPA* 21 déc. 1998, p. 11, note D.-R. Martin ; *Defrénois* 1998, p. 1051, note D. Mazeaud).

La Cour de cassation a décidé que la guerre du Golfe ne pouvait être tenue pour un événement de force majeure, lorsqu'il s'agit du voyage organisé pour l'ensemble des salariés de Castorama à Marrakech :

Une entreprise qui avait, suivant contrat du 29 mai 1990, confié à une société de voyages le transport et l'hébergement de cinq cents membres de son personnel du 21 au 24 janvier 1991 à Marrakech, avait demandé par la suite le remboursement de la totalité des sommes versées à l'organisateur du voyage en invoquant, pour justifier la rupture unilatérale du contrat, la force majeure résultant de la guerre du Golfe.

La société ne peut reprocher à l'arrêt attaqué de l'avoir déboutée de sa demande. « D'une part, la cour d'appel ayant retenu que les circonstances invoquées comme constitutives de la force majeure n'étaient pas insurmontables, a, par ce seul motif, légalement justifié sa décision, sur ce point. D'autre part, la cour d'appel a relevé que la ville de Marrakech et le royaume du Maroc n'étaient pas, en janvier 1991, des lieux à haut risque d'attentats et que le ministre des affaires étrangères, dans sa circulaire du 17 janvier 1991, n'avait pas cité le Maroc parmi les pays dans lesquels il dissuadait les ressortissants français de se rendre, mais seulement parmi ceux pour lesquels des conseils de prudence étaient prodigués aux touristes ».

(Cass. 1re civ., 8 déc. 1998 : *Bull. civ.* 1998, I, n° 346 ; *Gaz. Pal.* 1999, 1, pan. cass. p. 49 ; *Defrénois* 1999, p. 369 et la note).

V. également, en matière de transport aérien :

- Cass. 1re civ., 13 mars 2013, n° 09-72.962 ;
- CJUE, 31 janv. 2013, aff. C-12/11.

La Cour de cassation a statué dans le même sens à propos de manifestations de viticulteurs :

Cass. 1re civ., 17 nov. 1999 : *Bull. civ.* 1999, I, n° 307 ; *RGAT* 2000, p. 194, note Ph. Rémy

Attendu que, lors d'une manifestation d'agriculteurs, les installations de la société Gondolfruit ont été incendiées et la marchandise entreposée pour le compte de la société Faure, depuis placée en redressement judiciaire, a été détruite ; que la société Gondolfruit a invoqué la force majeure et la compagnie d'assurances a décliné sa garantie, invoquant une exclusion de celle-ci ;

Sur le premier moyen du pourvoi principal, pris en ses quatre branches, formé par le mandataire de la société Faure ès qualités :

Attendu qu'il est fait grief à l'arrêt attaqué (CA Nîmes, 19 juin 1997) d'avoir débouté la société Faure, déposante, de son action indemnitaire contre le dépositaire et son assureur, alors, selon le moyen, d'une part, qu'en décidant que l'intrusion des émeutiers dans les locaux où était entreposée la marchandise constituait un événement de force majeure exonérant le dépositaire de son obligation de restitution, puisque ce dernier n'avait commis aucune faute lorsque, au moment de la formation du contrat, il avait accepté régulièrement et sans fraude d'assurer la conservation de la marchandise, se fondant ainsi sur un critère inopérant pour apprécier tant l'absence de faute que l'existence de la force majeure, la cour d'appel a violé les articles 1927 et 1929 du Code civil ; alors, d'autre part, qu'en retenant, pour affirmer que la société Gondolfruit n'avait pas pu prévoir l'intrusion des émeutiers dans ses entrepôts et la destruction consécutive des marchandises dont elle avait la garde, que les locaux sinistrés avaient un caractère privé, bien que cette circonstance ne fût pas de nature à caractériser l'imprévisibilité de l'événement allégué comme constituant un cas de force majeure, la cour d'appel a violé l'article 1929 du Code civil ; alors, ensuite, qu'en énonçant que les manifestants avaient même échappé au contrôle des forces de l'ordre, sans préciser sur quel élément de preuve elle se serait fondée pour constater un tel fait, la cour d'appel n'a pas motivé sa décision de retenir le caractère imprévisible et irrésistible de l'événement allégué comme constituant un cas de force majeure ; et alors, enfin, que la cour d'appel a omis de répondre aux conclusions de la société Faure faisant valoir qu'à l'époque où les marchandises avaient été confiées au dépositaire, se déroulaient diverses manifestations d'agriculteurs contre les produits d'importation étrangère et que, compte tenu de l'état d'esprit dans lequel évoluaient ces émeutes qui étaient parfaitement connues, des exactions étaient prévisibles, de sorte qu'il appartenait à la société Gondolfruit de prendre toutes mesures utiles pour protéger ses locaux ainsi que les marchandises qui y étaient entreposées ;

Mais attendu que la cour d'appel a constaté que la destruction des marchandises entreposées dans la chambre froide se trouvant dans les locaux de la société Gondolfruit résultait de l'incendie allumé par des agriculteurs dont la manifestation avait dégénéré en émeute, et que les émeutiers avaient échappé au contrôle des forces de l'ordre ; qu'elle a retenu souverainement que l'événement était irrésistible ; que, par ce seul motif, elle a également justifié sa décision caractérisant ainsi la force majeure ;

Et sur le second moyen du pourvoi principal et le moyen unique du pourvoi incident formé par la société Gondolfruit, pris en leurs diverses branches :

Attendu qu'il résulte de l'arrêt attaqué et de la convention d'assurance que les conditions particulières renvoient, dans leur paragraphe 6° s'appliquant aux « Pertes de produits en entrepôts frigorifiques », aux conventions spéciales disposant, dans leur article e), que sont garanties les pertes de marchandises stockées dans les chambres frigorifiques des entrepôts qui, par suite de variation de la température des chambres froides ou de fuite des fluides frigorifiques ou de tout autre fluide servant à l'installation, pour autant que ces phénomènes résultent d'actes d'attentats et de vandalisme pour tous dommages autres que ceux d'incendie ou d'explosions ; que, sans dénaturer ces conventions, la cour d'appel a exactement décidé qu'était exclu de la garantie l'incendie résultant de l'acte de vandalisme commis, en l'espèce, par les manifestants dans la chambre de conservation ; d'où il suit qu'aucun des griefs faits par les diverses branches des deux moyens des pourvois principal et incident n'est fondé ;

Par ces motifs : rejette le pourvoi principal et le pourvoi incident...

SECTION 2

SANCTIONS DE L'INEXÉCUTION DU CONTRAT

La loi prévoit une série de sanctions pour répondre à la défaillance du débiteur. Quant aux parties, elles sont autorisées à aménager dans le contrat lui-même ces sanctions, ce qui est très fréquent en pratique.

SOUS-SECTION 1

LES SANCTIONS LÉGALES

453. – Trois sanctions concevables. Ces sanctions de l'inexécution du contrat prévues par le Code civil sont au nombre de trois : l'exécution forcée (la sanction de principe) ; la résolution judiciaire (dans les contrats synallagmatiques) et la responsabilité contractuelle (qui trouve son expression dans l'allocation de dommages et intérêts).

§ 1. – Exécution forcée

454. – Exécution forcée ou exécution en nature. Il s'agit de l'exécution en nature des obligations contenues dans le contrat. La mesure est ordonnée par le juge. Il est à noter que les droits étrangers, notamment la *Common Law*, n'admettent pas les sanctions en nature (*specific performance*), la sanction de principe étant la responsabilité contractuelle, et ce n'est que dans des cas très exceptionnels qu'une sanction en nature est admise. Le droit français est plus ouvert (V. également, Volume 3, *Le régime de l'obligation*).

A. – Principes

455. – Textes applicables. Les principes de solution ne se retrouvent pas directement dans les textes.

Ceux-ci, et notamment l'article 1142 du Code civil aux termes duquel : « toute obligation de faire ou de ne pas faire se résout en dommages et intérêts, en cas d'inexécution de la part du débiteur », ne sont pas très fermes et ne privilégient pas la sanction en nature. Par conséquent, c'est la jurisprudence qui a dû interpréter les textes, et c'est à son œuvre que l'on doit l'affirmation selon laquelle l'exécution forcée est la sanction de principe.

Les tribunaux ont aussi interprété l'article 1184, alinéa 2, du Code civil, qui dispose que : « dans ce cas, le contrat n'est point résolu de plein droit. La partie envers laquelle l'engagement n'a point été exécuté, a le choix ou de forcer l'autre à l'exécution de la convention lorsqu'elle est possible, ou d'en demander la résolution avec dommages et intérêts », en valorisant la sanction en nature plutôt que la résolution judiciaire, malgré une apparente équivalence des sanctions dans la lettre et l'esprit du texte (Cass. com., 3 déc. 1985 : *Bull. civ.* 1985, IV, n° 286. – Cass. 3e civ., 11 mai 2005 : *Bull. civ.* 2005, III, n° 103).

Le choix entre exécution ou résolution n'est pas épuisé par une action en justice. Il ne suffit pas au créancier d'exercer l'une des actions offertes pour renoncer définitivement à l'autre (Cass. com., 27 oct. 1953 : *D.* 1954, 201, note H.L.). Les actions peuvent être exercées successivement. La renonciation ne se présume pas et doit donc être caractérisée par des éléments extérieurs à l'action intentée, sans pouvoir être déduite de ce qu'une clause résolutoire a été stipulée (Cass. com., 9 déc. 1997, pourvoi n° 95-16.294).

Le principe d'exécution forcée trouve un écho dans l'article L. 111-1 du Code des procédures civiles d'exécution : « Tout créancier peut (...) contraindre son débiteur défaillant à exécuter ses obligations à son égard ».

Le projet (dit « Catala ») valorise l'exécution forcée en nature. Lisons les textes :

- l'article 1152 : l'obligation de donner « s'exécute en nature » (al. 3) ;
- l'article 1154 : l'obligation de faire ou de ne pas faire « s'exécute en nature » (al. 1) ;
- l'article 1155 : l'obligation de donner à usage « s'exécute en nature » (al. 3).

Autant de dispositions qui, au demeurant, concordent parfaitement, avec celles issues des Principes de droit européen, du contrat et plus précisément de son article 9.102 : « le créancier d'une obligation autre que de somme d'argent a droit d'exiger l'exécution en nature, y compris la correction d'une exécution défectueuse ».

L'exécution en nature

D'après les dispositions de l'article 1184, alinéa 2, du Code civil, la partie envers laquelle l'engagement n'a point été exécuté peut forcer l'autre à l'exécution de la convention lorsqu'elle est possible. La cour d'appel ne peut donc se voir reprocher d'avoir ordonné sous astreinte l'exécution d'une convention de non-concurrence (Cass. com., 3 déc. 1985, préc.).

Un autre arrêt du 11 mai 2005 a également reconnu la possibilité d'une exécution forcée.

Cass. 3e civ., 11 mai 2005, n° 03-21.136

Sur le moyen unique :

Vu l'article 1184 du Code civil ;

Attendu que la partie envers laquelle l'engagement n'a point été exécuté peut forcer l'autre à l'exécution de la convention lorsqu'elle est possible ;

Attendu, selon l'arrêt attaqué (Aix-en-Provence, 23 sept. 2003), que M. et Mme Y… X… ont signé avec la société Les Bâtisseurs du Grand Delta un contrat de construction de maison individuelle dont ils ont réglé la totalité du prix tout en refusant de signer le procès-verbal de réception en raison d'une non conformité aux stipulations contractuelles relative au niveau de la construction ; qu'ils ont assigné la société de construction afin d'obtenir sa condamnation à démolir puis reconstruire la maison, ou, à défaut, sa condamnation au paiement d'une somme équivalente au coût des opérations de démolition et de reconstruction ;

Attendu que pour débouter M. et Mme Y… X… de leur demande, l'arrêt retient que la non conformité aux stipulations contractuelles ne rend pas l'immeuble impropre à sa destination et à son usage et ne porte pas sur des éléments essentiels et déterminants du contrat ;

Qu'en statuant ainsi, alors qu'elle avait constaté que le niveau de la construction présentait une insuffisance de 0,33 mètre par rapport aux stipulations contractuelles, la cour d'appel qui n'a pas tiré les conséquences légales de ses propres constatations, a violé le texte susvisé ;

Par ces motifs : Casse et annule, dans toutes ses dispositions, l'arrêt rendu le 23 septembre 2003, entre les parties, par la cour d'appel d'Aix-en-Provence ; remet, en conséquence, la cause et les parties dans l'état où elles se trouvaient avant ledit arrêt et, pour être fait droit, les renvoie devant la cour d'appel de Grenoble.

L'exécution en nature a été admise par deux arrêts plus récents :

Cass. 1re civ., 16 janv. 2007 : *Bull. civ.* 2007, I, n° 19

Sur le second moyen :

Attendu, selon l'arrêt attaqué (Versailles, 15 juin 2004), que la commune de Bourg-la-Reine (la commune), devenue propriétaire de locaux à usage commercial et d'habitation sur lesquels elle a consenti deux baux à la société Maison de l'Électricité, a, sur autorisation de justice, procédé à la démolition d'un hangar menaçant ruine ; que la société Maison de l'Électricité a demandé que la commune soit condamnée à reconstruire le hangar ;

Attendu que la commune fait grief à l'arrêt d'accueillir cette demande, alors, selon le moyen :

1) que si le bailleur est obligé de délivrer au preneur la chose louée, puis de l'en faire jouir paisiblement pendant la durée du bail, il ne peut être tenu de reconstruire les locaux détruits ; qu'en condamnant la bailleresse à reconstruire le hangar démoli, la cour d'appel a violé l'article 1719 du Code civil ;

2) que toute obligation de faire ou ne pas faire se résout en dommages et intérêts de la part du débiteur ; qu'en condamnant la bailleresse, sur le fondement de son obligation de délivrance, à reconstruire le hangar sur le terrain lui appartenant, la cour d'appel a violé l'article 1142 du Code civil ;

Mais attendu qu'ayant relevé que, dès le 12 avril 1995, la société locataire avait demandé à son bailleur d'effectuer sur le hangar les gros travaux lui incombant contractuellement, à savoir la réfection totale de la toiture et la consolidation des piliers et des murs, que cette demande avait été renouvelée par courriers des 22 février 1997 et 22 mars 1997, que la situation s'était aggravée à la suite de la tempête du 26 décembre 1999 et qu'en juillet 2001, la commune avait effectué sur place plusieurs visites qui lui avaient permis de constater l'état des lieux ainsi que la nécessité de prendre des mesures d'urgence afin de sauvegarder le clos et le couvert, la cour d'appel en a exactement déduit que la société Maison de l'Électricité était fondée à demander au bailleur, tenu de lui assurer une jouissance paisible de la totalité des lieux loués, de reconstruire le bâtiment démoli ;

D'où il suit que le moyen n'est pas fondé ;

Et attendu qu'il n'y a pas lieu de statuer sur le premier moyen qui ne serait de nature à permettre l'admission du pourvoi ;

Par ces motifs : Rejette le pourvoi ;

Cass. 3e civ., 28 sept. 2005 : *Bull. civ.* 2005, III, n° 180

Vu les articles 1134 et 1142 du Code civil, ensemble les articles 4 et 12 du Nouveau Code de procédure civile ;

Attendu que la partie envers laquelle un engagement contractuel n'a point été exécuté a la faculté de forcer l'autre à l'exécution de la convention lorsque celle-ci est possible ; que le prononcé de mesures d'interdiction et de retrait, sous astreinte, destinées à assurer une telle exécution et le respect des engagements souscrits, entre dans les pouvoirs des juges du fond tenus de trancher le litige, tel que déterminé par les prétentions des parties, conformément aux règles de droit qui lui sont applicables ;

Attendu que par contrat du 7 février 2005, la société Michel Lafon publishing (Michel Lafon) a cédé à la société Librairie générale française (LGF) le droit d'exploiter dans la collection du « Livre de Poche », pour une durée de cinq ans, l'œuvre de Ian Y... et Dustin Z... intitulée « La règle de quatre », s'interdisant, pendant la durée du contrat, de publier ou de laisser publier cet ouvrage dans une collection à grande diffusion dont le prix de vente ne serait pas au moins deux fois et demi supérieur à celui du livre de poche ; qu'ayant appris qu'en dépit de ses engagements la société Michel Lafon s'apprêtait à commercialiser l'ouvrage dans une collection dont le prix n'excédait pas 10 euros, la société LGF l'a assignée en référé en interdiction, sous astreinte de la poursuite des actes de commercialisation et en retrait de la vente des exemplaires mis sur le marché ; que le juge des référés ayant renvoyé l'affaire au fond, par application de l'article 811 du Nouveau Code de procédure civile, le tribunal de grande instance a accueilli la demande ; Attendu que pour annuler la décision des premiers juges et débouter la société LGF de ses demandes, l'arrêt attaqué énonce qu'en interdisant à la société Michel Lafon la poursuite de la commercialisation de l'ouvrage litigieux, alors qu'aux termes de l'article 1142 du Code civil, toute obligation de faire ou ne pas faire se résout en dommages-intérêts, en cas d'inexécution de la part du débiteur, et que le prononcé d'une mesure d'interdiction ressortit exclusivement au pouvoir conféré au juge des référés par l'article 809 du Nouveau Code de procédure civile, les juges du fond ont excédé leur pouvoir et méconnu les dispositions des articles précités ;

Qu'en statuant ainsi, alors qu'en sollicitant le prononcé d'une mesure visant à interdire, sous astreinte, la poursuite des actes de commercialisation entrepris par la société Michel Lafon en méconnaissance de ses engagements, la société LGF n'avait fait qu'user de la faculté reconnue à toute partie contractante de poursuivre l'exécution forcée de la convention lorsque celle-ci est possible, de sorte que le prononcé d'une telle mesure, en ce qu'elle tendait à l'exécution forcée de la convention, relevait des pouvoirs du juge du fond, la cour d'appel a violé par fausse application l'article 1142 du Code civil et par refus d'application les autres textes ;

Par ces motifs : Casse et annule.

456. – Unidroit. La réglementation uniforme instituée par Unidroit prévoit une disposition voisine :

Art. 7.2.1 (Exécution de l'obligation de somme d'argent) : « À défaut par le débiteur de payer une dette de somme d'argent, le créancier peut en exiger le paiement. »

Art. 7.2.2 (Exécution de l'obligation non pécuniaire) : « À défaut par le débiteur de s'acquitter d'une obligation autre que de somme d'argent, le créancier peut en exiger l'exécution, sauf lorsque :

a) l'exécution est impossible en droit ou en fait ;

b) l'exécution ou, s'il y a lieu, les voies d'exécution exigent des efforts ou des dépenses déraisonnables ;

c) le créancier peut raisonnablement en obtenir l'exécution d'une autre façon ;

d) l'exécution présente un caractère strictement personnel ; ou

e) le créancier n'exige pas l'exécution dans un délai raisonnable à partir du moment où il a eu, ou aurait dû avoir connaissance de l'inexécution. »

457. – Procédure. L'exécution forcée est subordonnée à certaines conditions de procédure :

– une mise en demeure ;

– et de fond : le créancier doit justifier d'une créance :

• certaine (non conditionnelle),

• liquide (susceptible d'être évaluée en argent),

• exigible (susceptible d'être exigée, *i.e.* non à terme).

Cette créance doit être constatée dans un titre exécutoire, soit une décision de justice, soit un acte notarié.

Si la résolution est demandée, les juges du fond peuvent la refuser et accorder l'exécution forcée ; à l'inverse, lorsque l'exécution en nature est demandée, les juges ne peuvent pas prononcer la résolution judiciaire.

Cass. 3e civ., 25 mars 2009, n° 08-11.326 : *Bull. civ.* 2009, III, n° 67

Le contractant victime d'une inexécution a la faculté de modifier, tant qu'il n'a pas été statué sur sa demande initiale par une décision passée en force de chose jugée, son option de poursuivre soit l'exécution de la vente, soit sa résolution.

L'acquéreur d'un bien ne peut donc être débouté de ses demandes en vente forcée et en revendication, formées contre les vendeurs qui ont refusé de réitérer par acte authentique une promesse synallagmatique de vente sous condition suspensive, aux motifs que le fait de les avoir au préalable assignés en restitution de l'acompte et en dommages-intérêts démontre qu'il n'entendait plus poursuivre la réalisation de la vente et qu'il renonçait au bénéfice de l'acte, et que celui de s'être désisté de cette action et d'avoir assigné par la suite les vendeurs pour voir déclarer la vente parfaite ne peut annuler cette révocation qui était acquise.

La cour d'appel, qui n'a pas caractérisé la renonciation de l'acheteur à la réalisation de la vente, a violé l'article 1184, alinéa 2, du Code civil.

458. – Domaine de l'exécution forcée.

• S'agissant des obligations de sommes d'argent, l'exécution se traduit par des saisies mobilières ou immobilières.

• S'agissant des obligations de donner, l'exécution forcée ne soulève pas de difficulté dès lors que le transfert de propriété est réalisé ; il s'agit d'en prendre acte.

• S'agissant d'une obligation de faire :

– si l'obligation porte sur un bien, l'exécution forcée est parfaitement concevable. L'obligation de donner est ainsi dûment sanctionnée : « L'huissier de justice chargé de l'exécution fait appréhender les meubles que le débiteur est tenu de livrer ou de restituer au créancier en vertu d'un titre exécutoire, sauf si le débiteur s'offre à en effectuer le transport à ses frais.

Lorsque le meuble se trouve entre les mains d'un tiers et dans les locaux d'habitation de ce dernier, il ne peut être appréhendé que sur autorisation du juge de l'exécution » (L. 9 juill. 1991, art. 56) ;

– si l'obligation porte sur un service, l'exécution forcée se conçoit : elle risque cependant de rester théorique. On ne peut en assurer l'efficacité que par des procédés détournés.

• S'agissant d'une obligation de ne pas faire : l'exécution est assurée, mais également de manière indirecte (V. C. civ., art. 1143).

459. – Interdiction de l'exécution forcée d'une obligation à caractère personnel. Cette solution – le créancier peut, s'il le souhaite, solliciter l'exécution concrète du contrat – comporte néanmoins des nuances ; en effet, chaque fois que l'obligation inexécutée présente un caractère personnel, il n'est pas possible d'en demander l'exécution forcée. Les limites résident donc dans la sauvegarde de la liberté individuelle, qui peut être :

- physique, ainsi on ne peut forcer un salarié à reprendre son travail ;
- morale ;
- intellectuelle, par exemple un artiste ne peut être contraint de réaliser telle ou telle œuvre.

460. – Loyauté du créancier. Enfin, le créancier ne doit pas abuser de ses prérogatives et doit rester loyal dans ses relations avec le débiteur ; ainsi une saisie ne doit pas être disproportionnée par rapport au montant de la dette (V. du reste, CPC ex., art. L. 121-2 : « Le juge de l'exécution a le pouvoir d'ordonner la mainlevée de toute mesure inutile ou abusive et de condamner le créancier à des dommages-intérêts en cas d'abus de saisie »).

461. – Délai de grâce. En outre, lorsque le débiteur, de bonne foi, se trouve dans une situation difficile et qu'une exécution forcée est décidée, il peut solliciter du juge un répit, *i.e.* des délais de grâce pour pouvoir s'exécuter (C. civ., art. 1244).

B. – Modalités

Différentes sanctions peuvent être mises en œuvre : pénales, judiciaires ou purement civiles.

1° Sanctions pénales

462. – Abus de confiance. La loi pénale apporte souvent son secours à d'autres disciplines et notamment au droit civil. Le manquement à certaines obligations contractuelles est sanctionné par l'article 314-1 du Nouveau Code pénal, qui réprime l'abus de confiance. Toute une série de contrats – dépôt, mandat, louage… – est visée par ce texte (même s'il n'en dresse plus la liste limitative) qui prévoit que lorsque le débiteur, qui a reçu quelque chose dans le cadre de l'un de ces contrats, refuse de le restituer, il encourt une peine de trois ans d'emprisonnement et de 375 000 € d'amende.

2° Sanctions judiciaires

Trois techniques peuvent être proposées, à la discrétion du juge.

a) Astreinte

463. – Notion et caractères de l'astreinte. Il s'agit d'une mesure judiciaire destinée à assurer l'exécution effective d'une décision de justice. C'est une mesure de contrainte différente du dommage indemnitaire.

Elle a été consacrée par la loi du 5 juillet 1972, texte qui a entériné une pratique imaginée par la jurisprudence et qui en a défini le régime, avant d'être modifié par la loi du 9 juillet 1991 (art. 33 et s.) sur les procédures civiles d'exécution ; elle est ainsi possible pour toute obligation de faire ou de donner, sauf si l'obligation est par trop personnelle ou s'il s'agit d'une obligation monétaire, auquel cas la sanction diffère en ce que le taux d'intérêt légal sera majoré de cinq points à l'expiration d'un délai de deux mois à compter du jour où le jugement de condamnation est devenu exécutoire.

De plus, elle est en principe provisoire et son montant est susceptible d'être révisé, mais uniquement au moment de sa liquidation, *i.e.* quand le créancier demande à être payé. Cependant, elle peut être définitive, et sa liquidation est alors beaucoup plus simple, puisqu'il s'agit simplement d'additionner les jours de retard. Il est à noter que la liquidation ne se fait pas en fonction du préjudice subi, mais uniquement de la faute commise.

Code des procédures civiles d'exécution
Art. L. 131-1 : « Tout juge peut, même d'office, ordonner une astreinte pour assurer l'exécution de sa décision. Le juge de l'exécution peut assortir d'une astreinte une décision rendue par un autre juge si les circonstances en font apparaître la nécessité. » **Art. L. 131-2 :** « L'astreinte est indépendante des dommages et intérêts. L'astreinte est provisoire ou définitive. L'astreinte doit être considérée comme provisoire, à moins que le juge n'ait précisé son caractère définitif. Une astreinte définitive ne peut être ordonnée qu'après le prononcé d'une astreinte provisoire et pour une durée que le juge détermine. Si l'une de ces conditions n'a pas été respectée, l'astreinte est liquidée comme une astreinte provisoire. » **Art. L. 131-3 :** « L'astreinte, même définitive, est liquidée par le juge de l'exécution, sauf si le juge qui l'a ordonnée reste saisi de l'affaire ou s'en est expressément réservé le pouvoir. » **Art. L. 131-4 :** « Le montant de l'astreinte provisoire est liquidé en tenant compte du comportement de celui à qui l'injonction a été adressée et des difficultés qu'il a rencontrées pour l'exécuter. Le taux de l'astreinte définitive ne peut jamais être modifié lors de sa liquidation. L'astreinte provisoire ou définitive est supprimée en tout ou partie s'il est établi que l'inexécution ou le retard dans l'exécution de l'injonction du juge provient, en tout ou partie, d'une cause étrangère. »

b) Injonctions

464. – Pouvoir d'injonction. Les tribunaux se sont vu reconnaître par la loi le droit de prononcer des injonctions à l'encontre des débiteurs récalcitrants ; il faut citer deux dispositions :

– l'article 1425-1 du Code de procédure civile, instituant l'« injonction de faire », qui prévoit que l'exécution en nature d'une obligation née d'un contrat conclu entre des personnes qui n'ont pas toutes la qualité de commerçant peut être demandée au tribunal d'instance, si ce dernier est bien sûr compétent (litige dont la valeur n'excède pas 30 000 F) ; sont concernés notamment les contrats conclus entre professionnels et consommateurs ;

– l'article 809, alinéa 2, du Code de procédure civile, instituant le « référé-injonction de faire », qui n'oblige pas le demandeur à faire valoir une urgence quelconque, mais à simplement établir que l'obligation dont on demande l'exécution n'est pas sérieusement contestable ; cette mesure joue surtout pour les contrats de vente ou d'entreprise ;

– l'article 873, alinéa 1er, du Code de procédure civile permet au juge saisi en référé, à titre de mesure conservatoire, de décider la poursuite des effets du contrat, fût-il dénoncé. Il ne peut toutefois prendre cette décision sans fixer un terme certain à la poursuite du contrat, par exemple en la conditionnant à la signature d'un nouvel accord entre les parties (Cass. 1re civ., 7 nov. 2000 : *Bull. civ.* 2000, I, n° 286 ; *D.* 2001, somm. p. 256, note D. Mazeaud).

c) Exécution aux dépens du débiteur

465. – Droit positif. Il faut retenir deux textes. D'une part, l'article 1144 du Code civil dispose que : « le créancier peut aussi, en cas d'inexécution, être autorisé à faire exécuter lui-même l'obligation aux dépens du débiteur ». Ce texte n'envisage que les obligations de faire. L'exécution aux dépens suppose normalement une autorisation du juge, sauf en matière commerciale, où une mise en demeure suffit.

D'autre part, l'article 1143 du même code dispose que : « néanmoins, le créancier a le droit de demander que ce qui aurait été fait par contravention à l'engagement, soit détruit ; et il peut se faire autoriser à le détruire aux dépens du débiteur, sans préjudice des dommages et intérêts s'il y a lieu ». Cet article envisage, quant à lui, les obligations de ne pas faire. La disposition est très utile.

On peut imaginer des clauses aménageant les mécanismes visés aux articles 1142, 1143 et surtout l'article 1144 du Code civil :

« Si pour une raison quelconque indépendante d'une défaillance du client, l'entreprise était dans l'impossibilité momentanée d'exécuter les commandes et de respecter le calendrier visé à l'article n° ..., le client aura la faculté de s'adresser à d'autres fabricants. Leur choix se fera en relation étroite avec l'entreprise qui supportera le supplément éventuel de charge. »

« Si la réception des travaux ne peut être réalisée avec succès dans les trois mois de leur achèvement, le locataire de l'équipement informatique pourra conclure un marché avec un ou plusieurs tiers, pour tout ou partie de l'équipement non réceptionné. Dans ce cas, la responsabilité du bailleur sera limitée à la différence existant entre le prix réellement payé par le preneur pour louer pendant un an à un tiers et le prix que le preneur aurait payé au bailleur pour l'équipement non réceptionné. »

Exception d'inexécution et nécessité d'une mise en demeure

Cass. 1re civ., 11 janv. 2006, n° 04-20.142

Attendu, selon l'arrêt attaqué (Versailles, 30 septembre 2004), que la SCI Saint-Roch (la SCI), propriétaire d'un immeuble dont le rez-de-chaussée a été donné à bail à usage commercial et le premier étage à usage d'habitation à la société Café Saint-Roch, a été assignée, le 9 mars 2000, par cette dernière, en remboursement de travaux exécutés dans les lieux loués ; que, le 20 janvier 2001, la bailleresse a assigné sa locataire pour faire déclarer valable le congé qu'elle lui avait délivré le 30 mai 2000 avec refus de renouvellement et refus d'indemnité d'éviction ;

(...) Mais sur le premier moyen :

Vu l'article 1144 du Code civil ;

Attendu que le créancier peut, en cas d'inexécution, être autorisé à faire exécuter lui-même l'obligation aux dépens du débiteur ;

Attendu que, pour condamner la SCI à rembourser à sa locataire les travaux que cette dernière avait exécutés dans les lieux loués, l'arrêt retient que la circonstance que la bailleresse n'ait pas été informée de la nécessité de procéder aux réparations litigieuses ne saurait l'exonérer de son obligation d'en assumer la charge compte tenu du très court délai dont la société Café Saint-Roch disposait pour effectuer les travaux de remise en état et eu égard au risque de fermeture de son exploitation qu'elle encourait à défaut d'accomplissement de ces travaux dans le délai imparti ;

Qu'en statuant ainsi, alors qu'en l'absence de mise en demeure adressée à la bailleresse d'avoir à effectuer les travaux et de décision de justice autorisant la preneuse à les faire exécuter, la SCI n'était pas tenue d'en supporter la charge, la cour d'appel a violé le texte susvisé ;

Par ces motifs : Casse et annule.

3° Sanctions privées

466. – Exception d'inexécution. Elles sont exceptionnelles, parce qu'en droit français, nul ne peut se faire justice à lui-même. La sanction type est ce que l'on nomme **l'« exception d'inexécution »** (*exceptio non adimpleti contractus*). Soit une des parties dans un contrat synallagmatique refusant d'exécuter son obligation ; l'autre va alors refuser d'exécuter sa propre prestation, justifiée par la règle de l'exception d'inexécution. Celle-ci est prévue par des textes particuliers, tel l'article 1653 : « si l'acheteur est troublé ou a juste sujet de craindre d'être troublé par une action, soit hypothécaire, soit en revendication, il peut suspendre le paiement du prix jusqu'à ce que le vendeur ait fait cesser le trouble, si mieux n'aime celui-ci donner caution, ou à moins qu'il n'ait été stipulé que, nonobstant le trouble, l'acheteur payera ». Il s'agit d'un trouble de la jouissance de la chose, permettant de refuser de payer le prix. La jurisprudence s'est emparée de ce texte et a généralisé l'idée qu'il contient.

L'interdépendance des obligations réciproques résultant d'un contrat synallagmatique comme le bail permet à l'une des parties de ne pas exécuter son obligation lorsque l'autre n'exécute pas la sienne. En conséquence, un preneur est fondé à refuser le paiement des loyers dès lors que le bailleur refuse les réparations nécessitées par l'état des lieux (Cass. soc., 31 mai 1956 : *Bull. civ.* 1956, IV, n° 503).

En principe, l'exception d'inexécution ne saurait être invoquée qu'à propos d'obligations nées d'une même convention : le preneur, devenu créancier du bailleur auquel il a consenti un prêt, ne peut suspendre le paiement des loyers bien que la somme empruntée n'ait pas été remboursée (Rouen, 1er févr. 1854 : S. 1856, 2, 398). Un arrêt de 2005 a élargi le principe au cas où le contractant n'a pas lui-même satisfait à une obligation contractuelle, même découlant d'une convention distincte, dès lors que l'exécution de cette dernière est liée à celle de la première (Cass. com., 12 juill. 2005 : *JCP* G 2005, I, 194, nos 19 et s., obs. Constantin ; *Defrénois* 2006, 610, obs. Libchaber).

Aujourd'hui, l'exception d'inexécution est admise dans tous les contrats synallagmatiques, même imparfaits, et ce, sans mise en demeure préalable. Il faut néanmoins que les deux obligations soient exigibles et que le manquement à l'obligation soit caractérisé, ce qui ne va pas de soi, par exemple dans le contrat de location, lorsque le bailleur n'a pas effectué toutes les réparations lui incombant : le locataire peut-il alors refuser de verser les loyers ? Tout dépend en fait de l'importance des réparations, et seules les grosses réparations sont à même de justifier une « rétention de loyers ». L'obligation de payer les loyers est une obligation essentielle du bail. En outre, elle n'est qu'un moyen défensif et temporaire, en ce sens que le locataire peut refuser de verser le loyer réclamé seulement jusqu'à ce que le bailleur exécute sa propre obligation. La bonne foi du créancier est donc essentielle.

On peut rapprocher cette sanction du **droit de rétention** ; cette garantie peut jouer même en dehors de relations contractuelles et se révèle très efficace. Ce droit n'est pas une sûreté au sens précis du terme. Le législateur contemporain (Ord. n° 2006-346, 23 mars 2006, mod. L. 4 août 2008) a consacré les modalités du droit de rétention :

Code civil

Art. 2286 : « Peut se prévaloir d'un droit de rétention sur la chose :

1° Celui à qui la chose a été remise jusqu'au paiement de sa créance ;

2° Celui dont la créance impayée résulte du contrat qui l'oblige à la livrer ;

3° Celui dont la créance impayée est née à l'occasion de la détention de la chose ;
4° Celui qui bénéficie d'un gage sans dépossession.
Le droit de rétention se perd par le dessaisissement volontaire. »

L'exception d'inexécution est-elle d'ordre public ?

Cass. 1re civ., 1er déc. 1999 : *Bull. civ.* 1999, I, n° 328

Sur le moyen unique, pris en sa première branche :

Vu l'article 1134 du Code civil ;

Attendu que, pour condamner M. Powell à payer à France Télécom une somme de 7 913,06 francs au titre de prestations de télécommunications impayées, le tribunal d'instance se borne à énoncer que l'intéressé ne peut valablement contester le droit de cette entreprise publique à cesser de lui offrir ses prestations en raison du non-paiement des sommes décomptées selon le tarif fixé réglementairement et que, même en l'absence de clause contractuelle l'y autorisant expressément, la demanderesse est fondée à se prévaloir de l'exception d'inexécution lorsque son client se dérobe à sa principale obligation ;

Qu'en statuant ainsi, sans rechercher de quel élément résultait la preuve de l'engagement de M. Powell, lequel soutenait ne pas avoir souscrit de contrat d'abonnement incluant la clause précitée, le Tribunal n'a pas donné de base légale à sa décision au regard du texte susvisé ;

Par ces motifs : casse et annule, dans toutes ses dispositions, le jugement rendu le 13 mai 1997, entre les parties, par le tribunal d'instance de Montargis ; remet, en conséquence, la cause et les parties dans l'état où elles se trouvaient avant ledit jugement et, pour être fait droit, les renvoie devant le tribunal d'instance de Pithiviers ».

Un arrêt du 12 juillet 2005 semble remettre en cause la règle jurisprudentielle selon laquelle le jeu de l'exception d'inexécution suppose des obligations issues d'un même contrat synallagmatique :

Cass. com., 12 juill. 2005, n° 03-12.507 : *JCP* G 1995, I, 194, p. 2311

Sur le moyen unique :

Attendu, selon l'arrêt attaqué (Paris, 14 nov. 2002), que la société Marcelle Griffon, devenue la société Manufacture générale roannaise, et ultérieurement mise en liquidation judiciaire, ayant assigné Mme X… en paiement de fournitures, la cour d'appel a reçu sa demande, tout en prononçant la résiliation à ses torts du contrat de franchise conclu entre les parties ;

Attendu que Mme X… fait grief à l'arrêt de l'avoir condamnée au paiement réclamé, alors, selon le moyen, que l'exception d'inexécution peut être invoquée lorsque les obligations en cause sont interdépendantes, peu important qu'elles soient nées de contrats distincts ; que, dès lors, l'inexécution par le franchiseur des obligations mises à sa charge par le contrat de franchise autorise le franchisé à ne pas exécuter les obligations qu'il a souscrites aux termes des contrats de vente conclus entre le franchiseur et le franchisé en exécution des stipulations du contrat de franchise ; qu'en estimant le contraire, pour refuser de faire droit à l'exception d'inexécution soulevée par Mme X… et tirée de l'inexécution par la société Marcelle Griffon des obligations qu'elle avait souscrites à son égard aux termes du contrat de franchise, la cour d'appel a violé l'article 1184 du Code civil ;

Mais attendu qu'abstraction faite du motif erroné pris de ce que l'exception d'inexécution ne peut être opposée que pour des obligations nées d'un même contrat, alors que l'inexécution d'une convention peut être justifiée, si le cocontractant n'a lui-même pas satisfait à une obligation contractuelle, même découlant d'une convention distincte, dès lors que l'exécution de cette dernière est liée à celle de la première, la cour d'appel a exactement caractérisé l'absence d'un lien de cette nature entre les obligations résultant du contrat de franchise, d'une part, et celles découlant des ventes conclues entre les parties à ce contrat, d'autre part, en relevant que l'obligation de payer le prix d'une marchandise n'est pas la contrepartie de la bonne exécution du contrat de franchise, mais seulement celle de la délivrance d'une chose conforme à la commande en exécution du contrat de vente ; que le moyen n'est pas fondé ;

Par ces motifs : Rejette le pourvoi (…).

§ 2. – Résolution

467. – Article 1184 du Code civil. La partie victime de l'inexécution de l'obligation de son cocontractant peut demander la résolution du contrat, en s'adressant à un tribunal. Cette sanction est prévue par l'article 1184 du Code civil, qui dispose que :

> « La condition résolutoire est toujours sous-entendue dans les contrats synallagmatiques, pour le cas où l'une des deux parties ne satisfera point à son engagement. Dans ce cas, le contrat n'est point résolu de plein droit. La partie envers laquelle l'engagement n'a point été exécuté, a le choix ou de forcer l'autre à l'exécution de la convention lorsqu'elle est possible, ou d'en demander la résolution avec dommages et intérêts. La résolution doit être demandée en justice, et il peut être accordé au débiteur un délai selon les circonstances. »

468. – Fondement de la résolution. L'institution est ancienne (le droit romain la connaissait déjà) ; elle a été assouplie par le code et la jurisprudence. L'article 1184 présente la résolution comme une institution qui procède de la volonté présumée des parties. Il y aurait donc une condition résolutoire sous-jacente permettant d'obtenir la résolution chaque fois que l'une ou l'autre des parties ne respecte pas ses engagements. En réalité, le fondement de la sanction est un peu plus complexe, car la résolution est le corollaire de l'idée d'interdépendance existant entre les obligations convenues dans un contrat synallagmatique. Elle s'explique donc par la théorie de la cause.

La jurisprudence admet aujourd'hui la renonciation anticipée à la résolution, ce qui ne va pas de soi (Cass. 3e civ., 2 nov. 2011 : *D.* 2012 pan. 459, S. Amrani-Mekki).

Résolution et cause

Le fait que la théorie de la cause fonde la résolution ne signifie pas que des motifs, impropres à caractériser la disparition de la cause de l'obligation, ne peuvent que conduire à une éventuelle cessation de ses effets.

Cass. 1re civ., 12 juill. 2006, n° 04-13.204

Mais sur le second moyen, pris en sa seconde branche :

Vu les articles 1131 et 1184 du Code civil ;

Attendu que par conventions des 15 juillet 1956 et 11 mai 1966, la société Les laboratoires Besins Iscovenesco (la société), aux droits de laquelle vient la société Les Laboratoires Besins international, s'était engagée à verser à Max X…, décédé en 1978, professeur de biochimie, en rémunération de son apport essentiel dans l'élaboration et la mise au point de deux spécialités pharmaceutiques, la « Percutalgine » et le « Progestogel », une redevance égale à 5 % de leur prix de vente ; que ces actes étaient stipulés valoir tant que durerait l'exploitation de ces médicaments, et bénéficier aux héritiers ; qu'en 1998, la société a cessé de s'acquitter ; que la veuve et les enfants de Max X… l'ont assignée en reprise de ses paiements ;

Attendu que pour prononcer la résiliation des deux conventions de 1956 et 1966, par disparition de leur cause, au 4 décembre 1997 en ce qui concerne la redevance liée à la « Percutalgine » et au 14 mai 1990 à propos du « Progestogel », dates respectives de nouvelles autorisations de mises sur le marché de ces deux produits, débouter en conséquence les consorts X..., et les condamner, dans les limites de la prescription quinquennale, à rembourser les sommes perçues postérieurement, la cour d'appel a retenu que l'aide de leur auteur n'avait été pour rien dans les modifications substantielles d'excipients et de dosages apportées ultérieurement par la société et justificatrices de l'obtention des nouvelles autorisations dont s'agit ; qu'en se déterminant par de tels motifs qui, impropres à caractériser la disparition de la cause de l'obligation, ne pouvaient que conduire à une éventuelle cessation de ses effets, la cour d'appel a violé les textes susvisés ;

Par ces motifs, et sans qu'il y ait lieu de statuer sur la première branche du second moyen :

Casse et annule.

A. – Conditions de procédure

469. – Résolution judiciaire ou unilatérale. La résolution est en principe une sanction judiciaire : pour l'obtenir, il faut obligatoirement s'adresser à un juge, ce qui suppose préalablement une mise en demeure contre le débiteur. Il existe toutefois des atténuations. Certains contrats peuvent être résiliés (résolus) sans qu'il soit nécessaire d'agir devant les tribunaux ; c'est le cas des contrats à durée indéterminée pouvant être résiliés unilatéralement, dès lors qu'un préavis a été respecté. C'est le cas aussi, dans les contrats à durée déterminée, en présence d'un manquement grave à ses obligations par l'une des parties : le contrôle du juge se fera *a posteriori*. Il faut rapprocher de cette solution l'*anticipatory breach* du droit anglais (V. *supra*, n°s 357 et s.).

B. – Conditions de fond

Au nombre de deux : elles tiennent d'une part, au contrat, d'autre part, à l'inexécution de l'obligation.

1° Conditions relatives au contrat

470. – Contrat en principe synallagmatique. La résolution joue dans les contrats synallagmatiques, mais non pas dans les contrats unilatéraux, sauf quelques cas particuliers. C'est le cas notamment du prêt à intérêt, lorsque l'emprunteur ne paie pas les intérêts : ce manquement autorise une résolution judiciaire, *i.e.* le remboursement du capital et le paiement des intérêts (conventionnels). À l'inverse, certains contrats synallagmatiques ne sont pas susceptibles de résolution ; ainsi en est-il du contrat de partage, et, dans une certaine mesure, des contrats d'assurance et de rente viagère (cf. C. civ., art. 1978).

2° Conditions relatives à l'inexécution de l'obligation

471. – Gravité de l'inexécution. L'inexécution qui justifie la demande en résolution doit être suffisamment grave. Il n'y a pas de difficulté lorsque l'inexécution est totale et qu'elle porte sur une obligation essentielle du contrat, ou, à l'inverse, lorsque l'obligation n'est qu'accessoire, et que l'inexécution est partielle : dans le premier cas, la résolution est possible, dans le second, elle n'est pas recevable. Le problème existe donc lorsque l'obligation essentielle est partiellement inexécutée ou lorsque l'obligation accessoire est totalement inexécutée. Le juge dispose d'un pouvoir d'appréciation, en ce sens qu'il doit vérifier que l'inexécution a eu suffisamment d'importance, *i.e.* elle est assez grave pour que la résolution puisse être prononcée. D'une manière générale, les tribunaux sont plutôt réservés pour prononcer la résolution du contrat ; ils préfèrent maintenir le contrat, en accordant des délais ou des dommages et intérêts...

472. – Faute et inexécution. L'inexécution doit-elle être fautive ? Une controverse subsiste entre les solutions jurisprudentielles et l'analyse doctrinale. Les tribunaux affirment que la résolution peut être prononcée même lorsque l'inexécution provient d'un cas de force majeure ; ils se fondent sur l'article 1184, siège de la théorie de la résolution, qui ne distingue pas entre l'inexécution fautive et l'inexécution fortuite : « si la loi ne distingue pas, l'interprète ne doit pas distinguer ». La doctrine, en revanche, critique cette solution et fait observer que la résolution suppose nécessairement une inexécution fautive ; en cas contraire, c'est-à-dire lorsque le débiteur n'a pas commis de faute, il faut mettre en œuvre la théorie des risques. Pour la jurisprudence, ce qui importe c'est que l'inexécution procède d'un fait du débiteur qui n'est pas nécessairement constitutif d'une faute. Ce fait doit cependant être imputable au débiteur.

L'intérêt de la question repose sur la distinction entre les théories de la résolution et des risques : la première serait d'ordre public – en conséquence, il ne serait pas possible de renoncer au droit de demander la résolution du contrat, alors que la théorie des risques joue sans aucune intervention du juge et reste susceptible d'aménagement conventionnel. En outre, la résolution peut s'accompagner de l'allocation de dommages et intérêts, ce qui est exclu dans le cas de la théorie des risques.

C. – Effets de la résolution

473. – Diversité des solutions. Des solutions classiques et modernes se côtoient, selon les hypothèses, étant précisé que le juge peut :

– prononcer la résolution ;

– accorder des délais, par application de l'article 1184 ;

– refuser la résolution ou accorder des dommages et intérêts, ce qui conduit à la résolution partielle du contrat ;

– accorder la résolution, en prononçant cette rupture :

• aux torts du débiteur,

• aux torts réciproques, si les faits sont de même gravité ou si une faite est constituée, résolution aux torts de celui qui a commis cette faite (Cass. 1re civ., 18 janv. 1995 : *Bull. civ.* 1995, I, n° 322) ;

– accorder la résolution et accorder des dommages et intérêts ;

– prononcer la résolution même en l'absence de faute.

1° Solutions classiques

474. – Effet rétroactif. La résolution a un effet rétroactif ; par conséquent, les parties doivent se replacer dans l'état où elles se trouvaient avant la conclusion du contrat : tout se passe comme si le contrat n'avait jamais existé. Cette rétroactivité est une fiction juridique : le contrat a bel et bien existé, tant dans les rapports des parties entre elles, que dans les rapports des parties avec les tiers.

a) Rapports des parties entre elles

475. – En principe, les choses doivent être remises dans leur état d'origine ; en pratique, chacun restitue à l'autre ce qu'il a pu recevoir. Encore faut-il que la restitution soit possible : si la prestation reçue a été consommée, une restitution en nature est impossible, aussi se fait-elle par équivalent, *i.e.* sous forme d'une indemnité monétaire. Ces solutions se rapprochent ici de celles qui sont admises en matière de nullité.

b) *Rapports des parties à l'égard des tiers*

476. – En principe, tous les droits que les tiers ont pu acquérir disparaissent en même temps que le contrat originaire ; cette solution importante n'est pas sans conséquences et souffre donc des exceptions : tous les actes d'administration peuvent être maintenus. Il faut aussi tenir compte de l'article 2276 du Code civil, permettant au sous-acquéreur de bonne foi de conserver la chose, par mesure de protection.

Action en garantie des vices cachés et indemnité d'utilisation

En matière de garantie des vices cachés, lorsque l'acheteur exerce l'action rédhibitoire, le vendeur, tenu de restituer le prix qu'il a reçu, n'est pas fondé à obtenir une indemnité liée à l'utilisation de la chose vendue ou à l'usure résultant de cette utilisation.

S'agissant de l'acquisition d'un véhicule neuf équipé d'un système GPL qui s'est révélé inadapté et a entraîné l'usure prématurée du moteur, viole les articles 1641 et 1644 et suivants du Code civil la cour d'appel qui, pour accueillir la demande du vendeur au titre de la dépréciation du véhicule résultant de son utilisation par l'acquéreur, énonce que le véhicule qui présentait déjà en juillet 1999 un kilométrage de plus de 50 000 km avait subi une dégradation due à son usage et que le vendeur était bien fondé à obtenir que le prix restitué soit arrêté à la valeur de l'argus.

Dès lors la cour d'appel a ordonné à bon droit la restitution par le vendeur à l'acquéreur de l'intégralité du prix de vente du véhicule, sans prendre en considération le fait que ce dernier avait bénéficié de la jouissance du véhicule et qu'ayant parcouru plus de 100 000 km il l'avait déprécié (Cass. 1re civ., 21 mars 2006, 2 arrêts : *Bull. civ.* 2006, I, nos 151 et 171).

Effet de la nullité sur les contrats interdépendants

Cass. 1re civ., 4 avr. 2006, n° 02-18.277

Attendu que depuis 1984 et par l'effet de deux relations contractuelles toujours reconduites, la société Cofreth, ci-après la société, en charge de l'exploitation de la chaufferie de l'hôpital militaire Legouest à Metz, s'approvisionnait pour ce faire auprès de Gaz de France ; que depuis 1989, la société était liée avec le gestionnaire de l'hôpital par une convention quinquennale assortie d'une faculté de dénonciation, et, depuis 1991, avec l'établissement public en vertu d'un contrat triennal conclu jusqu'au 30 novembre 1994 ; que, dans le courant de l'année 1993, le gestionnaire ayant fait savoir à la société que l'hôpital aurait désormais recours au chauffage urbain et que leur convention d'exploitation serait rompue dès le mois d'octobre, l'intéressée, aux droits de qui se trouve aujourd'hui la société Elyo, a demandé à Gaz de France la résiliation à la même date du contrat d'approvisionnement ; que l'établissement public lui a alors réclamé, pour la période s'étendant jusqu'au terme initialement convenu entre eux, paiement des sommes correspondant à l'abonnement et à une clause de consommation mensuelle minimale ;

Sur le deuxième moyen, pris en ses deux premières branches, et sur le troisième moyen :

Attendu qu'il n'y a pas lieu de se prononcer sur ces griefs, dont aucun ne serait de nature à permettre l'admission du pourvoi ;

Et sur le premier moyen, et le deuxième, pris en ses troisième et quatrième branches :

Attendu que l'arrêt attaqué (Metz, 30 janv. 2002), qui a rejeté la demande, a relevé, d'une part, que les conditions tant générales que particulières de la convention liant la société et Gaz de France stipulaient l'affectation du combustible commandé à son utilisation par l'hôpital, d'autre part, que la réalisation de l'exploitation de la chaufferie constituait la seule cause du contrat de fourniture du produit dont Gaz de France a le monopole, et que les deux contrats conclus par la société, l'un avec le gestionnaire, l'autre avec l'établissement public, de durées différentes pour des raisons propres à la qualité et à la puissance économique et juridique du partenaire, concouraient sans alternative à la même opération économique ; qu'ayant souverainement retenu que les deux conventions constituaient un ensemble contractuel indivisible, la cour d'appel en a déduit à bon droit que la résiliation du contrat d'exploitation avait entraîné la caducité du contrat d'approvisionnement, libérant la société des stipulations qu'il contenait ; qu'ainsi, la décision est légalement justifiée ;

Par ces motifs : Rejette le pourvoi (…).

2° Solutions moderne (résiliation)

477. – Effet non rétroactif. Cette solution concerne les contrats à exécution successive, c'est-à-dire les contrats dans lesquels les prestations s'exécutent dans le temps ; le contrat de bail en est l'exemple type. La résiliation n'a pas d'effet rétroactif, et ne joue donc que pour l'avenir ; le contrat est résilié dès l'inexécution de l'obligation, mais toute la période antérieure à cette inexécution est maintenue. La difficulté pratique est de cerner les hypothèses dans lesquelles l'exécution successive des prestations est caractérisée.

Le contrat à exécution successive se distingue du contrat à exécution instantanée ; il se distingue aussi du contrat dans lequel l'exécution de l'obligation est échelonnée à raison de la volonté des parties : si les parties ont conçu leurs obligations d'une manière indivisible, la sanction est la résolution judiciaire ; dans le cas contraire, la résiliation pourra être obtenue.

Une sanction plus particulière joue en matière commerciale : la **réfaction** du contrat. Elle permet au juge de refaire le contrat, par exemple de diminuer le prix exigible si la livraison est défectueuse. En revanche, la réfaction n'est pas admise ailleurs comme en droit du travail : si une contrepartie financière dérisoire à la clause de non-concurrence équivaut à une absence de contrepartie rendant la clause nulle, le juge ne peut, sous couvert de l'appréciation du caractère dérisoire de la contrepartie pécuniaire invoquée par le salarié, substituer son appréciation du montant de cette contrepartie à celle fixée par les parties et, après avoir décidé de l'annulation de la clause, accorder au salarié la contrepartie qu'il estime justifiée (Cass. soc., 16 mai 2012, n° 11-10.760).

Résolution et résiliation

C'est dans le domaine des baux commerciaux que cette distinction est aisément faite. En effet, dans un bail commercial soumis au décret du 30 septembre 1953, il est possible de prévoir une clause résolutoire sanctionnant le manquement de l'une des parties à l'une ou toutes les clauses du contrat de bail. La procédure est alors schématiquement la suivante : lorsque le bailleur constate, par exemple, la violation de l'une des clauses du bail (défaut de paiement des loyers, paiement hors délais, sous-location interdite, travaux non autorisés...), il fait délivrer par voie d'huissier un commandement d'avoir à régulariser la situation (D. 30 sept. 1953, art. 9). Si le preneur ne réagit pas dans le délai d'un mois à compter de la réception du commandement, la clause résolutoire est acquise et le bail est résolu de plein droit, un mois après délivrance de l'acte d'huissier. Le bailleur peut alors demander au juge des référés de constater le jeu de la clause résolutoire, et en conséquence d'expulser le preneur. Il s'agit de la résolution automatique du bail.

En revanche, même si le bailleur n'a point notifié de commandement de payer ou de faire, il peut demander en justice la résiliation du bail, *i.e.* demander au juge de considérer que les manquements au bail commis par le preneur sont si importants que la fin de la convention doit être prononcée. Il s'agit de la résiliation prononcée par le juge.

Un même motif peut-il permettre au bailleur de suivre la procédure de résolution, puis d'agir en résiliation ? La Cour de cassation a donné une réponse positive.

Cass. 3e civ., 4 mai 1994 : *Bull. civ.* 1994, III, n° 84 ; *Gaz. Pal.* 1994, 2, pan. p. 213 ; *JCP* G 1995, p. 22380, note B. Boccara

Sur le moyen unique :

Attendu, selon l'arrêt attaqué (CA Paris, 4 déc. 1991), que la société Kenys, propriétaire de locaux à usage commercial donnés en location à la société Marga, a, le 17 septembre 1990, fait délivrer à cette société une mise en demeure visant la clause résolutoire du bail d'avoir à justifier d'une police d'assurance contre l'incendie et à faire cesser des troubles de jouissance ; que la société locataire, a, devant le tribunal saisi de la demande en prononcé de la résiliation du bail, produit une police d'assurance couvrant les risques d'incendie et de dégât des eaux pour la période comprise entre le 5 octobre 1990 et le 4 octobre 1991 ;

Attendu que la société Marga fait grief à l'arrêt de prononcer la résiliation du bail, alors, selon le moyen : 1° qu'il résulte des constatations de l'arrêt que, le 17 septembre 1990, la société Kenys avait mis en demeure sous la sanction résolutoire la société Marga de justifier d'une police d'assurance incendie, et que la société Marga, dans le délai du commandement avait produit un contrat d'assurance incendie à effet du 5 octobre 1990 ; qu'il s'ensuit que la société preneuse avait déféré à la sommation dans le délai contractuel, et que la société propriétaire qui avait épuisé son droit, était irrecevable à demander la résiliation judiciaire sur le seul fondement de l'exigence invoquée dans le commandement, auquel il avait été satisfait si bien que la cour d'appel n'a pas justifié légalement sa décision au regard de l'article 1184 du Code civil ; 2° qu'il résulte des constatations de l'arrêt qu'au jour de l'assignation du 17 janvier 1991, la société locataire avait justifié d'une assurance incendie avec, à tout le moins, effet au 5 octobre 1990, si bien que la société propriétaire ne pouvait se prévaloir d'aucun manquement à l'obligation d'assurance au jour de l'introduction de l'instance et ne pouvait, en conséquence invoquer aucun préjudice actuel ; qu'ainsi, la cour d'appel n'a pas justifié légalement sa décision au regard des articles 1147 et 1184 du Code civil ;

Mais attendu que la délivrance, par le propriétaire, d'un commandement visant la clause résolutoire du bail ne le privant pas de la faculté de demander ultérieurement le prononcé de la résiliation de cette convention, même en invoquant les manquements, objet de cette mise en demeure, la cour d'appel, qui a pu retenir des manquements antérieurs à l'introduction de l'instance et qui n'avait pas à distinguer, que ceux-ci aient causé ou non un préjudice au bailleur, a légalement justifié sa décision en retenant souverainement que le fait pour la locataire de ne pas avoir été garantie, pendant plus de 4 ans, par une police d'assurance, constituait une grave inexécution du bail ;

Par ces motifs : rejette le pourvoi.

Date d'effet de la résiliation des contrats à exécution successive

En matière de bail, comme dans tout contrat à exécution successive, la résiliation judiciaire n'opère que pour l'avenir et non pour le temps où le contrat a été exécuté. Le problème du bail est que sa résiliation ne prend en principe effet que du jour de la résiliation judiciaire qui la prononce, date qui peut être postérieure à celle où le preneur a physiquement quitté les lieux. Ainsi, le bailleur réclame souvent le paiement des loyers correspondant non seulement à toute la période d'occupation du preneur, de la signature du contrat jusqu'à son départ des lieux, mais encore jusqu'à ce que le juge ait prononcé la résiliation.

S'agissant des contrats à exécution successive, il conviendrait en effet de distinguer ceux qui ont reçu un commencement d'exécution satisfaisant de ceux qui n'ont jamais été correctement exécutés. Les premiers seraient simplement résiliés pour l'avenir ; les seconds se trouveraient résolus rétroactivement. Dans un important arrêt où la troisième chambre civile de la Cour de cassation a distingué les effets de la résolution de ceux de la résiliation des contrats à exécution successive : « Si, dans un contrat synallagmatique à exécution successive, la résiliation judiciaire n'opère pas pour le temps où le contrat a été régulièrement exécuté, la résolution judiciaire pour absence d'exécution ou exécution imparfaite dès l'origine entraîne l'anéantissement rétroactif du contrat » (Cass. 3e civ., 30 avr. 2003 : *Bull. civ.* 2003, III, n° 87 ; *JCP* G 2003, I, 170, n° 15, obs. A. Constantin, *JCP* G 2004, II, 10031, note Ch. Jamin ; *JCP* E 2004, p. 30, note M. Keita et p. 1665, obs. J. Monéger ; *Defrénois* 2003, p. 1175, obs. E. Savaux ; *RTD civ.* 2003, p. 501, obs. J. Mestre et B. Fages ; *Ann. loyers* 2003, p. 750, note Ch. Atias).

Dans un arrêt du 1er octobre 2008, la résolution d'un contrat de bail était acquise. Il était simplement reproché aux juges du fond d'avoir contraint le locataire à payer les loyers jusqu'au jour du prononcé de sa décision. Cette critique est reçue par la Cour de cassation, qui casse l'arrêt d'appel sur le fondement d'une violation de l'article 1184 du Code civil au motif que « la résiliation judiciaire des contrats à exécution successive ne prend pas nécessairement effet à la date de la décision qui la prononce » (Cass. 3e civ., 1er oct. 2008 : *Bull. civ.* 2008, III, n° 144).

Aucun argument ne milite sérieusement pour que la résiliation ne prenne effet qu'au jour du jugement qui la prononce. Ni l'article 1184, qui, s'il impose une demande en justice, tolère les résolutions unilatérales (Cass. 1re civ., 13 oct. 1998 : *Bull. civ.* 1998, I, n° 300 ; *Defrénois* 1999,

p. 374, obs. D. Mazeaud ; *D.* 1999, p. 197, note Ch. Jamin et somm., p. 115, obs. Ph. Delebecque ; *RTD civ.* 1999, p. 394, obs. J. Mestre. – Cass. 1re civ., 20 févr. 2001, *D.* 2001, p. 1534, note Ch. Jamin et somm. p. 3239, obs. D. Mazeaud ; *Defrénois* 2001, p. 705, obs. E. Savaux. – Cass. 1re civ., 28 oct. 2003 : *JCP* G 2004, II, 10108, note C. Lachièze ; *Defrénois* 2004, p. 373, obs. R. Libchaber et p. 381, obs. J.-L. Aubert ; *RTD civ.* 2004, p. 89, obs. J. Mestre et B. Fages ; *RDC* 2004, p. 273, obs. L. Aynès et D. Mazeaud) et dispose que la condition résolutoire est toujours sous-entendue pour le cas où l'une des parties ne satisfera point à son engagement.

3° Résolution et force majeure

478. – Sort du contrat et des obligations. Quelles sont les solutions lorsque le contrat n'est pas exécuté et que le débiteur s'excuse valablement par la force majeure ? La question intéresse le sort même du contrat. Elle concerne également les obligations contenues dans ce dernier.

Précisons qu'il résulte de l'article 1184 du Code civil que la résolution d'un contrat synallagmatique peut être prononcée en cas de l'inexécution par l'une des parties de ses obligations, même si cette inexécution n'est pas fautive et quel que soit le motif qui a empêché cette partie de remplir ses engagements, alors même que cet empêchement résulterait du fait d'un tiers ou de la force majeure (Cass. 1re civ., 20 juin 1982 : *Bull. civ.* 1982, I, n° 205).

a) Sort du contrat

479. – Impossibilité d'exécution définitive ou temporaire. Il se peut que l'impossibilité d'exécution soit définitive ou seulement temporaire.

Dans le premier cas, le contrat est frappé de caducité. Lorsque l'une des parties est dans l'impossibilité définitive de fournir sa prestation, le contrat est bloqué et il est alors résolu. Par exemple, lorsque le permis de construire est refusé par la commune, l'entrepreneur choisi ne peut ériger la maison telle qu'elle avait été prévue ; son contrat est rétroactivement détruit. La particularité de cette résolution est qu'elle a lieu de plein droit, de façon automatique et sans qu'il soit nécessaire d'introduire une action. Lorsque le contrat est à exécution successive, l'impossibilité qui survient en cours de contrat met fin à ce contrat ; il s'agit alors d'une résiliation qui met fin au contrat pour l'avenir uniquement. Si un brasseur de bière a passé un contrat de fourniture de boissons alcooliques et qu'une période de prohibition totale de l'alcool intervient, le contrat devient caduc puisque son objet est désormais illicite. Dans les contrats *intuitu personae*, le décès rend également le contrat caduc. La mort de l'artiste, du médecin ou de l'avocat interdit que le contrat se poursuive avec leur successeur. La même solution prévaut en cas de perte de l'agrément par un salarié : si un bagagiste de Roissy n'est plus habilité à se rendre sur la plateforme aéroportuaire, son contrat de travail doit prendre fin en raison de l'impossibilité légale d'agir dans laquelle se trouve le salarié.

Dans le second cas, il peut être simplement envisagé une suspension ou un arrêt momentané des effets du contrat jusqu'à ce que la force majeure disparaisse. La jurisprudence entérine cette solution, quoique les juges du fond restent partagés sur la question.

480. – Suspension du contrat. Certains textes, au-delà de la jurisprudence, prévoient la suspension du contrat. C'est le cas notamment en matière d'assurance, lorsque les primes ne sont plus versées, ou en droit du travail, lorsque le salarié est une femme enceinte.

Enfin, rien n'interdit aux parties elles-mêmes de prévoir des difficultés et de stipuler en conséquence que le contrat sera suspendu pour le temps où l'impossibilité dure ; c'est le cas dans les contrats internationaux où les clauses de force majeure sont courantes.

Peuvent être introduites dans les clauses les subtilités les plus inventives pour pallier les conséquences d'événements imprévisibles, par exemple en tentant d'écarter l'obligation de réparation sur un type de dommages seulement, ou pour un certain délai, jusqu'à un certain montant, selon quelle procédure… mais cette ingénierie contractuelle ne doit pas atténuer les trois critères : extérieur, imprévisible et irrésistible.

À cet égard, il sera toujours bienvenu de s'inspirer pour ce faire des textes internationaux et notamment de Unidroit : « Est exonéré des conséquences de son inexécution le débiteur qui établit que cette inexécution est due à un empêchement qui lui échappe et que l'on ne pouvait raisonnablement attendre de lui qu'il le prenne en considération au moment de la conclusion du contrat, qu'il le prévienne ou le surmonte ou qu'il en prévienne ou surmonte les conséquences ».

b) Sort de l'obligation

481. – **Théorie des risques.** Que se passe-t-il dans un contrat synallagmatique lorsque l'obligation de l'une des parties n'est pas exécutée pour une cause de force majeure ? L'obligation de l'autre demeure-t-elle ?

L'impossibilité d'exécuter sa prestation libère le débiteur, sans qu'il soit en faute et par conséquent sans qu'il doive une quelconque indemnité à son cocontractant, lequel a pu pourtant en éprouver un préjudice. Si un commerçant a vu disparaître son local commercial en raison d'un incendie, il ne peut solliciter du propriétaire une indemnisation, sauf à démontrer que celui-ci a une responsabilité dans la survenance de celui-ci.

Le problème est résolu par la théorie dite des risques, supplétive de la volonté des parties. Elle conduit à distinguer deux hypothèses.

482. – **Contrats non translatifs de propriété.** L'hypothèse de droit commun concerne les contrats non translatifs de propriété ; les risques sont alors assumés par le débiteur de l'obligation inexécutée, selon la formule *res perit debitori* (« les risques de la chose pèsent sur le débiteur »).

Si le local loué est détruit par un séisme, le locataire est ainsi libéré de son obligation de payer les loyers au terme convenu.

Voir également en matière de transport maritime le décret du 31 décembre 1966 :

> **Art. 43 :** « Le chargeur qui ne présente pas sa marchandise en temps et lieu, conformément à l'article 39 ci-dessus, paiera une indemnité correspondant au préjudice subi par le transporteur, et au plus égale au montant du fret convenu. »

En pratique, les connaissements contiennent une clause de « fret acquis à tout événement ». Cette clause est parfaitement valable.

V. également toutes les conséquences en matière de transport aérien à la suite du fameux nuage islandais (*JCP* G 2010, 707).

483. – **Contrats translatifs de propriété.** L'hypothèse particulière concerne les contrats translatifs de propriété, spécialement le contrat de vente, dans lequel le transfert s'opère *solo consensu* et immédiatement. Aussi l'acquéreur est-il propriétaire dès l'échange des consentements, même si la chose n'est pas encore livrée. Compte tenu de cette solution, on considère que le transfert de propriété entraîne en même temps un transfert des risques *res perit domino* ce qui oblige le propriétaire – l'acquéreur, après l'échange des consentements – à assumer tous les risques, c'est-à-dire en pra-

tique à payer le prix convenu même si la chose n'a pas été livrée. La règle n'est pas systématique :

– la solution ne joue qu'autant que la chose est un corps certain, individualisé. S'il s'agit d'une chose de genre, l'individualisation de celle-ci conditionne le transfert de propriété (V. mise en sac du blé) ;

– la clause de réserve de propriété, stipulée dans le contrat de vente, permet au vendeur de rester propriétaire de la chose vendue jusqu'au paiement complet du prix. Aussi assume-t-il les risques liés à la chose tant que la clause est applicable, sauf s'il est en outre précisé que, malgré la réserve de propriété, les risques sont transférés à l'acquéreur ;

– lorsqu'une mise en demeure de livrer la chose est faite à l'encontre du vendeur, c'est ce dernier qui assume seul les risques liés à la chose.

§ 3. – Responsabilité contractuelle : condamnation à des dommages et intérêts

484. – Sanction spécifique. Cette condamnation à des dommages et intérêts est la traduction de la responsabilité contractuelle de l'auteur de l'obligation inexécutée. La responsabilité contractuelle doit être ici entendue de manière stricte – elle tend à l'allocation de dommages et intérêts – et non pas de manière large (englobant la résolution, l'exécution forcée, les dommages et intérêts) : il s'agit d'une sanction spécifique, sans doute la plus importante statistiquement.

Le concept de responsabilité contractuelle a été critiqué (cf. Ph. Rémy, *La responsabilité contractuelle, histoire d'un faux concept : RTD civ.* 1997, p. 323 et s.), mais sans doute d'une manière excessive. L'idée est intéressante et consiste à dire que le débiteur défaillant doit des dommages et intérêts, non pas parce qu'il a causé un dommage à son cocontractant, mais simplement parce qu'il n'exécute pas ou mal son contrat. La responsabilité contractuelle n'existerait donc pas parce qu'il ne s'agirait, par l'allocation de dommages et intérêts, nullement de réparer un dommage mais seulement d'assurer l'exécution par équivalent du contrat.

En réalité, le concept de responsabilité contractuelle est bien réel et englobe les deux fonctions des dommages et intérêts : d'une part, procurer un équivalent pécuniaire au créancier ; d'autre part, réparer le préjudice qu'il subit du fait de l'inexécution du contrat.

Au demeurant, la frontière entre l'exécution par équivalent et la réparation est très théorique et illusoire. L'exécution par équivalent se traduit par des dommages et intérêts compensatoires qui ont vocation à « restaurer l'équilibre rompu ». En outre, l'inexécution est, en elle-même, un dommage, ou plus exactement, entraîne toute une série de conséquences (dépenses complémentaires, privation, perte...) dont il faut bien assurer la réparation.

La responsabilité contractuelle ne peut se réduire à une simple exécution par équivalent. Ce n'est pas une technique qui sanctionne la création des avantages par le contrat. La responsabilité contractuelle vise non seulement à assurer le respect du contrat, mais également à réparer tous les dommages causés par l'inexécution de telle ou telle obligation contractuelle (rappr. E. Savaux, *La fin de la responsabilité contractuelle : RTD civ.* 1999, p. 1. – G. Viney, art. *in Mél. Ghestin*, LGDJ, 2001).

A. – Fondement et nature de la responsabilité contractuelle

485. – Responsabilité contractuelle et exécution par équivalent. La responsabilité contractuelle, qu'il faut continuer à entendre largement, vise à compenser le dommage subi en raison de l'inexécution du contrat. La victime obtiendra ainsi une exécution et une réparation par équivalent.

Les dommages-intérêts alloués en raison de l'inexécution ou du retard dans l'exécution d'une obligation de faire ou de ne pas faire constituent une modalité d'exécution de cette obligation (Cass. soc., 4 déc. 2002 : *Bull. civ.* 2002, V, n° 368 ; *RDC* 2003, 54, obs. Stoffel-Munck). C'est pourquoi les dommages-intérêts dus par un employeur pour défaut de remise de bulletins de paie, de certificats de travail ou d'attestations ASSEDIC relèvent de la garantie de l'AGS.

Trois remarques sont nécessaires pour expliquer la nature de l'obligation contractuelle de réparer le dommage occasionné par l'inexécution d'une obligation.

1° Une obligation de réparation

486. – Conditions de la réparation. Pour que cette obligation naisse, il faut d'abord s'assurer de l'existence de la relation contractuelle, ce qui fait souvent difficulté.

Il faut ensuite que le demandeur établisse la violation d'une obligation contenue dans ledit contrat, c'est-à-dire prouver :

- un manquement matériel (l'inexécution) ;
- un manquement juridique (l'inexécution de l'obligation) ;
- un manquement moral (l'imputation du manquement caractérisé au débiteur).

Les Anglais ont une bonne analyse de la situation et distinguent deux séries d'obligations dans le contrat : d'une part, les obligations « primaires », celles contenues initialement dans le contrat, d'autre part, les obligations « secondaires » qui visent à réparer l'inexécution des obligations « primaires ».

2° Une obligation non autonome

487. – Lien entre réparation et rapport contractuel. L'obligation de réparation n'est pas indépendante du rapport contractuel préexistant. Elle n'en est que la suite.

3° Une projection de l'obligation primitive inexécutée

488. – Caractères de l'obligation originaire. L'expression « projection de l'obligation primitive inexécutée » signifie que l'obligation de réparation présente tous les caractères de l'obligation originaire ; elle en est la continuation, sous une forme autre, qui est l'allocation de dommages-intérêts. Par conséquent, toutes les garanties qui pouvaient assurer la bonne exécution de l'obligation primitive sont maintenues : elles assurent l'efficacité de l'obligation de réparation. Cette obligation est également soumise à la loi régissant l'obligation originaire. La réparation fait donc corps avec le contrat : ce concept est solidaire de celui de la force obligatoire du contrat dont il constitue l'une des solutions naturelles.

B. – Conditions de la responsabilité contractuelle

489. – Existence d'un contrat. La condition d'existence d'un contrat est le préalable au jeu de la responsabilité contractuelle. Il est cependant de nombreuses hypothèses dans lesquelles on peut hésiter quant à l'existence du contrat, les relations n'ayant de fondement ni contractuel, ni légal, mais uniquement social, *i.e.*. un rapport de pure complaisance ou un accident survenu sur le quai d'une gare : dans ce dernier cas, la responsabilité contractuelle ne peut jouer qu'à partir du moment où le voyageur monte dans le train. Les mêmes observations s'imposent pour des accidents dans les supermarchés, dans les parcs de stationnement…

Il est trois autres conditions nécessaires à la responsabilité contractuelle, qui concernent la faute contractuelle, le préjudice subi et le lien de causalité entre les deux.

1° Faute contractuelle

490. – Nécessité. L'établissement de la faute du cocontractant pose le problème toujours difficile en pratique de sa preuve. Sa gravité est, de surcroît, déterminante du montant de la réparation.

a) Preuve de la faute

491. – Faute prouvée ou faute présumée. Le droit positif a organisé deux systèmes de preuve : tantôt la faute est présumée, tantôt elle doit être prouvée. La faute est présumée lorsque les obligations sont considérées comme des obligations de résultat. En revanche, le manquement à une obligation de moyens ne dispense pas le demandeur à prouver une faute du débiteur. La difficulté réside donc dans la distinction nécessaire entre l'obligation de résultat et l'obligation de moyens.

1) Critère de distinction

492. – Obligation de moyens et obligation de résultat. Lorsque le débiteur est lié par une obligation de moyens, il s'engage à faire tout son possible pour que le contrat soit exécuté. L'obligation n'est donc pas stricte, à la différence de l'obligation de résultat. Le critère de distinction réside la plupart du temps dans une idée d'aléa : la prestation présentant un caractère aléatoire, telle l'obligation du médecin ou de l'avocat, est nécessairement une obligation de moyens ; à l'inverse, l'obligation est de résultat, dès lors qu'elle est stricte et dépourvue d'aléa, ce qui vaut notamment pour les transporteurs, les vendeurs, les constructeurs…

Le critère principal de l'aléa se trouve corrigé par d'autres éléments. Les juges s'inspirent aussi de considérations d'équité pour qualifier l'obligation ; il est tenu compte du caractère gratuit de la prestation, poussant à une qualification de l'obligation en simple obligation de moyens. Les tribunaux prennent également en considération la situation sociale du débiteur, ainsi que le rôle actif ou passif du créancier dans l'exécution de la prestation.

L'arrêt de principe *Mercier* (Cass. civ., 20 mai 1936, *Mercier* : *GAJ civ.*, 12e éd., n° 161-162 (I) ; *DP* 1936, 1, p. 88, rapp. Josserand, concl. Matter, note E. P) a posé le contenu de l'obligation du médecin :

« Il se forme entre le médecin et son client un véritable contrat comportant, pour le praticien, l'engagement, sinon, bien évidemment, de guérir le malade, ce qui n'a d'ailleurs jamais été allégué, du moins de lui donner des soins, non pas quelconques, ainsi que paraît l'énoncer le moyen du pourvoi, mais consciencieux, attentifs, et, réserve faite de circonstances exceptionnelles, conformes aux données acquises de la science ; la violation, même involontaire, de cette obligation contractuelle, est sanctionnée par une responsabilité de même nature, également contractuelle ; l'action civile, qui réalise une telle responsabilité, ayant ainsi une source distincte du fait constitutif d'une infraction à la loi pénale et puisant son origine dans la convention préexistante, échappe à la prescription triennale de l'article 638 du Code de l'instruction criminelle ».

2) Intérêts de la distinction

493. – **Obligation de résultat.** En ce qui concerne les obligations de résultat, le débiteur est engagé dès l'instant que l'inexécution du contrat est constatée ; **sa responsabilité est donc présumée**, ce qui l'oblige, pour s'exonérer, à établir la preuve que l'inexécution provient d'une cause étrangère, *i.e.* la force majeure, qui doit présenter tous les caractères d'extériorité, d'irrésistibilité et d'imprévisibilité, appréciés de manière raisonnable, ou le fait du tiers, qui doit présenter les mêmes caractères.

En outre, **le fait du créancier** exonère totalement le débiteur de l'obligation de résultat s'il est la cause exclusive du dommage ou partiellement si chacun a participé au dommage.

Enfin, dans certaines situations, l'excuse résulte de ce que l'on appelle **les « cas exceptés »** :

– dans le contrat de location, le locataire est *a priori* responsable lorsque l'appartement est incendié, mais il peut s'exonérer sur le fondement de l'article 1733 du Code civil, en prouvant que l'incendie a été communiqué par l'immeuble voisin ;

– le transporteur maritime peut également s'exonérer en prouvant par exemple que les avaries survenues sont dues à une faute nautique ou une faute dans l'administration du navire, *i.e.* une faute de navigation qui n'est pas une faute commerciale (C. trav., art. L. 5422-12).

Il est à noter que **l'absence de toute faute de la part du débiteur de l'obligation de résultat n'est pas une cause d'exonération**, sauf dans les cas d'obligations de résultat dites « allégées », ainsi dans le contrat de location, l'article 1732 du Code civil exonère le locataire qui n'a commis aucune faute, ou encore dans la plupart des contrats d'entreprise.

494. – **Obligation de moyens.** S'il s'agit d'une obligation de moyens, le débiteur n'engage sa responsabilité que lorsque le créancier aura prouvé un manquement caractérisé à l'obligation contractuelle et que ce manquement est imputable audit débiteur. Les trois éléments de la responsabilité sont donc requis. Celle-ci s'apprécie *in abstracto*, par référence au comportement d'un « bon père de famille » dans des circonstances analogues.

Aujourd'hui, la référence au « bon père de famille » doit être comprise dans une sociologie un peu différente : **le bon père de famille est plutôt le « bon professionnel »**, dont le comportement dans une situation analogue est apprécié *in abstracto*. La faute est ainsi caractérisée lorsqu'il s'avère que le débiteur n'a pas pris toutes les précautions commandées par les usages et les habitudes pour éviter le dommage. Cependant, le débiteur peut s'exonérer partiellement lorsqu'il prouve la participation fautive de la victime dans la réalisation du dommage.

En outre, lorsque **la force majeure** est établie, la responsabilité contractuelle du débiteur d'une obligation de moyens ne peut jouer, mais il est bien évident que ce n'est pas au débiteur de prouver l'inexécution du contrat. C'est pourquoi, lorsqu'une faute est établie, la force majeure est nécessairement exclue.

b) Gravité de la faute

1) Conception classique

495. – **Classification classique : « Théorie des trois fautes ».** Il existe divers degrés dans la faute commise : elle peut être légère, grave ou lourde. Pendant longtemps, l'analyse du droit de la responsabilité faisait intervenir la gravité de la faute pour établir l'exis-

tence même de la responsabilité. Les auteurs avaient développé la « théorie des trois fautes » se présentant de la manière suivante :

– lorsque le contrat était conclu dans l'intérêt exclusif du créancier, tel le contrat de dépôt, seule **la faute lourde** (*gravis*) permettait d'engager la responsabilité du débiteur ;

– le contrat conclu dans l'intérêt commun des deux parties obligeait le créancier à prouver simplement **une faute légère** (*levis*) ;

– le contrat conclu dans l'intérêt du seul débiteur, tel le contrat de prêt à usage, permettait d'engager sa responsabilité en cas **de faute très légère** (*levissima*).

Cette théorie est aujourd'hui abandonnée, tant par la doctrine que la jurisprudence. Ce qui prévaut est le manquement caractérisé à l'obligation ; peu importe le degré de la faute commise. Cela dit, si cette théorie n'est pas décisive pour établir l'existence de la responsabilité contractuelle, elle n'en conserve pas moins une certaine importance pour régler les questions de réparation.

2) Conception moderne

496. – Classification moderne. La faute la plus grave serait la **faute dolosive** ou encore **intentionnelle**, *i.e.* celle commise avec l'intention de réaliser ou de provoquer le dommage. La faute dolosive est parfois appréciée moins strictement en étant définie comme la faute qui implique une volonté délibérée de ne pas respecter les termes du contrat. Elle est inassurable (C. assur., art. L. 113-1, al. 2).

Un degré inférieur permet de prendre en considération le concept de **faute inexcusable ou de « témérité »**, très utilisé en droit du travail et en droit des transports (C. com., art. L. 133-8 : « Seule est équipollente au dol la faute inexcusable du voiturier ou du commissionnaire de transport. Est inexcusable la faute délibérée qui implique la conscience de la probabilité du dommage et son acceptation téméraire sans raison valable. Toute clause contraire est réputée non écrite ») ; cette faute suppose une certaine témérité dans l'action, *i.e.* la conscience de la probabilité dommage. C'est la faute commise témérairement et avec conscience qu'un dommage en résultera probablement : c'est la *willful misconduct* de la *Common Law*. L'appréciation de cette faute se fait désormais *in concreto*.

La troisième faute dans l'échelle des gravités serait la **faute lourde**, qui s'apprécie tantôt de manière objective, en fonction de l'importance des obligations : la faute est lourde dès que l'obligation inexécutée est essentielle, tantôt de manière subjective, en fonction du comportement (absurde) du débiteur. Ces deux types de faute écartent les plafonds de réparation et la faute lourde exclut l'application des clauses de non-responsabilité.

Tout en bas de l'échelle se situe la **faute simple** ou **légère**, qui peut être couverte par une clause d'exonération.

2° Préjudice

497. – Nécessité du préjudice. Toute responsabilité suppose l'existence d'un préjudice, *i.e.* la lésion d'un droit. Peu importe sa consistance, son importance, sa nature. Pour être réparable dans le cadre de la responsabilité contractuelle, il doit simplement être prévisible, ainsi que le prévoit l'article 1150 du Code civil : « Le débiteur n'est tenu que des dommages et intérêts qui ont été prévus ou qu'on a pu prévoir lors du contrat, lorsque ce n'est point par son dol que l'obligation n'est point exécutée ».

Cette prévisibilité du dommage a été rappelée par la Cour de cassation à l'occasion des arrêts *SNCF*, en censurant les juges du fond qui avaient octroyé de substantiels montants de dommages et intérêts aux voyageurs arrivés en retard (Cass. 1re civ., 28 avr. 2011, n° 10-15.056. – Cass. 1re civ., 26 sept. 2012, n° 11-13.177).

Cass. 1re civ., 26 sept. 2012, n° 11-13.177

Vu l'article 1150 du Code civil ;

Attendu que M. X..., avocat au barreau de Limoges, devant plaider au tribunal de commerce de Paris à dix heures le 11 février 2010, a acheté un billet de train aller-retour, le départ de Limoges étant fixé à 5 h 47 pour une arrivée à Paris à 8 h 45 tandis que le voyage de retour devait débuter à 12 h 58 ; qu'étant parvenu à Paris avec près de quatre heures de retard, il n'a pu assister son client et a réclamé à la SNCF le remboursement du prix du voyage ainsi que des dommages-intérêts ;

Attendu que pour accueillir sa demande, la juridiction de proximité, après avoir écarté la force majeure invoquée par la SNCF, a d'abord rappelé l'impératif de ponctualité figurant au cahier des charges de celle-ci puis retenu que M. X..., ayant pris la précaution d'organiser son voyage en se ménageant un temps largement suffisant pour se faire transporter en taxi à Paris au tribunal où sa présence était indispensable, a subi, ce voyage étant devenu sans objet, un préjudice dont la SNCF, seule responsable, devait l'indemniser en lui versant, outre une somme représentant le remboursement du prix du voyage, 500 euros pour compenser sa perte d'honoraires, 1 000 euros pour la perte de crédibilité vis-à-vis de son client et 500 euros en réparation de l'inquiétude et de l'énervement qu'il avait éprouvés ;

Qu'en se déterminant par ces motifs impropres à établir que le dommage invoqué était prévisible lors de la conclusion du contrat de transport, si ce n'est quant au coût de celui-ci rendu inutile par l'effet du retard subi, et constituait une suite immédiate et directe de l'inexécution de ce contrat, la juridiction de proximité a privé sa décision de base légale ;

Par ces motifs : Casse et annule.

3° Lien de causalité

498. – Causalité démontrée ou présumée. Pour que le créancier obtienne réparation, encore faut-il que soit établi le lien de causalité entre la faute commise et le préjudice subi, ce qui peut être parfois difficile. Souvent, la causalité est cependant souvent présumée.

1. Le lien de causalité

La présomption du lien de causalité peut exister dans d'autres circonstances :

Un commerçant était bénéficiaire d'un contrat d'abonnement de télésurveillance auprès d'une société qui lui avait fourni et installé le matériel de détection et de télétransmission. Il avait été victime d'un vol avec effraction n'ayant pas donné lieu au déclenchement du système d'alerte.

La première chambre civile de la Cour de cassation, dans un arrêt du 6 octobre 1998 (*Bull. civ.* 1998, I, n° 276 ; *Gaz. Pal.* 1999, 1, pan. cass. p. 12), considère « qu'a violé l'article 1147 du Code civil la cour d'appel qui, pour débouter l'abonné de son action en dommages-intérêts dirigée contre ladite société, a retenu qu'il n'était pas démontré que le déclenchement de l'alerte par les services de la société aurait pu avoir une incidence sur la réalisation du sinistre, que la défaillance du système de télésurveillance ait entraîné pour l'abonné la perte d'une chance d'amoindrir les conséquences dommageables du sinistre et que cette société ne pouvait être tenue à aucune obligation d'indemnisation faute de lien de causalité entre la faute alléguée à son encontre et le préjudice résultant du sinistre, alors que la défaillance de l'installation était en relation de cause à effet avec le dommage, fût-il une perte de chance ».

2. L'obligation de résultat

La qualification d'une obligation d'obligation de résultat a des conséquences importantes. En témoigne l'arrêt rendu le 8 décembre 1998 par la première chambre civile :

Cass. 1re civ., 8 déc. 1998 : *Bull. civ.* 1998, I, n° 343

LA COUR :

Sur le moyen unique, pris en ses deux branches :

Attendu, selon le jugement attaqué (TI Cherbourg, 4 nov. 1993), que M. Delahaye a chargé le garage Jacqueline de réparer une défaillance mécanique de son véhicule automobile, alors sous garantie ; qu'à la suite de cet incident, le moteur ayant fait entendre des bruits anormaux, M. Delahaye a donné sa voiture en réparation à un second garage concessionnaire de la marque du véhicule, la société Channel Auto, qui a procédé à divers travaux gratuitement en vertu de la garantie conventionnelle ; que les désordres n'ayant pas disparu, M. Delahaye a fait procéder à la réparation de son véhicule par un troisième garage ;

Attendu que la société Channel Auto fait grief au jugement attaqué d'avoir fait droit à la demande de M. Delahaye qui lui réclamait le paiement du montant de la réparation faite par ce troisième garage, alors, selon le moyen, d'une part, qu'ayant relevé que le véhicule de M. Delahaye était affecté d'un vice à la suite d'une intervention du garage Jacqueline, le tribunal d'instance ne pouvait en faire porter la responsabilité au garage Channel Auto et en statuant ainsi, a violé l'article 1147 du Code civil ; et alors, d'autre part que selon les constatations du jugement attaqué, le garage Channel Auto a démontré avoir accompli tous travaux utiles sur le véhicule réparé par un premier garage et qu'en retenant la responsabilité du garage Channel Auto sans avoir dit en quoi il aurait manqué à ses obligations, le tribunal d'instance a violé les articles 1147 et 1315 du Code civil ;

Mais attendu que l'obligation de résultat qui pèse sur le garagiste en ce qui concerne la réparation des véhicules de ses clients emporte à la fois présomption de faute et présomption de causalité entre la faute et le dommage, de sorte qu'en constatant que de multiples réparations faites par le garage Channel Auto n'avaient pas remédié aux désordres du moteur sans qu'il ait été soutenu devant les juges du fond que l'intervention du garage Jacqueline fût à l'origine de ceux-ci, le jugement attaqué a pu en déduire que le garage Channel Auto avait manqué à ses obligations contractuelles, d'où il suit que le moyen n'est fondé en aucune de ses branches.

Par ces motifs : rejette le pourvoi.

L'entrepreneur qui remplace un élément de la cheminée est tenu de vérifier la conformité de l'ensemble de l'installation :

Cass. 3e civ., 7 nov. 2012, n° 11-20.532

Vu l'article 1147 du Code civil ;

Attendu, selon l'arrêt attaqué (Nancy, 21 mars 2011), qu'en novembre 2002, les époux X... ont confié à la société Euro Céramique le remplacement d'un insert dans la cheminée de leur maison d'habitation ; qu'à la suite de la destruction de l'immeuble par un incendie survenu le 1er février 2003, les époux X... et la Caisse meusienne d'assurances mutuelles (CMAM) ont, après expertise, assigné la société Euro Céramique pour obtenir réparation de leurs préjudices ; qu'en cause d'appel, la Société mutuelle d'assurance du bâtiment et des travaux publics (SMABTP), assureur de la société Euro Céramique, est intervenue volontairement à la procédure et a assigné M. Y..., ès qualités de commissaire à l'exécution du plan de redressement judiciaire de cette société ;

Attendu que pour débouter les époux X... de leurs demandes, l'arrêt retient qu'il n'était pas établi que les travaux effectués par la société Euro Céramique avaient été le siège du sinistre, que, selon le rapport d'expertise, l'hypothèse privilégiée de mise à feu se situait dans le caisson ventilateur, lequel faisait partie de l'installation existante, qui était indépendante et non nécessaire à la mise en œuvre et au fonctionnement de l'insert, et que la société Euro Céramique n'était pas tenue de vérifier le fonctionnement de ce caisson qui n'était pas concerné par les travaux ;

Qu'en statuant ainsi, alors que l'entrepreneur chargé du remplacement d'un insert est tenu de s'assurer du bon fonctionnement de l'ensemble de l'installation, la cour d'appel a violé le texte susvisé ;

PAR CES MOTIFS : CASSE ET ANNULE.

3. La gradation des fautes

– Faute dolosive ou intention de nuire ; seul l'établissement d'une faute dolosive permet le licenciement des salariés protégés (délégués du personnel, délégués syndicaux) en droit du travail.

– Faute inexcusable : faute commise avec témérité et conscience qu'un danger en résultera probablement.

Elle se retrouve en droit maritime, droit aérien, droit de la sécurité sociale ou droit du travail (hygiène et sécurité dans l'entreprise).

Selon la convention de Bruxelles modifiée, article 4-5-e, les fautes privatives du bénéfice de la limitation de réparation sont la faute intentionnelle, la faute dolosive ou la faute dite inexcusable. C'est-à-dire que tout plafonnement est exclu lorsqu'il est prouvé que le dommage résulte d'un acte ou d'une omission du transporteur qui a eu lieu, soit avec l'intention de provoquer un dommage, soit témérairement et avec conscience qu'un dommage en résulterait probablement.

Dans le cas d'une caisse chargée en cale qui n'a pas été retrouvée à bord et qui compte tenu de ses dimensions et de son poids, n'a pas pu se volatiliser, se désintégrer ou être laminée lors d'une tempête au point de disparaître, il y a lieu de conclure qu'elle a été débarquée sans que le transporteur maritime ne sache quand et où, ceci en l'absence des documents accompagnant et constatant les mouvements de marchandises. Une telle disparition ne peut s'expliquer que par une faute à savoir un vol ou une faute inexcusable équipollente au dol ayant consisté à délivrer à un autre qu'au destinataire. Une telle faute ayant pour conséquence que l'objet même du contrat de transport n'est pas rempli, interdit au transporteur de se prévaloir de la limitation de responsabilité (CA Rouen, 10 oct. 1996 : *JCP* G 1997, IV, 663).

– Faute lourde :

• conception subjective (droit des transports) : faute d'une gravité exceptionnelle témoignant d'une incompétence et d'une inaptitude à accomplir la mission contractuelle ;

• conception objective : manquement à une obligation essentielle.

– Faute grave : en droit du travail, la faute grave est celle qui, par son importance, rend impossible le maintien du salarié pendant la durée du préavis.

– Faute simple : manquement à une obligation contractuelle (cf. la « cause réelle et sérieuse du licenciement » en droit du travail).

– Faute légère (*culpa levis*).

– Faute très légère (*culpa levissima*) : elle est appliquée dans la plupart des contrats à titre gratuit, le dépôt (C. civ., art. 1928 ; comp. C. civ., art. 1927) ; le prêt à usage (C. civ., art. 1880).

4. Excuses

V. la théorie du fait du prince, F. Luxembourg, *JCP* G 2008, I, 119. V. également les très nombreuses décisions intéressant la SNCF et les transports de passagers.

C. – Régime de l'obligation de réparation

1° Dommage réparable

Quelle est la consistance du dommage ? Quels sont ses caractères ?

a) Consistance du dommage

499. – Variété du dommage. Le dommage réparable résulte de l'inexécution du contrat, ainsi que de toutes les atteintes portées au créancier dans son patrimoine, ses intérêts affectifs ou moraux.

Le dommage peut donc être **matériel** (on parle encore du dommage économique), *i.e.* toute perte d'argent ; plus précisément, on distingue le *damnum emergens* (« la perte éprouvée ») et le *lucrum cessans* (« le manque à gagner »).

Le dommage **moral** est également pris en compte, mais il peut être difficile de l'apprécier : peut-on monnayer des larmes ? On y englobe le *pretium doloris* (« le prix de la douleur »), préjudice consécutif à une douleur physique ou morale, ainsi que le préjudice d'agrément, *i.e.* l'impossibilité de poursuivre des activités sportives suite au dommage ; y sont enfin compris le préjudice esthétique et le préjudice d'affection.

La responsabilité contractuelle peut être engagée aujourd'hui lorsque le préjudice subi est moral, mais ce ne fut pas toujours le cas : en effet, le contrat protège uniquement des intérêts économiques qu'il a lui-même créés ; or, les intérêts moraux sont défendus en eux-mêmes indépendamment de toute référence à un contrat. L'analyse est cependant dépassée et peu conforme au droit positif très favorable au thème de la sécurité contractuelle.

b) Caractères du dommage

Pour que le préjudice puisse faire l'objet d'une réparation, il doit présenter trois caractères.

1) Préjudice certain

500. – Notion. Le dommage certain est celui dont on sait qu'il est réalisé ou se réalisera. Dans ces conditions, il s'oppose au **préjudice éventuel ou hypothétique**, qui n'est pas réparable. Il est à noter que le dommage éventuel se distingue du **dommage futur**, qui, si l'on ne peut savoir quand il se réalisera, est tout de même certain. Proche du dommage futur est **la perte d'une chance**, qui est réparable dès lors que la chance invoquée existe véritablement, du moins à des degrés suffisants de probabilité.

La chambre commerciale a indiqué que le préjudice né du manquement par un établissement de crédit à son obligation de mise en garde s'analyse en la perte d'une chance de ne pas contracter (Cass. com., 20 oct. 2009, n° 08-20.274). En l'espèce, une personne physique s'était portée caution du remboursement d'une dette d'emprunt, contractée par sa fille. Assignée en paiement, elle avait opposé à l'action de la banque la violation par cette dernière de son obligation de mise en garde. Les juges du fond avaient accueilli l'argument et avaient estimé que le préjudice indemnisable correspond en pareil cas au montant pour lequel la caution est tenue. Ils avaient, en d'autres termes, admis la libération de la caution par compensation de sa dette de garantie avec sa créance d'indemnité contre la banque. Dans un attendu de principe, la chambre commerciale affirme que « le préjudice né du manquement par un établissement de crédit à son obligation de mise en garde s'analyse en la perte d'une chance de ne pas contracter ». Les juges du fond auraient donc dû rechercher quelle était la probabilité que la caution, dûment mise en garde, refuse de contracter. Seule la perte de cette chance d'échapper à la dette de garantie est indemnisable.

Cass. 1re civ., 16 janv. 2013, n° 12-14.439

Vu l'article 1147 du Code civil ;

Attendu, selon l'arrêt attaqué, que par actes établis avec le concours de la société d'avocats Y...-Z..., M. et Mme X... ont cédé l'ensemble des parts qu'ils détenaient dans le capital de la société Garage Oberkampf, s'engageant à garantir le passif social ; qu'à l'issue de diverses procédures alors engagées de part et d'autre, les époux X... ont été condamnés au paiement du solde débiteur d'un compte courant d'associé (tribunal de commerce de Paris, 6 juin 2006), après compensation à hauteur des sommes dues par la partie adverse en exécution d'une précédente décision (Paris, 23 mars 2004) ; qu'après avoir vainement introduit une nouvelle action en paiement d'une participation aux bénéfices de la société Garage Oberkampf (Paris, 9 avril 2009), les époux X... ont recherché la responsabilité de leur avocat garantie par la société Covea Risks, reprochant au professionnel du droit de ne pas s'être présenté à l'audience du tribunal de commerce, puis de ne pas avoir régulièrement interjeté appel du jugement du 6 juin 2006 malgré les instructions qui lui avaient été données ;

Attendu que pour limiter l'indemnisation accordée aux époux X... au montant des frais de procédure engagés en pure perte, l'arrêt retient que la perte de chance d'obtenir la réformation du jugement du tribunal de commerce était faible, dès lors que l'issue de l'appel manqué apparaissait incertaine, ce d'autant que l'arrêt du 9 avril 2009 énonce que la demande en paiement des époux X... d'une somme de 19 595 euros se heurtait à l'autorité de la chose jugée attachée à l'arrêt du 23 mars 2004 et que les époux X... ne rapportaient pas la preuve que leur compte courant était créditeur et non débiteur ;

Qu'en statuant ainsi par des motifs impropres à démontrer l'absence de toute probabilité de succès de l'appel manqué, alors que la perte certaine d'une chance même faible, est indemnisable, la cour d'appel a violé le texte susvisé ;

Par ces motifs : casse et annule (...)

2) Préjudice direct

501. – Lien de causalité. Cette exigence résulte de l'article 1151 du Code civil : « dans le cas même où l'inexécution de la convention résulte du dol du débiteur, les dommages et intérêts ne doivent comprendre à l'égard de la perte éprouvée par le créancier et du gain dont il a été privé, que ce qui est une suite immédiate et directe de l'inexécution de la convention ». En d'autres termes, doit être établi un lien de causalité entre la faute et le préjudice. L'exemple classique est celui de « la vache » de Pothier : un marchand avait vendu une vache malade à un paysan, lui causant ainsi un préjudice ; l'animal avait alors contaminé tout le troupeau, et notamment les bœufs, ce qui ne permettait plus au paysan de labourer ses terres, provoquant évidemment des difficultés financières. Ne pouvant plus payer ses créanciers, les biens du paysan furent saisis, et, au comble du désespoir, ce dernier finit par se supprimer... Le marchand était-il responsable de tous les maux de la terre ? En principe, non, car le préjudice réparable est uniquement le dommage direct, la chaîne des causalités est rarement continue.

502. – Théories de la causalité. Plusieurs théories de la causalité ont été dégagées :

– la première, dite « **théorie de la causalité adéquate** », retient simplement comme cause du préjudice ce qui a vraisemblablement contribué à sa réalisation ; ainsi, dans l'exemple précité, le fait que la vache soit malade et qu'elle ait contaminé tout le troupeau est réparable, mais au-delà, la causalité est trop incertaine ;

– la deuxième théorie, dite de « **l'équivalence des conditions** », tient compte, dans la chaîne de causalités, de toutes les causes contributives du dommage occasionné. Tous les dommages, principal et en cascade, peuvent donner lieu à réparation. Dans notre exemple, si la vache n'avait pas été malade, aucun malheur ne serait arrivé, et la vie du paysan aurait été sauvée. Le marchand est alors lourdement débiteur.

3) Préjudice prévisible

503. – Prévisibilité comme condition de la réparation. L'article 1150 du Code civil prévoit que la réparation du dommage est limitée à sa prévisibilité lors de la conclusion du contrat : « le débiteur n'est tenu que des dommages et intérêts qui ont été prévus ou qu'on a pu prévoir lors du contrat, lorsque ce n'est point par son dol que l'obligation n'est point exécutée ». Cette limitation ne vaut qu'en matière contractuelle, et s'explique par la notion même de contrat : les parties contractantes mesurent en principe les risques qu'ils prennent. Le contrat assure l'équilibre de leurs intérêts. Réparer toutes les sortes de dommages serait contraire à l'idée même de contrat, engagement sur l'avenir.

504. – Notion de prévisibilité. Comment comprendre le dommage prévisible ? Deux conceptions peuvent être distinguées. L'imprévisibilité peut tout d'abord porter sur la cause du dommage (par ex., la perte ou des coups portés à un objet confié, telle une valise) ; elle peut aussi porter sur l'étendue du préjudice (si la valise contient des lingots d'or, ce qui n'est pas prévisible si l'on n'a pas averti le dépositaire...). En principe, l'imprévisibilité ne concerne que l'étendue du dommage subi, mais il faut tout de même se placer au moment de la conclusion du contrat pour l'apprécier. Il faut, en outre, tenir compte des circonstances du contrat, de la qualité des parties (si le déposant est un bijoutier, on peut s'attendre à ce qu'il y ait des objets de valeur dans la valise...), de l'existence ou non d'une déclaration de valeur.

505. – Limites à l'exigence de prévisibilité. La règle du dommage prévisible uniquement réparable connaît toutefois des limites, notamment en cas de dol ou de faute intentionnelle de la part du débiteur : tous les dommages peuvent être réparés ; cette limite est expressément prévue par l'article 1150, et la jurisprudence considère que le dol est caractérisé dès lors que le débiteur refuse, de propos délibéré, d'exécuter ses obligations, peu important son intention de nuire.

Notion de préjudice prévisible

Un dommage est prévisible, au sens de l'article 1150, lorsqu'il peut être normalement prévu par les contractants au moment de la conclusion de la convention.

Ainsi, le dommage résultant pour un voyageur de l'impossibilité où il s'est trouvé, à la suite d'un retard très important à l'arrivée du train, de poursuivre son voyage comme il l'avait prévu et organisé et de la nécessité corrélative d'avoir dû racheter d'autres titres de transports n'est pas imprévisible pour la SNCF ; mais il ne peut être alloué aux intéressés des dommages-intérêts supplémentaires pour la perte d'une journée de vacances, dès lors que la SNCF ne connaissait pas l'objet du voyage et qu'elle ne pouvait pas prévoir cette conséquence particulière (Paris, 31 mars 1994 : *Gaz. Pal.* 1994, 1, p. 407).

En revanche, est imprévisible le préjudice consistant, à la suite de l'incendie d'un château, en la perte de loyers et en frais correspondant aux intérêts d'un emprunt contracté pour assurer la mise hors d'eau du bâtiment incendié (Cass. 1re civ., 11 mai 1982 : *Gaz. Pal.* 1982, 2, p. 612, note Chabas ; *RTD civ.* 1983, p. 145, obs. Durry).

Les dispositions de l'article 1150, qui limitent la responsabilité du débiteur, concernent seulement la prévision ou la prévisibilité des éléments constitutifs du dommage et non l'équivalent monétaire destiné à le réparer (Cass. com., 4 mars 1965 : *D.* 1965, p. 449 ; *JCP* 1965, II, 14219, note R. Rodière). C'est par une appréciation souveraine qu'une cour d'appel estime que le transporteur pouvait prévoir que, compte tenu du programme du voyage, les voyageurs emporteraient dans leurs bagages des objets de valeur (bijoux d'une valeur supérieure à 200 000 F) et leur imposer d'en déclarer le prix (Cass. 1re civ., 3 juin 1998 : *Bull. civ.* 1998, I, n° 199 ; *D. affaires* 1998, p. 1393, obs. S. P. ; *JCP* G 1999, II, 10010, note Rzepecki).

La prévisibilité du dommage

Cass. 1re civ., 28 avr. 2011 : *Bull. civ.* 2011, I, n° 77

Vu l'article 1150 du Code civil ;

Attendu que le débiteur n'est tenu que des dommages-intérêts qui ont été prévus ou qu'on a pu prévoir lors du contrat, lorsque ce n'est pas par son dol que l'obligation n'est pas exécutée ;

Attendu que pour condamner la SNCF à verser à M. et Mme X..., lesquels avaient pris place, le 3 février 2008, à bord d'un train dont l'arrivée était prévue à la gare Montparnasse à 11 h 15 afin de rejoindre l'aéroport de Paris-Orly où ils devaient embarquer à 14 h 10 à destination de l'île de Cuba, la somme de 3 136,50 euros en remboursement de leurs frais de voyage et de séjour, de taxis et de restauration en région parisienne, et de leurs billets de retour à Saint-Nazaire, ainsi qu'une somme à titre de réparation du préjudice moral en découlant, la juridiction de proximité, constatant que l'arrivée s'était finalement effectuée à la gare de Massy-Palaiseau à 14 h 26, rendant impossible la poursuite du voyage, a retenu que d'une manière générale, les voyageurs qu'elle transporte ne sont pas rendus à destination quand ils sont en gare d'arrivée, notamment quand il s'agit de gares parisiennes et que, dès lors, la SNCF ne saurait prétendre que le dommage résultant de l'impossibilité totale pour les demandeurs de poursuivre leur voyage et de prendre une correspondance aérienne prévue était totalement imprévisible lors de la conclusion du contrat de transport ;

Qu'en se déterminant par des motifs généraux, sans expliquer en quoi la SNCF pouvait prévoir, lors de la conclusion du contrat, que le terme du voyage en train n'était pas la destination finale de M. et Mme X… et que ces derniers avaient conclu des contrats de transport aérien, la juridiction de proximité n'a pas donné de base légale à sa décision ;

Par ces motifs : casse et annule (…)

Un arrêt classique illustre l'interprétation qui doit être donnée de l'article 1150 du Code civil :

Cass. civ., 7 juill. 1924, rejet, *Sté des Usines Vermot c/ Cie du chemin de fer PO*

LA COUR ;

Sur le second moyen :

Attendu, d'après le pourvoi que, dans tous les cas, l'indemnité doit être en rapport avec la valeur réelle et non la valeur supposée de la marchandise perdue ; qu'en effet, au sens de l'article 1150 du Code civil, le débiteur qui n'exécute pas son obligation est tenu, fût-il de bonne foi, de la réparation intégrale du préjudice, dès lors que la cause du dommage a pu être prévue, et bien que son importance fût imprévisible ;

Mais attendu que ce texte ne fait aucune allusion à la prévision de la cause du dommage, et que, loin de mettre à la charge du débiteur de bonne foi des dommages-intérêts dont la quotité dépasserait ses prévisions, il déclare explicitement que, hors le cas de dol, le débiteur n'est tenu que des dommages-intérêts qui ont pu être prévus lors du contrat ;

Par ces motifs, rejette…

Plus près de nous, un arrêt de la première chambre civile du 25 janvier 1989, remarqué en doctrine (*Bull. civ.* 1989, I, n° 43 ; *Gaz. Pal.* 1989, 1, pan. p. 76 ; *D.* 1989, somm. p. 303, note T. Hassler ; *D.* 1989, somm. p. 337, note J.-L. Aubert ; *D.* 1989, p. 253, note P. Malaurie ; *JCP* G 1989, II, 21357, note G. Paisant) a ainsi décidé :

« Un dommage est prévisible au sens de l'article 1150 du Code civil lorsqu'il peut être normalement prévu par les contractants au moment de la conclusion de la convention. A donc légalement justifié sa décision le tribunal qui, pour condamner en l'espèce un fabricant de films à payer à un acheteur la somme de 600 F, représentant l'intégralité du préjudice moral qu'il prétend avoir subi, a relevé qu'au moment de l'achat du film il était prévisible que le dommage résultant de sa perte après sa remise en vue du traitement et du montage consistait en la perte de la fixation d'un souvenir auquel le propriétaire était normalement attaché ».

Hélas, cette décision atypique fut de courte durée, en attendant que de telles clauses fussent considérées comme abusives :

« A violé l'article 1150 du Code civil le tribunal qui, malgré la clause contractuelle stipulant qu'en cas de perte des pellicules photographiques confiées à une société pour leur développement, la responsabilité de cette dernière était limitée à la valeur de remplacement des pellicules perdues, a accordé au demandeur une indemnité de 1 500 F, au motif que la société pouvait normalement prévoir que la perte des pellicules entraînerait un préjudice moral supérieur à la réparation forfaitaire fixée et que la clause était donc nulle, alors que ce contrat, qui fixait le montant des dommages convenus entre les parties en cas de perte des pellicules, offrait au client la possibilité de signaler au moment de leur envoi, moyennant une somme supplémentaire, la valeur exceptionnelle qu'il leur attachait et d'obtenir alors une indemnisation non forfaitaire » (Cass. 1re civ., 17 juill. 1990 : *Bull. civ.* 1990, I, n° 201 ; *Gaz. Pal.* 1991, 1, pan. p. 14 ; *D.* 1991, p. 460, note J. Ghestin ; *JCP* G 1991, II, 21674, note G. Paisant).

C'est une solution classique :

« Des tapis confiés à une entreprise pour être nettoyés ayant été volés en cours de transport, a justifié sa décision la cour d'appel qui, retenant que le client avait adhéré aux conditions générales figurant en caractères parfaitement lisibles sur le reçu qui lui avait été délivré, stipulant qu'en cas de perte ou de vol, la valeur d'assurance des objets confiés était déterminée, à défaut de déclaration spéciale du client, d'après le barème forfaitaire, par ailleurs reproduit, du syndicat des batteurs de tapis, a jugé qu'à défaut d'avoir souscrit cette déclaration spéciale et du moment qu'il n'apportait pas la preuve d'une faute de la société ou de ses préposés, le propriétaire des tapis, qui ne pouvait prétendre en vertu de l'article 1150 du Code civil qu'aux dommages-intérêts prévus lors du contrat, n'avait droit qu'à l'indemnisation forfaitaire offerte par la société » (Cass. 1re civ., 4 mars 1981 : *Gaz. Pal.* 1981, 2, pan. p. 240).

La prévisibilité du dommage fait parfois échec au principe de réparation intégrale. Ainsi, le travailleur au noir (travailleur dissimulé, selon la terminologie de la loi du 11 mars 1997) ne peut obtenir réparation de la compagnie d'assurance. C'est ce qui ressort d'un arrêt de la **deuxième chambre civile du 27 mai 1999.**

Cass. 2e civ., 27 mai 1999, pourvoi n° K 97-19.234, arrêt n° 858 P + B

Sur le moyen unique :

Attendu, selon l'arrêt attaqué (Paris, 21 janv. 1997) et les productions, que Mme Zaffran a été victime d'un accident des conséquences duquel Mme Bendecon et son assureur, l'UAP, ont été déclarés tenus à réparation ; que la société Janca (la société), dont M. Zaffran était associé et cogérant, leur a demandé réparation du préjudice qui serait résulté pour elle de l'absence de Mme Zaffran dans le magasin de bijouterie-joaillerie qu'elle exploite ;

Attendu que la société fait grief à l'arrêt d'avoir rejeté sa demande, alors, selon le moyen, que la réparation du préjudice doit être intégrale ; qu'en refusant d'indemniser la société Janca de son préjudice consécutif à l'absence de Mme Zaffran de la bijouterie-joaillerie lui appartenant, aux motifs inopérants que cette dernière n'aurait jamais bénéficié d'une fiche de paye et n'aurait jamais été déclarée à l'URSSAF, sans rechercher, contrairement aux premiers juges, si l'absence de Mme Zaffran, s'occupant « régulièrement du magasin de joaillerie de la société Janca » n'avait pas « nécessairement entraîné une certaine désorganisation dans le fonctionnement de la société, dont le magasin a pu se trouver fermé à plusieurs reprises », la cour d'appel a privé son arrêt de base légale au regard de l'article 1382 du Code civil ;

Mais attendu que l'arrêt énonce que jamais Mme Zaffran n'a figuré sur la liste du personnel de la société, n'a bénéficié d'une fiche de paye et n'a été déclarée à l'URSSAF ;

Qu'en l'état de ces constatations et énonciations desquels il résulte que la société ne justifiait pas d'un intérêt légitime à agir, c'est à bon droit que la cour d'appel a rejeté la demande ;

D'où il suit que le moyen n'est pas fondé :

Par ces motifs : rejette...

2° Réparation du dommage

a) Règles générales

506. – Réparation intégrale. Le principe est celui de la réparation intégrale du dommage, *i.e.* les dommages et intérêts accordés doivent compenser en totalité le préjudice. En pratique, il est cependant difficile d'évaluer correctement la valeur pouvant correspondre audit préjudice ; aussi peut-on exprimer trois remarques :

– concernant le **cumul d'indemnités**, si le créancier doit être indemnisé, il ne doit cependant pas s'enrichir et les dommages et intérêts ne seront pas supérieurs à ce qui est dû ;

– concernant la **date d'évaluation des dommages et intérêts**, le tribunal évalue le préjudice au moment où il statue, non pas au moment où il s'est réalisé, ce qui permet de prendre en considération l'inflation, la lenteur de la justice ne pouvant pas réduire ce qui doit être effectivement alloué ;

– concernant les **limitations légales**, *i.e.* les plafonds de réparation fixés par des textes, elles ne concernent que certains contrats, tel le contrat de dépôt hôtelier, et peuvent être écartées si le demandeur arrive à prouver le dol ou la faute lourde du débiteur ou encore, le cas échéant, sa faute inexcusable.

Cass. 3e civ., 8 juill. 2009, n° 08-10.869

Sur le moyen unique, pris en sa troisième branche, ci-après annexé :

Attendu qu'ayant relevé que les conséquences de la résiliation du bail devaient être évaluées à la date de la résiliation du bail par le jugement du 11 mai 2004, et retenu le chef de préjudice tenant aux licenciements des salariés de la société Alma, tel que l'expert en avait évalué le coût arrêté au 30 avril 2005, la cour d'appel a légalement justifié sa décision de ce chef ;

Mais sur le moyen unique, pris en ses deux premières branches :

Vu le principe de l'indemnisation intégrale du préjudice, ensemble les articles L. 145-1 et L. 145-32 du Code de commerce ;

Attendu que les dommages-intérêts alloués à une victime doivent réparer le préjudice subi, sans qu'il en résulte pour elle ni perte ni profit ;

Attendu qu'ayant constaté que les locaux loués avaient été pour partie régulièrement donnés par la société Alma en sous-location à la société Montauroux primeurs, l'arrêt retient que la résiliation du bail aux torts du bailleur prive la locataire principale des revenus de la sous location et qu'il convient de réparer cette perte par l'octroi à la société Alma d'une somme représentant la valeur du droit au bail de la sous locataire ;

Qu'en statuant ainsi, alors que la société Alma ne percevait les loyers de la sous locataire qu'à raison du bail principal, la résiliation de celui-ci entraînant l'extinction du droit de les percevoir, et que la valeur du droit au bail de la sous locataire n'était pas incluse dans celle du fonds de commerce de la locataire, la cour d'appel a violé le principe et les textes susvisés ;

Par ces motifs : Casse et annule.

b) Règles spécifiques

507. – Réparation du retard. Il ne s'agit plus de dommages et intérêts compensatoires, mais de réparation résultant d'un retard (dommages et intérêts moratoires). Il faut ici considérer deux séries d'obligations.

En ce qui concerne les obligations de droit commun, *i.e.* autres que celles de payer une somme d'argent, le retard constitue effectivement un dommage spécifique, méritant ainsi une indemnisation ; encore faut-il que ce retard soit constaté, ce qui suppose la plupart du temps une mise en demeure préalable. Encore faut-il justifier d'un préjudice...

Pour les obligations de payer une somme d'argent (quelle qu'en soit la source, liquides dès l'origine ou liquidées), le non-respect d'une échéance peut causer préjudice au créancier. Aussi le régime est-il spécifique : le créancier n'a pas à prouver le dommage, qui est présumé, mais il doit avoir préalablement mis en demeure le débiteur de payer ce qui est dû, cette formalité pouvant être expresse ou tacite. Au cas où elle a été respectée, le débiteur devra réparer le dommage, en payant des intérêts de retard se calculant normalement au taux légal. S'il venait à être condamné en justice, ce taux serait majoré de cinq points à l'expiration d'un délai de deux mois, à compter du jour où la décision de justice est devenue exécutoire. S'il était en outre de mauvaise foi, les règles de l'article 1153, alinéa 4, du Code civil, trouveraient à s'appliquer : « ... le créancier auquel son débiteur en retard a causé, par sa mauvaise foi, un préjudice indépendant de ce retard, peut obtenir des dommages et intérêts distincts des intérêts moratoires de la créance ».

Les intérêts peuvent produire à leur tour des intérêts (anatocisme) dans les conditions de l'article 1154 du Code civil.

508. – Mitigation. Un arrêt de la cour d'appel de Paris, du 7 janvier 1924, rappelle qu'il n'est pas loisible au créancier d'une prestation accomplie d'une façon défectueuse de laisser s'accroître le préjudice et s'accumuler les dommages-intérêts éventuels, sans réclamation formelle ni sommation d'avoir à faire cesser le vice de la fourniture dans un bref délai (*D.* 1924, 2, 144).

C'est le principe posé par l'article 7.4.8 d'Unidroit :

> **Art. 7.4.8 (Atténuation du préjudice) :** « 1) Le débiteur ne répond pas du préjudice dans la mesure où le créancier aurait pu l'atténuer par des moyens raisonnables.
>
> 2) Le créancier peut recouvrer les dépenses raisonnablement occasionnées en vue d'atténuer le préjudice. »

SOUS-SECTION 2

LES SANCTIONS CONVENTIONNELLES

§ 1. – Le droit commun des conventions relatives à l'inexécution du contrat

De nombreuses clauses aménagent les sanctions sur l'exécution, la résolution et les dommages et intérêts. On les présentera en fonction de leur force d'exonération (à l'égard du créancier).

A. – Clauses de différend

509. – Prévision d'un litige. Les parties, lorsqu'elles stipulent des clauses de différend, s'efforcent de prévoir toutes les difficultés pouvant apparaître au moment de la naissance d'un litige. Ces clauses peuvent ainsi concerner la compétence du tribunal, les problèmes de preuve ou de prescription. Afin de mieux les classer, on peut proposer la distinction suivante :

- la première catégorie vise à écarter le règlement judiciaire d'un contentieux ;
- la seconde catégorie vise à organiser le règlement judiciaire d'un litige.

1° Clauses visant à écarter le règlement judiciaire d'un contentieux

a) Clauses d'arrangement amiable

510. – Recours à un « conciliateur ». Ce sont des clauses par lesquelles les parties prévoient de recourir à un « conciliateur », *i.e.* un expert, avant de recourir à la justice étatique ; il faut nécessairement que cette dernière possibilité soit maintenue pour que ce type de clause soit valable. Aussi ne constituent-elles qu'un préalable. Ces stipulations sont fréquentes, notamment dans les litiges opposant des maîtres d'ouvrage à des architectes.

b) Clauses d'arbitrage

511. – Recours à un arbitre. Très fréquentes dans les contrats internationaux, elles permettent aux parties de donner compétence à un arbitre, qui n'est autre qu'un tiers, de trancher tout litige pouvant survenir à l'avenir. L'arbitre n'est pas un magistrat professionnel, mais il reste un juge : l'arbitrage constitue une voie juridictionnelle de règlement des litiges. Il existe deux types de conventions d'arbitrage.

1) Clause compromissoire

512. – C'est la convention par laquelle les parties à un contrat s'engagent à soumettre à un arbitre les litiges qui pourraient survenir à l'occasion dudit contrat. Les litiges dont il est question sont futurs, *i.e.* ils ne sont pas encore nés. Cette clause est « valable dans les contrats conclus à raison d'une activité professionnelle » (C. civ., art. 2061). En matière internationale, la clause compromissoire jouit d'une validité de principe. Cette règle d'autonomie de la clause d'arbitrage a été étendue au droit interne.

Il convient d'observer que dans une chaîne de contrats translatifs de propriété, la clause compromissoire est transmise de façon automatique en tant qu'accessoire du droit d'action lui-même accessoire du droit substantiel transmis, sans incidence du caractère homogène ou hétérogène de cette chaîne (Cass. 1re civ., 17 nov. 2010, n° 09-12.442).

2) Le compromis

513. – C'est la convention par laquelle les parties à un litige déjà né soumettent celui-ci à un arbitre désigné à cet effet. Le compromis est valable pour les personnes civiles comme pour les commerçants ; encore faut-il que l'objet du litige soit déterminé et que les parties aient la libre disposition de leurs droits (C. civ., art. 2059). L'arbitre, quand il est saisi, doit normalement statuer en droit ; par exception, lorsque les parties l'ont expressément prévu dans une clause, il peut statuer en équité, sans se référer à des principes juridiques : il statue alors en tant qu'amiable compositeur.

2° Clauses tendant à organiser le règlement judiciaire d'un conflit

a) Clauses sur la mise en demeure

514. – **Possibilité**. Rien ne s'oppose à ce que les parties se dispensent de l'exigence d'une mise en demeure ou en allègent la forme.

b) Clauses sur la preuve

515. – **Aménagement des règles de preuve.** Les règles de preuve prennent une place essentielle dans le droit ; de nombreux procès achoppent sur des problèmes de preuve. Peut-on aménager toutes les règles de preuve par une convention ? En principe, il est tout à fait possible de le faire puisque les règles de preuve ne sont pas d'ordre public ; ainsi peut-on se dispenser de prouver un contrat par écrit, alors que l'article 1341 du Code civil l'exige. Il est aussi permis de modifier les règles portant sur la répartition de la charge de la preuve, de manière indirecte, *i.e.* en stipulant que l'obligation assumée est une obligation de résultat alors qu'elle est normalement de moyens.

c) Clauses sur le délai d'action

516. – **Aménagement des règles de prescription.** De même est-il possible d'aménager les règles de prescription, plus exactement les règles qui imposent un délai particulier pour agir en justice. Ce type de clause est très fréquent en matière commerciale, notamment dans les ventes ou les contrats bancaires. De même, alors qu'en principe la victime d'un dol ou d'une erreur doit agir dans un délai de cinq ans (C. civ., art. 1304) pour faire annuler le contrat, il peut toujours être stipulé qu'elle devra le faire dans un délai de un an…

La réforme opérée par la loi du 17 juin 2008 permet désormais de renoncer à la prescription :

Code civil

Art. 2250 : « Seule une prescription acquise est susceptible de renonciation. »

Art. 2251 : « La renonciation à la prescription est expresse ou tacite.

La renonciation tacite résulte de circonstances établissant sans équivoque la volonté de ne pas se prévaloir de la prescription. »

Art. 2252 : « Celui qui ne peut exercer par lui-même ses droits ne peut renoncer seul à la prescription acquise. »

Art. 2253 : « Les créanciers, ou toute autre personne ayant intérêt à ce que la prescription soit acquise, peuvent l'opposer ou l'invoquer lors même que le débiteur y renonce. »

L'article 2254 du Code civil prévoit l'aménagement de la prescription :

« La durée de la prescription peut être abrégée ou allongée par accord des parties. Elle ne peut toutefois être réduite à moins d'un an ni étendue à plus de dix ans.

Les parties peuvent également, d'un commun accord, ajouter aux causes de suspension ou d'interruption de la prescription prévues par la loi.

Les dispositions des deux alinéas précédents ne sont pas applicables aux actions en paiement ou en répétition des salaires, arrérages de rente, pensions alimentaires, loyers, fermages, charges locatives, intérêts des sommes prêtées et, généralement, aux actions en paiement de tout ce qui est payable par années ou à des termes périodiques plus courts. »

La disposition contractuelle abrégeant le délai de prescription reçoit application même en cas de faute lourde

Cass. com., 12 juill. 2004 : *Bull. civ.* 2004, IV, n° 162 ; *D.* 2004, p. 2296, et la note

Vu les articles 1134 et 2220 du Code civil ;

Attendu que la disposition contractuelle abrégeant le délai de prescription reçoit application même en cas de faute lourde ;

Attendu, selon l'arrêt déféré, que la société Stag a été chargée par la société GEC Alsthom (société Alsthom) de l'acheminement d'un transformateur de Saint-Ouen à Génissiat puis de son installation et qu'au cours de cette dernière opération, le transformateur a basculé et a été endommagé ; qu'après qu'une expertise eut été ordonnée en référé, la société Generali transport aux droits de laquelle se trouve la société Generali France assurances (société Generali), subrogée dans les droits de la société Alsthom pour l'avoir indemnisée, a assigné la société Stag en réparation du préjudice ; que de son côté, la société Stag, après avoir soulevé la prescription de la demande, a appelé en garantie la Société savoisienne de vérins Hydrauliques (société SSVH), fournisseur d'un élément de levage et que la société Generali a demandé la condamnation de cette dernière société ; que la cour d'appel a accueilli la demande principale et après avoir retenu une faute lourde de la part de la société Stag, a déclaré les sociétés Stag et SSVH responsables chacune pour moitié du sinistre, les a condamnées solidairement à indemniser la société Generali du préjudice et a condamné la société SSVH à garantir pour moitié la société Stag de ces condamnations ;

Attendu que pour déclarer recevable la demande de la société Generali à l'encontre de la société Stag, l'arrêt retient que cette société n'est pas admise à se prévaloir du délai de prescription annale figurant à l'article 4-9 de ses conditions générales, à raison de la faute lourde qu'elle a commise ;

Attendu qu'en statuant ainsi la cour d'appel a violé les textes susvisés ;

Et attendu que la cassation d'un arrêt prononçant une condamnation solidaire profite à tous les codébiteurs solidaires ;

Par ces motifs : Casse et annule.

d) Clauses dites de « direction de procès »

517. – Aménagement de la conduite du procès. En cas de procès, l'implication d'un assureur dans le contentieux, notamment dans celui de la responsabilité, est habituelle. Ce dernier a tout intérêt à prendre en main le procès de son assuré, afin de n'être pas condamné à payer pour une faute commise par celui-ci. Dans la plupart des contrats d'assurance figure ainsi une clause de direction de procès, obligeant l'assuré à transmettre toutes les pièces à l'assureur, afin que ce dernier soit à même de conduire selon ses intérêts le procès. En réalité, l'assuré, par cette stipulation, donne mandat (mandat d'intérêt commun) à l'assureur de s'occuper du litige : toutes les décisions prises sont ainsi opposables à l'assuré, par le jeu de la représentation.

e) Clauses de compétence

518. – Aménagement des règles de compétence. Peut-on choisir « son » tribunal ? Tout dépend de la compétence invoquée dans la clause.

1) Compétence territoriale (ratione loci)

519. – La clause portant sur la compétence territoriale d'un tribunal n'est pas systématiquement valable ; pour s'en tenir à la teneur de l'article 48 du Code de procédure civile, elle n'est valable qu'entre commerçants et dans la mesure où elle est stipulée en caractères très apparents. Toute clause de ce type dans des actes mixtes ou civils est donc nulle. Cependant, en matière internationale, les solutions sont plus libérales, car l'article 48 n'y est pas applicable.

2) Compétence matérielle (ratione materiae)

520. – Il peut être difficile d'admettre une modification de la compétence matérielle d'un tribunal. En tout cas, il est impossible d'attribuer à un tribunal judiciaire un litige qui relèverait normalement de la compétence administrative : cette répartition des compétences est impérative. En revanche, au sein même d'un ordre, judiciaire ou administratif, il est concevable de donner compétence à un tribunal autre que celui prévu par la loi, mais la jurisprudence récente a condamné ce type de clause (à propos du choix tribunal civil – tribunal de commerce).

B. – Clauses d'aménagement des sanctions

521. – Objectifs poursuivis. Les parties peuvent ici poursuivre trois objectifs : elles peuvent tout d'abord vouloir gagner du temps, en accélérant le cours normal des choses ; elles peuvent ensuite, et au contraire, vouloir temporiser et chercher à traiter le litige survenu en faisant suspendre, par exemple, l'exécution du contrat ; elles peuvent enfin vouloir maîtriser la réparation qui pourrait être due par une partie défaillante.

1° Clauses résolutoires

522. – Définition de la clause résolutoire. Importantes et nombreuses en pratique, elles permettent aux parties de prévoir qu'en cas d'inexécution d'une obligation, cette inexécution entraînera automatiquement la résolution du contrat. Elles facilitent par contrecoup l'exécution du contrat : le débiteur est incité à respecter ses engagements, à peine de sanction immédiate... En outre, elles ont l'avantage de se dispenser du recours au juge, car, en principe, la résolution est judiciaire (C. civ., art. 1184), ce qui économise du temps et de l'argent.

523. – Validité des clauses résolutoires. La validité des clauses résolutoires ne souffre pas de difficulté, mais il existe plusieurs exceptions : en matière de baux ruraux et d'assurances, elles sont considérées comme nulles ; en matière de baux d'habitation, elles sont réglementées par la loi « Mermaz » du 6 juillet 1989, qui constitue le texte de référence. En matière de baux commerciaux, le décret de 1953 prévoit la résolution de plein droit du contrat pour non-respect de l'une des obligations de celui-ci, mais impose en toute hypothèse une mise en demeure du preneur.

524. – Régime des clauses résolutoires. Quant au régime de la clause résolutoire, **seul le créancier** peut s'en prévaloir, mais il n'est jamais tenu par elle. Aussi peut-il y renoncer et décider d'agir en exécution forcée ou en résolution judiciaire. De surcroît, le **juge** n'a pas à intervenir *a priori* ; il ne le peut qu'*a posteriori*, lorsque le débiteur conteste sa validité, ce qui permet d'introduire l'exigence de bonne foi ou plus exactement de cohérence dans l'application de la clause résolutoire. La **jurisprudence** interprète par ailleurs la clause résolutoire de manière stricte. Trois solutions ont été dégagées :

– la clause qui se borne à prévoir la résolution du contrat en cas de manquement à une obligation n'a aucun effet, car elle ne fait que rappeler le droit commun, *i.e.* il faudra une mise en demeure et s'adresser au juge pour l'obtenir ;

– la clause qui stipule dans le contrat une résolution de plein droit dispense le créancier du recours au juge, mais non d'une mise en demeure préalable ;

– la clause qui stipule une résolution de plein droit et sans sommation dispense, d'une part, du recours au juge et, d'autre part, de la formalité de la mise en demeure.

Son application régulière entraîne la disparition, en principe rétroactive, du contrat.

Clause résolutoire expresse

Par un arrêt du **16 février 1999**, la Cour de cassation a exigé une cohérence contractuelle en matière de clause résolutoire expresse.

Cass. 1re civ., 16 févr. 1999 : *Bull. civ.* 1999, I, n° 52 ; *Defrénois* 2000, p. 248, note D. Mazeaud

LA COUR :

Sur le second moyen :

Vu l'article 1134, alinéa 3, du Code civil ;

Attendu que, par acte notarié du 8 août 1977, Mme Clémente a vendu à sa nièce par alliance, Mme Van Der Schoot, un immeuble en viager, moyennant le versement d'une rente annuelle de 24 000 francs, pendant 35 ans ; que cet acte comportait une clause d'indexation avec révision annuelle en fonction des variations de l'indice du coût de la construction, une clause aux termes de laquelle en cas de retard dans le paiement, un intérêt de 10 % l'an serait exigible jusqu'au jour du paiement effectif et une clause résolutoire aux termes de laquelle la vente serait résolue de plein droit un mois après un simple commandement de payer resté sans effet ; qu'en février 1990, Mme Clémente a fait délivrer un commandement de payer, visant la clause résolutoire à Mme Van Der Schoot, qui y a fait opposition, de régler la somme de 152 597 francs au titre des échéances de rente restées impayées et celle de 108 597 francs au titre de l'indexation qui n'avait pas été mise en application depuis la conclusion de la vente ; que Mlle Giraudo, fille de Mme Van Der Schoot, a repris l'instance en juin 1990, au décès de Mme Clémente, qui l'avait instituée sa légataire universelle ;

Attendu que pour constater la résolution de la vente, l'arrêt attaqué énonce que la clause insérée à l'acte est une clause résolutoire de plein droit ; qu'il appartient seulement au juge de vérifier si les causes du commandement étaient dues et si la somme réellement due a ou non été réglée dans le mois de cet acte et, qu'en l'espèce, les conditions de mise en œuvre de cette clause sont remplies dès lors qu'il n'a pas été satisfait aux causes du commandement ;

Attendu qu'en statuant ainsi, sans rechercher comme il était demandé, si l'ensemble des circonstances dans lesquelles Mlle Giraudo a poursuivi, contre sa mère, le recouvrement de sommes échues depuis plus de douze ans, sans protestation de la crédirentière qui avait, en outre, accepté deux augmentations successives du montant annuel des arrérages, n'excluait pas la bonne foi dans la mise en œuvre de la clause résolutoire, la cour d'appel a violé le texte susvisé ;

Par ces motifs, et sans qu'il y ait lieu de statuer sur le premier moyen :

Casse et annule, dans toutes ses dispositions, l'arrêt rendu le 9 octobre 1996, entre les parties, par la cour d'appel d'Aix-en-Provence ; remet, en conséquence, la cause et les parties dans l'état où elles se trouvaient avant ledit arrêt et, pour être fait droit, les renvoie devant la cour d'appel de Nîmes.

L'acquéreur d'un immeuble n'ayant pas réglé l'intégralité des échéances impayées d'une rente viagère dans le délai qui lui était imparti par un commandement de payer, doit être cassé l'arrêt qui, pour rejeter la demande du vendeur en constatation de l'acquisition de la clause résolutoire, retient que les paiements effectués par l'acquéreur après l'expiration du délai fixé par le commandement de payer, qui ont apuré l'intégralité de sa dette, témoignent de sa bonne foi et qu'accueillir la prétention du vendeur, alors même que le débirentier lui a réglé près d'un million de francs, constituerait une atteinte au principe d'exécution de bonne foi des conventions. En statuant ainsi, alors qu'en cas d'inexécution de son engagement par le débiteur sa bonne foi est sans incidence sur l'acquisition de la clause résolutoire, la cour d'appel a violé les articles 1134, alinéa 3 et 1184 du Code civil (Cass. 3e civ., 24 sept. 2003 : *Bull. civ.* 2003, III, n° 161).

2° Clauses de suspension

525. – « Clause de force majeure ». Il faut supposer que l'exécution du contrat se heurte à un obstacle, rendant délicate son application. Si aucune clause n'est stipulée, le contrat ne peut être suspendu que devant un cas de force majeure : on connaît la difficulté de prouver la force majeure, eu égard à la jurisprudence en la matière… Dans ces conditions, les parties ont tout intérêt à stipuler par avance dans le contrat ce qu'il faut entendre par force majeure, comme un incendie, une grève, une guerre… Cela leur permet ainsi de suspendre l'exécution du contrat.

La clause stipulée, dite « clause de force majeure », reste parfaitement valable tant que la bonne foi des cocontractants n'est pas mise en cause. En réalité, elle substitue au critère d'impossibilité d'exécution (force majeure) celui de difficulté d'exécution : le contrat pourra être suspendu en cas d'impossibilité, mais aussi en cas de simples difficultés dans l'exécution. La clause contient également une exonération de responsabilité.

3° Clauses relatives à la réparation

526. – Ces stipulations visent à déterminer par avance le montant de la réparation due par la partie défaillante. On distinguera les clauses limitatives de réparation des clauses pénales.

a) Clauses limitatives de réparation

527. – Plafond conventionnel de réparation. Ce type de clause fixe par avance dans le contrat le montant des dommages et intérêts que le créancier pourra recevoir en cas d'inexécution : il s'agit d'un plafond de réparation évalué conventionnellement. On peut la rapprocher d'une autre clause, qui va avoir pour effet de préciser la manière dont sera assurée l'indemnisation. La clause est fréquente dans les contrats de vente : il est stipulé, par exemple, que le vendeur s'engage à réparer le matériel défectueux sans avoir à payer des dommages et intérêts.

528. – Limites. Cependant, il existe des limites :

– les **textes** prévoient des plafonds de réparation qu'il n'est pas possible d'abaisser par voie conventionnelle (comme dans le contrat de dépôt hôtelier) ;

– lorsque l'indemnisation prévue au contrat est dérisoire et s'assimile à une clause de non-responsabilité proprement dite, elle-même nulle en vertu d'un texte, la clause sera annulée (cf. en matière de contrat de transport) ;

– la **faute lourde** ou le **dol** du débiteur met échec à toute validité de la clause. À l'origine, seul le dol pouvait écarter à une clause limitative. On admet depuis que la faute lourde équivaut au dol (*culpa lata dolo aequiparatur*). Elle est conçue cependant très strictement (inaptitude à remplir la mission contractuelle). Cette clause est souvent utilisée en matière de transport.

b) Clauses pénales

529. – Évaluation forfaitaire des dommages et intérêts. Ce sont les clauses par lesquelles les parties à un contrat évaluent d'une manière forfaitaire et par avance les dommages et intérêts dus par le débiteur en cas d'inexécution totale ou partielle du contrat ; elles sont fréquentes dans les contrats de prestation de service, de location ou encore de crédit-bail.

Il ne faut pas les confondre avec **l'astreinte**, mesure judiciaire nécessitant la saisine du juge et une condamnation subséquente à payer (sous astreinte), ni même avec la clause limitative de réparation, qui institue un plafond et non un forfait : alors que la clause pénale sera due quelle que soit l'importance du préjudice – supérieur ou inférieur à ce qui a été prévu – la clause limitative de réparation ne sera due qu'à hauteur du préjudice subi, s'il est moindre que le plafond ainsi institué.

La loi du 9 juillet 1975 a modifié le régime de la clause pénale en donnant au juge la possibilité de modifier son montant ; l'article 1152 du Code civil dispose de cette façon que : « lorsque la convention porte que celui qui manquera de l'exécuter payera une certaine somme à titre de dommages-intérêts, il ne peut être alloué à l'autre partie une somme plus forte, ni moindre (L. n° 85-1097, 11 oct. 1985). Néanmoins, le juge peut, même d'office, modérer ou augmenter la peine (L. n° 75-597, 9 juill. 1975, modifiant l'article 1231 du Code civil) qui avait été convenue, si elle est manifestement excessive ou dérisoire. Toute stipulation contraire sera réputée non écrite ».

La notion et le régime de la clause pénale méritent quelques observations.

1) Notion de clause pénale

530. – Double aspect. Elle présente deux aspects : un aspect comminatoire (la sanction) et un aspect indemnitaire (forfait de réparation). C'est la sanction de l'inexécution d'une obligation :

– c'est donc d'abord une sanction **pécuniaire** : aussi peut-on la différencier d'une clause résolutoire, qui ne fait qu'aménager les sanctions de droit commun sans prévoir de sanction particulière. Il est cependant difficile de qualifier de clause pénale certaines indemnisations forfaitaires (cf. primes antigrève) ;

– c'est ensuite la sanction d'une **inexécution**, ce qui suppose qu'une obligation n'a pas été respectée (une indemnité d'immobilisation ou un débit n'est pas une clause pénale) ;

– c'est enfin la sanction de l'inexécution d'une **obligation**, *i.e.* elle doit couvrir l'inexécution d'une obligation assumée comme telle par le débiteur.

C'est un forfait de réparation, c'est-à-dire une évaluation anticipée des dommages-intérêts : la clause joue même dans le cas où aucun préjudice n'a été subi par le créancier, puisqu'il suffit d'établir un manquement à l'obligation normalement assumée par le débiteur ; si le préjudice se réalise, le jeu de la clause peut avantager l'un ou l'autre cocontractant, selon que son montant est supérieur ou inférieur au dommage causé.

531. – Interprétation stricte. La clause pénale doit être strictement interprétée : en aucun cas ne peut-elle jouer en dehors des hypothèses prévues par les parties ou si celui qui s'en prévaut a commis un dol ou une faute lourde. Il est à noter que le créancier peut toujours renoncer à l'application de la clause pénale.

532. – Textes particuliers. Des textes particuliers organisent ce type de clause ; ce droit spécial s'applique notamment en matière de crédit à la consommation. Lorsqu'aucun texte n'est applicable, il faut en revenir au droit commun. Qu'en est-il ?

2) Régime de la clause pénale

533. – Mise en œuvre de la clause pénale. Le déclenchement de la clause pénale suppose, d'une part, le constat de l'inexécution d'une obligation, tel un retard, un manquement partiel ou total, et, d'autre part, une mise en demeure préalable.

Le débiteur est redevable de la pénalité dès que les conditions pour lesquelles elle avait été stipulée sont remplies ; le juge des référés peut même allouer une provision.

534. – Révision de la clause pénale par le juge. La révision de la clause pénale suppose l'intervention du juge, ce qui constitue une brèche importante dans le principe de la force obligatoire des contrats ; le droit français a néanmoins admis, depuis la loi de 1975, cette éventuelle intervention du juge dans le contrat, renouant ainsi avec la pratique de l'Ancien Droit.

Quant au juge, il peut intervenir aussi bien lorsque l'inexécution de l'obligation est totale que lorsqu'elle est partielle. Dans le premier cas, le texte de référence est l'article 1152, prévoyant une modération ou une augmentation du montant forfaitairement prévu, selon les circonstances.

En cas d'inexécution partielle de l'obligation, le texte de référence est l'article 1231 du Code civil : « (L. n° 75-597, 9 juill. 1975) Lorsque l'engagement a été exécuté en partie, la peine convenue peut (L. n° 85-1097, 11 oct. 1985), même d'office, être diminuée par le juge à proportion de l'intérêt que l'exécution partielle a procuré au créancier, sans préjudice de l'application de l'article 1152. Toute stipulation contraire sera réputée non écrite ».

En principe, le juge doit respecter la clause pénale en vertu de la force obligatoire des conventions ; il ne peut intervenir que si la clause est manifestement excessive ou dérisoire : il s'agit bien d'un pouvoir exceptionnel.

Pour apprécier l'« énormité » de la clause, on prend en considération le préjudice effectivement subi : dans le cas où le montant de la clause est nettement inférieur par rapport au préjudice subi, le juge peut l'augmenter et ***vice versa***. En revanche, on ne prend pas en compte les éléments tirés de la situation ou du comportement des parties. Si le juge décide de réviser le montant de la clause, il doit motiver sa décision, ce qui ne vaut pas dans le cas où il refuse de la réviser. Il peut la réviser d'office, sans que les parties le lui aient demandé, afin de protéger, dit-on, les parties faibles au contrat.

1. Notion de clause pénale

Pour la Cour de cassation, constitue une clause pénale la clause d'un contrat par laquelle les parties évaluent forfaitairement et d'avance l'indemnité à laquelle donnera lieu l'inexécution de l'obligation contractée.

Cass. 1re civ., 10 oct. 1995 : *Bull. civ.* 1995, I, n° 347

Vu l'article 1152 du Code civil ;

Attendu que constitue une clause pénale la clause d'un contrat par laquelle les parties évaluent forfaitairement et d'avance l'indemnité à laquelle donnera lieu l'inexécution de l'obligation contractée ; – Attendu que M. Thierry Capdemourlin s'est inscrit, le 19 avril 1991, à l'École supérieure d'action et de recherches commerciales pour l'année 1991-1992 et a versé la somme de 4 700 F à valoir sur les frais de scolarité s'élevant à 25 000 F ; qu'il a fait connaître, le 12 juillet, qu'il ne donnait pas suite à son inscription ; que la société exploitant l'école, invoquant l'article 2 des conditions générales stipulant que « l'inscription est irrévocable et que, en cas de rupture, quels qu'en soient les motifs ou la période, le droit d'inscription reste intégralement dû », a réclamé le paiement du solde de ce dernier à M. Capdemourlin et à son père qui s'était porté caution ;

Attendu que, pour accueillir cette demande, l'arrêt attaqué (CA Bordeaux, 1re ch. C, 18 juin 1993) retient que M. Thierry Capdemourlin a contracté une obligation irrévocable et qu'il n'est pas fondé à soutenir que la clause qui lui est opposée constitue une clause pénale ;

Attendu qu'en statuant ainsi, alors que la stipulation prévoyant que le droit d'inscription restant intégralement dû s'analysait en une évaluation conventionnelle de dommages-intérêts pour le cas de rupture de la convention contraignant le débiteur à s'exécuter, la cour d'appel a violé le texte susvisé ;

Par ces motifs : Casse... renvoie devant la cour d'appel d'Agen.

Une promesse synallagmatique conclue sous la condition suspensive de l'obtention d'un prêt contenait une clause stipulant qu'en cas de défaut d'obtention du prêt résultant de la faute de l'acquéreur, le dépôt de garantie resterait acquis au vendeur à titre d'indemnité d'immobilisation. Une défaillance de la condition suspensive imputable à l'acquéreur étant survenue, le vendeur a agi en paiement de ladite indemnité. Au motif que l'indemnité stipulée n'était pas une pénalité, les juges du fond ont refusé d'exercer le pouvoir de révision qu'ils tiennent de l'article 1152, alinéa 2 du Code civil.

La Cour de cassation a censuré cette décision :

Cass. 3e civ., 24 sept. 2008, pourvoi n° 07-13.989

Attendu, selon l'arrêt attaqué (Angers, 6 févr. 2007), que, par acte du 15 juillet 2002, les consorts X... ont promis de vendre à M. Y..., qui a accepté, un immeuble sous la condition suspensive de l'obtention d'un prêt ; que l'acte prévoyait que la partie qui ne voudrait pas réitérer la vente devrait payer à l'autre une indemnité à titre de clause pénale et précisait que si le défaut d'obtention du prêt résultait de la faute de l'acquéreur, le dépôt de garantie versé par celui-ci resterait acquis au vendeur « à titre d'indemnité d'immobilisation » ; que les consorts X... ont assigné M. Y..., auquel ils reprochaient de n'avoir pas sollicité un prêt conforme aux stipulations contractuelles, en paiement de la clause pénale et de l'indemnité d'immobilisation ;

Sur le premier moyen, ci-après annexé :

Attendu qu'ayant relevé que selon la condition suspensive stipulée dans la promesse M. Y... devait demander un prêt d'une durée de 15 ans au taux de 5,5 % et que la référence à un financement de 52 634 euros suffisait à démontrer que le montant de l'emprunt n'était pas laissé à la discrétion de l'acquéreur même s'il n'avait pas été repris dans la clause relative à la condition suspensive, la cour d'appel, qui a procédé à la recherche prétendument omise sur le montant du prêt convenu entre les parties, et qui, par motifs propres et adoptés, a constaté qu'il résultait des pièces produites que les demandes de financement, toutes postérieures à la date initialement convenue pour la signature de l'acte authentique, étaient d'un montant beaucoup plus élevé que celui prévu, a pu en déduire, sans être tenue de répondre à une simple allégation, que l'absence de réalisation de la condition suspensive était imputable à M. Y... ;

D'où il suit que le moyen n'est pas fondé de ce chef ;

Mais sur le second moyen :

Vu l'article 1226 du Code civil ;

Attendu que la clause pénale est celle par laquelle une personne, pour assurer l'exécution d'une convention, s'engage à quelque chose en cas d'inexécution ;

Attendu que pour accueillir la demande des consorts X... tendant au paiement de l'indemnité d'immobilisation, l'arrêt, qui relève que le contrat prévoyait que si le défaut d'obtention du prêt résultait de la faute de l'acquéreur, notamment s'il avait négligé d'en faire la demande ou de donner les justifications utiles ou s'il refusait sans motif légitime les offres reçues, la somme de 2 440 euros resterait acquise au vendeur en application de l'article 1178 du Code civil, retient que cette indemnité répare forfaitairement le préjudice subi par le vendeur du fait de l'acquéreur qui a empêché la réalisation de la condition suspensive et que s'agissant d'une indemnité forfaitaire et non d'une pénalité, il n'y a pas lieu à réduction ;

Qu'en statuant ainsi, alors qu'il résultait de ses propres constatations que la stipulation, fût-elle improprement qualifiée d'indemnité d'immobilisation, avait pour objet de faire assurer par l'acquéreur l'exécution de son obligation de diligence, la cour d'appel a violé le texte susvisé ;

Par ces motifs : Casse et annule.

Cass. 1re civ., 17 juin 2009, n° 08-15.156

Sur le premier moyen :

Vu l'article 1134 du Code civil ;

Attendu que la société UNILAB, exploitant un laboratoire d'analyses médicales, a souscrit, en septembre 2002 et pour une durée de cinq ans, auprès de la société 3H distribution, un contrat de maintenance d'un photocopieur et d'une imprimante, la rémunération du prestataire dépendant du nombre de copies effectuées sur le matériel concerné ; que le contrat prévoyait, en cas de résiliation anticipée, une indemnité de rupture égale à 95 % du montant de la somme calculée sur la moyenne réalisée précédemment et ceci jusqu'à la date d'expiration normale du contrat ; que le 7 mars 2005, la société UNILAB a résilié le contrat de maintenance ;

Attendu que, pour réduire à la somme de 2 893,41 euros l'indemnité due par la société UNILAB à la société 3H distribution, l'arrêt retient que « cette indemnité de dédit s'analyse comme une clause pénale en raison de son mode de calcul qui aboutit à la fixation d'une somme correspondant à peu près à ce que le client aurait payé en continuant le contrat, et qui de ce fait ne lui offre pas vraiment une alternative et constitue en réalité une sanction de l'arrêt de l'exécution du contrat » ;

Qu'en statuant ainsi, alors que la clause de résiliation anticipée autorisant la société UNILAB à dénoncer, à tout moment, le contrat de maintenance s'analysait, en l'absence de toute notion d'inexécution, en une faculté de dédit, de sorte qu'elle ne constituait pas une clause pénale, peu important le mode de calcul de l'indemnité devant être payée si le contrat était arrivé à son terme, la cour d'appel a violé le texte susvisé ;

Par ces motifs et sans qu'il y ait lieu de statuer sur les deuxième et troisième moyens : Casse et annule.

Cass. com., 6 nov. 2012, n° 11-20.582

Attendu, selon l'arrêt attaqué, que M. X... a exercé les fonctions de gérant de la SARL Eolec (la société), ayant pour objet la création et l'exploitation de parcs d'éoliennes, jusqu'au 15 novembre 2007, date de sa révocation par les deux associés de la société ; que faisant valoir que cette révocation, intervenue brutalement et sans justes motifs, ouvrait droit à réparation et qu'il était, en outre, créancier de l'indemnité prévue en cas de révocation, pour quelque motif que ce soit, par une « convention de gérance majoritaire » du 20 mars 2007, M. X... a fait assigner la société Eolec en paiement de diverses sommes ;

(...)

Sur le deuxième moyen :

Attendu que M. X... fait grief à l'arrêt de rejeter sa demande en paiement de la somme de 66 000 euros au titre de l'indemnité contractuelle de révocation alors, selon le moyen :

1°/ que l'article L. 223-25 du Code de commerce, dans sa version issue de l'ordonnance n° 2004-274 du 25 mars 2004, applicable en l'espèce, ne reprend pas le texte originaire de l'article 55 de la loi du 24 juillet 1966 qui prévoyait la nullité de toute clause contraire à la révocabilité du gérant ; qu'en considérant que l'article 9 de la convention de gérance majoritaire établie le 20 mars 2007 prévoyant une indemnité de révocation au profit de M. X... était nulle en application de l'article 55 de la loi du 25 juillet 1966 qui n'était plus en application à l'époque des faits, la cour d'appel a violé ce texte par fausse application ;

2°/ que, pour les mêmes motifs, la cour d'appel a violé le nouveau texte applicable, soit l'article L. 223-25 du Code de commerce dans sa version issue de l'ordonnance n° 2004-274 du 25 mars 2004, par défaut d'application ;

3°/ que l'article 9 de la convention de gérance majoritaire établie le 20 mars 2007, à effet du 1er avril suivant, prévoyait qu'en cas de révocation pour quelque motif que ce soit, M. X... percevrait une indemnité de révocation à hauteur de sa dernière rémunération annuelle ; qu'en déboutant M. X... de sa demande en paiement d'une indemnité contractuelle de révocation de 66 000 euros en application de cette clause, la cour d'appel a, de surcroît, violé l'article 1134 du Code civil ;

Mais attendu qu'après avoir exactement énoncé qu'est nulle toute stipulation allouant au gérant d'une SARL, en cas de révocation, une indemnité qui, par son montant, est de nature à dissuader les associés de prononcer celle-ci, l'arrêt relève que M. X... ne peut soutenir que la somme de 66 000 euros serait dérisoire au regard du chiffre d'affaires de la société dès lors que cette somme, « nette de charges sociales », représentait un an de salaire de dirigeant, soit un montant exorbitant au regard des résultats d'exploitation courants, constamment déficitaires ; qu'en l'état de ces constatations, desquelles il résulte que l'indemnité réclamée par M. X... portait atteinte à la libre révocabilité du gérant, et abstraction faite du motif surabondant critiqué par les deux premières branches, la cour d'appel a légalement justifié sa décision ; que le moyen, qui ne peut être accueilli en ses deux premières branches, n'est pas fondé pour le surplus ;

Par ces motifs : casse et annule (...)

2. Révision de la clause pénale

Un arrêt pose une nouvelle fois les conditions justifiant la révision d'une clause pénale manifestement excessive (Cass. com., 11 févr. 1997, cassation, *Graindorge c/ Besnard : Bull. civ.* 1997, IV, n° 47 ; *Defrénois* 1997, p. 740, art. 36591 et la note) ; ainsi, si le juge ne fait qu'user de son pouvoir souverain lorsqu'il fixe, fût-ce en le réduisant à un franc, le montant de la condamnation qu'il prononce au titre de la clause pénale, ne donne cependant pas de base légale à sa décision réduisant le montant de la clause pénale la cour d'appel qui se détermine par des motifs tirés du comportement du débiteur de la pénalité, impropres à justifier à eux seuls le caractère manifestement excessif du montant de la clause, sans se fonder sur la disproportion manifeste entre l'importance du préjudice effectivement subi et le montant conventionnellement fixé.

C. – Clauses de refus

535. – Trois clauses de refus. On recense trois sanctions de l'inexécution des obligations. On en déduit qu'il existe trois clauses de refus.

On peut d'abord se demander s'il est possible de renoncer, par une clause, à demander l'**exécution forcée** du contrat : en principe, toute clause de ce type est sans valeur, car un contrat sans sanction ne serait qu'un simple engagement moral et non plus un véritable contrat. Sauf à prévoir que le créancier conserve en toute hypothèse son droit à dommages et intérêts.

On peut ensuite se demander s'il est possible de renoncer conventionnellement à la **résolution judiciaire** du contrat : la jurisprudence n'est pas encore très ferme, mais il est possible de dire que la clause qui aurait pour effet de refuser toute contestation portant sur des difficultés secondaires est certainement valable. Le fait que le contrat conclu entre les parties ait réservé à l'une d'elles une faculté de résiliation unilatérale n'est pas de nature, en dehors de la renonciation non équivoque de cette partie à se prévaloir des dispositions de l'article 1184 du Code civil, à empêcher celle-ci de demander la résolution judiciaire de la convention pour inexécution de ses engagements par l'autre partie (Cass. 1re civ., 7 mars 1984 : *Bull. civ.* 1984, IV, n° 93 ; *JCP* G 1985, II, 20407 et la note).

Par un arrêt du 3 novembre 2011, la Cour de cassation a consacré la possibilité de renoncer par avance à l'action en résolution (Cass. 3e civ., 3 nov. 2011, n° 10-26.203).

Enfin, on peut se demander quelle serait la validité de clauses relatives à la **responsabilité contractuelle** du débiteur, *i.e.* l'obligation de réparation : jurisprudence et doctrine admettent depuis fort longtemps la possibilité de renoncer à l'action en responsabilité contractuelle.

1° Diversité des clauses supprimant le droit d'agir en responsabilité

536. – Notions et terminologie. On parle souvent, en la matière, de clauses de « non-responsabilité » ou d'« irresponsabilité » ; ces clauses se retrouvent dans presque tous les types de contrats. Cette notion de « non-responsabilité » recouvre des réalités différentes, et il faut bien distinguer, d'une part, les clauses qui suppriment radicalement toute possibilité d'agir en responsabilité contractuelle et, d'autre part, les clauses qui ont pour objet de déterminer les conditions d'existence de la responsabilité. Ces dernières restreignent le contenu « normal » du contrat : elles jouent de manière indirecte sur la responsabilité ; en effet, celle-ci dépend des obligations contenues dans le contrat, et en allégeant les obligations, on modifie nécessairement l'étendue de la responsabilité.

a) Clauses allégeant les obligations

537. – Diversité. On peut concevoir ces clauses de différentes façons :

– ce peut être une clause par laquelle le débiteur se décharge de telle ou telle obligation, ainsi l'obligation de résultat ne sera assumée que comme une obligation de moyens ;

– les obligations du débiteur peuvent aussi être atténuées, par exemple le vendeur qui doit livrer dans un délai particulier peut stipuler que le délai prévu n'est qu'indicatif ;

– les clauses de liberté, de tolérance sont également concevables ;

– on peut également concevoir une clause de transfert d'obligation, à la charge de l'autre contractant.

Toutes ces clauses sont naturellement valables, en vertu de la liberté contractuelle, mais elles connaissent des limites : il est impossible d'éliminer dans un contrat les obligations ayant un caractère d'ordre public ou celles qui sont considérées comme fondamentales, car ce serait alors porter atteinte à l'essence même du contrat (V. *supra*, nos 319 et s.).

1. Il ne peut être reproché à l'arrêt attaqué d'avoir déclaré recevable la demande des acquéreurs d'un appartement au titre d'un défaut de contenance du jardin privatif et d'avoir condamné la société venderesse à leur payer des dommages-intérêts, dès lors qu'ayant relevé que la société opposait aux acquéreurs la clause de l'acte de vente précisant que « l'acquéreur prendra les biens et droits immobiliers présentement vendus tels qu'ils existeront lors de leur achèvement, sans garantie de contenances, la différence excédât-elle un vingtième pour ce qui concerne le terrain », la cour d'appel a exactement retenu qu'il ne pouvait exister en l'espèce de renonciation valable des acquéreurs au bénéfice des dispositions de l'article 1619 du Code civil dans la mesure où la société ayant vendu les biens « tels qu'ils existeront lors de leur achèvement », ne prétendait pas que les terrains avaient, au jour de leur vente, fait l'objet d'une délimitation, et où les acquéreurs ne pouvaient accepter par avance leur réduction de contenance, qui n'était que du seul pouvoir du vendeur (Cass. 3e civ., 24 mars 1999 : *Bull. civ.* 1999, III, n° 79 ; *Defrénois* 1999, p. 1328, et la note).

2. Cass. 3e civ., 9 juill. 2008, n° 07-14.631, arrêt ci-dessous.

Cass. 3e civ., 9 juill. 2008, n° 07-14.631

Attendu que M. X... fait grief à l'arrêt de le condamner à payer à la locataire une somme au titre des frais de remise en état des locaux lui incombant, alors, selon le moyen :

1°/ que l'article 1720 du Code civil, qui met à la charge du bailleur toutes les réparations autres que locatives, n'est pas d'ordre public et qu'il peut y être dérogé par des conventions particulières ; qu'en l'espèce, il était constant que le contrat de bail conclu entre M. X... et la société Carrosserie Y... mettait à la charge exclusive de la locataire toutes les réparations et réfections, y compris les grosses réparations prévues par l'article 606 du Code civil ; que dès lors, en faisant supporter au bailleur le coût intégral des travaux de remise état des murs affectés de fissures et la moitié du coût de la réfection de la partie de la toiture affectée de désordres, au motif erroné que la dérogation prévue au contrat de bail ne pouvait l'affranchir de son obligation de réparation à ce titre, la cour d'appel a violé les articles 1134 et 1720 du Code civil ;

2°/ que pour soutenir que la totalité des réparations incombait au preneur, M. X... se référait également dans ses conclusions d'appel aux stipulations du bail selon lesquelles lors de la conclusion du contrat, le locataire avait déclaré parfaitement connaître les lieux loués et les accepter dans l'état où ils se trouvaient le jour de son entrée en jouissance ; que dès lors, en s'abstenant de rechercher, comme elle y était invitée, si les stipulations litigieuses n'établissaient pas la connaissance de M. Y..., lors de la conclusion du bail, des désordres affectant les murs et la toiture de l'immeuble loué, ce qui lui interdisait d'en exiger la réparation par le bailleur, au motif erroné que la connaissance antérieure des locaux par le preneur au moment de la location du bail ne pouvait avoir d'incidence sur l'étendue de l'obligation du bailleur, la cour d'appel a privé sa décision de base légale au regard des articles 1134 et 1720 du Code civil ;

3°/ qu'en retenant au surplus, que « les fissures relevées dans la partie sous charpente métallique seraient selon l'expert liées pour certaines à la démolition des constructions voisines et pour d'autres notamment aux effets des mouvements de terrain et que les fissurations constatées dans la partie sous charpente en bois résulteraient également d'un vice structurel lié aux mouvements du terrain », la cour d'appel a statué par un motif hypothétique et ainsi violé l'article 455 du Code de procédure civile ;

Mais attendu que si le bailleur peut mettre à la charge du preneur, par une clause expresse du bail, l'obligation de prendre en charge les travaux rendus nécessaires par la vétusté, il ne peut, en raison de l'obligation de délivrance à laquelle il est tenu, s'exonérer de l'obligation de procéder aux travaux rendus nécessaires par les vices affectant la structure de l'immeuble ; qu'ayant retenu que les clauses du contrat de bail ne dégageaient pas le propriétaire de son obligation de participer aux réparations rendues nécessaires en raison de la vétusté de l'immeuble et qu'il restait tenu des vices structurels de l'immeuble, la cour d'appel, qui ne s'est pas prononcée par un motif hypothétique, en a exactement déduit que ces travaux étaient à la charge du bailleur ;

Par ces motifs : Rejette le pourvoi.

La jurisprudence confond souvent les clauses alléгeant les obligations avec les véritables clauses de responsabilité, ce qui n'emporte pas l'adhésion lorsque les textes invitent à faire la distinction.

Par un **arrêt du 17 février 2009**, la Cour de cassation a rappelé qu'est nulle la clause tendant à exonérer le transporteur de sa responsabilité. L'article 14.2 inséré aux conditions générales de vente de la société Fedex stipule : « Les envois sont livrés à l'adresse du destinataire, Fedex peut délivrer à une autre personne que celle mentionnée sur la lettre de transport aérien ». Pour la cour d'appel, cela tendait à exonérer le transporteur de sa responsabilité et, par conséquent, la clause est nulle. Cette appréciation est censurée par la Cour de cassation au motif que la cour d'appel a violé l'article 23 de la Convention de Varsovie du 12 octobre 1929.

Cass. com., 17 févr. 2009, n° 08-14.188

Attendu, selon l'arrêt déféré, que la société EGP Entreprise générale portuaire (société EGP), qui avait confié à la société Federal express international France (société Fedex) l'acheminement depuis la France par voie aérienne de colis de vin vendus à un client londonien, a, après livraison de la marchandise, été débitée par sa banque du prix de la vente ; que la société EGP a assigné en responsabilité la société Fedex ;

Vu l'article 23 de la Convention de Varsovie du 12 octobre 1929 ;

Attendu qu'est nulle la clause tendant à exonérer le transporteur de sa responsabilité ;

Attendu que pour rejeter la demande de la société EGP tendant à ce que la responsabilité contractuelle de la société Fedex soit engagée pour défaut de vérification de l'existence des destinataires aux adresses de livraison indiquées, l'arrêt déduit de l'article 14.2 inséré aux conditions générales de vente de la société Fedex, qui stipule : « les envois sont livrés à l'adresse du destinataire, Fedex peut délivrer à une autre personne que celle mentionnée sur la lettre de transport aérien », qu'il n'existe aucune obligation pour le transporteur de délivrer personnellement le colis à ce dernier, la société Fedex se réservant contractuellement la faculté de le remettre à une autre personne que celle mentionnée sur la lettre de transport aérien ; que l'arrêt retient enfin que cette clause n'a pas pour objectif ou pour résultat une exonération de la responsabilité du transporteur ;

Attendu qu'en statuant ainsi, alors que cette clause qui tendait à exonérer le transporteur de sa responsabilité était nulle, la cour d'appel a violé le texte susvisé ;

Par ces motifs : Casse et annule (...)

Cass. com., 9 sept. 2009, n° 08-10.350

Attendu, selon l'arrêt attaqué, que M. X..., en qualité de liquidateur judiciaire de la société Colo, a vendu à M. et Mme Y..., par l'intermédiaire de la société Must immobilier (la société Must), le fonds de commerce de bar-restaurant de celle-ci ; que quelques jours après la vente, les acquéreurs ont appris que le commerce n'avait jamais obtenu l'autorisation d'ouverture en raison d'un avis défavorable de la commission communale de sécurité et que la terrasse n'était pas conforme au permis de construire ; que l'établissement ayant fait l'objet d'une fermeture administrative et que le bail ayant été résilié, M. et Mme Y... ont assigné M. X..., ès qualités, la société Must et son assureur, la société Axa France (la société Axa), en résolution de la vente et en responsabilité ;

Sur le premier moyen, pris en sa première branche qui est recevable :

Vu les articles 1131,1147 et 1150 du Code civil ;

Attendu que pour écarter toute responsabilité du vendeur, l'arrêt retient que les clauses de dispense concernant la réglementation de sécurité qui figurent dans la promesse d'achat et dans l'acte de vente du fonds de commerce sont valables dès lors qu'elles traduisent l'acceptation par les acquéreurs d'un aléa ou d'une obligation qu'ils étaient en mesure d'identifier ;

Attendu qu'en statuant ainsi, alors que M. X..., ès qualités, qui avait comme obligation essentielle de délivrer le fonds de commerce pourvu d'une autorisation d'ouverture, ne pouvait s'en exonérer par une clause élusive de responsabilité qui, contredisant la portée de son engagement, devait être réputée non écrite, la cour d'appel a violé les textes susvisés ;

Par ces motifs : Casse et annule.

Cass. 1re civ., 2 avr. 2009, n° 08-14.545

Vu l'article 1134 du Code civil, ensemble l'article 1150 du même code ;

Attendu qu'un local situé sur le marché de gros de Nîmes, concédé en 1982 par la Société nîmoise d'aménagements communaux (la SNAC) au GAEC X... frères (le GAEC), a été détruit, en 1995, par un incendie ; que le sinistre, qui a trouvé son origine dans un échauffement né de la vétusté et des défectuosités de l'installation électrique équipant l'emplacement concédé au GAEC, s'est communiqué à l'emplacement contigu, concédé par la SNAC aux consorts Y... et Z... ; que la compagnie Assurances générales de France (les AGF), assureur de la SNAC, ayant indemnisé son assurée, a sollicité du GAEC le remboursement des sommes versées à ce titre ;

Attendu que, pour débouter les AGF de leur action subrogatoire contre le GAEC, l'arrêt retient que l'absence avérée de conformité de l'installation électrique caractérise un manquement grave du concédant à son obligation de délivrer un bien conforme à l'usage attendu et que celui-ci caractérise une faute lourde de la part de la SNAC faisant échec à toute clause exonératoire ou limitative de responsabilité contractuellement consentie à son profit ;

Qu'en statuant ainsi, alors que, en termes clairs et précis, l'article 6 de la convention de concession, faisant la loi des parties, stipulait que « le concessionnaire prendra les locaux qui lui seront remis dans l'état où ils se trouveront, sans pouvoir exercer aucun recours contre la société concédante ni faire aucune réclamation pour quelque cause que ce soit » et que, par voie de conséquence, l'état de l'installation électrique acceptée ne pouvait caractériser une faute imputable au concédant, la cour d'appel a violé les textes susvisés ;

Par ces motifs : Casse et annule.

b) Clauses de non-responsabilité proprement dites

538. – Absence de responsabilité. Elles portent simplement sur le droit à réparation qui naît en cas d'inexécution d'une obligation ; la partie qui s'en prévaut refuse tout simplement les conséquences de cette inexécution. Par exemple, la société « Arianespace », spécialisée dans le lancement de satellites, stipule à l'égard de tous ses clients qu'en cas d'échec de lancement, elle décline toute responsabilité ; elle s'engage seulement à faire un autre lancement dans un délai raisonnable.

c) Clauses de non-recours

539. – Mécanisme. La clause de non recours interdit à l'une des parties de pouvoir exercer un recours contre l'autre partie. Elle est parfois contraire à l'obligation principale du contrat : cf. pour la clause de non-recours du crédit-preneur contre le crédit-bailleur en cas de défaut de livraison (CA Dijon, 2 sept. 1986 : *JCP* G 1987, II, 20865, note E.-M. Bey : « le caractère essentiel de l'obligation du bailleur de délivrer la chose louée empêche qu'il y soit conventionnellement dérogé par la stipulation d'une clause de non-recours »).

V. Ph. Delebecque, *Les renonciations à recours*, in *Mél. Simler*, LexisNexis-Dalloz, 2007.

2° Régime des clauses de non-responsabilité

540. – Principe de validité des clauses. Ces clauses excluent toute responsabilité contractuelle ; elles sont aujourd'hui considérées comme valables. Il subsiste néanmoins deux limites.

541. – Exclusion de l'application. D'une part, le dol ou la faute lourde du débiteur exclut l'application de ces clauses ; la faute lourde s'entend actuellement d'un manquement à une obligation essentielle du contrat. Elle ne procède donc plus seulement du comportement anormal du débiteur (V. *infra*, n° 543, jurisprudence *Chronopost*), mais fait référence au manquement à une obligation essentielle du contrat.

542. – Interdiction des clauses. D'autre part, certains textes, tant en matière civile, que commerciale, ou en droit du travail, prohibent ces clauses ; c'est notamment le cas en matière de sociétés, de construction (C. civ., art. 1792-5 : « toute clause d'un contrat qui a pour objet, soit d'exclure ou de limiter la responsabilité prévue aux articles 1792, 1792-1 et 1792-2, soit d'exclure la garantie prévue à l'article 1792-3 ou d'en limiter la portée, soit d'écarter ou de limiter la solidarité prévue à l'article 1792-4, est réputée non écrite »), de transport (C. com., art. L. 133-1). De même en droit du travail, l'employeur ne pourrait refuser d'indemniser un salarié licencié en se retranchant derrière une clause de ce type (C. trav., art. L. 122-9).

543. – Règles communes aux clauses de refus. Pour conclure sur les clauses de refus, il est nécessaire d'observer qu'elles obéissent toutes à un certain nombre de règles communes :

– règles de procédure, la personne s'en prévalant doit en établir la preuve ;

– règles de fond, s'agissant de dommages corporels : si la jurisprudence a pu admettre la validité d'une clause de non-responsabilité en cas de dommage corporel (organisation de régates), ces clauses devraient en réalité être considérées comme nulles. En effet, l'intégrité de la personne physique est une valeur essentielle. Par conséquent, lorsqu'une personne est victime d'un accident à l'occasion d'un contrat, cette personne devrait pouvoir obtenir en tout état de cause une indemnisation intégrale. C'est, du reste, la position de la Cour constitutionnelle italienne (décision du 6 mai 1985).

1. Clause de non-responsabilité

Un arrêt de principe a défini les conditions d'application d'une clause de non-responsabilité :

Cass. 3e civ., 15 juin 1959 : *Bull. civ.* 1959, III, n° 418

LA COUR ;

Sur la troisième branche du moyen unique :

Vu l'article 1134 du Code civil ;

Attendu que, seuls, le dol ou la faute lourde de la partie qui invoque, pour se soustraire à son obligation, une clause irresponsabilité insérée au contrat et acceptée par l'autre partie, peuvent faire échec à l'application de ladite clause ;

Attendu qu'il résulte des qualités et des motifs de l'arrêt attaqué (CA Paris, 13 juin 1957 : *D.* 1959, p. 531) ainsi que de ceux du jugement dont la cour a adopté les motifs non contraires, qu'en 1953, la SICOMA a chargé la Société Cherencq, d'assurer l'importation et le transport d'Hendaye de légumes frais en provenance d'Espagne, qu'à cette seconde fin, la Société Cherencq s'est adressée à la STEF qui lui a fourni en location un wagon réfrigérant au glaçage duquel elle a elle-même procédé ; qu'à l'arrivée, une température, que l'expert commis a évalué à plus de 40 degrés, régnait dans le wagon en sorte que la marchandise était avariée ; que la SICOMA ayant assigné la Société Cherencq en réparation de son préjudice et la Société Cherencq ayant formé un recours en garantie contre la STEF, ledit arrêt a condamné la Société Cherencq à payer à la SICOMA la somme totale de 774 437 francs et fait droit à l'action récursoire de la Société Cherencq ;

Attendu que le contrat de location conclu entre la Société Cherencq et la STEF, qui est produit, et aux conditions duquel le représentant de la Société Cherencq a déclaré souscrire entièrement, stipulait que le glaçage du wagon par la STEF ne saurait engager la responsabilité de cette entreprise, notamment en ce qui concerne l'état de la marchandise à l'arrivée ;

Attendu qu'en se bornant, pour écarter la clause dont s'agit, à faire état de la mauvaise exécution du contrat, sans relever à la charge de la STEF des faits dolosifs ou une faute lourde, la cour d'appel n'a pas donné de base légale à sa décision ;

Par ces motifs, et sans qu'il soit besoin d'examiner les autres branches du moyen, casse...

Cette solution a été reprise dans un arrêt d'assemblée plénière du 30 juin 1998 :

Des architectes avaient confié à La Poste un colis renfermant des documents destinés au jury d'un concours pour la construction d'un bâtiment à Wallis-et-Futuna. Le délai limite pour postuler était fixé au 16 avril. Le colis fut déposé à La Poste le 9 avril, mais n'arriva à destination que le 23 avril, ce qui a fait que la postulation était hors délai et les architectes ne purent participer au concours. La Poste, pour le transport international, avait choisi la compagnie Air France, qui conserva douze jours le paquet dans un hangar sans motif particulier.

La cour d'appel de Versailles avait admis le jeu de l'exonération de l'article 13 du Code des postes et télécommunications. C'est cette décision que censure l'assemblée :

« Les dispositions exonératoires de responsabilité prévues par l'article L. 13 du Code des postes et télécommunications ne s'imposent que dans le cas où La Poste, ou le transporteur que celle-ci s'est substituée, n'a commis aucune faute lourde dans l'exécution de sa mission.

A violé l'article 1150 du Code civil et le texte susvisé la cour d'appel qui, pour débouter des candidats à un concours d'architecture de leur demande d'indemnisation suite au retard d'acheminement d'un colis contenant les plans pour un concours d'architecture, a retenu que la cause du non embarquement du colis sur le vol demeurant indéterminée, il ne pouvait être reproché au transporteur d'avoir commis une faute lourde dans l'exécution du transport dont il s'était chargé, alors qu'elle constatait que le colis, avant d'être expédié, avait été conservé douze jours par la compagnie aérienne qui n'a pu expliquer les causes de ce retard ».

(*Bull. civ.* 1998, ass. plén., n° 2 ; *Gaz. Pal.* 1998, 2, somm. p. 999 ; *D.* 1998, inf. rap. p. 178 ; *D.* 1999, somm. p. 9, obs. D. Mazeaud ; *JCP* G 1998, II, 10146 et la note).

Ainsi, le retard excessif, dû à une grave négligence, est considéré comme une faute lourde, ce qui est un renforcement de l'obligation de ponctualité.

2. Jurisprudence *Chronopost*

Les contrats de transport contiennent tous des clauses limitatives de réparation, lorsque ce ne sont pas les conventions internationales qui les fixent. Ces clauses couvrent traditionnellement les dommages liés aux pertes et avaries. Plus récemment, elles ont été étendues aux conséquences du retard, retard qui est devenu un vrai problème pour les utilisateurs du fret, mais qu'il est impossible d'éviter quelle que soit la perfection de la logistique. Les plafonds de réparation cèdent en cas de dol et, selon les régimes de transport, en cas de faute lourde ou de faute inexcusable.

Par une décision qui a connu une grande publicité, la Cour de cassation a décidé que viole l'article 1131 du Code civil la cour d'appel qui fait application d'une clause limitative de responsabilité, alors qu'en raison du manquement du débiteur à une obligation essentielle, cette stipulation qui contredit la portée de l'engagement pris doit être réputée non écrite ; en d'autres termes, les clauses limitant la réparation du préjudice (prouvé) causé par le retard et prévoyant une indemnisation à hauteur du prix du transport n'avaient aucun effet, dans la mesure où ce type de stipulation heurtait l'essence même du contrat (Cass. com., 22 oct. 1996, aff. *Chronopost* : *Bull. civ.* 1996, IV, n° 261 ; *GAJ civ.*, 11ᵉ éd., n° 156 ; *D.* 1997, p. 121, note Sériaux ; *Defrénois* 1997, p. 333, obs. D. Mazeaud ; *D.* 1997, somm. p. 175, obs. Delebecque ; *Contrats, conc. consom.* 1997, n °24, obs. Leveneur ; *JCP* G 1997, II, 22881, note D. Cohen ; *ibid.*, I, 4025, n° 17, obs. Viney ; *ibid.*, I, 4002, n° 1, obs. Fabre-Magnan ; *Gaz. Pal.* 1997, 2, p. 519, note R. Martin ; *RTD civ.* 1997, p. 418, obs. Mestre).

En 2002, la même chambre commerciale avait très exactement indiqué que, si la clause était nulle comme contraire à l'obligation fondamentale du transporteur rapide, le droit commun du transport reprenait son emprise et que ce droit commun résidant dans les contrats types de transport par route, il fallait s'en tenir aux prévisions de ces contrats et partant aux clauses fixant, en cas de retard, une indemnisation égale au prix du transport. Ceci est la règle en matière de droit des transports. Le tout sous réserve, bien entendu, du dol ou de la faute lourde du transporteur (terrestre).

En 2004, la Cour de cassation avait eu l'occasion, à plusieurs reprises, d'appliquer les prévisions des contrats types routiers et de préciser que les limites envisagées ne pouvaient céder qu'en cas de dol ou de faute lourde prouvée.

Des arrêts du 22 avril 2005 (*Bull. civ.* 2005, ass. plén., n° 4 ; *Bull. inf. C. cass.* 15 juill. 2005, rapp. Garban, concl. de Gouttes ; *D.* 2005, p. 1864, note Tosi (2ᵉ esp.) ; *ibid.* act. jurispr. p. 1224, obs. Chevrier ; *ibid.* pan. 2750, obs. Kenfack et 2844, obs. Fauvarque-Cosson ; *JCP* G 2005, II, 10066, note Loiseau (1ʳᵉ esp.) ; *JCP* E 2005, 1446, note Paulin ; *Resp. civ. et assur.* 2005, n° 175, note Hocquet-Berg ; *Contrats, conc. consom.* 2005, n° 150, note Leveneur ; *Dr. et patrimoine* oct. 2005, p. 36, étude Viney ; *RDC* 2005,

p. 673, obs. D. Mazeaud, et p. 753, obs. Delebecque ; *RTD civ.* 2005, p. 604, obs. Jourdain et p. 779, obs. Mestre et Fages) ont répondu à la question suivante : puisque les contrats types sont applicables et puisqu'ils constituent le droit commun des transports par route (et peut-être demain de tous les transports terrestres), il faut s'en tenir à ce seul droit et considérer la faute lourde, car c'est d'elle qu'il s'agit le plus souvent, à l'aune du droit des transports terrestres. Or, en cette matière, la faute lourde se caractérise par un comportement d'une extrême gravité qui traduit une inaptitude à l'accomplissement de la mission contractuelle. Ce que n'est pas et n'a jamais été un simple retard à la livraison ou un retard inexpliqué. Il en faut, tout de même, un peu plus, surtout si l'on connaît l'extrême complicité des circuits de transport et la grande ingéniosité qu'ils postulent.

Ces deux arrêts affirment que le droit des transports terrestres a sa jurisprudence et reflète les exigences de la pratique. C'est elle qui a été prise en considération lors de l'élaboration des contrats types. Il convient d'appliquer ces règles. Si la question échappe aux contrats types, qui ne sont que supplétifs, la faute lourde serait différemment conçue : l'analyse serait plus objective et conduirait à se demander si le transporteur a manqué à son obligation essentielle.

Cass. ass. plén., 22 avr. 2005, n° 03-14.112

Sur le moyen unique, qui est recevable :

Attendu, selon l'arrêt attaqué (Versailles, 7 févr. 2003), que le 31 décembre 1998, la société Dubosc et Landowski (société Dubosc) a confié à la société Chronopost un pli destiné à la ville de Vendôme, contenant son dossier de candidature à un concours d'architectes ; que le dossier qui aurait dû parvenir au jury avant le 4 janvier 1999, a été livré le lendemain ; que la société Dubosc, dont la candidature n'a pu de ce fait être examinée, a assigné la société Chronopost en réparation de son préjudice ; que cette dernière a invoqué la clause limitative d'indemnité pour retard figurant au contrat-type annexé au décret du 4 mai 1988 ;

Attendu que la société Dubosc fait grief à l'arrêt d'avoir condamné la société Chronopost à lui payer seulement la somme de 22,11 euros, alors, selon le moyen, « que l'arrêt relève que l'obligation de célérité, ainsi que l'obligation de fiabilité, qui en est le complément nécessaire, s'analysent en des obligations essentielles résultant de la convention conclue entre la société Dubosc et la société Chronopost ; que l'inexécution d'une obligation essentielle par le débiteur suffit à constituer la faute lourde et à priver d'effet la clause limitative de responsabilité dont le débiteur fautif ne peut se prévaloir pour s'exonérer de la réparation du préjudice qui en résulte pour le créancier ; qu'en décidant que faute d'établir des faits précis caractérisant la faute lourde du débiteur, le créancier ne peut prétendre qu'à l'indemnisation du prix du transport, la cour d'appel a violé les articles 1131, 1134, 1147 et 1315 du Code civil, 8, alinéa 2, de la loi du 30 décembre 1982, 1 et 15 du contrat messagerie établi par le décret du 4 mai 1988 » ;

Mais attendu qu'il résulte de l'article 1150 du Code civil et du décret du 4 mai 1988 portant approbation du contrat-type pour le transport public terrestre de marchandises applicable aux envois de moins de trois tonnes pour lesquels il n'existe pas de contrat-type spécifique que, si une clause limitant le montant de la réparation est réputée non écrite en cas de manquement du transporteur à une obligation essentielle du contrat, seule une faute lourde, caractérisée par une négligence d'une extrême gravité confinant au dol et dénotant l'inaptitude du débiteur de l'obligation à l'accomplissement de sa mission contractuelle, peut mettre en échec la limitation d'indemnisation prévue au contrat-type établi annexé au décret ; Qu'ayant énoncé à bon droit que la clause limitant la responsabilité de la société Chronopost en cas de retard qui contredisait la portée de l'engagement pris étant réputée non écrite, les dispositions précitées étaient applicables à la cause, et constaté que la société Dubosc ne prouvait aucun fait précis permettant de caractériser l'existence d'une faute lourde imputable à la société Chronopost, une telle faute ne pouvant résulter du seul retard de livraison, la cour d'appel en a exactement déduit qu'il convenait de limiter l'indemnisation de la société Dubosc au coût du transport ; D'où il suit que le moyen n'est pas fondé ;

Par ces motifs : Rejette le pourvoi (...)

Des arrêts du 30 mai 2006 (reproduit ci-dessous) et 7 juin 2006 ont parfait la jurisprudence initiée en 1996 sur l'obligation essentielle du contrat :

Cass. com., 30 mai 2006, n° 04-14.974

Sur le moyen unique, pris en sa première branche :

Vu l'article 1131 du Code civil ;

Attendu, selon l'arrêt déféré, que deux montres, confiées par la société JMB International à la société Chronopost pour acheminement à Hong Kong, ont été perdues pendant ce transport ; que la société JMB International a contesté la clause de limitation de responsabilité que lui a opposée la société Chronopost ;

Attendu que pour débouter la société JMB International de toutes ses demandes, l'arrêt retient que celle-ci, qui faisait valoir le grave manquement de la société Chronopost à son obligation essentielle d'acheminement du colis à elle confié, avait nécessairement admis, en déclarant accepter les conditions générales de la société Chronopost, le principe et les modalités d'une indemnisation limitée en cas de perte du colis transporté ;

Attendu qu'en statuant ainsi, sans rechercher si la clause limitative d'indemnisation dont se prévalait la société Chronopost, qui n'était pas prévue par un contrat-type établi par décret, ne devait pas être réputée non écrite par l'effet d'un manquement du transporteur à une obligation essentielle du contrat, la cour d'appel n'a pas donné de base légale à sa décision ;

Par ces motifs : Casse et annule (...)

Toujours *Chronopost* :

Cass. com., 12 mars 2013, n° 11-25.183

Attendu, selon l'arrêt attaqué (Paris, 27 avril 2011), que la société Analyses mesures pollutions (la société AMP) a confié à la société Chronopost le 22 avril 1999 un pli contenant des documents de soumission à un appel d'offres qui devait être livré le 23 avril avant midi ; que la livraison n'étant intervenue que le 26 avril suivant, la société AMP a procédé le 7 juin 1999 à une réclamation auprès de la société Chronopost qui lui a adressé le 15 juin suivant un chèque de remboursement des frais du transport ; que la société AMP a assigné la société Chronopost le 23 octobre 2001 ;

Sur le moyen unique du pourvoi incident, qui est préalable :

Attendu que la société Chronopost fait grief à l'arrêt d'avoir dit la société AMP recevable en ses demandes, alors, selon le moyen, que la substitution de la prescription du droit commun à la courte prescription de l'article L. 133-6 du Code de commerce ne peut résulter que d'une reconnaissance de responsabilité et d'un engagement de réparer le dommage émanant du débiteur de l'obligation ; qu'en statuant comme elle l'a fait, pour décider que la demande de dommages-intérêts formulée par la société AMP n'était pas prescrite, en relevant de la part de la société Chronopost qu'une offre partielle d'indemnisation, et sans faire ressortir que la société Chronopost aurait pris l'engagement de réparer l'entier dommage subi par son cocontractant, la cour d'appel a violé la disposition susvisée ;

Mais attendu que c'est par une appréciation souveraine que la cour d'appel a estimé que cette lettre qui contenait un aveu exprès du manquement invoqué par la société AMP et une offre d'indemnisation à concurrence de ce que la société Chronopost estimait devoir, constituait une reconnaissance de la responsabilité et valait titre nouveau, substituant à la prescription annale la prescription de droit commun ; que le moyen n'est pas fondé ;

Sur le moyen unique du pourvoi principal :

Attendu que la société AMP fait grief à l'arrêt d'avoir limité à la somme de 17,30 euros le montant de la condamnation de la société Chronopost, alors, selon le moyen :

1°/ que doit être réputée non écrite la clause limitative de responsabilité insérée dans le contrat de transport fixant l'indemnisation du retard au montant du prix du transport dès lors que ce transporteur, spécialiste du transport rapide garantissant la fiabilité et la célérité de son service, qui s'était engagé à livrer le pli de l'expéditeur dans un délai déterminé avait, en ne livrant pas dans ce délai, manqué à cette obligation essentielle dont la clause contredisait la portée ; qu'en faisant application de la clause limitative de responsabilité après avoir constaté que la société Chronopost avait manqué à l'obligation essentielle qu'elle avait souscrite de délivrer le pli le 23 avril 1999 avant 12 heures, la cour d'appel a violé les articles 1131, 1134, 1147 et 1150 du Code civil ;

2°/ qu'est réputée non écrite la clause limitative de réparation qui contredit la portée de l'obligation essentielle souscrite par le débiteur ; qu'après avoir constaté que la clause du contrat de la société Chronopost limitait l'indemnisation due par cette société à la somme de 17,30 euros, en cas de manquement à l'obligation du contrat la contraignant à délivrer le pli dans le délai imparti, la cour d'appel devait rechercher si cette limitation contredisait la portée de l'obligation souscrite ; qu'en s'abstenant de procéder à cette recherche, la cour d'appel n'a pas justifié légalement sa décision au regard des articles 1131, 1134, 1147 et 1150 du Code civil ;

3°/ qu'en matière de transport rapide garantissant la fiabilité et la célérité du service, une partie à un contrat qui s'engage à remplir l'objectif final du contrat avec son cocontractant et qui n'exécute pas cette obligation sans justifier d'un cas de force majeure, manque à une obligation essentielle du contrat, de nature à faire échec à l'application de la clause limitative de responsabilité stipulée à son profit ; qu'en l'espèce, après avoir constaté que la société Chronopost avait manqué à l'obligation essentielle qu'elle avait souscrite de délivrer le pli dans le délai imparti, la cour d'appel devait rechercher si la société Chronopost justifiait d'un cas de force majeure ; qu'en considérant au contraire, pour faire application de la clause limitative de responsabilité, qu'il appartenait à la société AMP d'établir une faute lourde de la société Chronopost, la cour d'appel a violé les articles 1147, 1150 et 1315 du Code civil ;

4°/ que constitue une faute lourde la négligence d'une extrême gravité confinant au dol et dénotant l'inaptitude du transporteur à l'accomplissement de la mission contractuelle qu'il a acceptée ; qu'il résulte des constatations de l'arrêt que le pli confié par la société AMP à la société Chronopost le jeudi 22 avril 1999 devait être livré le vendredi 23 avril avant 12 heures et que la société Chronopost avait apposé sur l'enveloppe une étiquette à en tête « Chronopost les maîtres du temps » portant la mention « livraison impérative samedi » ; qu'en l'état de ces constatations dont il résultait une erreur grossière constitutive de faute lourde, le vendredi ne pouvant être confondu avec le samedi, la cour d'appel devait, en toute hypothèse, priver la société Chronopost de la limitation d'indemnisation ; qu'en décidant du contraire, la cour d'appel a violé l'article 1147 du Code civil ;

5°/ qu'aux termes de l'article 63 du Code des marchés publics, relatif aux appels d'offres restreints, à l'ouverture et à l'enregistrement des offres, l'ouverture des plis contenant les offres n'est pas publique, seuls peuvent être ouverts les plis qui ont été reçus au plus tard à la date et l'heure limites qui ont été annoncées dans la lettre de consultation, et sont éliminées, les offres inappropriées, irrégulières ou inacceptables ; qu'en l'espèce, après avoir constaté que sur l'enveloppe de Chronopost destinée à recevoir les documents de l'appel d'offre, il avait été apposé une étiquette autocollante mentionnant « appel d'offres : "suivi flux polluants" "ne pas ouvrir" », la cour d'appel devait rechercher, ainsi qu'elle était invitée, si l'apposition de cet autocollant par la société AMP sur le pli destiné à l'Agence de l'Eau Adour-Garonne, avant la remise à la société Chronopost s'inscrivait dans le cadre de la procédure d'appel d'offre, de sorte qu'elle constituait une information émanant du client à la société spécialiste du transport rapide ; qu'en considérant sans procéder à cette recherche, qu'il ne pouvait être déterminé quand et par qui cette étiquette avait été apposée, de sorte qu'il n'est pas suffisamment établi que la société Chronopost avait été informée lors de l'envoi de l'objet de celui-ci et de la nature des documents envoyés, la cour d'appel n'a pas donné de base légale à sa décision de l'article 1147 du Code civil applicable en matière d'obligation précontractuelle d'information, ensemble l'article 63 du Code des marchés publics ;

6°/ que constitue une faute lourde la négligence d'une extrême gravité confinant au dol et dénotant l'inaptitude du transporteur à l'accomplissement de la mission contractuelle qu'il a acceptée ; qu'il résulte des constatations de l'arrêt que le pli confié par la société AMP à la société Chronopost le jeudi 22 avril 1999 devait être livré le vendredi 23 avril avant 12 heures et que la société Chronopost avait apposé sur l'enveloppe une étiquette à en tête « Chronopost les maîtres du temps » portant la mention « livraison impérative samedi » ; qu'en l'état de ces constatations dont il résultait une erreur grossière constitutive de faute lourde, le vendredi ne pouvant être confondu avec le samedi, la cour d'appel devait, en toute hypothèse, priver la société Chronopost de la limitation réglementaire d'indemnisation ; qu'en décidant du contraire, la cour d'appel a violé l'article 22-3 du contrat-type général approuvé par le décret n° 99-269 du 6 avril 1999, ensemble les articles 1147, 1150 du Code civil ;

Mais attendu, en premier lieu, que sous le couvert de grief non fondé de manque de base légale au regard de l'article 1147 du Code civil applicable en matière d'obligation précontractuelle d'information, ensemble l'article 63 du Code des marchés publics, le moyen ne tend qu'à contester l'appréciation souveraine des juges du fond qui ont estimé qu'ils ne pouvaient déterminer quand ni par qui l'étiquette portant la mention « livraison impérative samedi » avait été apposée et qu'il n'était pas suffisamment établi que la société Chronopost avait été informée lors de l'envoi de l'objet de la nature des documents contenus dans cet envoi ;

Attendu, en deuxième lieu, qu'il résulte de l'article 1150 du Code civil et du décret du 4 mai 1988 portant approbation du contrat type pour le transport public terrestre de marchandises applicable aux envois de moins de trois tonnes pour lesquels il n'existe pas de contrat type spécifique que, si une clause limitant le montant de la réparation est réputée non écrite en cas de manquement du transporteur à une obligation essentielle du contrat, seule une faute lourde, caractérisée par une négligence d'une extrême gravité confinant au dol et dénotant l'inaptitude du débiteur de l'obligation à l'accomplissement de sa mission contractuelle, peut mettre en échec la limitation d'indemnisation prévue au contrat type établi annexé au décret ;

Attendu, en dernier lieu, que la faute lourde, de nature à tenir en échec la limitation d'indemnisation prévue au décret n° 99-269 du 6 avril 1999 portant approbation du contrat type applicable aux transports routiers de marchandises pour lesquels il n'existe pas de contrat type spécifique, ne saurait résulter du seul manquement à une obligation contractuelle, fût-elle essentielle, mais doit se déduire de la gravité du comportement du débiteur ; qu'après avoir énoncé, à bon droit, que la faute lourde ne se confond pas avec un manquement à une obligation essentielle du contrat, l'arrêt retient que le retard constaté ne suffisait pas à caractériser la négligence d'une extrême gravité confinant au dol et dénotant l'inaptitude du transporteur à l'accomplissement de la mission contractuelle qu'il a acceptée ;

D'où il suit que le moyen, irrecevable en sa cinquième branche, n'est pas fondé pour le surplus ;

Par ces motifs : Rejette les pourvois principal et incident (...)

En conclusion :

– lorsqu'un contrat type de transport terrestre est applicable, le droit des transports terrestres est en cause et doit jouer. En la matière, la faute lourde a, depuis longtemps, ses titres et ses qualités : elle confine au dol et suppose la preuve d'un comportement d'une gravité exceptionnelle qui démontre l'inaptitude du transporteur à remplir sa mission contractuelle. Une perte ou un retard inexplicable n'entrent naturellement pas dans cette définition. Ces solutions sont bien admises dans la pratique et ont le mérite de maintenir les plafonds de réparation qui sont de droit en l'occurrence ; elles ont l'avantage de préserver les contrats types négociés par les organisations professionnelles et acceptées par la jurisprudence.

On précisera que depuis une loi du 8 décembre 2009, la faute inexcusable est substituée à la faute lourde en droit des transports terrestres (C. com., art. L. 133-8) ;

– si aucun contrat type n'a vocation à saisir l'opération, même à titre supplétif, il n'y a aucune raison de ne pas revenir au droit commun, à la théorie générale et donc au thème de l'obligation fondamentale du contrat, dans la mesure où cette obligation est cantonnée dans ses limites naturelles dessinées par la théorie de la cause type ou catégorique.

Cette jurisprudence doit être approuvée. Elle est du reste reprise par les arrêts les plus récents ; étant précisé que les clauses sont écartées que dans la mesure où elles ont pour effet de vider de toute substance l'obligation essentielle et non pas dès l'instant qu'elles affectent cette obligation essentielle.

Plus récemment, sur ce fondement, la Cour de cassation a écarté la clause élusive de responsabilité contredisant la portée de son engagement de délivrance, et celle mettant à la charge du preneur, à peine d'inopposabilité au loueur, la vérification de conformité du matériel à la commande (Cass. com., 31 mai 2011, n° 10-13.633).

Cass. com., 29 juin 2010, n° 09-11.841, *Faurecia : Bull. civ.* 2010, IV, n° 115

Attendu, selon l'arrêt attaqué (Paris, 26 novembre 2008), que la société Faurecia sièges d'automobiles (la société Faurecia), alors dénommée Bertrand Faure équipements, a souhaité en 1997 déployer sur ses sites un logiciel intégré couvrant principalement la gestion de production et la gestion commerciale ; qu'elle a choisi le logiciel V 12, proposé par la société Oracle mais qui ne devait pas être disponible avant septembre 1999 ; qu'un contrat de licences, un contrat de maintenance et un contrat de formation ont été conclus le 29 mai 1998 entre les sociétés Faurecia et Oracle, tandis qu'un contrat de mise en œuvre du « programme Oracle applications » a été signé courant juillet 1998 entre ces sociétés ; qu'en attendant, les sites ibériques de la société Faurecia ayant besoin d'un changement de logiciel pour passer l'an 2000, une solution provisoire a été installée ; qu'aux motifs que la solution provisoire connaissait de graves difficultés et que la version V 12 ne lui était pas livrée, la société Faurecia a cessé de régler les redevances ; qu'assignée en paiement par la société Franfinance, à laquelle la société Oracle avait cédé ces redevances, la société Faurecia a appelé en garantie la société Oracle puis a assigné cette dernière aux fins de nullité pour dol ou résolution pour inexécution de l'ensemble des contrats signés par les parties ; que la cour d'appel a, par application d'une clause des conventions conclues entre les parties, limité la condamnation de la société Oracle envers la société Faurecia à la garantie de la condamnation de celle-ci envers la société Franfinance et rejeté les autres demandes de la société Faurecia ; que cet arrêt a été partiellement cassé de ce chef (chambre commerciale, financière et économique, 13 février 2007, pourvoi n° Z 05-17.407) ; que, statuant sur renvoi après cassation, la cour d'appel, faisant application de la clause limitative de réparation, a condamné la société Oracle à garantir la société Faurecia de sa condamnation à payer à la société Franfinance la somme de 203 312 euros avec intérêts au taux contractuel légal de 1,5 % par mois à compter du 1er mars 2001 et capitalisation des intérêts échus dans les termes de l'article 1154 à compter du 1er mars 2002 ;

Sur le premier moyen :

Attendu que la société Faurecia fait grief à l'arrêt d'avoir ainsi statué, alors, selon le moyen :

1°/ que l'inexécution, par le débiteur, de l'obligation essentielle à laquelle il s'est contractuellement engagé emporte l'inapplication de la clause limitative d'indemnisation ; qu'en faisant application de la clause limitative de responsabilité après avoir jugé que la société Oracle avait manqué à l'obligation essentielle tenant à la livraison de la version V 12 en 1999, laquelle n'avait pas été livrée à la date convenue, ni plus tard et que la société Oracle ne démontrait aucune faute imputable à la société Faurecia qui l'aurait empêchée d'accomplir ses obligations, ni aucun cas de force majeure, la cour d'appel n'a pas tiré les conséquences légales de ses constatations, violant ainsi les articles 1131, 1134 et 1147 du Code civil ;

2°/ qu'en jugeant que la clause limitative de responsabilité aurait été prétendument valable en ce qu'elle aurait été librement négociée et acceptée et qu'elle n'aurait pas été imposée à Faurecia, la cour d'appel s'est prononcée par un motif inopérant, violant ainsi les articles 1131, 1134, 1147 du Code civil ;

3°/ qu'en jugeant que la clause, qui fixait un plafond d'indemnisation égal au montant du prix payé par Faurecia au titre du contrat des licences n'était pas dérisoire et n'avait pas pour effet de décharger par avance la société Oracle du manquement à une obligation essentielle lui incombant ou de vider de toute substance cette obligation, la cour d'appel a violé les articles 1131, 1134, 1147 du Code civil ;

Mais attendu que seule est réputée non écrite la clause limitative de réparation qui contredit la portée de l'obligation essentielle souscrite par le débiteur ; que l'arrêt relève que si la société Oracle a manqué à une obligation essentielle du contrat, le montant de l'indemnisation négocié aux termes d'une clause stipulant que les prix convenus reflètent la répartition du risque et la limitation de responsabilité qui en résultait, n'était pas dérisoire, que la société Oracle a consenti un taux de remise de 49 %, que le contrat prévoit que la société Faurecia sera le principal représentant européen participant à un comité destiné à mener une étude globale afin de développer un produit Oracle pour le secteur automobile et bénéficiera d'un statut préférentiel lors de la définition des exigences nécessaires à une continuelle amélioration de la solution automobile d'Oracle pour la version V 12 d'Oracles applications ; que la cour d'appel en a déduit que la clause limitative de réparation ne vidait pas de toute substance l'obligation essentielle de la société Oracle et a ainsi légalement justifié sa décision ; que le moyen n'est pas fondé ;

Sur le troisième moyen :

Attendu que la société Faurecia fait encore le même grief à l'arrêt, alors, selon le moyen, qu'après avoir constaté que la société Oracle n'avait pas livré la version V 12, en considération de laquelle la société Faurecia avait signé les contrats de licences, de support technique, de formation et de mise en œuvre du programme Oracle applications, qu'elle avait ainsi manqué à une obligation essentielle et ne démontrait aucune faute imputable à la société Faurecia qui l'aurait empêchée d'accomplir ses obligations, ni aucun cas de force majeure, la cour d'appel a jugé que n'était pas rapportée la preuve d'une faute d'une gravité telle qu'elle tiendrait en échec la clause limitative de réparation ; qu'en statuant ainsi, la cour d'appel n'a pas tiré les conséquences légales de ses constatations, violant les articles 1134, 1147 et 1150 du Code civil ;

Mais attendu que la faute lourde ne peut résulter du seul manquement à une obligation contractuelle, fût-elle essentielle, mais doit se déduire de la gravité du comportement du débiteur ; que le moyen n'est pas fondé ;

Et attendu que les deuxième et quatrième moyens ne seraient pas de nature à permettre l'admission du pourvoi ;

PAR CES MOTIFS : REJETTE le pourvoi.

Comparer l'arrêt *Faurecia* avec :

Cass. 1re civ., 3 mars 2011, n° 09-70.754

Attendu que suivant contrat du 20 janvier 2004, M. X..., recherchant la présence d'eau sur un terrain lui appartenant, a chargé la société Gardanne Forages d'effectuer des travaux de forage ; que ces travaux n'ayant pas permis de découvrir de l'eau en quantité suffisante, il a assigné cette société en responsabilité ;

Sur le premier moyen, pris en sa première branche :

Vu l'article 1134 du Code civil ;

Attendu que pour condamner la société à rembourser à son client le prix du forage, l'arrêt attaqué retient qu'elle a manqué à son obligation de moyens en omettant de se renseigner sur le niveau de la nappe phréatique, ce qui l'aurait convaincue que le forage limité à 70 mètres auquel elle avait procédé était voué à l'échec ;

Qu'en statuant ainsi, alors qu'elle avait constaté qu'en vertu des stipulations que le client avait approuvées, la société, qui était exclusivement chargée de travaux de forage, ne garantissait pas la présence d'eau dans le sous-sol du terrain de sorte qu'il ne pouvait lui être fait reproche d'avoir manqué à une obligation qui ne lui incombait pas, la cour d'appel a violé le texte susvisé ;

Sur le second moyen :

Vu l'article 455 du Code de procédure civile ;

Attendu que pour condamner la société à payer à son client une somme au titre de la perte de la pompe endommagée par ensablage l'arrêt constate que cet état de fait est la conséquence des carences de la société ;

Qu'en se déterminant ainsi, sans répondre aux conclusions de la société qui faisait valoir que selon les stipulations acceptées par le client elle ne garantissait pas, en ce qui concerne l'installation des pompes, « l'encrassement, l'ensablage ou l'obstruction même partiels de l'ouvrage et ce, quelles qu'en soient les causes » et qu'elle n'était dès lors pas responsable des conséquences dommageables et des désordres pouvant affecter les pompes ou leur installation du fait du forage, la cour d'appel a méconnu les exigences du texte susvisé ;

PAR CES MOTIFS, et sans qu'il y ait lieu de statuer sur les autres branches du premier moyen : CASSE ET ANNULE.

§ 2. – Le droit spécial

A. – Droit de la consommation

544. – Domaine et origine. Ce droit est applicable dans les rapports entre professionnels et consommateurs ; il trouve son expression dans la réglementation des clauses abusives. Initiée par la loi du 10 janvier 1978 (art. 35), cette réglementation a été modifiée récemment par la loi du 1er février 1995, puis par la loi du 4 août 2008, insérant l'article L. 132-1 dans le Code de la consommation, sur le fondement d'une directive communautaire du 5 avril 1993.

Le dispositif de la loi du 1er février 1995 reposait sur une définition générale des clauses abusives et sur l'existence de deux listes de clauses abusives particulières. La première liste est dressée par le pouvoir réglementaire. Cette liste contient les clauses que le juge doit tenir pour abusives et est, pour cette raison, qualifiée de « noire ». La seconde liste est dressée par le pouvoir législatif et contient, sur un mode indicatif et non exhaustif, des clauses qui « peuvent être regardées comme abusives », sans qu'il ne résulte de leur mention d'avantage pour le non-professionnel ou consommateur, puisque ce dernier « n'est pas dispensé d'apporter la preuve du caractère abusif de [la] clause ». Sans portée juridique, cette liste est qualifiée de « blanche ».

L'apport de la loi du 4 août 2008 a été de transformer la liste « blanche » en une liste « grise », contenant les clauses présumées abusives. Il incombe au professionnel, à qui est opposé le caractère abusif d'une clause mentionnée sur cette liste de renverser la présomption, c'est-à-dire d'établir que la clause n'a ni pour objet ni pour effet de créer, au détriment du non-professionnel ou consommateur, un déséquilibre significatif dans les droits et obligations des parties (C. consom., art. L. 132-1, al. 2). C'est sous la forme de décrets en Conseil d'État après avis de la Commission des clauses abusives que les clauses présumées abusives seront désignées. Ce transfert de compétence permettra à l'avenir au pouvoir règlementaire de porter sur la liste « noire » des clauses auparavant contenues sur la liste « grise » (anciennement « blanche ») sans heurter la hiérarchie des normes.

Le décret n° 2009-302 du 18 mars 2009, en application de la loi du 4 août 2008, détermine deux listes de clauses abusives. La première, dite liste noire, comporte les clauses qui sont présumées abusives de manière irréfragable. Le Code comportait déjà une courte liste de stipulations interdites qui devait cependant être allongée de clauses portant, selon un nouveau critère de l'abus, une atteinte grave à l'équilibre du contrat (C. consom., art. L. 132-1, al. 3). La seconde, dite liste grise, comporte les clauses qui sont présumées abusives, sauf au professionnel à prouver qu'elles n'entraînent pas à son profit de déséquilibre significatif entre les droits et obligations (C. consom., art. L. 132-1, al. 2).

Code de la consommation

Art. L. 132-1 : « Dans les contrats conclus entre professionnels et non-professionnels ou consommateurs, sont abusives les clauses qui ont pour objet ou pour effet de créer, au détriment du non-professionnel ou du consommateur, un déséquilibre significatif entre les droits et obligations des parties au contrat.

Un décret en Conseil d'État, pris après avis de la commission instituée à l'article L. 534-1, détermine une liste de clauses présumées abusives ; en cas de litige concernant un contrat comportant une telle clause, le professionnel doit apporter la preuve du caractère non abusif de la clause litigieuse.

Un décret pris dans les mêmes conditions détermine des types de clauses qui, eu égard à la gravité des atteintes qu'elles portent à l'équilibre du contrat, doivent être regardées, de manière irréfragable, comme abusives au sens du premier alinéa.

Ces dispositions sont applicables quels que soient la forme ou le support du contrat. Il en est ainsi notamment des bons de commande, factures, bons de garantie, bordereaux ou bons de livraison, billets ou tickets, contenant des stipulations négociées librement ou non ou des références à des conditions générales préétablies.

Sans préjudice des règles d'interprétation prévues aux articles 1156 à 1161, 1163 et 1164 du Code civil, le caractère abusif d'une clause s'apprécie en se référant, au moment de la conclusion du contrat, à toutes les circonstances qui entourent sa conclusion, de même qu'à toutes les autres clauses du contrat. Il s'apprécie également au regard de celles contenues dans un autre contrat lorsque la conclusion ou l'exécution de ces deux contrats dépendent juridiquement l'une de l'autre.

Les clauses abusives sont réputées non écrites.

L'appréciation du caractère abusif des clauses au sens du premier alinéa ne porte ni sur la définition de l'objet principal du contrat ni sur l'adéquation du prix ou de la rémunération au bien vendu ou au service offert pour autant que les clauses soient rédigées de façon claire et compréhensible.

Le contrat restera applicable dans toutes ses dispositions autres que celles jugées abusives s'il peut subsister sans lesdites clauses.

Les dispositions du présent article sont d'ordre public. »

1° Critères des clauses abusives

Il faut que la clause ait un support et qu'elle réponde à certaines conditions.

a) Support de la clause abusive

545. – Contrat entre un professionnel et un consommateur. Seul compte le type de contrat, et non la forme que peut revêtir la clause abusive. Elle peut ainsi être imprimée dans des documents, des bons de commande, des factures ou dans les conditions générales, mais encore faut-il que le contrat qui la contient ait été conclu entre un professionnel et un consommateur.

La jurisprudence a eu l'occasion de préciser ce qu'il fallait entendre par « professionnel » et « consommateur ». La personne protégée est le consommateur final, celui qui contracte pour ses besoins personnels et familiaux. Ce n'est pas celui qui n'a pas la même compétence technique que son cocontractant, ce qui sous-entend qu'un professionnel peut parfaitement être « victime » d'une clause abusive. Pour la Cour de cassation, chaque fois que le contrat en cause a un rapport direct avec une activité professionnelle, il échappe au droit de la consommation.

Naturellement, la réglementation des clauses abusives ne joue pas dans les relations entre les professionnels eux-mêmes ou entre les consommateurs eux-mêmes.

b) Contenu de la clause abusive

546. – Caractères intrinsèques et extrinsèques. La clause, pour être qualifiée d'abusive, doit présenter certains caractères, intrinsèques et extrinsèques.

Les caractères intrinsèques sont déterminés par la loi. La clause abusive concerne pratiquement tous les contrats. La clause peut être relative à la détermination du prix, au versement du prix, à la consistance de la chose, à la livraison de la chose, à la charge des risques, à l'étendue de la responsabilité ou de la garantie, aux conditions d'exécution, à la résolution ou à la reconduction du contrat.

Les caractères extrinsèques ont varié au fil des législations. Dans la loi de 1978, la clause, pour être abusive, devait apparaître comme imposée par un abus de la puissance économique et conférer un avantage excessif au professionnel. La loi du 1er février 1995 conserve le premier caractère (abus de puissance économique), mais élargit le champ d'intervention en remplaçant la notion d'« avantage excessif » par celle de « déséquilibre significatif ».

Reste que ces notions déterminées par la loi sont assez vagues. Sous ces expressions « d'abus » et de « déséquilibre », le juriste retrouve l'idée de lésion subjective (V. *supra*, n° 211).

c) Droit international privé

547. – Extension du domaine de la loi. L'article L. 135-1 du Code de la consommation, inséré par la loi du 1er février 1995, prévoit l'application de la législation sur les clauses abusives aux contrats pourtant soumis à une loi d'un État n'appartenant pas à l'Union européenne, à condition cumulativement que :

- le consommateur ait son domicile sur le territoire de l'Union ;
- le contrat soit proposé, conclu ou exécuté sur ce même territoire.

Cette législation est donc une loi de police. La prévision a pour objectif de faire face à une fraude utilisée notamment par des entreprises de vente par correspondance domiciliées dans un État en dehors de l'Union (pays de l'Est en particulier) et prospectant des clients sur le territoire national, sans respecter les interdictions de la loi française en matière de vente à distance et en proposant des contrats abusifs aux consommateurs en puissance.

2° Sanction des clauses abusives

a) Le rôle de la jurisprudence

548. – Rôle grandissant de la jurisprudence. Les juges n'ont pas toujours eu une position ferme.

La loi de 1978 avait énuméré un certain nombre de clauses suspectes et avait ensuite remis au pouvoir réglementaire le soin de déterminer, activité par activité, les clauses abusives. En réalité, la Commission des clauses abusives devait procéder, branche d'activité par branche d'activité, à un examen de la situation ; ensuite, elle prenait des recommandations soumises au ministre ; enfin, le ministre devait valider le travail de la commission sous forme d'un décret dressant une liste des clauses abusives.

Le système a mal fonctionné : si la commission a transmis de nombreuses recommandations, il n'y eut qu'un seul décret du 24 mars 1978 (C. consom., art. R. 132-1 et R. 132-2), sans doute à cause du poids de certains groupes de pression.

D'où une question pour le juge : peut-il sanctionner des clauses comme abusives, en retenant les critères de l'abus de puissance économique et d'avantage excessif, aujourd'hui du déséquilibre manifeste, alors même que la loi ne l'a pas prévu (et l'a implicitement interdit) ?

La jurisprudence a sensiblement évolué : après avoir hésité, la Cour de cassation a fini par reconnaître, en 1991, au juge la possibilité d'annuler une clause abusive. Des arrêts de 1993 sont venus renforcer cette possibilité en affermissant le fondement de la révision par le juge du contrat ; mais aussi en précisant que la clause abusive est une notion de droit, donc soumise, en tant que telle, à un contrôle.

La loi de 1995 a officialisé ce rôle dévolu au juge, en lui conférant sans ambiguïté la possibilité de réputer non écrite une clause abusive.

Par exemple, par un arrêt du 8 janvier 2009 (n° 06-17.639), deux clauses de la convention de compte de dépôt du LCL sont reconnues abusives. Sur action de l'association UFC-Que Choisir, la cour d'appel de Lyon avait passé au peigne fin la convention de compte de dépôt proposée par le Crédit Lyonnais pour juger qu'un certain nombre de ses clauses n'entraînaient pas de déséquilibre significatif au détriment du client consommateur et qu'elles n'étaient donc pas abusives au sens de l'article L. 132-1 du Code de la consommation. La Cour de cassation l'en approuve sauf à l'égard de deux d'entre elles : « Attendu qu'une (...) clause, qui postule l'approbation des écritures et opérations à l'expiration du délai prévu, est de nature à susciter ou entretenir la conviction du titulaire du compte qu'il se trouve privé de la possibilité de les contester, alors même qu'il n'aurait pu en connaître l'inexactitude qu'au-delà du délai, et, partant, a pour objet et pour effet d'entraver l'exercice par le consommateur de son droit d'agir en justice, de sorte qu'elle est abusive (...) ; Attendu que (...) l'assimilation du compte de dépôt au compte courant (...) permet à la banque d'éluder les obligations posées par l'article L. 312-1 du Code monétaire et financier, (...) de sorte que la clause litigieuse, qui a pour effet de limiter de façon inappropriée les droits légaux du consommateur vis-à-vis du professionnel, crée ainsi un déséquilibre entre les droits et obligations des parties ».

Selon un arrêt du 4 juin 2009 de la Cour de justice des Communautés européennes, aujourd'hui CJUE (aff. C-243/08, *Pannon GSM Zrt*), cette « possibilité » ne suffit pas : « il appartient au juge national de déterminer si une clause contractuelle (...) réunit les critères requis pour être qualifiée d'abusive au sens de l'article 3, paragraphe 1, de la directive n° 93/13. Ce faisant, le juge national doit tenir compte du fait qu'une clause contenue dans un contrat conclu entre un consommateur et un professionnel, qui est insérée sans avoir fait l'objet d'une négociation individuelle et qui confère compétence exclusive au tribunal dans le ressort duquel est situé le siège du professionnel, peut être considérée comme abusive ». De plus, « le juge national est tenu d'examiner d'office le caractère abusif d'une clause contractuelle ». Le juge n'a pas la simple « faculté de se prononcer sur la nature éventuellement abusive d'une clause contractuelle, mais (...) l'obligation d'examiner d'office cette question, dès qu'il dispose des éléments de droit et de fait nécessaires à cet effet » (point n° 32).

En France, l'article L. 141-4 du Code de la consommation, issu de la loi n° 2008-3 du 3 janvier 2008, dispose seulement que « le juge *peut* soulever d'office toutes les dispositions du présent code dans les litiges nés de son application ». L'arrêt du 4 juin 2009 impose donc au juge français d'aller au-delà du droit positif.

b) Le rôle de l'Administration

549. – Rôle de la Commission des clauses abusives. La Commission des clauses abusives demeure et son rôle consiste toujours à recenser, selon les diverses activités, les clauses susceptibles de faire difficulté (C. consom., art. L. 132-2). De ce point de vue, elle assure l'unité d'une conception de la clause abusive, et surtout permet de régler le sort des dispositions contenues dans les contrats types d'adhésion. D'où le souci de réduire l'aléa judiciaire : telle clause d'un contrat de crédit-bail risque d'être annulée ici et admise là.

La sanction des recommandations de la Commission la plus efficace reste le décret en Conseil d'État (C. consom., art. R. 132-1) et une liste des matières admises est d'ores et déjà dressée en annexe de la loi de 1995. En elles-mêmes, les recommandations n'ont pas de portée normative. Leur force sociologique n'est cependant pas négligeable.

La **liste dite noire** (C. consom., art. R. 132-1) comporte désormais douze clauses :

> « Dans les contrats conclus entre des professionnels et des non-professionnels ou des consommateurs, sont de manière irréfragable présumées abusives, au sens des dispositions du premier et du troisième alinéas de l'article L. 132-1 et dès lors interdites, les clauses ayant pour objet ou pour effet de :
>
> 1° Constater l'adhésion du non-professionnel ou du consommateur à des clauses qui ne figurent pas dans l'écrit qu'il accepte ou qui sont reprises dans un autre document auquel il n'est pas fait expressément référence lors de la conclusion du contrat et dont il n'a pas eu connaissance avant sa conclusion ;
>
> 2° Restreindre l'obligation pour le professionnel de respecter les engagements pris par ses préposés ou ses mandataires ;
>
> 3° Réserver au professionnel le droit de modifier unilatéralement les clauses du contrat relatives à sa durée, aux caractéristiques ou au prix du bien à livrer ou du service à rendre ;
>
> 4° Accorder au seul professionnel le droit de déterminer si la chose livrée ou les services fournis sont conformes ou non aux stipulations du contrat ou lui conférer le droit exclusif d'interpréter une quelconque clause du contrat ;
>
> 5° Contraindre le non-professionnel ou le consommateur à exécuter ses obligations alors que, réciproquement, le professionnel n'exécuterait pas ses obligations de délivrance ou de garantie d'un bien ou son obligation de fourniture d'un service ;

6° Supprimer ou réduire le droit à réparation du préjudice subi par le non-professionnel ou le consommateur en cas de manquement par le professionnel à l'une quelconque de ses obligations ;

7° Interdire au non-professionnel ou au consommateur le droit de demander la résolution ou la résiliation du contrat en cas d'inexécution par le professionnel de ses obligations de délivrance ou de garantie d'un bien ou de son obligation de fourniture d'un service ;

8° Reconnaître au professionnel le droit de résilier discrétionnairement le contrat, sans reconnaître le même droit au non-professionnel ou au consommateur ;

9° Permettre au professionnel de retenir les sommes versées au titre de prestations non réalisées par lui, lorsque celui-ci résilie lui-même discrétionnairement le contrat ;

10° Soumettre, dans les contrats à durée indéterminée, la résiliation à un délai de préavis plus long pour le non-professionnel ou le consommateur que pour le professionnel ;

11° Subordonner, dans les contrats à durée indéterminée, la résiliation par le non-professionnel ou par le consommateur au versement d'une indemnité au profit du professionnel ;

12° Imposer au non-professionnel ou au consommateur la charge de la preuve, qui, en vertu du droit applicable, devrait incomber normalement à l'autre partie au contrat. »

Est donc interdite la clause qui tend à subordonner la résiliation au versement d'une indemnité au profit du professionnel, consacrant ainsi une jurisprudence de la Cour de la cassation (Cass. 1re civ., 29 oct. 2002, pourvoi n° 99-20.265 : *Bull. civ.* 2002, I, n° 254). Les autres clauses interdites sont des anciennes clauses blanches.

La **liste dite grise** (C. consom., art. R. 132-2) comporte dix clauses :

« Dans les contrats conclus entre des professionnels et des non-professionnels ou des consommateurs, sont présumées abusives au sens des dispositions du premier et du deuxième alinéas de l'article L. 132-1, sauf au professionnel à rapporter la preuve contraire, les clauses ayant pour objet ou pour effet de :

1° Prévoir un engagement ferme du non-professionnel ou du consommateur, alors que l'exécution des prestations du professionnel est assujettie à une condition dont la réalisation dépend de sa seule volonté ;

2° Autoriser le professionnel à conserver des sommes versées par le non-professionnel ou le consommateur lorsque celui-ci renonce à conclure ou à exécuter le contrat, sans prévoir réciproquement le droit pour le non-professionnel ou le consommateur de percevoir une indemnité d'un montant équivalent, ou égale au double en cas de versement d'arrhes au sens de l'article L. 114-1, si c'est le professionnel qui renonce ;

3° Imposer au non-professionnel ou au consommateur qui n'exécute pas ses obligations une indemnité d'un montant manifestement disproportionné ;

4° Reconnaître au professionnel la faculté de résilier le contrat sans préavis d'une durée raisonnable ;

5° Permettre au professionnel de procéder à la cession de son contrat sans l'accord du non-professionnel ou du consommateur et lorsque cette cession est susceptible d'engendrer une diminution des droits du non-professionnel ou du consommateur ;

6° Réserver au professionnel le droit de modifier unilatéralement les clauses du contrat relatives aux droits et obligations des parties, autres que celles prévues au 3° de l'article R. 132-1 ;

7° Stipuler une date indicative d'exécution du contrat, hors les cas où la loi l'autorise ;

8° Soumettre la résolution ou la résiliation du contrat à des conditions ou modalités plus rigoureuses pour le non-professionnel ou le consommateur que pour le professionnel ;

9° Limiter indûment les moyens de preuve à la disposition du non-professionnel ou du consommateur ;

10° Supprimer ou entraver l'exercice d'actions en justice ou des voies de recours par le consommateur, notamment en obligeant le consommateur à saisir exclusivement une juridiction d'arbitrage non couverte par des dispositions légales ou à passer exclusivement par un mode alternatif de règlement des litiges. »

Deux clauses, non répertoriées jusqu'alors, sont désormais présumées abusives. Il s'agit de celle qui stipule une date indicative d'exécution du contrat, hors les cas où la loi l'autorise. Est également présumée abusive la clause qui soumet la résolution du contrat à des conditions plus rigoureuses pour le consommateur que pour le professionnel.

Les clauses abusives

La Cour de cassation reconnut, par **un arrêt du 14 mai 1991**, au juge la possibilité d'annuler une clause abusive :

Cass. 1re civ., 14 mai 1991 : *Bull. civ.* 1991, I, n° 153 ; *Gaz. Pal.* 1991, 2, pan. p. 233 ; *D.* 1991, somm. p. 320, note J.-L. Aubert ; *D.* 1991, p. 449, note J. Ghestin ; *JCP* G 1991, II, 21763, note G. Paisant

LA COUR :

Sur le moyen unique, pris en ses deux branches :

Attendu, selon les énonciations des juges du fond, que, le 4 février 1989, M. Baucheron a confié au magasin Minit Foto de Béthune, succursale de la Sté Minit France, dix-huit diapositives en vue de leur reproduction sur papier ; que ces diapositives ayant été perdues, le jugement attaqué (TI Béthune, 28 sept. 1989) a condamné la Sté Minit France à payer à M. Baucheron la somme de 3 000 F en réparation de son préjudice ;

Attendu que la Sté Minit France fait grief au jugement d'avoir ainsi statué, alors, selon le moyen, d'une part, que l'entrepreneur-dépositaire est tenu d'une obligation de moyen, en ce qui concerne la conservation de la chose qui lui a été confiée en vue de l'exécution d'un travail ; qu'en se bornant à affirmer, sans s'expliquer sur ce point, que le magasin Minit Foto était tenu d'une obligation de résultat, le jugement attaqué a privé sa décision de base légale au regard des articles 1137, 1787 et 1927 et suivants du Code civil ; et alors, d'autre part, que sont licites les clauses susceptibles d'atténuer ou de diminuer la responsabilité du locateur ; qu'en se contentant d'affirmer, sans s'expliquer davantage sur ce second point, que la clause de non-responsabilité, figurant sur le bulletin de dépôt des diapositives, apparaissait comme une clause abusive, inopposable à un client de bonne foi, le tribunal d'instance n'a pas légalement justifié sa décision au regard des mêmes textes ;

Mais attendu, d'abord, selon l'article 1789 du Code civil, que le locateur d'ouvrage est tenu de restituer la chose qu'il a reçue et ne peut s'exonérer de sa responsabilité que par la preuve de l'absence de faute ; que, dès lors, le jugement attaqué, d'où il résulte que la cause de la disparition des diapositives est inconnue, est légalement justifié, abstraction faite du motif surabondant relatif à l'obligation de résultat, critiqué par le moyen ;

Attendu, ensuite, qu'ayant relevé que la clause figurant sur le bulletin de dépôt exonérait le laboratoire de toute responsabilité en cas de perte des diapositives, le jugement attaqué, dont il ressort qu'une telle clause procurait un avantage excessif à la société Minit France et que celle-ci, du fait de sa position économique, se trouvait en mesure de l'imposer à sa clientèle, a décidé à bon droit que cette clause revêtait un caractère abusif et devait être réputée non écrite ; d'où il suit que le moyen ne peut être retenu en aucune de ses deux branches ; – Attendu que M. Baucheron sollicite l'allocation d'une somme de 4 000 F, sur le fondement de l'article 700 du Nouveau Code de procédure civile ; qu'il y a lieu de faire droit à cette demande ;

Par ces motifs, rejette…

Par un arrêt postérieur du 24 février 1993, la Cour de cassation a soumis à son contrôle le caractère abusif d'une clause :

Cass. 1re civ., 24 févr. 1993 : *Bull. civ.* 1993, I, n° 88 ; *Gaz. Pal.* 1993, 2, pan. p. 173 ; *D.* 1993, somm. p. 249, note T. Hassler ; *D.* 1994, p. 6, note X. Agostinelli ; *JCP* G 1993, II, 22166, note G. Paisant ; *Defrénois* 1994, p. 354, note D. Mazeaud

LA COUR :

Sur le moyen unique, pris en sa seconde branche :

Vu l'article 1134 du Code civil ;

Attendu que, le 6 juillet 1990, M. Olivier Legrand a remis à une agence de la Sté FNAC une cassette vidéo, enregistrée lors d'un voyage en Jordanie, afin d'en faire effectuer deux copies ; que cette cassette ayant été égarée avant d'avoir été recopiée, M. Legrand a assigné la FNAC en paiement de dommages-intérêts ; que celle-ci, tout en proposant le versement d'une indemnité de 750 F, a opposé aux prétentions de son adversaire une clause figurant sur le bon de commande et aux termes de laquelle « la non-restitution... de tous films, photos ou cassettes confiés donnera lieu à un dédommagement représenté par des films ou cassettes vierges ou par leur contre-valeur, au choix du client », étant précisé que « dans le cas de travaux ayant une importance exceptionnelle, il est recommandé d'en faire la déclaration lors de la remise afin de faciliter une négociation de gré à gré » ; que le jugement attaqué a accordé à M. Legrand 4 000 F de dommages-intérêts ;

Attendu qu'en statuant ainsi, au motif que la clause limitative de responsabilité ne serait valable que si la perte était liée au travail de développement et de reproduction, et non lorsque le film a été égaré, alors que l'application d'une telle clause ne peut, en règle générale, être écartée qu'en cas de dol ou de faute lourde du débiteur, le tribunal d'instance a violé le texte susvisé ;

Par ces motifs, et sans qu'il y ait lieu de statuer sur la première branche du moyen, casse..., renvoie devant le tribunal d'instance de Paris 7e.

Ou encore :

CA Paris, 1er déc. 1998 : *D.* 1999, inf. rap. p. 64

La clause limitative de responsabilité insérée dans le contrat que fait signer une société de développement photographique n'est pas abusive dès lors qu'elle ne figure pas dans l'annexe de l'article L. 132-1 du Code de la consommation, qu'elle n'est pas considérée comme telle par la Commission des clauses abusives dans son avis du 7 avril 1995 et que son libellé a été expressément adopté par le Conseil national de la consommation dans un rapport du 1er décembre 1988 ;

Dès lors que le contrat prévoit que, dans le cas de travaux ayant une importance exceptionnelle, il est recommandé d'en faire la déclaration lors de leur remise afin de faciliter une négociation de gré à gré, il appartient au client de prévenir le professionnel de ce que ces films représentent des scènes auxquelles il tient beaucoup et que leur traitement doit être conduit avec délicatesse ;

La société de développement photographique qui a perdu les films ne peut donc être condamnée qu'à la réparation prévue par le contrat à savoir la fourniture de films vierges et leur traitement gratuit.

La clause qui **renverse la charge de la preuve** crée un déséquilibre significatif (Cass. 1re civ., 1er févr. 2005 : *Bull. civ.* 2005, I, n° 64).

Une association ayant assigné une société aux fins de voir déclarer abusives cinq clauses du contrat-type de syndic qu'elle propose aux syndicats des copropriétaires dans le cadre de son activité de gestion de copropriétés, doit être cassé l'arrêt qui, pour déclarer abusive la clause relative aux frais de recouvrement, relève que sont ainsi imputés aux copropriétaires pris individuellement des frais de recouvrement qui ne peuvent leur être imputés sans décision judiciaire. En statuant ainsi, après l'entrée en vigueur de l'article 10.1 de la loi du 10 juillet 1965 dans sa rédaction issue de la loi du 13 décembre 2000 duquel il résulte que les frais nécessaires exposés par le syndicat à compter de la mise en demeure peuvent être imputés au copropriétaire défaillant, en sorte que la clause stipulée en conformité de ce texte ne peut revêtir un caractère abusif, la cour d'appel a violé le texte susvisé et l'article L. 132-1 du Code de la consommation.

Viole encore l'article L. 132-1 du Code de la consommation, la cour d'appel qui, pour déclarer abusive la clause relative aux recours et litiges figurant dans le contrat de syndic, relève que le fait de contraindre un copropriétaire à un préliminaire de conciliation présente un caractère abusif, alors que cette clause, exempte d'un quelconque déséquilibre significatif au détriment du consommateur, ne revêt pas un caractère abusif.

Le droit de la consommation a connu des développements récents : Cass. 1re civ., 13 déc. 2012, n° 11-27.766 et Cass. 1re civ., 20 mars 2013, n° 12.14.432.

Cass. 1re civ., 13 déc. 2012, n° 11-27.766

Attendu, selon le jugement attaqué, que, selon contrat du 8 juillet 2008, Mme X... s'est inscrite auprès de la société VBOS École Pigier (la société) à une formation de BTS Coiffure et esthétique pour l'année 2008-2009, s'acquittant immédiatement d'une partie du prix forfaitaire de la scolarité ; que Mme X... ayant, à la fin du mois de septembre 2008, décidé d'arrêter de suivre les cours qui ne répondaient pas à ses attentes, la société a sollicité le paiement du solde du prix ; que Mme X... a vainement opposé un défaut d'information imputable à la société et le caractère abusif de la clause lui imposant le règlement de l'intégralité du forfait ;

Sur le moyen unique, pris en sa première branche :

Vu les articles L. 111-1 du Code de la consommation dans sa rédaction applicable et 1315 du Code civil ;

Attendu qu'il résulte du premier de ces textes que tout professionnel vendeur de biens ou prestataire de services doit, avant la conclusion du contrat, mettre le consommateur en mesure de connaître les caractéristiques essentielles du bien ou du service ; qu'en vertu du second, celui qui se prétend libéré d'une obligation doit justifier le fait qui a produit l'extinction de celle-ci ;

Attendu que, pour condamner Mme X... à payer à la société le solde du forfait, le jugement retient qu'aucun élément sérieux ne vient accréditer l'hypothèse d'une absence d'information par la société, alléguée par Mme X... assistée lors de la signature du contrat par deux personnes, dont le directeur de l'Hôtel de France à Perpignan selon les déclarations, non contestées, de M. Z..., gérant de la société, et le témoignage de Mme A..., directrice pédagogique ;

Qu'en statuant ainsi, alors qu'il incombait à la société de justifier qu'elle avait fait connaître à Mme X..., avant la conclusion du contrat, les caractéristiques essentielles de l'enseignement dispensé, la juridiction de proximité a violé les textes susvisés ;

Et sur le moyen unique, pris en sa seconde branche :

Vu l'article L. 132-1 du Code de la consommation ;

Attendu que, pour statuer comme il le fait, le jugement énonce que Mme X..., qui a certifié avoir pris connaissance dans son intégralité du bulletin d'inscription qu'elle a signé, est liée par les conditions, qu'elle a acceptées expressément, stipulées au verso de ce document, en particulier les dispositions nos 4, 5 et 6 en vertu desquelles elle ne peut, en cas de résiliation avant le 31 décembre, prétendre, sauf cas de force majeure, à être dispensée de payer les deux-tiers du prix de la première année, qu'il ressort de ces dispositions que l'école ne disposait pas de prérogatives créant un déséquilibre dans l'économie du contrat au détriment de l'élève et qui seraient ainsi constitutives de clauses abusives et que l'école entend légitimement se prémunir contre les ruptures intempestives de contrat, qui pourraient compromettre, outre son devenir au plan financier, son organisation quant aux effectifs d'élèves en préjudiciant à ceux qui n'auraient pu obtenir une inscription du fait du quota atteint ;

Qu'en statuant ainsi, alors qu'est abusive en ce qu'elle crée, au détriment de l'élève, un déséquilibre significatif entre les droits et obligations des parties, la stipulation contractuelle qui fait du prix total de la scolarité un forfait intégralement acquis à l'école dès la signature du contrat et qui, sans réserver le cas d'une résiliation pour un motif légitime et impérieux, ne permet une dispense partielle du règlement de la formation qu'en cas de force majeure, la juridiction de proximité a violé le texte susvisé ;

PAR CES MOTIFS : CASSE ET ANNULE, en toutes ses dispositions, le jugement rendu le 9 juillet 2010, entre les parties, par la juridiction de proximité de Perpignan.

Cass. 1re civ., 20 mars 2013, n° 12.14.432

Attendu, selon l'arrêt attaqué, que dénonçant l'existence de clauses illicites ou abusives dans les conditions générales de vente et de garantie proposées par la société Toyota France, l'association Union fédérale des consommateurs de l'Isère – Que choisir (l'association) a fait assigner ladite société ainsi que plusieurs de ses concessionnaires et agents aux fins de voir supprimer les clauses litigieuses ;

Sur le premier moyen ci-après annexé, en ce qu'il est dirigé contre la disposition déclarant non abusive la clause XI, § a :

Attendu que l'association fait grief à l'arrêt de déclarer non abusive la clause XI, § a, des conditions de vente et de garantie proposées par le constructeur automobile et ses concessionnaires, alors, selon le moyen, qu'est abusive la clause qui exclut la garantie conventionnelle d'un constructeur automobile lorsque le client confie les réparations de son véhicule à un professionnel indépendant du réseau de concessionnaires exclusifs ou d'agents officiels ; qu'en déclarant non abusive la clause en vertu de laquelle « les travaux de réparation doivent être effectués par un concessionnaire ou agent Toyota », au prétexte que les travaux garantis auraient été seuls visés, quand, de par sa généralité et son ambiguïté, ladite clause pouvait laisser accroire au consommateur que la garantie contractuelle du constructeur n'était pas due dans le cas où des travaux de réparation étaient effectués par un réparateur indépendant quand bien même le défaut pour lequel la garantie qui était sollicitée était sans lien avec ces travaux, la cour d'appel a violé l'article L. 132-1 du Code de la consommation ;

Mais attendu que c'est à bon droit que la cour d'appel a retenu que la clause XI, § a, ne créait aucun déséquilibre significatif entre les parties au détriment du consommateur en obligeant ce dernier à confier son véhicule à un concessionnaire ou agent Toyota, dès lors qu'une telle clause concernait uniquement les travaux de réparation effectués en exécution de la garantie conventionnelle, le constructeur en assurant gratuitement la prise en charge et pouvant ainsi exiger la certification et l'agrément préalable du réparateur ;

D'où il suit que le moyen ainsi dirigé n'est pas fondé ;

Mais sur le premier moyen, en ce qu'il est dirigé contre la disposition déclarant non abusive la clause XI, § e, alinéa 7 :

Vu l'article L. 132-1 du Code de la consommation ;

Attendu que pour déclarer non abusive la clause XI, § e, alinéa 7, des conditions de vente et de garantie, insérée sous la rubrique « Garantie contractuelle » et ainsi rédigée : « Interventions non couvertes par la garantie : les interventions exécutées par des réparateurs qui ne sont pas des concessionnaires ou agents Toyota », l'arrêt retient que n'est pas abusive une clause qui impose pour obtenir la garantie afférente à certains travaux (réparations sous garantie du constructeur/vendeur) et non pas à tous les travaux quels qu'ils soient, que ceux-ci soient effectués par un concessionnaire ou agent Toyota, qu'elle ne fait pas obligation au consommateur de faire réaliser pendant la période de garantie tous les entretiens et contrôles chez un concessionnaire ou agent Toyota, dès lors que ceux-ci ne font pas partie des travaux ainsi couverts ;

Qu'en statuant ainsi, alors que le caractère ambigu de la clause, né du rapprochement de l'intitulé de la rubrique sous laquelle elle figure et de sa propre teneur, a pour effet de laisser croire au consommateur qu'il est tenu, pour bénéficier de la garantie conventionnelle, de faire effectuer par un concessionnaire ou agent Toyota toutes les interventions exécutées sur son véhicule, quand bien même la garantie sollicitée serait sans lien avec ces travaux, créant ainsi à son détriment un déséquilibre significatif entre les droits et obligations des parties, la cour d'appel a violé le texte susvisé ;

Et sur le second moyen :

Vu l'article L. 132-1 du Code de la consommation ;

Attendu que pour déclarer non abusive la clause XI, § e, alinéa 6, des conditions de vente et de garantie, insérée sous la rubrique « Garantie contractuelle » et ainsi rédigée : « Incidents consécutifs à un abus d'utilisation, à la négligence, à la modification des caractéristiques de la voiture, résultant de l'utilisation du véhicule en compétition, course ou rallye, ou de leurs essais, accidents, utilisation de pièces non d'origine (les pièces détachées et accessoires complémentaires sont qualifiés de pièces non d'origine dès lors que les spécifications techniques et leurs qualités ne sont pas identiques à celles des pièces que le constructeur utilise pour la fabrication des véhicules neufs ou qu'il fournit pour la maintenance des véhicules en circulation), ainsi que le non-respect des entretiens réguliers conformément aux spécifications et instructions du constructeur définies dans le manuel du propriétaire », l'arrêt énonce qu'une telle clause n'est pas générale puisqu'elle ne concerne pas les défaillances du véhicule qui ne seraient pas en lien avec les pièces non d'origine ;

Qu'en statuant ainsi, alors que le caractère ambigu de la clause, né du rapprochement de l'intitulé de la rubrique sous laquelle elle figure et de sa propre teneur, a pour effet de laisser croire au consommateur que l'utilisation de pièces non d'origine emporte en toute hypothèse exclusion de la garantie conventionnelle, la cour d'appel a violé, par refus d'application, le texte susvisé ;

Et vu l'article L. 411-3 du Code de l'organisation judiciaire ;

PAR CES MOTIFS, et sans qu'il y ait lieu de statuer sur les autres griefs du pourvoi :

CASSE ET ANNULE, mais seulement en ce qu'il a rejeté la demande de suppression de l'article XI, § e, alinéa 7, et de l'article XI, § e, alinéa 6, des conditions générales de vente et de garantie, l'arrêt rendu le 7 novembre 2011, entre les parties, par la cour d'appel de Grenoble ;

B. – Droit international

550. – Présentation. Rappelons ici que les clauses de responsabilité sont soumises à la loi du contrat. Cette solution n'est pas discutée et ne connaît d'exception que dans le droit de la consommation, l'article L. 135-1 du Code de la consommation disposant que la réglementation des clauses abusives est applicable « lorsque la loi qui régit le contrat est celle d'un État n'appartenant pas à l'Union européenne, que le consommateur ou le non-professionnel a son domicile sur le territoire de l'un des États membres et que le contrat y est proposé, conclu ou exécuté ». Cela dit, si la clause est soumise à une loi étrangère, et si cette loi est plus favorable que le droit français, les juges saisis de la difficulté doivent nécessairement se demander si la loi en cause est compatible avec la conception française de l'ordre public international. À notre connaissance, le problème ne s'est posé qu'une seule fois en matière de transport dans un contrat de déménagement soumis au droit belge validant, contrairement au droit français, les clauses de non responsabilité dans ce type de convention (Cass. com., 16 avr. 1991 : *Bull. civ.* 1991, IV, n° 147). En tout cas, lorsqu'à l'inverse, la loi française est compétente, celle-ci valide les clauses alors même qu'elles seraient condamnées en droit interne. Faut-il aller plus loin et reconnaître la validité des clauses de responsabilité sur le fondement d'une règle matérielle de droit international ? Certains l'ont soutenu (C. Ferry, *La validité des contrats en droit international privé*, LGDJ, 1989).

Il faut sans doute raisonner encore en termes de conflits de lois pour déterminer l'application des nouvelles dispositions de l'article 1386-15 du Code civil dans les relations internationales. Ce texte précise que les clauses qui visent à écarter ou à limiter la responsabilité du fait des produits défectueux sont interdites et réputées non écrites, mais prend le soin d'ajouter que « pour les dommages causés aux biens qui ne sont pas utilisés par la victime principalement pour son usage ou sa consommation privée, les clauses stipulées entre professionnels sont valables ». On relèvera cette faveur pour la liberté contractuelle dans un domaine où les considérations d'ordre public ont été quelque peu exacerbées. Reste à savoir si une loi étrangère annulant systématiquement les clauses de responsabilité en cas de fourniture d'un produit défectueux pourrait être déclarée contraire à l'ordre public international français. La réponse n'est pas simple, mais si l'on s'en tient au principe de validité des clauses de responsabilité dans le droit positif, il y a de bonnes raisons pour l'admettre.

(V. Annexe : Les principes du droit européen des contrats).

DEUXIÈME PARTIE

LE QUASI-CONTRAT

551. – Notion de quasi-contrat. Le Code civil ne contient aucune théorie générale du quasi-contrat. Il traite, aux articles 1371 et suivants, uniquement de deux institutions. L'article 1371 dispose que : « les quasi-contrats sont les faits purement volontaires de l'homme, dont il résulte un engagement quelconque envers un tiers, et quelquefois un engagement réciproque des deux parties ». Les articles ultérieurs du code visent en particulier la gestion d'affaires et le paiement de l'indu.

Des dispositions générales de l'article 1371, il ressort que le quasi-contrat est un fait **licite, volontaire,** d'où découlent des **obligations**. Il ressemble au contrat parce que la volonté y joue un rôle, mais il s'en distingue en ce qu'il n'y a aucun accord de volontés entre les personnes intéressées. C'est dire que l'expression de « quasi-contrat » est irrationnelle, car, soit le contrat existe, soit il n'existe pas ; elle est cependant commode et dûment consacrée.

Ce qui justifie l'obligation à la charge d'une personne, ce n'est pas, comme il vient d'être dit, l'accord de volontés ; c'est le fait matériel, licite ou volontaire, et plus précisément l'avantage que l'on a procuré à autrui.

Cette donnée explique les différents quasi-contrats reconnus par le droit positif, prévus par la loi (gestion d'affaires et paiement de l'indu) ou la jurisprudence (enrichissement sans cause). Ils seront étudiés successivement.

Définition du quasi-contrat

Un arrêt rendu par la troisième chambre civile **le 15 mars 2006** définit le quasi-contrat comme un fait volontaire de l'homme, mais la seule révélation volontaire faite à l'acquéreur d'une maison de l'existence d'un contrat conclu entre le vendeur et un tiers pour l'exécution du ravalement de ladite maison n'est pas de nature à créer au profit de cet acquéreur un droit à l'exécution de ce contrat.

Cass. 3e civ., 15 mars 2006 : *Bull. civ.* 2006, III, n° 69

Vu l'article 1371 du Code civil ;

Attendu que les quasi-contrats sont les faits purement volontaires de l'homme, dont il résulte un engagement quelconque envers un tiers, et quelquefois un engagement réciproque des deux parties ;

Attendu, selon l'arrêt attaqué (Rennes, 29 oct. 2004), que les époux X... ont souscrit, en mai 2002, avec la société Phenix, un contrat portant sur la réfection du ravalement d'une maison d'habitation qu'ils avaient décidé de mettre en vente ; que ni la promesse de vente signée avec Mme Y... le 5 juin 2002, ni l'acte de vente notarié du 31 juillet 2002 ne faisaient mention du contrat conclu avec la société Phenix ; que postérieurement à la vente, Mme Y... a demandé la condamnation des vendeurs au paiement d'une somme représentant le coût des travaux de ravalement convenus avec la société Phenix ;

Attendu que pour accueillir cette demande l'arrêt retient que la connaissance spontanée donnée par les vendeurs à l'acheteur, préalablement à la signature de l'acte de vente de l'existence de la conclusion par eux d'un contrat de travaux de ravalement avec un tiers constituait un fait purement volontaire de l'homme au sens de l'article 1371 du Code civil, emportant dès lors engagement à leur charge d'exécuter ce contrat au bénéfice de l'acheteur ;

Qu'en statuant ainsi, alors que la seule révélation volontaire faite à l'acquéreur de l'existence d'un contrat conclu entre le vendeur et un tiers n'est pas de nature à créer au profit de cet acquéreur un droit à l'exécution de ce contrat, la cour d'appel a violé le texte susvisé ;

Par ces motifs :

Casse et annule...

Gestion d'affaires et repreneur

Un plan de cession d'une entreprise en redressement judiciaire ayant été arrêté au profit d'une autre société, ultérieurement mise elle-même en redressement judiciaire, a été cassé l'arrêt qui, pour rejeter la déclaration de créance du mandataire liquidateur de la société cédante au titre du préjudice résultant de l'inexécution fautive par la société cessionnaire de ses engagements de repreneur à l'origine de la résolution du plan de cession, a retenu qu'un plan de cession arrêté est indépendant de la vente elle-même des éléments corporels et incorporels de l'entreprise cédée, qu'en l'absence de contrats synallagmatiques concrétisant la cession de ces éléments à la société cessionnaire par la société cédante, celle-ci n'avait pas, à la date de l'ouverture du redressement judiciaire de la société cessionnaire, de créance relative au prix de cession « consignée » dans le jugement arrêtant le plan, et que la demande du liquidateur judiciaire, fondée sur l'application des dispositions de l'article 1184 du Code civil, était inopérante.

En se prononçant ainsi, sans retenir, en présence de l'inexécution de l'engagement pris par la société cessionnaire, une cause d'exonération de sa responsabilité, la cour d'appel n'a pas, selon la Cour de cassation, donné de base légale à sa décision au regard des articles 1371 du Code civil et 62, alinéa 1er, de la loi du 25 janvier 1985 (Cass. com., 26 oct. 1999 : *Bull. civ.* 1999, IV, n° 193 ; *D.* 2000, p. 383, note A. Pélissier ; *LPA* 17 févr. 2000, p. 9, note P. M. ; *RTD com.* 2000, p. 452, obs. A. Martin-Serf).

CHAPITRE 1

LA GESTION D'AFFAIRES

SECTION PRÉLIMINAIRE

DÉFINITION, APPLICATIONS ET FONDEMENT JURIDIQUE

§ 1. – Définition

552. – **Intervention dans les affaires d'autrui. Quasi-mandat.** La gestion d'affaires (la *negotiorum gestio* du droit romain) est l'institution par laquelle une relation analogue à celle du mandat se noue lorsqu'une personne accomplit un acte dans l'intérêt d'autrui, sans en avoir été chargée. La personne qui intervient dans les affaires d'autrui s'appelle le « gérant » ; celle qui bénéficie de l'intervention est le « maître de l'affaire ».

§ 2. – Applications

553. – **Exemples.** L'exemple classique – celui sur lequel le Code civil a raisonné – est le suivant : une personne complaisante effectue des réparations sur un immeuble menaçant ruine, et appartenant à un voisin absent. Le voisin dont les affaires ont été gérées doit ainsi remercier l'auteur des réparations, *i.e.* l'indemniser. De nombreuses autres applications permettent de caractériser la gestion d'affaires, dans les relations professionnelles, dans les relations matrimoniales, dans les relations de vacances : perdu dans le désert, un chanteur de charme avait pu émettre des signaux, qui, captés et transmis à une société d'assistance, permirent de le sauver ; la jurisprudence a estimé qu'il y avait bien là une gestion d'affaires.

§ 3. – Fondement juridique

554. – **Fondement moral du quasi-contrat.** L'intervention du gérant dans les relations du maître de l'affaire fait naître des rapports juridiques, *i.e.* des obligations.

Le fondement de ces obligations reposerait sur le consentement présumé du maître de l'affaire à l'intervention du gérant ; ce n'est cependant pas une bonne explication, car aucune convention n'est passée entre le gérant et le maître de l'affaire.

On pourrait les fonder sur l'enrichissement injuste dont bénéficie le maître de l'affaire, c'est-à-dire sur la notion d'équité : le patrimoine de ce dernier s'est enrichi au détriment de celui du gérant ; néanmoins, cette théorie ne correspond pas au droit positif, car le maître de l'affaire doit indemniser le gérant, même en l'absence de tout enrichissement.

Il faut alors se placer du point de vue du gérant et prendre en considération son acte ; en d'autres termes, il doit être récompensé, car son intervention a été utile au maître de l'affaire. On raisonne en termes de morale, d'une morale altruiste, reposant sur un devoir de reconnaissance. On comprend mieux ainsi l'équilibre voulu dans le mécanisme de la gestion d'affaires :

- d'un côté, on ne veut pas décourager les initiatives altruistes ;
- de l'autre, il faut empêcher les interventions intempestives dans les affaires d'autrui.

Le droit positif s'efforce de concilier ces deux exigences.

SECTION 1

LES CONDITIONS D'EXISTENCE DE LA GESTION D'AFFAIRES

555. – Éléments constitutifs. Quels sont les éléments constitutifs de la gestion d'affaires ?

Deux conditions sont exigées pour que celle-ci soit caractérisée :

- une intention de gérer les affaires d'autrui ;
- une utilité dans la gestion des affaires d'autrui.

SOUS-SECTION 1

L'INTENTION DE GÉRER L'AFFAIRE D'AUTRUI

Deux questions se posent :

- l'intention est-elle toujours requise par la jurisprudence et le législateur ?
- dans l'affirmative, comment faut-il apprécier cette intention ?

§ 1. – Exigence de l'intention de gérer l'affaire d'autrui

Le principe est affirmé avec vigueur, mais connaît un certain nombre d'assouplissements.

A. – Le principe

556. – Acte volontaire de gestion. La Cour de cassation affirme depuis longtemps que le bénéfice de la gestion d'affaires peut-être accordé à quiconque a volontairement agi au nom et pour le compte d'autrui. Il s'agit d'une jurisprudence constante.

L'article 1372 du Code civil insiste également sur cette condition :

> « Lorsque volontairement on gère l'affaire d'autrui, soit que le propriétaire connaisse la gestion, soit qu'il l'ignore, celui qui gère contracte l'engagement tacite de continuer la gestion qu'il a commencée, et de l'achever jusqu'à ce que le propriétaire soit en état d'y pourvoir lui-même ; il doit se charger également de tous les corollaires de cette même affaire. Il se soumet à toutes les obligations qui résulteraient d'un mandat exprès que lui aurait donné le propriétaire. »

Tribunaux et textes de lois se rejoignent donc. Cependant, quel est l'élément intentionnel requis ?

557. – Appréciation de l'élément intentionnel. On distinguera les trois hypothèses suivantes.

1° Ignorance par le gérant de l'identité du maître de l'affaire

558. – Cette hypothèse, somme toute assez fréquente, ne constitue pas une condition de la gestion d'affaires : la jurisprudence estime qu'il n'est pas nécessaire que l'intention de gérer soit finalisée, plus précisément affectée à une certaine personne ; l'élément intentionnel existe donc même si l'on ignore la personne du maître.

2° Intervention partiellement voulue du gérant d'affaires

559. – L'hypothèse concerne le gérant qui s'occupe des affaires d'autrui, mais en même temps de ses propres affaires. La gestion d'affaires est-elle constituée ? La jurisprudence admet qu'elle le soit, même si la volonté de gérer l'affaire d'autrui n'est que partielle. En d'autres termes, il n'est pas nécessaire que la gestion d'affaires soit exclusive.

3° Conscience, mais non-intention, de l'intervention dans les affaires d'autrui

560. – À s'en tenir à la jurisprudence, la personne qui n'a pas réellement voulu s'occuper de l'affaire d'autrui ne peut être considérée comme un gérant : il faut une intention manifeste de vouloir rendre service et de gérer en conséquence l'affaire d'autrui. Ce principe connaît néanmoins des exceptions.

B. – Les exceptions

561. – Exceptions jurisprudentielles et légales. Le droit positif développe parfois une sorte de gestion d'affaires intéressée, dans laquelle l'élément intentionnel n'existe pas. Des hypothèses jurisprudentielles et légales se côtoient.

1° Hypothèses jurisprudentielles

562. – On pourrait parler de gestion d'affaires « au bénéfice du doute », *i.e.* on retient une telle qualification alors que les circonstances ne révèlent ni l'existence d'une intention, ni même la possibilité d'une intention. Les tribunaux la qualifient ainsi parce qu'elle vient se greffer sur des rapports juridiques préexistants, notamment lorsque ces derniers sont d'origine contractuelle. Soit un contrat de mandat, dans lequel le mandataire dépasse le cadre de la mission qui lui a été confiée : on considère que continuer de gérer les affaires d'autrui lui permet d'obtenir une indemnisation pour sa gestion. Le cas se retrouve également en matière de louage, lorsque le preneur effectue des réparations qui incombent normalement au bailleur.

Le rapport juridique préexistant peut aussi être d'origine légale : ainsi le tuteur doit-il agir au nom de l'incapable et faire des actes précis prévus par la loi ; au cas où des actes dépasseraient le cadre fixé par les textes, on n'exclut pas que le tuteur intervienne en tant que gérant d'affaires.

2° Hypothèses légales

563. – Il faut citer essentiellement deux textes.

L'article 219, alinéa 2, du Code civil, qui concerne le régime primaire des relations entre les époux, dispose que :

> « (...) à défaut de pouvoir légal, de mandat ou d'habilitation par justice, les actes faits par un époux en représentation de l'autre ont effet, à l'égard de celui-ci, suivant les règles de la gestion d'affaires. »

L'article 815-4 du Code civil, concernant les rapports entre indivisaires, dispose, quant à lui, que :

> « Si l'un des indivisaires se trouve hors d'état de manifester sa volonté, un autre peut se faire habiliter par justice à le représenter, d'une manière générale ou pour certains actes particuliers, les conditions et l'étendue de cette représentation étant fixées par le juge. À défaut de pouvoir légal, de mandat ou d'habilitation par justice, les actes faits par un indivisaire en représentation d'un autre ont effet à l'égard de celui-ci, suivant les règles de la gestion d'affaires. »

§ 2. – Étendue de l'intention de gérer

Plusieurs questions méritent d'être posées.

A. – Que décider lorsque le gérant est animé exclusivement d'une intention libérale ?

564. – Exclusion de la gestion d'affaires. Dans cette hypothèse, le maître de l'affaire n'a pas à rembourser le gérant d'affaires puisque ce dernier a agi par pure philanthropie ; si donc l'intention libérale est caractérisée, la gestion d'affaires ne l'est pas. Encore faut-il déterminer l'intention libérale, ce qui n'est pas chose aisée : une intervention bénévole n'est pas exclusive de la gestion d'affaires.

B. – Que décider lorsque le gérant est tenu d'agir ?

565. – Solutions nuancées. N'y a-t-il pas incompatibilité avec la notion d'intention requise ? Le principe retenu par la jurisprudence est assez clair : la gestion d'affaires doit être spontanée ; en d'autres termes, l'obligation d'agir efface toute spontanéité, donc toute intention.

Cependant, certaines solutions sont plus nuancées ; on peut se demander si la gestion d'affaires est caractérisée devant une obligation légale ou contractuelle d'agir.

1° Obligation légale d'agir

566. – Obligation d'assistance. Le problème se pose notamment pour l'obligation d'assistance : si une personne, tenue d'assister autrui, intervient effectivement, la gestion d'affaires peut-elle régler les éventuels problèmes juridiques ?

En droit maritime, l'obligation d'assistance existe d'abord pour les personnes en danger (y compris les ennemis auxquels il faut porter secours) ; puisque prévue par un texte (L. 7 juill. 1967, art. 19), l'intervention du capitaine ou d'un tiers débiteur d'une telle obligation n'est pas spontanée : la gestion d'affaires ne saurait trouver application.

La solution concerne aussi le sauvetage des biens (navires en danger) ; dans cette hypothèse, il n'existe en principe aucune obligation de porter secours, même si l'intervention du sauveteur est régie par les dispositions sur l'assistance maritime. Dès lors, la personne qui porte secours à un navire en perdition agit en tant qu'assistant et peut, si le résultat est utile, percevoir une rémunération (déterminée d'après les textes : L. 7 juill. 1967, art. 16).

En droit terrestre, il faut se référer à l'article 223-6 du Code pénal, qui prévoit l'obligation juridique d'assister une personne en danger (et dont l'omission constitue une infraction pénale). Cette obligation, toutefois, ne joue pas de manière systématique : elle n'existe qu'autant que celui qui intervient n'encourt aucun risque sérieux pour lui-même ; ainsi ne peut-on pas reprocher à une personne ne sachant pas nager de ne pas plonger au secours de celui qui se noie (seule une obligation de prévenir les secours pèse alors sur elle).

567. – Gestion d'affaires et convention d'assistance. Dès que l'obligation d'assister une personne en danger disparaît, la gestion d'affaires prend le relais du droit pénal. Cependant, la jurisprudence n'est pas ici toujours très précise. La Cour de cassation a justifié l'intervention du sauveteur par une autre technique juridique : la **convention d'assistance**, qui fait naître à la charge de chacune des parties des obligations. Pour caractériser un tel contrat, la jurisprudence a considéré, en forçant un peu l'analyse, que le bénéficiaire du contrat avait donné son consentement, malgré son silence (en l'espèce, blessé, il n'avait bien sûr pu exprimer sa volonté), parce que l'offre d'assistance avait été faite dans son intérêt exclusif ; aussi devait-il, le contrat ainsi formé, indemniser le bon samaritain.

Le problème s'est posé également sur le terrain même de la gestion d'affaires. La Cour de cassation a d'abord refusé l'analyse pour permettre l'indemnisation de l'assistant, parce que la personne qui était intervenue était obligée de le faire (C. pén., art. 223-6) ; cette solution n'a cependant pas résisté, et, par un revirement, la première chambre civile de la Cour de cassation a finalement exclu la gestion d'affaires, dès l'instant que l'intervenant était tenu par une obligation légale.

2° Obligation contractuelle d'agir

568. – Exclusion de la gestion d'affaires par le contrat. La jurisprudence est ici beaucoup plus nette ; elle considère qu'il ne peut y avoir de place pour la gestion d'affaires lorsque la personne qui est intervenue était tenue d'agir par l'effet d'un contrat. Ainsi, une société exploitant un parc de stationnement ne peut obtenir d'indemnisation de la part du propriétaire d'un véhicule, alors qu'elle avait passé un contrat de garde avec le voleur dudit véhicule, qui l'avait entreposé dans les locaux, et bien que la société n'ait pas su qu'il avait été volé.

Enfin, lorsque le gérant d'affaires agit dans son propre intérêt, la gestion d'affaires ne peut être retenue (Cass. 1re civ., 18 avr. 2000 : *Bull. civ.* 2000, I, n° 113).

1. Gestion d'affaires ou convention d'assistance

La Cour de cassation, par un arrêt du 1er décembre 1969, écarta, dans l'hypothèse d'un passant venant au secours d'un motocycliste blessé, la gestion d'affaires au profit de la convention d'assistance.

Cass. 1re civ., 1er déc. 1969

LA COUR :

Sur le moyen unique ;

Attendu qu'il résulte des énonciations de l'arrêt attaqué que Sandrock, se trouvant sur les lieux d'une collision entre la voiture de Veidt et le vélomoteur de Martin, au cours de laquelle cet engin avait pris feu, tenta d'éteindre les flammes avec un extincteur, mais fut blessé par l'explosion du réservoir ;

Attendu qu'il est fait grief à la cour d'appel d'avoir condamné Martin à réparer le dommage causé à Sandrock, au motif qu'une convention d'assistance s'était formée entre les parties alors qu'il ne saurait y avoir de convention sans l'accord des volontés et que l'arrêt n'a pas relevé le consentement de l'assisté ;

Mais attendu que la cour d'appel n'avait pas à relever le consentement exprès de l'assisté, dès lors que, lorsque l'offre est faite dans son intérêt exclusif, son destinataire est présumé l'avoir acceptée ; qu'ayant souverainement estimé qu'une convention d'assistance avait été formée entre Sandrock et Martin, c'est à bon droit que les juges d'appel ont retenu que l'assisté avait l'obligation de réparer les dommages subis par celui qui avait prêté bénévolement assistance ; qu'ainsi, le moyen ne saurait être accueilli ;

Par ces motifs : rejette le pourvoi formé contre l'arrêt rendu le 19 mars 1968 par la cour d'appel de Colmar.

Un accident est survenu dans les circonstances suivantes : M. C. cousin de M. G., a cherché à aider celui-ci à manœuvrer une échelle métallique, à l'issue de l'opération de l'enlèvement d'un nid d'oiseau en bordure de la toiture de la maison de M. G., à une faible distance d'une ligne électrique à moyenne tension ; lors de la manipulation, l'échelle a frôlé la ligne électrique ; M. C. a été blessé par électrocution.

La cour d'appel a pu conclure à l'inexistence d'une convention d'assistance obligeant M. G. à indemniser M. C. de son préjudice, « … dès lors qu'elle a souverainement retenu, au vu des éléments qu'elle énumère, que M. G. avait décidé seul de retirer le nid de son toit avec une échelle qu'il savait parfaitement manipuler, et que M. C., de passage à la propriété pendant l'opération pour lui emprunter un outil, a pris l'initiative de l'aider en fin de manœuvre par une intervention dont l'opportunité était douteuse, compte tenu de la spécificité des lieux exigeant de la précision dans les mouvements et, en cas de pluralité d'acteurs, une bonne coordination entre eux, laquelle n'a pu être organisée » (Cass. 1re civ., 7 avr. 1998 : *Bull. civ.* 1998, I, n° 141 ; *JCP* G 1998, II, 10203, note O. Gout ; *Defrénois* 1998, p. 1050 et la note).

2. Pratique de la gestion d'affaires

Depuis, d'autres situations variées, ont motivé le recours à la gestion d'affaires :

Cass. 1re civ., 22 déc. 1981 : *Bull. civ.* 1981, I, n° 333

En énonçant qu'une personne avait spontanément entrepris des démarches auprès de la société Europ Assistance pour assurer le secours médical et le rapatriement en France, sans exiger pour elle-même aucune rémunération, d'un chanteur qui, à la suite de l'atterrissage forcé de l'avion de tourisme dans lequel il avait pris place, était resté perdu pendant plusieurs jours dans le désert en Afrique, une cour d'appel a caractérisé son intention de gérer l'affaire d'autrui, tandis qu'en indiquant par ailleurs que l'intéressé avait effectivement accepté de prendre place avec sa femme arrivée de France dans l'avion frété par l'organisme d'assistance et avait ainsi bénéficié d'un rapatriement effectué dans les meilleures conditions de rapidité et de sécurité, elle a relevé le caractère utile de l'acte de gestion litigieux. La cour a pu déduire de ces constatations que le chanteur était tenu envers la société Europ Assistance qui n'avait accepté d'intervenir que moyennant finances, de remplir les engagements contractés dans son intérêt, tout en condamnant le gérant d'affaires à le garantir partiellement en raison du fait qu'il l'avait trompé en lui laissant croire que l'intervention d'Europ Assistance était gratuite.

Cass. 1re civ., 3 janv. 1985 : *Bull. civ.* 1985, I, n° 5 ; *Gaz. Pal.* 1985, 1, somm. p. 90, note A. Piedelièvre

Des inconnus avaient remis à la préposée aux renseignements d'un supermarché un sac à main par eux trouvé dans un chariot et, peu après, s'étant ravisés, avaient repris d'autorité le sac en déclarant qu'ils se chargeraient de le remettre à sa propriétaire. « (…) les juges du fond, pour retenir la responsabilité du magasin à raison de la disparition du sac, ont pu estimer qu'en acceptant de recevoir le sac à main que des tiers lui remettaient aux fins de restitution à sa propriétaire, la préposée de la société exploitante avait poursuivi la gestion de l'affaire de ladite propriétaire, commencée par ces tiers, et qu'ayant en conséquence contracté l'engagement tacite de continuer cette gestion jusqu'à ce que l'intéressée fût en état d'y pourvoir elle-même, elle aurait dû placer le sac en lieu sûr, retenant ainsi une faute de sa part. Si la cour n'a cependant accordé à la propriétaire du sac, qui contenait des objets de valeur, que des dommages-intérêts modérés, elle y était autorisée par l'article 1374, alinéa 2, du Code civil.

Cass. 1re civ., 26 janv. 1988 : *Bull. civ.* 1988, I, n° 25 ; *Gaz. Pal.* 1988, 1, pan. p. 91 ; *D.* 1989, somm. p. 234, note J.-L. Aubert ; *D.* 1989, p. 405, note D. Martin

Le client d'un magasin ayant été blessé par un coup de feu tiré par l'un des malfaiteurs qui venaient de s'emparer de la recette de celui-ci et à la poursuite desquels il s'était lancé ainsi que quelques autres personnes, a légalement justifié sa décision condamnant l'exploitant du magasin à l'indemniser de son dommage sur le fondement de la gestion d'affaires. La cour d'appel qui a souverainement estimé que si la première réaction de la victime avait été inspirée par le comportement des malfaiteurs, intolérable pour un honnête homme, il était certain que son action avait été poursuivie, en dépit des risques encourus par lui, dans l'intention et la volonté d'agir pour le compte de la société dont il était le client et a d'autre part retenu que son intervention avait été utile puisqu'elle avait permis la récupération de la somme dérobée par les malfaiteurs et que l'opportunité de ladite intervention était telle que l'initiative ainsi prise était justifiée sans que la société exploitante puisse se prévaloir des consignes de non-intervention qu'elle avait données à son personnel en pareil cas, la victime du dommage n'ayant fait que se joindre à l'action entreprise notamment par un des cadres de cette société.

Cass. 1re civ., 24 mai 1989 : *Bull. civ.* 1989, I, n° 211

Une personne qui effectuait une course en montagne étant tombée dans une crevasse de glacier et ayant été secourue par une société qui l'a transportée à l'hôpital en hélicoptère, a légalement justifié sa décision le tribunal qui a fait droit à la demande de la société en paiement par la victime du coût du transport par hélicoptère dès lors qu'après avoir relevé que la société n'avait contracté aucune obligation à l'égard de l'intéressé et souverainement estimé que la convention existant entre la commune de Pralognan et ladite société n'avait pas eu pour effet de faire disparaître le caractère volontaire de son intervention en faveur de la victime, le tribunal a pu en déduire que la société s'était conduite en gérant d'affaires à son égard en ne lui réclamant que le remboursement des frais engagés par elle.

Cass. 1re civ., 28 mai 1991 : *Bull. civ.* 1991, I, n° 167 ; *Gaz. Pal.* 1991, 2, pan. p. 264

Si la circonstance que le généalogiste ou la personne jouant ce rôle ait œuvré à la fois dans son intérêt personnel et dans celui du maître de l'affaire n'est pas exclusive de l'existence d'une gestion d'affaires, une cour d'appel qui a relevé qu'un généalogiste avait agi « dans son seul intérêt » pour retrouver des héritiers et leur demander ensuite la reconnaissance de droits locatifs dont il prétendait être titulaire sur une parcelle ayant appartenu au défunt, a par ce seul motif légalement justifié sa décision en rejetant la demande de rémunération de ce dernier. Les héritiers puisant leur enrichissement dans l'un des modes légaux d'acquisition des droits, en l'occurrence dans les règles légales régissant la dévolution de la succession de leur auteur, l'intéressé n'était pas fondé dans ces conditions à exercer l'action *de in rem verso* pour obtenir la rémunération de ses diligences.

Cass. com., 12 janv. 1999 : *Bull. civ.* 1999, IV, n° 7 ; *JCP* G 1999, II, 10070, note B. Petit ; *Defrénois* 1999, art. 37008, p. 754, obs. J.-L. Aubert

Un client ayant déposé dans une agence bancaire un certain nombre d'actions que le directeur de l'agence a pris l'initiative d'échanger contre d'autres actions, sans lui adresser d'avis d'opéré, « il ne peut être reproché à l'arrêt attaqué d'avoir accueilli l'action en responsabilité du client contre la banque et d'avoir condamné celle-ci à payer la différence entre la valeur des actions échangées et celle des actions acquises ensuite, dès lors que la banque s'est bornée à invoquer l'utilité de l'aliénation des titres de son client pour justifier la gestion d'affaires alléguée, sans prétendre que son client pouvait être raisonnablement considéré comme ne pouvant agir lui-même, ni caractériser la gravité des risques que le maintien de la situation pouvait lui faire courir. Après avoir analysé les éléments de fait invoqués par les parties, la cour d'appel a retenu que rien ne confirmait la ratification de l'ordre par celui au nom duquel il avait été passé.

SOUS-SECTION 2

L'UTILITÉ DE LA GESTION

569. – Importance de l'utilité de la gestion. C'est une condition essentielle du quasi-contrat, au même titre que l'intention de gérer les affaires d'autrui. En effet, si la gestion s'avère inutile, les règles de la gestion d'affaires sont écartées : il s'agira alors d'appliquer les principes de la responsabilité délictuelle.

Comment cette notion d'utilité doit-elle être appréciée ? Cela dépend du caractère intéressé ou non de l'intervention du gérant.

§ 1. – Gestion d'affaires désintéressée

570. – Interprétation large de la condition d'utilité. L'idée exprimée par le droit positif est qu'il ne faut pas décourager les initiatives altruistes ; aussi la notion d'utilité y est largement interprétée, ce qui sera vérifié à travers les trois observations suivantes.

A. – Date d'appréciation de l'utilité

571. – Elle doit être appréciée « lors de l'entreprise de la gestion ». En d'autres termes, il faut se placer au moment où les actes ont été accomplis et il suffit que l'utilité soit caractérisée au moment de l'intervention. Le gérant ne répond pas des cas fortuits ou de tout autre événement postérieur à la gestion ; il n'est pas non plus nécessaire que le maître de l'affaire ait tiré un quelconque profit. Dans ces conditions il est préférable de parler d'opportunité plutôt que d'utilité de la gestion.

B. – Méthode d'appréciation de l'utilité

572. – On recherche si le gérant pouvait penser que sa gestion serait utile au maître de l'affaire ; il s'agit donc d'une appréciation *in concreto*, *i.e.* en fonction de la psychologie même du gérant et non pas en fonction de la psychologie du « bon gérant » (... du « bon père de famille »).

Certaines difficultés peuvent se présenter pour apprécier le comportement du gérant.

Lorsque le maître de l'affaire n'est pas présent et qu'il se désintéresse de ses affaires, on présume que la gestion a été utile. Lorsque le maître de l'affaire, présent et consentant, a laissé faire les choses, on considère qu'il n'y a pas de gestion d'affaires, mais au contraire qu'un contrat de mandat a été conclu entre le prétendu gérant et lui-même. Lorsqu'il s'est opposé à toute ingérence dans ses affaires, il ne peut y avoir de place pour la gestion d'affaires.

C. – Objet de la gestion

573. – **Acte juridique ou matériel utile.** L'acte de gestion est utile lorsqu'il tend à protéger le patrimoine du maître ou la personne même du maître de l'affaire. Il peut être juridique ou matériel (à la différence du contrat de mandat), car le domaine de la gestion d'affaires est très large : ce peut être l'hôtelier qui héberge la victime d'un accident, la personne qui s'occupe d'un chien perdu...

§ 2. – Gestion d'affaires intéressée

574. – **Interprétation stricte de la condition d'utilité.** La jurisprudence et certains textes admettent ce type d'intervention, malgré l'absence d'intention altruiste.

Dans ce genre de situation, l'intention de gérer n'est pas exigée. À tout le moins, est-elle conçue très souplement ; en revanche, la condition d'utilité est interprétée très strictement.

A. – Interprétation objective

575. – Il n'est pris en compte que le fait objectif de la gestion, *i.e.* il s'agit d'une interprétation *in abstracto* ; on parle de « l'incontestable utilité de la gestion ». Dans l'exemple du contrat de location, les réparations incombant normalement au bailleur et faites par le locataire ne seront jugées utiles que si elles étaient absolument nécessaires et si elles ont été exécutées à un moindre coût.

B. – Interprétation au vu du résultat

576. – Non seulement la gestion de l'affaire doit être objective, mais encore le maître doit en avoir tiré un profit quelconque, ce qui peut donner lieu à de nombreuses complications, lorsque notamment le maître de l'affaire est de mauvaise foi.

SECTION 2

EFFETS DE LA GESTION D'AFFAIRES

Les effets peuvent tout d'abord être appréciés dans les rapports entre les parties – gérant et maître – et ensuite dans les rapports entre les parties et les tiers.

SOUS-SECTION 1

RAPPORTS DES PARTIES ENTRE ELLES

577. – **Naissance d'un rapport de droit.** La gestion d'affaires établit un rapport de droit entre le gérant et le maître de l'affaire. Ce lien est juridiquement sanctionné et reste soumis au droit commun des obligations.

578. – Délai de prescription. En ce qui concerne le délai de prescription d'une action de l'un ou de l'autre des protagonistes, le droit commun joue (C. civ., art. 2224). Le délai est aujourd'hui de cinq ans.

§ 1. – Obligations du gérant à l'égard du maître

Pour dénombrer ces obligations, on fait référence au contrat de mandat ; la gestion d'affaires étant un quasi-contrat de mandat, il est plus commode de se référer à la théorie de celui-ci pour expliquer celle-là.

A. – Obligation de gérer intégralement

579. – Gestion intégrale. Si rien n'oblige le gérant à intervenir, sa décision une fois prise doit être assumée pleinement, c'est-à-dire que la gestion doit aller jusqu'à son terme. En cas de gestion partielle, le gérant peut donc engager sa responsabilité ; par exemple, en cas de décès du maître de l'affaire, le gérant doit s'occuper des affaires du *de cujus* jusqu'à ce que ses héritiers aient pu prendre la direction des opérations.

L'article 1372 du Code civil confirme cette idée, en indiquant que la gestion doit comprendre les actes principaux ainsi que les dépendances, *i.e.* les suites c'est-à-dire les accessoires, de l'affaire entreprise.

B. – Obligation de gérer avec soin

580. – Gestion raisonnable. Le gérant doit apporter à sa gestion tous les soins du « bon père de famille », de l'homme intelligent et raisonnable. Si la gestion est fautive, le gérant peut engager sa responsabilité ; encore faut-il distinguer soigneusement la gestion fautive de la gestion inutile, car la notion d'utilité n'est qu'une condition de la gestion d'affaires. La faute, en revanche, est un élément qu'il faut prendre en compte au moment des effets de la gestion : elle permettra au maître de l'affaire, qui reste obligé malgré cette faute, d'engager la responsabilité du gérant et d'obtenir des dommages-intérêts, si du moins il prouve que ce dernier a bien commis une faute.

Le gérant ne répond pas des cas de force majeure ; sa faute est caractérisée si le maître prouve, objectivement, qu'un « bon père de famille » n'aurait pas agi de cette façon (appréciation *in abstracto* de la faute commise).

L'allocation de dommages-intérêts n'est pas forcément intégrale lorsque la faute du gérant est caractérisée ; l'article 1374 du Code civil autorise le juge à modérer leur montant en fonction des circonstances qui ont conduit le gérant à se charger de l'affaire.

C. – Obligation de rendre compte

581. – Gestion contrôlée. Cette obligation pèse sur toutes les personnes qui administrent les affaires d'autrui. Il est établi une reddition de compte entre les parties.

Au débit du compte est inscrit tout ce que le gérant a reçu pour le compte du maître : il devra restituer tout ce qu'il a pu recevoir.

Au crédit du compte figurent les sommes que le gérant a déboursées pour le compte du maître ainsi que les indemnités dues par ce dernier. Il s'agit d'une créance du gérant sur le maître de l'affaire, ce dernier devant le rembourser de tous les débours effectués et indemniser les préjudices subis.

§ 2. – Obligations du maître à l'égard du gérant

Elles sont plus denses que celles qui pèsent sur le gérant. Il faut faire une distinction selon que le maître de l'affaire a ratifié ou non l'intervention du gérant.

A. – Obligations en dehors de toute ratification

582. – Remboursement des dépenses utiles et des dommages subis par le gérant. Dans cette hypothèse, la plus courante, il s'agit de déterminer les obligations résultant de la seule existence de la gestion d'affaires.

Le maître doit rembourser le gérant de toutes les dépenses exposées par lui ; l'article 1375 parle de « dépenses utiles », *i.e.* celles qui tendent à la conservation ou à l'amélioration d'une chose. *A contrario*, les dépenses de pur agrément, dites voluptuaires, restent à la charge du gérant.

Les intérêts courant du jour où les dépenses utiles ont été effectuées doivent également être remboursés.

Il ne faut cependant pas ajouter à ces dépenses une quelconque rémunération, lorsque la gestion d'affaires est désintéressée.

Le maître de l'affaire doit aussi indemniser le gérant des dommages qu'il a pu subir à l'occasion de la gestion ; c'est l'hypothèse dans laquelle celui qui porte secours est blessé au cours de l'intervention. L'indemnisation couvre les dommages corporels et matériels subis.

B. – Obligations dans l'hypothèse d'une ratification

583. – Remboursement de toutes les dépenses et des dommages subis par le gérant. Le maître de l'affaire peut toujours, *a posteriori*, approuver l'intervention du gérant. Lorsque l'accord intervient alors que la gestion est utile, cet accord ne produit pas d'effets spécifiques, puisque les conditions de la gestion d'affaires sont remplies. En revanche, lorsqu'il intervient bien que la gestion se soit avérée inutile, il permet de sauver la gestion, *i.e.* il pallie le défaut d'utilité.

La ratification peut être expresse ou tacite, ce qui sera le cas chaque fois que le maître a eu connaissance de la gestion et ne s'y est pas opposé.

Lorsqu'elle est caractérisée, elle équivaut à un mandat opérant de manière rétroactive. C'est dire que les rapports entre le gérant et le maître de l'affaire sont désormais de nature contractuelle : ainsi tous les effets du contrat de mandat qui est censé avoir été donné dès l'origine de la gestion se développent.

SOUS-SECTION 2

RAPPORTS DES PARTIES AVEC LES TIERS

§ 1. – Rapports du maître avec les tiers

584. – Effet de représentation. Le texte de référence est l'article 1375 du Code civil, qui dispose que : « le maître dont l'affaire a bien été administrée, doit remplir les engagements que le gérant a contractés en son nom, l'indemniser de tous les engagements personnels qu'il a pris, et lui rembourser toutes les dépenses utiles ou nécessaires qu'il a faites ». Il faut nécessairement supposer que le gérant a fait une intervention utile et qu'à l'occasion de celle-ci il a conclu des contrats avec les tiers au nom du maître. On considère alors que le gérant représente le maître de l'affaire ; c'est pourquoi ce dernier est tenu à l'égard du tiers. Juste application de la théorie de la représentation.

§ 2. – Rapports du gérant avec les tiers

585. – **Absence d'engagement personnel.** En principe, le gérant n'est pas obligé envers les tiers avec qui il a contracté, puisque la représentation joue : c'est le maître qui est tenu envers eux. Toutefois, s'il a commis une faute au préjudice d'un tiers, il doit en répondre sur la base de la responsabilité de droit commun (C. civ., art. 1382).

De même, au cas où il agit, non au nom du maître de l'affaire, mais en son nom personnel, il s'oblige directement et est tenu sur un fondement contractuel.

Cas pratique

La SCI F a signé le 23 mars 1993 un marché de travaux avec la société D, laquelle était en redressement judiciaire. La société B ayant repris l'actif de la société D., mais non les marchés conclus par celle-ci, a achevé les travaux. La société F ayant refusé de lui en régler le montant, peut-on déclarer la société B créancière de la SCI F pour le montant des travaux effectués pour son compte du 16 juin au 19 août 1993 ? (V. Cass. 1re civ., 18 avr. 2000, arrêt n° 672 P).

CHAPITRE 2

LE PAIEMENT DE L'INDU

586. – Présentation du quasi-contrat. Supposons deux personnes en « situation » : le *solvens* et l'*accipiens*. Le *solvens* est l'auteur du paiement ; l'*accipiens* celui qui le reçoit. L'action en répétition se conçoit parce que celui qui a payé l'a fait alors que la dette n'existait pas, n'existait que partiellement ou n'existait plus : le paiement intervenu sans raison est donc indu. En réalité, trois hypothèses se présentent :

– le *solvens* n'est pas le débiteur de l'*accipiens*, et ce dernier n'est pas non plus créancier du *solvens* : la dette n'existe pas (en tout ou partie) ; l'indu est objectif ;

– le *solvens* n'est pas débiteur de l'*accipiens*, qui pourtant a une créance contre quelqu'un d'autre : il s'agit d'un indu qui tient à la personne et non à la dette ; on le qualifie d'indu subjectif ;

– le *solvens* est débiteur, mais l'*accipiens* n'est pas son créancier : il s'agit également d'un indu subjectif.

À juste titre, Gaius, dans ses *Institutes*, compare le paiement de l'indu à un prêt de consommation (*mutuum*) : l'*accipiens*, comme l'emprunteur, sont tenus de restituer la chose reçue. L'action du *solvens* réclamant la restitution de la chose indûment remise est nommée *condictio indebiti*.

En cas de paiement indu, le *solvens* peut-il obtenir restitution – ce que l'on nomme la répétition – de ce qu'il a ainsi payé ? L'objet de l'action en répétition est d'obliger l'*accipiens* à restituer ce qu'il a indûment reçu, ainsi que les fruits et intérêts perçus, s'il est en outre de mauvaise foi.

Code civil

Art. 1378 : « S'il y a eu mauvaise foi de la part de celui qui a reçu, il est tenu de restituer, tant le capital que les intérêts ou les fruits, du jour du paiement. »

Art. 1379 : « Si la chose indûment reçue est un immeuble ou un meuble corporel, celui qui l'a reçue s'oblige à la restituer en nature, si elle existe ou sa valeur, si elle est périe ou détériorée par sa faute ; il est même garant de sa perte par cas fortuit, si l'a reçue de mauvaise foi. »

Art. 1380 : « Si celui qui a reçu de bonne foi a vendu la chose, il ne doit restituer que le prix de la vente. »

Art. 1381 : « Celui auquel la chose est restituée, doit tenir compte, même au possesseur de mauvaise foi, de toutes les dépenses nécessaires et utiles qui ont été faites pour la conservation de la chose. »

Son fondement est la justice même, dont l'article 1235 du Code civil se fait l'écho :

> « Tout paiement suppose une dette : ce qui a été payé sans être dû est sujet à répétition. La répétition n'est pas admise à l'égard des obligations naturelles qui ont été volontairement exécutées. ».

L'action doit être intentée exclusivement contre l'*accipiens*, et non contre le véritable débiteur. Elle appartient au *solvens* ou à ses créanciers agissant par la voie de l'action oblique (C. civ., art. 1166). Enfin, elle n'a aucun caractère subsidiaire.

Les conditions de l'action en répétition de l'indu sont originales et diffèrent de celles qui sont relatives à l'enrichissement sans cause. Elles sont au nombre de trois ; le demandeur doit prouver :

- un paiement ;
- un paiement indu ;
- un paiement indu fait par erreur.

SECTION 1

UN PAIEMENT

587. – Exécution préalable d'une obligation par le *solvens*. Pour que l'action soit recevable, le *solvens* doit avoir accompli un paiement. C'est d'abord, dans le langage courant, la remise d'une somme d'argent. Juridiquement, c'est l'exécution d'une obligation, quel que soit son objet : la remise d'une somme d'argent, la livraison d'une marchandise, l'exécution d'une prestation de service.

Ce paiement doit être établi – par tous moyens – par le demandeur (*solvens*). Il en va de même des autres conditions.

SECTION 2

UN PAIEMENT INDU

Il y a, ainsi qu'il a été dit ci-dessus, deux hypothèses dans lesquelles on peut affirmer que le paiement est indu ; à celles-ci s'ajoute une hypothèse plus particulière.

SOUS-SECTION 1

INDU OBJECTIF

588. – Absence de dette. C'est l'hypothèse dans laquelle la dette n'existe pas, parce que le *solvens* n'est pas débiteur et l'*accipiens* n'est pas créancier. Il faut y assimiler l'hypothèse dans laquelle la dette n'est que partielle, le *solvens* payant plus que ce qu'il doit.

On ajoute sous cette rubrique les cas dans lesquels le *solvens* n'est plus débiteur à la suite d'une action en nullité ou d'une action en résolution du contrat ; le contrat est censé n'avoir jamais existé et les parties doivent restituer ce qu'elles ont pu recevoir. On peut expliquer ces actions en restitution par la notion de paiement de l'indu, mais on peut aussi raisonner en termes de contrat et considérer que ce sont les règles contractuelles qui s'appliquent alors.

Voir en jurisprudence, l'arrêt de la chambre commerciale de la Cour de cassation du 30 octobre 2000 : « Le paiement intervenu sans atteinte au principe de l'égalité des créanciers, inapplicable aux créanciers privilégiés, et fait par une erreur sur l'ordre des privilèges, n'ouvre pas droit à répétition, dès lors que l'*accipiens* n'a reçu que ce que lui devait son débiteur ».

SOUS-SECTION 2

INDU SUBJECTIF

589. – Absence de rapport débiteur-créancier entre les parties concernées. Dans cette hypothèse, la dette existe bel et bien, mais elle ne concerne pas le *solvens* et l'*accipiens*. En effet, soit le *solvens* est débiteur, alors que l'*accipiens* n'est pas le créancier (paiement adressé au mauvais destinataire), soit le *solvens* n'est pas débiteur du créancier *accipiens* (paiement de la dette d'autrui).

SOUS-SECTION 3

CAS PARTICULIER DE L'OBLIGATION NATURELLE

590. – Absence d'obligation civile. L'obligation naturelle repose uniquement sur un devoir de conscience ; elle n'est pas juridiquement sanctionnée.

Que décider lorsque l'on exécute une obligation naturelle ? Le paiement peut-il être indu ?

Les textes du Code civil (art. 1235, al. 2) considèrent dans ce cas que le paiement ne peut être tenu pour indu. L'obligation naturelle s'est transformée en obligation civile ; aussi est-il impossible d'obtenir la restitution de ce qui a été accompli. La justification en est que si un paiement intervient, il est fait volontairement, *i.e.* en connaissance de cause, et non pas par erreur.

La même solution prévaut si une personne s'acquitte d'une dette, même si le *solvens* a cru faussement que la prescription n'était pas acquise.

Comparer en cas de paiement d'une dette non exigible (C. civ., art. 1186).

SECTION 3

UN PAIEMENT INDU FAIT PAR ERREUR

591. – Nécessité de l'erreur. La condition se comprend : si le paiement d'une dette qui n'existe pas ou plus a été fait en connaissance de cause, on peut penser que le *solvens* a voulu agir dans une intention libérale. Cependant, si le paiement a été fait par erreur, l'équité postule que le *solvens* puisse obtenir la restitution de ce qu'il a payé.

Toute la difficulté est de cerner la notion d'erreur. Deux questions viennent à l'esprit :

- l'erreur est-elle toujours exigée ?
- si elle est exigée, comment faut-il l'apprécier ?

SOUS-SECTION 1

EXIGENCE DE L'ERREUR

592. – Ambiguïté des textes. Une certaine ambiguïté perce dans les textes du Code civil. On observe une opposition entre :

– l'article 1377, qui dispose que : « lorsqu'une personne qui, par erreur, se croyait débitrice, a acquitté une dette, elle a le droit de répétition contre le créancier. Néanmoins ce droit cesse dans le cas où le créancier a supprimé son titre par suite du payement, sauf le recours de celui qui a payé contre le véritable débiteur » (hypothèse du *solvens* non débiteur qui paie l'*accipiens* créancier – le texte exige ici une erreur) ;

– l'article 1376, qui dispose que : « celui qui reçoit par erreur ou sciemment ce qui ne lui est pas dû s'oblige à le restituer à celui de qui il l'a indûment reçu » (hypothèse du *solvens* débiteur qui paie *l'accipiens* non créancier – le texte ne parle pas d'erreur du *solvens*).

Comment faut-il interpréter cette opposition ?

Jurisprudence et doctrine ont, un temps, considéré, malgré cette divergence des textes, que l'erreur était toujours requise. Le *solvens* qui paie tout en sachant que l'*accipiens* n'a pas de droit est, dans cette conception, présumé avoir eu une intention libérale. Depuis un arrêt de principe (Cass. ass. plén., 2 avr. 1993 : *D.* 1993, p. 373, concl. Jeol), dès lors que les sommes versées n'étaient pas dues (indu objectif), le *solvens* est en droit, sans être tenu à aucune autre preuve, d'en obtenir la restitution. On en déduit que l'erreur n'est requise, comme condition de l'action, que dans la mesure où l'indu est subjectif, la dette existant, mais le paiement ayant été fait par un autre que le véritable débiteur (paiement de la dette d'autrui, amenant une action en répétition contre l'*accipiens* et un recours fondé sur l'enrichissement sans cause contre le débiteur), ou à un autre que le véritable créancier.

Quant à l'erreur de l'*accipiens*, elle est indifférente, sauf dans l'hypothèse particulière de l'article 1377, alinéa 2 (suppression du titre – ou des sûretés – par le créancier autorisé alors à résister au *solvens*).

SOUS-SECTION 2

CARACTÈRES DE L'ERREUR

Ce peut être une erreur simple ou grossière.

593. – Erreur simple. La plupart du temps, elle est simple, *i.e.* le *solvens* s'est trompé ; ce sera une erreur de fait – le montant de ce qui est dû est erroné – ou de droit, peu importe. Ce qui compte, c'est que cette erreur ait été commise par le *solvens*.

On assimile à l'erreur la contrainte ou la violence.

594. – Erreur grossière. L'erreur grossière exclut-elle l'action en répétition de l'indu ? En effet, une faute commise par le demandeur le prive logiquement (par cohérence) de toute action (c'est le cas notamment en matière de résolution).

La jurisprudence n'a pas été très nette sur la question. Tout d'abord, certaines décisions de la première chambre civile de la Cour de cassation ont exclu toute action en répétition en cas de faute du *solvens*. En revanche, la chambre commerciale de la Cour de cassation a admis la possibilité d'agir en répétition de l'indu malgré une faute du *solvens*.

Actuellement, il semble qu'une position de compromis soit adoptée : l'*accipiens* doit restituer ce qu'il a reçu indûment, mais il peut obtenir des dommages-intérêts à raison d'une faute commise par le *solvens* : une compensation peut alors s'opérer (V. Cass. 1re civ., 17 févr. 2010, n° 08-19.789).

Ainsi, l'erreur fautive du *solvens* engage-t-elle sa responsabilité délictuelle envers *l'accipiens* condamné à restitution ; mais la faute n'est pas une fin de non-recevoir à l'action du *solvens*.

1. Principales applications du paiement de l'indu

L'étude de la jurisprudence montre que la théorie du paiement de l'indu reçoit trois principales applications.

1.1. Tout d'abord, le secteur des assurances

Une personne avait acquis deux ensileuses mais n'avait fait assurer que la seconde et avait consenti sur celle-ci un nantissement au profit du vendeur, lequel, non réglé intégralement, avait pris en outre une inscription provisoire d'hypothèque judiciaire sur un immeuble de son débiteur. La première ensileuse, qui n'était pas assurée, ayant été détruite par un incendie, l'acquéreur a fait une fausse déclaration en prétendant qu'il s'agissait de la seconde et l'assureur a versé directement une indemnité entre les mains du vendeur qui a alors donné mainlevée de son inscription provisoire d'hypothèque.

La Cour de cassation pose en principe que « (...) en application de l'article 1377, alinéa 2, du Code civil, l'action en répétition de l'indu ne peut être exercée, non seulement lorsque le créancier a supprimé son titre, mais encore lorsqu'il a renoncé à ses sûretés ». De ce fait, a violé, par refus d'application de l'article 1377, alinéa 2, du Code civil la cour d'appel qui, « pour accueillir l'action en répétition de l'indu exercée par l'assureur et condamner le vendeur à lui restituer la somme versée », a énoncé que si celui-ci avait renoncé à son hypothèque judiciaire provisoire, en revanche « il ne justifie pas avoir fait rayer l'inscription de privilège de nantissement dont il disposait sur l'ensileuse incendiée », de telle sorte qu'il ne pouvait se prévaloir des dispositions de l'article 1377, alinéa 2, du Code civil alors que s'il est exact que la disparition du nantissement résultait de la destruction de son objet par cas fortuit, et non d'une renonciation volontaire du créancier consécutive au paiement qu'il avait reçu, il n'en demeure pas moins que la société venderesse avait donné mainlevée de la seule sûreté dont elle bénéficiait, à savoir son inscription d'hypothèque judiciaire, de sorte qu'elle pouvait se prévaloir du texte susvisé (Cass. 1re civ., 5 déc. 1995 : *Bull. civ.* 1995, I, n° 448 ; *Gaz. Pal.* 1996, 2, pan. p. 189 ; *D.* 1996, inf. rap. p. 26).

1.2. La banque

Autre hypothèse du quasi-contrat, celle de la banque qui s'est trompé de comptes et a indûment versé une somme à un client par erreur :

Un époux s'était fait remettre par une banque des sommes débitées sur le compte de sa femme, alors que celle-ci avait révoqué quelques jours plus tôt la procuration l'y autorisant.

La Cour de cassation estime que « (...) n'a pas donné de base légale à sa décision le tribunal qui, pour débouter la banque de son action en répétition de l'indu, a retenu que la mauvaise foi du mari n'était pas établie, que la banque invoquait étonnamment sa propre faute bien que son matériel informatique aurait dû permettre à toutes ses agences de connaître la révocation de la procuration dont avait bénéficié le client et que le caractère indu des paiements n'était pas prouvé, alors qu'il a relevé que le mari n'avait plus procuration pour des prélèvements sur le compte de son épouse et qu'il avait dès lors bénéficié des paiements litigieux à la suite d'une erreur, sans préciser s'il était justifié à conserver les sommes reçues eu égard soit à sa situation de créancier sur la banque ou sur la titulaire du compte, soit au préjudice anormal qu'il subirait pour un même montant en conséquence de la faute de la banque s'il devait les rembourser après les avoir perçues et dépensées de bonne foi » (Cass. com., 19 nov. 1991 : *Bull. civ.* 1991, IV, n° 354 ; *Gaz. Pal.* 1992, 1, pan. p. 94 ; *D.* 1993, somm. p. 59, note Vasseur ; *JCP* G 1993, II, 22012, note J.-B. Donnier).

Ou encore plus net, toujours dans le domaine bancaire :

« C'est à bon droit qu'une cour d'appel déclare recevable l'action en répétition de l'indu exercée par une banque qui allègue que par suite d'une erreur imputable à son système informatique central, des clients ont bénéficié du règlement de sommes ne correspondant pas à la situation réelle de leur compte, l'erreur commise résultant de la seule comparaison entre les sommes figurant sur les relevés de compte et le montant des virements effectués à partir de ces comptes » (Cass. com., 17 juill. 1990 : *D.* 1992, somm. p. 26, note M. Vasseur).

1.3. Les administrations

Enfin, il arrive souvent que le quasi-contrat soit utilisé par des administrations (Trésor public, CPAM...) ou des employeurs, afin d'obtenir la restitution d'indemnités non dues.

« Il résulte des articles 1235 et 1376 du Code civil que ce qui a été payé indûment est sujet à répétition. L'arrêt qui relève que des allocations n'étaient pas dues, en déduit justement que l'ASSEDIC était en droit, sans être tenue à aucune autre preuve, d'en obtenir la restitution » (Cass. 1re civ., 11 avr. 1995 : *Bull. civ.* 1995, I, n° 173 ; *Gaz. Pal.* 1995, 2, pan. p. 233 ; *D.* 1995, inf. rap. p. 123 ; *D.* 1996, somm. p. 117, note R. Libchaber ; *JCP* G 1995, II, 22485, note A. Sériaux).

2. Exercice de l'action en répétition

La Cour de cassation a dû souvent rappeler aux juridictions du fond que l'action en répétition de l'indu pouvait être engagée soit contre celui qui a reçu le paiement, soit contre celui pour le compte duquel il a été reçu, mais qu'elle ne pouvait être dirigée contre celui pour le compte duquel le paiement indu avait été effectué.

Ainsi, la Caisse qui a réglé à un praticien le coût d'une consultation pour un accident du travail d'un assuré, dont il est apparu qu'il ne remplissait pas les conditions requises, ne peut exercer l'action en répétition contre cet assuré (Cass. soc., 6 mai 1993 : *Bull. civ.* 1993, V, n° 131 ; *Gaz. Pal.* 1993, 2, pan. p. 285 ; *Defrénois* 1994, p. 709, note Y. Dagorne-Labbé).

« A donc violé les articles 1235 et 1376 du Code civil et l'article L. 432-1 du Code de la sécurité sociale, le tribunal qui a admis l'action en répétition d'une caisse d'assurance maladie contre un assuré pour le compte duquel le paiement avait été effectué » (Cass. soc., 5 déc. 1996 : *Bull. civ.* 1996, V, n° 425 ; *Gaz. Pal.* 1997, 2, pan. p. 237 ; *D.* 1997, inf. rap. p. 20 ; *D.* 1998, p. 107, note Y. Dagorne-Labbé ; *Cah. soc. barreau Paris* 1997, n° 87 S. 31).

Le paiement de la dette d'autrui justifie deux actions :

- l'une contre l'*accipiens*, fût-il véritablement créancier : action en répétition de l'indu ;
- l'autre contre le véritable débiteur, fondé sur l'enrichissement sans cause.

« En application du principe général selon lequel nul ne peut s'enrichir injustement aux dépens d'autrui, celui qui, par erreur, a payé la dette d'autrui de ses propres deniers a, bien que non subrogé aux droits du créancier, un recours contre le débiteur » (Cass. 1re civ., 4 avr. 2001 : *Defrénois* 2001, p. 721, obs. Aubert).

Le rapport de la Cour de cassation pour l'an 2000 comporte d'intéressants développements sur la répétition de l'indu communautaire.

CHAPITRE 3

L'ENRICHISSEMENT SANS CAUSE

595. – Origine de l'enrichissement sans cause. La théorie de l'enrichissement sans cause est venue tempérer le formalisme du droit romain de la République. *Quintus Mucius Scaevola* (qui est également l'inspirateur de la théorie de la faute, *culpa*, en responsabilité civile) s'était inspiré du droit grec pour instituer une *condictio* (action en répétition) dans des cas déterminés : vol, obligation sans cause ou pour cause immorale, paiement de l'indu, contrat innommé, promesse extorquée par violence. Cette *condictio* était appelée *actio de in rem verso*, quand l'enrichissement provenait d'un incapable majeur (esclave ou fils de famille). C'est ce nom qui a été retenu pour toute action en enrichissement sans cause et qui a été repris par la jurisprudence pour fonder la construction juridique.

L'enrichissement sans cause est précisément une théorie jurisprudentielle dégagée en dehors de toute référence légale.

À la fin du XIXe siècle, la chambre des requêtes de la Cour de cassation avait considéré, dans un attendu de principe, que l'action qui dérive de la théorie de l'enrichissement sans cause, action dénommée *de in rem verso*, découlait du principe d'équité qui défend de s'enrichir au détriment d'autrui. La Cour de cassation ajoutait qu'une telle action n'était réglementée par aucun texte et qu'ainsi son exercice n'était soumis à aucune condition déterminée.

V. l'arrêt de principe (Cass. req., 15 juin 1892 : *D.* 1892, 1, p. 596 ; S. 1893, 1, p. 281 et note Labbé).

« Attendu que s'il est de principe que les conventions n'ont d'effet qu'entre les parties contractantes et ne nuisent point aux tiers, il est certain que ce principe n'a pas été méconnu par le jugement attaqué ; qu'en effet cette décision n'a point admis, comme le prétend le pourvoi, que le demandeur pouvait être obligé envers les défendeurs éventuels à raison d'une fourniture d'engrais chimiques faite par ces derniers à un tiers, mais seulement à raison du profit personnel et direct que ce même demandeur aurait retiré de l'emploi de ces engrais sur ses propres terres dans des circonstances déterminées ; d'où il suit que, dans cette première branche, le moyen manque par le fait qu'il lui sert de base » ;

« (...) Attendu que cette action dérivant du principe d'équité qui défend de s'enrichir au détriment d'autrui et n'ayant été réglementée par aucun texte de nos lois, son exercice n'est soumis à aucune condition déterminée ; – Qu'il suffit, pour la rendre recevable, que le demandeur allègue et offre d'établir l'existence d'un avantage qu'il aurait, par un sacrifice ou un fait personnel, procuré à celui contre lequel il agit ; – Que, dès lors, en admettant les défendeurs éventuels à prouver par témoins que les engrais par eux fournis à la date indiquée par le jugement avaient bien été employés sur le domaine du demandeur pour servir aux ensemencements dont ce dernier a profité, le jugement attaqué (T. civ. Châteauroux, 2 déc. 1890) n'a fait des principes de la matière qu'une exacte application ».

Progressivement, les tribunaux ont essayé de « juridiciser » l'action *de in rem verso*, qui, en tant que telle, peut être dangereuse, voire pernicieuse. En effet, si elle est l'équité même, la théorie de l'enrichissement sans cause, librement admise, risque de bouleverser l'ordre juridique : en matière contractuelle, par exemple, dans l'hypothèse d'un contrat déséquilibré, la théorie de l'enrichissement sans cause conduit à faire de la lésion un vice du consentement.

On a considéré d'abord que l'action ne devait être admise qu'au cas où le patrimoine d'une personne se trouvait, sans cause légitime, enrichi aux dépens d'autrui. À cette première condition tenant à la cause, s'est ajoutée celle qui tient à la subsidiarité de l'action *de in rem verso* : le demandeur ne peut agir sur le fondement de l'enrichissement sans cause que s'il ne dispose d'aucune autre action.

Si la jurisprudence a cantonné la théorie et son action dans des conditions étroites, cela ne signifie pas que le droit positif ne connaît pas d'exemples d'enrichissements sans cause.

596. – Notion moderne. Aujourd'hui, l'enrichissement sans cause est certainement devenu une source autonome d'obligations. La théorie ne se rattache ni à la gestion d'affaires, ni à la responsabilité délictuelle. La première est une théorie « idéaliste », en ce sens qu'à travers elle, on cherche à récompenser l'altruisme, alors que la notion d'enrichissement sans cause est de type « matérialiste » : on se propose, à travers cette théorie, de rétablir l'équilibre entre deux patrimoines.

Quant à la responsabilité délictuelle, elle suppose une faute, et on ne peut considérer qu'il y ait une faute à s'enrichir, fût-ce au détriment d'autrui.

SECTION 1

LES CONDITIONS D'EXISTENCE DE L'ENRICHISSEMENT SANS CAUSE

597. – Cinq conditions. Dans l'arrêt de principe qui est à l'origine de la théorie de l'enrichissement sans cause, aucune condition n'avait été posée : celui qui s'était appauvri était, pour cette raison, recevable à agir contre celui qui en avait injustement profité. Il fallait pouvoir rétablir l'équilibre rompu des patrimoines. Depuis, le droit a considérablement évolué.

La jurisprudence contemporaine exige que certaines conditions soient réunies pour que l'action *de in rem verso* puisse prospérer : on peut en dégager au moins cinq.

SOUS-SECTION 1

APPAUVRISSEMENT ET ENRICHISSEMENT CORRÉLATIFS

598. – Appauvrissement, enrichissement et lien de causalité. La première condition tient à l'existence d'un déplacement de valeur d'un patrimoine à un autre, provoquant chez le premier un appauvrissement, et chez le second un enrichissement. Comment faut-il comprendre ces notions ?

§ 1. – Notion d'enrichissement

599. – Une personne s'enrichit lorsque son patrimoine s'accroît par incorporation d'une valeur appréciable en argent. Cet enrichissement peut être positif ou négatif, ce qui est le cas lorsque les dettes sont payées.

§ 2. – Notion d'appauvrissement

600. – Peu importe sa nature ; l'appauvrissement est une perte appréciable en argent. Il peut donc s'agir d'une perte d'argent proprement dite ou d'une perte de temps.

§ 3. – Lien de causalité entre l'enrichissement et l'appauvrissement

601. – Il faut que l'appauvrissement soit la cause de l'enrichissement, ou, inversement, que l'enrichissement soit la conséquence de l'appauvrissement. Les hypothèses sont plus ou moins simples. Le cas est simple lorsqu'une valeur transite directement d'un patrimoine à un autre.

Le cas est plus complexe lorsque l'appauvri n'a enrichi le patrimoine de l'autre qu'avec le concours d'un troisième patrimoine ; si ce n'est certes pas un obstacle à l'établissement du lien de causalité et ainsi à l'application de l'action *de in rem verso*, en réalité, l'enrichissement n'est plus sans cause : l'appauvrissement est dans l'absolu la cause de l'enrichissement, mais l'enrichissement lui-même a d'autres causes (le patrimoine tiers). Ce qui était le cas dans l'arrêt précité (Cass. req., 15 juin 1892), où la cause légitime de l'enrichissement du bailleur résidait dans son propre contrat, dont le marchand d'engrais ne pouvait pas ne pas tenir compte.

SOUS SECTION 2

ABSENCE DE FAUTE DE L'APPAUVRI

602. – Évolution jurisprudentielle. C'est une condition stricte, mais logique, car si l'appauvri est à l'origine de son appauvrissement, il ne pourra pas obtenir d'indemnisation.

La jurisprudence a été cependant peu précise sur cette condition ; cela résultait d'une divergence de conception entre la première chambre civile et la chambre commerciale de la Cour de cassation : alors que la première interdisait l'action *de in rem verso* dès lors qu'une faute de l'appauvri était établie, la seconde autorisait le recours à cette action même en cas d'imprudence.

La doctrine, pour tenter de résorber le différend, avait proposé de distinguer selon la faute commise : seule la faute volontaire excluait l'action *de in rem verso*.

Après cette opinion, la chambre commerciale s'était ralliée à la position de la première chambre civile de la Cour de cassation. Puis, la chambre civile, à son tour, décida que la faute originelle de l'appauvri ne le privait pas de l'action, avant de faire à nouveau volte-face en affirmant « qu'il résultait de l'article 1371 du Code civil et des principes de l'enrichissement sans cause que l'action de *in rem verso* ne pouvait être exercée lorsque l'appauvrissement résultait d'une faute (simple, semble-t-il) du demandeur » (Cass. 1re civ., 15 déc. 1998). La chambre commerciale a elle-même repris cette solution (Cass. com., 18 mai 1999) qui conduit à une compensation : l'indemnité due par l'enrichi vs. les dommages-intérêts dus par l'appauvri.

SOUS-SECTION 3

ABSENCE D'INTÉRÊT PERSONNEL

603. – Interdiction tempérée. La jurisprudence a considéré, de manière fort juste, que celui qui s'était appauvri alors qu'il avait agi dans son intérêt personnel, à ses risques et périls, ne pouvait agir sur le fondement de l'enrichissement sans cause.

Cependant, certains textes admettent la possibilité d'indemnisation, notamment en matière de baux ruraux : le fermier, qui effectue des travaux profitant au propriétaire, peut obtenir une indemnisation. De même en est-il en matière de baux commerciaux.

SOUS-SECTION 4

ABSENCE DE CAUSE DE L'ENRICHISSEMENT

604. – Définition de la cause. Le droit positif parle d'enrichissement sans cause, qu'il faut ainsi distinguer de l'enrichissement « injuste ». En effet, s'il est le thème général qui fonde l'action *de in rem verso*, il désigne ce qui est contraire à l'équité, mais non pas au droit.

Comment interpréter cette condition – négative – de cause ?

La jurisprudence considère que l'enrichissement, pour autoriser une action en restitution, ne doit pas reposer sur une cause légitime. Ce peut être la cause-contrepartie ; c'est plus précisément le titre juridique qui justifie l'enrichissement, *i.e.* sa source. Lorsque la source de l'enrichissement est régulière, *i.e.* tient dans un acte juridique valable ou une règle légale, la cause est légitime. Il n'y a donc plus de place pour l'action *de in rem verso*.

§ 1. – Acte juridique valable

605. – Diversité de l'acte. Cet acte peut être une autorisation administrative, une décision de justice, une libéralité ou encore un contrat.

Lorsque le contrat est conclu directement entre l'appauvri et l'enrichi, la cause n'est certes pas contestable. Néanmoins, lorsque le contrat n'existe qu'indirectement entre les deux protagonistes, par exemple un contrat conclu entre l'enrichi et un tiers, on peut se demander si l'action *de in rem verso* est recevable. La jurisprudence, décide aujourd'hui que toutes les fois que l'enrichissement trouve sa cause dans un contrat, même indirectement, l'action n'est pas recevable.

§ 2. – Application d'une loi

606. – Loi ou coutume. La loi est une source régulière d'enrichissement ; elle peut donc, fort logiquement, exclure l'action *de in rem verso*, puisque l'enrichissement conforme au droit a une cause légitime. Tel est le cas de la personne, tenue pour responsable de l'incendie ayant détruit un immeuble ancien, qui doit le reconstruire. La loi l'oblige à réparer le dommage : aussi l'enrichissement du propriétaire de l'immeuble a-t-il une cause légitime.

Quant à la coutume, qui s'exprime dans les mœurs commerciales ou civiles, elle est changeante. On admet aujourd'hui que le devoir moral d'un enfant envers se parents n'exclut pas qu'il puisse obtenir indemnité pour l'aide et l'assistance apportées dans la mesure où les prestations fournies, ayant excédé les exigences de la piété filiale, ont réalisé à la fois un appauvrissement pour l'enfant et un enrichissement corrélatif des parents (Cass. 1re civ., 23 janv. 2001).

SOUS-SECTION 5

CARACTÈRE SUBSIDIAIRE DE L'ACTION *DE IN REM VERSO*

607. – **Absence d'une autre action.** L'appauvri, pour obtenir une indemnisation, ne doit jouir d'aucune action née d'un contrat, d'un quasi-contrat, d'un délit ou d'un quasi-délit (ou même de la loi, pourrait-on ajouter). Deux situations principales peuvent se présenter :

– l'action n'existe plus : l'appauvri aurait pu disposer d'une action fondée, par exemple, sur un délit, mais elle est prescrite ; l'action *de in rem verso* est-elle recevable ? Il faut assurément répondre par la négative, car alors, à quoi serviraient les règles relatives à la prescription ?

– l'action existe encore : l'appauvri dispose cependant d'une action fondée sur un contrat, un quasi-contrat, un délit ou un quasi-délit ; le principe de subsidiarité lui interdit d'agir sur le terrain de l'enrichissement sans cause. La règle joue même lorsque l'action en cause concerne un tiers, par. ex. une caution (V. Cass. com., 10 oct. 2000 : *D.* 2000, jurispr. p. 409, note V. Avena-Robardet). Seulement, lorsque l'obstacle n'est plus de droit, mais simplement de fait, *i.e.* l'action est inefficace pour une raison de pur fait (insolvabilité), l'action *de in rem verso* est recevable.

La Cour de cassation, **le 5 novembre 2009** a fait une application de ce principe :

Cass., 5 nov. 2009 : *JCP* G 2009, n° 47, obs. C. Charbonneau et F.-J. Pansier ; *Rev. Lamy dr. civ.* 2010, p. 71, note C. Charbonneau

Sur le moyen unique :

Attendu que, faisant valoir qu'il avait financé les travaux d'aménagement du sous-sol d'une maison appartenant à M. X..., M. Y... l'a assigné en remboursement du coût de ces travaux sur le fondement des règles qui gouvernent l'enrichissement sans cause ; qu'il est fait grief à l'arrêt attaqué (Aix-en-Provence, 30 avr. 2008) d'avoir rejeté cette demande, alors, selon le moyen, que l'action en restitution fondée sur l'enrichissement sans cause suppose une absence de cause contractuelle ; que cette action ne peut cependant être écartée que lorsque les parties sont liées par un véritable contrat, aux termes duquel la prestation fournie par l'une se trouve causée par un engagement corrélatif de l'autre ; qu'en estimant dès lors que M. Y... ne pouvait fonder sa demande en remboursement du coût des travaux sur l'enrichissement sans cause de M. X..., propriétaire de la maison sur laquelle ont été effectués ces travaux, au motif que ce dernier devait céder en contrepartie à M. Y..., dans le cadre d'un accord verbal, « un droit d'usage et d'habitation de l'appartement construit en sous-sol de la villa », sans caractériser cependant le caractère contraignant et consistant de l'obligation revendiquée par M. X..., dès lors que la durée du prétendu droit d'usage et d'habitation n'était pas précisée, la cour d'appel n'a pas légalement justifié sa décision au regard de l'article 1371 du Code civil ;

Mais attendu qu'après avoir relevé qu'en vertu d'un accord verbal liant M. X... à M. Y..., celui-ci s'était obligé à financer les travaux d'aménagement litigieux en contrepartie de l'engagement pris par M. X... de lui consentir un droit d'usage et d'habitation des lieux ainsi aménagés, la cour d'appel, qui a constaté que M. X... acceptait de souscrire un acte notarié formalisant cet accord, a retenu que M. Y... avait pris le risque d'assumer ce financement sur le fondement de ce seul accord ; qu'elle en a exactement déduit que dès lors qu'il s'inscrivait dans le cadre contractuel ainsi défini par les parties, un tel financement ne pouvait ouvrir droit à remboursement sur le fondement des règles qui gouvernent l'enrichissement sans cause ; que le moyen n'est pas fondé ;

Par ces motifs : Rejette le pourvoi.

Cette jurisprudence a été confirmée par deux arrêts du 23 octobre 2012 : la voie de l'enrichissement sans cause est fermée au distributeur évincé.

Cass. com., 23 oct. 2012, n° 11-21.978 (1er arrêt)

Sur le moyen unique :

Attendu, selon l'arrêt attaqué (Paris, 16 septembre 2009), rendu sur renvoi après cassation (chambre commerciale, financière et économique, 9 oct. 2007, pourvoi n° 05-14.118), que la société Espace télécommunication équipement (société ETE), mise par la suite en redressement puis liquidation judiciaires, a conclu en 1998 et 1999 avec la société Cellcorp, mandataire de la Société française de radiotéléphone (société SFR), six contrats de franchise ; que ces conventions, conclues pour une période de deux ans renouvelable par période d'un an, sauf dénonciation moyennant un préavis de trois mois, ont été tacitement reconduites, jusqu'à ce que la société SFR refuse de procéder au renouvellement de cinq d'entre elles à leur échéance, et notifie la résiliation sans préavis de la sixième ;

Attendu que le liquidateur de la société ETE fait grief à l'arrêt d'avoir rejeté sa demande indemnitaire au titre de sa perte de clientèle, alors, selon le moyen :

1°/ que le franchiseur qui rompt le contrat de franchise comportant une clause de non-concurrence doit indemniser le franchisé de la perte de sa clientèle propre ainsi subie ; qu'en relevant, pour débouter la société ETE de sa demande fondée sur la perte de sa clientèle, que la clientèle d'abonnés était exclusivement attachée aux prestations offertes par SFR quand, quelle que soit la valeur de la marque et des prestations du franchiseur, la clientèle locale n'existe que par le fait du franchisé et est créée par l'activité de ce dernier avec les moyens qu'il met en œuvre à ses risques et périls, de sorte qu'en cas de rupture du contrat comportant une clause de non concurrence à l'initiative du franchiseur, le franchisé peut obtenir l'indemnisation de la perte de la clientèle qu'il subit ainsi, la cour d'appel a violé l'article 1371 du Code civil ;

2°/ que le franchiseur qui rompt le contrat de franchise comportant une clause de non-concurrence doit indemniser le franchisé de la perte sa clientèle propre ainsi subie ; qu'en déboutant la société ETE de sa demande d'indemnisation au motif que « le non-renouvellement des contrats conclus avec la société SFR était sans incidence sur la clientèle directement attachée au fonds exploité par la société ETE et que cette dernière pouvait, de toute façon continuer à gérer et développer » sans rechercher, ainsi qu'elle y était invitée, si la perte indue de sa clientèle principale d'abonnés que la société ETE avait elle-même créée et développée n'avait pas privé cette dernière d'une partie de sa clientèle, accessoire, d'acheteur de matériels, la cour d'appel a privé sa décision de base légale au regard de l'article 1371 du Code civil ;

Mais attendu que les règles gouvernant l'enrichissement sans cause ne peuvent être invoquées dès lors que l'appauvrissement et l'enrichissement allégués trouvent leur cause dans l'exécution ou la cessation de la convention conclue entre les parties ; que le moyen, qui soutient une thèse contraire, ne peut être accueilli ;

Par ces motifs : rejette le pourvoi

Cass. com., 23 oct. 2012, n° 11-25.175 (2e arrêt)

Sur le troisième moyen :

Attendu, selon l'arrêt attaqué (Paris, 22 septembre 2011), que la société LNP a confié la distribution de ses produits à la société Comaip, devenue par la suite la société Arnaud ; que le 1er mars 2006, la société GE plastics, venant aux droits de la société LNP, a notifié à la société Arnaud la fin de leur relation commerciale avec un préavis de neuf mois, confiant ensuite la distribution de ses produits à la société Gazechim plastiques ; qu'estimant ce préavis insuffisant et invoquant un enrichissement sans cause pour avoir été dépossédée de sa clientèle, la société Arnaud a assigné la société Sabic innovative plastics France, venant aux droits de la société GE plastics, ainsi que la société Gazechim plastiques, en paiement de dommages-intérêts ;

Attendu que la société Azelis France, venant aux droits de la société Arnaud, fait grief à l'arrêt du rejet de ses demandes, alors, selon le moyen :

1°/ que dans ses conclusions d'appel, la société Azelis France a expressément et précisément fait valoir qu'elle avait irrémédiablement perdu, entre 2005 et 2008, 204 clients sur 252 auxquels elle distribuait des produits spéciaux Sabic, et que ces clients avaient été automatiquement récupérés par les sociétés GE plastics, devenue Sabic innovative plastics France, et Gazechim plastiques ; qu'en affirmant au contraire que la société Azelis France ne décrivait aucun mouvement de clients pour attester de la perte de son fonds de commerce, la cour d'appel a dénaturé les conclusions dont elle était saisie en violation de l'article 4 du Code de procédure civile ;

2°/ que tout distributeur qui se voit irrémédiablement dépossédé de tout ou partie de sa clientèle au profit de son fournisseur à la suite de la rupture de son contrat de distribution doit être indemnisé de la perte de son fonds de commerce sur le fondement de l'enrichissement sans cause ; qu'en affirmant que la société Sabic innovative plastics France ne s'était pas appropriée la clientèle de la société Azelis France tout en constatant qu'elle avait informé les clients de la société Azelis France de ce que la distribution de ses produits était désormais confiée à la société Gazechim plastiques ou encore que l'intervention du fabricant était nécessaire à tous les stades du processus de vente des « compounds » spéciaux, ce qui démontrait que la clientèle de ce secteur n'était pas attachée à la personne du distributeur mais au savoir-faire du fabricant, la cour d'appel, qui n'a pas tiré les conséquences légales de ses propres constatations, a violé l'article 1371 du Code civil, ensemble les principes qui régissent l'enrichissement sans cause ;

Mais attendu que les règles gouvernant l'enrichissement sans cause ne peuvent être invoquées dès lors que l'appauvrissement et l'enrichissement allégués trouvent leur cause dans l'exécution ou la cessation de la convention conclue entre les parties ; que le moyen, qui soutient une thèse contraire, ne peut être accueilli ;

Et attendu que les premier, deuxième, quatrième et cinquième moyens ne seraient pas de nature à permettre l'admission du pourvoi ;

Par ces motifs : rejette le pourvoi ;

SECTION 2

LES EFFETS DE LA THÉORIE DE L'ENRICHISSEMENT SANS CAUSE

L'objet de l'action *de in rem verso* est de rétablir l'équilibre rompu entre deux patrimoines. Il permet donc de marquer les limites de l'action : l'enrichi n'est tenu qu'à concurrence de son enrichissement et de l'appauvrissement du créancier.

SOUS-SECTION 1

LIMITE RELATIVE À L'ENRICHISSEMENT

608. – Restitution limitée à l'enrichissement. L'enrichi n'est jamais tenu de restituer plus que ce dont il s'est enrichi ; c'est une différence importante avec la théorie du paiement de l'indu, dans laquelle l'*accipiens* – au cas où sa mauvaise foi est caractérisée – est tenu au-delà de son enrichissement, *i.e.* il doit payer les intérêts des sommes qu'il a pu recevoir.

Cet enrichissement s'apprécie au jour où l'action est intentée, ce qui constitue une différence avec la théorie de la gestion d'affaires. En effet, on apprécie l'utilité à la date d'accomplissement des actes de gestion, ce qui a pour conséquence que le maître de l'affaire va devoir rembourser le gérant même s'il n'a pas tiré profit de la gestion, dès l'instant qu'au moment de l'acte, ce dernier s'est avéré utile. En revanche, dans l'enrichissement sans cause, l'enrichi n'est débiteur que si le profit existe encore au jour où l'action est exercée.

SOUS-SECTION 2

LIMITE RELATIVE À L'APPAUVRISSEMENT

609. – Appauvrissement limité à la perte subie. L'appauvri ne peut réclamer davantage que la perte subie. La jurisprudence calcule cet appauvrissement à la date où les dépenses ont été faites, ce qui constitue une solution assez défavorable à l'appauvri. De surcroît, si l'appauvrissement et l'enrichissement n'ont pas la même valeur, l'obligation de restituer est fixée à la plus faible des deux sommes.

L'institution est donc peu favorable à l'appauvri, à la différence de la gestion d'affaires et du paiement de l'indu.

Prise en compte de la faute de l'appauvri

Une question controversée en la matière est sans nul doute celle de la prise en compte de la faute de l'appauvri : deux arrêts de la première chambre civile sont venus trancher le problème.

Le premier admettait l'action, en dehors de la faute :

Cass. 1re civ., 11 mars 1997 : *Bull. civ.* 1997, I, n° 88 ; *Gaz. Pal.* 1997, 2, somm. p. 453, note S. Piedelièvre

Il ne peut être reproché à une cour d'appel d'avoir condamné une SCI à restituer à une banque une somme de 2 500 000 F sur le fondement de l'enrichissement sans cause, dès lors que la cour d'appel a retenu souverainement qu'aucun prêt n'avait été consenti par la banque à la SCI, que la somme appartenant à la banque était entrée dans le patrimoine de la SCI et qu'elle avait été utilisée par cette société pour financer son acquisition immobilière, constatations dont elle a pu déduire que le versement s'avérait non causé et qu'il avait eu pour conséquence un enrichissement de la SCI corrélatif à un appauvrissement de la banque, le fait d'avoir commis une imprudence ou une négligence ne privant pas celui qui en s'appauvrissant a enrichi autrui de son recours fondé sur l'enrichissement sans cause.

Le second est un véritable arrêt de principe :

Cass. 1re civ., 15 déc. 1998 : *Bull. civ.* 1998, I, n° 363 ; *Gaz. Pal.* 1999, 1, pan. cass. p. 70 ; *D.* 1999, p. 425, note Saint-Pau ; *Defrénois* 1999, p. 377, note J.-L. Aubert

(...) Mais sur le deuxième moyen, pris en sa première branche :

Vu l'article 1371 du Code civil et les principes de l'enrichissement sans cause ;

Attendu que l'action de *in rem verso* ne peut être exercée lorsque l'appauvrissement résulte d'une faute du demandeur ;

Attendu que, pour condamner M. de Bartillat, le jugement attaqué (TI Parthenay, 6 sept. 1996) retient que l'avantage qu'il avait reçu de cette société constitue une source d'obligation au sens de l'article 1371 précité et lui procure un enrichissement sans cause ; qu'en se déterminant comme il l'a fait, sans s'expliquer sur une éventuelle faute de la société Gitem, après avoir constaté que celle-ci reconnaissait qu'il lui avait été expressément précisé d'établir un devis avant d'effectuer tout travail, le juge du fond n'a pas donné de base légale à sa décision ;

Par ces motifs, casse...

L'arrêt par lequel la chambre commerciale a repris la solution :

Cass. com., 18 mai 1999, n° 95-19.455 : *Bull. civ.* 1999, IV, n° 104

Sur le premier moyen, pris en sa troisième branche :

Vu l'article 1371 du Code civil et les principes qui régissent l'enrichissement sans cause ;

Attendu, selon l'arrêt attaqué, que, par erreur, le trésorier principal de Trouville-sur-Mer a viré une somme d'argent sur le compte courant de la société Vans Barbot, ouvert dans les livres du Crédit du Nord ; que, par suite de ce virement, le solde débiteur du compte a été réduit ; qu'après avoir obtenu la condamnation de la société Vans Barbot à lui rembourser la somme indûment versée, le trésorier principal a assigné le Crédit du Nord sur le fondement de l'enrichissement sans cause ;

Attendu que pour condamner le Crédit du Nord, l'arrêt retient que le bénéfice tiré par la banque du virement n'a pas de cause, en l'absence de tout lien juridique avec le Trésor public ;

Attendu qu'en statuant ainsi, alors que l'action *de in rem verso* ne peut aboutir, quand l'appauvrissement est dû à la faute de l'appauvri ; que, dès lors, la cour d'appel, qui a constaté l'erreur commise par le Trésor public, lorsqu'il a viré la somme litigieuse, a méconnu les principes susvisés ;

Par ces motifs, casse…

Annexe

LES PRINCIPES DU DROIT EUROPÉEN DES CONTRATS (VERSION COMPLÈTE ET RÉVISÉE 1998)

Chapitre 1. – Dispositions générales

SECTION 1. – OBJET DES PRINCIPES

Article 1.101 : Applications des Principes

(1) Les présents Principes sont destinés à s'appliquer en tant que règles générales du droit des contrats dans L'Union européenne.

(2) Ils s'appliquent lorsque les parties sont convenues de les incorporer à leur contrat ou d'y soumettre celui-ci.

(3) Ils peuvent recevoir application lorsque les parties

(a) sont convenues que leur contrat serait régi par « les principes généraux du droit », la « *lex mercatorla* » ou une expression similaire,

(b) ou n'ont pas choisi de système ou de règles de droit devant régir leur contrat.

(4) Ils peuvent, en cas d'insuffisance du système ou des règles de droit applicables, procurer la solution de la question posée.

Article 1:102 : Liberté contractuelle

(1) Les parties sont libres de conclure un contrat et d'en déterminer le contenu, sous réserve des exigences de la bonne foi et des règles impératives posées par les présents Principes.

(2) Les parties peuvent exclure l'application d'un quelconque des présents Principes ou y déroger ou en modifier les effets, à moins que les Principes n'en disposent autrement.

Article 1:103 : Règles impératives

(1) Lorsque le droit applicable le permet, les parties peuvent choisir de soumettre leur contrat aux Principes de telle sorte que les règles impératives nationales ne s'appliquent pas.

(2) Elles doivent toutefois respecter les règles impératives du droit national, supranational ou international qui, selon les règles pertinentes du droit international privé, s'appliquent indépendamment du droit qui régit le contrat.

Article 1:104 : Application aux questions de consentement

(1) L'existence et la validité de l'accord par lequel les parties adoptent ou incorporent les présents Principes sont régies par ceux-ci.

(2) Néanmoins, une partie peut se fonder sur le droit du pays où elle a sa résidence habituelle afin d'établir qu'elle n'a pas consenti s'il résulte des circonstances qu'il ne serait pas raisonnable d'apprécier les conséquences de son comportement conformément aux présents Principes.

Article 1:105 : Usages et pratiques

(1) Les parties sont liées par les usages auxquels elles ont consenti et par les pratiques qu'elles ont établies entre elles.

(2) Elles sont liées par tout usage que des personnes placées dans la même situation qu'elles tiendraient pour généralement applicable, à moins que son application ne soit déraisonnable.

Article 1:106 : Interprétation et comblement des lacunes

(1) Les présents Principes devront être interprétés et développés conformément à leurs objectifs. On aura égard en particulier à la nécessité de promouvoir la bonne foi, la sécurité des relations contractuelles et l'uniformité d'application.

(2) Les questions qui entrent dans le champ d'application des présents Principes mais que ceux-ci ne tranchent pas expressément seront, dans la mesure du possible, réglées conformément aux idées dont ils s'inspirent. À défaut, on appliquera le système de droit que désignent les règles du droit international privé.

Article 1:107 : Application des Principes par analogie

Les présents Principes s'appliquent avec les modifications appropriées aux accords qui tendent à modifier ou résilier un contrat, aux promesses unilatérales ainsi qu'aux autres déclarations ou comportements indiquant une intention.

SECTION 2. – DEVOIRS GÉNÉRAUX

Article 1:201 : Bonne foi

(1) Chaque partie est tenue d'agir conformément aux exigences de la bonne foi.

(2) Les parties ne peuvent exclure ce devoir ni le limiter.

Article 1:202 : Devoir de collaboration

Chaque partie doit à l'autre une collaboration qui permette au contrat de produire son plein effet.

SECTION 3. – TERMINOLOGIE ET AUTRES DISPOSITIONS

Article 1:301 : Définitions

Dans les présents Principes :

(1) le terme « acte » s'applique aussi à une omission.

(2) le terme « tribunal » s'applique aussi au tribunal arbitral.

(3) le terme « intentionnel » s'applique aussi à une action inexcusable.

(4) le terme « inexécution » dénote le fait de manquer à exécuter une obligation issue du contrat, qu'il bénéficie ou non d'une exonération, et s'applique aussi à une exécution tardive ou défectueuse et au refus d'une collaboration qui permette au contrat de produire son plein effet.

(5) un point « substantiel » est celui dont une personne raisonnable, placée dans la même situation qu'une partie, aurait dû savoir qu'il influencerait le cocontractant quant à sa décision de contracter aux conditions proposées ou de conclure le contrat.

(6) les déclarations par « écrit » incluent les communications faites par télégramme, télex, télécopie et courrier électronique, et les autres modes de communication qui sont de nature à procurer de part et d'autre un enregistrement pouvant être lu, à moins que le contexte n'impose une interprétation différente.

Article 1:302 : Caractère raisonnable

Doit être tenu pour raisonnable aux termes des présents Principes ce que des personnes de bonne foi placées dans la même situation que les parties regarderaient comme tel. On a égard en particulier à la nature et au but du contrat, aux circonstances de l'espèce et aux usages et pratiques des professions ou branches d'activité concernées.

Article 1:303 : Notifications

(1) Une notification peut être faite par tout moyen approprié aux circonstances, que ce soit par écrit ou d'une autre façon.

(2) Sous réserve des dispositions des alinéas (4) et (5), une notification produit effet lorsqu'elle atteint son destinataire.

(3) Une notification atteint son destinataire lorsqu'elle lui est remise, ou est remise à son établissement ou son adresse postale, ou, s'il s'agit d'une personne physique n'ayant pas d'établissement ou d'adresse postale, à sa résidence habituelle.

(4) Si, en application des présents Principes, une partie fait une notification à l'autre en conséquence de l'inexécution de cette dernière ou parce qu'il est raisonnable de prévoir l'inexécution, et que la notification est dûment faite ou expédiée, un retard ou une inexactitude dans sa transmission, ou le fait qu'elle ne parvienne pas à destination, ne l'empêche pas de produire effet. La notification produit effet au moment où, dans les conditions normales, elle serait parvenue à destination.

(5) Une notification ne produit aucun effet si sa révocation atteint son destinataire avant elle, ou au même moment.

(6) Dans le présent article, le terme « notification » s'applique aussi à la communication d'une promesse, une déclaration, une offre, une acceptation, une demande, une requête ou toute autre énonciation.

Article 1:304 : Computation des délais

(1) Le délai qu'une partie fixe dans un document écrit à son destinataire pour qu'il réponde ou accomplisse un autre acte a pour origine la date indiquée comme étant celle du document. En l'absence de date, le délai a pour origine le moment où le document atteint son destinataire.

(2) Les jours fériés ou chômés sont comptés dans le délai. Toutefois, le délai qui expirerait un jour qui est férié ou chômé à l'adresse du destinataire ou au lieu où un acte imposé doit être exécuté, est prorogé jusqu'au premier jour ouvrable suivant en ce lieu.

(3) Lorsqu'un délai est exprimé en jours, en semaines, en mois ou en années, il a pour origine le jour suivant la date qui le fait courir, à zéro heure, et expire le dernier jour à vingt-quatre heures ; mais la réponse qui doit parvenir à la partie qui a fixé le délai doit atteindre celle-ci, ou l'acte imposé doit être accompli, le dernier jour du délai, avant l'heure normale de cessation des affaires au lieu approprié.

Article 1:305 : Imputation de connaissance et d'intention

Si un tiers qui est intervenu dans la conclusion d'un contrat avec l'accord d'une partie, ou à qui celle-ci a confié l'exécution ou qui a exécuté avec son accord.

(a) a connu ou prévu un fait, ou aurait dû le connaître ou le prévoir

(b) ou a accompli un acte intentionnel ou constitutif d'une faute lourde, ou non conforme aux exigences de la bonne foi, la connaissance, la prévision ou la conduite est imputée à la partie elle-même.

Chapitre 2. – Formation

SECTION 1. – DISPOSITIONS GÉNÉRALES

Article 2:101 : Conditions pour la conclusion d'un contrat

(1) Un contrat est conclu dès lors que :

(a) les parties entendaient être liées juridiquement,

(b) et sont parvenues à un accord suffisant, sans qu'aucune autre condition soit requise.

(2) Le contrat n'a pas à être conclu ni constaté par écrit et n'est soumis à aucune autre exigence de forme. Il peut être prouvé par tous moyens, y compris par témoins.

Article 2:102 : Intention

L'intention d'une partie d'être liée juridiquement par contrat résulte de ses déclarations ou de son comportement, tels que le cocontractant pouvait raisonnablement les entendre.

Article 2:103 : Accord suffisant

(1) Un accord est suffisant si ses termes :

(a) ont été définis par les parties de telle sorte que le contrat puisse être exécuté,

(b) ou peuvent être déterminés en vertu des présents Principes.

(2) Si toutefois une des parties refuse de conclure un contrat faute d'accord sur un point particulier, il n'y a point de contrat si l'accord sur ce point ne s'est pas réalisé.

Article 2:104 : Clauses n'ayant pas été l'objet d'une négociation individuelle

(1) Les clauses d'un contrat qui n'ont pas été l'objet d'une négociation individuelle ne peuvent être invoquées à l'encontre d'une partie qui ne les connaissait pas que si la partie qui les invoque a pris des mesures raisonnables pour attirer sur elles l'attention de l'autre avant la conclusion du contrat ou lors de cette conclusion.

(2) La simple référence faite à une clause par un document contractuel, n'attire pas sur elle de façon satisfaisante l'attention du cocontractant, alors même que ce dernier signe le document.

Article 2:105 : Clause d'intégralité

(1) Si un contrat écrit contient une clause qui a été l'objet d'une négociation individuelle aux termes de laquelle l'écrit renferme toutes les conditions convenues (clause d'intégralité), les déclarations, engagements ou accords antérieurs que ne renferme pas l'écrit n'entrent pas dans le contenu du contrat.

(2) La clause d'intégralité qui n'a pas été l'objet d'une négociation individuelle fait seulement présumer que les parties entendaient que leurs déclarations, engagements ou accords antérieurs n'entrent pas dans le contenu du contrat. La présente règle ne peut être exclue ou restreinte.

(3) Les déclarations antérieures des parties peuvent servir à l'interprétation du contrat. La présente règle ne peut être exclue ou restreinte que par une clause objet d'une négociation individuelle.

(4) Les déclarations ou le comportement de l'une des parties peuvent l'empêcher de se prévaloir d'une clause d'intégralité si l'autre partie s'est fondée raisonnablement sur eux.

Article 2:106 : Modification par écrit

(1) La clause d'un contrat écrit qui stipule que toute modification ou résiliation amiable sera faite par écrit fait seulement présumer que l'accord tendant à modifier ou résilier le contrat n'est juridiquement obligatoire que s'il est fait par écrit.

(2) Les déclarations ou le comportement de l'une des parties peuvent l'empêcher de se prévaloir de cette clause si l'autre partie s'est fondée raisonnablement sur eux.

Article 2:107 : Promesses obligatoires sans acceptation

La promesse qui veut être juridiquement obligatoire sans acceptation lie son auteur.

SECTION 2. – OFFRE ET ACCEPTATION

Article 2:201 : Offre

(1) Une proposition constitue une offre lorsque

(a) elle indique la volonté d'aboutir à un contrat en cas d'acceptation

(b) et renferme des conditions suffisamment précises pour qu'un contrat soit formé.

(2) L'offre peut être faite à une ou plusieurs personnes déterminées ou au public

(3) La proposition, faite par un fournisseur professionnel, dans une publicité ou un catalogue ou du fait de l'exposition de marchandises, de procurer des biens ou services à un prix fixé, est censée constituer une offre de vendre ou de procurer les services à ce prix jusqu'à épuisement du stock de marchandises ou des possibilités de rendre le service.

Article 2:202 : Révocation de l'offre

(1) L'offre peut être révoquée si la révocation parvient à son destinataire avant que celui-ci n'ait expédié son acceptation ou, en cas d'acceptation du fait du comportement, avant que le contrat n'ait été conclu en vertu des alinéas (2) ou (3) de l'article 2:205.

(2) L'offre faite au public peut être révoquée de la même façon qu'elle avait été faite.

(3) La révocation est cependant sans effet

(a) si l'offre indique qu'elle est irrévocable,

(b) ou fixe un délai déterminé pour son acceptation,

(c) ou si son destinataire était raisonnablement fondé à la considérer comme irrévocable et s'il a agi en conséquence.

Article 2:203 : Rejet de l'offre

L'offre prend fin lorsque son rejet parvient à l'offrant.

Article 2:204 : Acceptation

(1) Constitue une acceptation toute déclaration ou comportement du destinataire indiquant qu'il acquiesce à l'offre.

(2) Le silence ou l'inaction ne peuvent à eux seuls valoir acceptation.

Article 2:205 : Moment de conclusion du contrat

(1) Si le destinataire de l'offre expédie son acceptation, le contrat est conclu lorsque celle-ci parvient à l'offrant.

(2) Si l'acceptation résulte d'un comportement, le contrat est conclu lorsque ce comportement est porté à la connaissance de l'offrant.

(3) Si, en vertu de l'offre, des pratiques établies entre les parties ou d'un usage, le destinataire peut accepter l'offre en accomplissant un acte sans notification à l'offrant, le contrat est conclu lorsque débute l'accomplissement de l'acte.

Article 2:206 : Délai d'acceptation

(1) L'acceptation d'une offre doit, pour produire effet, parvenir à l'offrant dans le délai qu'il a imparti.

(2) Si aucun délai n'a été fixé par l'offrant, l'acceptation doit lui parvenir dans un délai raisonnable.

(3) Si l'acceptation s'effectue par l'accomplissement d'un acte, conformément à l'alinéa (3) de l'article 2:205, l'acte doit être accompli dans le délai fixé par l'offrant ou, à défaut, dans un délai raisonnable.

Article 2:207 : Acceptation tardive

(1) Une acceptation tardive n'en produit pas moins effet en tant qu'acceptation si l'offrant fait savoir sans retard au destinataire qu'il la tient pour telle.

(2) Si une lettre ou un écrit autre renfermant une acceptation tardive a été expédiée dans des circonstances telles que, si sa transmission avait été normale, elle serait parvenue à temps à l'offrant, l'acceptation tardive produit effet en tant qu'acceptation à moins que, sans retard, l'offrant n'informe le destinataire qu'il considère que son offre a pris fin.

Article 2:208 : Modification de l'acceptation

(1) La réponse du destinataire qui énonce ou implique des adjonctions ou des modifications qui altéreraient substantiellement les termes de l'offre constitue un rejet de l'offre et une offre nouvelle.

(2) La réponse dont il est certain qu'elle acquiesce à l'offre mais qui énonce ou implique des adjonctions ou modifications à celle-ci n'en constitue pas moins une acceptation si ces adjonctions ou modifications n'altèrent pas substantiellement les termes de l'offre. Les adjonctions ou modifications s'incorporent alors au contrat.

(3) La réponse sera cependant traitée comme un rejet de l'offre si

(a) l'offre restreint l'acceptation à ses termes mêmes,

(b) l'offrant s'oppose sans retard à ces adjonctions ou modifications,

(c) ou le destinataire subordonne son acceptation à l'agrément donné par l'offrant aux adjonctions ou modifications et cet agrément ne lui parvient pas dans un délai raisonnable.

Article 2:209 : Incompatibilité entre conditions générales

(1) Lorsque les parties sont parvenues à un accord mais que l'offre et l'acceptation renvoient à des conditions générales incompatibles, le contrat est néanmoins conclu. Les conditions générales font partie du contrat pour autant qu'elles sont pour l'essentiel communes aux parties.

(2) Le contrat, cependant, n'est pas formé si une partie

(a) a indiqué à l'avance, explicitement et non dans ses conditions générales, qu'elle ne veut pas être liée par contrat en vertu de l'alinéa premier,

(b) ou informe ultérieurement et sans retard l'autre partie qu'elle n'entend pas être liée par le contrat.

(3) Les conditions générales du contrat sont les clauses qui ont été établies à l'avance par une partie pour un nombre indéfini de contrats d'une certaine nature et qui n'ont pas été l'objet d'une négociation individuelle entre les parties.

Article 2:210 : Confirmation écrite d'un professionnel

Si des professionnels ont conclu un contrat mais ne l'ont pas renfermé dans un document définitif, et que sans retard l'un d'eux envoie à l'autre un écrit qui se veut la confirmation du contrat mais contient des adjonctions ou modifications, celles-ci s'incorporent au contrat à moins que

(a) elles n'altèrent substantiellement les termes du contrat,

(b) ou que le destinataire ne s'y oppose sans retard.

Article 2:211 : Contrats non conclus par une offre et une acceptation

Quand bien même le processus de conclusion d'un contrat ne pourrait s'analyser en une offre et une acceptation, les règles de la présente section s'appliquent, avec les adaptations appropriées.

SECTION 3. – RESPONSABILITÉ À L'OCCASION DES NÉGOCIATIONS

Article 2:301 : Négociations contraires à la bonne foi

(1) Les parties sont libres de négocier et ne peuvent encourir de responsabilité pour ne pas être parvenues à un accord.

(2) Toutefois, la partie qui conduit ou rompt des négociations contrairement aux exigences de la bonne foi est responsable du préjudice qu'elle cause à l'autre partie.

(3) Il est contraire aux exigences de la bonne foi, notamment, pour une partie d'entamer ou de poursuivre des négociations sans avoir de véritable intention de parvenir à un accord avec l'autre.

Article 2.302 : Manquement à la confidentialité

Lorsqu'une information confidentielle est donnée par une partie au cours des négociations, l'autre est tenue de ne pas la divulguer ni l'utiliser à ses propres fins, qu'il y ait ou non conclusion du contrat. Le manquement à ce devoir peut ouvrir droit à la réparation du préjudice souffert et à la restitution du profit qu'en aurait retiré l'autre partie.

Chapitre 3. – Pouvoir de représentation

SECTION 1. – DISPOSITIONS GÉNÉRALES

Article 3:101 : Objet du chapitre

(1) Le présent chapitre régit le pouvoir d'un représentant ou d'un autre intermédiaire d'obliger le représenté en vertu d'un contrat avec un tiers.

(2) Le présent chapitre ne régit pas le pouvoir conféré par la loi à un représentant, ni celui d'un représentant nommé par une autorité publique ou judiciaire.

(3) Le présent chapitre ne régit pas les rapports entre le représentant ou intermédiaire et le représenté.

Article 3:102 : Espèces de représentation

(1) Lorsqu'un représentant agit au nom d'un représenté, les règles sur la représentation directe, qui font la matière de la section 2, reçoivent application. Il importe peu que l'identité du représenté soit révélée lorsque le représentant agit ou qu'elle doive être révélée ultérieurement.

(2) Lorsqu'un intermédiaire agit sur les instructions et pour le compte, mais non au nom d'un représenté, ou lorsque le tiers ignore et n'a pas de raisons de savoir que l'intermédiaire agit en tant que représentant, les règles sur la représentation indirecte, qui font la matière de la section 3, reçoivent application.

SECTION 2. – REPRÉSENTATION DIRECTE

Article 3:201 : Pouvoir exprès, implicite et apparent

(1) L'attribution au représentant, par le représenté, du pouvoir d'agir en son nom peut être exprès ou implicite, découlant des circonstances.

(2) Le représentant a le pouvoir d'accomplir tous les actes nécessaires à l'exécution de sa mission, compte tenu des circonstances.

(3) Celui dont les déclarations ou le comportement ont incité le tiers à croire de façon raisonnable et de bonne foi que le représentant apparent avait reçu pouvoir pour l'acte qu'il

a accompli, est tenu pour avoir conféré le pouvoir.

Article 3:202 : Action du représentant en vertu de ses pouvoirs

Lorsque le représentant agit dans la limite de ses pouvoirs tels qu'ils sont définis par l'article 3:201, ses actes lient directement le représenté et le tiers. Le représentant n'est pas engagé envers le tiers.

Article 3:203 : Représenté non identifié

Le représentant qui conclut un contrat au nom d'un représenté dont l'identité doit être révélée ultérieurement mais manque à révéler cette identité dans un délai raisonnable après que le tiers en ait fait la demande, est personnellement engagé par le contrat.

Article 3:204 : Action du représentant sans pouvoir ou au-delà de son pouvoir

(1) Lorsqu'une personne agit en qualité de représentant mais sans pouvoir ou au-delà de ses pouvoirs, ses actes ne lient pas le représenté et le tiers.

(2) En l'absence de ratification par le représenté conformément à l'article 3.207, le représentant est tenu de payer au tiers les dommages et intérêts qui rétabliront ce dernier dans la situation où il se serait trouvé si le représentant avait agi en vertu d'un pouvoir. Cette règle ne reçoit point application si le tiers avait ou aurait dû avoir connaissance du défaut de pouvoir.

Article 3.205 : Conflit d'intérêts

(1) Si le contrat conclu par un représentant implique celui-ci dans un conflit d'intérêts que le tiers connaissait ou ne pouvait ignorer, le représenté peut annuler le contrat conformément aux dispositions des articles 4:112 à 4:116.

(2) Il y a présomption de conflit d'intérêts lorsque le représentant

(a) a agi également en tant que représentant du tiers,

(b) ou a contracté avec lui-même pour son propre compte.

(3) Le représenté ne peut cependant annuler le contrat

(a) s'il a consenti à l'acte du représentant ou ne pouvait l'ignorer,

(b) ou si le représentant lui a révélé le conflit et qu'il n'a pas soulevé d'objection dans un délai raisonnable.

Article 3.206 : Substitution de représentant

Le représentant a le pouvoir implicite de désigner un représentant substitué pour accomplir les tâches qui n'ont pas un caractère personnel et dont il n'est pas raisonnable de penser qu'il les accomplira personnellement. Les règles de la présente section s'appliquent à la représentation par substitution ; les actes du représentant substitué qui entrent dans ses pouvoirs et dans ceux du représentant lient directement le représenté et le tiers.

Article 3:207 : Ratification par le représenté

(1) Les actes accomplis par un représentant sans pouvoir ou au-delà de son pouvoir peuvent être ratifiés par le représenté.

(2) Une fois ratifiés, les actes du représentant sont censés avoir été autorisés, sans préjudice du droit des autres intéressés.

Article 3:208 : Droits du tiers à l'égard de la confirmation

Lorsque les déclarations ou le comportement du représenté ont donné au tiers raison de croire que le représentant avait pouvoir d'accomplir un acte, mais que le tiers a des doutes sur l'existence de ce pouvoir, il peut envoyer une confirmation écrite au représenté ou requérir de lui une ratification. Si le représenté ne s'oppose pas à la confirmation ou fait droit sans retard à la requête, l'acte du représentant est censé avoir été autorisé.

Article 3:209 : Durée du pouvoir

(1) Le pouvoir d'un représentant subsiste jusqu'à ce que le tiers sache ou doive savoir que

(a) ce pouvoir s'est éteint du fait du représentant, du représenté ou des deux ;

(b) les actes pour lesquels le pouvoir avait été conféré ont reçu complète exécution, ou la durée pour laquelle il avait été conféré est expirée ;

(c) le représentant devient insolvable ou, si c'est une personne physique, décède ou devient incapable

(d) ou le représenté devient insolvable.

(2) Le tiers est censé savoir que le pouvoir du représentant s'est éteint en vertu de l'alinéa premier, lettre (a), si la cause en a été communiquée ou rendue publique comme l'avait été l'attribution du pouvoir.

(3) Le représentant conserve toutefois, pendant une durée raisonnable, le pouvoir d'accomplir les actes nécessaires à la protection des intérêts du représentant ou de ses ayants-droit.

SECTION 3. – REPRÉSENTATION INDIRECTE

Article 3:301 : Intermédiaires n'agissant pas au nom d'un représenté

(1) Lorsqu'un intermédiaire agit

(a) sur les instructions et pour le compte, mais non point au nom, d'un représenté,

(b) ou sur les instructions d'un représenté, sans que le tiers le sache ni ait de raisons de le savoir, l'intermédiaire et le tiers sont liés l'un envers l'autre.

(2) Le représenté et le tiers ne sont liés l'un envers l'autre que dans les conditions prévues aux articles 3:202 à 3:204.

Article 3:302 : Insolvabilité de l'intermédiaire ou inexécution essentielle à l'égard du représenté

Si l'intermédiaire devient insolvable ou commet une inexécution essentielle à l'égard du représenté ou si, dès avant la date à laquelle il doit exécuter, il est manifeste qu'il y aura une inexécution essentielle,

(a) il doit communiquer le nom et l'adresse du tiers au représenté, sur la demande de celui-ci,

(b) et le représenté peut exercer à l'encontre du tiers les droits que l'intermédiaire a acquis pour son compte, sous réserve des exceptions que le tiers peut opposer à l'intermédiaire.

Article 3:303 : Insolvabilité de l'intermédiaire ou inexécution essentielle à l'égard du tiers

Si l'intermédiaire devient insolvable ou commet une inexécution essentielle à l'égard du tiers ou si, dès avant la date à laquelle il doit exécuter, il est manifeste qu'il y aura une inexécution essentielle,

(a) il doit communiquer le nom et l'adresse du représenté au tiers, sur la demande de celui-ci,

(b) et le tiers peut exercer à l'encontre du représenté les droits qu'il possède à l'encontre de l'intermédiaire, sous réserve des exceptions que l'intermédiaire peut lui opposer et de celles que le représenté peut opposer à l'intermédiaire.

Article 3:304 : Exigence de notification

Les droits conférés par les articles 3.302 et 3.303 ne peuvent être exercés que si notification de l'intention de les exercer est faite à l'intermédiaire ainsi qu'au tiers ou au représenté, selon le cas. À compter de la réception de la notification, le tiers ou le représenté n'est plus en droit d'exécuter entre les mains de l'intermédiaire.

Chapitre 4. – Validité

Article 4:101 : Questions non traitées

Le présent chapitre ne traite pas de l'invalidité découlant de l'illégalité ou de l'immoralité du contrat, ni de l'incapacité des parties.

Article 4:102 : Impossibilité initiale

Un contrat n'est pas invalide du seul fait que, lors de sa conclusion, l'exécution de l'obligation était impossible ou que l'une des parties n'était pas en droit de disposer des biens qui en forment l'objet.

Article 4:103 : Erreur fondamentale de fait ou de droit

(1) La nullité du contrat pour une erreur de fait ou de droit qui existait lors de la conclusion du contrat ne peut être provoquée par une partie que si

(a) (i) l'erreur a été causée par une information donnée par l'autre partie,

(ii) l'autre partie connaissait ou aurait dû avoir connaissance de l'erreur et il était contraire aux exigences de la bonne foi de laisser la victime dans l'erreur,

(iii) ou l'autre partie a commis la même erreur,

(b) et l'autre partie savait ou aurait dû savoir que la victime, si elle avait connu la vérité, ne se serait pas engagée ou ne l'aurait fait qu'à des conditions fondamentalement différentes.

(2) La nullité ne peut cependant être invoquée lorsque

(a) l'erreur de la partie était inexcusable étant données les circonstances,

(b) ou que le risque d'erreur était ou, eu égard aux circonstances, aurait dû être assumé par elle.

Article 4:104 : Erreur dans les communications

L'erreur commise dans l'expression ou la transmission d'une déclaration est censée être une erreur de l'auteur ou l'expéditeur de la déclaration, et l'article 4.103 reçoit application.

Article 4:105 : Adaptation du contrat

(1) Lorsqu'une partie est fondée à annuler le contrat pour erreur mais que l'autre indique qu'elle désire l'exécuter ou l'exécute effectivement, ainsi que la victime l'entendait, le contrat est censé avoir été conclu dans les termes envisagés par la victime. L'autre partie doit indiquer son intention d'exécuter ou procéder à l'exécution promptement après avoir été informée du sens donné au contrat par la victime et avant que celle-ci n'ait notifié l'annulation et agi en conséquence.

(2) L'indication ou l'exécution fait perdre le droit d'annuler et toute notification antérieure d'annulation est dépourvue d'effet.

(3) Lorsque les deux parties ont commis la même erreur, le tribunal peut, à la requête de l'une d'elles, mettre le contrat en accord avec ce qui aurait pu raisonnablement être convenu s'il n'y avait point eu d'erreur.

Article 4:106 : Information inexacte

La partie qui s'est engagée sur le fondement d'une information inexacte donnée par l'autre partie peut obtenir des dommages et intérêts conformément aux alinéas (2) et (3) de l'article 4:117 alors même que l'information n'a pas occasionné une erreur fondamentale au sens de l'article 4:103, à moins que la partie qui a donné l'information n'ait eu des raisons de croire que l'information était exacte.

Article 4:107 : Dol

(1) Une partie peut provoquer la nullité du contrat lorsque l'autre, par ses manoeuvres dolosives, en paroles ou en actes, a déterminé la conclusion du contrat ou a omis frauduleusement de révéler une information que la bonne foi lui commandait de révéler.

(2) Des manoeuvres ou une non-révélation sont dolosives lorsqu'elles sont destinées à tromper.

(3) Pour établir si la bonne foi commandait à une partie de révéler une information particulière, on a égard à toutes les circonstances, notamment

(a) le point de savoir si la partie a des connaissances techniques spéciales,

(b) ce qu'il lui en a coûté pour se procurer l'information en cause,

(c) le point de savoir si l'autre partie aurait pu raisonnablement se procurer l'information pour son compte,

(d) ainsi que l'importance que présentait apparemment l'information pour l'autre partie.

Article 4:108 : Contrainte

Une partie peut provoquer la nullité du contrat lorsque l'autre a déterminé la conclusion du contrat par la menace imminente et grave d'un acte

(a) qui en soi est illégitime

(b) ou qu'il est illégitime d'employer pour obtenir la conclusion du contrat, à moins que, eu égard aux circonstances, la partie n'ait eu une autre solution raisonnable.

Article 4:109 : Profit excessif ou avantage déloyal

(1) Une partie peut provoquer la nullité du contrat si, lors de la conclusion du contrat,

(a) elle était dans un état de dépendance à l'égard de l'autre partie ou une relation de confiance avec elle, en état de détresse économique ou de besoins urgents, ou était imprévoyante, ignorante, inexpérimentée ou inapte à la négociation,

(b) alors que l'autre partie en avait ou aurait dû en avoir connaissance et que, étant données les circonstances et le but du contrat, elle a pris avantage de la situation de la première avec une déloyauté évidente ou en a retiré un profit excessif.

(2) À la requête de la partie lésée, le tribunal peut, s'il le juge approprié, adapter le contrat de façon à le mettre en accord avec ce qui aurait pu être convenu conformément aux exigences de la bonne foi.

(3) Le tribunal peut également, à la requête de la partie qui a reçu une notification d'annulation pour profit excessif ou avantage déloyal, adapter le contrat, pourvu que cette partie, dès qu'elle a reçu la notification en informe l'expéditeur avant que celui-ci n'ait agi en conséquence.

Article 4:110 : Clauses abusives qui n'ont pas été l'objet d'une négociation individuelle

(1) Une clause qui n'a pas été l'objet d'une négociation individuelle peut être annulée par une partie si, contrairement aux exigences de la bonne foi, elle crée à son détriment un déséquilibre significatif entre les droits et obligations des parties découlant du contrat, eu égard à la nature de la prestation à procurer, de toutes les autres clauses du contrat et des circonstances qui ont entouré sa conclusion.

(2) Le présent article ne s'applique pas

(a) à une clause qui définit l'objet principal du contrat, pour autant que la clause est rédigée de façon claire et compréhensible,

(b) ni à l'adéquation entre la valeur respective des prestations à fournir par les parties.

Article 4:111 : Tiers

(1) Lorsqu'un tiers dont une partie doit répondre ou qui participe à la conclusion du contrat avec l'accord de cette partie

(a) provoque une erreur en donnant une information, ou connaissait ou aurait dû avoir connaissance d'une erreur,

(b) donne une information inexacte,

(c) commet un dol,

(d) est l'auteur de menaces

(e) ou retire du contrat un profit excessif ou un avantage déloyal les moyens offerts par le présent chapitre peuvent être employés dans les mêmes conditions que si le comportement ou la connaissance avaient été ceux de la partie elle-même.

(2) Lorsqu'une autre personne

(a) donne une information inexacte,

(b) commet un dol,

(c) est l'auteur de menaces

(d) ou retire du contrat un profit excessif ou un avantage déloyal les moyens offerts par le présent chapitre peuvent être employés si la partie avait ou aurait dû avoir connaissance des faits pertinents ou si, au moment de l'annulation, elle n'a pas agi en conséquence du contrat.

Article 4.112 : Annulation par notification

L'annulation a lieu par voie de notification au cocontractant.

Article 4.113 : Délais

(1) L'annulation doit être notifiée dans un délai raisonnable, eu égard aux circonstances, à partir du moment où la partie qui annule a connu ou aurait dû connaître les faits pertinents, ou a pu agir librement.

(2) Une partie peut toutefois annuler une clause particulière en vertu de l'article 4:110 en notifiant l'annulation dans un délai raisonnable après que l'autre partie se soit prévalue de la clause.

Article 4:114 : Confirmation

Le contrat ne peut être annulé lorsque la partie en droit de le faire l'a confirmé de façon expresse ou implicite, après avoir eu connaissance de la cause d'annulation ou pu agir librement.

Article 4:115 : Effets de l'annulation

En conséquence de l'annulation, chaque partie est en droit de demander la restitution de ce qu'elle a fourni en exécution du contrat, pourvu qu'elle restitue simultanément ce qu'elle a reçu. Si la restitution en nature est impossible, elle s'effectue par le paiement d'une somme raisonnable.

Article 4:116 : Annulation partielle

Lorsqu'une cause d'annulation n'affecte que certaines clauses du contrat, l'annulation se limite à ces clauses à moins qu'eu égard aux circonstances de la cause il ne soit déraisonnable de maintenir les autres dispositions du contrat.

Article 4:117 : Dommages et intérêts

(1) La partie qui annule un contrat en vertu du présent chapitre peut obtenir de son cocontractant des dommages et intérêts qui permettent de la placer autant que possible dans la situation où elle se serait trouvée si le contrat n'avait pas été conclu, dès lors que l'autre partie avait, ou aurait dû avoir, connaissance de l'erreur, du dol, de la contrainte ou du fait qu'elle retirait du contrat un profit excessif ou un avantage déloyal.

(2) Lorsqu'une partie est en droit d'annuler un contrat en vertu du présent chapitre mais n'exerce pas ce droit, ou lorsqu'elle avait ce droit mais l'a perdu en application des dispositions des articles 4:113 ou 4:114, elle peut, sous réserve de l'alinéa premier, obtenir des dommages et intérêts limités au préjudice que lui a fait subir l'erreur, le dol, la contrainte ou la prise d'un profit excessif ou d'un avantage déloyal. Le montant des dommages et intérêts est pareillement évalué lorsque la partie a été trompée par une information inexacte au sens de l'article 4:106.

(3) Les dispositions pertinentes de la section 5 du chapitre 9 s'appliquent pour le surplus, avec les adaptations appropriées.

Article 4:118 : Exclusion ou restriction des moyens

(1) Les parties ne peuvent exclure ni restreindre les moyens qui sanctionnent le dol, la contrainte et la prise d'un profit excessif ou d'un avantage déloyal, non plus que le droit d'invoquer le nullité d'une clause abusive qui n'a pas été l'objet d'une négociation individuelle.

(2) Les parties peuvent, à moins que ce ne soit contraire aux exigences de la bonne foi, exclure ou restreindre les moyens qui sanctionnent l'erreur et l'information inexacte.

Article 4:119 : Moyens ouverts en cas d'inexécution

La partie qui, dans des circonstances qui donneraient ouverture à un moyen fondé sur l'inexécution, est en droit de recourir à l'un des moyens que lui ouvre le présent chapitre, peut recourir au moyen de son choix.

Chapitre 5. – Interprétation

Article 5:101 : Règles générales d'interprétation

(1) Le contrat s'interprète selon la commune intention des parties, même si cette interprétation s'écarte de sa lettre.

(2) S'il est prouvé qu'une partie entendait le contrat en un sens particulier et que lors de la conclusion du contrat l'autre ne pouvait ignorer son intention, on doit interpréter le contrat tel que la première l'entendait.

(3) Faute de pouvoir déceler l'intention conformément aux alinéas (1) et (2), on donne au contrat le sens que des personnes raisonnables de même qualité que les parties lui donneraient dans les mêmes circonstances.

Article 5:102 : Circonstances pertinentes

Pour interpréter le contrat on a égard en particulier

(a) aux circonstances de sa conclusion, y compris les négociations préliminaires,

(b) au comportement des parties, même postérieur à la conclusion du contrat,

(c) à la nature et au but du contrat,

(d) à l'interprétation que les parties ont déjà donnée à des clauses semblables et aux pratiques qu'elles ont établies entre elles,

(e) au sens qui est communément attribué aux termes et expressions dans le secteur d'activité concerné et à l'interprétation que des clauses semblables peuvent avoir déjà reçue,

(f) aux usages.

(g) et aux exigences de la bonne foi.

Article 5:103 : Règle *contra proferentem*

Dans le doute, les clauses du contrat qui n'ont pas été l'objet d'une négociation individuelle s'interprètent de préférence contre celui qui les a proposées.

Article 5:104 : Préférence aux clauses négociées

Les clauses qui ont été l'objet d'une négociation individuelle sont préférées à celles qui ne l'ont pas été.

Article 5.105 : Référence au contrat dans son entier

Les clauses du contrat s'interprètent en donnant à chacune le sens qui résulte du contrat entier.

Article 5.106 : Interprétation utile

On doit préférer l'interprétation qui rendrait les clauses du contrat licites et de quelque effet, plutôt que celle qui les rendrait illicites ou de nul effet.

Article 5.107 : Divergences linguistiques

En cas de divergences entre les différentes versions linguistiques d'un contrat dont aucune n'est déclarée faire foi, préférence est donnée à l'interprétation fondée sur la version qui a été rédigée en premier.

Chapitre 6. – Contenu et effets

Article 6:101 : Déclarations donnant naissance à des obligations contractuelles

(1) La déclaration faite par une partie avant ou lors de la conclusion du contrat est censée avoir donné naissance à une obligation contractuelle si c'est ainsi que l'autre partie l'a entendue eu égard aux circonstances et notamment

(a) l'importance apparente de la déclaration pour l'autre partie,

(b) le point de savoir si la déclaration a été faite dans les conditions normales du commerce,

(c) et les connaissances techniques respectives des parties.

(2) Si l'une des parties est un fournisseur professionnel qui, avant la conclusion du contrat, donne des informations sur la qualité ou l'usage de services, marchandises ou autre biens par publicité, mise sur le marché ou de toute autre façon, ses déclarations sont censées donner naissance à une obligation contractuelle à moins qu'il ne soit établi que l'autre partie savait ou aurait dû savoir qu'elles étaient inexactes.

(3) Les mêmes informations et autres engagements d'une personne par publicité ou mise sur le marché de services, marchandises ou autres biens pour le compte d'un fournisseur professionnel, ou d'une personne située plus en amont de la chaîne de commercialisation, sont censés donner naissance à des obligations contractuelles du fournisseur, à moins que celui-ci n'ait pas eu et n'ait pas eu de raisons d'avoir connaissance de ces informations ou engagements.

Article 6:102 : Obligations implicites

En plus de clauses expresses, un contrat peut contenir des clauses implicites qui découlent

(a) de l'intention des parties,

(b) de la nature et du but du contrat,

(c) et de la bonne foi.

Article 6:103 : Simulation

Lorsque les parties ont conclu un contrat apparent qui dissimule leur véritable accord, c'est l'accord caché qui prévaut entre elles.

Article 6:104 : Détermination du prix

Lorsque le contrat ne fixe pas le prix ou la façon de le déterminer, les parties sont censées être convenues d'un prix raisonnable.

Article 6:105 : Détermination unilatérale par une partie

Lorsque le prix ou tout autre élément du contrat doit être déterminé unilatéralement par l'une des parties et que la détermination de celle-ci est manifestement déraisonnable, un prix ou un autre élément raisonnable lui est substitué, nonobstant toute stipulation contraire.

Article 6:106 : Détermination par un tiers

(1) Lorsque le prix ou tout autre élément du contrat doit être déterminé par un tiers et que celui-ci ne peut ou ne veut le faire, les parties sont présumées avoir donné au tribunal pouvoir de lui désigner un remplaçant qui procèdera à cette détermination.

(2) Si le prix ou un autre élément déterminé par le tiers est manifestement déraisonnable, un prix ou un autre élément raisonnable lui est substitué.

Article 6:107 : Inexistence du facteur de référence

Lorsque le prix ou tout autre élément du contrat doit être déterminé par référence à un facteur qui n'existe pas ou a cessé d'exister ou d'être accessible, celui-ci est remplacé par le facteur qui s'en rapproche le plus.

Article 6:108 : Qualité de l'exécution

À défaut de stipulation sur la qualité, le débiteur doit offrir une exécution qui soit au moins de qualité moyenne.

Article 6:109 : Contrat à durée indéterminée

Chacune des parties peut résilier un contrat à durée indéterminée en notifiant un préavis d'une durée raisonnable.

Article 6:110 : Stipulation pour autrui

(1) Un tiers est fondé à exiger l'exécution d'une obligation contractuelle lorsque les parties sont expressément convenues de lui conférer ce droit ou que cette stipulation s'induit du but du contrat ou des circonstances de l'espèce. Il n'est pas nécessaire que le tiers soit identifié au moment de la stipulation.

(2) Si le tiers renonce au droit à l'exécution, il est censé ne l'avoir jamais acquis.

(3) Le stipulant peut priver le tiers du droit à l'exécution par une notification faite au promettant, sauf si

(a) le tiers a reçu du stipulant une notification l'informant que son droit était irrévocable,

(b) ou le promettant ou le stipulant a reçu du tiers une notification l'informant que ce dernier voulait profiter de son droit.

Article 6:111 : Changement de circonstances

(1) Une partie est tenue de remplir ses obligations, quand bien même l'exécution en serait devenue plus onéreuse, soit que le coût de l'exécution ait augmenté, soit que la valeur de la contre-prestation ait diminué.

(2) Cependant, les parties ont l'obligation d'engager des négociations en vue d'adapter leur contrat ou d'y mettre fin si cette exécution devient onéreuse à l'excès pour l'une d'elles en raison d'un changement de circonstances

(a) qui est survenu après la conclusion du contrat,

(b) qui ne pouvait être raisonnablement pris en considération au moment de la conclusion du contrat,

(c) et dont la partie lésée n'a pas à supporter le risque en vertu du contrat.

(3) Faute d'accord des parties dans un délai raisonnable, le tribunal peut

(a) mettre fin au contrat à la date et aux conditions qu'il fixe,

(b) ou l'adapter de façon à distribuer équitablement entre les parties les pertes et profits qui résultent du changement de circonstances. Dans l'un et l'autre cas, il peut ordonner la réparation du préjudice que cause à l'une des parties le refus par l'autre de négocier ou sa rupture de mauvaise foi des négociations.

Chapitre 7. – Exécution

Article 7:101 : Lieu d'exécution

(1) Lorsque le lieu d'exécution d'une obligation contractuelle n'est pas fixé par le contrat ou déterminable d'après le contrat, l'exécution a lieu

(a) pour les obligations de somme d'argent là où le créancier a son établissement au moment de la conclusion du contrat ;

(b) pour les obligations autres que de somme d'argent, là où le débiteur a son établissement au moment de la conclusion du contrat.

(2) Si une partie a plusieurs établissements, l'établissement au sens de l'alinéa 1er est celui qui a le lien le plus étroit avec le contrat, compte tenu des circonstances connues des parties ou envisagées par elles lors de la conclusion du contrat.

(3) Si une partie n'a pas d'établissement, sa résidence habituelle en tient lieu.

Article 7:102 : Date d'exécution

Une partie doit exécuter

(a) si une date est fixée par le contrat ou déterminable d'après le contrat, à cette date ;

(b) si une période de temps est fixée par le contrat ou déterminable d'après le contrat, à un moment quelconque au cours de cette période, à moins qu'il ne résulte des circonstances de l'espèce que c'est à l'autre partie de choisir le moment ;

(c) dans tous les autres cas, dans un délai raisonnable à partir de la conclusion du contrat.

Article 7:103 : Exécution anticipée

(1) Une partie peut refuser une offre d'exécution faite avant l'échéance, excepté lorsque l'acceptation de cette offre n'affecterait pas ses intérêts de façon déraisonnable.

(2) L'acceptation par une partie d'une exécution anticipée n'a aucun effet sur la date à laquelle elle doit exécuter sa propre obligation.

Article 7:104 : Ordre des prestations

Dans la mesure où les prestations des parties peuvent être exécutées simultanément, les parties sont tenues de les exécuter de la sorte, à moins que les circonstances n'indiquent le contraire.

Article 7:105 : Obligation alternative

(1) Lorsque le débiteur peut se libérer par l'une de plusieurs prestations alternatives, le choix lui appartient, à moins que les circonstances n'indiquent le contraire.

(2) Si la partie à qui revient le choix ne l'a pas arrêté dans le délai fixé par le contrat,

(a) si le délai est fondamental, le droit de choisir passe à l'autre partie,

(b) si le délai n'est pas fondamental, l'autre partie peut procéder à une notification qui impartit un délai supplémentaire de durée raisonnable au cours duquel la partie doit arrêter son choix. Si elle ne le fait, le droit de choisir passe à l'autre.

Article 7:106 : Exécution par un tiers

(1) Excepté lorsque le contrat requiert une exécution personnelle, le créancier ne peut refuser l'exécution par un tiers lorsque celui-ci

(a) agit avec l'accord du débiteur,

(b) ou a un intérêt légitime à l'exécution et que le débiteur n'a pas exécuté ou qu'il est manifeste qu'il n'exécutera pas à l'échéance.

(2) L'exécution par le tiers conformément à l'alinéa précédent libère le débiteur à l'égard du créancier.

Article 7:107 : Mode de paiement

(1) Une dette de somme d'argent peut être payée par tout moyen en usage dans les conditions normales du commerce.

(2) Le créancier qui, en vertu du contrat ou volontairement, accepte un chèque ou un autre ordre de paiement, ou un engagement de payer, n'est présumé le faire que sous la condition qu'il sera honoré. Il ne peut poursuivre le paiement de la dette originelle que si l'ordre ou l'engagement n'est pas honoré.

Article 7:108 : Monnaie de paiement

(1) Les parties peuvent convenir que le paiement ne pourra être fait qu'en une monnaie déterminée.

(2) S'il n'en a été ainsi convenu, une somme libellée en une monnaie autre que celle du lieu où doit être effectué le paiement peut être payée dans la monnaie de ce lieu selon le taux de change qui y est en vigueur à l'échéance.

(3) Lorsque, dans le cas prévu à l'alinéa précédent, le débiteur n'a pas payé à l'échéance, le créancier peut exiger le paiement dans la monnaie du lieu où doit être effectué le paiement selon le taux de change qui est en vigueur en ce lieu soit à l'échéance, soit au moment du paiement.

Article 7:109 : Imputation des paiements

(1) Lorsqu'une partie est tenue de plusieurs dettes de même nature et que l'exécution qu'elle offre ne suffit pas à les éteindre toutes, elle peut, sous réserve des dispositions de l'alinéa 4, déclarer au moment de l'exécution sur quelle dette elle impute le paiement.

(2) À défaut de déclaration du débiteur, le créancier peut, dans un délai raisonnable, imputer le paiement sur la dette de son choix. Il doit informer le débiteur de son choix. Néanmoins est de nul effet, l'imputation sur une dette qui

(a) n'est pas échue,

(b) est illicite,

(c) ou est litigieuse.

(3) À défaut d'imputation par l'une ou l'autre partie, et sous réserve des dispositions de l'alinéa 4, le paiement est imputé sur la dette qui satisfait à l'un des critères suivants dans l'ordre fixé :

(a) la dette échue ou à échoir en premier lieu ;

(b) la dette pour laquelle le créancier a la garantie la plus faible ;

(c) la dette la plus onéreuse pour le débiteur ;

(d) la dette la plus ancienne.

Si aucun des précédents critères ne peut recevoir application, l'imputation se fait proportionnellement sur toutes les dettes.

(4) Lorsque la dette est de somme d'argent, le paiement est imputé d'abord sur les frais, puis sur les intérêts, enfin sur le capital, s'il n'y a imputation contraire de la part du créancier.

Article 7:110 : Refus de recevoir un bien

(1) La partie qui a été laissée en possession d'un meuble corporel autre qu'une somme d'argent parce que le co-contractant a refusé de prendre livraison du bien ou de le reprendre, doit raisonnablement s'employer à en assurer la protection et la conservation.

(2) Elle peut se libérer de son obligation de livrer ou restituer

(a) en déposant le bien chez un tiers qui le gardera à des conditions raisonnables pour le compte de l'autre partie, et en en faisant notification à celle-ci ;

(b) en vendant la chose à des conditions raisonnables après notification faite à l'autre partie, et en versant à celle-ci les profits nets de la vente.

(3) Toutefois, si le bien est sujet à détérioration rapide ou que sa conservation est d'un coût déraisonnable, elle doit raisonnablement s'employer à le vendre. Elle peut se libérer de son obligation de livrer ou restituer en versant à l'autre partie les profits nets de la vente.

(4) La partie laissée en possession est en droit d'obtenir le remboursement de tous frais raisonnablement engagés ou d'en retenir le montant sur le produit de la vente.

Article 7:111 : Refus de recevoir une somme d'argent

Lorsque le créancier refuse de recevoir une somme d'argent dûment offerte par le débiteur, celui-ci, après notification, peut se libérer en consignant l'argent pour le compte du créancier selon le droit du lieu où doit s'effectuer le paiement.

Article 7:112 : Coût de l'exécution

Chaque partie supporte les frais de l'exécution de ses obligations.

Chapitre 8. – Inexécution et moyens en général

Article 8:101 : Moyens dont dispose le créancier

(1) Toutes les fois qu'une partie n'exécute pas une obligation résultant du contrat et qu'elle ne bénéficie pas de l'exonération prévue à l'article 8:108, le créancier est fondé à recourir à l'un quelconque des moyens prévus au chapitre 9.

(2) Lorsque le débiteur bénéficie de l'exonération prévue à l'article 8:108, le créancier est fondé à recourir à l'un quelconque des moyens prévus au chapitre 9 excepté les demandes d'exécution en nature et de dommages et intérêts.

(3) Une partie ne peut recourir à aucun des moyens prévus au chapitre 9 dans la mesure où l'inexécution de l'autre partie est imputable à un acte de sa part.

Article 8:102 : Cumul des moyens

Les moyens qui ne sont pas incompatibles peuvent être cumulés. En particulier, une partie ne perd pas le droit de demander des dommages et intérêts en exerçant son droit de recourir à tout autre moyen.

Article 8:103 : Inexécution essentielle

L'inexécution d'une obligation est essentielle lorsque

(a) la stricte observation de l'obligation est de l'essence du contrat ;

(b) l'inexécution prive substantiellement le créancier de ce qu'il était en droit d'attendre du contrat, à moins que le débiteur n'ait pas prévu ou n'ait pas pu raisonnablement prévoir ce résultat ;

(c) ou l'inexécution est intentionnelle et donne à croire au créancier qu'il ne peut pas compter dans l'avenir sur une exécution par l'autre partie.

Article 8:104 : Correction par le débiteur

La partie dont l'offre d'exécution n'est pas acceptée par le co-contractant pour défaut de conformité au contrat peut faire une offre nouvelle et conforme si la date de l'exécution n'est pas arrivée ou si le retard n'est pas tel qu'il constituerait une inexécution essentielle.

Article 8:105 : Assurances relatives à l'exécution

(1) La partie qui croit raisonnablement qu'il y aura inexécution essentielle de la part du co-contractant peut exiger de lui des assurances suffisantes d'exécution correcte et dans l'intervalle suspendre l'exécution de ses propres obligations aussi longtemps qu'elle peut raisonnablement persister dans sa croyance.

(2) Lorsque ces assurances ne sont pas fournies dans un délai raisonnable, la partie qui les a exigées est fondée à résoudre le contrat si elle peut toujours croire raisonnablement qu'il y aura inexécution essentielle du co-contractant, à condition de notifier sans délai la résolution.

Article 8:106 : Notification d'un délai supplémentaire pour l'exécution

(1) Dans tous les cas d'inexécution, le créancier peut notifier au débiteur qu'il lui impartit un délai supplémentaire pour l'exécution.

(2) Avant l'expiration de ce délai, le créancier peut suspendre l'exécution de ses obligations corrélatives et demander des dommages et intérêts, mais il ne peut se prévaloir d'aucun autre moyen. S'il reçoit du co-contractant une notification l'informant que celui-ci n'exécutera pas pendant le délai, ou si à l'expiration du délai supplémentaire l'exécution correcte n'est pas intervenue, il peut se prévaloir de l'un quelconque des moyens prévus au chapitre 9.

(3) Lorsque le retard dans l'exécution ne constitue pas une inexécution essentielle et que le créancier a dans sa notification imparti un délai supplémentaire de durée raisonnable, il est fondé à résoudre le contrat à l'expiration dudit délai si le débiteur n'a pas exécuté. Le créancier peut stipuler dans sa notification que l'inexécution dans le délai imparti emportera de plein droit résolution du contrat. Si le délai fixé est trop court, la résolution peut intervenir,

à l'initiative du créancier ou s'il y a lieu de plein droit, au terme d'une durée raisonnable à compter de la notification.

Article 8:107 : Exécution confiée à un tiers

Celui qui confie l'exécution du contrat à un tiers n'en demeure pas moins tenu de l'exécution.

Article 8:108 : Exonération résultant d'un empêchement

(1) Est exonéré des conséquences de son inexécution le débiteur qui établit que cette inexécution est due à un empêchement qui lui échappe et que l'on ne pouvait raisonnablement attendre de lui qu'il le prenne en considération au moment de la conclusion du contrat, qu'il le prévienne ou le surmonte ou qu'il en prévienne ou surmonte les conséquences.

(2) Lorsque l'empêchement n'est que temporaire, l'exonération prévue par le présent article produit son effet pendant la durée de l'empêchement. Cependant, si le retard équivaut à une inexécution essentielle, le créancier peut le traiter comme tel.

(3) Le débiteur doit faire en sorte que le créancier reçoive notification de l'existence de l'empêchement et de ses conséquences sur son aptitude à exécuter dans un délai raisonnable à partir du moment où il en a eu, ou aurait dû en avoir, connaissance. Le créancier a droit à des dommages et intérêts pour le préjudice qui pourrait résulter du défaut de réception de cette notification.

Article 8:109 : Clause excluant ou limitant les moyens

Les moyens accordés en cas d'inexécution peuvent être exclus ou limités à moins que ce ne soit contraire aux exigences de la bonne foi.

Chapitre 9. – Les divers moyens en cas d'inexécution

SECTION 1. – DROIT À L'EXÉCUTION

Article 9:101 : Dettes de somme d'argent

(1) Le créancier a droit d'obtenir paiement d'une dette de somme d'argent exigible.

(2) Lorsque le créancier n'a pas encore exécuté sa propre obligation et qu'il est manifeste que le débiteur n'acceptera pas de recevoir l'exécution, le créancier peut néanmoins passer à l'exécution et obtenir paiement de toute somme exigible en vertu du contrat à moins

(a) qu'il n'ait eu la possibilité d'effectuer une opération de remplacement raisonnable sans efforts ni frais appréciables,

(b) ou que l'exécution de son obligation n'apparaisse déraisonnable eu égard aux circonstances.

Article 9:102 : Obligations autres que de somme d'argent

(1) Le créancier d'une obligation autre que de somme d'argent a droit d'exiger l'exécution en nature, y compris la correction d'une exécution défectueuse.

(2) Toutefois, l'exécution en nature ne peut être obtenue lorsque

(a) l'exécution serait impossible ou illicite ;

(b) elle comporterait pour le débiteur des efforts ou dépenses déraisonnables ;

(c) elle consiste à fournir des services ou réaliser un ouvrage présentant un caractère personnel ou dépend de relations personnelles ;

(d) ou le créancier peut raisonnablement obtenir l'exécution par un autre moyen.

(3) Le créancier est déchu du droit à l'exécution en nature s'il manque à la demander dans un délai raisonnable à partir du moment où il a eu, ou aurait dû avoir, connaissance de l'inexécution.

Article 9:103 : Conservation du droit d'obtenir des dommages et intérêts

Les dispositions précédentes en vertu desquelles l'exécution en nature n'est pas admise ne font point obstacle à une demande de dommages et intérêts.

SECTION 2. – EXCEPTION D'INEXÉCUTION

Article 9:201 : Droit de suspendre l'exécution

(1) Une partie tenue d'exécuter dans le même temps que l'autre ou après elle peut, tant que le co-contractant n'a pas exécuté ou offert d'exécuter, suspendre l'exécution de sa prestation en tout ou en partie, ainsi qu'il est raisonnable eu égard aux circonstances.

(2) Une partie peut de même suspendre l'exécution de sa prestation dès lors qu'il est manifeste qu'il y aura inexécution de la part du co-contractant à l'échéance.

SECTION 3. – RÉSOLUTION DU CONTRAT

Article 9:301 : Droit de résoudre le contrat

(1) Une partie peut résoudre le contrat s'il y a inexécution essentielle de la part du cocontractant.

(2) En cas de retard, le créancier peut également résoudre le contrat en vertu de l'article 8:106, alinéa 3.

Article 9:302 : Contrats à exécution fractionnée

Lorsque le contrat doit être exécuté par tranches et que, relativement à une tranche à laquelle peut être assignée une fraction de la contre-prestation, il y a inexécution essentielle, le créancier est fondé à exercer le droit de résolution que lui confère la présente section quant à la tranche du contrat en cause. Il ne peut résoudre le contrat en son entier que si l'inexécution est essentielle pour le contrat en son entier.

Article 9:303 : Notification de la résolution

(1) La résolution du contrat s'opère par notification au débiteur.

(2) Le créancier est déchu du droit de résoudre le contrat s'il n'adresse pas notification dans un délai raisonnable à partir du moment où il a eu, ou aurait dû avoir, connaissance de l'inexécution.

(3) (a) Lorsque l'exécution n'est pas offerte à l'échéance, le créancier n'a pas à adresser notification avant qu'une offre ne soit faite. En cas d'offre d'exécution tardive, il est déchu du droit de résoudre le contrat s'il n'adresse pas notification dans un délai raisonnable à partir du moment où il a eu, ou aurait dû avoir, connaissance de l'offre d'exécution.

(b) Si toutefois le créancier sait ou a justes raisons de savoir que le débiteur entend toujours offrir l'exécution dans un délai raisonnable, et si, de façon déraisonnable, il manque à lui notifier qu'il n'acceptera pas l'exécution, il est déchu du droit de résoudre le contrat dans le cas où le débiteur offre effectivement l'exécution dans un délai raisonnable.

(4) Lorsqu'une partie est exonérée en vertu de l'article 8:108, en raison d'un empêchement absolu et permanent, le contrat est résolu à compter de la survenance de l'empêchement, de plein droit et sans qu'il soit besoin d'aucune notification.

Article 9:304 : Inexécution par anticipation

Lorsque, dès avant la date à laquelle une partie doit exécuter, il est manifeste qu'il y aura inexécution essentielle de sa part, le co-contractant est fondé à résoudre le contrat.

Article 9:305 : Effets de la résolution en général

(1) La résolution du contrat libère les deux parties de leur obligation d'effectuer la prestation ou de la recevoir dans le futur ; mais, sous réserve des articles 9:306 à 9:308, elle est sans effet sur les droits et obligations qui avaient pris naissance au moment où elle est intervenue.

(2) La résolution n'a point d'effet sur les stipulations du contrat relatives au règlement des différends, non plus que sur toutes autres clauses appelées à produire effet même en cas de résolution.

Article 9:306 : Réduction de valeur d'un bien

La partie qui résout le contrat peut refuser de conserver un bien antérieurement reçu du co-contractant si la valeur qu'il représente pour elle a subi une réduction substantielle en conséquence de l'inexécution du cocontractant.

Article 9:307 : Recouvrement de sommes d'argent

Après résolution du contrat, une partie peut recouvrer des sommes payées pour une prestation qu'elle n'a pas reçue ou a légitimement refusée.

Article 9:308 : Recouvrement de biens

Après résolution du contrat, la partie qui a fourni des biens qu'il est possible de restituer et pour lesquels elle n'a pas reçu paiement ou une autre contre-partie, peut en obtenir la restitution.

Article 9:309 : Recouvrement pour une prestation insusceptible de restitution

Après résolution du contrat, la partie qui a effectué une prestation insusceptible de restitution, et pour laquelle elle n'a pas reçu paiement ou une autre contre-partie, peut obtenir une somme raisonnable correspondant à la valeur qu'a eue la prestation pour le co-contractant.

SECTION 4. – RÉDUCTION DU PRIX

Article 9:401 : Droit de réduire le prix

(1) La partie qui accepte une offre d'exécution non conforme au contrat peut réduire le prix. La réduction est proportionnelle à la différence entre la valeur de la prestation au moment où elle a été offerte et celle qu'une offre d'exécution conforme aurait eue à ce moment.

(2) La partie qui est en droit de réduire le prix en vertu de l'alinéa précédent et qui a déjà payé une somme qui excède le prix réduit, peut obtenir du co-contractant le remboursement du surplus.

(3) La partie qui réduit le prix ne peut de surcroît obtenir des dommages et intérêts pour diminution de valeur de la prestation ; mais elle conserve son droit à dommages et intérêts pour tout autre préjudice qu'elle a souffert, pour autant que ces dommages et intérêts seraient dus en vertu de la section 5 du présent chapitre.

SECTION 5. – DOMMAGES ET INTÉRÊTS

Article 9:501 : Droit à dommages et intérêts

(1) Le créancier a droit à dommages et intérêts pour le préjudice que lui cause l'inexécution lorsque le débiteur ne bénéficie pas de l'exonération prévue à l'article 8:108.

(2) Le préjudice réparable inclut :

(a) le préjudice non pécuniaire,

(b) le préjudice futur dont la réalisation peut raisonnablement être tenue pour vraisemblable.

Article 9:502 : Mesure des dommages et intérêts en général

Les dommages et intérêts sont en règle générale d'un montant qui permette de placer, autant que possible, le créancier dans la situation où il se serait trouvé si le contrat avait été dûment exécuté. Ils tiennent compte tant de la perte qu'il a subie que du gain dont il a été privé.

Article 9:503 : Prévisibilité du dommage

Le débiteur n'est tenu que du préjudice qu'il a prévu ou aurait dû raisonnablement prévoir au moment de la conclusion du contrat comme étant une conséquence vraisemblable de l'inexécution, lorsque ce n'est point intentionnellement ou par sa faute lourde que l'obligation n'est pas exécutée.

Article 9:504 : Préjudice imputable au créancier

Le débiteur n'est point tenu du préjudice souffert par le créancier pour autant que ce dernier a contribué à l'inexécution ou aux conséquences de celle-ci.

Article 9:505 : Réduction du préjudice

(1) Le débiteur n'est point tenu du préjudice souffert par le créancier pour autant que ce dernier aurait pu réduire son préjudice en prenant des mesures raisonnables.

(2) Le créancier a droit au remboursement de tous frais qu'il a raisonnablement engagés en tentant de réduire le préjudice.

Article 9:506 : Contrat de remplacement

Le créancier qui a résolu le contrat et passé un contrat de remplacement dans un délai et d'une manière raisonnables, est fondé à obtenir la différence entre le prix du contrat originel et celui du contrat de remplacement, ainsi que des dommages et intérêts pour tout autre préjudice, pour autant que ces dommages et intérêts seraient dus en vertu de la présente section.

Article 9:507 : Prix courant

Le créancier qui a résolu le contrat sans passer de contrat de remplacement alors que la prestation promise a un prix courant, est fondé à obtenir la différence entre le prix du contrat originel et le prix courant au moment de la résolution, ainsi que des dommages et intérêts pour tout autre préjudice, pour autant que ces dommages et intérêts seraient dus en vertu de la présente section.

Article 9:508 : Retard dans le paiement d'une somme d'argent

(1) En cas de retard dans le paiement d'une somme d'argent, le créancier a droit aux intérêts de cette somme entre l'échéance et la date du paiement, au taux bancaire de base à court terme moyen pratiqué pour la monnaie de paiement du contrat au lieu où le paiement doit être effectué.

(2) Le créancier peut en outre obtenir des dommages et intérêts pour tout autre préjudice, pour autant que ces dommages et intérêts seraient dus en vertu de la présente section.

Article 9:509 : Clauses relatives aux conséquences pécuniaires de l'inexécution

(1) Lorsque le contrat porte que celui qui manquera de l'exécuter paiera une certaine somme à raison de l'inexécution, cette somme sera allouée au créancier indépendamment de son préjudice effectif.

(2) Cependant, nonobstant toute stipulation contraire, la somme peut être réduite à un montant raisonnable si elle est manifestement excessive par rapport au préjudice résultant de l'inexécution et aux autres circonstances.

Article 9:510 : Monnaie d'évaluation du dommage

Les dommages et intérêts sont évalués dans la monnaie qui exprime de la façon la plus adéquate le préjudice du créancier.

Index alphabétique

(Les chiffres renvoient aux numéros d'alinéas)

A-B

C

D

Table des matières

TITRE 2 : LE CONTENU DU CONTRAT

DEUXIÈME PARTIE

LE QUASI-CONTRAT

Photocomposition Nord Compo Multimédia
59650 Villeneuve d'Ascq

Cet ouvrage a été achevé d'imprimer en juillet 2013
sur les presses de Normandie Roto Impression s.a.s.
61250 Lonrai
N° d'imprimeur : 132765
dépôt légal : août 2013

Imprimé en France